Geschichte der Hexenprozesse

Ausgeburten
des Menschenwahns

von

B. Emil König

BECHTERMÜNZ
VERLAG

Satzerfassung: Weiss Verlag GmbH, Dreieich
Belichtung: Litho Geyer, Offenbach
Gesamtherstellung: May + Co., Darmstadt
Printed in Germany
ISBN 3 927117 31 5

I.
Blicke in den Spiegel des Hexen- und Teufelswahns

»Jedoch der schrecklichste der Schrecken,
Das ist der Mensch in seinem Wahn!«
Schiller

1.
Hexenwahn und Teufelsglaube im Altertum

»Hier sieht man offenbar, daß Hexen in der Welt;
Da eines Träumers Kopf wohl tausend in sich hält!«
Webster

Der Hexenwahn ist uralt und aus dem Heiden- und Judentum auf die christlichen Völker übergegangen. Alle uns bekannten Völker des Judentums, auch diejenigen, denen der Teufelsglaube fremd war, glaubten an Hexerei, d. h. sie befanden sich in dem Wahne, daß es möglich sei, durch Flüche, Verwünschungen oder Zauberformeln usw. Menschen, Vieh und Früchten zu schaden und sie zu verderben.

Bei den Juden schlug der Teufelsglaube erst Wurzel, nachdem sie mit den Persern in Berührung gekommen waren; der Glaube an Hexerei und Zauberei dagegen findet sich bei ihnen viel früher.

Bei den Römern enthielt schon Roms ältestes Gesetzbuch, die zwölf Tafeln, Strafen für diejenigen, welche durch Zaubersprüche Menschen oder deren Feldfrüchte beschädigten.

Plinius berichtet (Buch 18, Kap. 8 seiner *Historia naturalis:*

»Ich kann mir nicht versagen, hier ein Beispiel aus dem Altertum anzuführen: C. Furius Cresinus, ein Freigelassener, wurde, weil er auf einem sehr kleinen Acker einen weit reicheren Ertrag gewann, als sein Nachbar auf größeren Äckern, von dem Neider stark verdächtigt, als ob er durch Zauberkünste fremde Früchte an sich ziehe.

Als ihm deshalb von *Aedilis curulis* Sp. Albinus ein Termin zur Verhandlung angesetzt wurde und er verurteilt zu werden fürchtete, trug er sein ganzes Ackergerät auf den Markt und brachte seine kräftigen und, wie Piso sagt, wohlgepflegten und wohlgekleideten Leute, seine gutgearbeiteten Eisengeräte, schwere Hacken und Pflugscharen und seine gutgefütterten Ochsen mit. Dann sprach er: »Hier, Quiriten, sind meine Zauberkünste, doch meine Nachtwachen, meine sauren Arbeiten und meinen Schweiß kann ich euch nicht zeigen oder auf das Forum bringen.«

Hierauf wurde er einstimmig freigesprochen.

Ferner berichtet Plinius (in demselben Werk im 28. Buche Kap. 3 und 4):

»Noch heute glaubt man, daß unsere Vestalinnen entlaufene Sklaven, falls sich dieselben noch nicht aus der Stadt entfernt haben, durch ein Gebet auf der Stelle festbannen können. Erkennt man dieses einmal an, so muß man auch zugeben, daß die Götter gewisse Gebete erhören und sich durch gewisse Gebete bewegen lassen.

Es gibt keinen Menschen, welcher nicht fürchtet, durch schreckliche Verwünschungen gebannt zu werden.«

Außerdem berichtet uns Plinius, daß selbst Menschen zu magischen Zwecken geopfert wurden, und Tacitus teilt uns ein solches Beispiel mit.

Unter Tiberius starb nämlich dessen Adoptivsohn Germanicus im Orient. Infolgedessen wurde gegen Piso, Statthalter von Syrien, Anklage erhoben, den Germanicus vergiftet zu haben, und als Verdachtsgrund wurde angeführt, daß Piso nicht nur vielfachen Verkehr mit Giftmischern gehabt, und daß an der Schwelle des von Germanicus bewohnten Palastes sich die Leichen von Menschen gefunden hätten, die Piso habe töten und dort vergraben lassen, um Germanicus vermittels derselben durch Zauberei zu töten.

In der fünften Ode seiner Epoden schildert Horaz, wie einige Zauberinnen unter Anrufung der Hekate und Tisiphone einen freigeborenen Knaben binden und bis an den Hals in die Erde graben, damit er den Hungertod sterbe, weil sie seine Leber zu einem Liebestrank verwenden wollten. Er schildert uns, wie der Knabe erst flehentlich um sein Leben bittet, dann aber die Zauberinnen verflucht und ihnen vorhersagt, daß sie vom Volke gesteinigt werden würden.

In der siebzehnten Ode erzählt uns Horaz ein Gespräch zwischen ihm und der Zauberin Canidia. Er sagt ihr, daß er jetzt wohl glauben müsse, was er früher geleugnet habe, daß nämlich Marsische und Sabellische Zauberlieder Krankheiten hervorrufen könnten, und bittet Canidia, den auf ihn geworfenen Zauber zu lösen. Canidia weist diese Bitte zurück und versichert Horaz, sie könne durch ihre Kunst Wachsbilder beleben, den Mond vom Himmel herabreißen, Tote erwecken und Liebestränke bereiten, so daß er nicht glauben dürfe, ihrer Kunst jemals entgehen zu können.

Homer berichtet uns, daß Ulysses das aus einer Wunde fließende Blut durch einen Zauberspruch gestillt habe, und der um 390 v. Chr. auf Lesbos lebende griechische Philosoph Theophrastos, daß man damit auch das Hüftweh heilen könne. Cato gibt einen Zauberspruch gegen Gliederverrenkungen, Varro einen anderen gegen die Fußgicht an.

Der im Anfange des dritten Jahrhunderts nach Christus lebende Jurist Paulus sagt in seinen *Receptae sententiae lib. V, Tit. 28 ad legem Corneliam de sicariis et venefiris:*

»Wer gottlosen oder nächtlichen Gottesdienst vorgenommen hat oder hat vornehmen lassen, um jemand zu besprechen, festzumachen oder zu binden, soll gekreuzigt oder wilden Tieren vorgeworfen werden. Wer einen Menschen opfert und aus dessen Blute wahrsagt oder einen Hain oder Tempel besudelt, wird den wilden Tieren vorgeworfen oder, wenn er besseren Standes ist, einfach mit dem Tode bestraft. Die Mitwisser der Magie sollen mit den strengsten Strafen belegt, das heißt, wilden Tieren vorgeworfen oder gekreuzigt werden; die Magier selbst werden verbrannt. Niemand darf Bücher über Magie besitzen. Nicht bloß die Ausübung, auch die Kenntnis der Magie ist verboten.«

In der römischen Kaiserzeit werden häufig Untersuchungen gegen *Chaldaei* und *Mathematici,* das heißt nach unserem jetzigen Sprachgebrauch gegen Astrologen und Wahrsager, erwähnt. Diese schon zu Cäsars Zeit in großer Anzahl in Rom lebenden Astrologen hatten durch ihre Prophezeiungen, indem sie vorherverkündigten, wann der regierende Kaiser sterben würde, zu Empörungen aufgereizt, weshalb dieses *inquirere in dies principis* daher auf das strengste verboten wurde.

Auch unter den Griechen herrschte derselbe Glaube an Beschwörung und Bezauberung, und Plato hat diesen Glauben seiner Landsleute einer wissenschaftlichen Betrachtung gewürdigt.

Im 11. Buche, Kap. 772 seiner Schrift über die Gesetze sagt er:

»Es glauben gewisse Leute, daß sie durch allerlei Gaukeleien, Zaubersprüche und sogenannte Bannformeln anderen Schaden zufügen können, und viele fürchten sich demgemäß vor jenen, die sie im Besitze solcher Kräfte wähnen. Was für eine Bewandtnis es mit solchen Dingen hat, ist nicht leicht zu durchschauen, noch schwerer ist es, andere darüber zu belehren, ja es lohnt sich nicht der Mühe, dies bei Leuten zu versuchen, die bereits einen derartigen Verdacht gegeneinander gefaßt haben.

Wenn Menschen ihnen ähnliche aus Wachs geformte Bilder an ihren Türen, an Kreuzwegen oder auf den Gräbern ihrer Eltern finden, so ist es fast nicht möglich, sie zu überzeugen, daß dies nichts zu bedeuten habe.«

Als Grund dieses Wahnglaubens gibt Plato an, es sei allgemein die irrige Ansicht verbreitet, es ließen sich die Götter durch Opfer und Gebete ebensowohl zum Guten als zum Bösen bestimmen; ein solcher Glaube sei aber eine Beleidigung für die Götter und wenig besser als Atheismus.

Damit trifft er den Nagel auf den Kopf: die Völker haben sich ihre Götter nach ihrem eigenen Bilde geschaffen, rohe Völker haben rohe, zivilisierte Völker zivilisierte Götter, menschliche Eigenschaften, wenn auch mit übermenschlicher Macht verbunden, haben sie sämtlich; gleich den Menschen leben sie untereinander in Unfrieden, verfolgen sie häufig sich widersprechende Interessen, haben sie ihre Günstlinge, denen sie wohlwollen, und Menschen, denen sie feind sind; wie die Menschen sich durch Überredung oder Bestechung sich zu diesem oder jenem verleiten lassen, so lassen sich auch die Götter von denen, die es verstehen, durch Gebete oder Opfer bewegen, so oder anders zu handeln.

Im Interesse der Priester der verschiedenen Religionen lag es, diese im Volke einmal herrschende Ansicht zu nähren oder dieselbe zu erzeugen; mußte doch der Priesterschaft alles darauf ankommen, ihr Ansehen bei dem Volke dadurch zu erhöhen, daß sie sich demselben als besondere Lieblinge der Götter zeigten, die sich durch sie bewegen ließen, in einem gegebenen Falle so oder auch anders zu handeln.

»Bettelpriester und Wahrsager«, fährt Plato fort, »ziehen vor den Häusern Reicher umher und sagen ihnen, daß, wenn sie einem Feinde etwas antun wollten, könnten sie mit wenig Kosten ebensogut einem Gerechten als einem Ungerechten schaden, indem sie mit gewissen Zaubermitteln und Bannsprüchen die Götter zu bewegen wüßten, ihnen dienstbar zu sein.«

Da die Völker die Götter nach ihrem eigenen Bilde geschaffen, dieselben also mit menschlichen Eigenschaften ausgerüstet waren, so ist es allerdings kein Wunder, daß dieselben nicht nur angerufen wurden, Kranke gesund zu machen, die Früchte vor Hagel zu schützen, sondern auch, um Lebende zu töten, Gesunde krank zu machen, Früchte und Vieh zu schädigen.

Im ersten Buche der Ilias lesen wir – um bei den Griechen zu bleiben –, daß der von Agamemnon beleidigte Priester Apollos den Gott durch sein Gebet veranlaßte, den Achäern die Pest zu schicken, bis es Agamemnon endlich gelang, den zürnenden Gott durch Opfer und Gebete zu versöhnen.

Ähnliche Beispiele aus dem sogenannten »klassischen« Altertum ließen sich noch viele anführen.

Übrigens nicht bloß bei den Griechen und Römern herrschte der Glaube an Zauberei: Herodot erzählt uns (4. Buch, Kap. 68) auch von den Szythen:

»So oft der Szythenkönig krank wird, läßt er drei Wahrsager kommen, die am meisten in Ansehen stehen. Diese sagen dann gewöhnlich, es habe der und der, den sie nennen, bei dem Herde des Königs falsch geschworen. Nun wird der betreffende Mensch, den sie des Meineids zeihen, festgenommen und vorgeführt. Die Wahrsager beschuldigen ihn, er sei aus der Wahrsagung überführt, daß er beim Herde des Königs falsch geschworen habe, und deshalb sei der König unwohl. Wenn er leugnet, daß er falsch geschworen, so läßt der König noch einmal so viel Wahrsager kommen, und wenn ihn dann auch diese auf Grund ihrer Wahrsagung wegen Meineids verdammen, so hauen ihm die ersten Wahrsager den Kopf ab und teilen sich in sein Vermögen. Wenn ihn hingegen die hinzugezogenen Wahrsager lossprechen, so werden andere und immer wieder andere Wahrsager gerufen. Wenn dann die Mehrzahl der Wahrsager den Menschen losspricht, so werden die ersten Wahrsager hingerichtet.«

Auch von den Neuren, einem den Szythen benachbarten Volke, weiß Herodot (4. Buch, Kap. 105) zu berichten:

»Sie sind wohl noch größere Zauberer denn die Szythen, und die im Szythischen ansässigen Hellenen behaupten, daß jeder Neure einmal im Jahre auf etliche Tage ein Wolf wird und dann wieder seine alte Gestalt bekommt. Sie machen mich das nicht glauben, allein sie sagen es alle und schwören darauf.«

Das ist sonach die erste Erscheinung des Aberglaubens an den sogenannten »Werwolf«, auf den wir später noch zurückkommen werden, in der Geschichte, der noch immer im Volksglauben vieler keltischer Stämme spukt.

Des Glaubens an Zauberei bei den Thraziern erwähnt schon Plinius und gedenkt auch des noch im Volksglauben der Italiener, Spanier und Südfranzosen lebenden bösen Blicks, und von einem am Pontus lebenden Volksstamme berichtet er, daß man bei ihnen die Zauberer daran erkenne, daß sie im Wasser nicht untersänken.

Wir hätten hier sonach auch den Beweis dafür, daß die sogenannte Wasserprobe, die in den Hexenverfolgungen im Mittelalter unter den christlichen Völkern eine so grauenhafte Rolle spielt, ebenfalls dem Heidentum entstammt.

Auch bei den Ägyptern und Indern war der Glaube an Zauberei allgemein; zur Zeit der Kaiser überschwemmten ägyptische Zauberer und Wahrsager das ganze Reich.

Schon der in der Religion der Perser begründete Dualismus hätte den Glauben an Zauberei erzeugen müssen, falls ihn Zoroaster etwa nicht bereits vorgefunden. Wenn zwei Götter, Ormuzd, der Gott des Lichtes, und Ahriman, der Gott der Finsternis, miteinander fortdauernd im Kampfe liegen, so war die Annahme, daß Ahriman diejenigen, welche ihm dienen oder sich ihm geneigt machen, mit der Fähigkeit ausrüste, ihren Feinden zu schaden, zu natürlich, als daß sie sich nicht notwendig hätte entwickeln müssen; umgekehrt mußte Ormuzd denjenigen wohltun, die seine Gesetze befolgten. Daher scheint die Unterscheidung zwischen schwarzer und weißer Magie eine Erfindung der persischen Priesterschaft zu sein.

Nachdem die Juden infolge der babylonischen Gefangenschaft mit den Persern in Berührung gekommen, bildete sich bei ihnen ebenfalls der ihnen früher fehlende Teufelsglauben aus und faßte durch sie im Christentume Wurzel. Moses bedrohte Zauberei, Wahrsagerei und Zeichendeuterei mit dem Tode, und welchen Sinn würde ein solches Verbot gehabt haben, wenn der Glaube an die genannten Dinge im Volke nicht allgemein gewesen wäre?

Schon 2. Mosis 22, 18 heißt es:

»Die Zauberinnen sollst du nicht leben lassen« und 3. Mos. 20, 6: »Wenn eine Seele sich zu den Wahrsagern und Zeichendeutern wenden wird, daß sie ihnen nachschaut, so will ich mein Antlitz wider dieselbe Seele setzen und will sie aus ihrem Volke rotten«, und 3. Mosis 20, 27 bestimmt: »Wenn ein Mann oder Weib Wahrsager und Zeichendeuter sein wird, die sollen des Todes sterben, man soll sie steinigen, ihr Blut sei auf ihnen.«

Infolgedessen berichtet uns auch die Bibel von verschiedenen Königen, daß sie Zauberer und Zauberinnen, Wahrsager und Zeichendeuter aus dem Lande trieben, vielleicht, weil sie zu human waren, Moses' Befehlen buchstäblich nachzukommen.

Saul machte in dieser Hinsicht den Anfang, was ihn freilich nicht hinderte, wie 1. Sam. 28 uns erzählt, seinerseits die Hexe von Endor aufzusuchen und sich Samuel von ihr zitieren zu lassen.

Die vorstehenden Angaben dürften zur Genüge beweisen, daß der Glaube an Zauberei und Hexerei wohl allen Völkern des Altertums gemeinsam war, weshalb es uns nicht überraschen kann, wenn sich derselbe auch in das Mittelalter fortpflanzte, dort freilich die Geschichte aller christlicher Völker in einer Weise, von der das Altertum noch keine Ahnung hatte, massenhaft mit Greuel erfüllte. – Man nahm an, daß alle freundlichen Naturerscheinungen, sowie alles Gute im Menschen von einem höchsten guten Wesen ausgehen müsse, alle unfreundlichen Naturerscheinungen dagegen, so wie alles Böse im Menschen von einem obersten bösen Wesen; man glaubte mit einem Worte, daß sich alle Gegensätze der Erscheinungen in der sinnlichen wie in der sittlichen Welt auf den Kampf zweier höchsten Wesen, des guten und des bösen Prinzips, zurückführen ließen. Man nennt diese Weltanschauung *Dualismus.*

Die Perser nannten das gute Prinzip, das höchste Lichtwesen, den Inbegriff aller Tugenden und Vollkommenheiten, wie schon erwähnt, Ormuzd – das böse Prinzip dagegen, den Herrscher der Finsternis, der Lüge und den Inbegriff alles Übels, Ahriman.

Beiden höchsten Wesen glaubte man Geister zugesellt, welche deren Eigenschaften teilten; die guten Geister Ormuzds hieß man Aneschaspands und Izels, die bösen Ahrimans Dews. Eine ähnliche Anschauung, wenn auch weniger ausgebildet, findet sich, wie schon eingangs gesagt, auch bei den übrigen Völkern der Alten Welt, so z. B. bei den Indern, wo die guten Geister Surs, die bösen Asurs hießen – sodann bei den Ägyptern, den Griechen und Römern, und endlich bei den germanisch-skandinavischen Stämmen, wo das böse Prinzip Loke hieß, bei den slawischen Völkerstämmen, welche einen weißen Gott – Swantewit – und einen schwarzen – Czernebog – unterschieden. Selbst bei den Juden, deren höchstes religiöses Gesetz den Glauben an nur ein göttliches Wesen vorschrieb, hatte sich der Glaube an einen mächtigen Gegner Jehovas, den Satan, eingeschlichen. Derselbe sollte ein ursprünglich guter, aber von Gott abgefallener Engel sein, der in einem eigenen Reiche über ebenfalls abgefallene Engel herrsche, und dem Reiche Gottes Abbruch zu tun und die Menschen ins Verderben zu locken streben.

Diese Ideen gingen frühzeitig in das Christentum über. Übrigens hatte das Christentum auch die altpersische Verheißung vom Sieg des Lichts über die Finsternis in sich aufgenommen, bestimmter ausgebildet und einfacher dargestellt. Durch den Opfertod Christi war jener uralte Dualismus jedoch aufgehoben und die Pforten der Höllen gesprengt, die Macht des Teufels vernichtet. Die Vorstellungen über ihn erhielten die tiefere sittliche Bedeutung von der Notwendigkeit, daß das Böse vorhanden sei, um dem Guten zu dienen und dessen Triumph zu verherrlichen. Sie gingen auf in dem höheren umfassenderen Begriff der Willensfreiheit.

Doch schon in den ersten Zeiten des Christentums, als es so vielen Verfolgungen ausgesetzt war, bildete sich die apokalyptische Vorstellung (d. h. die Vorstellung im Stil der Offenbarung Johannis) des Antichrists, als eines dämonischen Widersachers Christi und seiner Kirche zu einer politischen Bedeutung aus, und man verstand darunter die Unterdrücker und Verfolger der neuen Glaubenslehre. Erst als die Christenverfolgungen aufhörten, stellte man sich unter dem Antichrist den Fürsten der Finsternis wieder vor, welcher auch ein sichtbares irdisches Reich gründen wolle und deshalb einen großen Kampf beginnen werde, schließlich jedoch unterliegen müsse.

Die ersten Christen hielten sonach zwar an den gottfeindlichen Dämonen fest, glaubten aber ihre unmittelbare Gewalt über fromme Christen gebrochen, und der Kirchenvater Hermes sagt: »Ihr sollt den Teufel nicht fürchten!« Allein der heilige Augustin nimmt jedoch schon zwei von Anfang her durch Gott vorausbestimmte Reiche, das göttliche und das des Satans, nebeneinander an. Nach seiner und der meisten älteren Kirchenlehrer Ansicht sind die Glieder des Reichs der Dämonen scharfsinnig, schnell, kenntnis- und erfahrungsreich. Es ist ihnen Frauenliebe möglich, und mit ihrer Liebe können Gottlose wahrsagen, Sturm und Hagel machen, Ernten versetzen, durch den bösen Blick schaden und vieles andere Unheil anrichten. Durch diese Auffassung ist die Zauberei (Magie) mit der heidnischen Götterwelt in Verbindung gebracht und daher Anlaß gegeben, in den Zauberern zugleich die Heiden zu verfolgen. Die christlichen Kaiser gingen mit den Todesmartern gegen sie vor, die Synoden dagegen mit dem Ausschluß aus der Kirchengemeinschaft, »weil eben die Zauberkunst ohne Götzendienst nicht möglich sei.«

Davon weicht jedoch der verständige Beschluß der Synode von Bracara (563) ab, welcher diejenigen verdammt, so da behaupten, daß der Teufel aus eigener Macht Blitz, Wetter und Donner oder Trockenheit hervorbringen könne. Während die salischen Gesetze eine Hexe, welche überwiesenermaßen einen Menschen aufgezehrt habe, mit zweihundert Soldi bestraften, bedroht die Synode von Paderborn (785) jeden mit dem Tode, der, vom Teufel verführt, nach Art der Heiden glaubt, es sei jemand eine Hexe und fresse Menschen, und verbrennte sie deshalb. Der in das kanonische Rechtsbuch aufgenommene Ancyrenische Kanon Episcopi erklärt ebenfalls Glauben und Bekenntnisse der Frauen, als wären sie in der Stille der Nacht mit der Heidengöttin Diana und vielen Gefährten auf Tieren in weite Ferne geritten, als eine Täuschung; es seien dies Traumgebilde. Die Priester hätten daher allen zu verkünden, daß, wer solche Dinge für wahr nehme, den Glauben verloren habe und des Teufels sei. Wer meine, daß etwas ohne den Schöpfer geschehen könne, von dem alles herrühre, der sei abgefallen und schlechter als ein Heide.

Dieser verständigen Anschauung tritt jedoch Thomas von Aquino gegenüber, indem er die Lehre aufstellt, daß jene Erklärung des Dämonenglaubens aus Wahnvorstellungen ein Irrtum sei und der katholische Glaube die feste Annahme wirklicher Dämonen und ihrer Macht zu tätlichen Beschädigungen, zur Entziehung der männlichen Kraft und zur Hervorbringung von Sturm und Feuerregen verlange.

Dadurch gewinnt der Teufelsglaube, zumal des Aquino Werke vom Papste Leo dem Klerus zum eifrigen Studium empfohlen wurden, wieder festen Boden und wird durch die Vorstellungen bestärkt, welche die Ketzerverfolgungen desselben Jahrhunderts in dem Volke weckten.

Das Vorhandensein guter Geister nahm die Kirche selbst in Schutz und erhob es zum Glaubensartikel. Man hielt es z. B. für unzweifelhaft, daß jedem Menschen bei der Geburt ein besonderer Schutzengel zugewiesen sei, und dieser Glaube wurde durch die Ausbreitung der Verehrung Marias und der Heiligen noch erweitert und befestigt, indem die Gläubigen sich diesen oder jenen Heilgen zum Schutzpatron für ihr ganzes Leben erkoren, durch dessen unsichtbaren Beistand und Fürbitte sie sich in Not und Gefahr gesichert wähnten. Damit wuchs gleichzeitig auch der Glaube an das Vorhandensein und die Macht der bösen Geister immer mehr, wozu namentlich die ketzerische Sekte des Manes und seiner Anhänger, der Manichäer, welche die Lehre vom Dualismus in ihrer ganzen Schroffheit im Christentum festsetzen wollten, wesentlich beitrug. Zwar wurden die Manichäer von der Kirche verdammt, aber wie tief der Glaube an die übergroße Macht des Teufels in der Kirche festgewurzelt war, beweist der Umstand, daß sie nicht im mindesten an der Möglichkeit zweifelte, einzelne Personen könnten vom Teufel besessen[1] sein, und daß sie eine eigne Klasse von Geistlichen hatte, die sogenannten Exorzisten (Geisterbanner, Teufelsbeschwörer), welche durch Gebete, das Zeichen des Kreuzes, dem man eine geheimnisvolle Kraft zuschrieb, und manche anderen Zeremonien die Teufel aus den Besessenen auszutreiben hatten. Auch entwickelte und verbreitete sich die Vorstellung, daß der Teufel Bündnisse mit gottlosen Menschen schlösse, welche als Zauberer in inniger Gemeinschaft mit ihnen lebten, durch ihn übernatürliche Kräfte erhielten, des Nachts durch die Lüfte ritten, sich mit ihm versammelten und ihren Mitmenschen zur Freude des Teufels durch allerlei geheime Mittel zu schaden vermöchten. Besonders wurden Weiber dessen bezichtigt.

Mit Ausbildung des Mönchtums wurde der Hexenglaube immer phantastischer. In der Abgeschlossenheit ihres Klosterlebens hatten Mönche und Nonnen vollkommen Muße, das unsichtbare Geisterreich mit allerhand Truggestalten zu bevölkern und den Aberglauben in ihrem Interesse zu fördern; denn das ungebildete Volk suchte Schutz bei ihnen und der Geistlichkeit gegen die Last und Gewalt der bösen Geister. Dadurch befestigte sich die Herrschaft der Geistlichen über schwache Gemüter immer mehr, und gern erkauften sich die Laien, besonders solche, welche ihr Gewissen durch schwere Sünden belastet fühlten, den geistlichen Schutz vor höllischen Anfechtungen um den Preis irdischer Güter, stifteten Kirchen und Klöster und Schenkungen, um sich durch das Gebet der Beschenkten die ewige Seligkeit zu sichern. Das behagte der Geistlichkeit, und sie hielt es für unpolitisch, die Ursache ihrer Annehmlichkeiten, den Aberglauben, durch Aufklärung zu zerstören. So erhielt denn der Teufel durch die Phantasie der Menschen eine bestimmte Gestalt; er wurde der Inbegriff alles Naturwidrigen, Häßlichen und Gräßlichen.

Der Hexen-[2] und Zauberglaube befestigte sich noch mehr, als die römische Kirche die Zauberei mit dem Begriff der Ketzerei zu vermischen begann und die erstere somit als Verbrechen den Ketzergerichten (Inquisitoren) zur Untersuchung und Verfolgung unterwarf. Die Strenge der päpstlichen Inquisitoren diente nur dazu, dem Volk einen neuen Reiz für die verbotenen geheimen Künste einzuflößen, und die Geistesbeschränktheit der Pfaffen und Mönche, welche Ketzerei und Zauberei zu untersuchen hatten und darüber zu Gerichte saßen, stempelte nur zu leicht alles, was über ihr Fassungsvermögen hinausging, mit der Bezeichnung Zauberei[3] und vergrößerte das Reich des Aberglaubens mit einer Unzahl unsinniger Vorstellungen.

Von der Zeit an, als ganz besonderes Angriffe gegen die Oberherrschaft des Römischen Bischofes, des Papstes, über die ganze christliche Kirche, als Zweifel an seiner Unfehlbarkeit und Verschmähung der von Papste ausgehenden Kirchensatzungen den Hauptgegenstand der sogenannten Ketzereien bildeten, wurde es immer gefährlicher, unter irgendwelchem Vorwande, wie z. B. der Zauberei, als Ketzer verdächtig zu werden; dies war besonders der Fall, als die Lehre des Petrus Waldus (Pierre de Vaud), welcher die Obergewalt des Papstes sehr scharf angriff (1170) und für Rückführung des Christentums auf seine ursprüngliche Reinheit wirkte, in Oberitalien, Südfrankreich und auch in Deutschland zahlreiche Anhänger fand. Man legte diesen Waldensern (später Albigenser genannt) die abscheulichste Unsittlichkeit zur Last, erdichtete die abgeschmacktesten Fabeln, in was für schamloser Weise sie Zauberei treiben. Indem man dies geflissentlich in den grellsten Farben schilderte und die rechtschaffene Sekte der übrigen Christenheit gegenüber als den Auswurf des ganzen Menschengeschlechtes hinstellte, konnte man am leichsten den eigentlichen Grund dahinter verbergen, warum die römische Priesterherrschaft sie so unversöhnlich haßte und sie mit Feuer und Schwert ausrottete, soviel sie es vermochte. In diesem ursprünglichen Ketzerprozesse sehen wir zugleich den Beginn der Verfolgungen gegen Hexen und Zauberer. Sie bilden den Beweis, daß gerade dort die meisten Personen als Zauberer verfolgt und vernichtet wurden, wo die strengsten Untersuchungen gegen Ketzer stattfanden.

Mit der weiteren Ausbildung der Inquisition gleichen Schritt haltend war das richterliche Verfahren gegen die Zauberer, und in den Bettelmönchen fand der Glaubenshaß die eifrigsten Helfer, und die Unglücklichen, welche in ihre Klauen gerieten, fanden die erbarmungslosesten und grausamsten Verfolger. Auf diese Weise wurde es dann leider schnell zur Tatsache, daß man ein Verbrechen zu bestrafen begann, welches nichts anderes war, als Hirngespinst der Richter selbst, und so mußte der unheilvolle Wahn des Zauber- und Hexenwesens aus den Köpfen der Richter nach und nach immer mehr und mehr in das Volk eindringen.

So mußten sich völlig unschuldige, aber nervenschwache, überspannte, phantastische und von dem Vorhandensein des Teufels überzeugte Leute endlich wirklich selbst für besessen und für verbündet mit dem Satan und für Teilnehmer an dessen nächtlichen Festen halten, wenn sie davon lebhaft träumten. Und das war durchaus erklärlich, hörten sie doch fortwährend davon reden und waren ihre Gemüter doch von Jugend auf mit solchen abergläubischen Schreckensvorstellungen genährt und erfüllt um so mehr, als die Priesterschaft und die Mönche durch stetiges Predigen dagegen, im Beichtstuhl, bei Prozessen und Hinrichtungen jene abergläubische Furcht ununterbrochen vermehrten.

Ja, gerade die Personen mit besonders zartem Gewissen mochten sich am meisten fürchten, in die Fallstricke des Teufels zu geraten; das Lesen der Legenden von Versuchungen der Heiligen trug nicht wenig dazu bei, und hieraus läßt sich erklären, daß auch in den Klöstern häufig Fälle von Zauberei vorkamen. Und weil gerade Nervenschwäche und Geschlechtsbeschwerden beim weiblichen Geschlechte häufiger vorkommen als beim männlichen, so ist es begreiflich, weshalb die Zahl der Hexen eine viel höhere war als die der Zauberer. Endlich benutzten auch hier und da sittenlose Menschen jenen Aberglauben, um unter seiner Hülle ungestört ihren Lüsten zu frönen, und manches Verbrechen, wie Giftmischerei, versteckte sich hinter die Zauberei.

Der Eintritt des Christentums in die Geschichte der Menschheit war mit einem Worte der Anbeginn einer völlig veränderten Stellung derselben zu dem Jahrtausende alten Dämonenglauben.

Fassen wir zunächst die drei ersten Jahrhunderte der Kirche ins Auge, so finden wir, daß alle Kirchenväter, welche den Ursprung der Dämonen, an die jüdische Theologie jener Zeit sich anschließend, erwähnen, als biblische Grundlage der kirchlichen Dämonenlehre die Schriftstelle Gen. 6, 1-4 betrachten: »Und es geschah, als die Menschen begannen sich zu mehren auf Erden und ihnen Töchter geboren wurden, da sahen die Söhne Gottes die Töchter der Menschen, daß sie schön waren, und nahmen sich Weiber von allen, die ihnen gefielen. – Zur selbigen Zeit waren Riesen auf der Erde; und nachdem die Söhne Gottes den Töchtern der Menschen beigewohnt, so gebaren sie ihnen (Söhne); das sind die Helden, die von alters her Männer von Ruhm gewesen.«

Nach allgemein herrschender Ansicht, bemerkt Sodan hierzu in seiner wertvollen »Geschichte der Hexenprozesse«, waren nämlich die Söhne Gottes Engel, welche sich mit Töchtern der Menschen vermischt hatten, welche dadurch gefallen und von Gott verstoßen zu Dämonen geworden waren und Dämonen erzeugt hatten. Das alles sollte auf Anstiften des Teufels geschehen sein, der seitdem (mit göttlicher Zulassung) das Haupt eines großen Dämonenreiches geworden war. Der Hauptgedanke der Dämonenlehre der ersten drei Jahrhunderte der Kirche ist:

Die Dämonen wohnen im dichteren Dunstkreise der Erde. Da sie Leiber besitzen, so bedürfen sie auch der Nahrung, die sie aus dem Qualm der heidnischen Opfer einsaugen. Ihre Körperlichkeit ist aber unvergleichlich feiner und dünner, als die der Menschen, wodurch es ihnen möglich wird, in den Geist, wie in den Leib des Menschen einzudringen. Nach Tatian sind die Dämonenleiber luft- und feuerartig. Nach Tertullian ist der Dämon, wie jeder Geist, gewissermaßen ein Vogel und mit einer solchen Schnelligkeit der Bewegung begabt, daß er in jedem Augenblick an jedwedem Orte sein kann. Diese gar nicht vorstellbare Schnelligkeit in der Bewegung der Dämonen ist auch eine der Ursachen gewesen, weshalb die Völker ihnen den Charakter der Göttlichkeit beilegten.

An Macht und Wissen sind die Dämonen den Menschen unendlich überlegen.

Die Götter der Griechen waren nach jenen Kirchenlehrern nichts anderes als Dämonen. Sie waren es, welche als vermeintliche Gottheiten mit Weibern sich vermischt haben, und die Namen der heidnischen Götter sind dieselben Namen, welche sie sich selbst beigelegt haben, und sie mußten als die eigentlichen Urheber des Heidentums mit seiner Götterlehre und seinem Kultus gelten. Die Dämonen sind es gewesen, welche zur Begründung des abgöttischen Glaubens an ihre vermeintliche Gottheit scheinbare Wunder taten und welche ihre Stimmen aus den Orakeln ertönen ließen.

Der Teufel und dessen Dämonen sind unablässig bemüht, ihr Reich zu erweitern, indem sie die ihnen zugänglichen Menschen in ihre eigene Gottlosigkeit und Verdammnis zu verstricken suchen. Doch ist ihnen dieses nur bei denjenigen möglich, welche gottlos leben und um ihr Seelenheil unbekümmert sind, die sie daher durch Träume und Trugbilder zu betören und an sich zu locken suchen.

Die Christen sind allerdings gegen die Anläufe des Satans und der Dämonen ein für allemal sichergestellt. Vor ihnen müssen dieselben weichen, aber gerade darum ist die Bosheit des Dämonenreiches vor allem gegen die Christen und gegen die Kirche gerichtet, die sie fortwährend zu schädigen und zu verderben suchen, besonders dadurch, daß sie die Heiden mit teuflischem Haß gegen die Christen erfüllen, und in allen Landen Christenverfolgungen veranlassen, sowie auch dadurch, daß sie in der Kirche Streitigkeiten, Spaltungen und Ketzereien hervorrufen. Justin erklärt den Teufel geradezu für den Urheber aller Ketzerei.

Um ihre heillosen Anschläge zur Ausführung zu bringen, teilen sie ihre geheimen Kenntnisse namentlich gern gottlosen Weibern mit.

Alle Glieder der Kirche waren von dem Bewußtsein erfüllt, daß der Teufel und dessen Dämonen vor ihnen fliehen müßten, daß sie dieselben aus Besessenen vertreiben, und daß sie mit Anrufung des Namens Jesu Christi allen Teufelsspuk zunichte machen könnten.

Der Hexenglaube ist mit dem Wunderglauben innig verwandt; was dem einen Wunder, ist dem andern (seinem Gegner) Hexerei.

2.
Hexenwahn und Teufelsglaube im Mittelalter

»Wo waren im Mittelalter
die rechten Atheisten zu suchen?«
Jean Paul

Neben dem herrschenden Teufelsglauben regte sich schon früh der Gedanke, daß alle Zauberei nichts anderes als nichtiger Teufelsspuk sei. Die Synode von Bracara (563) verfügt:

»Wer da glaubt, daß der Teufel, weil er einige Dinge in der Welt hervorgebracht hat, auch aus eigener Macht Donner und Blitz, Gewitter und Dürre machte, der sei verflucht.«

Unter den Kirchenlehrern des 5. und 6. Jahrhunderts waren sogar nicht wenige, welche vor jeder Zauberei, auch vor solcher, welche mit christlichen Formeln und Amuletten getrieben wurde, ernstlich warnten, wie der erleuchtete Patriarch Chrysostomus von Konstantinopel (gest. 407).

Wie oft oder selten, ob strenge oder gelinde, Strafbestimmungen gegen Zauberei in Anwendung gekommen, darüber geben die Geschichtsschreiber vor Karl dem Großen nur unvollständige Auskunft. Was indes Gregor von Tours über den Zustand der Dinge unter den Franken berichtet, läßt eine auffallende Milde und Mäßigung erkennen. Es mögen hier einige Vorfälle kurz erwähnt werden.

Die berüchtigte Fredegunde beschuldigte (ums Jahr 582) den Präsekten Mummolus, ihren und Chilperichs Sohn durch Zauberei getötet zu haben. Als sie zwei Söhne, Chlodobert und Dagobert, an einer Seuche verloren, ließ sie sich nicht ungern überreden, ihr verhaßter Stiefsohn Chlodwig habe die Kinder durch die »bösen Künste« der Mutter seiner Buhlerin aus dem Wege geräumt. Das Weib wurde eingezogen und ließ sich unter den Qualen der Folter ein Geständnis abpressen. Fredegund erhob jetzt ein Rachegeschrei und brachte Chilperich, ihrem Gemahl, dahin, daß er seinen Sohn Chlodewig der Wütenden preisgab, der nun unter den Messerstichen gedungener Mörder fiel, während das verhaftete Weib trotz ihres Widerrufes lebendig verbrannt wurde. Bald darauf raffte die Ruhr den eingangs erwähnten dritten Sohn Fredegundens hinweg. Da geschah es, daß der Majordomus Mummolus gelegentlich bei Tische zu seinen Gästen äußerte, er habe ein Kraut, dessen Absud auch den hoffnungslosesten Ruhrkranken in kurzer Zeit wiederherstellen könne. Kaum hat dies Fredegund erfahren, so greift sie etliche Weiber auf und zwingt sie durch die Folter zu dem Geständnisse, daß sie den Prinzen durch Zauberkünste für das Wohlergehen des Majordomus hingeopfert haben. Nachdem dies geschehen, werden die Weiber teils verbrannt, teils gerädert, Mummolus aber zunächst gefoltert. Dieser bekannte indes nur, daß er von jenen Frauen zuweilen Salben und Getränke erhalten habe, die dazu dienen sollten, ihm die Gnade des Königs und der Königin zu erwerben. Auf die Folter gespannt und gemartert, sagt er zum Büttel: »Sage dem Könige, meinem Herrn, daß ich nichts Übles empfinde von dem, was man mir zugefügt hat!« Darüber ruft Chilperich aus: »Muß denn dieser Mensch nicht ein Zauberer sein, wenn ihm alle diese Strafen nicht wehe getan haben!« Und Mummolus wird von neuem gegeißelt und soll, nachdem man ihm Pflöcke unter die Nägel getrieben hat, enthauptet werden; doch die Königin verfügt endlich seine Begnadigung und verweist ihn nach Bordeaux. Mummolus aber starb auf der Reise an den Folgen der erlittenen Tortur. –

Eine Leibeigene in der Diözese von Verdun hatte sich etwa um dieselbe Zeit aufs Wahrsagen gelegt, erwarb sich dadurch ihre Freilassung, Gold und Silber und zog in kostbarem Schmuck umher. Tausend Jahre später würde es ihr schlimm ergangen sein, während sie damals vom Bischof Agerich einfach als eine Besessene behandelt wurde, der er den Teufel durch Salbungen auszutreiben versuchte, und die er dann in Frieden ziehen ließ.

Einen gewissen Desiderius in Tours, der sich Wundergaben rühmte und Kranke durch Zauberkünste zu heilen sich vermaß, wies man aus der Stadt, ebenso einen anderen derartigen Abenteurer.

Die Westgoten bestraften die Wettermacher mit zweihundert Prügeln und schoren ihnen das Haar, d. h. sie machten sie ehrlos. –

Die entschiedenste Stellung zum überlieferten Hexenglauben nahm aber das Frankreich unter den Karolingern ein, indem in diesem Zeitabschnitt der deutsche Geist nicht nur die Reinigung der Kirche und des Volkslebens von allem Zauberwerk mit Kraft anstrebte, sondern auch mit dem Zauberglauben selbst für immer brechen zu wollen schien.

Das unter Karlomann (742) versammelte erste deutsche Nationalkonzil (Concilium Germanicum) befahl u. a.:

»Jeder Bischof soll in seiner Parochie mit Beihilfe des Grafen darauf bedacht sein, daß das Volk keine heidnischen Gebräuche mehr beobachte, als da sind: heidnische Totenopfer, Losdeuterei, Wahrsagerei, Amulette, Augurien, heidnische Opfer, welche die Toren oft neben den christlichen Kirchen den Märtyrern und Bekennern darbringen, oder die sakrilegischen (kirchenschänderischen) Feuer, welche sie ›Nodfyr‹ nennen.«

Karl der Große wiederholte diese Bestimmungen, ging aber in seiner Auffassung der Zauberei noch weiter. Er bestätigte nämlich den von der Paderborner Synode (785) aufgestellten Beschluß:

»Wer vom Teufel verblendet, nach Weise der Heiden glaubt, es sei jemand eine Hexe und fresse Menschen und diese Person deshalb verbrennt usw., der soll mit dem Tode bestraft werden.« –

Im 8. Jahrhundert glaubten die Leute fest an Teufel und sprachen von ihnen, als von fliegenden Drachen, von glühenden Schlangen, die durch die Lüfte fliegen, durch Fenster und Schornsteine drängen und mit ihren Verbündeten Umgang pflegen. Ehe man sich den steten Versuchungen des Satans aussetzte, zog man es vor, lieber ein Bündnis mit ihm einzugehen, wobei man sich ihm mit seinem eigenen Blute verschrieb. Derartige Bündnisse wurden auch im großen geschlossen, und ganze Gemeinden verstanden sich dazu, den Zauberern und Teufelsbündnern einen jährlichen Tribut zu entrichten, damit wenigstens die Wettermacher den Feldern keinen Schaden durch Hagel, Mißwuchs und dergl. zufügen möchten. So berichtet Bischof Agobart (gest. 841). Derselbe erzählt ferner, daß nach dem damaligen Volksglauben die Zauberer in Schiffen in der Luft umherführen, um die aufgeflogenen Schätze zu sammeln, und daß er im Jahre 832 schwere Mühe gehabt habe, vier Männer und eine Frau aus den Händen des Pöbels zu befreien, die aus einem solchen Schiffe herausgefallen sein sollten. »So weit«, sagt Agobart aber am Schlusse seiner Schrift, »ist es mit der Dummheit der armseligen Menschen gekommen, daß man jetzt unter den Christen an Albernheiten glaubt, die in früheren Zeiten niemals ein Heide sich aufbinden ließ.«

In gleichem Sinne schrieb Agobarts Schüler und (seit 840) Nachfolger im Erzbistum Lyon, Amolo. Daher war es ganz dem Geiste des karolingischen deutschen Staatswesens entsprechend, daß auf der Reformsynode zu Paris (829) die Hexerei nur als ein im Volke spukender Aberglaube erwähnt wird.

Zur Kennzeichnung der Stellung, welche die Kirche in der nachkarolingischen Zeit im 10., 11. und 12. Jahrhundert zur Hexerei und zum Glauben an dieselbe einnahm, kommt vor allem der sogenannte Ancyranische Episcopi (ums Jahr 900) in Betracht, in welcher den Bischöfen zur Pflicht gemacht wird, den Glauben an die Möglichkeit dämonischer Zauberei und an eine Möglichkeit von Nachtfahrten zu und mit Dämonen als bare Verblendung in ihren Diözesen und Gemeinden entschieden zu bekämpfen und die demselben Ergebenen als Frevler am Glauben aus der Kirchengemeinschaft auszuschließen.

Die Hauptstelle des Kanons lautet nämlich:

»Es gibt verbrecherische Weibsleute, welche, durch die Vorspiegelung und Einflüsterung des Satans verführt, glauben und bekennen, daß sie zur Nachtzeit mit der heidnischen Göttin Diana oder der Herodias und einer unzählbaren Menge von Frauen auf gewissen Tieren reiten, über vieler Herren Länder heimlich und in aller Stille hinwegeilen, der Diana als ihrer Herrin gehorchen und in bestimmten Nächten zu ihrem Dienste sich aufbieten lassen. Leider haben nun diese Weibsleute ihre Unheil bringende Verkehrtheit nicht für sich behalten; vielmehr hat eine zahllose Menge, getäuscht durch die falsche Meinung, daß die Dinge wahr seien, vom rechten Glauben sich abgewendet und der heidnischen Irrlehre sich hingegeben, indem sie annehmen, daß es außer Gott noch eine übermenschliche Macht gebe. Daher sind die Priester verpflichtet, ihren Gemeinden einzuschärfen, daß alles dieses Blendwerk sei, welches nicht vom Geiste Gottes, sondern von dem des Bösen herrühre. Der Satan nämlich, der sich in die Gestalt eines Engels verkleiden könne, wenn er sich eines Weibleins bemächtige, so unterjochte er es, indem er es zum Abfall vom Glauben bringe, nehme dann sofort die Gestalt verschiedener Personen an und treibe mit ihnen im Schlafe sein Spiel, indem er ihnen fernab bald heitere, bald traurige Dinge, bald bekannte, bald unbekannte Personen vorführe. Dabei bilde sich dann der ungläubige Sinn des Menschen ein, während der Geist dieses erleide, daß dieses doch nicht in der Vorstellung, sondern in Wirklichkeit geschehe. Wer aber – heißt es weiter – ist nicht im Traume so aus sich herausgefahren, daß er vieles zu sehen geglaubt hat, was er im wachen Zustand niemals gesehen hat? Und wer sollte so borniert und töricht sein, daß er glaubt, alles das, was nur subjektives (persönliches) Erlebnis ist, habe auch objektive (gegenständliche) Wirklichkeit? Ezechiel hat Gott nur im Geiste und nicht mit dem Körper geschaut. Es ist daher allen Leuten laut zu verkünden, daß derjenige, der dergleichen Dinge glaubt, den Glauben verloren hat. Wer aber den wahren Glauben verloren hat, der gehört nicht Gott, sondern dem Teufel an.«

So lautet der Kanon – bemerkt Soldan –, in welchem wir die Grundlage des späteren Hexenwahns (und zugleich das damalige Urteil der Kirche über denselben) deutlich genug erkennen.

Der Glaube an Hexerei galt sonach in der Kirche im Anfange und noch in der Mitte des Mittelalters als ein Hirngespinst, welches vom Teufel herrühre, mit welchem der Teufel aber nur diejenigen berücken könnte, die sich in ihrem Herzen von Gott ab- und dem Teufel zuwendeten, und welche eben darum strafbar wären.

Dementsprechend richtete die Kirche ihr Strafverfahren gegen Hexerei usw. ein und noch immer galt die Handhabung der Kirchenzucht und die Ausschließung aus der Kirchengemeinschaft als das eigentliche Strafmittel gegen Zauberei.

Der Gedanke einer kriminalrechtlichen Verfolgung abergläubischer Übungen war damals der Kirche noch ganz fremd; vielmehr hieß es in einem Dekrete aus dem Jahre 799:

»Zauberer, Zauberinnen und dergl. sollen eingekerkert und durch den Archispresbyter (Erzpriester) womöglich zum Geständnis gebracht werden; aber am Leben darf ihnen nichts geschehen.«

Papst Alexander III. (gest. 1181) selbst bestrafte einen Priester, der, um gestohlenes Kirchengut zu entdecken, einen Wahrsager befragt hatte, nur mit ein- bis zweijähriger Amtsenthebung, indem der an sich gute Wille in Anschlag gebracht wurde.

Ja Päpste und Synoden sind in dieser Periode bisweilen sogar der barbarischen Strenge, mit welcher die Staatsgewalt hin und wieder die Zauberei verfolgte, entgegengetreten. So erklärte Papst Nikolaus I. (858-67) in einem Schreiben an den Bulgarenfürsten sich nachdrücklichst gegen den Gebrauch der Folter, weil ein solches Verfahren gegen alles göttliche und menschliche Gesetz sei.

In demselben Sinne fordert noch Gregor VII. den König von Dänemark auf, es zu verhindern, daß in seinem Lande bei eintretenden Unwettern und Seuchen unschuldige Frauen als Zauberinnen, welche solches Unglück verursacht hätten, verfolgt würden.

Auch von seiten der weltlichen Gewalten kam übrigens ein peinliches und blutiges Einschreiten gegen Hexerei überaus selten vor, und ist die Nachricht: »im Jahre des Herrn 914 wurden viele Hexen in unserem Territorium verbrannt« (in Westfalen), welche in den sogenannten Annalen von Corvey (Abtei bei Höxter) unecht, so enthält sie auch nichts, was ein solches Ereignis als eine gerichtliche Handlung hinstellen könnte.

Sehr vereinzelt stehen historisch beglaubigte Beispiele aus jener Epoche von Hinrichtungen wegen Zauberei usw. da, wie dasjenige, welches sich im Jahre 1004 zu Köln zutrug. Dort wurde eine Frau von der Stadtmauer herabgestürzt, weil sie in dem Rufe stand, den Verstand der Menschen verwirren zu können.

Völlig klar liegen die Verhältnisse im damaligen Königreiche Ungarn vor. Da heißt es in der Gesetzgebung des Königs Stephan I. (997–1038):

»Der Zauberer, der Menschen an Leib und Seele schädigt, begeht ein bürgerliches Verbrechen, und soll darum dem Geschädigten oder den Angehörigen desselben zu beliebiger Behandlung übergeben werden. Dagegen gilt die Hexerei als Dämonendienst und als rein kirchliches Vergehen. Daher bestimmt das Decretum Sancti Stephani, daß, wenn man eine Hexe finde, sie in die Kirche geführt und dem Geistlichen empfohlen werden solle, der sie zum Fasten und zur Erlernung des Glaubens anhalten werde. Werde sie zum anderen Mal über demselben Vergehen ergriffen, so solle sie wieder fasten, darauf aber mit dem glühendgemachten Kirchenschlüssel auf der Brust, an der Stirn und zwischen den Schultern in Kreuzesform gebrandmarkt werden. Bei dem dritten Betretungsfalle möge man sie dem weltlichen Gerichte übergeben. Wer Wahrsagerei treibe, solle vom Bischof mit Geißelhieben auf den rechten Weg zurückgebracht werden.«

König Ladislaus der Heilige stellt Hexerei in eine Linie mit Hurerei, und König Koloman sagt von den Hexen: »Über die Hexen, die es nicht gibt, soll keine Untersuchung angestellt werden.«

In Wahrheit lag im Glauben, Denken und Leben der Christenheit »während der ersten drei Jahrhunderte des 2. Jahrtausends ein tiefgehender Gegensatz vor«, bemerkt Soldau, »aus welchem neben den frohen Hoffnungen für die Zukunft der abendländischen Völker auch Gespenster auftauchten, die Schreckliches ahnen ließen.«

Im 11. und 12. Jahrhundert wurde es dagegen leichter in den Köpfen. Mancherlei Ableitung nach außen, wie die Kreuzzüge, und religiöse Aufklärung lockerten den finsteren Glauben an Teufel und Zauberei.

Im 13. Jahrhundert begann indessen der Teufelsglaube sich wieder mächtig zu regen. Von da ab wurde besonders das südliche Frankreich und in diesem wieder die Gegend von Narbonne die Pflanzstätte aller Ketzerei und Teufelskünste, wozu besonders die Nähe von Spanien beitrug, welches als das verrufenste Zauberland der Sarazenen und Juden galt. Nach den damaligen Vorstellungen hatten die spanischen Zauberer alle Tiefen der finsteren Magie (Zauberei, Zauberkunst, Geheimniskunst) erforscht, und die Nekromantie (Schwarzkunst, Totenbefragung, Geisterbeschwörung und Geisterbannung) wurde in Salamanke und Toledo öffentlich gelehrt wie später in Prag und Krakau.

Nachdem man zu Trier mehrfach Hexen und Zauberer verbrannt hatte, nahm das Hexenverbrennen vom Jahre 1232 an in der Rheingegend so überhand, daß man endlich zu Mainz ernstliche Klagen über das Verbrennen so vieler unschuldiger Menschen führte. Aber nicht nur am Rhein, sondern auch in Schwaben, Bayern, Franken und Thüringen flammten die Scheiterhaufen, in welchen Gegenden besonders der glaubenswütige Konrad von Marburg sein fluchwürdiges Wesen trieb.

Wirft doch die Bulle des Papstes Gregor IX. (1233) den deutschen Ketzern vor, daß sie bei Aufnahme erst einem backofengroßen Frosch den Hintern küßten, dann einen tiefblassen Mann von wunderbarer Kälte begrüßten. Nach dem Mahle stiege durch eine Säule rückwärts ein schwarzer Kater herab und bliebe erwartungsvoll in Stellung. Man küßte ihn und brachte ihm allgemeine Huldigung dar, worauf die Lichter gelöscht würden und die Orgien der Sittenlosigkeit zwischen den beiden oder denselben Geschlechtern den Anfang nähmen. Alle bekannten, nur tun zu wollen, was Gott zuwider sei.

Die Verfolgungen, welche man damals auf solche Anklagen nach dem Muster der südfranzösischen den Deutschen zugedacht, stockten aber bald, indem, wie wir weiter unten sehen, die Deutschen den gesandten Großinquisitor Konrad von Marburg auf der Heide bei Marburg am 30. Juli 1233 einfach wie einen Bluthund totschlugen. Sein Tod rettete Deutschland vor der Inquisition.

Man verfolgte schon damals nicht nur alte Weiber und geringe Leute, sondern ging zu Edlen, Grafen, ja sogar zu ganzen Gemeinden und Ordensgenossenschaften über. So hatten sich die Einwohner des Gaues Steden oder Stedingen in Oldenburg durch ketzerische Meinungen und Zinsverweigerung der Kirche mißliebig gemacht, worauf dieselbe die Stedinger beschuldigte, daß sie Ketzer seien, Zauberei trieben und den Teufel anbeteten. Papst Gregor IX. erließ eine Bulle, in welcher er die Beschuldigung auseinandersetzt und zum Kreuzzug gegen die Stedinger auffordert. Unter anderem klagte man sie an, sie beteten eine Katze an. Der Glaubenseiferer Konrad von Marburg[4] war es, der einen Kreuzzug gegen sie zusammenbrachte, in dem sie nach langen heldenmütigen Kämpfen der Übermacht erlagen.

Mit Beginn des 14. Jahrhunderts wurde – und zwar auf französischem Boden – der gebildetste, reichste und mächtigste geistliche Ritterorden, der der Templer, der Zauberei und des Teufelsdienstes beschuldigt. Durch die Folter suchte man die fehlenden Geständnisse zu erpressen, auf welcher allein 36 Ordensritter starben. Durch besondere Grausamkeit zeichnete sich dabei namentlich der Dominikaner Imbert aus, welcher durch entsetzliche Qualen 362 Ritter zum Geständnis brachte, infolgedessen am 12. Mai 1311 76 Ritter von der Abtei St. Antoine und am 19. März 1314 die übrigen mit dem Großmeister Molay vor dem Justizpalaste verbrannt wurden.[5]

Papst Johann XXII. (1334) erließ zwei Bullen, welche das Hexenwesen damaliger Zeit charakterisieren. In der Bulle vom Jahre 1317 heißt es unter anderem, »daß verschiedene gottlose Personen, welche sich dem Teufel ergeben haben, böse Geister in Zirkel, Ringe und Spiegel gebannt hätten, und daß sie Menschen, welche ihnen verhaßt wären, dadurch Schaden zuzufügen suchten, indem sie deren Bilder von Wachs oder Blei durchbohrten.«

Dieser Aberglaube dauerte übrigens noch Jahrhunderte hindurch fort. Man wähnte beispielsweise, daß eine gewisse von der Hexe oder dem Zauberer gehaßte Person sterben müsse, sobald jene das Bild derselben durchschösse.

In einer anderen Bulle vom Jahre 1327 sprach Papst Johann XXII. seine Betrübnis darüber aus, daß gottvergessene Menschen mit dem Tode und der Hölle ein Bündnis geschlossen hätten, die bösen Geister anzubeten, ihnen opferten und von ihnen die Enthüllung der Zukunft sowie Rat und Tat zu frevelhaften Anschlägen gegen ihre Mitmenschen verlangten.

Im Jahre 1398 erließ die theologische Fakultät zu Paris 27 Artikel gegen die Zauberei, in welchen folgende Handlungen als Gotteslästerung verboten waren: die Anrufung der bösen Geister durch zauberische Hilfe, die Abschließung eines Vertrages mit ihnen, ferner, sie durch Zauberkünste in Spiegel, Ringe und Steine zu bannen, die Anwendung der Zauberei zu irgendeinem guten Zwecke, die Auflösung eines Zaubers durch einen Gegenzauber, der Glaube, daß magische Werke durch eine vorhergegangene Anwendung von Gebeten, Fasten und dergleichen sündlos würden, daß man durch Zauberei den freien Willen seines Nebenmenschen unkräftig machen könne, daß man durch gewisse Künste und Mittel, wie z. B. das Blut eines Wiedehopfs, eines Bockes, das Pergament einer Jungfrau, die Haut eines Löwen und dergleichen, Geister zitieren könne usw.

Einen Beweis, wie groß der Glaube an Hexerei in der ersten Hälfte des 15. Jahrhunderts bereits geworden war, liefert das Schicksal Johanna d'Arcs, der Jungfrau von Orleans, welche, nachdem sie ihr Vaterland, Frankreich, von den Engländern befreit, von der theologischen Fakultät der Universität Paris der Hexerei schuldig befunden und im Jahre 1433 zu Rouen auch wirklich als Hexe verbrannt wurde!

Der gesunde Sinn des Volkes knüpfte an ihr Andenken die schöne Sage, daß sich aus ihrer Asche eine weiße Taube erhoben habe und gen Himmel geflogen sei.

So hatte denn bis gegen Ende des 15. Jahrhunderts hin der Teufels- und Hexenwahn in der gesamten Christenheit den Sieg über die gesunde Vernunft davongetragen, und die Kirche hatte eine förmliche Lehre desselben ausgebildet, welche nur noch des Schlußsteins bedurfte, damit sie – auch in Beziehung auf das gerichtliche Verfahren – die Weihe der sogenannten Untrüglichkeit erhielt.

Der Volksglaube erblickte im 13. Jahrhundert und, wie wir gesehen, schön früher den Teufel[6] bald in Tiergestalt, als Kröte, Drache, Katze, Affe, Hund usw., bald in Menschengestalt, als Mann sowohl wie als Weib. Es hatte sich in allen Kreisen des Volkes der Wahn festgesetzt, daß sich der Teufel mit seinen Gesellen in die Angelegenheiten der Menschen mische und allenthalben die Hand im Spiele habe. Die Phantasie der Leute glaubte ihn überall und in tausenderlei Gestalt zu erblicken. An vielen Orten glaubte man auch, daß manche Zauberer und Hexen vom Teufel, dem sie sich verschrieben, die Macht erhalten hätten, sich in Wölfe zu verwandeln und in dieser Gestalt einzeln oder in Scharen umherstreiften und Menschen und Tiere anfielen; man nannte sie Werwölfe, und in den Protokollen der Hexenprozesse kommt der Ausdruck[7] »wulfen« nicht selten vor. –

In Norddeutschland spielte der Brocken in der Geschichte des Aberglaubens eine große Rolle. Im Jahre 1634 gab ein gekrönter Poet, Johannes Prätorius, ein seltsames Buch heraus: »Blockesberges Verrichtigungen oder Ausführlicher Geographischer Bericht von dem hohen, trefflichen, alt und berühmten Blocksberge, ingleichen von der Zauberfahrt und Hexensabbat, so aus solchem Berge die Unholden (Hexen) aus ganz Deutschland jährlichen den 1. Mai in St.-Walpurgis-Nacht anstellen sollen.«

Die Bezeichnungen: Teufelskanzel, Hexenaltar, Hexenwaschbecken, Hexentanzplatz, Teufelskopf und Hexenbrunnen erinnern noch heute an den wilden Spuk, welchen man auf den stets vom Nebel umhüllten Fabelberg verlegte.

Der Brocken ist häufig von Nebel- und Wolkenschichten umgeben, die ein fast beständiger Luftzug hin und her peitscht. Diese Lufterscheinungen mögen ehedem auch, indem sie die Phantasie mit unheimlichen Bildern erfüllten, das ihre dazu beigetragen haben, die Höhe als von bösen Wesen belebt erscheinen zu lassen. Noch in unseren Tagen macht das sogenannte »Brockengespenst«, das durch Schattenbilder von Haus und Menschen in einer östlichen Nebelwand zur Zeit des Sonnenuntergangs bisweilen hervorgerufen wird, einen seltsamen Eindruck.

Die Entstehung der Hexensage auf dem Brocken[8] selbst entstammt heidnischer Zeit. Als die Christen siegend und ihren Glauben verbreitend in die alten Sachsenlande einbrachen, flüchtete sich das Heidentum mit seinen Bräuchen auf die Kuppe des höchsten Berges des Harzes, wohin ihnen die Fremden nicht zu folgen vermochten, auch schreckten sie dieselben durch Nachahmung von Tierstimmen und wilden Gestalten zurück.

»Kommt mit Zacken und mit Gabeln,
Wie der Teufel, den sie fabeln,
Und mit wilden Klapperstöcken
Durch die leeren Felsenstrecken!
Kauz und Eule
Heut in unser Rundgeheule!«

So beschreibt Goethe die Walpurgisnacht der Sachsen – und auch Faust mit Mephisto muß hinauf auf den Blocksberg.

Die alten Sachsen beteten zum Altvater stets auf den Bergspitzen, wo sie den Wolken näher waren, von wo aus Flamme und Rauch weithin in den Landen zu sehen waren. Und so hielten sich auch nirgends Aber- und Hexenglauben länger als in den wilden Felsschluchten des Harzes, auf dessen verborgenen Wegen das Priestertum nicht zu folgen vermochte – ja bis auf den heutigen Tag lassen sich in jenen Gegenden noch zahllose Sachsenbräuche nachweisen, die im flachen Lande längst nicht mehr nachgeahmt werden.

Aus Merians Topographie vom Jahre 1654 ersieht man, daß ganz in der Brockennähe, auf der alten Harzburg, ebenfalls noch allerhand heidnischer Dienst stattfand. Dreihundert Jahre vor Christi Geburt sollte die Harzburg erbaut, damals aber Saturburg genannt worden sein. Es heißt in der Merianschen Beschreibung:

»Als der Kaiser Carolus Magnus Anno 780 sich gegen die Ostsachsen und den König Wedekind mit einem starken Kriegsheer wenden mußte, hat er, der Kaiser, bei solcher Gelegenheit, nachdem gedachter Wedekind zum christlichen Glauben gebracht, die damalige benambte Saturburg eingenommen, auf welcher Burg ein Abgott oder Teufel, Crodo genannt, von den Sachsen angebetet oder verehret worden. Und ist von der Mechthilden, Imperatoris Henrici Ancupis Tochter, auf einem gewirkten seidenen Rock wie derselbe Abgott sich allemal zu präsentieren pflegen, mit allerhand Farben von Seiden künstlich abgewirket worden, welcher Rock aber durch den Kron-Schweden-General Feldmarschallen Herrn Bannier von dem Stift S. S. Simonis und Judai in Goslar abgefordert und nach Schweden gesandt ist.

Hierbei ist zu erinnern, ob wohl benanntes Haus Harzburg, wie obgedacht, von dem heidnischen Greuel durch Carolum Magnum befreiet worden, so hat sich doch annoch für hundert und noch für vierzig und fünfzig Jahren, welches jedermann des Orts wissend, auch bei den Christen eine solche Abgötterei finden lassen, in dem nicht allein, in der Nähe, besonders auch aus weit abgelegenen Örtern viele boshaftige, kranke und an Händen und Füßen lahme und blinde Leute sich durch Mittel auf die Harzburg durch Konnivenz des Pförtners gemacht, ihr Gebet für den Altar verrichtet, ein wenig Geldes in den Armenstock geleget, und dann das *membrum corporis,*[9] an welchem der Kranke böshaftig oder Not gelitten, in Wachs abgebildet, in der Kirchen auf und an die Wand, nebst den Krücken, worauf sie hinaufgekrochen, gesenket und sich alsdann gesund davon gemacht. Es wird aber beständig berichtet, daß an der Mutter Maria Rock, welches Bildnis auf dem Altar gestanden, unten am Saum der Brodo oder Teufel fast unkenntlich gemalet gewesen, welches nachmals abgetan und also diesen Greuel durch die hohe christliche Obrigkeit, das Final gemacht worden.«

Die Angaben der »Hexen« waren so genau gewesen, daß man nach denselben eine Brockenkarte darstellte. An einem alten Hause in Goslar, dem sogenannten »Brusttuch«, ist noch eine Hexenfahrt bildlich dargestellt zu sehen.

Auf dem Blocksberg[10] oder dem Brocken sollte sonach der Haupttanz für Deutschland sein. In Schweden heißt der Ort Blakulla. In Schwaben kamen nach dem Volksglauben die Hexen auf dem Heuberge[11] bei Balingen, in Thüringen auf dem Inselsberg zusammen.

In Thüringen fürchtete man den Hexenritt in der Walpurgisnacht[12] nicht minder als in anderen deutschen Gauen und malte sich gar gruselig aus, wie die Mitglieder der Hexengilde auf Besen und Ofengabeln, Spinnwocken und schwarzen Böcken mit großem Geschrei, gleich dem wilden Heere, durch die Luft reisten und dort in Gesellschaft des lustigen »Steppchen« und Konsorten sich eine Nacht belustigten, bis sie dann beim Hahnschrei am Morgen wieder auf dieser Gabel- und Besenpost in ihre Wohnungen zurückkehrten.[13]

Der Teufelsglaube des frühesten Mittelalters erlangte im fünfzehnten Jahrhundert durch den niederen, meist bildungslosen und abergläubischen Klerus (Geistlichkeit) eine eifrige Unterstützung. Das Volk war der festen Überzeugung, daß der Höllenfürst mit Menschen im Verkehr stehe, mit ihnen an bestimmten Tagen und abgelegenen Orten wüste Feste feiere und seine Lieblinge mit besonderen Kräften ausstatte. Der entsetzliche Wahn, daß es Hexen und Zauberer gebe, beherrschte, wie schon früher gesagt, fast alle Köpfe, und zwar mit einer Macht, welche in der Weltgeschichte beispiellos dasteht. Das finstere, unheimliche Aussehen einer alten Frau, irgendein besonderes Merkmal an ihr, irgendeine zufällige Rede genügten schon, um eine solche Unglückliche bei dem abergläubischen Volke als Hexe zu verdächtigen und dem peinlichen Gericht zur Folter und zum Feuertode zu übergeben; aber auch Jugend und Schönheit, Untadelhaftigkeit des Wandels, ja selbst der geistliche Stand schützten nicht vor der furchtbarsten Angeberei auf Teufelsbündnis, wenn Neid, Haß, Rachsucht der Ankläger oder Habsucht der Richter und Scharfrichter als Beweggrund wirkten, um diese oder jene Person dem Verderben zu überliefern. Auch gaben wohl Gefolterte aus wahrhaft teuflischer Schadenfreude andere als Genossen eines Verbrechens an, welches gar nicht vorhanden war. Zahllose unter den vermeintlichen Hexen bekannten unter den Qualen der Folter und im Todesröcheln eben alles, was die Richter zu hören wünschten, namentlich auch, daß sie wirklich mit dem Teufel Umgang gepflogen, in der Tat durch die Luft zum Hexensabbat geritten[14] seien und den höllischen Festen beigewohnt hätten. Ja, manche Personen von schwachen Nerven und krankhafter Störung hielten sich für besessen und klagten sich selbst aus freien Stücken als Hexen vor Gericht an.

In Böhmen war am Schlusse des 15. Jahrhunderts der Glaube an Hexen so allgemein, daß selbst Bohuslav von Lobkowie, das »Licht der Welt« genannt, »das alle Zeitgenossen an Geist übertreffe«, behaupten konnte, ganze Herden gingen durch die Teufelskünste der Hexen zugrunde.

Dieser Hexenwahn steckte an wie die Pest und währte Jahrhunderte. In Frankreich, Italien und Spanien verbrannte man bereits um die Mitte des 15. Jahrhunderts Hexen und Zauberer in großer Zahl, während solche Fälle damals in deutschen Ländern seltener vorkamen. Als aber Papst Innozenz VII. durch seine berüchtigte Bulle *(Summis desiderantes affectibus)*[15] vom 4. Dezember 1484[16] das Aufspüren von Hexen direkt befahl, da kam die Sache auch bei den Deutschen in Schwung, und die Hexenprozesse drücken dem 15., 16., 17. und selbst noch dem 18. Jahrhundert auch in der Geschichte des deutschen Volkes ihr Brandmal auf. Aber auch das Hexenunwesen griff, seit vom päpstlichen Stuhl die Hexenverfolgungen als »unerläßliche Pflicht der christlichen Kirche« bezeichnet wurden, gerade mit dem Wachsen der Verfolgungen rasch um sich. Der sogenannte »Hexenhammer« brachte alle Anschauungen über den Verkehr des Teufels mit Weibern und Männern in ein spitzfindiges System und diente als Grundlage der Rechtssprüche sogar der gelehrtesten Juristen.

Selbst zur Zeit der Reformation und in den beiden darauffolgenden Jahrhunderten wurde der Hexenwahn nicht abgestellt. Man glaubte, daß boshafte Weiber einen Bund mit dem Teufel schlössen, von dem sie lernten, böses Wetter zu machen; Hagel und Gewitter kochten sie angeblich in Töpfen auf einem Bergesgipfel und streuten sie aus ins Land, oder sie harnten durch drei alte Besen und spritzten daraus das Unwetter, in welche Gegend sie wollten. Die Kunst, Hagel zu machen, Kinder und Vieh beschreien und verhexen, Menschen und Tiere bannen, aus einem in ein Brett gestoßenen Messer Milch melken, die des Nachbars Kühen entzogen wird, und eine Menge anderer verpönter Zauberstückchen gehörten, beiläufig bemerkt, zu den kleinen Verbrechen.

Man glaubte namentlich von alten bösen Weibern, sie entzögen den Kühen die Milch, entführten fremdes Getreide durch die Luft, töteten durch den bösen Blick Menschen und Vieh oder machten es siech, erweckten unnatürliche Liebe oder Haß, brauten Liebestränke u. dgl. m. und designierte (erklärte) den Begriff Zauberer folgendermaßen:

»Ein Zauberer oder Hex (Hexin) ist, wer vorsätzlich und wissentlich durch teuflische Mittel sich bemühet und untersteht, sein Führnehmen herauszubringen oder zu etwas dadurch zu kommen oder zu gelangen.«

Im Elsaß nannten sich die Hexen Saufvessel, Schwarzdesche, Zipperle, Grundt, Krautdorsche, Gänsfüssel, Kräutel, Blümel, Grünspecht, Sipp usw., in einem westfälischen Prozesse nennt sich eine Succubus Christine. Die Taufe wird mit Blut (so in Schwaben), bisweilen auch mit Schwefel und Salz vollzogen (wie in Frankreich). Auch führten Hexen dem Teufel unmündige Kinder zur Aufnahme zu, die er ebenfalls nicht mit seiner Unzucht verschonte. Die Hexen fasteten am Sonntag, aßen dagegen am Freitag Fleisch. Um nun diese Zauberkraft, d. h. also die teuflischen Mittel zu erlangen, glaubte man, hätten die Zauberer und Hexen den Pakt mit dem Satan schriftlich oder mündlich, vertragsmäßig, wie einen Kontrakt, geschlossen; vor allem aber werde von den Teufelsanhängern verlangt, »unseren Herrgott und seine Zehn Gebote« oder »Maria und Gott« zu verleugnen und so viel Böses als möglich zu tun.

Leider gab es in manchen Klöstern Hexenpatres, das waren Mönche, die sich auf Bannen und Vertreibungen der Hexen und des Teufels legten, die Hexenpulver verkauften usw. und damit ein einträgliches Geschäft machten.

In der Folterpein gestanden weitaus die meisten der der Zauberei angeklagten Weiber, daß sie die Kunst von einem andern alten Weibe erlernt hätten, das ihnen entweder den Teufel in Gestalt eines Buhlen, meist als Junker, habe kennengelernt, oder durch das sie Hexensalbe[17] erhalten hätten. Die Frau (Hexe) kleide sich völlig aus und schmiere sich mit der Salbe ein, ergreife einen Besen, Bratspieß, Spinnrocken, eine Ofengabe, einen Ziegenbock oder eine Katze usw., setze sich rückwärts reitend darauf, rufe: »oben hinaus und nirgends an!« und fahre durch den Schornstein zum großen Hexensabbat in der Walpurgisnacht[18] (1. Mai) auf den Blocksberg (Brocken).

Die Hexensalbe, vom Satan angeblich aus dem Fett neugeborener Kinder, aus Wolfswurzel, Eppich und Mönchskappen gekocht, sollte nämlich die Fähigkeit verleihen, auf den genannten Gegenständen oder Tieren die Reise durch die Luft nach den Zusammenkunftsorten auszuführen. Bei diesen Zusammenkünften[19] fand sich auch der Satan ein, der als ein düsterer, häßlicher, schwarzer Unhold beschrieben wird und den Mittelpunkt der höllischen Feste bildete. Man stellte sich ihn vor auf einem hohen verzierten Thron von schwarzem Holz sitzend, eine Krone von kleinen Hörnern tragend, mit zwei großen Hörnern am Hinterkopfe und einem dritten auf der Stirn. Mit dem letzteren erleuchte er den Versammlungsplatz. Sein Licht sollte heller als das des Mondes, aber schwächer als das der Sonne sein und einen grünlichen Schein haben.

»Aus den mächtig großen Augen sprühen Flammen, der Bart gleicht dem einer Ziege, die ganze Gestalt scheint halb Mensch, halb Ziegenbock. Die mit langen Nägeln bewaffneten Fingerspitzen sehen wie Vogelkrallen aus, die Füße ähneln den Gänsefüßen. Wenn der Teufel spricht, so ist seine Stimme rauh, wie die Stimme eines Esels.[20] Oft redet er undeutlich, leise, ärgerlich und stolz; der Gesichtsausdruck verkündet üble Laune und Trübsinn.«

Bisweilen erschien Satanas auch als buntgekleideter Tänzer und war nicht immer ein mürrischer Gebieter. Oft saß er mit einem gewissen Ausdruck der Milde da, liebte einen Spaß, ließ die Hexen kopfüberspringen oder zog ihnen die Besen und Stangen unter den Beinen weg, daß sie hinfielen, lachte, daß ihm der Bauch wackelte, und spielte anmutige Melodien auf der Harfe. In dem berüchtigten Hexenprozesse von Mora in Schweden (1670), der 72 Weibern und 15 Kindern das Leben kostete, wird er auch zuweilen krank und läßt sich Schröpfköpfe setzen; einmal stirbt er sogar auf kurze Zeit und wird laut betrauert.

Außer der Würde des Königs und der Königin gibt es in der Hexenwelt verschiedene Chargen, so Offiziersgrade vom General bis zum Leutnant und selbst Hexenkorporale, ferner Gerichtsschreiber, Sekretäre, Rentmeister, Köche, Spielleute und Hexenpfaffen. Die Militärs und Beamten werden mittels zusammengeschossener Beiträge besoldet. General und Korporal kommen in Lindheimer Akten, Oberst, Kapitän und Leutnant in Coesfelder Akten vor. Der Gerichtsschreiber protokolliert den Eid, welcher dem Satan am Sabbat geschworen wird (Coesfelder A.); der Rentmeister kassiert die für den König eingehenden Opferheller (Friedb. Akten), der Pfaff reicht das Teufelsmahl (ebendaselbst). –

In Schottland finden sich (nach Soldan) die Hexen zuweilen in Rotten und Schwadronen abgeteilt, deren jede zwei Befehlshaberinnen hat, und in der Gaskogne trägt der Befehlshaber einen goldenen Stab.

Auf dem Blocksberge kommen – nach dem ehemaligen Volkswahne – in der Walpurgisnacht alle Hexen zusammen, tanzen in einem Nebelringe mit den Rücken gegeneinander gekehrt und treiben Götzendienst[21] mit einem großen schwarzen Bock, indem sie demselben den After küssen usw. Zuletzt verbrennt der Bock sich selbst und die Hexen verbergen die Asche[22], um damit zu zaubern. Dann ergreift jede wieder ihr abenteuerliches Roß und reitet darauf durch die Lüfte heim. Von da ab kommt der Teufel zu diesen Weibern und buhlt mit ihnen, läßt sich förmlich mit ihnen trauen, zeichnet sie an Leibe durch das sogenannte Hexenmal (Stigma)[23] und gibt ihnen Macht zu zaubern. Im übrigen hält er sie hart und in Armut.

Das sind im allgemeinen die fast ganz übereinstimmenden Aussagen der der Zauberei halber gefolterten alten Weiber.

»In einigen Fällen«, heißt es, »fand man die Angeklagte starr und regungslos auf dem Boden liegend, und nach ihrer Wiederbelebung gestand sie ein, während dieser Zeit in weiter Ferne in einer Hexenversammlung gewesen zu sein.« Danach waren Somnambulen[24] auch Hexen.

In neuerer Zeit nimmt man an, die ganze Vorstellungsweise vom Hexensabbat[25] sei in die armen Weiber nur hineingefoltert worden; man habe nur daraufhin inquiriert, und sie hätten in der Folterqual alles bejaht. –

Die gewöhnlichen Tage der Sabbatfreude und der schwarzen Messe waren nach den übereinstimmenden Aussagen der wegen Zauberei prozessierten alten Weiber der Montag, Mittwoch und Freitag jeder Woche.[26]

Den Höhepunkt dieser höllischen Zusammenkünfte und Teufelsbündnisse bildete nach dem allgemein herrschenden Aberglauben die »schwarze Messe«, bei welcher die Zauberer und Hexen vor dem Teufel niederknien und ihm Hand, Fuß, Sterz und andere Teile küssen. Bisweilen müssen sie ihm ihre Sünden bekennen, die selbstverständlich darin bestehen, daß sie nicht genug Werke des Bösen verrichtet haben. Nun teilt der Satan das Abendmahl in beiderlei Gestalt aus. Die dabei gebrauchten Hostien schmecken wie Leder oder faules Holz und bringen die Kommunizierenden äußerlich in Schweiß, während bittere Kälte zugleich ihr Gebein erstarren macht. Teufel in Tiergestalten machen die Musik. – Nach der Messe läßt Satan silbernes Tafelgeschirr und eigenartige, prächtig aussehende Gerichte auftragen; rote und grüne Pechlichter erhellen die Tafel; aber es ist verdächtig, daß trotz der Auswahl lockender Speisen weder Brot noch Salz erscheinen; auch sind – nach dem Naturforscher Unger – die Speisen zwar wohlschmeckend, aber sie sättigen nicht, das bezeichnende Gefühl aller geträumten Gastmähler. Der Wein, im Überfluß vorhanden, wird aus dem Stamme einer Eiche oder Buche gelassen und in silbernen Bechern kredenzt. – Nach diesem Schmause folgt die berüchtigte tolle Sabbatrunde. Alle Anwesenden fassen sich an den Händen, schließen einen engen Kreis um ihren Fürsten, wobei sie ihm aber den Rücken zukehren, und es werden von den meist nackten oder durchsichtig bekleideten Festgenossen Unzüchtigkeiten der scheußlichsten Art verübt. Die schönsten und jüngsten der anwesenden Weiber gelten als die Königinnen des Bacchanals; mit ihnen eröffnet der Satanas den Ball. Die Sabbatrunde[27] ist aber nicht der einzige Tanz, der aufgeführt wird; es verbinden sich damit unzählige tolle Sprünge und Gebärden, in welchen der Hauptreiz bestand, der so viele Weiber zu diesem nächtlichen Unfug lockte. (In Schottland wird bei dem Ringeltanz gesungen). Eine Hexe in der Mitte des Kreises steht auf dem Kopfe und dient als Lichtstock. Sobald einzelne Paare tanzen, so kehren die Tanzenden einander den Rücken zu. Sackpfeifen, Geigen, Trommeln ertönen, und der Chor singt: »Harr, Harr, Teufel, Teufel, spring hie, spring da, hupf hie, hupf da, spiel hie, spiel da!«

Hatte sich ein Uneingeweihter zum Hexenmahle eingeschlichen und begehrte Salz oder sprach zufällig den Namen Gottes aus, so verschwand augenblicklich das ganze Mahl mit sämtlichen Gästen, und der Vorwitzige fand sich plötzlich ganz allein am Hochgericht oder am Schindanger und hatte statt der Speisen Fleisch von gefallenem Vieh vor sich, mit dem der Teufel seine Leckerbissen zu bereiten pflegte, mit denen er die Hexen traktierte. Ging das Mahl ungestört vor sich, so ergötzten sich die Hexen dann mit ihren Buhlteufeln, von denen jede einen hatte, der meistens als Junker mit einem grünen Gewande erschien. Zum Schluß des Hexensabbats teilte der Teufel unter seine Getreuen Zauberpulver aus, wodurch sie bei Menschen und Vieh Krankheiten hervorbringen mußten. Außerdem hatten sie zum Spott ihrer Nebenmenschen die Hexenbutter. Das Pulver bestand aus der Asche von dem verbrannten Herzen oder sonstigen Gliede eines vor der Taufe getöteten Kindes und sollte zugleich die Eigenschaft haben, daß die Hexen, wenn sie sich den Leib damit einrieben, für die Qualen der Folter dadurch unempfindlich wurden. Die Hexenbutter entstand auf eine sehr unappetitliche Weise. Die Hexen hatten nämlich zwei sogenannte Heckemännchen, kleine Geister, die ihnen in Gestalt eines Knaben oder einer Katze Milch, Schinken und andere – aber nur gestohlene Speisen zubrachten, sich selbst aber oft so sehr davon übernahmen, daß sie den Überfluß wieder von sich gaben, und dies Gespei der dienstbaren Geister war die Hexenbutter.

Nach einigen Stunden endete das Gelage. Der Teufel mit Roß und Wagen, »Khoblwagen, Khalleß«, im Zwei- oder Viergespann, steht nun bereit, die Gesellschaft aufzunehmen und durch die Lüfte zu führen. Entweder setzt er seine Gäste im Walde, auf einer Wiese oder an einer Brücke auf die Erde nieder, und das Ganze hat damit sein Ende erreicht, oder es beginnt die Bereitung von Sturm, Gewitter und Hagel! Das wurde angeblich dadurch bewirkt, daß man in einem Fasse Schnee und Wasser zusammenrührte, oder aus den Wolken und allerlei anderem »Gfräß« mit den Händen kleine Ballen zusammenwalzte, woraus erst schwarze, dann weiße Kügelchen entstehen. Die geweihte Hostie[28] spielte im Hexenwesen stets eine hervorragende Rolle. Sie ist gestohlen, oder die Einlieferer haben sie bei einer früheren Kommunion im Munde behalten und aufbewahrt. Nachdem diese Hostie auf verschiedene Weise mißbraucht worden ist, wird durch sie die Verwandlung der »Küglein« in Eis bewerkstelligt. Der so bereitete Hagel wird nun in Säcken, Körben, Schürzen usw. gesammelt und bei der Weiterfahrt in die Luft gestreut. Deshalb soll man in besonders großen Hagelkörnern zuweilen Menschenhaare finden, und noch bis in die neuere Zeit war es in manchen Dörfern Sitte geblieben, beim Nahen eines Gewitters die Glocken zu läuten, um die bösen Luftgeister zu zwingen, einen anderen Weg einzuschlagen.

Nach einer thüringischen Sage soll der Teufel auf dem Herde des Hegemolshäuschens bei Neuschmidtstedt auf seiner Rückkehr vom Blocksberge in der Walpurgisnacht Rast halten, und nach einer Mansfelder Sage soll beim Schlosse Mansfeld, allwo zwei alte Mauertrümmer nebeneinander in die Luft ragen, der Teufel mit ihrer Hilfe sich der Stiefel entledigt haben, woher der Name »des Teufels Stiefelknecht«.

Eine der ersten Erzählungen des Hexensabbats[29] versetzt uns nach dem südlichen Frankreich. Alphons de Spina, ein getaufter Jude und Inquisitor, berichtet in seinem Buche Fortalitium Fidei nämlich, daß in der Dauphiné die von den Dämonen verführten Frauen, Bruxae und Xurgone genannt, des Nachts in Einöden zusammenkämen und einen Bock verehrten. Dieser Frauen seien von der Inquisition etliche gefangen und verbrannt worden. Zu dieser Zeit und an diesen Orten entstand der Glaube an die Buhlschaften des Teufels und der Hexen.

Von da ab traten nunmehr in Südfrankreich die angeblichen Verwandlungen des Teufels und der Zauberer in Hunde, Katzen, Böcke, Kröten usw. auf, und die Inquisitoren nahmen darüber die wahnsinnigsten Aussagen zu Protokoll.

Von Südfrankreich verbreitete sich dieser ausgebildete Zauberglaube immer weiter. Von Italien, wo die Hexenprozesse besonders in der Gegend von Verona wüteten, kamen sie durch Tirol nach Oberdeutschland, wo dann in Schwaben, im Elsaß, in der Gegend von Speyer und Worms die ersten Scheiterhaufen flammten.

Zu all den unsinnigen Geständnissen mochten wohl vorzugsweise trübsinnige Personen geneigt gewesen sein, die zu dem Wahne gelangt waren, sie seien von einem bösen Geiste besessen und beherrscht. Sie bekannten von sich die abenteuerlichsten und schaurigsten Dinge, welche sie in ihren Kreisen hatten erzählen hören und welche ihre Phantasie fortwährend beschäftigten.

Häufig sind es auch arme, verführte und von ihrem Verführer verlassene Mädchen, die sich dem Teufel überlassen und von ihm hexen lernen, um sich an ihrem untreuen Liebhaber oder ihrer Nebenbuhlerin zu rächen, und so ergeben die Akten der Hexenprozesse die verschiedensten Beweggründe, durch welche die Beschuldigten zu einem Bündnisse mit dem Teufel gekommen sein wollten.

Im ehelichen Zwist läuft eine wütende Frau von Hause fort – unterwegs stellt sie der Böse, redet ihr zu, und sie – ergibt sich ihm und richtet danach allerhand Schaden an ihrem Manne und der Nachbarschaft an.

»Vor ein einsames, einfältiges, trauerndes oder von Not bedrängtes – oder auch vor ein fürwitziges Weib tritt plötzlich der Versucher –«, sagt O. Wächter in seinem Buche »Vehmgerichte und Hexenprozesse in Deutschland«. Er erscheint als schmucker Kavalier, als Junker, Jäger, Reiter oder auch als ehrsamer Bürgersmann und stellt sich unter eigentümlich-bedeutsamen Namen vor. Diese Namen sind an verschiedenen Orten verschieden; er nennt sich: Volland, Federlin, Federhans, Klaus, Hölderlein, Peterlein, Kreutle.

In den Akten der Hexenprozesse kommen noch andere Namen vor: Junker Hans, Schönhans, Grünhans, Hans vom Busch, Grauheinrich, Hinze, Kunz, Trutchen, Großnickel Merten, Hemmerlin, Junker Schöne, Wohlgemut, Wegetritt, Blümchenblau, Lindenzweig, Eichenlaub, Gründewald, Birnbaum, Rautenstrauch, Buchsbaum, Stutzebusch, Stutzfeder, Weißfeder, Straußfeder, Federbusch, Flederwisch, Grünwadel, Springinsfeld, Allerleiwollust, Unglück, Schwarzbuch, Dreifuß, Kuhfuß, Kuhhörnchen,

Dickbauch, auch Alexander, Müsgen, Firlenhahn, Laub, Kreutlin, Peterling, Feuerher, Leichtfuß, Möysel, Hemmerlin, Hans Rumpel, Schuhfleck, Knipperdolling, Machleid. In Holland kommen die Namen Pollepel, Roltje, Hendrick, Harmen, Hanske usw. vor, in der Schweiz Hänsli, Hans Lang, Jean Wyla, Hörsch-Martin, Robet, Robin, Remonius; in Schottland: Pastetenwächter, Beißindiekrone, Thomas Weinessig usw. Er tröstet das Weib, verspricht ihr, in ihren Bedrängnissen beizustehen, verheißt ihr vergnügtes Leben und großen Reichtum, mitunter auch droht und schreckt er. Er gibt ihr Geld, das sich aber meist über Nacht in Scherben oder Dung oder dürres Laub verwandelt.[30] – Der Botaniker Unger macht darauf aufmerksam, daß in vielen Gegenden die Zigeuner als nahe beteiligt an der Entstehung jenes Wahns angesehen werden dürfen. Ihre Religionslosigkeit, ihr Hang zu geheimnisvollem Tun, zu Zauberkünsten, hat ohne Zweifel in allen Ländern, wo sie sich zeigten, bereitwillige Lehrlinge gefunden.

Die Beschreibung des Teufels paßt oft so genau auf einen gelbbraunen, in Lumpen gekleideten Zigeuner, daß man keinen Augenblick an dem bei dieser Vorstellung vorschwebenden Bilde zweifeln kann. Unter dem sonst so geringen Hausgeräte der wandernden Zigeuner aber fehlt nie der silberne Becher, und, merkwürdig genug, wird der aus einer Eiche gelassene Wein bei den Hexengastmählern immer in silbernen Bechern kredenzt! Den Zigeunern, als Zauberern und Wahrsagern, sind sicherlich auch alle Mittel bekannt gewesen, deren sich die Menschen zur Betäubung der Sinne, zur Aufregung einer zügellosen Phantasie jemals bedient haben. Mit dem Gebrauche des Opiums waren sie von ihrem ursprünglichen Stammsitz am Indus her bekannt, und in der Tat weiß man, daß Opium zu den Artikeln gehört, die der obdachlose Zigeuner mit sich führt und mit denen er verbotenen Handel treibt. – Doch gibt es ja der Pflanzengifte noch so manche, die in grauer Vorzeit bekannt waren und ausgenutzt wurden.

Außer in der erwiesenen Ansteckung, die jede solche Geistesseuche ausübt, meint man in neuerer Zeit, im Genuß und in den Einflüssen der Pflanzengifte, wie beispielsweise des weitverbreiteten Stechapfels, die Erklärung des Hexenspuks gefunden zu haben. Wie ein dunkler Schatten zieht sich die Geschichte dieser unheimlichen Pflanze durch die Überlieferungen der vergangenen Jahrhunderte. Er vor allem gehört zu jenen geheimnisvollen Giften, die betäubend und aufregend zugleich auf die Nerven einwirken und dadurch die merkwürdigsten Visionen oder Einbildungen hervorzubringen vermögen.

Es scheint unter diesen Umständen immerhin glaubhaft, daß von den zahlreichen Unglücklichen, die als Hexen und Hexenmeister verbrannt wurden, ein guter Teil nicht bloß als Opfer der Beschränktheit oder Bosheit ihrer Richter gefallen ist, sondern daß viele von ihnen geradezu geglaubt hatten, Zusammenkünfte mit bösen Geistern gehabt zu haben.

In den Erzählungen und Bekenntnissen der meisten kehrt als Grundthema immer derselbe Hergang wieder. Meist waren es Personen niederen Standes und von beschränkter Geistesbildung. Zu ihnen gesellte sich, gewöhnlich in abgelegenem Walde, ein fremder Mann oder ein unbekanntes braunes Weib – wieder der Zigeuner, wie er leibt und lebt. – Nach vorhergegangener anderweitiger Unterhaltung bestreicht endlich der Unbekannte die Achselhöhlen mit der Hexensalbe, und kurze Zeit darauf – nachdem das Mittel wirkt – fühlt sich der Gesalbte leicht und wie verwandelt. Er fliegt, er schwebt wie ein Vogel, und alles, was er erlebt zu haben vorgibt, deutet auf die Erregung bestimmter Nervenpartien hin, wie sie bei Gebrauch von Stechapfel und ähnlichen Betäubungsmitteln jedesmal eintritt. Die Betörten glauben, ihre Visionen wirklich erlebt zu haben, da ihnen, ebenso wie ihren Richtern, das Verständnis des Zusammenhanges gänzlich fehlt. Wer möchte hierbei nicht an die Opiumraucher des Orients denken, die sich noch heute willkürlich in ähnliche Ekstase versetzen? –

Nächst Besprechungen, d.i. die mit Blut bewirkte Unterschrift der Satanskinder, kannte man das »Anamali« oder Teufelszeichen, auch Teufelsmal, die Blutmischung, Stigma – im alten Köln *»Stigma diaboli«* oder Teufelskratz –, jedoch schon lange, bevor man Hexen verfolgte und verbrannte. Der Teufelswahn lehrt, daß der Satan, wie erwähnt, dem Körper seiner Opfer ein Zeichen eindrückte, als Sinnbild seines Eigentumsrechts (an Leib und Seele), gleichwie die Schafbesitzer den einzelnen Stücken ihrer Herden ein Brandmal einsengen. Die Stelle, wo dies bei den Höllenopfern geschehen, hielt man für unempfindlich, mochte das Stigma hinter den Ohren, unter den Augenbrauen, auf der Achsel, der Brust oder am Rükken angebracht sein.

Nach diesem Teufelszeichen wurde seitens der peinlichen Richter eifrigst gefahndet. Auch unterließen diese es nicht, die Hexen nach ihren Mitgenossinnen zu befragen, und ob sie die Kameradinnen an dem »Teufelskratz«, jenem meist einem Krötenfuß gleichenden Zeichen, zu erkennen vermochten.

Die Richter gingen dabei von der Überzeugung aus, daß die Hexen (Unholdinnen) und vornehmsten »Trutten«[31] sich untereinander kennen müßten. Jenes Hexenzeichen glaubten die Gerichtsknechte aber entdeckt zu haben, wenn sich irgendein Fleck oder eine Narbe am Körper des Angeschuldigten vorfand, eine Stelle, die nicht blutete, wenn man eine Nadel in sie stieß oder sie ritzte. Es wurde angenommen, daß gerade ältere Personen, welche im schlimmen Geruche standen, große Zauberer oder Zauberinnen zu sein, mit zwei oder drei Merkmalen versehen seien. Da es nun dem menschlichen Körper selten an Schrammen oder Flechten und anderen Malen fehlt, so fiel es den Hexenmeistern nicht schwer, »ausgemachte Höllengezeichnete« zu ermitteln. Der große Zauberer, Priester Gaufridius, welchen das Parlament von Aix im Jahre 1611 am 30. April richtete, gab ausdrücklich zu, daß seine Tochter das Brandmal des Satans an Kopf, Herz, Bauch, Hüften, Schenkeln, Füßen und vielen anderen Orten ihres Leibes trage.

Es ward von Priestern, Hexenrichtern und der leichtgläubigen Menge erst recht als unumstößlicher Satz angenommen, daß der Teufel mit den Hexen mißgestaltete Kinder, sogenannte »Wechselbälge«, erzeuge. Eine spätere Behauptung nennt als Frucht solcher Verbindungen Schlangen, Kröten, Frösche und Ungeziefer aller Art. Von den mit dem Satan erzeugten Kindern weiß die Geschichte des Hexenwesens gar mancherlei zu erzählen. In Riehls »Historischem Taschenbuch« wird von einem Teufels- oder Inkubuskinde, das 1249 in England existiert haben soll und mit einem halben Jahre die Größe eines erwachsenen Burschen erreicht habe, berichtet. Ebendaselbst ist zu lesen, daß bei der großen Hexenbewegung zu Toulouse in Frankreich eines der Ungeheuer mit Wolfskopf und Schlangenschwanz gewesen, für welches sie jede Nacht ein kleines Kind habe stehlen und schlachten müssen, da es keine andere Nahrung als diese zu sich nehmen wollte.

Ein französischer Richter, Pierre de Lancre, erzählt weiterhin, eine Angeklagte habe zweiundzwanzig Kinder zum Hexensabbat geführt, und dieselben hätten bei dieser Gelegenheit sämtlich das Zauberzeichen erhalten, wie denn auch bei der Hexe selbst das Zeichen am linken Auge bemerkbar gewesen wäre. Bei dieser Gelegenheit bestätigt der Protokollführer des Gerichtshofes der »Großen Kammer«, daß Verurteilte angegeben hätten, der Teufel begnüge sich keineswegs damit, wenn seine Opfer sich mittels unaussprechbaren Gotteslästerungen von Gott absagten, er sei auch mit einer ersten Anbetung nicht zufrieden, sondern verlange von den Hexen ein mehrmaliges Erscheinen zum Sabbat. Freilich vermeldete der Berichterstatter aber auch, wie diese Aussagen doch nicht so sicher und unfehlbar seien, um dieselben in »allgemeine Regeln« zu bringen und als solche bekanntzugeben.

Wie der Teufelswahn in alle Kreise des Volkes eingedrungen war, geht daraus hervor, daß für die Alumnen (Kostschüler) der theologischen Fakultät zu Salzburg der daselbst angestellte geistliche Professor Dr. Andreas Gaßner ein Lehrbuch über Besessenheit und Teufelaustreibung verfaßte, aus welchem hervorgeht, daß ein großer Teil der Menschen zeitlebens vom Teufel besessen ist und daß nur Beschwörungen, Besprengung mit Weihwasser, Priestersegen ihn mit Erfolg austreiben können. Gaßner unterscheidet verschiedene Arten von Besessenen:

1. Angezauberte *(maleficati)*, welche es sein können an ihrem Eigentum, z. B. an Tieren, wie Kühe, die keine Milch geben, Butter, Weizen, der vom Hagelschlag getroffen wird, oder an ihrem Körper, wenn der »Böse« nur in ein Glied desselben eindringt und Schmerzen usw. verursacht,

2. Umsessene *(obsessi)*, deren Leib der böse Feind belagert,

3. Eigentümlich Besessene *(possessi)*, deren Leib der »Böse« größtenteils oder völlig in seinem Besitz hat.

Sodann jene, deren Häuser oder Gemächer von diabolischen Erscheinungen heimgesucht sind oder welche den Teufel in ein Gefäß eingeschlossen halten und sich nicht von ihm losmachen können, endlich solche Mannspersonen, welche mit hübschen, jungen, verblühlten Teufelchen in vertrautem Verhältnisse lebten. Zu den Zeichen, aus welchen nach Gaßner bei Erwachsenen die diabolische Plage ersehen werden kann, gehört das Erbrechen von Nadeln, Nägeln, Glasscherben oder wenn aus dem Munde höllischer Gestank oder Schwefel-, Pech-, Kohlen- und Rußgeruch hervorgeht, »wenn sich im Leibe ganz ungewöhnliche Töne z. B. wie Froschgequak hören lassen.« Sichere Zeichen bei Kindern sind, wenn sie mehrere Tage nacheinander nichts essen, häufig zusammenschrecken, nicht schlafen, ganze Nächte ohne Ursache weinen, wenn sie furchtsam umherblicken und insbesondere Priester nicht ansehen mögen, wenn sie sich bei fortwährendem Saugen nicht satt trinken können, wenn sie plötzlich erblassen und wenn sie an der Brust anschwellen oder in der Nierengegend schwarz werden. –

Sehr richtig bemerkt O. Wächter: »Überblickt man die zahllosen Erzählungen von Hexen und Zauberern, so ist auffallend, daß trotz der großen satanischen Kunst und aller Vorspiegelungen, durch die sie berückt wurden, alle diese Weiber in Elend und tiefer Armut steckenbleiben; auch die vermeinten Genüsse und Freuden bei den nächtlichen Zauberfahrten und anderem Verkehr mit dem Teufel geben ihnen keine wahre Befriedigung. Ein zweites charakteristisches Merkmal ist, daß der Teufelskult als durchgehende Parodie der christlichen Religion sich ausprägt und seinen Mittelpunkt darin findet, daß Hexen und Zauberer ihre Taufe und den christlichen Glauben abschwören. In diesen beiden Merkmalen, namentlich auch in dem des Betrogenwerdens durch den Teufel, liegt das tiefe Volksbewußtsein von der Nichtigkeit, aber auch Verwerflichkeit des ganzen Zauberwesens.«

3.
Die Ausgeburten des Menschenwahns im Spiegel der eigentlichen Hexenverfolgungen

»Und die *verfolgen*, die uns nie betrübten,
Das ziemt uns nicht und will uns nicht gebühren!«
Schiller

Im Laufe der Jahrhunderte hatten sich die religiösen Vorstellungen der abendländischen Christenheit unter der Priesterherrschaft fast von Grund aus verändert. Die Religion der Liebe und Menschlichkeit hatten feile, gottlose Pfaffen in ihr Gegenteil verwandelt, und der Name des Erlösers mußte den Deckmantel für alle Verruchtheiten und Ausgeburten menschlicher Bosheit, Dummheit und Herrschsucht leihen. Ganz besonders war dies in bezug auf die Lehre vom Teufel und von Teufelsgenossen der Fall.

Vom Sieg des Christentums über »die Gewalt des Teufels« war keine Rede mehr, und das Gebet des Kirchenvaters Hermas: »Ihr sollt den Teufel (das Böse) überwinden!« – hatte die Hierarchie auf den Kopf gestellt und es zur Schmach der Menschheit dahin gebracht, daß die große Mehrheit glaubte, daß der Teufel und dessen Werkzeuge mit Gottes Zulassung in der mannigfachsten Weise auch über den Christen Gewalt übe und dieser vor seiner Gewalt nirgends sicher sei.

An die Stelle der christlichen Lehre vom Teufel und dessen Reich trat allmählich der heidnische Dämonismus, und auf der Grundlage vom Teufel erwuchs die Lehre von der Zauberei, welche Jahrhunderte hindurch die abendländische Christenheit zerfleischte. Wesentlich wirkte dabei die Stellung des Priestertums zur Ketzerei mit.

Die Kirche verfolgte die sogenannten Ketzer – das waren solche, welche dem herrschenden Glauben abtrünnig geworden waren oder doch für Abtrünnige angesehen wurden – durch ihr Glaubensgericht, die Inquisition. Fiel nun die Zauberei oder das Hexenwesen unter den Begriff der Ketzerei, so erschien es angemessen, zu dessen Ausrottung die kirchliche Inquisition zu verwenden, und es ist das traurige Verdienst der Inquisitoren (Glaubens-Ketzerrichter), das Ketzer- und Zauberwesen zu dem ganzen der Hexerei vereinigt und die Hexenprozesse in Schwung gebracht zu haben.

Nachdem die Kirche Zauberei und Ketzerei glücklich zusammengeschoben, fanden es die Juristen ganz in der Ordnung, daß auf einen Bund oder auf den Verkehr mit dem Teufel, dessen Dasein nach den Begriffen der Zeit nun einmal nicht mehr geleugnet wurde, die Strafe der Zauberei, der Scheiterhaufen stand.

Fast in allen europäischen Ländern fanden wir verhältnismäßig früher als im ehemaligen Deutschen Reiche umfangreiche Hexenverfolgungen, besonders in Spanien, Flandern, den Niederlanden, der Lombardei, der Schweiz, in Ungarn, Tirol und in England. In Frankreich war bereits im 14. Jahrhundert durch die Kirche der Hexenprozeß vollständig ausgebildet, und da Zauberei und Ketzerei als miteinander verbunden angesehen wurden, finden sich, wie wir in unserem Abschnitte »Autodafés« sehen werden, oft Ketzer wegen angeblicher Hexerei von der Inquisition verurteilt. So machte man in Carcasonne in der Jahren 1320-50 über vierhundert Zauberern den Prozeß und verurteilte davon über die Hälfte zum Tode, und im Jahre 1357 fanden dort einundreißig Hinrichtungen statt. Auch in Toulouse wurden innerhalb dreißig Jahren sechshundert Urteile wegen Zauberei gefällt.

In den ältesten deutschen Rechtsbüchern, dem Sachsenspiegel und dem Schwabenspiegel, finden wir als Strafe der Zauberei ebenfalls den Feuertod angegeben, desgleichen in der Peinlichen Gerichtsordnung Kaiser Karls V., der scheußlichen Carolina, aber nur, wenn durch dieselbe jemandem Schaden zugefügt werde. Dagegen ist nirgens im Reichsgesetz von einem Teufelsbündnis oder von Teilnahme an Hexensabbaten die Rede, geschweige von Zaubermitteln, die nicht auf Schädigung gerichtet sind, sondern auf Heilung von Krankheiten, oder die den Schutz der Saaten und Weinberge bezwecken sollen.

»Die Jurstisten jener Zeit und unter ihrem Einfluß die Gerichte«, bemerkt Wächter, »gingen indes in ihrer Praxis viel weiter. Sie wurden in dieser Hinsicht von den Anschauungen der Kirche beherrscht und vermeinten, mit Strafe auch da einschreiten zu müssen, wo es zunächst sich um kirchliche Vergehen handelte.«

Die unseligen Hexenverfolgungen wurden in Deutschland erst vom Papst Innozenz VIII.,[32] dem Verfolger der Hussiten und Waldenser, mittels Bulle vom 4. Dezember 1484 (siehe S. 27) eingeführt, und zwei Professoren der Theologie, die Dominikaner Heinrich Institor (Krämer) und Jakob Sprenger, denen als Notar Joh. Gremper, ein Geistlicher des Bistums Konstanz, beigegeben war, letzterer für die Rheingegend, ersterer für Oberdeutschland, als Ketzerrichter mit den ausgedehntesten Vollmachten bestellt. Sie sollten »wider alle und jede Personen, wes Standes und Vorzugs sie sein mögen, solches Amt der Inquisition vollziehen und die Personen selbst, welche sie schuldig befinden, nach ihrem Verbrechen züchtigen, in Haft bringen und an Leib und Vermögen strafen, auch alles und jedes, was dazu nützlich sein wird, frei und ungehindert tun und dazu, wenn es nötig sein wird, die Hilfe des weltlichen Armes anrufen.«

Die Hexen wurden genannt, und die Ketzer meinte man, und bemühte sich auf diesem Wege und unter dem Vorwande jene furchtbare Inquisition einzuführen, die in anderen Ländern schon seit dem Jahre 1216 bestand, gegen dessen Einführung das deutsche Volk sich aber bisher kräftig gewehrt hatte. In der Tat dienten denn auch nach der Reformation die Hexenprozesse als Mittel, die Gegenreformation durchzuführen, so in Bamberg, Würzburg und dem Münsterlande.

Dem erbärmlichen und geldgierigen Bischof von Straßburg, Albert von Bayern, hatte der Papst befohlen, streng darüber zu wachen, daß die Inquisitoren beschützt und durch niemand beeinträchtigt würden; wer das letztere wage, sei mit Interdikt und Bann zu belegen und selbst dem weltlichen Arme der Gerechtigkeit zu übergeben. Sobald irgendwo die päpstliche Bulle bekanntgemacht war, begann die Hexenverfolgung. Hierdurch wurde der Willkür der Kirche Tür und Tor geöffnet. Jedoch selbst in Tirol erhoben sich der Bischof, der Regent und der Landtag gegen das Reichsungetüm trotz der päpstlichen Strafandrohungen, und die Diözesangeistlichkeit widersetzte sich kräftig den neuen Maßregeln, durch welche sie sich in ihrer geistlichen Gerichtsbarkeit beschränkt sahen. Die Mönche dagegen suchten die ihnen verliehenen neuen Rechte soviel als möglich zu behaupten und auszudehnen. Ihr Glaubens- und Verfolgungseifer überschritt bald die Grenzen, wie bei ihrer maßlosen Unwissenheit nicht anders zu erwarten war.

Da kamen die beiden Inquisitoren, die überall Unwillen sahen, auf den schlauen Gedanken, die Juristen zu locken, und jene für unser deutsches Vaterland so verhängnisvolle Bulle war ein tief in die Ordnung des Reiches eingreifender Gewaltakt des Papsttums, dessen Gelingen die schwache Regierung des damaligen Kaisers Friedrich III. ermöglichte.

Es wurde verkündet, daß in Deutschland ein geheimes Reich des Satans vorhanden sei, zu dessen Vernichtung der Statthalter Gottes sich erhoben habe. Dazu mußte allerdings einem großen Teile der Geistlichkeit und der Gemeinden der Glaube an das wirkliche Bestehen dieses Reiches erst noch beigebracht werden. Daher wurden die Inquisitoren ermächtigt, allenthalben, besonders aber da, wo Bischöfe und Pfarrer sich zur Hexenverfolgung nicht geneigt zeigten, zur Aufregung des Volkes beizutragen, die Kanzeln zu gebrauchen und alle Mittel des kirchlichen Strafrechts zur Anwendung zu bringen.

Die Lehre, welche den Deutschen unter Berufung auf den Papst beigebracht werden sollte, war folgende:

1. Es gibt in der Christenheit eine Hexerei, welche eine mit Hilfe des Teufels bewirkte Zauberei zum Zwecke vielfacher, entsetzlicher Schädigung der Menschen ist.

2. Diese Hexerei beruht auf einem mit dem Teufel abgeschlossenen Bund, und

3. Dieser Bund beruht auf Abfall vom christlichen Glauben, indem die Zauberer und Hexen sich von Gott los- und sich dem Teufel zusagen und dadurch ihres ewigen Seelenheils verlustig gehen.

Von Hexenfahrten, von Vermischungen der Hexen mit dem Teufel usw. wird nichts in der Bulle erwähnt.

Selbstverständlich würden die in der Bulle aufgezählten Übeltaten, ihr wirkliches Vorhandensein vorausgesetzt, an und für sich vor die weltlichen Gerichte gehört haben; allein sie werden, weil sie als Werke des Teufels, als Abfall von Gott und vom Glauben gelten sollen, den Glaubens- und Ketzerrichtern zugewiesen.

Mit diesem mächtigen Rüstzeug, mit der päpstlichen Bulle versehen, begannen nun die Inquisitoren, diese »Teufel in Menschengestalt«, ihr fluchwürdiges Werk. Und sie verstanden sich auf das Geschäft der Vertilgung ihrer Mitmenschen im Namen Gottes! – denn binnen fünf Jahren waren in der Diözese Konstanz und in der Stadt Ravensburg achtundvierzig Personen wegen nur im Menschenwahn vorhandener Verbrechen dem Feuertode überliefert. Ein Herr Amtsbruder der beiden Bluthunde, ein gewisser Cumanus, ließ im Jahre 1485 in der Grafschaft Wormserbad ebenfalls einundvierzig Opfer des Wahns verbrennen.

Allein die sanktionierten Mörder fanden weder bei der Geistlichkeit noch bei dem Volke Gegenliebe. Vornehmlich fiel Institor im Lande Tirol erheblich ab. Dort war am 23. Juli 1485 wie allenthalben in Deutschland die Bulle Innozenz' VIII. durch den Bischof von Brixen, Georg Golser, öffentlich bekanntgemacht worden. Alsbald wurden alle der Hexerei verdächtigen Personen auf die Folter gespannt und nach ihren Vergehen und ihren Mitschuldigen befragt, wodurch namenloses Elend über viele Familien gebracht wurde. Selbst in das Haus des damaligen Regenten von Tirol, des Erzherzogs Sigmund, griff die Denunziation ein. Allgemeine Entrüstung erhob sich gegen den Hexenriecher und -richter, infolge deren der Bischof dem Inquisitor befahl, das Land zu verlassen. Der Tiroler Landtag beschwerte sich ebenfalls (1487) beim Erzherzog darüber, daß in jüngstvergangener Zeit »viele Personen gefangen, gemartert und ungnädiglich gehalten worden seien«, und bemerkte dazu: »was doch merklich wider Gott und Sr. Fürstlichen Gnaden Seelen und wider den Glauben ist.«

Der Erzherzog forderte das Gutachten des Dr. Ulrich Molitoris, einer juristischen Autorität, welcher das Amt eines Prokurators bei der bischöflichen Kurie zu Konstanz bekleidete. Molitoris, ein aufgeklärter Mann, der weit davon entfernt war, an den ganzen Teufels- und Hexenschwindel zu glauben, war jedoch zu feige, diese seine Überzeugung offen auszusprechen. Er legte vielmehr sein Gutachten, bevor er es dem Herzog übergab, dessen Sekretär Konrad Stürtzel von Buchheim vor.

Der schlaue Rechtsgelehrte hatte seinem Gutachten die Form eines Gesprächs zwischen sich und dem Erzherzog gegeben und darin auch noch eine dritte Person, den Schultheiß von Konstanz, Konrad Schatz, verflochten (*1489*). Seine eigene Überzeugung legt der Pfiffikus klüglich dem Erzherzog in den Mund, der dadurch als ein überaus aufgeklärter Fürst erscheint und auf die verschiedenen Äußerungen des Schultheißen u. a. entgegnet: Auf bloßes Gerede gebe er nichts, ebensowenig auf Aussagen, die auf der Folter erpreßt wären; denn durch Furcht, Schreck und Qual könne man jemand leicht dazu bringen, auch das Unmögliche zu bekennen. Gerade die Erfahrung spreche gegen den Hexenglauben; denn hätte es mit demselben so ganz seine Richtigkeit, so brauche ein Fürst für den Krieg keine Armee zu unterhalten, indem er dann nur eine Hexe unter sicherem Geleite an der Grenze aufzustellen hätte, welche das feindliche Land schon genugsam durch Hagel und sonstiges Unwetter verwüsten würde. Das Ergebnis des ganzen Gespräches zieht der Verfasser am Schlusse in folgende wichtige Sätze zusammen:

»Der Teufel kann weder unmittelbar durch sich, noch mittelbar durch die Menschen den Elementen, Menschen oder Tieren schaden.

Da Gott allein Herr der Natur ist, so kann nichts ohne seine Zulassung geschehen. Geister können keine Kinder erzeugen. Kommen aber angeblich doch solche vor, so sind sie untergeschoben. Menschen können keine andre Gestalt annehmen und sich nicht an entfernte Orte versetzen; sie können sich nur einbilden, daß sie seien, wo sie nicht sind, und daß sie sehen, was sie nicht sehen. Ebensowenig können Hexen viele Meilen weit zur Nachtzeit wandern und von diesen Wanderungen zurückkommen, sondern indem sie träumen und an allzu reizbarer Phantasie leiden, kommen ihnen derartige Gegenstände, welche sie sich einbilden, so lebhaft vor die Augen, daß sie erwachend durch Selbsttäuschung glauben, sie hätten, was nur eingebildet war, in der Wirklichkeit gesehen.«

Leider gingen diesem aufgeklärtem Manne des Rechts der Mut der Wahrheit ab. Statt praktische Folgerungen aus seiner Einsicht zu ziehen, hält er sich mit der nachstehenden Erklärung eine Hintertür offen:

»Obschon also dergleichen böse Weiber in der Tat nichts ausrichten, so müssen sie nichtsdestoweniger deshalb, weil sie von Gott abfallen und mit dem Teufel ein Bündnis eingehen, wegen ketzerischer Bosheit mit dem Tode bestraft werden.«

Nach solchen Erklärungen und anderen öffentlichen Kundgebungen begriffen die beiden päpstlichen Ketzerschnüffler und Hexenverdammer allmählich, daß der Bulle Summis desiderantes eine breitere Grundlage geschaffen werden müsse, und sie beschlossen, ein Gesetzbuch des Hexenprozesses herzustellen, dem eine ganz genaue und vollständige Belehrung über Wesen und Treiben der Hexen beigegeben werden mußte. Den Hauptteil der Arbeit übernahm Sprenger, der ein System des Hexenglaubens schuf, welches weit über die durch die in der Bulle vom 5. Dezember 1584 gegebene Darstellung des Hexenwesens hinausging, indem es namentlich den Gedanken der Hexenfahrt zum Teufelsabbat und der geschlechtlichen Vermischung als einen wesentlichen Bestimmungsgrund des Hexenwesens hinstellte. So entstand im Jahre 1487 das scheußlichste, fluchwürdigste Buch, das jemals auf deutschen Boden erschienen ist, der berüchtigte Hexenhammer oder *Malleus maleficarum*, von welchem ein Schriftsteller aus dem Anfange des 18. Jahrhunderts sagt: »Dieses ist das Buch, nach welchem und den darin angenommenen Lehrsätzen einige Hunderttausend Menschen um ihre Ehre, ihr Hab und Gut und um Leib und Leben gebracht und nach einer grausamen Marter durch einen erschrecklichen Tod sind hingerichtet worden.«

In diesem unheilvollen Buche findet sich die Lehre vom Zauberbunde mit dem Teufel in weitläufiger Weise auseinandergesetzt und die Anleitung, wie Hexen und Zauberer ausfindig zu machen und gerichtlich zu verfolgen sind. Dieser gräßliche »Hexenhammer«, welcher zuerst im Jahre 1489, und zwar mit Approbation (Genehmigung) der theologischen Fakultät zu Köln im Druck erschien, erlangte bald das höchste Ansehen bei den geistlichen und weltlichen Gerichten und wurde für sie maßgebend. Vornehmlich lehrten die beiden Theologen Institor und Sprenger darin die Anwendung der Folter in einem Umfange, wie sie bis dahin noch niemals in Deutschland bestanden. »Wenn eine der Zauberei Verdächtige die Tortur ausgestanden«, heißt es in diesem Schreckensbuche der Christenheit, »und dennoch nicht zum Schrecken und Bekenntnis gebracht worden, so möge man die Tortur fortsetzen und die Angeklagte des zweiten oder dritten Tages wieder auf die Folter legen. Bekennt sie, so werde sie dem weltlichen Arm übergeben, um an ihr die Todesstrafe zu vollziehen. Leugnet sie, so mag sie der Richter in den schmutzigsten Kerker werfen, um sie mit der Zeit zum Bekenntnis zu bringen, es daure nun kurze Zeit oder Jahre.«

Der Inhalt dieses entsetzlichen Werkes war in Kürze folgender:

Der erste Teil erstreckt sich über die Hexerei überhaupt, über die Wirkungen des Teufels durch Hexen und Zauberer, über das Verhältnis von jenen Kindern, welche Inkuben (Kobolde) und Sukkuben mit den Menschen erzeugen; sodann über die verschiedenen Arten, wie die Hexen den Menschen schaden können, und zwar insbesondere über die Verwandlung derselben in Tiere, über zauberische Hebammen, welche die noch ungeborenen Kinder durch ihre Kunst beschädigten, unzeitige Geburten hervorbringen und die Kinder dem Teufel versprechen, ferner über die Zulassung Gottes bei Hexereien und – über die besondere Neigung der Frauen zu diesem Verbrechen, wofür jener Mönch eine Fülle von albernen Beweisen erbrachte.

Im zweiten Teil des Hexenhammers sind die Fragen erörtert, wie man sich vor verschiedenen Arten der Hexerei verwahren – und wie man Zaubereien lösen und heilen könne. Hier ist die Behauptung aufgestellt, daß der Teufel durch Vermittlung seiner Freundinnen, der Hexen, es besonders darauf abgesehen habe, fromme Jungfrauen zu Fall zu bringen. Dreierlei sei der Schaden, welchen der Teufel vermittels der Hexen den Menschen zufüge: 1. zeitlicher Verlust, 2. Verlust des Glaubens und der Gnade Gottes und 3. Verlust der ewigen Seligkeit. – Seltsam ist die im Hexenhammer angeführte Befähigung der Hexen nach ihrer Schädlichkeit. Es soll danach geben 1. solche, welche Schaden zufügen, aber nicht helfen können, 2. solche, welche bloß helfen, aber nicht schaden können, und 3, welche durch Entzauberung wieder helfen konnten. Es ist in der Tat erstaunlich, wie sich der Menschengeist bis zu solchen Kleinlichkeiten verirren und darin einen armseligen Scharfsinn entwickeln konnte.

Der Hexenhammer weiß über die verborgensten Dinge den genauesten Bescheid; beispielsweise macht er einen ganz feinen Unterschied zwischen einem feierlichen Bündnis der Hexen mit dem Teufel, welches in pleno einer ganzen Hexenversammlung abgeschlossen wurde, und zwischen einem Privatpakt, wobei es nur der gewöhnlichen Förmlichkeit bedurfte, aber keiner öffentlichen Zeremonien. Auf die höchste Rangstufe werden in dem miserablen Pfaffenmachwerke diejenigen Hexen gesetzt, welche Kinder verspeisen und welche durch die Macht des Teufels auch für die schärfste Tortur unempfindlich bleiben.

Die Hexenaristokratinnen können vornehmlich Hagel, Sturm und Gewitter machen, wahrsagen, Liebe und Haß erregen, durch den bösen Blick töten, Kinder im Mutterleibe umbringen und was dergleichen Taten mehr sind; auch vermochten sie in den Herzen der Richter Mitleid und Liebe zu erwecken. – Die vorzüglichsten Mittel, durch welche man die Bezauberung lösen und aufheben konnte, waren Fasten, Beten, Beichten und Genuß des heiligen Abendmahls, außerdem aber auch noch manches andere, was den Mönchen Vorteile und Einnahmen brachte, wie die Anwendung von Weihwasser, Weihrauch, geweihtem Salze, Amuletten und dergleichen mehr, bei welchen die frommen Patres allerhand Zeremonien vornahmen, selbstverständlich gegen Bezahlung; die Dummheit der Menschen war eben die beste Quelle ihrer Einnahmen, die ihnen ihr Wohlleben ermöglichte.

Sehr wichtig war der dritte Teil es Hexenhammers, welcher den Hexenprozeß umfaßt, der dann leider die Grundlage für das Verfahren in wirklich vorkommenden Fällen bildete. Hauptgrundsatz dabei war, daß alle diejenigen, welche den Teufel anriefen und sich mit ihm in ein Bündnis einließen, Ketzer seien und als solche der Gerichtsbarkeit der geistlichen Gerichte unterständen, worin sich weder Weltliche noch selbst Bischöfe einzumischen hätten. Die ferneren Grundsätze, von denen man nach dem abscheulichen Gesetzbuche beim Hexenprozesse ausging, waren folgende: Die Einleitung des gerichtlichen Verfahrens durfte der Richter vornehmen, wenn auch keine Anzeige oder Anklage vorangegangen war (vgl. Kapitel »Hexenprozesse«), ja er mußte es sogar, wenn er, sei es auch nur durch ein Gerücht, vernommen hatte, daß sich an irgendeinem Orte Hexen befanden. Sprachen auch nur zwei bis drei Zeugen darüber, so galt ihre Aussage als Beweis der Wahrheit. Zudem durfte der geistliche Richter auch selbst Zeugen aussuchen und sie eidlich zum Bekenntnis der Wahrheit zwingen. Bei der Wahl der Zeugen war man nichts sehr skrupulös (bedenklich). Exkommunizierte, Mitschuldige, Dienstboten und Familienmitglieder wurden als Zeugen angenommen, ja sogar persönliche Feinde des Angeschuldigten, bloß der Fall ausgenommen, daß der Zeuge dem letzteren nach dem Leben getrachtet hatte.

In der Tat trägt dieses scheußlichste der Gesetzbücher den Namen »Hexenhammer« nicht mit Unrecht, und wirkliche Teufel in Menschengestalt waren es, die diesen Hammer schmiedeten und zusammenschweißten. Welchen unermeßlichen Spielraum für persönliche Leidenschaften schufen sie! – Bei dem Verhör mußten unter anderem folgende Fragen vorkommen: Ob die angeklagte Person wisse, daß sie für eine Hexe gehalten werde? Wenn Vieh oder Kinder krank wurden, so kamen die Fragen vor: Warum sich die Hexen in dem Stalle oder auf dem Felde haben sehen lassen? – Warum sie das Kind oder das Vieh berührt habe, und woher es komme, daß es gleich danach krank geworden usw. – Ferner fragte man: Ob die Hexe in fremde Häuser gezaubert, Hagel und Gewitter gemacht, das männliche Vermögen und die weibliche Fruchtbarkeit geraubt – und endlich: Wer sie die Hexerei gelehrt habe und wie sie zu den Hexenversammlungen gekommen sei? – In bezug auf die Art der Verhaftung von Hexen empfahl das Scheusal Sprenger in seinem Teufelsopus die Vorsicht, eine solche Person, wenn man sie griffe, gleich vom Boden aufzuheben, denn wenn sie die Erde berühre, könne sie sich vermittels ihrer geheimen Künste gar leicht wieder in Freiheit setzen. Ob man ihr bei der Untersuchung die Namen der Zeugen nennen solle, das riet Sprenger lediglich dem Ermessen der Richter zu überlassen. Ein Advokat sei zwar der angeklagten Person zu gestatten, wenn derselbe jedoch seinen Klienten über Gebühr verteidige, so müsse man den Advokaten selbst für noch schuldiger halten als den Klienten.

Die übrigen Hauptstücke nach des Teufels Sprenger Hexenhammer betrafen folgendes: Was der Advokat zu tun habe, wenn ihm die Zeugen nicht genannt werden? – Durch welches Mittel man das Vorhandensein einer Todfeindschaft entdecken könne? – Was der Richter vor dem Verhör in der Folterkammer zu beobachten habe? – Wie eine Hexe zur Tortur zu verurteilen sei? – Wie man sie am ersten Tage zu foltern habe, und ob man ihr das Leben versprechen dürfe, um ein freiwilliges Geständnis von ihr zu erlangen? – Wie die Fortsetzung der Tortur angewendet werden solle? – An welchen Zeichen der Richter zu erkennen vermöge, ob die angeschuldigte Person eine Hexe sei, wie er sich vor ihren Zauberkünsten hüten solle und wie er, wenn sie durch des Teufels Hilfe während der Folter ein Stillschweigen zu behaupten weiß, dieser zu begegnen habe. – Die Zeit und die zweite Art des Verhörs. – Diejenigen Mittel, wodurch die angeklagte Person ihre Unschuld beweisen kann. – Wie das Endurteil aufzufassen sei? – Auf wie vielerlei Art jemand so verdächtig werden könne, daß ihm die Todesstrafe zuerkannt werden müsse? – Wie man Zauberer und Hexen zu behandeln habe, die an ein höheres Gericht appellieren? – (Die Berufung mußte selbstverständlich auf jede nur denkbare Art erschwert werden).

Dieses unheilvolle Gesetzbuch wurde somit die Richtschnur bei dem gerichtlichen Verfahren gegen Hexen und Zauberer, und man kann sagen, daß es sozusagen für sämtliche christliche Länder, von Pfaffen erzeugt und für Richter gemacht, galt.

Schaudererregend war die Ausführung, da die Hexengerichte die Zauberei für ein Ausnahmeverbrechen hielten und sich an gar keine rechtlichen Vorschriften gebunden glaubten, sondern lediglich nach Gutdünken handelten, da ferner die Verteidigung der Hexen dem schon erwähnten Grundsatze gemäß im höchsten Grade gefährlich war, und da endlich, nicht bloß bei den Richtern und Angebern persönliche Beweggründe sehr häufig den Impuls zur Verfolgung gaben, sondern daß auch die Angeklagten unter der Folterqual aus Haß oder oft sogar bewußtlos unschuldige Personen als Teilnehmer an dem ihnen zur Last gelegten Verbrechen bezeichneten. Überdies war die Bestimmung der Indizien so ungenau und schwankend, daß häufig der unbedeutendste Umstand irgendeinmal, ein Augenübel, eine zufällig auffallende Bewegung hinreichte, um irgendein altes Mütterchen, ja selbst nicht selten Kinder in den Verdacht der Hexerei zu bringen.

Mit dem Hexenhammer, der Bulle *Summis desiderantes* und einem Patente des neuen römischen Königs Maximilian I. vom 6. November 1486 erschienen Institor und Sprenger im Mai 1487 in Köln und ließen eine Notariatsurkunde über die Approbation (Genehmigung) ihres Gesetzbuches durch die theologische Fakultät aufnehmen.

Aber auch hierbei zeigte es sich, daß die Wissenschaft des Hexenwesens in der Gestalt, in welcher sie im Hexenhammer vorlag, neu war und den Gelehrten wie dem Volke erst noch eingeimpft werden mußte. Jene Approbation war nämlich in ihrer ersten Fassung sehr verklausuliert. Deshalb wußten sich die Verfasser in der Folge noch weitere Bestätigungen zu verschaffen. Dekan jener Fakultät war damals Lambertus de Monte.

Mit dem »Hexenhammer« wurde der Habgier der Richter, sowie dem Hasse und dem Neide der weiteste Spielraum eröffnet, durch falsche Anklagen Unschuldiger, an denen man sich rächen oder die man berauben wollte.

So hatte für Deutschland der Hexenprozeß Gesetzeskraft erlangt und hatte durch den Hexenhammer eine bestimmte Gestalt gewonnen, und bald folgten für andere Länder Bullen ähnlichen Inhalts.

Leo X. klagte in einem Breve (1521) darüber, daß einige, welche in der Gegend von Brixen und Bergamo wegen Zauberei aufgegriffen wären, hartnäckig lieber ihr Leben preisgegeben, als ihre Verirrung bekannt hätten, und daß der Senat der Republik Venedig den Hauptleuten des Landes verboten habe, die Strafbefehle der Inquisition zu vollziehen.

Ähnliche Breven hatte Julius II. erlassen usw.

»Indem«, sagt Soldan, »so die infallible (unfehlbare) Autorität des Papsttumes für den Hexenprozeß eingetreten war, kam jetzt das Unwesen der Hexenprozesse allerorten in Gang« usw. Die Seuche des allgemeinen Glaubens an teuflische Zauberei und an Teufelsbuhlschaft und die Furcht vor den Übeltaten der Hexen, in welcher die abendländische Christenheit zwei Jahrhundert lang erzitterte, ist großenteils durch den Hexenhammer selbst hervorgerufen, der die Millionen von Schlachtopfern, die er zerschmetterte, sich selbst erst zubereitet hat. Seitdem dieses Gesetzbuch der Hexenverfolgung aufgestellt war, wirkten Kirche und Gerichtsstube zusammen, um die Theorie aufzubauen, wobei Philosophie und Medizin treulich halfen, und die Strafpraxis lieferte wiederum das Material, um die Theorie zu bestätigen.

Zunächst allerdings stieß der Malleus maleficarum fast allenthalben auf den heftigsten Widerstand. Der Schrecken des mit der Folter geführten Hexenprozesses machte alle Welt erbeben. Der Hexenhammer hämmerte auch den Völkern des Abendlandes den Glauben an die Hexerei, den Glauben an den Dämonismus des Heidentums ein, der bis über den Anfang des 18. Jahrhunderts hinaus die abendländische Christenheit mit demselben Schrecken erfüllte, unter welchem einst die ganze heidnische Welt erzitterte, als das Christentum in dieselbe eintrat. Damals überraschte das Evangelium die Welt mit der frohen Botschaft, daß die Gewalt des Satans und der Dämonen gebrochen, daß der Christ durch Gott gegen alle Anläufe des Bösen ein für allemal gewahrt sei, und daß nicht dieser den Teufel und dessen Genossen, sondern umgekehrt der Teufel den Christen zu fürchten habe.

Zum erstenmal war der seit Jahrtausenden auf dem Menschengeschlecht lastende Fluch des Dämonismus gebrochen, und die Kirche hatte diesen Trost des Evangeliums auch bis über den Anfang des zweiten Jahrtausends festgehalten, indem in ihr unbeanstandet gelehrt war, daß alles Hexenwerk nur Satans Blendwerk und der Glaube an die Wirklichkeit desselben Sünde sei: da nahte die Zeit heran, wo die Kirche nach dem Evangelium erneuert und der Grund zur Befreiung derselben von der Gewalt des Papsttums gelegt werden sollte.

Indessen, sagt Soldan schön und treffend, noch ehe die neue Wende der Zeiten eintrat, fast in der letzten Stunde, erhob sich das Papsttum – als wollte es vor dem Beginn des Zusammenbruchs seiner Weltherrschaft noch den letzten, den schrecklichsten Fluch über die abendländische Christenheit sprechen, indem es den bis dahin im großen und ganzen kirchlich verpönten Glauben an die Hexerei zum Dogma (Glaubenssatz) erhob und dadurch den Fluch des heidnischen Dämonismus über die Völker des Abendlandes brachte. Das Elend, von welchem die Welt durch das Papsttum von neuem über die Welt gebracht. Die abendländischen Christen erzitterten seitdem vor dem geheimen und verborgenen Treiben des Teufels, der Zauberer und Hexen. Die um jene Zeit eingetretene Umbildung des deutschen Strafverfahrens verschlimmerte das Übel und beförderte die Verfolgung der beklagenswerten Opfer des Hexenwahns.

Nach altem gutem deutschem Recht konnte ein Strafverfahren nur auf Anklage eingeleitet werden. Dabei mußte der Ankläger dem Angeklagten offen gegenübertreten und den Beweis der Wahrheit seiner Behauptungen antreten und meist durch Eidhelfer, das waren andere glaubwürdige Männer, die Zuverlässigkeit seiner Angaben durch deren Eid bekräftigen lassen.

Man unterschied im Beweisverfahren zwischen handfester und übernächtiger Tat. Bei Hexen konnte es nun zum Prozeß auf handfeste Tat nicht leicht kommen. Bei dem Prozesse auf übernächtige Tat aber durfte man sich sonach durch Eidhelfer losschwören.

Leider war mit Einführung der Carolina das inquisitorische und geheime Verfahren zum Nachteile des Volkes eingeführt worden. Der Strafprozeß wurde lediglich von Amts wegen eingeleitet, und als Beweis genügte das Geständnis des Beschuldigten, welches herbeizuführen oft selbst die verwerflichsten Mittel zur Anwendung kamen.

In dieser nicht minder scheußlichen und Peinlichen Halsgerichtsordnung Kaiser Karls V. heißt es u. a. ganz unbestimmt:

»*Item*, so jemand sich erbaut, andern Menschen Zauberei zu lernen, oder jemand zu bezaubern bedroht, und dem Bedrohten dergleichen geschieht, auch sonderliche Gemeinschaft mit Zauberern und Zauberinnen hat, oder mit solchen verdächtigen Dingen, Gebärden, Worten und Weisen umgeht, die Zauberei auf sich tragen, und dieselbige Person desselbigen sonst auch bezichtigt, das gibt eine redliche Anzeigung der Zauberei und genugsame Ursache zu peinlicher Frage.«

Das bequemste und wirksamste Mittel in der Hand der Richter war die Folter, die nach Italiens Vorgange durch die deutschen Rechtsgelehrten, nach und auch durch die Landesgesetze und im 15. Jahrhundert durch die Reichsgesetzgebung in die Carolina[33] eingeführt wurde.

Anfangs leitete sonach, wie wir gesehen, die geistliche Gerichtsbarkeit die Hexenprozesse ein und übergab die Verurteilten der weltlichen zur Strafvollstreckung, später jedoch zogen die weltlichen Gerichte dies Verbrechen der Zauberei ausschließlich vor ihren Gerichtsstand und erwiesen sich als würdige Schüler der Inquisition.

Ursprünglich ließ die gesetzliche Regel eine Anwendung der Folter erst dann zu, wenn durch andere Beweismittel hinreichende Anhaltspunkte für die Schuld des Angeklagten gefunden waren, bei den Hexenprozessen setzte man sich jedoch über diese Regel hinweg und behauptete, die Zauberei bilde ein Ausnahmeverbrechen, bei welchem schon ein leichter Verdacht, entfernte Anzeigen genügten, zur Erlangung von Geständnissen, auf Folter zu erkennen. Die leichteste Verdächtigung, das im Geruche der Hexerei Stehen des Angeschuldigten reichte dazu vollkommen hin.

Mit dem durch die Hexenverfolgungen wesentlich geförderten Umsichgreifen des Hexenglaubens schrieb man fast jedes Übel, wie Mißwachs, Wetterschaden, Krankheit, Viehsterben, Diebstahl und dergleichen, den

Hexen zu und verdächtigte das erste beste alte Weib als Urheberin, wobei Neid und Haß eine große Rolle spielten. Von der auftauchenden Vermutung, daß diese oder jene Person Unglück durch Hexerei hervorgerufen habe, bis zur Annahme der Gewißheit, daß dem so sei, war nur ein Schritt.

Besuchte jemand die Kirche nicht, so hatte er bereits dem Teufel gehuldigt, ihm das Homagium (den Lehenseid) geleistet, wie man es ausdrückte; ging er dagegen fleißig zur Kirche, so geschah das offenbar, um den Verdacht von sich abzuwenden; kam einer in den Geruch der Hexerei, so hieß es »*vox populi, vox dei*« (Des Volkes Stimme – Gottesstimme). Kümmerte sich der Verleumdete im Bewußtsein seiner Unschuld nicht um den Klatsch, so erschien er besonders verdächtig, denn der Teufel hatte ihn sicher gemacht; verteidigte er sich aber gegen die ungerechten Angriffe, so war es sein böses Gewissen, das ihm Angst machte; floh er den Ort der üblen Nachrede, so galt dies für ein noch schlimmeres Zeichen, denn wozu die Furcht, wenn er unschuldig war? Wurde eine Hexe aufgegriffen, so war es schon ein Beweismittel für ihre Schuld, wenn sich ihr Körper kalt anfühlte; nicht minder aber, wenn er glühte. Ihre Schuld galt für ausgemacht, wenn sich Hexenmale (Stigma) vorfanden. Sobald aber eine Hexe einmal festgenommen war, war sie meist verloren. Es wäre niemandem zu raten gewesen, ihre Verteidigung zu übernehmen; er kam dadurch selbst in Verdacht, im Bunde mit dem Teufel zu stehen. Das Vorgehen gegen die Verdächtigen und Angeklagten war durch den »Hexenhammer«, nach dessen Vorschriften die Richter verfuhren, aufs genaueste vorgezeichnet. Demgemäß gingen die Gerichtsherrn, wenn eine Person als Hexe eingezogen worden war, zunächst »nur so spaßhaft förschelnd« zu Werke. Man tat zuerst so recht zutraulich, als ob man nicht im Entferntesten etwas Böses im Schilde führe, suchte jedoch dabei durch Kreuz- und Querfragen die Angeschuldigte in ihren eigenen Worten zu fangen. Fragte man: »Glaubst du, daß es Hexen gibt?« und die Person verneinte es, so sagte man, so werde sie auch noch mehr von der Sache wissen, und nun ging man ans Werk, dieses Mehrwissen zutage zu fördern.

Dergestalt konnte eine alte Frau mit roten Augen, sobald der Verdacht der Hexerei auf ihr ruhte, einen ganzen Ort in Verruf und in Verzweiflung bringen, so daß sich niemand mehr seiner Gesundheit, seines Lebens und seines Wohlstandes sicher halten durfte. Oft wurde ein Ort von den Hexenrichtern in solche Aufregung gebracht, daß dessen Bewohner baten, sie von den Hexen zu erlösen. Schleunig eilten die Richter sodann herbei und wurden häufig feierlich eingeholt von Rat und Bürgerschaft. Nunmehr wurde an die Tür der Kirche oder des Rathauses ein Anschlag angeheftet, der die Aufforderung enthielt: »Jede Person, von welcher man etwas auf Zauberei Hindeutendes wisse, oder von welcher man selbst nur gehört habe, daß sie im üblen Ruf steht, binnen zwölf Tagen anzuzeigen.« Wer dies unterlasse, den solle Kirchenbann und weltliche Strafe treffen.

Die einfache Geige

Doppelgeige zum Einsperren zweier zanksüchtiger Frauen

Die Sitzbank

Der gespickte Hase

Dagegen wurde dem Angeber Verschweigung seines Namens, Geld und geistlicher Segen verheißen.

Leider fehlte es nie an Anklägern. Die Bezichtigten wurden sofort eingezogen und meist in den »Hexenturm« oder das »Drudenhaus« geworfen. Dort ließ man sie oft monatelang bei elendester Nahrung liegen, um sie »mürbe zu machen«, und dort hatten die unglücklichen Zermarterten unsäglich unter Kälte, Nässe, Finsternis, Unflat, Hunger, Ungeziefer, in düsterer Einsamkeit und unter »stetiger Anfechtung« zu leiden. Kein Wunder, wenn viele körperlich und geistig schon in diesen Höhlen zugrunde gingen, irrsinnig wurden, wohl auch gar starben.

Aus Prätorius' Werk »Von Zauberei« ersieht man, was man vor dritthalb bis vier Jahrhunderten einen derartigen Kerker nannte; Prätorius schildert ihn folgendermaßen:

»In dicken, starken Türmen, Gewölben, Kellern oder sonst tiefen Gruben sind gemeinlich die Gefängnisse. In denselben sind große dicke Hölzer, zwei oder drei übereinander, daß sie auf- und niedergehen an einem Pfahl oder Schrauben; durch dieselben sind Löcher gemacht, daß Arme und Beine darin liegen können. Wenn nun Gefangene vorhanden, hebt oder schraubt man die Hölzer auf, die Gefangenen müssen auf einen Klotz, Stein oder Erde niedersitzen, die Beine in die untern, die Arme in die oberen Löcher legen. Dann läßt man die Hölzer wieder fest aufeinander gehen, verschraubt, keilt und verschließt sie auf das härteste, daß die Gefangenen weder Beine noch Arme notdürftig gebrauchen noch regen können. Etliche haben große eiserne oder hölzerne Kreuze, daran sie die Gefangenen mit dem Hals, Rücken, Armen und Beinen anfesseln, daß sie stets entweder stehen oder liegen oder hängen müssen, nach Gelegenheit der Kreuze, daran sie geheftet sind. Etliche haben starke eiserne Stäbe, daran an beiden Enden eiserne Banden sind, darin verschließen sie den Gefangenen an den Armen, hinter den Händen. Dann haben die Stäbe in der Mitte große Ketten in der Mauer angegossen, daß die Leute stets in einem Lager bleiben müssen.

Etliche machen ihnen noch dazu große schwere Eisen an die Füße, daß sie die weder ausstrecken noch an sich ziehen können. Etliche haben enge Löcher in den Mauern, darin ein Mensch kaum sitzen, liegen oder stehen kann, darin verschließen sie die Leute mit eisernen Türen, daß sie sich nicht wenden oder umkehren mögen. Etliche haben fünfzehn, zwanzig, dreißig Klafter tiefe Gruben, wie Brunnen oder Keller aufs allerstärkste gemauert, oben im Gewölbe mit engen Löchern und starken Türen, dadurch lassen sie die Gefangenen mit Stricken hinab und ziehen sie, wie sie wollen, also wieder heraus. Nachdem nun der Ort ist, sitzen etliche Gefangene in großer Kälte, daß ihnen auch die Füße erfrieren und abfrieren, und sie hernach, wenn sie loskämen, ihr Lebtage Krüppel sein müssen. Etliche liegen in steter Finsternis, daß sie den Sonnenglanz nimmer sehen, wissen nicht, ob's Tag oder Nacht ist. Sie alle sind ihrer Gliedmaßen wenig oder gar nicht mächtig, haben immerwährende Unruhe, liegen in ihrem Unrate, vile unflätiger und elender denn das Vieh, werden übel gespeiset, können nicht ruhig schlafen, haben viel Bekümmernis, schwere Gedanken, böse Träume, Schrecken und Anfechtung. Und weil sie Hände und Füße nicht zusammenbringen und wo nötig hinlenken können, werden sie von Läusen, Mäusen, Ratten und Martern übel geplagt, gebissen und zerfressen. Werden über dem noch täglich mit Schimpf, Spott und Dräuung vom Stöcker und Henker gequält und schwermütig gemacht. Und weil solches alles mit den armen Gefangenen bisweilen über die Maßen lange währt: werden solche Leute, ob sie wohl anfänglich gutes Mutes, vernünftig, geduldig und stark gewesen, doch in die Länge schwach, kleinmütig, verdrossen, ungeduldig, mißtröstig und verzagt.

In so schändliche, grausame, böse Türme, welche billig nicht Menschengefängnis, sondern die Teufelsmarterbank möchte geheißen werden, lassen die Richter oftmals unschuldige Frauen hinabwerfen. Da liegen die elenden blöden Weiber im Finstern... – Oh, ihr Richter, was macht ihr doch? Was gedenkt ihr? Meinet ihr nicht, daß ihr schuldig seid an dem schrecklichen Tod eurer Gefangenen?«[34]

Fürwahr, das Herz des Menschenfreundes krampft sich zusammen bei dieser Schilderung, und der Anblick solcher »Hexen-« oder »Druidentürme«, wie sie hie und da, teils leidlich erhalten, teils in Überbleibseln, noch in unseren Tagen zu finden sind, erfüllt uns mit Schaudern; denn sie waren stumme Zeugen unsagbaren menschlichen Wehs und sind stille Ankläger menschlicher Herzensverhärtung in der finsteren Zeit des Wahns. Wahrlich, an alle diese Türme hätte man Dantes Worte anbringen sollen: »Laßt, die ihr eingeht, alle Hoffnung schwinden!«

Nach des edlen Friedrich von Spees Schriften bestanden verschiedene Grade der Kerkerhaft, die gewissermaßen die Tortur ergänzten und verschärften. Dieser große Menschenfreund berichtet darüber:

»Will eine Angeklagte auf der ersten, zweiten oder dritten Tortur nichts bekennen, so wird sie in ein ärgeres Gefängnis, an Fessel und Ketten gelegt, nach ausgestandener Marter sich in Elend und Bekümmernis zu verzehren. Inzwischen werden andere gefoltert und ihnen die Aussage in den Mund gelegt, daß die erste Gefangene von ihnen auf Hexentänzen gesehen worden sei, oder was dergleichen sein mag. Daraufhin wird die Gefangene von neuem auf die Folter gespannt, bis sie endlich bekennen muß, was man von ihr hören will.«

Aber die menschliche Bosheit und teuflische Grausamkeit der Inquirenten ruhte mit den verschiedenen Graden der Kerkerhaft noch keineswegs; hier und da hatten sie – zur Schande des Menschengeschlechts muß es berichtet werden – noch ganz besondere Qualen für die Eingekerkerten ersonnen. »Das gefaltete Stüblein«, im »Malefizturm«[35] zu Bamberg – ein Kerker, dessen Fußboden aus scharfkantigen Latten bestand – wußten dortige Inquisitoren gar sehr zu rühmen und warm zu empfehlen.

Strafmantel aus massivem Eichenholz
mit Eisengewichten

Schandmantel für Unsittliche, Nachtschwärmer,
Trunkenbolde, Obst- und Holzdiebe &c.

Es kam auch vor, daß Hexen, bei denen das Verbrechen nicht vollständig erwiesen werden konnte, in das Narrenstüble, also ins Irrenhaus verbracht wurden. Die Irrenhäuser damaliger Zeit waren aber schlimmer als die Zuchthäuser späterer Jahrhunderte. Die Hauptkur bestand in häufiger Anwendung der Peitsche, kalter Sturzbäder und dergleichen.

Man bilde sich aber nicht ein, daß, wenn wirklich einmal der kaum denkbare Fall einer Freisprechung in einem Hexenprozesse erfolgte, der Gefangene sofort entlassen worden sei, im Gegenteil! – da gab es – o wunderliche Gerechtigkeitspflege! – erst Gerichtskosten zu entrichten. Konnte oder wollte und konnte der Unschuldige, Freigesprochene dieselben nicht zahlen, so mußte er die »Gerichtskosten« zunächst erst noch »absitzen«. So hat man u. a. bei Marburg eine Frau – der Kosten wegen! – zwei Jahre im Turm angeschlossen gehalten und in dieser Zeit auch gefoltert.

Die Untersuchungsakten haben tolles Zeug zutage gebracht, was die Richter aus den armen Hexen und Zauberern heraus-, zum Teil aber zuerst hineinfolterten. Und sie zählen zu den »Gebildeten«!

O welcher Hohn auf das Wort Bildung! O. Wächter führt eine Reihe solcher Fälle an. Da sagte ein Zeuge beispielsweise aus: Die Angeschuldigte gelte seit längerer Zeit unter den Leuten ihres Ortes für verdächtig; der zweite: es sei im letzten oder vorletzten Sommer ein Gewitter gewesen, gerade um die Zeit, als jene vom Felde gekommen; ein dritter hatte bei einem Hochzeitsschmause plötzlich Leibweh verspürt, als die Verdächtige eben am Hause vorübergegangen; einem vierten war nach einem Wortwechsel mit derselben ein Stück Vieh erkrankt, und schließlich erklärte noch ein unwissender Arzt eine Krankheit für einen »Nachschaden«, so nannte man eine solche, die »durch Zauberei herbeigeführt sein sollte«.

Als besonders schwer wurde der Verdachtsgrund angesehen, wenn die Angeschuldigte anderen Personen geschadet haben sollte. Man nahm es dabei mit der Klagebegründung außerordentlich leicht. Hatte Hagel Schaden angerichtet, oder verendete jemandem plötzlich ein Stück Vieh oder erkrankte sein Kind, und eine darauf der Hexerei Beschuldigte gestand zuletzt auf der Folter, daß sie mit Hilfe des Teufels »gehagelt«, das Vieh »verzaubert« oder dem Kinde »etwas angetan« habe, so zweifelten die Richter nicht, daß dies erpreßte Geständnis auf die angegebenen Fälle Bezug habe. Ja, es reichte schon hin, wenn eine im Rufe der Hexerei stehende Person einer andern »Böses angewünscht« hatte und zufällig der letzteren Kind oder Kuh erkrankte, anzunehmen, daß die erstere es »ihm angetan« hatte. Ebenso genügte vollkommen, daß die angebliche Hexe jemanden »angerührt« hatte, der hinterher krank wurde.

Alles Ungemach des einzelnen wie ganzer Familien und Gemeinden schrieb man dem Einflusse der Hexe zu. Die Phantasie der Menschen war durch die Hexenprozesse völlig vergiftet und die christliche Moral in schmachvollster Weise untergraben worden. Der Unschuldigste war gegen eine Anklage ebensowenig gesichert als der wirkliche Verbrecher, ja letzterer entging häufig dadurch der gerichtlichen Verfolgung, daß man einfach Unschuldige der Zauberei und mit dieser der Verübung des in Rede stehenden Verbrechens zieh.

Man forschte begierig nach Anhaltspunkten für die Begründung eines Verdachtes, und selbst das Ehrenwerteste sah man als ein Zeichen der Schuld an. Ging es jemand gut, so nahm man an, der Teufel werde ihm die blanken Goldstücke »scheffelweise« durch den Schornstein herein in den Schoß.

Selbst Langschläfer beschuldigte man, die nächtlichen Zusammenkünfte hätten sie ermüdet. Wunden und Striemen sollten vom Teufel herrühren. Erschrecken galt als ein Zeichen des Schuldbewußtseins, Fassung nicht minder; denn wer anders, als der Teufel konnte sie verliehen haben!

Ein Hauptverdachtsgrund war ein Fluchtversuch, so natürlich er auch war bei Aussicht des Unschuldigsten auf Hexenturm, Folter und Scheiterhaufen. Dabei nahm man den Beweis der Flucht nicht weniger als genau. Der berühmte Menschenfreund Fr. v. Spee, der zu Anfang des 17. Jahrhunderts in Würzburg lebte, führt darüber ein Beispiel an, indem er erzählt:

»Es kam aus einem Dorfe eine Frau zu mir, sich Rats bei mir zu erholen und mir zu beichten, daß sie denunziert worden; sie sei gleichwohl nicht der Meinung, daß sie fliehen wollte, sondern sie wollte wieder heimgehen, welches ich ihr dann auch geraten. Sie bekümmerte sich aber vornehmlich darum, daß, wenn sie etwa gefangengenommen und gefoltert würde, sie aus Schmerzen über sich lügen und sich also selbst in die ewige Verdammnis stürzen möchte. Ich gab ihr zur Antwort, daß diejenigen, welche solchergestalt lügen müßten, nicht tödlich sündigten, derowegen sie denn auch des anderen Tags wieder nach ihrem Dorfe gegangen und darauf alsbald – weil es hieß, sie wäre flüchtig geworden, gefänglich eingezogen und alsobald gefoltert worden, da sie denn auch die Schmerzen nicht ausstehen können, sondern sich zu dem Laster bekannt und darauf den Tod ausgestanden hat.«

Durch Aussagen der Gefolterten auf Mitschuldige entstanden aus einem Hexenprozesse deren eine ganze Reihe. Nicht genug mit einem Opfer, sucht der fanatische Richter in seinem Eifer von der Bejammernswerten die Namen solcher herauszufoltern, die mit ihr zum Hexensabbat gewesen. Sie bejaht die Namen, die ihr der Inquirent vorspricht, nennt auch wohl selbst solche und bringt sie dadurch ebenfalls ins Verderben. Ein armes Weib, das im Jahre 1629 zu Bamberg auf der Folter nach solchen gefragt wurde, welche mit ihr am Hexentanze teilgenommen, rief aus: »Mich armen Tropfen hat man von meinem Kindern genommen, und die Vornehmen verschont man!« Um es nun auch den Vornehmen einzubrocken, nannte sie eine ganze Anzahl der angesehensten Einwohner der Stadt, die Frau Bürgermeister an der Spitze, von denen die meisten das gewöhnliche Schicksal der Hexen teilten.

Die Verwandtschaft oder Freundschaft mit einem Gerichteten war höchst gefährlich, nicht minder, in einem früheren Hexenprozeß als Schuldiger genannt worden zu sein. In solchen Fällen war kaum ein Entrinnen denkbar. Ganz besonders belastend war die sogenannte »Besagung«, das ist die Beschuldigung anderer Personen, ebenfalls am Hexentanze beteiligt gewesen zu sein. Seitens Gefolterter, wenn mehrere Angeschuldigten ein und denselben Namen genannt hatten, obgleich ihnen solche Namen häufig vom Richter, Gefangenenwärter oder Folterknechte entlockt worden waren. Das Bereuen der »Besagenden«, Unschuldige angegeben zu haben, änderte nichts an der Verfolgung der Genannten, ebensowenig, wie Widerruf der »Besagung«, sondern hatte höchstens eine Wiederholung der Tortur zur Folge.

Und wie leicht es war, eine Hexe bei der Tortur auf andere bekennen zu lassen, beschreibt Spee in seiner *Cautio criminalis* folgendermaßen:

»Dieser Richter, wenn etwa eine Gefangene auf sich selbst bekannt hatte und darauf um ihre Gesellen gefragt wurde, sie aber aufs beständigste darauf bestünde, daß sie deren keine wüßte und kennete, pflegete er zu fragen: Ei, kennest du denn die Titiam nicht, hast du dieselbe nicht auf dem Tanz gesehen? Sagte sie alsdann nein, sie wüßte nichts Böses von derselben, so hieße es sobald: Meister, ziehe auf, spanne besser an! Als dieses geschehen und die Gemarterte die Schmerzen nicht erdulden konnte, sondern rief: Ja, ja, sie kennete dieselbe und hätte sie auf dem Tag gesehen, man solle sie nur herablassen, so ließ er solche Denunziation *ad protocollum* setzen, fuhr fort und fragete, ob sie nicht auch die Semproniam kennete« – usw.

Der Augenzeuge eines Hexenprozesses bemerkt über die Wirkung der Folter auf den Gemütszustand des Gefolterten:

»Es kann keiner, der die Folter nicht selbst versucht, glauben noch begreifen, was dieselbe vermag, und wie sehr solche diejenigen scheuen, die sie einmal geschmeckt haben. Wie oft mochten diese Gequälten in ihrer Phantasie betört und geblendet sein, daß sie meinen, sie haben gesehen, was sie in Wahrheit nicht gesehen haben!«

In manchen Gegenden zogen die Inquisitoren sogar von Ort zu Ort und forderten in der Kirche oder durch öffentlichen Anschlag auf, alle der Hexerei Verdächtige anzuzeigen. Dabei erachteten die Hexenrichter jedes Zeugnis, selbst das der Eheleute gegeneinander und das der Kinder gegen die Eltern, für vollgültig. Man verschmähte das Absenden von Spähern in die Gemeinden auch keineswegs, welche die Leute auszuforschen hatten, wenn man nur Prozesse auf deren Aussagen hin angängig machen konnte.

Oft haben kranke Personen sich selbst der Hexerei beschuldigt! – Zu Alvebrode, einem hannöverschen Dorfe, lebte eine siebenundvierzigjährige unverheiratete Frauensperson namens Steingrobin, deren Mutter seit vierundzwanzig Jahren blind und lahm gewesen, deren Schwester nach einer langwierigen Auszehrung gestorben war, und deren Bruder seinen heftigen Beängstigungen nur dadurch abhalf, daß er durch starkes Arbeiten sich Bewegung machte. Manche Leute im Dorfe, die auch den Spruch der Bibel: »Dazu ist erschienen der Sohn Gottes, daß er die Werke des Teufels zerstöre«, nicht verstehen wollten, schrieben diese Anfälle der Hexerei zu, ja einige hielten die Steingrobin selbst für die Hexe und bekreuzigten sich schon, wenn sie dieselbe von ferne sahen. Nur die Vernünftigen hatten Mitleid mit ihr und ihrer Familie. Aber wider alles Vermuten behauptete endlich diese Person selbst, sie sei wirklich und wahrhaftig eine Hexe und habe, da sie mit einem gewissen Teufel in genauem Umgange stehe, ihre Mutter und Geschwister verhext. Zugleich beschrieb sie die Gestalt und Kleidung des Teufels und erzählte, wie oft er sie besucht, wie manches unzüchtige Spiel er mit ihr getrieben und wie er sie gelehrt habe, alles zu vergiften, was sie nur starr ansähe. Die ersten Proben habe sie an ihrer Mutter und Schwester, ihrem Bruder und an der Herde Kühe im Dorfe gemacht, welch letztere insgesamt gestorben wäre. Dabei schrieb sie nicht nur diese, sondern alle anderen Unglücksfälle, die sich in der Gegend zugetragen hatten, ihrer Zauberkraft zu und warnte jedermann, sich vor ihrem Anblick zu hüten, weil sie auf Befehl des Teufels auch wider ihren Willen schaden müsse. Aus Furcht, endlich das ganze Dorf zu verhexen, habe sie beschlossen, ihrem Leben ein Ende zu machen. Sie entlief und sprang ins Wasser, aus welchem sie nur mit Mühe gerettet wurde. Das Amt ließ nun die vermeintliche Zauberin in sicheren Verwahrsam nehmen, und der Arzt erkannte an ihrer bleichgelben Gesichtsfarbe bald, daß sie eine körperliche Krankheit habe, die ihre Sinne verwirrte. Man wollte ihr durch Arznei helfen; allein sie war nicht zum Einnehmen zu bewegen. »Ich«, rief sie immer, »ich bin so gesund wie ein Fisch, und den Teufel könnt ihr mit Medizin nicht vertreiben. Wozu wollt ihr eine Hexe gesund machen? Den Tod habe ich verdient, und sterben will ich gern, aber verbrennt mich nur nicht, sondern richtet mich mit dem Schwert. Ihr werdet sehen, wie gut es in der Welt sein wird, wenn ich tot bin.« Auch wollte sie keine Speise zu sich nehmen; sie wünschte sich nur den Tod. Allein der kluge Arzt und der Richter sagten eines Abends zu ihr, daß der Scharfrichter da sei, ihren Hals zu befühlen und zu sehen, ob er mit einem gewöhnlichen Schwert könnte durchgehauen werden. Bei dieser Nachricht sprang die Kranke trotz ihrer Schwäche freudig auf und bat die bei ihr Wachenden, für sie zu beten, weil sie selbst nicht beten dürfe. »Nun«, rief sie und kniete nieder, »nun sollt ihr sehen, wie gut es in der Welt sein wird, wenn ich nicht mehr da bin. Hier, Herr Scharfrichter, ist mein Kopf.« Der Arzt, den sie für den Nachrichter hielt, befühlte den Hals mit scheinbarer Geschäftigkeit, tat aber den Ausspruch, daß man ihn mit keinem Schwert durchschlagen könne, weil er durch das beständige Zaubern so hart wie Stahl geworden sei und erst weich werden müsse. – »Ach, kann denn das der Herr?« fragte sie. – »Ja, wenn du einnehmen willst«, versetzte der Gefragte. Nun nahm sie, in der Hoffnung, einen weichen Hals zu bekommen, alles ein, was man ihr gab. Aber nachdem sie dies vierzehn Tage getan, stellten sich ruhiger Schlaf und Appetit bei ihr ein. Nun wurde sie zu mäßiger Arbeit und Leibesbewegung angehalten, wobei sie schließlich Teufel, Zauberei und stählernen Hals vergaß und nicht mehr geköpft zu werden wünschte. –

Der Hexenwahn schonte weder Alter, noch Geschlecht, noch Stand, Vermögen und Bildung. Vor ihm schützten nicht Tugend, nicht Laster, ebensowenig Zurückgezogenheit vom öffentlichen Leben, selbst nicht das Vaterhaus. Freundschaft und Feindschaft konnten gleich verderblich werden, ebenso die Bande des Blutes. Die Nachkommen einer Mutter, die sich unter den Qualen der Tortur als Hexe bekannt hatte, galten als »*Teufelsbrut*«, und man fahndete auch auf die Kinder verurteilter Zauberer.

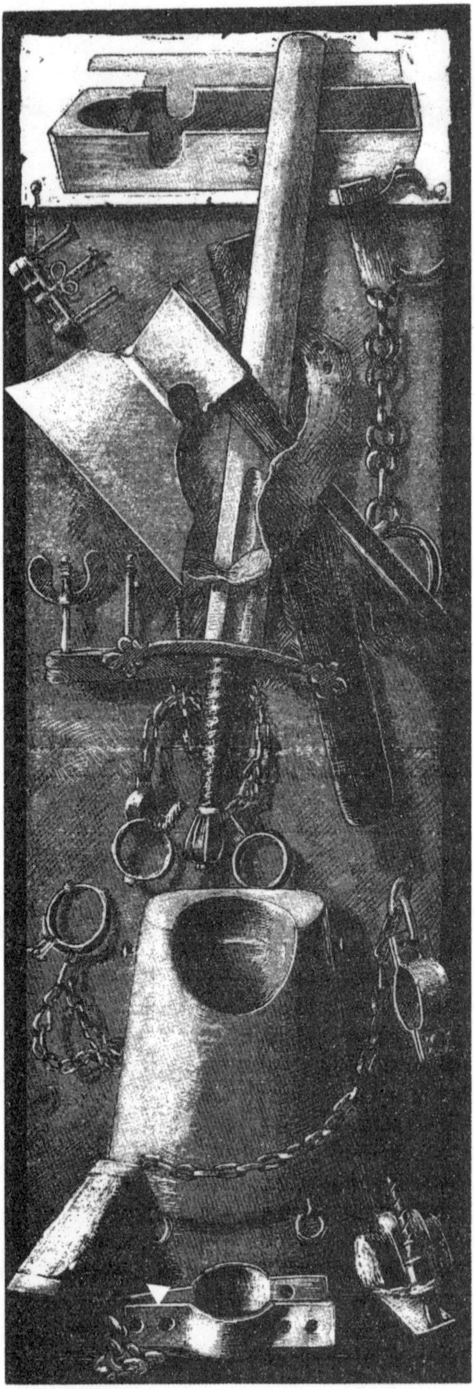

Richt- und Folterwerkzeuge aus dem
Märkischen Museum in Berlin

II.
Blicke in den Spiegel der harten Justiz

»Selbst des Orkus strenge Richterwaage
Hielt der Enkel einer Sterblichen!«
Schiller

»Richter, richte stets nach Recht,
Gott ist Herr, und du bist Knecht.«

»Richter betrügen:

(13) Wenn sie von diesem oder jenem Teil Geld nehmen und die Tortur entweder schärfer oder gelinder, als dem Urteil oder der rechtlichen Erkenntnis gemäß ist, an dem Malefizanten vollziehen lassen.

(20) Wenn sie in peinlichen Sachen nicht sowohl aus Liebe zur Justiz als durch Praktiken und lose Griffe den Delinquenten ums Leben, die Nachkommen aber in Schimpf und an Bettelstab bringen helfen, indem sie die Denunziationes oder Rügen selbst erdichten und zu Papier bringen usw.

(22) Wenn sie, da der Inquisit auf der Folter hänget, den Gerichtsschreiber und die Schöppen zusamt dem Henker entweichen lassen und bei dem Inquisiten allein bleiben, hernach aber dem Gerichtsschreiber in die Feder diktieren, was ihnen beliebt.

Scharfrichter betrügen:

(6) Wenn sie, nicht sowohl nach dem Befehl der Richter, als vielmehr nach ihren eigenen Affekten richten und den armen Sünder zuviel leiden lassen usw.«

Aus Dr. Hönns »Betrugslexikon« (Koburg 1724).

4.
Der Menschenwahn im Spiegel der Hexenproben

»Ich will ihn auf die Probe stellen, wo er
unterliegen muß.«
Wieland.

Sobald entsprechende Anzeigen wegen Zauberei gegen eine Person vorlagen, konnte der Richter gegen dieselbe sogleich auf Folter erkennen. Man unterwarf die der Hexerei verdächtigten jedoch meist zuvor den »Hexenproben«, von denen in der Regel mehrere nacheinander in Anwendung kamen, nämlich die Tränenprobe, die Nadelprobe, die Feuerprobe, die Wasserprobe, auch Hexenbad genannt, und die Hexenwaage.

Da nach dem allgemeinen Aberglauben die Hexen nicht weinen konnten, so legte der Richter der Angeklagten die Hand auf den Kopf und sprach:

»Ich beschwöre dich um der bitteren Tränen willen, die von unserm Heiland, dem Herrn Jesus Christus, am Kreuze für unser Heil vergossen worden sind, daß du, im Falle du unschuldig bist, Tränen vergießest, wenn schuldig, nicht!« –

Gewöhnlich stellten die Richter mit Genugtuung fest, daß die also Beschworene sich vergeblich angestrengt habe, zu weinen. Woher aber, fragen wir, soll eine unglückliche, nackte Person in der Folterkammer angesichts der Marterwerkzeuge auf Erfordern sogleich die Tränen hernehmen? Als ob nicht Schreck und übermäßiger Schmerz den Tränenquell verschlossen hielten!

Man glaubte übrigens auch, daß wirklichen Hexen die Tränen auf der Folter ebenfalls versagt seien. Weinte wider erwarten die Gemarterte dennoch, so war das nach der Ansicht der unfehlbaren Richter teuflisches Blendwerk.

Hier und da glaubte man auch, daß nur das rechte Auge einer Hexe in der Pein drei Tränen zu vergießen vermöge. Das Sprichwort »Hexen weinen nicht« kam daher schnell in Gebrach.

Noch größeres Gewicht als der Tränenprobe legte man der Nadelprobe bei. Wie nämlich nach dem Propheten Ezechel (9,4) und der Offenbarung Johannis (7,3) die Auserwählten Gottes das Zeichen des Heils auf der Stirne tragen, so – meinte man – drückt der Teufel denen, die von Gott abgefallen sind und sich ihm ergeben haben, ein unvertilgbares Zeichen auf, das sogenannte stigma diabolicum. Er führt dies entweder mit der einfachen Berührung seines Fingers aus, oder er ritzt der neugewonnenen

Die Tränenprobe

Hexe an irgendeinem Körperteile die Haut und saugt das rinnende Blut auf. Häufig bringt er dieses Merkmal an offen sichtbaren Stellen an, wie an der Hand, häufiger jedoch verborgen, wie unter der Zunge. Es sollte daran zu erkennen sein, daß es unempfindlich sei und kein Blut gebe. Man schor der Angeschuldigten daher alle Haare glatt am Leibe weg, selbst die Augenbrauen, um das Teufelsmal[36] zu finden, und wehe der Armen, wenn man ein Muttermal, einen Leberfleck oder dergleichen vorfand!

Man glaubte, sobald eine Hexe keine Haare mehr habe, so habe der Teufel keine Macht mehr über sie, und sogar ein Gutachten der Götttinger Juristenfakultät hat sich dahin ausgesprochen.

Mittels einer langen Nadel stach nun der Henker in jede Narbe, jeden Leberfleck, jedes Muttermal am Leibe der Angeklagten. Dabei kam es vor, daß der Untersuchende boshafterweise statt mit der Spitze mit dem Kopfe der Nadel auf die Stelle drückte und nun diese für ein Hexenzeichen erklärt wurde, oder daß er sich bloß stellte, als ob er steche, und darauf rief, er habe das Zeichen gefunden, die Stelle sei unempfindlich, und es fließe kein Blut. Nun war kein Zweifel, daß dieses Zeichen der Teufel aufgedrückt habe als Besiegelung des mit ihm eingegangenen Bündnisses. Daraufhin mußte die Person gefoltert und zum Geständnis gebracht werden.

Der Erfolg dieser Probe lag völlig in der Willkür des Henkers; denn er war während derselben meist mit der Angeklagten in einer Kammer allein und konnte nachher aussagen, was er wollte.

Indes, wenn er auch nichts Verdächtiges fand, so ließ sich der Hexenrichter dadurch keineswegs irre machen; »denn«, sagte er, »der Teufel zeichnet nur diejenigen, deren er noch nicht ganz sicher ist; seine getreuesten Anhänger läßt er ohne Zeichen«, und so wurde das Nichtvorhandensein des Hexenmals nur ein um so schlimmerer Verdachtsgrund.

Diese Probe war ganz allgemein verbreitet; sie findet sich in Deutschland, Frankreich, Belgien und Spanien. Buseckische Akten aus dem Jahre 1674 enthalten eine von zwei Gerichtsschöffen beglaubigte Urkunde über eine solche Ermittlung.

In Frankreich und der Schweiz wurde diese Untersuchung gewöhnlich von Chirurgen vorgenommen, in Deutschland vom Scharfrichter im Beisein der Schöffen; in Belgien bestimmte eine Verordnung aus dem Jahre 1660, daß der Büttel nicht mehr zugelassen sei, sondern nur ein neutraler Arzt. Dennoch findet sich eine Rechnung des Scharfrichters von Melin im Hennegau vom Jahre 1681, worin für dessen Bemühungen beim Suchen des Stigmas *einer* Inquisitin und die Folterung derselben 62 livres 8 soli angesetzt sind.

Die Feuerprobe *(ferrum candens)* war weniger beliebt als die Wasserprobe. Nach dem »Hexenhammer« sollte zwar der Richter die Angeklagte fragen, ob sie zum Beweise ihrer Unschuld das glühende Eisen tragen wolle. Er sollte ihr aber diese Probe nicht gestatten; denn – so lautet die

Begründung – die meisten erklären sich dazu bereit, weil sie auf die Hilfe des Teufels hoffen; auch gäbe es betrügerische Mittel, um die Hand unverletzt zu erhalten. Daher sei die Berufung auf die Feuerprobe[37] geradezu als ein weiterer Verdachtsgrund zu betrachten.

Ein Fall ist bekannt, in dem eine der Zauberei Angeschuldigte die Feuerprobe bestanden hat. Es war dies allerdings kurz vor Erscheinen des »Hexenhammers«. Im Fürstlich Fürstenbergischen Archiv zu Donaueschingen befindet sich nämlich eine Urkunde, wonach sich eine gewisse Anna Henne von Röthenbach im Schwarzwalde im Jahre 1485 durch Tragen des heißen Eisens von der Beschuldigung des Hexenwerks zu reinigen vermochte.

Die Wasserprobe oder das Hexenbad war am weitesten verbreitet. Das Ordale (Gottesurteil) des kalten Wassers *(judicium aquae frigidae)* reicht tief in das Mittelalter zurück. Ludwig der Fromme verbot es, Hinkmar von Reims trat als sein Verteidiger auf, zur Zeit Berhards von Clairvaux wurde es gegen die sogenannte Manichäer in Frankreich angewendet; seitdem aber Innozenz III. auf dem lateranischen Konzil 1215 ein neues Verbot darauf legte, kam es in Abnahme. Dabei band man der angeschuldigten entkleideten Person den rechten Daumen an die linke große Zehe und den linken Daumen an die rechte große Zehe fest, so daß sie sich nicht rühren konnte, worauf sie der Henker an einem Seile in ein Gewässer, Fluß oder Teich dreimal hinabließ.

Bei der Wasserprobe galten entgegengesetzte Anschauungen. Nach der einen handelte es sich für den Angeklagten oder die Angeschuldigte darum, sich lange unter Wasser zu halten. Nach der anderen Anschauung sollte die Unschuld des Angeklagten durch Untersinken, die Schuld durch Obenschwimmen erwiesen werde. Das Untersinken galt überhaupt für ein günstiges Zeichen.[38]

Das Hexenbad geschah meist öffentlich. War die auf das Wasser hinabgelassene Angeklagte eine »Hexe«, so schwamm sie »wie ein Pantoffelholz«. Diese Wasserprobe stützte man einmal auf die Meinung, daß der Teufel den Hexen eine spezifische Leichtigkeit verliehen habe, welche sie nicht untersinken lasse, sodann auf den Satz, »das Wasser nehme diejenigen nicht in seinen Schoß auf, welche das Taufwasser – bei der Lossagung vom christlichen Glauben – von sich geschüttelt hätten«.

Häufig findet sich in den Akten, der Teufel habe der Hexe versprochen, ihr bei der Wasserprobe mit einer Eisenstange zum Sinken zu verhelfen; er habe ihr im entscheidenen Augenblicke zum Hohne jedoch nur eine Nähnadel gebracht.

Auch beim Hexenbad hing der Erfolg der Probe meist nur vom Henker ab, und gar oft wurde die Beschwerde laut, daß derselbe boshafterweise die Unglückliche in der Art an seinem Seil über dem Wasser gehalten habe, daß sie nicht sinken konnte. Schon unterm 9. Januar 1594 gab die medizinische und philosophische Fakultät der Universität Leyden das Gutachten ab, »daß die angeblichen Hexen so oft auf dem Wasser schwämmen, erkläre sich aus der Art, wie sie kreuzweise gebunden ins Wasser gesenkt würden, indem sie auf dasselbe mit dem Rücken wie kleine Schiffe zu liegen kämen.«

Trotzdem brachte man das »Hexenbad« mit Vorliebe fortwährend und selbst gegen wenig Verdächtige gern zur Anwendung, und zwar vor zahlreichen Zuschauern; reizte es doch die Sinne, nackende, hilflose Frauen, kreuzweise zusammengebunden, am Stricke unter dem Wasser zappeln zu sehen. Daß dadurch Scham und Sittlichkeit vernichtet und die Grausamkeit gefördert wurde, erwog niemand. So ließen Bürgermeister und Schöffen von Herford ums Jahr 1630 eines Morgens über dreißig der Zauberei bezichtigte Weiber aufs Rathaus bringen, wo sie sofort vom Henker gebunden und dann aufs Wasser geworden wurden. Da sie oben schwammen, wurden sie festgenommen und gefoltert und auf Grund der durch die Tortur erpreßten Geständnisse sämtlich vom peinlichen Halsgerichte zum Feuertode verurteilt und verbrannt.

Theologen und Juristen gründeten, wie schon erwähnt, die Unfehlbarkeit der Wasserprobe auf die Heiligkeit, welche dem Wasser durch die Taufe verliehen werde, so daß es alles, was durch die Berührung des Teufels befleckt sei, von sich stoße.

Endlich war eine der Hexenproben die Hexenwaage *(probatio per pondera et lancem).*

Da man glaubte, die Hexen seien federleicht, so hielt man diejenige, welche nicht ein bestimmtes Gewicht hatte, der Zauberei überführt.

Die Stadt Oudewater bei Utrecht wurde dadurch reich, daß ihr Kaiser Karl V. eine Waage schenkte, die den Hexen nur ein Gewicht von fünfzig Pfund beimaß, folglich alle befreite, die mehr wogen. Natürlich ließen sich nun dort der Zauberei Verdächtige von weit und breit wiegen, um sich von dem entsetzlichen Verdacht zu reinigen. Infolge dieses eigenartigen Privilegs (Gerechtsame) genoß die Stadtwaage von Oudewater allgemeines Vertrauen. Ein Zeugnis von ihr war ein wirksamer Schutz gegen Verdächtigung wegen Hexerei. Eine zahlreiche Kundschaft zog zu ihr, besonders aus den Bistürmern Köln, Münster und Paderborn.

Ein Augenzeuge aus den Jahren 1645-48 erzählt von einem jungen Paderborner, der in solcher Angst nach Oudewater kam, daß er aussah wie eine Leiche; als er aber die Probe glücklich bestanden, sprang er auf und rief: »Das heißt Leben und Gut gewonnen!«

Das Wiegen geschah vor einer besonderen Kommission, welche aus zwei Schöffen und dem Stadtschreiber bestand. Die zu wiegende Person mußte sich bis aufs Hemd auskleiden und wurde untersucht, ob sie nicht irgendeinen Gegenstand, der sie schwer machen sollte, bei sich trage. Frauen mußten ihr Haar aufgelöst über die Schultern fallen lassen. Der »geschworene städtische Waagemeister« wog die Person, und der Stadtschreiber stellte darüber das Zertifikat (Beglaubigungsschein) aus.

Strafmasken für Verleumder und Ehrabschneider

Der sogenannte Bäckergalgen, in welchem die Bäcker, die zu leichtes Brot geliefert hatten, unter Wasser getaucht wurden

Solche Urkunden sind noch vorhanden, darunter eine, welche ein holländisches Ehepaar betrifft, aus dem Jahre 1727. Sie sind in holländischer Sprache ausgestellt, und die Gebühren betrugen:

Schöffen	1	Gulden	16	Stüber
Stadtschreiber	2	"	18	"
Bote.	–	"	12	"
Waagemeister	–	"	12	"
Hebamme	–	"	12	"
Summa	6	Gulden	10	Stüber.

Bei der Verwüstung der Stadt durch die Spanier im Jahre 1575 ging das Rathaus mit allen seinen Urkunden in Flammen auf. Doch weiß man, daß auf Befehl Kaiser Karls V. die Gewichte der Waage zu Oudewater am 2. März 1547 nach denen zu Gauda geprüft wurden. Im Jahre 1754 wurde die letzte Probe in dieser Stadt vorgenommen mit zwei Beschuldigten aus Coesfeld und Telligt (das heutige Telgte) im Münsterlande.

Im Friesland war man schon zufrieden, wenn der Gewogene elf Pfund schwer war, und zu Bedford in England wog im Jahre 1707 der Pöbel ein verrufenes Weib gegen die zwölfpfündige Kirchenbibel ab, und da es schwerer befunden wurde, wurde es freigesprochen.[39] Dagegen erging es im Jahre 1728 einer Anzahl Personen beiderlei Geschlechts zu Szegedin in Ungarn schlimm. Der Hexerei angeklagt, hatten sie außer der Wasserprobe die Probe der Waage zu bestehen, und da soll sich – welch Wunder! – denn ergeben haben, daß ein großes, dickes Weib nicht mehr als anderthalb Lot, ihr Mann, der auch große und kräftig war, nur fünf Quentchen, die übrigen aber entweder ein Lot oder drei Quentchen oder noch weniger gewogen haben. Selbstredend wurde diese »leichte Menschenware« verbrannt.

Wenn nicht, wie offenbar in diesem Falle, böswilliger Betrug mit unterlief, so mußte das Gottesurteil stets zugunsten der Beschuldigten ausfallen.

Als besonderes Kennzeichen einer Hexe galt auch, daß sie beim Hersagen des Vaterunsers an der sechsten oder siebenten Bitte anstieß und im Gebet nicht fortzufahren wußte.

Überhaupt erfand der Barbarismus noch mancherlei andere Proben. So wurde in Nidda einem achtzehnjährigen Mädchen nach richterlichem Erkenntnis das Nasenbein eingeschlagen, um aus dem Blutflusse über Schuld und Unschuld zu urteilen.

Im Jahre 1618 machte man eine Probe mit Butterbrot bei einer Hexe, an welchem dieselbe erstickt sein soll.

5.
Der Menschenwahn im Spiegel der Folterkammer

»Hart kann die Tugend sein, doch grausam nie!«
Schiller.

»Es sieht mich grausend hin und zieht mich schaudernd
Mit kalter Schreckenshand zurück!«
Schiller.

Die furchtbarste Waffe der Inqusition sowohl wie der Hexenrichter war die Folter,[40] diese grausamste Erfindung des Menschengeistes, mittels derer man Verdächtigen durch Bereitung der unmenschlichsten und unerträglichsten Qualen Geständnisse abzupressen sich bemühte.

Mit solchen Qualen wurden von den Angeschuldigten Bekenntnisse dessen abgerungen, was sie getan, in den meisten Fällen jedoch, was sie nicht getan, was sie noch nicht einmal gedacht hatten, aber als getan einräumten, um nur der Fortsetzung der Folterqualen zu entgehen, und die wenigen, welche sie standhaft überstanden, blieben siech und Krüppel ihr Leben lang. Allerdings suchte man, um der Form zu genügen, zunächst ein gütliches Schuldbekenntnis herbeizuführen, indem man den Beschuldigten aufforderte, die Wahrheit freiwillig einzuräumen, damit man nicht gezwungen sei, die Tortur gegen ihn anzuwenden. Geschah dies, so hatte er freiwillig gestanden.

In manchen Gegenden Deutschlands nannte man alle Geständnisse, welche vor Gericht abgelegt wurden, *Urgicht*.[41] Dabei bedienten sich die meisten Richter der niederträchtigsten Kunstgriffe, dem Unglücklichen solche freiwilligen Geständnisse abzulocken. Man führte die angeschuldigte Person beim ersten Verhör in der Regel rücklings ins Zimmer, um zu verhüten, daß sie beim Eintreten den Richter durch den »bösen Blick« verzauberte. Nun wendete der Richter, um das Geständnis zu erhalten, sowohl Drohungen als auch Hinterlist und Betrug an. So versprach er zum Beispiel der Angeschuldigten, ihr, wenn sie gutwillig bekennen würde, ein neues Haus zu bauen, worunter er jedoch den Scheiterhaufen meinte, er versprach ihr auch wohl das Leben, verstand aber damit das ewige Leben. Ähnliche Kniffe und betrügerische Zweideutigkeiten ließen sich noch mehr anführen; man hielt eben Hexen gegenüber alles für erlaubt. Leugnete die Unglückselige, so wurde sie der Tortur übergeben, vor welcher indessen die Henker verschiedene abergläubische Mittel anwandten, um sich vor Bezauberung durch diese zu schützen. Zu diesem Behufe wurde in der ersten Zeiten vorher die Folterkammer mit Weihwasser besprengt, damit der Teufel seinem Schützlinge nicht beispringen könne. Dann mußten die ganz entkleideten Hexen ein aus Bier, Salz, Hechtgalle, Kümmel, geriebenem Brot und den gestoßenen Knochen verbrannter Hexen bereitetes Getränk, die sogenannte Hexensuppe, zu sich nehmen.

Man wendete sodann gegen die Angeschuldigten das Schrecken mit der Folter, die sogenannte Territion (Einschüchterung, das Erschrecken) an, indem man ihnen durch den Nachrichter die Folterwerkzeuge vorweisen, erklären und einige anlegen ließ. Ein auf diese Weise der Furcht des Angeschuldigten entlocktes Geständnis galt indes noch immer als ein Bekenntnis in Güte![42]

Grauenerregend waren schon die Vorbereitungen zum Foltern, ganz besonders für ehrbare, schamhafte Frauen. Der Henker hatte die Beschuldigte zu entkleiden und am ganzen Körper zu untersuchen und nach verborgenen *Zaubermitteln* oder *Amuletten* zu fahnden. Dabei wurde die Nackte auf die sogenannte »Reckebank« gebunden und war nun den rohen und schmutzigen Händen entmenschter Nachtrichter und deren vertierten Gehilfen überlassen, und das alles geschah namens des Gesetzes!

»Ehe sie gefoltert wird, führt sie der Henker beiseite und besieht sie von allenthalben an ihrem bloßen Leib, ob sie sich etwa durch zauberische Kunst unempfindlich gemacht hätte, und damit ja nichts verborgen bleibe, schneiden und sengen sie ihr mit einer Fackel oder Stroh die Haare allenthalben, und auch an dem Orte, den man vor züchtigen Ohren nicht nennen darf, ab, und beguckt alles aufs genauste.«

Dabei geschah es hier und da, daß Büttel, Scharfrichter und Gefangenenwärter noch die scheußlichste Unzucht mit der Unglücklichen verübten, und diese Scheußlichkeiten geschahen auf Rechnung des Teufels. So erzählt ein Hexenrichter, der elende Remigius, von Katharina, einem seiner Opfer, dieselbe sei, obgleich noch ein unmannbares Kind, im Kerker wiederholt derartig vom Teufel so genotzüchtigt worden, daß man sie halbtot gefunden habe. Der englische Staatsrat verurteilte im Jahre 1678 eine Magistratsperson wegen Mißbrauchs einer Hexe, und auch der edle Friedrich von Spee erwähnt ein von einem Scharfrichter in Deutschland beim Scheren vor der Folterung verübtes ähnliches Verbrechen, und Weier führt einen Fall an, in welchem eine Hexe von dem Gefängniswärter zweimal geschwängert wurde. An manchen Orten legte man den Angeklagten zuvor ein Hemd an, welches an einem Tage gewirkt, gesponnen und zusammengenäht sein sollte. An anderen dagegen durften dieselben nichts am Leibe haben. Erst nach dieser Vorbereitung schritt man zur eigentlichen Folter.

Das Foltern wurde in der Folterkammer vom Freimann oder Henker (auch Scharf- oder Nachrichter, in manchen Gegenden schlechthin »der kluge Mann« genannt) vollzogen.

Die Folterkammer,[43] dieser Ort des Grauens und der menschlichen Martern, befand sich gewöhnlich halb unter der Erde hinter dicken Mauern und starken Türen, welche keinen Laut durchließen, denn »die Orte, da die Tortur vorgenommen wird, sollen abgelegen sein, auf daß keine Leute hinlaufen, damit der Richter die *Unzichten* des Hexenvolkes geheimhalten kann. Die Gewölbe sollen dick sein, damit der Inquisiten (der peinlichen Angeklagten) Geschrei und Winseln den Umherwohnenden nicht beschwerlich falle.« Vor den Augen der Inquisiten wurden nun vom Freimann die Folterwerkzeuge zurechtgelegt, der Marterstuhl herbeigeholt, die Leiter hergerichtet, die Daumschrauben geöffnet, und das alles geschah mit großem Geräusch.

Die Folterkunst hatte fünf Grade:[44]

Den Anfang der »peinlichen Frage« machte man meist mit den Daumschrauben oder dem Daumenstock. Dabei wurden die Daumen zwischen Schrauben gebracht, diese langsam zugeschraubt und so gequetscht, daß das Blut hervorsprang.

Der zweite Grad war das Schnüren mit den Banden, auch wohl der »Zug« oder »Expansion« oder »Elevation« genannt. Die Arme der Delinquenten (armen Sünder) zog der Henker nach rückwärts und umwickelte sie mit einer festen Schnur, die dann straff angezogen wurde. Oft drang die Schnur bis auf die Knochen, und entsetzlich waren die Schmerzen, wenn der Strick hin und her gezogen wurde. Häufig wurde der so gefesselte Körper an ein Seil befestigt und an diesem frei in der Luft schwebend durch eine an der Decke angebrachte Rolle auf und nieder gezogen.

Im dritten Grade wurde die arme Sünderin auf die Leiter gelegt und ihr Körper darauf so auseinandergezogen, daß die Gelenke in allen Fugen knarrten. Man legte die Gefesselte auch wohl an eine aufgerichtete Leiter, in deren Mitte eine Sprosse mit kurzen spitzen Hölzern – der »gespickte Hase« genannt – sich befand, auf welche der Rücken zu liegen kam, und zog sie langsam empor und spannte sie aus, bis die Arme verkehrt und umgekehrt über dem Kopfe standen, auch wohl völlig ausgerenkt waren, ließ dann den Körper einige Male unversehens herabschnellen und zog ihn wieder auf. Erfolgte noch kein Geständnis, so hängte man schwere Gewichte an die Füße oder auch nur an die großen Zehe und ließ dann den angespannten Körper eine Stunde und länger hängen, um die Glieder noch qualvoller auseinander zu recken.

Der gräßliche Jammer störte weder Richter noch Nachrichter. In der Halsgerichtsordnung Karls V., der scheußlichen *Carolina*, heißt es: »Es soll der hartnäckige Inquist also auseinandergezogen werden, daß man durch seinen Bauch ein Licht scheinen sieht, das hinter ihm gehalten wird.«

Im vierten Grade der Tortur hatte die Hexe das Anlegen der »Beinschrauben« oder der »spanischen Stiefeln« auszuhalten, durch welche Schienbein und Wade in ähnlicher Weise wie bei den Daumschrauben zusammengepreßt wurden, wobei nicht selten die Knochen zersplitterten. Dabei wurde zur Erhöhung der Schmerzen ab und zu mit dem Hammer auf die Schraube geklopft. Es wurden wohl auch statt der einfachen Beinschrauben die »gezähnten Schrauben« an die Schienbeine gelegt, weil dann, wie ein Augenzeuge wörtlich berichtet, »die Empfindlichkeit und der Schmerz am größten ist, indem man dem armen Menschen das Fleisch und die Schienbeine zusammenschraubt, also daß das Blut herabfließt und viele dafür halten, daß eine solche Folter auch der allerstärkste Mensch nicht aushalten möchte.« – Infolge davon blieben die wenigen, welche auch diesen Grad überstanden und freigelassen wurden, zeitlebens verkrüppelt. Als letzter Grad galt die Feuerfolter. Sechs zu einem Bündel zusammengeschnürte Lichter wurden angezündet und die Flamme unter die Achselhöhle gehalten.

Viele starben an den Folterqualen; sobald aber ein derartiger Todesfall eintrat, so hieß es, der Teufel habe der Betreffenden das Genick umgedreht.

Schauerliche Marterinstrumente waren ferner die Zangen, die zuerst im 16. Jahrhundert zur Anwendung kamen. Man nannte sie auch »Spinnen«, da sie der Form nach mit einer Spinne einige Ähnlichkeit haben. Man schlug die Eisenspitzen ins Fleisch des Verurteilten und riß damit große Stücke aus dem Körper. – Man folterte zuweilen auch in besonderer Weise, z. B. durch den Hexenkasten in Osnabrück, indem man die der Hexerei Angeklagten zusammenpreßte, durch die Hexenwippe in Minden, welche sie hoch herab ins Wasser fallen und wieder aufschnellen ließ.[45] Gewöhnlich gestanden die Hexen schon in den ersten Graden ein, was man haben wollte. Das sinnloseste Zeug wollten sie gesehen und getan haben; leider muß indes wiederholt gesagt werden: infolge jener geistigen Pest, welche die Gemüter ergriffen, glaubten viele, das Unglaublichste und Tollste getan zu haben.

Da war ferner noch der »spanische Esel«, ein aufrechtstehendes, oben stark elliptisch zugespitztes und ausgezacktes Brett, auf welches man den Delinquenten ausgekleidet rittlings setzte, sodann die Füße durch Steine beschwerte und straff anzog, ferner der »Beichtstuhl« oder »Jungfrauenschoß«, auch »Hacherscher Stuhl« genannt, eine Art hölzerner Armsessel, auf dessen Sitz der Inquisit entkleidet gesetzt wurde, indem man ihm einen zentnerschweren Stein auf den Schoß band und die Hände auf der Brust zusammenschnürte. Derselbe war mit unzähligen konischen hölzernen Spitzen versehen. Außerdem gab es das »Aufziehen des Inquisiten mit angehängten Gewichten und gebundenem Körper«, und was dergleichen Mordinstrumente mehr waren.

Im Münsterschen erließ der Oberlandfiskus unterm 9. September 1725 in Sachen des Verhafteten Jacobs eine Verfügung. Demselben war, da dort üblich, daß der Scharfrichter beim vorletzten Stadium der Folter die Arme und Schulterknochen aus ihren Schultergelenken auszubrechen, der Arm zerbrochen, so daß der Scharfrichter erklärte, den letzten Grad nicht mit ihm vornehmen zu können. Nun heißt es in dem Erlaß, »daß Inquisit von hinten auf mit Füßen und Armen aufgezogen, sodann mit Ruten gehauen, mit brennendem Schwefel beworfen und bei weiter *in confitendo* sich

Das Fußbrett

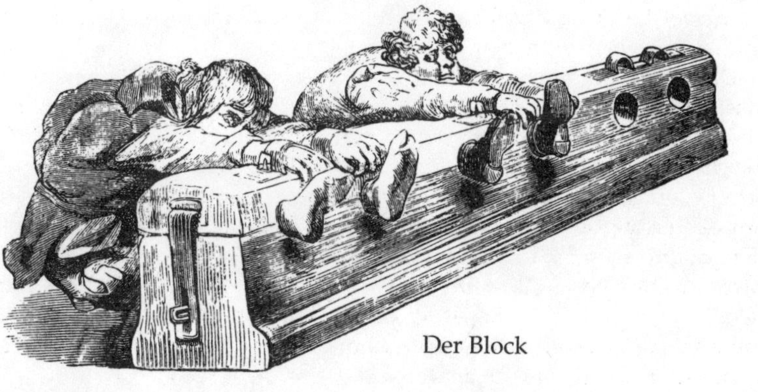

Der Block

Vollzug der Todesstrafe vermittelst des Rades

Das Gewölbe mit den Folterwerkzeugen in Nürnberg

Das Streckbett

ergebender Obstination er auch noch zwischen den beiden vorderen Fingern mit einer Lunte durchgebrannt werde.«

Häufig wurde der »Aufgezogene« zur Verschärfung mit Ruten gestrichen oder mit Riemen zerhauen, an deren Ende Widerhaken, auch kleine Bleistücke, befestigt waren.

Ab und zu geschah es, daß die Richter, sich beim Frühstück oder Frühschoppen zu stärken, abtraten und gefühllos inzwischen den Gemarterten seinen unsäglichen Qualen überließen. Hier und da gab man dem Unglücklichen einen hitzigen Trank ein, damit er in der Verwirrung Bekenntnisse machen sollte, und ließ ihm, während er in die Höhe gezogen wurde, die Aussage anderer Angeschuldigten mit Verschweigung der Namen vorlesen, um ihn dadurch zum Geständnis zu bringen.

Besonders eifrige Freimänner gossen auch wohl zum Überfluß siedend Öl oder Branntwein auf die Schienbeine der durch die Beinschraube Gequälten.

Aus einem Bamberger Protokolle geht hervor, daß ein der Zauberei Angeschuldigter dreimal eine halbe Stunde lang mit Beinschrauben und Daumstock gefoltert und am Ende, da er nicht gestand, an einem Strick acht Schuh hoch vom Boden aufgezogen und ihm an die große Zehe ein Gewicht von zwanzig Pfund gehängt wurde. Führte diese Marter auch nicht zum Ziel, so träufelte man dem armen Sünder brennenden Schwefel oder brennendes Pech auf den nackten Körper oder hielt ihm brennende Lichter unter die Fußsohlen oder andere Körperteile. Zur Abwechslung fügte man kleine besondere Martern hinzu, wie Einkeilen von Pflöcken zwischen die Nägel und zwischen das Fleisch der Finger und Zehen.

Von den grauenerregenden Geräten der mittelalterlichen Folterkammern sind verhältnismäßig wenig Überreste geblieben, wenn man in Betracht zieht, daß die Folter überall ausgeübt wurde, wo überhaupt Gerichte sich befanden. Nürnberg und München besitzen heute noch ziemlich unvollständige Sammlungen von echten Folterwerkzeugen. Im Germanischen Museum zu Nürnberg befinden sich nur echte Foltergeräte.

Als dem Volke und dem Richterstande die Augen aufgingen, begann man sich jener stummen und doch sprechenden Zeugen menschlicher Verirrung, die dem richterlichen Wissen zweier Jahrhunderte ein so schmachvolles Armutszeugnis ausstellen, zu schämen, und man zerstörte mit demselben Eifer jene Instrumente, mit dem man sie zuvor angewandt hatte.

Wer vermöchte anders, als mit Grauen im Germanischen Museum den sogenannten »gespickten Hasen« sich anzusehen, der noch deutliche Blutspuren zeigt, oder die »Zange«, deren Spitzen noch den Einfluß des Feuers erkennen lassen, in dem sie glühend gemacht wurden, bevor man den Delinquenten damit zwickte?

Das Münchener Nationalmuseum enthält neben seinen Sammlungen von Erzeugnissen alter Kunst und Kunstindustrie auch eine möglichst getreu ausgestattete mittelalterliche Folterkammer mit zahlreichen Folter- und Marterwerkzeugen. Da ist zunächst das mit scharfen Spitzen besetzte Fußbrett, auf welches die Angeklagten mit den nackten Füßen treten mußten; vom Gürtel hing ihnen dabei noch an einer Kette eine schwere Eisenkugel nieder, um durch ihr Gewicht die Fußsohlen des Delinquenten recht fest auf die marternden Spitzen zu drücken. Daneben erblicken wir den Block, in welchem gewöhnlich mehrere Übeltäter gleichzeitig mit Händen und Füßen in die aus der Zeichnung ersichtliche qualvolle Lage eingezwängt wurden.

Die Folterbirne wurde dem Angeklagten geschlossen tief in den Mund gesteckt und dann durch den Druck auf eine darin befindliche Feder weit auseinander getrieben, um das Schreien während der Tortur zu verhindern. Des weiteren kam der sogenannte gespickte Hase zu Anwendung, ebenso wie die Spitzbank mit scharfer Kante, und der mit wahrhaft gräßlichem Raffinement konstruierte Folterstuhl, der auf allen Teilen mit scharfen Spitzen besetzt ist, und vor dem sich auch noch ein mit Stacheln besetztes Fußbrett befindet. Das Streckbett ist eine Folterbank, auf welcher der mit den Füßen an einen Stein im Boden gekettete Körper mittels der an den Händen befestigten und über eine Winde laufenden Stricke gewaltsam ausgereckt und dabei zur Erhöhung der Qual noch über mehrere mit Stacheln besetzte Rollen gezogen wurde.

Bei den sogenannten Ehrenstrafen kamen folgende Instrumente zur Anwendung: die einfache Geige, zur Verschärfung des Prangerstehens, die Doppelgeige, in welche gleichzeitig zwei zanksüchtige Weiber gesperrt werden konnten, Strafmasken für Verleumder, dann ein originelles Schandmal aus hölzernen Karten, Würfeln und Pfeifen bestehend, für ertappte Spieler, und den Schandmantel für Unsittliche, Nachtschwärmer usw. Bäcker, die zu geringes Gewicht beim Backen genommen, ließ man in dem Bäckergalgen, der abwechselnd untergetaucht und wieder emporgezogen wurde, tüchtig Wasser schlucken; Frauen von schlechtem Lebenswandel mußten eine Krone und Zöpfe aus Stroh tragen. Der für verschiedene Vergehen zu tragende Strafmantel wurde durch Eisengewichte beschwert, während der Delinquent gleichzeitig noch eine Schandmaske auf dem Kopfe tragen mußte. – Es schließen sich noch zwei Instrumente an, welche bei der »peinlichen Frage« zur Anwendung kamen. Die Daumenschrauben, zwischen welchen die Daumen gequetscht wurden, bis das Blut unter den Nägeln hervorspritzte, und das innen sowie an dem oberen und unteren Rande mit Stacheln besetzte, den Hals eng umschließende Halseisen. – Es ist begreiflich genug, daß bei Anwendung solcher schrecklicher Marterinstrumente selblst von ganz Unschuldigen, namentlich in den Hexenprozessen, ein Geständnis erpreßt werden konnte.

Der namhafte märkische Geschichtsforscher Dr. Oskar Schwebel gibt in der Berliner illustrierten Wochenschrift für Geschichte »*Der Bär*« folgende Schilderung »*Alt-Berliner Folter-* und *Richtwerkzeuge*«:

»Wie blutig aber in alter Zeit gerichtet worden ist, zeigt uns in furchtbaren Beispielen das Berliner »Stadtbuch«:

Vom Jahre 1399 bis 1448 wurden:

a) aufs Rad geflochten wegen Kirchenraubes	6 Personen,
wegen Mordes und Brandes	2 "
wegen Brandstiftung	3 "
b) enthauptet wegen Straßenraubes	24 "
wegen Brandstiftung	2 "
wegen Friedensbruch	2 "
wegen versuchten Mordes	2 "
wegen Verkaufs von Kindern an die Juden	2 Personen,
wegen Kirchenraubes	1 Person,
wegen Schlägerei mit tödlichem Ausgang	2 "
c) verbrannt wegen Kuppelei	1 "
wegen Zauberei und Giftmischerei	5 Personen,
wegen Falschmünzerei	1 Person,
wegen Kirchendiebstahls	2 Personen,
wegen Betruges	3 "
wegen Spielens mit falschen Würfeln	2 "
d) gehängt wurden wegen Raubes	6 "
wegen Pferdediebstahls	35 "
wegen Diebstahls	9 "
wegen Hehlerei	1 Person,
e) lebendig begraben wurden, weil sie nicht gehängt werden durften (an Frauen), Diebstahls wegen	9 Personen,
wegen Gewalttat	1 Person,
f) »im Turme starb« ein angeblicher Brandstifter	1 "
Zusammen	121 Personen.
Außerdem wurden	
g) gestäupt und entweder auf den Leib oder durch die Zähne gebrannt wegen Unfugs	4 Personen,
wegen Diebstahls	18 "
wegen Kirchendiebstahls	1 Person,
wegen falschen Spieles	1 "
aus unbekannten Ursachen	3 Personen,
h) gestäupt und mit Abschneidungen der Ohren bestraft	1 Person,
i) aus der Stadt verwiesen	9 Personen,
Zusammen also	158 Personen.

Die entsetzlichste Strafe, das Sieden der Falschmünzer in Öl, war bereits abgeschafft.

Von Richt- und Folterwerkzeugen nun, wie sie die alte Zeit benutzt hat, ist uns gar manches bis auf den heutigen Tag erhalten geblieben. Man hat diese Reliquien im »Märkischen Museum« zu einer interessanten Gruppe vereinigt. In kunstmäßiger Form hat Maler *Georg Schöbel* für das große illustrierte Werk *»Alt-Berlin von Oskar Schwebel«* diese Richt- und Folterwerkzeuge gezeichnet.

In seiner Darstellung bemerken wir außerdem den (schon genannten) »Dessauer Trog«, ein ausgehöhlter Balken von über zwei Meter Länge, »in welchen ein Mann von normaler Größe hineinpaßte«. Herr Kustos Rudolf Buchholz berichtet in seinem »Katalog des Märkischen Provinzialmuseums«, daß auf Vorschlag des berühmten Geh. Oberfinanzrats Brenkenhof für eine in Stargard in Pommern sitzende Räuberbande solche, »einstmals von Dessau ausgegebene Tröge« noch im Jahre 1772 angefertigt worden seien. Mit dem oberen Brette bedeckt, lagen die Inquisiten, jeder Bewegung beraubt, in diesen Trögen, bis sie sich zu einem Geständnisse bequemten. »Ihre schlimmsten Peiniger waren dabei die Insekten, deren sie sich nicht erwehren konnten.«

Zwischen den Daumenschrauben und der Schließkette gewahren wir ferner ein Richtbeil und ein Richtschwert. Die letztere Waffe ist interessantere. Die Klinge dieses Schwertes ist 84 cm lang und 4 cm breit; in der Blutrinne steht die fehlerhafte Inschrift:

»Solo (für Soli) *Deo gloria«*

»Die Parierstange von Messing ist 18 cm lang; der mit Geflecht umwikkelte Griff läuft in einen birnenförmigen Messingknauf aus; die lederne Scheide ist mit rotem Tuch gefüttert.« Als Ahnder des Verbrechens hat dieses Schwert noch im vorigen Jahrhundert gedient.

Unter dieser Waffe bemerken wir eine Doppelfessel für Arm und Bein. Sie trägt die noch nicht enträtselten Buchstaben: »R.V.C.M.« »C.M.« scheint »Chur-Mark« zu bedeuten. Am Fuße der Illustration steht ein alter Richtblock; bei ihm liegen Schießkrammen aus dem ehemaligen »Kalandshofe« in der Klosterstraße, in dessen Kellerräumen im 17. und 18. Jahrhundert sich Gefängnisse auch für »schwere« Verbrecher befanden. –

Nur wenige freilich gibt unsere Illustration – aus künstlerischen Gründen. So z. B. fehlt das noch im »Märkischen Museum« vorhandene »Richtrad«, welches seinen schauerlichen Dienst zum letztenmal am 2. März 1837 in der Nähe des »Gartenplatzes« (zu Berlin) an einer Gattenmörderin, der Witwe Meyer, schreckensvoll verrichtet hat. Das »Märkische Museum« besitzt ferner auch heute noch eine »Arme-Sünder-Bank«. Der Forscher O. Schwebel hegt indessen Zweifel, ob diese Sitzbank wirklich eine »Arme-Sünder-Bank« gewesen – das Gerät ist ihm zu zierlich dazu.

Hier und da in Oberschlesien bestanden noch zu Anfang unseres Jahrhunderts als Strafen das Einlegen in Halseisen. So hingen an der Kirchhofsmauer zu Dittmarsdorf zwei Halseisen, das waren Ringe zum Öffnen und Verschließen, die für den Hals eines Menschen paßten und bestimmt waren, um den Hals von Übeltätern gelegt zu werden. Sie waren in der geeigneten Höhe in die Mauer eingelassen, und häufig standen Frauen, »welche falsch Garn geweist« hatten, darin. Die erwähnten Halsringe befinden sich im Breslauer Museum.

In Arnoldsdorf befanden sich ähnliche Halseisen an dem Kirchhofstor und am Wirtshause, welches Eigentum des Erbschulzen war. Auch da hat noch zu Anfang des Jahrhunderts eine Frau, welche »falsch geweist«, an den Eisenringen des Gasthauses gestanden, zur Zeit, da Sonntags die Kirchgänger das Gotteshaus verließen. Der Dorfwächter führte die Delinquentin, welcher man die falschen Garnsträhne auf den Rücken gebunden, vor den Leuten auf und ab und tutete mit der Wächtertrompete hinter ihr her.

Ein Scheusal von einem Nachrichter (die mit Knecht für unehrlich galten und von jedermann gemieden wurden und daher Haß und Groll gegen ihre Mitmenschen in der Brust trugen), hatte eine Maschine erfunden, welche seiner Henkerschaft alle Ehre machte. Es war eine Maschine, zusammengestellt aus Beinschrauben und Stachelring. Ein eiserner, ziemlich breiter Ring, innen mit Spitzen versehen, welch letztere durch sinnreich angebrachte Schraubenvorrichtung allmählich zur Form von Widerhaken erweitert werden konnten und bestimmt waren, das Fleisch der Schenkel zu durchstechen und nachträglich innerlich zu zerreißen. Dies Marterwerkzeug führte den Namen »der Krebs« und wird unter dieser Bezeichnung u. a. im Torturprotokoll vom 2. Oktober 1607 in Steiners Geschichte der Stadt und Abtei Seligenstadt (Augsburg 1829) erwähnt, in welchem es wörtlich heißt: »Weil dieselbe nichts gestehen wollte, sondern auf dem Leugnen halsstarrig bestand, ist sie auf dem einen Schenkel mit dem Krebs beschraubt worden.«

Gar naiv hatten verschiedene Halsgerichtsordnungen eine Taxe[46] für die verschiedenen Arten der Tortur, so die »Josephinische Halsgerichtsordnung«, welche im Jahre 1707 in Schlesien proklamiert wurde. Darin beginnt die Reihe der Hauptverbrechen mit Gotteslästerung, Zauberei und Apostasie (Glaubensabfall), und es macht einen seltsamen Eindruck, in der beigefügten Kriminaltaxe die Gebühren zu lesen, die jemand zu erlegen hatte, wenn er »nach allen Graden torqiert« (gefoltert) wurde, wenn ihm Nase und Ohren abgeschnitten, die Hände abgehauen, die Glieder abgezwickt, Riemen aus der Haut geschnitten, die Zunge ausgerissen oder die Knochen durchs Rad gebrochen wurden.

An manchen Orten Deutschlands ahmte man ein in England erfundenes Foltermittel nach – so im Elsaß –, das war die Schlaflosigkeit. Man sorgte dafür, daß die Gefangene stets wach blieb, damit sie keinen Zuspruch vom Teufel erhalte. Zu dem Behufe wurde sie im Kerker ununterbrochen umhergejagt, bis die Füße wund waren und sie in Verzweiflung geriet.

Auch durch brennenden Durst gefiel es besonders geistreichen Untersuchungsrichtern, die Unglücklichen zu martern, indem sie ihnen stark gesalzene Speisen reichen, den Trunk aber entziehen ließen. Zeitgenossen berichten:

»Bei der Folter waren es sehr häufig die rohen Scharfrichter, welche das Ruder führen und ihres Gefallens vorschreiben, wie und auf welche Weise man diese oder jene foltern müsse; sie sind diejenigen, welche denen, so in der Folter hängen, keine Ruhe lassen, sie mit unaufhörlichem Anmahnen, auch greulichen Bedrohungen und erschrecklichen Gebärden zum Bekenntnis treiben und die Folter dermaßen spannen, daß es unmöglich ist, es zu ertragen und auszustehen.«

Der Henker selbst sieht es als einen Schimpf an, daß er eine Angeklagte ohne Geständnis aus seinen Händen entkommen lassen sollte, »gleich als ob er seine Kunst und Handwerk nicht recht gelernt hätte, daß er einer so schwachen, armseligen Weibsperson das Maul nicht hätte öffnen können«.

Er ließ sich natürlich seine Kunst denn auch gehörig attestieren. So wurde ums Jahr 1598 einem Nachrichter von seinem (Vor-) Richter das folgende Zeugnis ausgestellt: »Daß der Nachrichter von Tecklenburg, Jürge Stolhauer, Bruder von der Nachrichterin Jägemann, den seit einer seinen Zeit inhaftiert gewesenen Hinz Schüerkamp nicht nur wohl und zu meinem besonderen Vergnügen enthauptete, sondern auch bei meines Bruders Syndizi Zeiten einen daselbst verstrickt gewesenen Köller über die Maßen wohl gehenket, also daß man in dergleichen Fällen stattlich von ihm bedient wird, ein solches bescheinige ich hiermit.«

Drohungen wie: »Du sollst so dünn gefoltert werden, daß die Sonne durch dich scheint!«, mit welcher die Freiknechte ihre Arbeit begannen, waren nichts Seltenes. Es war ursprünglich nämlich Vorschrift, daß die Folter an den Inquisiten nicht wiederholt werden sollte; allein, was kümmerten sich die Hexenrichter wohl viel um solch eine Vorschrift! Selbst wenn zuweilen hier und da der Landesherr der Willkür zu steuern versuchte, so wußten die Richter die rechtlichen Bestimmungen durch trügerische Deutung zu umgehen. Solchen Betrug glaubte der Fanatismus »zur Ehre Gottes« sich schon erlauben zu dürfen. So nannten die Herren z.B. die Wiederholung der Folter nach einigen Tagen eine bloße Fortsetzung; denn man suchte um jeden Preis zu verhüten, daß die Angeklagte ohne Geständnis aus dreimaliger Folter hervorging, weil sie dann allerdings freigelassen, aber des Landes verwiesen werden mußte. –

Die bestialische Roheit, mit welcher die Prozeduren vorgenommen wurden, spricht sich oft in der Kürze des Protokolls aus, andere Protokolle geben sie ausführlich, so folgende protokollarische Darstellung der Tortur einer Frau aus dem Jahre 1631:

»1. Der Scharfrichter hat der Delinquentin die Hände gebunden und sie auf die Leiter gezogen, hierauf angefangen, sie zu schrauben, und auf allen Punkten so geschraubt, daß ihr das Herz im Leibe zerbrechen mögen und sei keine Barmherzigkeit dagewesen. – 2. Und ob sie gleich bei solcher Marter nichts bekannt, habe man doch ohne rechtliches Erkenntnis die Tortur wiederholt, und der Scharfrichter ihr, da sie schwangeren Leibes gewesen, die Hände gebunden, ihr die Haare abgeschnitten und sie auf die Leiter gesetzt, Branntwein auf den Kopf gegossen und die Kolbe vollends wollen abbrennen. – 3. Ihr Schwefelfedern unter die Arme und an den Hals gebrannt. – 4. Sie hinten hinauf rückwärts mit den Händen an die Decke gezogen. – 5. Welches Hinauf- und Hinunterziehen vier ganze Stunden gewährte, bis sie (der Henker und dessen Knechte) zum Morgenbrote gegangen. – 6. Als sie wiedergekommen, der Meister (Henker) sie mit den Händen und Füßen auf den Rücken zusammengebunden. – 7. Ihr Branntwein auf den Rücken gegossen und angezündet. – 8. Danach aber viele Gewichte ihr auf den Rücken gelegt und in die Höhe gezogen. – 9. Nach diesem sie wieder auf die Leiter gelegt. – 10. Ihr ein ungehobelt Brett mit Stacheln auf den Rücken gelegt und mit den Händen bis an die Decke gezogen. – 11. Ferner hatte der Meister ihr die Füße zusammengebunden, eine Klafterstütze, 50 Pfund schwer, unten an die Füße niederwärts gehangen, daß sie nichts anders gemeint, sie würde bleiben und das Herz ersticken. – 12. Bei diesem ist es nicht blieben, sondern der Meister ihr die Füße wieder aufgemacht und die Beine geschraubt, daß ihr das Blut zu den Zehen herausgegangen. – 13. Bei diesem ist es auch nicht geblieben, sondern ist sie zum anderen Mal auf allen Punkten geschraubt worden. – 14. Der (Henker) von Dreißigacker hat die dritte Marter mit ihr angefangen, welcher sie erstlich auf die Bank gesetzt. Als sie das Hemd angezogen, hat er zu ihr gesagt: Ich nehme dich nicht an auf ein oder zwei, auf drei und nicht auf acht Tage, auf vier Wochen, auf ein halb oder ganz Jahr, sondern solange du lebst. Und wenn du meinst, daß du nicht bekennen willst, daß du sollst zu Tode gemartert werden, so sollst du doch verbrannt werden. – 15. Hat sie sein Eidam mit den Händen aufgezogen, daß sie nicht atmen können. – 16. Und der von Dreißigacker sie mit der Karbatsche um die Lenden gehauen. – 17. Danach sie in den Schraubstock gesetzt, drinnen sie sechs Stunden gesessen und – 18. mit der Karbatsche jämmerlich zerhauen worden. Bei diesem ist es den ersten Tag verblieben. – 19. Den andern Tag, als sie wiedergekommen, ist die vierte Marter mit ihr fürgenommen worden und sie auf etlichen Punkten geschraubt und sechs Stunden dringesessen usw.«

Aus den meisten der noch vorhandenen Folterwerkzeugen kann man ihre Bestimmung und ihre Anwendung sich leicht vorstellen; nur nicht aus der sogenannten »eisernen Jungfrau«, welches Marterinstrument keineswegs selten war.

In England bediente man sich im Tower zu London eines Torturwerkzeuges, welches *the scavengers daughter* (des Gassenkehrers Tochter) genannt wurde, das an die »Jungfrau«, welche sich in Deutschland an mehreren Orten in Gefängnissen befand, erinnert. Durch dieses Instrument hingerichtet werden, hieß »die Jungfrau küssen«,, und daher rührt ein altes Sprichwort: »Es ist nit alleweg gut, die Jungfrau zu küssen!«

Eiselen bemerkt darüber: »Vormals bestand eine Todesstrafe darin, daß der Verurteilte einem weiblichen Automaten (Selbstbeweger) entgegenschreiteten mußte, der ihn umarmte und in eine von Messern und Spießen starrende Tiefe warf. Nach den meisten Überlieferungen und Überbleibseln zu schließen, ist die Jungfrau ein künstlich zusammengesetztes Werk aus Eisen in der Gestalt einer stehenden Jungfrau mit beweglichen Armen und mit Schwertern in den Händen gewesen, welches in einem Gewölbe vor einer mit Falltür verdeckten Öffnung im Fußboden stand, worunter ein Schacht in die Tiefe, womöglich auf fließendes Wasser hinabging.

Wurde nun ein zum Tode Verurteilter gezwungen, sich dieser Figur zu nähern, und betrat die Falltür, so breitete die Jungfrau die Arme aus und umschlang den Delinquenten, den sie dabei gleichzeitig mit ihren Schwertern durchbohrte. Der Leichnam fiel darauf durch die geöffnete Falltür in den Schacht, an dessen Wänden ebenfalls scharfe Messer starrten, und gelangte zerstückelt in die Tiefe, wo das Wasser die Stücke fortschwemmte.

Der Nürnberger Jurist Siebenkäs redete von einer eisernen Jungfrau, die in Nürnberg vorhanden gewesen sein soll, hat dieselbe jedoch nicht selbst gesehen; er beschreibt aber die unheimlichen Gänge durch den Kerker, in welchem sie stand. Das Instrument selbst soll sich damals in dem Schlosse Heistritz in Steiermark befunden haben, wohin es ein Freund von Altertümern geschafft, der es mit anderen Nürnberger Antiquitäten käuflich erworben hatte.

Diese Jungfrau war sieben Schuh hoch, aus Eisenblech angefertigt, und erschien in der Nürnberger Zopftracht und dem Mantel der Bürgerfrauen des 16. Jahrhunderts, als eine verhüllte Frauengestalt.

Durch Gewichtseile in Bewegung gesetzte Federn ließen sie aufspringen. Der Jungfrau hohler Rumpf empfing den Verurteilten. Mit Gewalt schlug sie zu, und spitze Dolche, welche in die Brust drangen, zwei Schwerter, welche die Augen trafen, und andere Stacheln gruben sich in den dem Tode verfallenen menschlichen Körper. Der Boden der Maschine hatte Riemen und in der Mitte ein Loch zum Abfluß des Blutes.

Die Kölner »eiserne Jungfrau« befand sich in einem Wartturme, der mit seinem Unterbau aber längst abgetragen ist, der Gegend jedoch die Bezeichnung »am Türmchen« gegeben hat. Ein Gemach jenes Turmes stand durch eine Falltür mit dem Rhein in Verbindung. Sobald der Fuß eines Menschen auf diese Tür trat, öffnete sich ein Schlund. Der Unglückliche stürzte hinab, und von zahlreichen Messern durchbohrt verschwand sein Leichnam in den Wogen des Rheins. An der Decke des Gewölbes hing ein Wecken (Weißbrot). Wollte der Eingekerkerte den Sprung nach dem Brote nicht wagen, so drohte ihm der Hungertod; wagte er ihn jedoch, so traf er die Falltür und stürzte in den messergespickten Schacht. – In Mainz soll die Jungfrau aus einem hölzernen hohlen Zylinder mit Messern an der inneren Seite bestanden haben, welche bei schnellem Umdrehen die in den Zylinder gebrachten Personen zerstückten.

Diese Bestrafung wurde jedoch nur an Adeligen wegen Hochverrats gegen den Kurfürsten vollzogen. Geringere Leute wurden enthauptet und ihr Leichnam den Hunden vorgeworfen.

Die »Jungfrau« scheint überhaupt ein außergewöhnliches Folter- und Hinrichtungsinstrument gewesen zu sein. Weder in Österreich noch in Bayern wurde die Tortur und öffentliche Hinrichtung gegen Edelleute und Geistliche angewendet; die letzteren wurden bei schweren Verbrechen bei »versperrten Toren«, also im geheimen, abgetan.

Die »Jungfrau«, gleichviel in welchen der angedeuteten Formen sie zur Anwendung kam, machte den Leichnam des Gerichteten völlig unkenntlich, und die Hinrichtung mit derselben erfolgte ganz im geheimen.

Die eiserne Jungfrau scheint aber nicht bloß das Hinrichtungswerkzeug für bevorzugte Stände geblieben zu sein, sondern wurde im Laufe der Zeit auch als Folterinstrument hergerichtet, das sowohl erschreckend und grauenerregend, als quälend und tötend wirkte, je nachdem es gewünscht wurde.

Ein Franzose, welcher unter der Regierung Joseph Bonapartes Aufseher über das Inquisitionsgebäude in Madrid war, erzählte im Jahre 1835, daß sich unter den in jenem Gebäude vorhandenen Marterwerkzeugen auch eine aus Holz und Eisen gemachte Figur befunden habe, welche *mater dolorosa* (Schmerzensmutter) geheißen und als Werkzeug zum letzten und härtesten Grade der Tortur gedient habe.

»In der Tat« – sagte J. v. Lenau – »war die eiserne Jungfrau ein Werkzeug der Tortur, das durch gleichzeitige Einwirkung auf den Geist wie auf den Körper den festesten Mann zum Wanken bringen konnte.« Im Hintergrunde des dunklen Gewölbes stand einsam und schrecklich das eiserne Bild mit dem bleichen Anlitz ohne Regung – eine entsetzliche Maschine in Menschengestalt, ohne Gefühl, ohne Mitleid, ohne Barmherzigkeit. Geheimnisvoll schweigend stand sie da, geschlossen, ihr furchtbares Innere noch den Blicken des Angeklagten bergend, den man aus dem Kerker des »heimlichen Gerichts« schleppte.

Bis dahin war er standhaft geblieben, vielleicht hatte er nichts einzugestehen, weil er unschuldig war, vielleicht schwieg er, um nicht andere mit in das Verderben zu ziehen! Vielleicht hatten auch Privatrache, Haß und Neid einer mächtigen Person ihn bis zum Kusse der Jungfrau gebracht! Die Henker entkleideten ihr Opfer und führten es vor die Jungfrau mit der Aufforderung, ihr eine Kuß zu geben.

Sobald der Unglückliche jedoch auf die Foltertür trat, umschlangen ihn die Arme der entsetzlichen Maschine, und ebenso langsam, wie die Gewichte abliefen, drückte sie den nackten Körper gegen die Stacheln und Dolche, welche sichtbar wurden, indem sie auseinanderklappte. Langsam zog sie ihr Opfer an sich, immer näher kamen die Spitzen der aufgeschlagenen Wandungen den zuckenden Gliedmaßen, denn auch die Hälften der eisernen Maschine begannen sich langsam zusammenzuziehen.

Unter der geöffneten Fallklappe rauschte das Wasser und blitzten im Fackelschein die Messer und Schwerter des Abgrundes, über dem der Deliquent schwebte, gehalten von den eisernen Armen der Maschine.

In dieser furchtbaren Lage wurde er wieder zum Geständnis aufgefordert. Blieb er standhaft, so drangen die Dolchspitzen und Stacheln tiefer in sein Fleisch, und zwei furchtbare Spitzen näherten sich seinen Augen, um sich in dieselben langsam einzubohren.

Vielleicht gestand er jetzt, da die Spitzen die Augäpfel bereits berührten, und wurde dann, aus vielen Wunden blutend, von der Maschine befreit, oder er schwieg und gab alsdann seinen Geist im Innern der Maschine auf, deren Stacheln ihm zuletzt durch die Augen in das Gehirn sowie in das Herz und die Organe des Innern drang. Dann floß das Blut durch die Riemen und das Loch im Boden der Maschine ab. Den Leichnam zerstückelten die Henker durch das Hinabwerden in den messerstarrenden Schacht.

Die eiserne Jungfrau konnte martern und töten, während die übrigen Folterwerkzeuge nur in Ausnahmefällen den Tod herbeiführten.

In Frankreich scheint wiederum die Strafe der Einmauerung ziemlich beliebt gewesen zu sein.[47]

Zuweilen kam es vor, daß die Eingekerkerten und Gefolterten sich selbst umbrachten, und daß sie, statt gebrochen an Leib und Seele ins Leben zurücktreten, es vorzogen, zu sterben. Auch starben viele ohnehin unter der Folter. War letzteres der Fall, so war es Brauch, daß der Scharfrichter den Hals der Unglücklichen herumgedreht gefunden zu haben behauptete, was dann ein Beweis dafür war, daß der Teufel selbst ihrer Not ein Ende gemacht hatte, um sie am Geständnis zu hindern. Stand es doch sogar in der Henkerpraxis fest, daß, wenn ein wegen Zauberei Angeklagter unter den Qualen der Tortur die Sprache verloren hatte, ihn zu demselben Zwecke der Teufel stumm gemacht habe. So heißt es beispielsweise in einem Protokoll einer zu Wasungen, dem thüringischen Schöppenstedt, vom 22. August 1668 Gefolterten: »Als sie (die Gefolterte) nun eine Weile so gesessen, ist sie bedroht worden, wo sie gutwillig nicht bekannte, daß mit der Tortur fortgefahren werden sollte, auch darauf ein wenig in die Höhe gezogen. Aber als sie etwas – jedoch unvernehmlich – geredet, und man vermeinet, sie würde weiter Aussage tun, bald wieder heruntergelassen worden, hat man vermerkt, daß es nicht richtig um sie sei. Daher der Scharfrichter sie mit danebenstehendem Weine angestrichen.

Als aber befunden, daß das sonst starke Atemholen nachließ, ist sie auf die Erde auf ein Bett gelegt worden, da sie sich noch in etwas geregt und bald gar ausgeblieben und gestorben. Es ist aber derselben, als der Scharfrichter sie erst besehen, der Hals oben im Gelenke ganz entzwei gewesen.

Wie es damit hergegangen, kann niemand wissen. Die Tortur hat von früh 8 Uhr bis 10 Uhr und also zwei Stunden gewährt. Vermutlich hat der böse Feind ihr den Hals entzweigebrochen, damit sie zu keinem Bekenntnisse kommen sollen« – bemerkt das Protokoll des thüringischen Schöppenstedter!

Auf den hierüber an den Landesherrn erstatteten Bericht antwortet dieser, der Graf von Henneberg, nicht minder geistreich: »Uns ist aus Eurem Berichte vorgetragen worden, wieweit Ihr mit denen verdächtiger Hexerei halber in Haft sitzenden Personen verfahren und wie Ihr wegen Paul Mopens Weibes, welche bei der Tortur verstorben, des Körpers wegen Verhaltungsbefehl erholen wollen. Dieweil nun Eurem Bericht nach von dem Scharfrichter kein Exzeß in der Tortur begangen usw., auch aus denen bei ihrem Absterben sich ereignenden Umständen und vorhergegangenen Besichtigungen so viel abzunehmen, daß ihr von dem bösen Feind der Hals zerknickt sein muß, als habt Ihr bei so gestalten Sachen den Körper alsbald hinausschaffen und unter das Gericht einscharren zu lassen.«

Zu den vor der Exekution infolge der Folter Gestorbenen gehört ein Mann in Möhringen in Württemberg (1662), dem man unter anderem das Geständnis abgemartert hatte, daß er ein von ihm mit einem Mädchen im Ehebruch erzeugtes Kind in Gesellschaft des Mädchens und der Mutter desselben verzehrt habe. Über sein Ableben berichtet der Turmmeister: »Vor seinem Ende tat er zwei unmenschliche Schreie wie ein Ochs. Als man zulief, begehrete er, man solle ihn loslassen, er müsse ersticken, Gott werde ein Zeichen an ihm tun. Dann schlug er wild um sich und riß die Kleider und das Hemd vom Leibe. Bald darauf konnte er nicht mehr reden, bekam ein scheußliches Gesicht, wickelte seinen Mantel zusammen, legte den Kopf darauf und war plötzlich tot.« Als man ihn untersuchte, fand man »sein Genick ganz eingedrückt«. Da das natürlich der Teufel getan, wurde die Leiche auf den Richtplatz verbrannt.

Eine seltsame Selbstentleibungsgeschichte teilte die Chronik von Thann mit – Selbstentleibung im Hexenturm war etwas sehr häufig Vorkommendes –: Die Hexe Anna Morgin war 1641 zum Tode verurteilt. Der Urteilsvollstreckung zuvorzukommen, bringt ihr der Teufel ein Messer in den Kerker, mittels dessen sie sich zweimal die Kehle durchschneidet. Der Henker findet sie infolgedessen als Leiche vor und schafft den toten Körper aus dem Turm auf den Scheiterhaufen. Schon beginnt die Flamme an der Toten heraufzuzüngeln, als dieselbe laut »Jesu, Maria!« ausruft. Vom Scheiterhaufen herabgenommen, beginnt sie zu beichten, und eröffnet dem Geistlichen, daß sie wirklich tot sei, aber durch die Gnade der Heiligen Jungfrau, zu deren Ehre sie täglich im Gefängnis einen Rosenkranz gebetet, es erlangt habe, daß sie noch einmal in die Welt zurückkehren durfte, um durch eine offene Beichte die ewige Verdammnis von sich abzuwehren. Nachdem dies geschehen und sie Absolution empfangen, wurde sie dem geschehenen Wunder (oder richtig auf die leichtgläubige Masse berechneten Schwindel) zu Ehren zur Hinrichtung durch das Schwert begnadigt.

Es kam auch vor, daß Verhaftete den Richter zerknirscht um ihren baldigen Tod anflehten. So bat eine eingekerkerte und geständige Engländerin trotz der Abmahnungen des verständigen Geistlichen um den Tod. Auf dem Richtplatz sprach sie laut zu allem Volke: »Wißt, ihr alle, die ihr mich heute sehet, daß ich als Hexe auf mein eigenes Bekenntnis sterbe, und daß ich alle Welt, vor allem aber die Obrigkeit und die Geistlichen von der Schuld an meinem Tode freispreche. Ich nehme sie gänzlich auf mich, mein Blut komme über mich! Und da ich dem Gott des Himmels bald werde Rechenschaft ablegen müssen, so erkläre ich mich so frei von Hexerei wie ein neugeborenes Kind. Da ich aber von einem boshaften Weibe angeklagt, unter dem Namen einer Hexe ins Gefängnis geworfen, von meinem Manne und von meinen Freunden verleugnet ward und keine Hoffnung zur Befreiung aus meiner Haft und zu ehrenvollem Fortleben in der Welt mehr hatte, so leistete ich durch Verlockung des Bösen ein Geständnis, das mir vom Leben hilft, dessen ich überdrüssig bin.« –

Mit kurzen Worten findet man das Torturverfahren in den Folterprotokollen niedergelegt. So heißt es in einem solchen:

»Da man sie dann geblöset, mit einer auf dem rechten Bein aufgesetzten Schraube in die Luft aufgezogen und mit zwei Ruten gestrichen und auf zugesagte gütliche Bekenntnis wieder heruntergelassen und losgeschroben.

Da aber die Aussage zweifelhaft befunden, wurde ihr auch auf das linke Bein eine Schraube gesetzt, etwa ziemlich zugeschroben und sie ein wenig aufgezogen – wieder geschraubt, die Strickleine angesetzt, sie mit hinterrücks gebundenen Händen in die Luft gezogen und mit einer Rute gestrichen. Als sie jedoch, heruntergelassen, alles wieder revozierte (widerrief), wurde sie so lange geschraubt, heraufgezogen und mit Ruten gestrichen, bis sie endlich alles bekannte.«

Ein Zeitgenosse berichtet von einem Gefolterten, man habe »ihm alsbald die Augen verbunden, Beinschrauben angelegt und ihn erbärmlich gemartert, ihn mit anhangenden Beinschrauben auf der Folter gezogen, ihm seinen Leib, Hände und Füße also zerrissen, daß er Gott und die Welt darüber hätte vergessen mögen, wo er nicht durch sonderbare göttliche Stärke und Trost solche Schmerzen und Versuchungen überwunden hätte«.

O. Wächter führt ferner ein Protokoll an, welches lautet:

»Bamberg, Mittwoch, den 20. Juli 1628, ist Anna Beurin, 62 Jahre alt, wegen angegebener Hexerei in der Güte examiert worden; sie will auf vielfältiges Zureden gar nichts gestehen; könne und wisse nichts: deretwegen mit ihr peinlich prozediert worden; Daumenstock – Gott soll ihr Zeuge sein, sie könne und wisse nichts. Beinschrauben – will ebenmäßig nichts gestehen.

Samstag, den 23. Juli, Bock (d. h. Daumenstock und Beinschrauben zugleich) auf eine Stunde – will nichts fruchten, könne und wisse nichts!«

Im darauffolgenden Jahre gestand die Ärmste infolge neuer Folterqualen schließlich doch, was man von ihr erfahren wollte.

Der damals geltende Rechtsgrundsatz, daß der Beschuldigte freizusprechen sei, wenn er die einmal (nach Vorschriften eine Stunde lang) angewandte Folter, ohne zu bekennen, aushielt, wurde beim Verbrechen der Zauberei gänzlich außer acht gelassen, und man nannte die Erneuerung der Tortur, wie schon erwähnt, nicht eine Wiederholung, sondern einfach eine Fortsetzung derselben.

Ein berüchtigter Hexenrichter namens Benedikt Carpzow, eine bluttriefende Autorität jener finsteren Zeit, der sich rühmte, die Bibel fünfzig und etliche Male durchgelesen zu haben, ein lutherischer Ketzerriecher, der sich einem Torquemada würdig zur Seite stellt, sagt u. a.:[48]

»Bei diesem schwersten Verbrechen, bei welchem Beibringung von Beweisen so schwer ist, und so verborgene Untaten begangen werden, daß unter Tausenden kaum einer, wie er verdient, gerichtet werden kann, muß man außer der Ordnung verfahren und anders, als bei den übrigen Verbrechen; auch mag dabei die Tortur öfter wiederholt werden, da bei solchen Verbrechen eben wegen ihrer Enormität (Ungeheuerlichkeit) schwere Mittel zur Findung der Wahrheit anzuwenden sind. Namentlich kann bei der Hexerei der Richter auch noch eine härtere Tortur verhängen, besonders da die Hexen durch alle möglichen Teufelsmittel sich gegen die Tortur zu stählen wissen.«

Am 13. Juni des Jahres 1632 war zu Bitterfeld eine der Hexerei angeklagte Frau auf der Folter gestorben, und zwar nach dem amtlichen Protokoll »durch Erwürgung des Teufels«. Jetzt wurde die Frage aufgeworfen, wie die Zutodgemarterte beerdigt werden sollte. Da resolvierte dieser berüchtigte Kriminalist und damalige Assessor des Leipziger Schöppenstuhls wie folgt: »Dieweil aus der gehaltenen gerichtlichen Registratur soviel zu befinden, daß der Teufel bei der Tortur Margareten Sparwitzin so hart zugesetzet, daß sie nicht eine halbe Stunde auf die Leiter gespannt mit großem Geschrei Todes verfahren und ihr Haupt niedergesenket, daß man gesehen, wie sie der Teufel inwenig im Leibe umgebracht. Inmaßen denn auch draus anzunehmen ist, daß es mit ihr nicht richtig gewesen sein muß, weil sie während der Tortur gar nichts, weder ja noch nein geantwortet – so wird der Margareten Sparwitzin toter Körper ohne Gesang und Geläute durch den Scharfrichter oder Abdecker hinausgeschafft und unter den Galgen verscharrt.«

Es kam nämlich, wie erwähnt, nicht selten vor, daß Angeschuldigte während des Folterns oder gleich darauf ihren Geist aufgaben, wie auch aus dem Ratsprotokoll der Stadt Offenburg vom 1. Juni 1628 hervorgeht, in welchem es heißt:

»Im stillen Rat. – Nächten nach elf Uhr ist das Wälschen Mägdelein auf dem Stuhl (Hexenstuhl) urplötzlich gestorben, und unangesehen man sie zuvor zum Bekenntnis stark ermahnt, ist sie doch allzeit auf ihre Unschuld verharret. Diese hat man auch nach zwölf Uhr am Mittag nochmals stark ermahnt, aber vergebens; und hat auch zuvor, ehe man sie darauf (auf den Stuhl) gesetzt, die lange Weidin gesagt: ›Ei, was denkt das Mägdlein, daß es sich nicht ergeben will, und ist doch also!‹ – Ist erkannt, daß man sie unterm Galgen vergrabe.«

Zur Verhängung der zweiten und dritten Tortur waren zwar Anzeichen der Schuld (sogenannte neue Indizien) erforderlich; indes solche waren in Prozessen wegen Zauberei sehr leicht erbracht. Es galt ja schon als Anzeichen der Schuld, wenn die Gemarterte auf der Folter sich auffällig benommen hatte oder Tränen vergießen konnte, obwohl man, wie schon erwähnt, annahm, daß Hexen nicht weinen könnten.

In dem Aushalten der Folter selbst wollte man endlich – dem erwähnten Gesetz, welches Entlassung des Inquisiten nach dreimaligem Bestehen der Folter anordnete, zuwider – ebenfalls ein Anzeichen der Schuld, und zwar den Beweis erblicken, daß der Teufel der gefolterten Person beistehe. Auch begnügte man sich meist nicht mit mehreren Graden der Tortur, sondern folterte weiter, bis schließlich ein Geständnis herausgefoltert war. So hat man im Jahre 1591 in Nördlingen ein Mädchen zweiundzwanzigmal gefoltert, das erst beim dreiundzwanzigstenmal bekannte, was man von ihr zu haben wünschte.

In Baden-Baden quälte man eine Frau zwölfmal auf der Tortur und ließ sie nach dem letzten Akt noch 52 Stunden lang auf dem Hexenstuhl sitzen.

Von einer im Jahre 1629 Gerichteten heißt es in einem Bericht: »Ob sie gleich bei der ersten Marter nichts bekannte, hat man doch, ohne rechtliches Erkenntnis, die Tortur wiederholt und der Scharfrichter ihr die Hände gebunden, die Haare abgeschnitten, sie auf die Leiter gesetzt, Branntwein auf den Kopf gegossen und angezündet, ihr Schwefelfaden unter die Arme und den Hals gebrennet, sie hinten aufwärts mit den Händen bis an die Decken gezogen, so bei drei oder vier Stunden gewähret und sie gehangen, und als er wiederkam, ihr Branntwein auf den Rücken gegossen und angezündet, ihr viele Gewichte auf den Rücken gelegt und sie in die Höhe gezogen; fürder: die beiden großen Fußzehen und beide Daumen zusammengeschraubt, eine Stange durch die Arme gestecket und sie also aufgehänget, da ihr immer eine Ohnmacht nach der anderen zugegangen, die Beine in den Waden geschraubet und die Tortur auf die Fragen unterschiedlich wiederholet. Bei der dritten Tortur mit einer ledernen Peitsche um die Lenden und sonst aufs Blut gehauen, ihr die Daumen und großen Zehen zusammengeschraubet, sie also im Bock sitzenlassen, und waren der Henker und die Gerichtspersonen zum Morgenbrot gegangen von zehn bis ein Uhr, darauf sie abermals mit der Karbatsche jämmerlich zerhauen. Den anderen Tag die Tortur wiederholet.«

Häufig widerriefen die Gefolterten später das ihnen durch die Tortur erpreßte Geständnis. Das nutzte ihnen jedoch nichts. Man folterte sie in höherem Grade und hielt ihnen vor, daß sie nur durch »güfliches Geständnis« dem Feuertod entgehen und zum »Schwert« begnadigt werden könnten.

Trotzdem fanden sich Personen, welche man durch keinerlei Marter zu einem Bekenntnisse zu bringen vermochte, und die man schließlich – allerdings siech und mit zerrissenen Gliedern – freigeben mußte. In diesem Falle mußte der aus dem Kerker Entlassene geloben, sich wegen der erlittenen Untersuchung weder an dem Gerichte noch an dessen Zugehörigen und Dienern in keiner Weise rächen zu wollen; man nannte das Ablegen dieses Geständnisses Urfehde schwören.

Beispiele solcher erstaunenswerten Heldinnen sind folgende:

Nach einem Nördlinger Protokoll wurde die Tochter eines Amtmanns von Ulm, welche alte Weiber bei Hexentänzen gesehen haben wollten, siebenmal gefoltert. Da fragte die Ärmste: »ob sie wohl selig werden könne, wenn sie die Unwahrheit gestehe; sie fürchte die Schmerzen und wollte alles getan haben, wessen man sie zeihe; nur könne sie es nicht mit gutem Gewissen sagen«. Und nun begann sie zu gestehen. Beim nächsten Verhör widerrief sie ihre Geständnisse wieder und beharrte auf ihrem Widerruf, obgleich sie noch neunmal gefoltert und bei einem Verhör achtmal auf die Leiter geschnallt wurde.

Von einer gewissen Weitschneiderin, einer vierundsechzigjährigen Frau, welche alle Grade der Folter ertrug, sagt das betreffende Protokoll: »Es war so viel, als hätte man in einen alten Pelz hineingehauen.«

Ein anderes Protokoll sagt von einem Mädchen von sechzehn Jahren, das zuletzt aber sich doch ein Bekenntnis erpressen ließ: »Es ist ein Wunder, wie dies junge Blut so lange aushalten kann«.

O. Wächter erzählt von einem Weibe in der Pfalz, das im Jahre 1576 wegen Zauberei angeklagt wurde. Die Folter brachte sie zu Geständnissen, die, nachher widerrufen, bei neuer Folter erneuert wurden. Daraufhin erfolgte das Todesurteil. Das Weib widerrief aber auf dem Wege zur Richtstätte so entschieden, daß trotz aller Befehle des Amtmanns der Scharfrichter die Exekution verweigerte: er müsse doch auch seine Seligkeit bedenken. Endlich – nach vierjähriger Einkerkerung – wurde die Angeklagte entlassen.

Ein Torturprotokoll vom 31. Oktober 1724, welches wir in O. Wächters »Vehmgerichte und Hexenprozesse« ebenfalls finden, über einen Prozeß gegen die in Coesfeld (im ehemaligen Fürstentum Münster) gerichtete Ennecke Förstenees, besagt, »daß der Untersuchungsrichter Dr. Gogravius, nachdem er die Angeschuldigte vergebens zum gütlichen Bekenntnis aufgefordert, ihr den Befehl der Tortur habe publizieren (bekanntgeben) lassen. Hiernach ließ er zum ersten Grade der Folter schreiten. Der Nachrichter wurde hereingerufen. Derselbe zeigte ihr die Folterwerkzeuge und redete ihr scharf zu, während der Richter ihr die einzelnen Anklagepunkte vorlas. Darauf schritt der Richter zum zweiten Grade der Folterung. Die Angeklagte wurde in die Folterkammer geführt, entblößt und angebunden und über die Anklagepunkte befragt. Sie blieb beständig beim Leugnen. Bei der Anbindung hat Angeklagte fortwährend gerufen und um Gottes Willen begehrt, man möge sie loslassen. Sie wolle gerne sterben und wolle gerne ja sagen, wenn die Herren es nur auf ihr Gewissen nehmen wollten. Und wie selbige beständig beim Leugnen verblieben, ist zum dritten Grad geschritten und sind der Angeklagten die Daumschrauben angelegt worden. Weil sie unter der Tortur immer gerufen, ist ihr das Kapistrum (eine Vorrichtung, welche das Schreien verhindert), in den Mund gelegt und Applizierung (Anwendung) der Daumschrauben fortgefahren. Obgleich Angeklagte fünfzig Minuten in diesem Grade ausgehalten, ihr auch die Daumschrauben zu verschiedenen Malen versetzt und wieder angeschroben sind, hat sie doch nicht allein nicht bekannt, sondern auch während der peinlichen Frage keine Zähre fallen lassen, sondern nur gerufen: ›Ich bin nicht schuldig! O Jesu, gehe mit mir in mein Leiden und stehe mir bei!‹ Sodann: ›Herr Richter! Ich bitte Euch, laßt mich nur unschuldig richten!‹ Ist also zum vierten Grade geschritten vermittels Anlegung der spanischen Stiefeln. Als aber peinlich Befragte in diesem Grade über dreißig Minuten hartnäckig dem Bekenntnis widerstanden, ungeachtet die spanischen Stiefeln zu verschiedenen Malen versetzt und aufs schärfste wieder angeschroben wurden, auch keine einzige Zähre hat fallen lassen, so hat Dr. Gogravius besorgt, es möchte peinlich Befragte sich vielleicht *per maledicium* (durch Hexenkunst) unempfindlich gegen die Schmerzen gemacht haben. Darum hat er dem Nachrichter befohlen, dieselbe nochmals entblößen und untersuchen zu lassen, ob vielleicht an verborgenen Stellen ihres Körpers etwas Verdächtiges sich vorfände. Worauf der Nachrichter berichtete, daß er alles aufs genaueste habe untersuchen lassen, aber nichts gefunden sei. Ist also demselben befohlen, abermals die spanischen Stiefeln anzulegen. Dieselbe aber hat die Tat beständig geleugnet und zu verschiedenen Malen gerufen: ›O Jesu, ich habe es nicht getan! Wenn ich es getan hätte, so wollte ich gern bekennen. Herr Richter, lasset mich nur unschuldig richten. Ich will gern sterben. Ich bin unschuldig, unschuldig!‹ Als demnach peinlich Befragte die ihr zum zweitenmal angelegten spanischen Stiefeln abermals über dreißig Minuten hartnäckig überstanden, so zwar, daß sie während der Folterung weder die Farbe im Gesicht veränderte noch eine einzige Zähre hat fallen lassen, auch nicht vermerkt werden konnte, daß sie an Kräften abgenommen oder die Strafe sie geschwächt oder verändert hätte, so fürchtete Dr. Gogravius, der vierte Grad möchte die Angeklagte nicht zum Geständnis bringen und befahl zum fünften Grade zu schreiten. Demgemäß wurde die Angeklagte vorwärts aufgezogen und mit zwei Ruten bis zu dreißig Streichen geschlagen. Als Angeklagte aber zuerst gebunden werden sollte, hat dieselbe begehrt, man möchte sie doch nicht ferner peinigen, mit dem Zusatze: ›sie wollte es lieber sagen, daß sie es getan hätte, und sterben unschuldig, wenn sie nur keine Sünde daran täte‹. Dieses wiederholte sie mehrmals; inbetreff der ihr vorgehaltenen Artikel aber beharrte sie beim Leugnen. Daher dem Nachrichter befohlen worden, peinlich Befragte rückwärts aufzuziehen. Mit der Aufziehung ist dergestalt verfahren, daß die Arme rückwärts gerade über dem Kopf gestanden, beide Schulterknochen aus ihrer Verbindung gedreht und die Füße eine Spanne weit von der Erde entfernt gewesen sind. Als die Angeklagte ungefähr sechs Minuten also aufgezogen gewesen, hat Dr. Gogravius befohlen, ›sie abermals mit dreißig Streichen zu hauen‹, was dann auch geschehen ist. Peinlich Befragte beharrte aber beim Leugnen. Auch als Dr. Gogravius zu zweien Malen, jedesmal zu ungefähr acht Schlägen, die Korden anschlagen ließ, hat sie nur gerufen: ›Ich habe es nicht getan!‹ Ferner auch, obwohl die Korden zum drittenmal mit ungefähr zehn Schlägen angeschlagen und ihr außerdem die bisherigen Folterwerkzeuge wieder angelegt sind, dergestalt, daß dieselbe fast unerträglich geschienen, hat dieselbe doch über dreißig Minuten diesen fünften Grad ebenso unbeweglich wie die vier vorhergegangenen überstanden, ohne zu bekennen.

Wie nun Dr. Gogravius, diese Schandsäule der menschlichen Gesellschaft, dafür halten mußte, daß die erkannte Tortur gehörig ausgeführt, gleichwie dann der Nachrichter mitteilte, daß nach seinem Dafürhalten peinlich Befragte die Folterung nicht länger werde ausstehen können, so hat Dr. Gogravius dieselbe wieder abnehmen und losbinden lassen und dem Scharfrichter befohlen, der Gefolterten die Glieder wieder einzusetzen und bis zu ihrer völligen Genesung zu verpflegen.«

Nach einem Protokoll vom folgenden Tage brachte sie der Scharfrichter zum Geständnis.

Gestanden die Opfer nicht in vollem Umfange, so wurden auch Zeugen schlimmster Sorte herangezogen, wie Diebe, Meineidige usw. Dann gab wohl der eine an, daß nach einem Wortwechsel mit der Angeklagten ihm ein Stück Vieh erkrankt sei; ein anderer wollte sie abends im Garten gesehen haben, wie sie plötzlich verschwunden und gleich darauf in Gestalt einer Katze in eine Bodenluke gekrochen sei und dergleichen mehr. Hatte man aber bei der Hausdurchsuchung etwa ein Salbentöpfchen oder dergleichen gefunden, so stand es sehr schlimm um die Angeklagte. Erfolgten die Antworten nicht nach Wunsch, so wurde sie zurück in das »Loch« geführt, um sie »mürber« zu machen. Zu den leiblichen Qualen kamen geistige. Die Angeklagte wurde mit den Qualen der Hölle bedroht, wenn sie länger leugne. Dagegen sagte man ihr Milderung der Strafe, ja selbst Straflosigkeit zu, wenn sie die Wahrheit, d. h. das, was man von ihr zu hören begehrte, sage. »Ich gelobe dir«, sagte der Richter, »daß ich dich, so du gestehst, nicht verurteilen will.« – Bei dem Schlußverfahren trat dann dieser ab, und ein anderer Hexenrichter sprach die Verurteilung aus.

Nur aus den Akten der Prozesse selbst vermag man zu erkennen, bis zu welcher Verzweiflung die Unglücklichen durch die Folterqual getrieben wurden und wie sich diese Qual in ihnen aussprach.

Da lesen wir z. B. aus den Hexenprozeßakten vom Jahre 1658, welche der Land- und Stadtrichter Rautert 1827 zu Essen veröffentlicht hat, wie ein angeblich als Hexe gefoltertes Weib am 23. Juni 1658 flehentlicht bittet, man möchte sie mit weiteren Tormenten verschonen, denn sie wüßte nichts mehr, sie sollten ihr nur abhelfen (von der Folter), wie sie aber, weil sie ihre Komplizen nicht vollständig angegeben zu haben schien, am 3. Juli nochmals gefoltert und zur Nennung der Namen gebracht, worauf sie bittet, man möge ihr das vorige Gebet wieder vorlesen, wie dann geschehen, da sie abermals mitgebetet und dem Teufel abgesagt, bittend, man sollte sie nun nicht lange mehr aufhalten und ihr bald davonhelfen und ein Vaterunser für sie beten, welche Bitte die dann nach geschehener Konfrontation mit einer von ihr angegebenen Person nochmals wiederholt; wie sie dann am 4. Juli, als ihr für den folgenden Tag die Hinrichtung mit dem Schwert angekündigt wird, »mit gefalteten Händen« nochmals bittet, »sie wäre eine Sünderin, man sollte nur morgen mit ihr fortfahren und helfen, daß ihre Seele zu Gott kommen möchte, auch allesamt ein Vaterunser für sie beten«. Da sehen wir also ein frommes, gottergebenes Weib, das nach allen Qualen des Leibes und der Seele, die ihm angetan waren, die Qual und Schmach der öffentlichen Hinrichtung gegenüber dem, was sie unter den Händen ihrer Peiniger erlitt, als Erlösung ansah. Und diese fromme gottergebene Frau war durch die Folter soweit gebracht worden, daß sie andre, die ebenso unschuldig waren wie sie selbst, als Mitschuldige bezeichnete und diese Angaben mit Anrufung des göttlichen Namens im Angesichte des Todes beteuerte. »Daher«, bemerkt Solodan, »klingt es wie ein Hohn der Hölle, wenn wir lesen, daß der Unglücklichen noch unmittelbar vor der Hinrichtung vom Gericht »ihrer vorigen Konfession halber zu Gemüte geführt ward, daß, wenn sie den einen oder anderen aus Haß oder Neid denunziert hätte, sie solches anjetzo andeuten und ihrer Seele nicht zu kurz tun sollte«.

Vielfach trat durch die Folterqualen, Kerkermartern und Seelenpein bei den Unglücklichen völlige Geistesumnachtung ein.

Scheußlich folterte man auch in England, und die Geschichte hat uns viele Beispiele über das dortige Verfahren aufbewahrt. So die Schilderung des Schicksals des Majors Strangeways.

Derselbe war im Jahre 1658 angeklagt, seinen Schwager ermordet zu haben. Als die Leiche des Umgebrachten von der Totenschauer-Jury besichtigt wurde, mußte Strangeways den Leichnam bei der Hand fassen und dessen Wunden berühren. In jener Zeit war nämlich der Aberglaube noch allgemein verbreitet, daß die Wunden eines Erschlagenen wieder frisch zu bluten anfingen, wenn die Hand des Mörders sich ihnen näherte. Strangeways tat es, aber – seltsame Inkonsequenz der Richter! – obgleich die Wunden bei der Berührung nicht bluteten, wurde der Angeklagte doch dem Verhörrichter überwiesen, während man anderenfalls ihn sofort für schuldig erachtet haben würde.

Vor Gericht verweigerte Strangeways jede Aussage und machte auch gar kein Hehl aus seinen Beweggründen hierzu.

Wenn er seine Schuld nicht bekannte, konnte man ihn wohl zu Tode martern, aber nicht verurteilen; wenn er aber nicht verurteilt wurde, behielt er die freie Verfügung über sein Vermögen, das sonst dem Fiskus verfiel. Wurde sein Tod auch doppelt qualvoll, so wollte er seinen Angehörigen doch retten, was zu retten war. Die Androhung der »harten und strengen Strafe« der Preßfolter erwies sich demnach als wirkungslos.

Diesmal aber kam noch ein Umstand hinzu, der uns zeigt, wie auch die barbarischsten Exekutionen einem »gefühlvollen« Henker immer noch die Möglichkeit gewähren, seinem Opfer »gut« zu sein. Schon seit längerer Zeit war es gebräuchlich, dem zur Aufnahme der Eisenlast auf den Boden hingestreckten Delinquenten einen dreikantigen Holzkeil unterzulegen, damit dessen Schärfe ihm das Rückgrat breche und so der Tod schneller eintrete. Dieser Akt mitleidiger Barbarei wurde bei Strangeways nicht verübt; die Henker erwiesen sich aber auch an ihm nicht als gefühllose Unmenschen. Sie legten ihm nämlich die Eisen- und Steinstücke dermaßen kreuzweise über die Brust, daß zwei von ihnen sich darauf setzen und so den Gewichtstücken mit ihrem eigenen Körpergewicht Nachdruck geben konnten. Dennoch dauerte der Todeskampf Strangeways acht bis zehn Minuten. Der schmählich zerquetschte Leichnam mit dem fürchterlich entstellten Antlitz wurde dann öffentlich zur Schau gestellt.

Im Jahre 1726 wurde ein gewisser Burnworth zu Kingston wegen Mordes vor Gericht gestellt. Er weigerte sich, zu reden, auch nach der dann üblichen Bedrohung mit der »harten und strengen Strafe«, und diese wurde demzufolge vollzogen. Sieben Viertelstunden lang blieb er lebendig und willensstark unter einem Gewicht von vier Zentnern. Dann bat er um Barmherzigkeit. Die Last wurde ihm abgenommen. Vor den Richter geführt, erklärte er sich steif und fest für schuldlos. Damit war die Frucht seiner Zählebigkeit und seiner Standhaftigkeit wieder verscherzt: er wurde zum Tode verurteilt und gehängt.

Es währte aber noch ein halbes Jahrhundert nach Burnworths Tode, bis die Preßfolter abgeschafft wurde. Mittlerweile erstarkte freilich doch der Wunsch, es möge zu dem Zwecke, dem sie dienen sollte, ein vernunftgemäßeres und menschlicheres Mittel gefunden werden. Schon bei Burnworth hatte man, bevor man ihn der Preßfolter überantwortete, das gelindere Mittel der Daumschrauben versucht, allein umsonst; aber erst acht Jahre später, im Jahre 1734, kam John Durant als Vorbote einer besseren Zeit, indem man es bei ihm mit den Daumschrauben bewenden ließ und von da ab in dem Stillschweigen vor dem Richter nur eine Ableugnung der Schuld sah, die dann anderweitig dargetan werden müsse, wenn die

Anklage überhaupt aufrechterhalten werden solle. Dieser John Durant war taub und des Lebens unkundig, und es spielte sich mit ihm im öffentlichen Gerichtshofe zu London folgende Szene ab:

Richter: »Wenn er hartnäckig bleibt, muß er unter die Preßfolter.«

Gerichtsnuntius (dem Angeklagten ins Ohr schreiend): »Der Richter sagt, daß Ihr unter die Preßfolter müßt, wenn Ihr nicht hören wollt.«

Angeklagter: »He?«

Richter: »Verleset das Gesetz, laßt ihm aber erst vom Exekutor die Daumen binden!«

Der Exekutor bindet die Daumen mit einer Schnur zusammen und zieht letztere mit Hilfe eines Gerichtsdieners fest an.

Gefangener: »Mein lieber Herr, ich bin bei Gott stocktaub.«

Exekutor: »Schuldig oder nichtschuldig?«

Gefangener: »Mein liebster, süßer, kostbarer Herr, ich bin taub, wahrhaftig; taub schon seit zehn Jahren.«

Exekutor: »Schuldig oder nichtschuldig?«

Richter: »Zieht ein bißchen kräftiger an! – – –. So, nun laßt nach und gebt ihm einige Bedenkzeit; macht ihm aber begreiflich, was ihm bevorsteht, wenn er in seinem Eigensinn verharrt; wir dürfen uns hier nicht zum Narren halten lassen.«

Hierauf wurde der Angeklagte abgeführt, nach fünf Minuten aber wieder hereingebracht. Er erklärte sich für nichtschuldig und wurde dann entlassen.

Nachdem die weltlichen Gerichte das Verbrechen der Zauberei ausschließlich vor ihr Forum gezogen hatten, findet man hier nun sogenannte Hexenkommissionen, Hexenausschüsse, deren Aufgabe es war, die Hexen und Zauberer aufzuspüren und zur Anzeige zu bringen. Da die Mitglieder dieser Ausschüsse für die Anzeige und Anklage der Hexen sowie für deren Bewachung während der Haft aus dem Vermögen derselben reichliche Vergütung erhielten, so suchten sie natürlich überall Hexen und Zauberer zu entdecken. In einem im Jahre 1590 abgegebenen Rechtsgutachten führt hierauf bezüglich der Stadtschreiber Paul Majer zu Nördlingen aus, »daß es allerdings sonst wohl bedenklich sei, auf bloßes Angeben anderer Gefangenen gegen jemanden peinlich zu prozedieren, aber bei so schrecklicher Tat, als die Zauberei, sei es ein probater Grund, nach den bezichtigten Personen zu greifen und sie der peinlichen Frage zu unterziehen. Denn das Unholdenwerk werde für gewöhnlich bei Nacht in der Finsternis geübt und könne daher nur durch heilsame Tortur ans Licht gebracht werden.« Auch das Scheusal Carpzow spricht sich so aus, wie auch Nikolaus Bockenem, welcher klarzumachen sucht, daß man es im Punkte der Hexerei mit den Tortualanzeigen ja nicht so genau nehmen möge, als dieses sonst wohl in Kriminalsachen geschehen müsse.

Über die Tätigkeit der Geistlichen im Hexenprozeßverfahren bemerkt Soldan: »Es lag in der Natur der Sache, daß bei der steten Beziehung der

Hexerei auf theologische Fragen der Geistlichkeit auch da, wo ihr die richterliche Entscheidung entzogen war, ein großer Einfluß blieb.« Der Beichtvater oder Seelsorger war zuweilen in beständigem Rapport mit den weltlichen Inquiranten. So fand sich z. B. in einem burgfriedbergischen Prozesse vom Jahre 1665 der protestantische Inspektor fast Tag für Tag in dem Kerker einer Inquisitin ein, bestürmte sie mit Schrecken und Hoffnung und arbeitete dem Richter vor, indem der Geständnisse erwirkte und neue Indizien eruierte (Beschuldigungen herausbrachte). Sein den Gerichtsakten fast immer um einen Schritt vorlaufendes Privatprotokoll wurde dem Richter regelmäßig kommuniziert (zugestellt) und, als zuletzt die Akten an die Juristenfakultät zu Straßburg versendet wurden, denselben beigelegt. Die Fakultät belobte den Eifer des Mannes und drückte den frommen Wunsch aus, daß überall beide *brachia* in dieser Weise zur Ausrottung des Hexenlasters »kooperieren« möchten. Jesuitische Beichtväter zu Würzburg, Bamberg und anderwärts haben an die Gerichte stets berichtet, ob die Verurteilten hinsichtlich der denunzierten Mitschuldigen bis zum letzten Augenblick bei ihren Angaben geblieben sind oder nicht, und von diesen Berichten hing die Verbreitung oder Beschränkung einer Verfolgung wesentlich ab. – In der evangelischen Kirche trat in der Regel der Verkehr der Seelsorger erst ein, wenn über dieselben das »Schuldig« bereits ausgesprochen war. Indessen sind zahllose Hexen verbrannt worden, ohne vom Tage der Einziehung an einen Geistlichen gesehen zu haben. In unzähligen anderen Fällen haben sich die Geistlichen der Verhafteten angenommen, auf eine humanere Behandlung derselben hingewirkt, die Nichtigkeit der gegen die Angeklagten vorgebrachten Indizien und Zeugenaussagen nachgewiesen und überhaupt der Hexenverfolgung entgegengearbeitet, so in Eßlingen, selbst in Kundgebungen der hessischen Prediger auf den Generalsynoden Gesamthessens in den Jahren 1568-1582. In vielen Orten lagen die Geistlichen in ähnlichem Sinne mit den Gerichten in fortwährendem Kampfe und dachten menschlicher und aufgeklärter als die Richter. Die scheußliche Brennerei zu Nördlingen wurde im Jahre 1590 trotz mehrerer Strafpredigten begonnen, in denen darüber der dasige Superintendent den Magistrat öffentlich abkanzelte. Noch im Jahre 1674 erkühnte sich sogar der Amtmann zu Tambach in einem an den Herzog zu Gotha erstatteten Bericht es auszusprechen, daß man die Geistlichen von jeder Einwirkung auf die Hexenprozesse (z. B. durch Einziehung von Zeugnissen über die Inhaftierten) fernhalten müsse, indem sie denselben nur allzugern die günstigsten Zeugnisse zu geben und sogar auf die Zeugen einzuwirken pflegten, weshalb man fernerhin in Inquisitionssachen »vorsichtiger« (d. h. brutaler) vorgehen müsse. »Denn«, fährt der famose Amtmann fort, »ich habe auch in Nachdenken und Betrachtung gezogen, daß die Geistlichen, weil sie zum Teil gern nach dem Äußerlichen judizieren, welches bei sotanen (des Satanas) heimlichem verborgenem Reich, da die Heuchelei und Gleisnerei sehr groß, und, wie man allhier genugsam erfahren, solche Hexenleute mit Kirchengehen, Singen, Beten, Nießung des heiligen Abendmahls die fleißigsten und sonst dem Nächsten ganz gern behilflich seien, sich nicht tun lassen will, auch davon nichts wissen wollen, daß sie dergleichen Zuhörer in ihren anvertrauten Kirchen haben, solche guten Zeugnisse ausstellen, welche hernach den Prozeß in dem Kurs heilsamer Justiz hindern und hemmen, zumalen wenn es zur Defension (Verteidigung) kommt.« Damit stellt der verbohrte Richter, ohne zu wollen, sich ein Armutszeugnis, den Geistlichen Thüringens dagegen ein Ehrenzeugnis aus. Es sind auch Fälle vorgekommen, in denen gewissenhafte Beichtväter offenbare Widersprüche und Fehler in den Protokollen nachwiesen. – Und was taten die Richter? Sie untersagten den Geistlichen, die Gefangenen ferner zu besuchen, und ließen diese eiligst mit dem Schwert hinrichten. Und warum das? Sie wollten die Schande nicht haben, einen Unschuldigen gefoltert und verurteilt zu haben. Dagegen war für Kalvin und die puritanischen Geistlichen der Fanatismus der Hexenverfolgung charakteristisch.

Andererseits lockten und schreckten hartherzige Priester die armen Gefangenen. Einzelne Beichtväter im 17. Jahrhundert spielten die Inquisitoren und versagten selbst zuweilen den geistlichen Trost, Beichte und Abendmahl, folterten sonach auf ihre Weise.

Als Beispiel seltener Standhaftigkeit geben wir noch folgende gerichtliche Tatsache aus einem Falle, in welchem es die Angeschuldigte durch übermenschliches Ertragen der ärgsten Marter dahin brachte, daß nur die Landesverweisung als außerordentliche Strafe über sie verhängt werden konnte.

»Insbesondere saget *testis* 2. Philipp Wagner, der Richter selbsten, *ad* 2. *art.* O Maderin gleich, bey der ersten Marter nichts bekennet, habe man doch ohne rechtliches Erkennen die Tortur wiederholet, und der Scharpffrichter ihr die Hände gebunden usw« – kurz alle uns bekannten Arten des Folterns ausgeführt.

»Bey der dritten Tortur, so der von Dreißigacker verrichtet, seye es ärger zugegangen, als der sie mit einer ledernen Peitschen umb die Lenden, und sonst gehauen, daß das Blut durchs Hembde gedrungen, *art.* 14. 15. 16. Ferner sie auffgezogen, *ad art.* 15 ihr die Daumen und große Zehen zusammengeschraubet, sie also im Bock sitzen lassen, und waren der Henker neben denen Gerichtspersonen zum Morgenbrodt gangen, ungefehr vor Mittage, daß auch ein benachbarter Beamdter zu Zeugen kommen und gesagt, warum man so unbarmhertzig mit den Leuten umbginge, man hatte zu Neustadt davon gesagt, daß die zu Poeßneck (in Thüringen) so unbarmhertzig weren, *art.* 17. Darauff sie abermal mit der Carbatschen jämmerlich zerhauen, und seye es hierbey ersten Tages verblieben, *art.* 18. den anderen Tag, were man noch einmal mit ihr durchgegangen, Tortur hatte bisweilen mit der Peitschen zugehauen, aber nicht so sehr wie den vorigen Tag, es were ein abscheulich Werck gewesen, *art.* 19. Diesem Zeigen stimmet in den meisten Punkten bei 4. *testis.* Christoph Rhol, auch Richter usw. Urtheil wegen zu harter Tortur aus dem Jahre 1629.«

Die Angeschuldigten gestanden oft auf der Folter Dinge, die sich im Prozesse selbst als Unwahrheiten und Unsinnigkeiten erwiesen, und die dennoch von den Gerichten als bare Münze zur Begründung des Todesurteils hingenommen wurden. So sagte in einer Fuldaischen Prozeßverhandlung die »alte Bröllin«, 1. sie habe eins der ungetauften Kinder der Witwe des Dr. Hector zu ihrer »Salb oder Schmier« gebraucht, und doch hatte die Witwe Hector niemals ein totes Kind zur Welt gebracht oder war eins ihrer Kinder vor der Taufe gestorben, 2. sie habe ihren ersten Mann »gesterbt«, d. h. durch Zauberei getötet, und doch war im ganzen Stift bekannt, daß dieser vor fünf Jahren durch einen mit Weinfässern beladenen Wagen ums Leben gekommen. Sie wurde dennoch zum Tode verurteilt. In einem anderen Fuldaischen Hexenprozesse bekannte Kurt Lösers Weib von Langenbieber während der Tortur, daß sie ihre beiden Kinder durch Zauberei ums Leben gebracht und dem Hans Bleuel einen Schimmel »gesterbt« habe, und doch lebten ihre Kinder noch und dem Bleuel war kein Schimmel gestorben. In einem ferneren Fuldaischen Prozesse gestand die Braunschweigerin von Margarethenhaun, daß sie den Wirt Heinz Vogel daselbst »gesterbt« habe, und doch lebte der Wirt und stand sogar leibhaftig vor dem Gericht, als diese falsche Urgicht vor der Exekution vorgelesen wurde.

Es ist unmöglich, alle die Marterwerkzeuge zu beschreiben, sowie den Grad der Marter, welche durch die »Daumschrauben«, »spanischen Stiefeln«, den »gespickten Hasen«, die »Leiter« und mittels Schwefels oder brennenden Spiritus usw. verübt wurden, wer jemals solche Folterinstrumente gesehen, wird begreifen, daß durch ihre Anwendung jedes Geständnis zu erlangen war. Hatte man doch zur größeren Bequemlichkeit sogar in der zweiten Hälfte des 16. Jahrhunderts ein eigenes Formular verfaßt für diese Hexenverhöre, welches den Titel führte: »Fragstuckg auf alle Articul, in welchen die Hexen und Unholden auf das allerbequemest mögen Examinirt werden.«

War eine »Hexe« vor Gericht geschleppt, so war ihr einziger Trost der Tod, der sie von der Qual der Folter und unzähligen anderen entsetzlichen Peinigungen bewahren konnte. Diesen Trost konnte sie sich aber nur durch ein solches Geständnis sichern, wie es der Hexenrichter haben wollte. Daher erzählt der Menschenfreund Friedr. v. Spee, wie die Angeklagten immer darauf bedacht waren, unwahre aber wahrscheinlich aussehende Geständnisse vorzubringen, um der Folter zu entgehen. Viele befragten ihn, wie sie wohl gegen sich und andere lügen dürften.

»Wehe der Armen«, ruft der edle Spee aus, »welche einmal ihren Fuß in die Folterkammer gesetzt hat! Sie wird ihn nicht wieder herausziehen, bevor sie alles nur Denkbare gestanden hat. Häufig dachte ich bei mir: daß wir nicht auch Zauberer sind, davon sei die Ursache allein die, daß die

Folter nicht auch an uns kam, und es ist sehr wahr, was neulich der Inquisitor eines großen Fürsten zu prahlen wagte, daß, wenn unter seine Hände und Tortur der Papst fallen sollte, ganz gewiß auch er sich als Zauberer bekennen würde. Das gleiche würde ich tun, das gleiche alle anderen, vielleicht wenige starke Naturen ausgenommen.«

6.
Blicke in der Spiegel der Hexenhinrichtungen

»Die den Holzstoß für nichts
Schlimmeres bestiegen.«
Schiller

»Wo des Weltherrn Szepter dem Inquisitor
Schürte den Holzstoß.«
v. Platen

Völlige Freisprechung in Hexenprozessen sollte nach dem Hexenhammer nicht erteilt werden, sondern bloß Absolution von der Instanz. Und diese Maxime befolgte gewöhnlich auch der weltliche Richter. Der Losgesprochene wäre mit seinen zerfolterten Gliedern und seinem verkümmerten Leibe ja ein wandelnder Ankläger für die Obrigkeit gewesen. Sah man sich aber doch einmal genötigt, einen oder eine Angeschuldigte freizugeben, so mußten sie vorher Urfehde schwören, d. h. sie mußten geloben, sich wegen der erlittenen Haft usw. an der Obrigkeit nicht rächen zu wollen. Eine solche 1562 zu Eßlingen ausgestellte Urfehde dreier Frauen ist die folgende:

»Ihr drei Weiber, nachdem ihr samt und sonders in die Fronfeste und das Gefängnis des Rates zu Eßlingen gekommen seid aus wohlbefugten Ursachen, weil ihr euch lange Zeit her in mancherlei Weg bös verdächtigt und argwöhnisch gemacht habt, so daß der Rat wohl befugt gewesen wäre, mehr strenglich mit euch zu handlen: will er doch diesmal, angesehen euer selbst Bitten und euer Verwandten und Freunde vielfältig Ansuchen, mit der erlittenen Turmstrafe ein Begnügen haben und euch alle drei, doch auf euer künftiges Wohlverhalten, samt und sonders solchen Gefängnisses in Gnaden erlassen; dergestalt jedoch, daß ihr euch zu allen Zeiten eures Lebens in diesen bösen Verdacht der fahrenden Frauen, Hexen und Unholde nie mehr, weder mit Reden, Gedanken und Werken noch sonst in anderer Weise öffentlich oder heimlich begeben, sondern christlich und gottesfürchtig leben wollt. Auch sollt ihr schwören, daß ihr weder durch euch selbst noch durch jemand anders von euretwegen eurer Gefangenschaft und was euch darin begegnet, gegen den Rat, dessen Zugehörige und Diener, auch gegen männiglich, so zu eurer gefänglichen Erziehung Rat, Hilfe und Fürschub tat, mit Worten oder Werken ahnden oder rächen wollt, weder vor weltlichen noch vor geistlichen Gerichten.«

Gewöhnlich wurden Freigelassene auch noch mit einer Geldstrafe belegt und sie einer gewissen Beaufsichtigung unterworfen, ihnen auch wohl der Besuch der Kirche untersagt, oder wenn ihnen der Besuch der Kirche gestattet wurde, mußten sie auf einem abgesonderten Platze sitzen. Selbst im eigenen Hause sollten sie in einem besonderen Gemache leben. Häufig aber wurden sie aus ihrer Heimat verwiesen und in vielen Fällen hinausgepeitscht; man sperrte sie auch ins Findehaus oder ins Spinnhaus ein. Das Günstigste für Freigesprochene war noch öffentliche Kirchenbuße.

Die hessische Heldin Katharina Lips aus Betziesdorf wurde nach Ausstellung der nachstehenden Urfehde aus dem Hexenturm zu Marburg entlassen: »Ich, Katharina, Dietrich Lipsen Hausfrau, Schulmeisters zu Betziesdorf, urkunde hiermit: Als in der durchlauchtigen usw. unserer gnädigen Fürstin gefänglichen Haft allhier auf'm Schloß ich wegen angegebenen Zaubereiverdachts geraten, auch von Ihrer Durchlaucht *fiscali* am hochnotpeinlichen Halsgericht hierselbst deswegen besprochen und nach geführtem langen peinlichen Prozeß endlich Bescheid erteilt worden, daß gegen genugsame Kaution, da man inskünftige eine mehrere Anzeigen und Verdacht des Zaubereilasters gegen mich in Erkundigung bringen würde, mich jederzeit mit dem Leibe wieder zu sistieren, ich für diesmal gegen gewöhnliche Urfehde und Erstattung der Unkosten *ab instantia* zu absolvieren und den gefänglichen Haften zu entlassen sei; daß demnach mit Hand gegebener Treue an Eides Statt angelobt und versprochen habe, auch hiermit angelobe und verspreche, nicht allein die aufgegangenen Unkosten unverlangt zu bezahlen, und dieser gefänglichen Haften und was mir darinnen begegnet, weder an Ihrer Durchlaucht noch deren Bedienten oder anderen deren Untertanen in keinem Wege zu rächen oder zu ahnden, sondern auch, da inskünftig eine mehrere Anzeige oder Verdacht erwähnten Lasters halber in Erfahrung sich finden würde, mich jederzeit auf Erfordern, mit dem Leibe zu sistieren oder Ihrer Durchlaucht höchstgedacht mit allem dem Meinigen verfallen zu sein, gestatt' ich dann deswegen, weilen ich keinen Bürgen aufbringen zu können, alle und jede meine gegenwärtigen und zukünftigen Habe und Güter, wie die Namen haben oder anzutreffen sein mögen, zu speziellen und gewissen Unterpfand hiermit eingesetzt und allen und jeden mich dagegen schützenden Benefizien und Guttaten, der Rechte und Gewohnheiten wohl erinnernd renunziert, auch den edlen, festen und hochgelehrten Herrn Jakob Blankenheim, fürstlichen Oberschultheiß allhier mit Fleiß erbeten, daß er diesen Kautionsschein und Urfehde meinetwegen eigenhändig unterschrieben und sein gewöhnliches Amtssiegel aufgedrückt hat, doch Ihrer Durchlaucht, seinem Amt, ihm und den Seinigen ohne Schaden. So geschehen zu Marburg, den 14. Mai Anno 1672.«

Die verdammenden Sentenzen (Richtersprüche) des geistlichen Gerichts sprachen die Schuld und die kirchlichen Büßungen aus, verordneten die Abschwörung der Ketzerei, verhängten, wenn der Fall sich zur besonderen Milde eignete, Kerkerstrafe auf Lebenszeit oder übergaben, was das gewöhnlichste war, den Schuldigen an den weltlichen Arm. Geschah dies einem Geistlichen, so mußte er vorher seines Amtes entsetzt werden. Der weltliche Arm bestrafte mit dem Tode.

Die gewöhnliche Strafe war der Feuertod. Als Milderung für die Bußfertigen galt Enthauptung oder Erdrosselung vor dem Verbrennen, als Verschärfung[49] dagegen das Schleifen nach dem Richtplatz, wobei von Zeit zu Zeit auf dem Weg angehalten und dem Verurteilten Stücke Fleisch mit glühenden Zangen, ihnen auch mit einem einer Spinne ähnlichen, glühend gemachten Instrument, das den Namen »Spinne« führte, beide Brüste ausgerissen oder ihnen beide Hände abgehauen wurden. Mehrere Exemplare solcher »Spinnen« befinden sich im Nürnberger Museum.

Der Verurteilte wurde meist unter Bedeckung bewaffneter Reiter und Muskektiere auf den Richtplatz geführt oder geschleift, wo dann die Urgicht vorgelesen wurde. Eine 1662 in Eßlingen zur Veröffentlichung der Urgicht und des Urteils gebrauchte Einleitung lautete:

»Es sollen billig erschrecken und mit stillschweigender Verwunderung aller Zuseher auf diesem traurigen Schauplatz anhören und zu Gemüt ziehen, was der von Gott in die Höllenglut verstoßene Mord- und Lügengeist in den Kindern des Unglaubens wirkt und zu was für einem harten, grausamen Mord und anderen Untaten er sie zum Verderben ihrer armen Seele anführt. Welchergestalt die erschrecklichen, himmelschreienden und stummen Sünden der Zauberei und Sodomiterei vielerorten überhand genommen und wie der Krebs hochschädlicherweise um sich gefressen, das bezeugt die tägliche, höchst traurige Erfahrung. Daher muß von einer christlichen Obrigkeit auch beizeiten durch harte und exemplarische Bestrafung solchen seelenverderblichen Unheil- und Greueltaten vorgebeugt werden. Unter denjenigen Tugenden, die den Regenten und Obrigkeiten wohl anstehen, die Schärfe, die sie gegen die Bösen und Lasterhaften anwenden will usw.«

Hierauf erfolgte sodann die Hinrichtung des Verurteilten, in der Regel »Einäscherung«.[50] Wie man Hexen hinrichtete, darüber gibt u. a. C. Kiesewetter nach Akten folgende Schilderung:

Im Jahre 1687 saßen zu Arendsee drei Weibspersonen eingekerkert, welchen man alle Verbrechen schuld gab, die gewöhnlich den Hexen imputiert werden, als Teufelsbündnis und Teufelsbuhlschaft, Besuch der Sabbate, magische Schädigung von Menschen und Vieh usw. Nach gelinder Tortur sagte die »Katharina« gütlich aus, daß sie ihre Tochter Ilse in ihre Mysterien eingeweiht und derselben einen Buhlgeist verschafft habe.

Ilse hatte ihrerseits wieder die Susanne verführt.

Alle drei wurden zum Tode verurteilt, und zwar traten wegen der »gütlichen« Aussage teilweise mildere Strafformen ein: Katharina, »von der das gantz Unwesen ausgieng«, wurde allerdings lebendig zum Scheiterhaufen verdammt; Ilse jedoch und Susanne, als verführte Opfer, wurden erst enthauptet und dann verbrannt.

Die Hinrichtung selbst ging folgendermaßen vor sich:

»Nachdem nun nochmalen Bericht abgestattet, so wurden die drey Gefangenen, bei welchen alle Tage in der Woche sechs Geistliche auffgewartet und sie zum Beten, Singen und zu Buße ermahnet, nacheinander ausgeführet, und mußten hierauff in den Gerichtsstuhl tretten, und die Prediger stunden hinter ihnen. Hierauff fragte der Ambtmann nochmalen.

1. Die Susanne: Ob sie von Ilsaben einen Zauberer und Buhlgeist bekommen? – Ja! 2. Die Ilse: Ob ihr von ihrer Mutter der Buhlgeist beygegeben worden? – Ja! 3. Die Katharina: Ob sie Ilsen ihrer Tochter, den Geist beygebracht habe? – Ja! – Hierauff stand der Notarius Anton Werneccius auff, las das Urthel laut her. Sogleich stellte sich der Scharfrichter auff die Seite des Tisches, und bat um Schutz, wenn ihm die Abschlagung der Köpffe der Susanne und Ilse nicht gleich gelingen sollte. Auch wurde bekannt gemacht, wenn sonst noch Jemand eine Klage anzubringen hätte, so solte er sie angeben. Hiernächst wurde vom Ambtmann der Stab gebrochen und Tische und Stühle wurden umbgeworffen. Alsbald gieng der Zug zurück durch die Stadt und zurück zum Gerichtsplatz. Ein Teil der begehrten Mannschaft (militärische Bedeckung) ging voran, jede der drey armen Sünderinnen wurde von zween Predigern begleitet, darbey vom Henkersknecht am Strick geführet, und von sechs wehrhafftten Bürgern umbzingelt. Den Trupp schloß eine gute Anzahl bewehrter Leute. In dieser Ordnung wurde durch die ganze Stadt mit abwechselnden Gebeten, Predigen, Ermahnungen und Gesängen gezogen. Vor dem Seehausischen Thor wurde an der Richtstätte ein Kreyß geschlossen, und 1. die Susanne so lang in demselben herumbgefüret, als das gantze Lied: Gott der Vater wohn uns bey, währete. Nachdem ihr der Kopff abgeschlagen, sange man: Nun bitten wir den heiligen Geist! Dann trat 2. die Ilse in denselben Kreis, und wurde gleichergestalt unter Absingung derselbigen Lieder darin herumbgefüret, und hernacher ihr das Haubt abgeschlagen. Endlich 3. wurde unter beständigem fortdauernden Gesange die Kathrina rücklings auff den Holtzhauffen hinauffgeschleppt, mit einer Kette um den Leib und Hals so hart gezogen, daß sie im Gesicht gantz braun ward, auch das Gesicht auffschwol. Gleich darauff wurde der Scheiterhauffen angezündet, der unter dem beständigen Gesang derer Geistlichen, Schulknaben und sämbtlicher Spectatores so lange brante, bis ihr Körper völlig zu Aschen verbrennt worden. So geschehen auf dem Köppenberge vor Arendsee am 5. August 1687.«

Recht gesucht scheinen in früheren Zeiten die Scharfrichter von Jena gewesen zu sein. So ließ der Rat von Naumburg im Jahre 1462 durch den Scharfrichter aus Jena zwei Missetäter hinrichten, und dieser erhielt dafür fünf Schock Eier und acht Groschen für das Schärfen des Schwertes, und im Jahre 1523 erschien der Meister aus Jena viermal, um einem Verbrecher beide Augen auszustechen, einen andern zu stäupen, zwei zu hängen und eine Diebin in der Saale zu ertränken.

Ein eigenartiges Hinrichtungsinstrument in alten Zeiten, gewissermaßen die Vorläuferin der Guillotine, erwähnt in seinem Werk *»Theatro poenarum et supplicorum«* der Verfasser der Enthauptung mit der Diehle. Die »Diehle« wird ausdrücklich als eine in Oberdeutschland gewöhnliche Todesstrafe angeführt, und in den »Monatlichen Unterredungen« vom Jahre 1697 beschreibt Tenzel die Diehle oder Köpfmaschine folgendergestalt: »Die Diehle war von Eichenholz, wie ein Zwangstuhl gemacht, hatte auf beiden Seiten Grundleisten, auf welchen die Diehle war, unter derselben aber ein scharfschneidend Eisen. Wenn nun der Missetäter auf den Stuhl gebunden war, als ob man ihn zwacken wolle, so ließ der Scharfrichter die Diehle, so an einem Seile hing, herabfallen und stieß ihm mit dem Eisen das Haupt ab.«

»Ehe ich das täte, wollte ich mir lieber den Kopf mit der Diehle abreißen lassen«, lautete ein altes, ehemals in Süddeutschland gebrauchtes Sprichwort.

Bereits im 13. Jahrhundert kannte man die Anwendung der Diehle. Im vorigen Jahrhundert fand man im Ratsarchiv zu Saalfeld a. d. S. in einem alten, schon seit langer Zeit nicht mehr gebrauchten Wandschmuck, den man aufbrechen ließ, weil sich kein Schlüssel dazu vorfand, die Statuten der Stadt Saalfeld aus dem 13. Jahrhundert. Es war ein sogenannter *Codex rasus* und war schön und deutlich geschrieben. Die Aufschrift lautete: »Dytz iß dir Stadtbuch czu Salveld.« Diese Statuten enthalten unter anderen die Worte: man soll yme den Halz abestoze mit einer winbrechen Diehle.

Karten, Würfel und Pfeife zum Tragen
als Strafe für Spieler

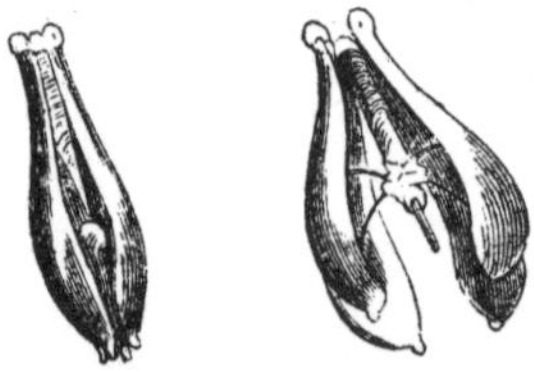

Folterbirne zum Verhindern des Schreiens
der Delinquenten, in geschlossenem und
geöffnetem Zustande

Die Folterbirne in ihrer Anwendung

III.
Der Menschenwahn im Spiegel der Hexenprozesse und Justizmorde

»Welche Unmenschlichkeit gäbe es, zu der sich nicht ein Mensch, eine Nation, ja oft eine Reihe von Nationen gewöhnen konnte!«
Herder

7.
Hexenprozesse

»Es zieht mich grausend hin und zieht mich schaudernd
Mit dunkler kalter Schreckenshand zurück.«
Schiller.

Ein Zauberprozeß aus der Zeit der ersten christlichen Kaiser

Unter den Prozessen gegen Zauberer aus der Zeit der ersten christlichen Kaiser möge hier nur eines gedacht werden, der sich zu Antiochia unter Kaiser Valens (364-378) abspielte und unter allen ähnlichen Ereignissen des Altertums wegen seiner Ausdehnung, der Willkür und Grausamkeit des Verfahrens, der Habsucht und Heimtücke der Ankläger und Richter die erste Stelle einnimmt, daher als ein würdiges Vorbild der Hexenprozsse des 17. Jahrhunderts betrachtet werden darf.

Einige namhafte Männer wurden angeklagt, durch Zauberkünste den Namen desjenigen erforscht zu haben, der des Kaisers Nachfolger sein würde.

Im Verhör gestanden sie, mittels eines Zauberringes, der über einem mit dem Alphabet beschriebenen Becken schwebte, gefunden zu haben, daß ein gewisser Theodorus, ein Jüngling von ausgezeichneten Gaben, dieser Nachfolger sein werde. Wirklich schien hier eine Verschwörung gegen Valens vorzuliegen; allein das rechtfertigt doch ein so grausames und formloses Verfahren, wie jetzt eintrat, nicht. Tausende von Personen wurden auf die nichtigsten Verdachtsgründe hin verhaftet und gegen sie die Folterwerkzeuge angewendet. Schuldige und Unschuldige, zum Teil angesehene Staatsbeamte und Philosophen, erdrosselte, enthauptete oder verbrannte man als Mitwisser; ihre Güter wurden eingezogen. Ihre Bücher warf man in die Flammen, weil es Zauberbücher seien. Während des Prozesses hatte ein Schurkenpaar, Palladius und Heliodorus, als es selbst wegen Zauberei verhaftet war, durch Denunziation des Kaisers unbegrenzte Gunst und große Reichtümer erschlichen. Sich zu behaupten, traten diese Hofohrenbläser stets wieder mit neuen Anzeigen hervor und machten eine förmliche Jagd auf ihre Opfer. Häuser wurden versiegelt, und bei der Versiegelung wurden allerhand Zauberapparate, wie Formeln und Liebestränke, untergeschoben, und Männer und Weiber, Vornehme und Geringe, wurden verhaftet. Die Folter ruhte nicht; Güter wurden eingezogen und viele Personen des Landes verwiesen und enthauptet. Unzählige Leute verbrannten damals im Orient ihre Bücher, um keinen Stoff zum Argwohn zu geben. Als Heliodorus starb, zwang Valens die Standespersonen, und unter diesen zwei Konsularen, die als Angeklagte nur durch seltene Standhaftigkeit in der Folter dem Tode entgangen waren, die Leiche zu begleiten. Um aber die unbedingte Bodenlosigkeit und Dummheit seiner Willkürherrschaft zu beurkunden, begnadigte Valens um dieselbe Zeit den Kriegstribunen Pollentianus unter Belassung seines bedeutenden Vermögens und seiner Würde, und doch war dieser überwiesen und geständig, ein schwangeres Weib geschlachtet zu haben, um mit der ausgeschnittenen Leibesfrucht zauberische Befragungen wegen des künftigen Regierungswechsels anzustellen! Dagegen befand sich unter den Hingerichteten ein Jüngling, dessen ganzes Verbrechen darin bestand, daß er im Bade unter Hersagung der Vokale die Finger zwischen seiner Brust und der Marmorwand hin und her bewegt hatte, weil ihm dies als ein Mittel gegen Magenschmerz empfohlen worden war. Bei einem anderen hatte man das Horoskop eines gewissen Valens gefunden. Man bezog dieses auf den Kaiser, und der Unglückliche mußte sterben, obgleich er bewies, daß derjenige Valens, den das Horoskop betreffe, sein verstorbener Bruder dieses Namens gewesen war.

Zaubergeständnisse aus dem griechischen Kaiserreiche

Am Hofe von Byzanz, dem elenden Hofe der Bilderstürmer und Säulenheiligen, sah man die notwendigen Konsequenzen der Gesetze Konstantins und dessen Nachfolger in grausiger Wirklichkeit hervortreten, während man im Abendlande das Hexenwesen milde beurteilte. Der Dolmetscher Aaron Isaacius, welcher Legionen von bösen Geistern zu seinen Diensten zitieren können sollte, wurde geblendet und später noch mit Abschneiden der Zunge bestraft. Die Strafe der Blendung erlitten auch Sklerus Seth und Michael Sicidites, jener wegen Liebeszauber, dieser wegen dämonischer Verwandlungskünste, durch welche er einst in einem mit Töpfen beladenen Nachen eine ungeheure Schlange erscheinen ließ, so daß der Eigentümer in der Angst der Selbstverteidigung seine sämtlichen Waren zerschlug. Der Protostrator Alexius wurde unter Anklage der Zauberei von dem habsüchtigen Kaiser seiner Güter beraubt und in ein Kloster gesteckt. Auch der Kaiser Theodor Laskarius, der seine Krankheit einer Bezauberung zuschrieb, stellte Verfolgungen an, bei denen er sich der Feuerprobe bediente.

Hexenprozesse aus dem 14. und 15. Jahrhundert

Seit der berüchtigten Bulle Innonzenz' VIII. haben die Hexenprozesse drei Jahrhunderte hindurch die Christenheit dezimiert und geschändet. Einer Seuche gleich griffen sie um sich, sprangen aus einem Lande auf das andere über und mordeten unaufhörlich Tausende von Unschuldigen.

Wenn es sich um die Frage nach der wissenschaftlichen Bildung und Intelligenz der Zeit der ersten Jahrhunderte der Hexenprozesse handelt, so kann unter den Männern der Wissenschaft, denen wir Ende des 15. und Anfang des 16. Jahrhunderts begegnen, kein vollwichtigerer Zeuge aufgerufen werden, als der berühmte Abt des Klosters Spottheim. Joh. Trithemius (1442-1516), Verfasser der auf Befehl des Markgrafen Joachim von Brandenburg ausgearbeitetern und am 16. Oktober 1508 vollendeten (vier Bücher umfassenden) Schrift *Antipalus maleficiorum*. Wie kein anderes Buch damaliger Zeit ist dieser »Gegner der Zaubereien« geeignet, uns über die Stellung der damaligen Gelehrtenwelt zum Hexenglauben zu belehren.

Trithemius will mit seiner Schrift keineswegs den Hexenglauben bekämpfen; vielmehr steht ihm die Tatsache diabolischer Zauberei fest, und er will nur zeigen, wie der Christ sich gegen dieselbe zu schützen vermag. Nach ihm sind folgende vier Klassen von Zauberern und Hexen vorhanden: 1. solche, welche, ohne ein Bündnis mit dem Teufel eingegangen zu haben, durch Gifte und andere natürliche Mittel diejenigen Menschen, die sie hassen, schädigen, indem sie z.B. die Männer beischlafunfähig machen, den Gebärenden Not bereiten, auch sonstige Krankheit, selbst den Tod durch ihren Zauber bewirken; 2. solche, welche durch die Kunst der sogenannten *Encunctia*, das ist durch geheimnisvolle, abergläubische Worte, Formeln und Zeichen, übernatürliche Wirkungen hervorbringen wollen; 3. solche, die, ohne sich den Teufeln ergeben zu haben, doch mit ihnen verkehren und zur Ausführung ihrer Zaubereien sie um Hilfe angerufen; und 4. solche Zauberer und Hexen, welche mit dem Teufel einen eigentlichen Bund geschlossen und sich ihm zu eigen gegeben haben. Diese vermögen nicht bloß wie die Unholde der 3. Klasse Menschen zeugungsunfähig und blind zu machen, ihnen Kopfschwindel zu bereiten, Unwetter hervorzurufen und dergleichen, sondern mit Hilfe des Teufels können sie auch Pest, Fieber, Epilepsie, Taub- und Lahmheit bewirken, Menschen wahnsinnig und in allerlei Weise elend machen. Diese Art der Zauberer und Hexen, welche mit dem Teufel sich sogar fleischlich vermischt, ist wegen ihrer Gottlosigkeit und Schädlichkeit mit dem Feuertode zu bestrafen. Und leider ist die Zahl solcher Hexen in jeder Landschaft sehr groß, und es gibt kaum einen noch so kleinen Ort, wo man nicht eine Hexe der 3. und 4. Klasse fände. »Aber wie selten findet sich ein Richter, der diese offenbaren Frevel gegen Gott und die Natur rächt!« heißt es. »Es sterben Menschen und Vieh durch die Niederträchtigkeit dieser Weiber, und niemand denkt daran, daß es durch die Bosheit der Hexen geschieht. Viele leiden fortwährend die schwersten Krankheiten und wissen nicht, daß sie behext sind.« Trithemius sucht dann klarzumachen, daß diejenigen der Bosheit der Hexen ammeisten ausgesetzt sind, welche die Sakramente der Kirche verachten und in Todsünden dahinleben, der Unzucht frönen und die geweihten Heil- und Schutzmittel der Kirche verschmähen, wogegen allen Dienern der Gerechtigkeit, welche die Hexen aufsuchen und verfolgen, allen gläubigen Christen, welche sich der Sakramente und der Segnungen der Kirche bedienen und sich vor Todsünden hüten, sowie allen denen, die Gottes Barmherzigkeit durch die Engel besonders behüten läßt, die Hexen nicht leicht etwas anhaben können. Trithemius wanrt davor, daß man Frauen, die einigermaßen wegen Hexerei anrüchig wären, zu Hebammen bestellte. Denn diese brächten nicht selten die Kinder um und opferten sie dem Teufel; auch vermählten sie neugeborene Mädchen den Dämonen, machten die Gebärenden unfruchtbar und erfüllten das ganze Haus mit Teufelsspuk. Taufwasser mischten sie mit Urin, und was sie mit dem Sakrament des Leibes Christi verübten, lasse gar nicht aussagen. Deshalb haben die Priester bei Austeilung der Kommunion sorgfältig darauf zu achten, daß verdächtige Weiber die empfangene Hostie nicht etwa wieder aus dem Munde herausnehmen, weil sie dieselbe sonst in der scheußlichsten Weise mißbrauchen. – »Willst du, o Christ«, schreibt Trithemius, »vor Dämonen und Hexen sicher sein, so stehe fest im Glauben an Christum und halte dein Gewissen von Todsünden rein. Besuche an allen Sonntagen und Feiertagen die heilige Messe, und laß dich vom Priester mit Weihwasser besprengen. Nimm geweihtes Salz in deinen Mund und besprenge mit Weihwasser auch dein Haus, dein Bett sowie deinen Viehstall. Die geweihten Lichtmeßkerzen, die an Mariae Himmelfahrt geweihten Kräuter sowie die am Palmsonntage geweihten Zweige hänge über der Türe deines Hauses auf. An den Feiertagen und Sonnabenden der vier Quatemberfeste durchräuchere dein ganzes Haus mit Rauch von geweihten Kräutern und Palmen. Frühmorgens, wenn du dich vom Lager erhebst, bezeichne dich mit dem Zeichen des Kreuzes, und ehe du issest oder trinkst oder aus dem Hause gehst, bete ein Paternoster, ein Ave Maria und den Glauben. Dasselbe tue abends, wenn du zu Bette gehst. Denn wenn du so lebst, wird keine Hexe über dich Gewalt haben.«

Außerdem empfiehlt Trithemius noch besondere Schutzmittel. Zur Herstellung eines derselben ist Wachs von Lichtmeß- oder Osterkerzen, Weihrauch, der zu Ostern, Kräuter, die an Mariae Himmelfahrt, Hostien, die am Gründonnerstag geweiht sind, sowie Friedhofserde, Weihwasser und benediziertes Salz erforderlich. Die Kräuter, Hostien und die Friedhofserde werden pulverisiert und in warmes Weihwasser mit dem Wachs zu einer Masse vermengt, wobei man über dieselbe das Paternoster, das Ave Maria und das Kredo betet. Aus dieser Masse werden nun in gewärmtem Weihwasser kleine Kreuze bereitet, die man mit Aussprechung der drei heiligsten Namen über den Türen des Hauses, der Kammern und des Stalles, auch an der Wiege anbringt und außerdem am Halse trägt. Zur Aufhebung des Zaubers und der durch denselben verursachten Leiden dienen die Exorzismen (Beschwörungen) der Kirche. Als besonders wirksam empfiehlt Trithemius ein Bad, welches er wie folgt beschreibt: Der Behexte legt eine Generalbeichte ab und empfängt das heilige Abendmahl, entweder in der Kirche oder in seinem Hause, wo dann der Priester die

Messe *de S. Trinitate* mit besonders eingelegten Gebeten auf einem Tragaltar liest. Das Bad ist an einem verborgenen Ort in einer reinen Badewanne mit Flußwasser herzurichten. In das letztere sind Weihwasser, geweihtes Wachs und Salz, geweihte Asche, geweihte Palmen, geweihte Friedhofserde und allerlei Kräuter zu tun. Der Mann steigt nackt in die Wanne, das Weib mit einem Hemde angetan, worauf der Priester die Wanne unten, in der Mitte und oben mit je einer dreifachen Lichtmeßkerze beklebt. Sodann bereitet er aus Weihwasser, geweihtem Salz und einem zurückbehaltenen Teile der Friedhofserde einen Teig und bindet denselben unter Gebet dem Kranken auf den leidenden Körperteil. Der Behexte ruft dann, im Bade sitzend, die göttliche Hilfe an, während der Priester verschiedene Beschwörungen über ihn spricht und die kranke Stelle mit einem Wasser wäscht, welchem Ysop zugesetzt ist. Hierauf weiht er für den Kranken einen Wein, stellt aus achtunddreißig Pulvern das sogeannte Wachs in Form eines Kreuzchens her, schließt dasselbe in eine Nußschale ein, welche in ein Tuch eingenäht und so um den Hals gehängt wird. Ebenso macht er aus dem geweihten Wachse noch andere Kreuzchen, die er an die Türen, an das Bett, an den Tisch usw. im Hause des Behexten befestigt. Dieses Bad hat der Kranke neun Tage hintereinander zu gebrauchen. Während dieser ganzen Zeit darf er nichts anderes trinken als den für ihn benedizierten Wein, und außerdem hat er des Morgens und Abends das Pulver des Eremiten Pelagius in warmem Wein oder in Brot zu nehmen und dabei sich vor jeder Sünde zu hüten. Ist nach Ablauf der neun Tage der Kranke gesund geworden, so wird er in die Kirche geführt, um Gott zu danken. Doch darf er das um den Hals gehängte Kreuz von Wachs vor Ablauf der nächsten zwölf Monate nicht ablegen, und ebenso hat er die übrigen Kreuzchen an ihren Stellen zu lassen. Ist aber nach neun Tagen der Zauber noch nicht gehoben, so muß Sorge dafür getragen werden, daß fromme Leute fasten, beten, Almosen geben, sowie daß neun Tage lang für den Behexten Messe gelesen wird usw. Bleibt der Zauber auch dann noch, so muß die Wohnung gewechselt, das Fasten und Beten vermehrt, die Beschwörungen müssen wiederholt werden usw.

Wir sehen, das Denken des Trithemius ist von dem Glauben an Zauberei vollständig beherrscht, und ihm spiegeln sich die dämonischen Ansichten, spiegeln sich die Anschauungen der Gebildeten wider.

Frankreich hatte schon im 14. Jahrhundert zahlreiche Verbrennungen von Zauberern und Hexen vorgenommen. Seitdem das Pariser Parlament den Hexenprozeß den geistlichen Richtern abgenommen hatte (im Jahre 1390), kam derselbe seltener vor.

Bemerkenswert ist, daß jener »Geldmann« Faust oder Fust zu Mainz, dem Gutenberg, der Erfinder der Buchdruckkunst, für die ihm gemachten Vorschüsse sein Material überlassen mußte, in Paris seine gedruckten lateinischen Bibeln für geschrieben ausgab und um hohe Preise verkaufte, eine Geschäftsmanipulation, die ungemessenes Aufsehen erregte und die

Zunft der in dem Verdienste des langsamen, teuren Abschreibens verkürzten Mönche, welche die Ergebnisse sahen, ohne den Weg ihrer Darstellung zu begreifen, veranlaßte, Faust für einen »der schwarzen Kunst« Beflissenen, einen Hexenmeister zu erklären. Infolgedessen mußte er fliehen, wenn er am Ende nicht einen Scheiterhaufen zieren wollte, und nur mit knapper Not und großen Ängsten kam er davon. Und mehr verdiente der herzlose Geldmann nicht. Hatte er doch den armen Gutenberg um sein teures Geheimnis betrogen und seine erpreßten Einrichtungen zu seinem eigenen Vorteil ausgebeutet.

Aus den Jahren 1498 und 1499 wird von einer »Alraune«, d. i. Zauberin, zu Wien berichtet, welcher der Landeshauptmann und der Bürgermeister mit vierundzwanzig Gewappneten auf dem Lande nachgestellt habe. Man will nun zwar nicht die »Alraune«, wohl aber deren Gefährten abgefaßt haben, und derselbe soll mit dem Schwerte hingerichtet und verbrannt worden sein. Verbürgt ist nur eine am 21. Oktober zu Wien vorgekommene Hinrichtung durch das Schwert und Verbrennen, wobei der Wiener Scharfrichter »nicht richten hat wollen«. Man hatte daher den Scharfrichter von Krems herbeiholen müssen, welchem nach geschehener Hinrichtung »das Schwert neu gefaßt und zugerichtet wurde«.

In Berlin kam der erste Fall einer Hexenverbrennung schon im Jahre 1390 vor. Die »Hexe« war eine alte Frau, namens Wolberg. Im Jahre 1483 (unter Friedrich I.) wurde in Berlin ebenfalls eine alte Frau als der Hexerei überwiesen verbrannt. Von da an vernimmt man dort lange Zeit nichts von peinlichen Verfahren gegen Hexen.

Ein Hexenprozeß aus dem Jahre 1481

In Breslau wurde am 1. Oktober 1481 eine Zauberin ersäuft. Sie hieß Anna Brommelhausinn und bekannte, daß sie Georg Beckern ihr eigenes Wasser zu trinken gegeben, auch für Georg Kramer habe sie Kröten gesotten im Verein mit ihrer Mutter und einer anderen Frau, wofür sie einen Kaninchen-Pelz genommen. Auch Bartheln habe sie ihr eigenes Wasser gegeben. Ihrem Manne habe sie ihren eigenen Schweiß, den sie genommen, wenn sie zu Bade gegangen, zu trinken gegeben. Ferner habe sie die Peter Rothin gen. Kobelle zu einem alten Weibe gesandt, das ihr ein Knospeln gegeben, das habe die Rothin wieder dem Matth. Jentsch gegeben, daß er sterben mußte. Der Niboluschin habe sie ebenfalls drei Tropfen gegeben. Endlich hat sie bekannt, daß die Zeysse Magdalena zu Schobitz sie solche Zauberei gelehrt habe. Ihre Hinrichtung hat Montag vor Michaelis 1481 zu Breslau stattgefunden.

In Frankreich kamen die Hexenprozesse, wie wir wissen, schon viel früher als in den deutschen Ländern vor; in der Schweiz, in Italien, in den Niederlanden, Spanien, Schweden und Dänemark florierten sie ebenfalls zur Schande der Menschheit. So wurden beispielsweise in Oberitalien hundert Personen verbrannt; in Como hatte ein Hexenrichter im Jahre 1485 einundvierzig Hexen verbrennen lassen.

Der Engel von Augsburg

Einen traurigen Beweis dafür, daß nicht Schönheit dagegen schützte, als Hexe verfolgt zu werden, sowie für die Torheit und Käuflichkeit der Richter, liefert das traurige Geschick des »Engels von Augsburg«, Agnes Bernauer, die Baderstochter. Ein altes Bild zu Straubing zeigt sie unendlich liebreizend, blauäugig, unschuldig dreinblickend, umwallt von langem, blondem Haar. So sah sie Herzog Albrecht von Bayern bei einem Turnier in der altenh Reichsstadt und wurde dermaßen von Liebe zu ihr hingerissen, daß er sich heimlich mit ihr vermählte. In seinem trauten Heim zu Vohnburg und Straubing verlebte er in seliger Verschollenheit glückliche Tage mit ihr – bis seinem Vater, dem Herzog Erust, von der heimlichen Ehe berichtet wurde. Mit Gewalt, List, Überredung suchte derselbe den Sohn jener Verbindung abtrünnig zu machen, aber Albrecht beschwor öffentlich, daß Agnes seine rechtmäßige Gemahlin sei, und ließ sie mit fürstlicher Pracht auftreten. Herzog Ernst mußte nun zu anderen Mitteln greifen. Er befahl, die schöne Agens der Zauberei anzuklagen. Sie wurde während Albrechts Abwesenheit verhaftet, verurteilt, und dieses Urteil zu Straubing, wo Agnes so glückliche Tage verlebt, vollstreckt. Am 12. Oktober 1455 schleppte man sie an die Donau. – Eine ungeheure Volksmenge hatte sich daselbst versammelt. Agens' Schönheit war berückender als je. Sie flehte den Himmel und die Menschen an, sie beteuerte ihre Unschuld, sie umfaßte die Knie der Henker – vergebens, man stieß sie von der Brükke hinab. Aber der Strom trug sie; sie kam ans Ufer zurück, reckte die weißen Arme empor und schrie laut um Hilfe. Da brach der Bann des Schrekkens, der bisher auf der Volksmenge gelegen; man eilte herzu – ein Henkersknecht aber kam zuvor, wickelte ihre langen Locken um eine Stange und tauchte sie unter, bis sie tot war. Albrechts Schmerz war tief. Er ließ der Toten alle Ehren erzeigen und söhnte sich erst nach langer Zeit mit dem harten Vater aus. Derselbe errichtete über dem Grabe der Ermordeten ein Karmeliterkloster, zu Straubing eine Kapelle, ihren Sarkophag schmückte ihr lebensgroßes Standbild, Hund und Eidechse als Zeichen häuslicher Treue zu ihren Füßen.

»Angnes, vulgo Angelam appellabant, Bernauerin venustissima puella, Augustburgensis balneatoris filia« – Agnes Bernauerin, gewöhnlich »Engel« genannt, die schöne Jungfrau, war die Tochter eines augsburgischen Baders, schreibt ein alter Chronist von unserer Heldin. Und Agnes Bernauerin war nicht nur ein Engel von Schönheit, das liebliche Gesicht von goldenen Locken umflossen; sie war auch ein Engel von Tugend, Sittsamkeit und Holdseligkeit, sowie ausgezeichnet durch einen feinen und anmutigen Geist.

Agens Bernauerin ist etwa ums Jahr 1410 geboren, denn sie stand in erster jungfräulicher Blüte, als die Stadt Augsburg zu Ehren des schönen, ritterlichen Herzogs Albrecht von Bayern im Frühjahr 1428 ein glänzendes Turnier gab. Der Herzog war damals siebenunzwanzig Jahre alt, groß und stattlich von Figur und von seltener Stärke. Am prächtigen Königshofe zu Prag – die Königin war seine Tante – hatte er sich in seiner Sitte, anmutiger Galanterie und in allen ritterlichen Künsten herangebildet. Als er dreiundzwanzig Jahre zählte, machte seine Mutter, die Herzogin Elisabeth, ihren Lieblingssohn zum Herren der Grafschaft Vohnburg und schenkte ihm außerdem Pfaffenhofen, Geisenfeld und Hohenwart. Zugleich dachte sie lebhaft daran, den jungen Albrecht reich und standesgemäß zu verheiraten. Ihre Wahl fiel auf die Prinzessin Elisabeth von Württemberg. Am Hofe des Kurfürsten Ludwig von der Pfalz zu Heidelberg kam am 15. Januar durch beiderseitige Abgesandte das Eheverlöbnis zustande. Die Braut sollte ihrem Gemahl ein Heiratsgut von dreißigtausend Gulden zubringen, wogegen er eine gleiche Summe für den Fall ihrer Witwenschaft durch Verpfändung einer Stadt zusicherte. Gleich nach Pfingsten sollte das Beilager stattfinden. Wer aber das Eheverlöbnis brechen würde, verpflichtete sich zur Zahlung eines Strafgeldes von zehntausend Gulden an den oder die Verlassene.

Und als der Herzog Albrecht im Frühjahr zu Augsburg fröhlich turneite, kam ihm die Nachricht, daß seine verlobte Braut Elisabeth von Württemberg mit ihrem Geliebten, dem ritterlichen Grafen Johann von Werdenberg heimlich entflohen und dessen Weib geworden sei. Merkwürdigerweise gab die Entflohene für ihre Weigerung, Herzog Albrechts Gemahlin zu werden, als Grund an, der Herzog sei ein zu großer Liebhaber der Frauen.

So viel ist sicher, daß der verlassene Bräutigam sich schon in Augsburg redlich bemühte, sich zu trösten. Er ließ sich von Württemberg die zehntausend Gulden Strafgelder zahlen und machte den schönen Augsburgerinnen nach Herzenslust und mit großem Glück den Hof. Nur die schönste der Schönen, der goldlockige Engel von Augsburg, widerstand lange dem glühenden Liebeswerben des ritterlichen Herzogs Albrecht, obgleich dieser nicht zu stolz war, bei den Turnieren mit dem Kniebande der reizenden Baderstochter geschmückt, für sie in die Schranken zu reiten. Sie lächelte ihren Ritter dankbar und verheißungsvoll an – aber sie gewährte ihm nicht die kleinste Gunst, welche Tugend und jungfräuliche Züchtigkeit verboten.

Durch diesen ungewohnten Widerstand nur noch mehr entflammt, schwur Herzog Albrecht der reizenden Baderstochter ewige Liebe und eheliche Treue, und Agnes Bernauerin folgte dem geliebten Manne heimlich nach seinem Schlosse Vohnburg, wo des Priesters Segen die Liebenden ehelich verband. Auf der Vohnburg verlebten sie einige Jahre süßen Liebesglücks. Herzog Albrecht verließ selten die Burg und sein holdes

Weib, vernachlässigte den Hof seines Vaters, des Herzogs Ernst von Bayern, und kümmerte sich nicht um Kriegs- und Ritterspiele.

Herzog Ernst wußte wohl, daß sein Sohn ein hübsches Mädchen aus Schwaben bei sich auf der Burg habe, aber nicht, daß sie miteinander rechtlich und kirchlich verheiratet seien. Um seinen Erben dem weiblichen Liebesgetändel zu entreißen, tat er alle Schritte, ihn mit der Prinzessin Anna, Tochter des Herzogs Erich von Braunschweig, zu verheiraten. Aber Albrecht sagte auf alle Zumutungen: »Nein! Ich will nicht! Ich habe genug an meinen Erfahrungen mit der Württembergerin!« Da dachte Herzog Ernst, der um ebenbürtige Nachkommenschaft besorgt war, auf Mittel, seinen Sohn Albrecht mit List oder Gewalt von jener schwäbischen Dirne zu trennen, die ja doch nur durch teuflische Zaubertränke solche Gewalt über ihn ausüben könne. Zuerst wollte Herzog Ernst es mit List versuchen. Zu diesem Zwecke schrieb er im Jahre 1434 zu dem Tage des heiligen Klemens für alle bayrischen Ritter ein großes Turnier nach Regensburg aus und wußte es so einzurichten, daß neben dem Pfalzgrafen Johann von Amberg auch Herzog Albrecht erscheinen mußte.

Aber als Herzog Albrecht in voller Ritterrüstung in die Schranken reiten wollte, seinem Vater und dessen Vasallen zu zeigen, daß er im Arm der Liebe nicht verlernt habe, seine ritterlichen Waffen zu führen – da traten ihm die Herolde und Ehrenrichter mit vorgehaltenen Lanzen in den Weg und riefen ihm zu: »Zurück! Du bist nicht würdig, diesen ritterlichen Kampfplatz zu betreten! Denn nach der alten Turnierordnung heißt es: Welcher vom Adel geboren und Herkommen ist und einem sein Eheweib, Tochter, Schwester oder Freundin unehrlich entführt oder hielte, wider seinen Willen oder Wissen; Item, welcher eine Klosterfrau hinwegführet und mit der zuhielt, darf nicht turnieren. Und du, Herzog Albrecht von Bayern, hältst auf deiner Vohnburg die Agnes Bernauerin, eines Baders Tochter aus Augsburg, unehrlich als deine Buhlerin! Zurück von diesem ehrlichen Turnierplatz!«

Ob dieser öffentlichen Beschimpfung vor allen seinen zukünftigen Vasallen geriet Herzog Albrecht in furchtbaren Zorn; er durchbrach die Schranken und sprengte in die Mitte des Turnierplatzes vor und rief mit weithallender Stimme: »Ich entehre nicht die Tugend eines Mädchens! Agnes Bernauerin aus Augsburg, die mit mir auf der Vohnburg lebt, ist mein ehelich Gemahl, mit mir auf ewig verbunden durch den Segen der heiligen Kirche!« Aber auf einen Wink des Herzog Ernst drangen die Herolde und Ehrenrichter auf den Herzog Albrecht ein – und unter wüsten Balgereien, wobei es auf beiden Seiten scharfe Hiebe setzte, wurde der »unehrliche Ritter« aus den Schranken gedrängt.

Aufs tiefste erbittert ob dieser ihm angetanen Schmach kehrte Herzog Albrecht zu seiner Agnes auf Vohnburg zurück – und nannte und ehrte sie jetzt von Stund' an nicht nur als seine rechtmäßige Gemahlin, auch als Herzogin. Er bezog mit ihr das Schloß zu Straubing, das er ihr zugleich als

Witwensitz schenkte, gab ihr einen herzoglichen Hofstaat und nannte sie vor aller Welt Herzogin Agnes! Aber der schöne Engel von Augsburg wurde dieses Glanzes und dieser Ehren nimmer froh. Ihr kam ein düsteres Ahnen ihres traurigen Schicksals, und sie verlebte ihre Tage fortan in tiefer Melancholie, immer an den Haß und die Rache des Herzogs Ernst denkend. In dieser Stimmung ließ sie sich im Kreuzgang des Karmeliterklosters zu Straubing ihre Grabkapelle bauen.

Und ihr düsteres Ahnen sollte nur zu bald erfüllt werden. Am Hofe des Herzogs Ernst wachte die Rache. Als des Herzogs Bruder, Wilhelm, Anno 1435 plötzlich starb und sein Söhnchen kränkelte, wurde die arme Agnes Bernauerin schmählich beschuldigt: sie habe den Herzog Wilhelm vergiftet und dessen Söhnchen vergiften wollen, um den Thron Bayerns für ihre zukünftigen Söhne zu sichern. Das Giftmischen verstehe sie, als eines Bades Tochter, vortrefflich...

Und als man wußte, daß Herzog Albrecht nicht bei seiner Agnes in Schloß Straubing weile, überfiel Herzog Ernst mit seinen Rittern die Burg und ließ die unglückliche Gemahlin seines Sohnes in Ketten legen und ins Gefängnis werfen und ihr den kürzesten, grausamsten Prozeß machen.

In Ketten, aber mit der Würde einer reinen Frau und mit der Hoheit einer Herzogin, erschien Agnes vor ihren Richtern, die zugleich ihre Henker waren. Sie sagte: »Wie könnt ihr es wagen, des Herzogs Albrecht ehelich Gemahl in Ketten zu legen, einzukerkern und vor Gericht zu stellen? Dazu hat niemand ein Recht als mein Gemahl der Herzog Albrecht selber – oder der Kaiser. Wehe euch, wenn ihr des Herzogs Gemahlin ein Haar krümmt! Wehe euch, wenn Herzog Albrecht dereinst den Thron Bayerns besteigen und euer Herr sein wird! Er wird mich blutig rächen! Ich erkenne des Herzogs Ernst Gerichte nicht an. Ihr könnt wohl meine Mörder werden – aber nicht meine Richter!«

Umsonst! Ihr Tod war vorher beschlossen, ehe sie nur gehört. Das Urteil lautete: Die Agnes Bernauerin sei in der Donau zu ertränken, weil sie den Herzog Albrecht durch böse Künste und Tränke zu sündiger Liebe betört und dadurch gegen der Herzog Ernst ein Staatsverbrechen begangen. – Und Herzog Ernst unterschrieb dieses Todesurteil.

Am 12. Oktober 1435 schleppten die Henkersknechte das zitternde junge Weib gebunden auf die Donaubrücke bei Straubing und stürzten sie hinab in den Fluß... Aber die Wellen hatten mehr Erbarmen als die Menschen. Sie trugen die Unschuldige, die nur einen Fuß bewegen konnte und flehentlich um Hilfe rief, gegen das Ufer zu... Da ergriff der Henker eine Stange, faßte damit das lange goldene Haar der Unglücklichen – und tauchte sie so lange unter das Wasser, bis sie tot war... Die Leiche ward zu Straubing auf dem öffentlichen Friedhofe von St. Peter begraben.

Als Herzog Albrecht bald darauf ahnungslos nach Straubing zurückkehrte und das Entsetzliche hörte, sank er ohnmächtig zu Boden. Dann schwur er den Mördern seiner Agnes – vor allem seinem leiblichen Vater

– blutige Rache! Er geriet in solche Wut, daß er Stunden und Tage hatte, in denen er ganz von Sinnen war.

Verbündet mit seinem kriegerischen Vetter, dem Herzog Ludwig von Bayern-Ingolstadt, fiel Herzog Albrecht wirklich verwüstend, mordend und brennend in das Land seines Vaters ein... Umsonst erinnerte dieser ihn an seine Sohnespflicht und versprach ihm liebevolle Vergebung, wenn er reumütig in des Vaters Arme zurückkehre... Herzog Albrecht drang als vernichtender Feind weiter vor in des Vaters Land.

Da sandte Herzog Ernst den Kanzler Friedrich Aichstätter zum Kaiser Sigmund, diesen um Hilfe anflehend. Zugleich mußte Aichtstätter dem Kaiser den Mord der Agnes in für Herzog Ernst günstiger Weise darstellen. So heißt es in der Instruktion für den Kanzler: ... »*Item*, wie sie sich mit Herbigkeit gen den Sun (Sohn) und umb das Sloz Straubingen gehalten hat, weiß Aichstätter wohl zu sagen... Das Weib ward so in Poshait verhartet, daß sie den Herzog Ernst nit als ihren Richter und Herrn halten wollt, da sie selbst Herzogin zu sein angab; und das erboste Herzog Ernsten wider sie, daß er das Weib nehmen ließ und ersaufen... Item er thu auch sein kaiserlich Gnaden zu wissen, daß sein Sun beladen sei gewesen mit einem bösen Weib und daß sie seinem Sun so hart und streng gewesen, daß mit wenig Worten nit aussprechen konnt, es sei auch sein Sun in dreien oder vier Jahren nie recht fröhlich gewesen, er hab' auch seines Suns Leben vor ihr besorget, dazu was ihm auch wahre Kundschaft kömen, daß sie ihm auch den älteren Sun seines Bruders wollt vergeben haben. Und da sich die Sach also in Poshait verlänget und darin kein Ablassen verstunden und je langer, je mehr Uebels daraus ging, hat er dasselbig Weib ertränken lassen.«

Und es gelang wirklich den Vorstellungen des Kaisers, den Herzog Albrecht zu bewegen, als reuigen Sohn in die Arme seines Vaters zurückzukehren – nachdem die Stadt München ihm einen sicheren Geleitsbrief ausgestellt. So fand denn in München noch vor Ablauf des Todesjahres der armen Agnes die völlige Versöhnung zwischen Vater und Sohn statt.

Herzog Albrecht stiftete seiner Agnes bei den Karmelitern in Straubing eine tägliche Messe und einen feierlichen Jahrestag und Herzog Ernst ließ über dem Grabe seines Opfers eine Kapelle erbauen und stiftete ihr ebenfalls einen Jahrestag und tägliche Messe. Hierob gerührt, tat Herzog Albrecht seinem Vater den Willen und heiratete die Prinzessin Anna von Braunschweig, als der arme »Engel von Augsburg« noch kein Jahr tot war. – Dies erzählt der Chronist ganz naiv mit den Worten: »Herzog Albrecht III. in Bayern ist es gewesen, der eines Baders Tochter also heftig geliebt, daß man Sorge hatte, er würde sie nehmen. Da ließ sie Ernestus, Herzog von Bayern, sein Vater, in Straubing, ertränken, das bekümmerte den jungen Fürsten also übel, daß man ihn lange Zeit nicht mochte trösten, ja fast von seinen Sinnen kam, bis man ihm gab eine junge Fürstin aus Braunschweig.«

Böse Federn der Zeitgenossen behaupteten sogar: Herzog Albrecht habe sich durch die schöne Braunschweigerin sehr gern trösten lassen. Die Hochzeit wurde in München am St.-Leonhards-Fest 1436 mit großer Pracht und vielen Lustbarkeiten gefeiert. Dieser Ehe entsprossen zehn Kinder. Dennoch hatte Herzog Albrecht viele Liebschaften nebenbei, so mit einer Münchener Kürschnerfrau Ursula, die nach des Herzogs Tode der Stadtmagistrat von München nebst ihrem Manne aus dem Burgfrieden von München verweisen ließ.

Herzog Albrecht erwarb sich trotzdem den Beinamen »der Fromme«, indem er sich ganz in die Hände seiner Beichtväter gab und sogar während der Mahlzeit stets geistliche Bücher vorlesen ließ. Unter seinen frommen Stiftungen ist besonders die reiche Benediktinerabtei auf dem Berge Andechs zu nennen, in der er Anno 1460 auch begraben wurde.

Am St.-Agnes-Tage 1447 erneute Herzog Albrecht die Stiftungen zum Gedächtnis seiner Agnes, ließ ihre Gebeine in die von ihr im Karmeliterkloster erbaute Kapelle übertragen und setzte ihr ein prächtiges Grabdenkmal von weißem Marmor, das die arme Ermordete in ganzer Figur zeigt, aber nur neben Todesjahr und Todestag die Worte:

»Obiit Agnes Bernauerin. Requiescat in pace.«

Warum nannte er sie nicht seine Gattin?

In der Stiftsurkunde der täglichen Messen für die so schmählich Hingeopferte heißt es jedoch: »Und alles zu Lob und Ehre, allen glaubigen Seelen zu Rue und Rast und unseren Seelen zu Trost und Hilf, darnach der Ersamen und Erbaren Frawen Agnesen der Bernawerin, der Gott vom Himmel gnadig und barmherzig sei, Seel Heil willen... ein ewig stete Mess... gestiftet, geordnet und gemacht...«

Hexenprozesse im 16. Jahrhundert

Über die Hexenprozesse des 16. und die erste Hälfte des 17. Jahrhunderts schreibt Soldan u. a.: »Das 16. und die erste Hälfte des 17. Jahrhunderts trägt eine vorherrschend theologische Färbung, die sich auch den nicht theologischen Wissenschaften und der Politik mitteilte. Reuchlin und Georg Venetus erhoben nach Picos von Mirandeola Vorgang mit einem Aufwande glänzender Gelehrsamkeit die Kabbala, um durch diese wieder ihrer Gelehrsamkeit eine höhere Weihe zu geben.«

»In der Jurisprudenz herrschte ein Geist engherziger Beschränktheit, teils an den Satzungen des römischen und kanonischen Rechts haftend und in die müßigsten Spiele der Dialektik sich verirrend, teils in den theologischen Begriffen der Zeit befangen.«

»Die Medizin endlich, ohne feste physiologische und pathologische Grundlage, klebte am Altüberlieferten und machte sich aus der Macht des Teufels einen Schild gegen alle Vorwürfe. Der berühmte Gegner der

Hexenverfolgungen, Dr. Weier, der selbst Arzt war, führt in seiner Schrift über die Hexerei den Satz aus, daß die ungelehrten Schlingel in der Medizin und Chirurgie jr unwissenheit und fehler dem verzäubern oder veruntrewen und den Heiligen zuschreiben«.

Van Helmont (geb. 1577), ein berühmter Mediziner, glaubt fest an Metallverwandlung, an den Stein der Weisen, faßte Donner, Blitz, Erdbeben, Regenbogen und andere Naturerscheinungen als Wirkungen einzelner Geister auf usw. Der Londoner Arzt Robert Fludd (gest. 1637), ein berühmter Rosenkreuzer, leitete die Entstehung der Krankheiten von bösen Dämonen her, gegen die der gläubige Arzt zu kämpfen habe. Der Rostocker Professor Sebastian Wirdig (gest. 1687) sah zwei Arten von Geistern durch die ganze Natur verbreitet, deren sich auch im menschlichen Körper befänden und mit den Geistern in der Luft, in den Gestirnen in Gemeinschaft ständen, durch deren Einfluß sie regiert würden. Auch er gibt der Wärme, Kälte, Luft einen Geist und leitet die Krankheiten von den zornigen und rachsüchtigen Geistern der Luft und des Firmaments her. Er verteidigt die Wünschelrute wie die Nekromantie (Schwarzkunst) und findet die Beweise in biblischen Sprüchen. Beispiele ähnlicher Art, bemerkt Soldan, ließen sich aus der Geschichte der Medizin in Menge anführen. Denn das Denken selbst der Koryphäen der Wissenschaft war bis über das 17. Jahrhundert hinaus vom Aberglauben so beherrscht, daß man in dem Verlaufe und Zusammenhange natürlicher Dinge nicht das Naturgesetz, sondern das geheimnisvolle und unheimliche Walten verborgener Geister und dämonischer Mächte sah.

Leider hat selbst die Einführung der Reformation, welche doch so vielen alten mönchischen Aberglauben zerstörte, in bezug auf jenen Wahn nichts geändert. Luther, und es ist ihm bei seiner Erziehung und seinem Lebensgange kein besonderer Vorwurf daraus zu machen, wenngleich sein Teufelsglaube für die Folge verhängnisvoll wurde, glaubte selbst an das Vorhandensein des Teufels, und wir kennen die Erzählung, daß er, als ihn der Teufel auf seinem Pathmos, der Warthburg, erschien und ihn störte, seinem vermeintlichen Widersacher tapfer das Tintenfaß an den Kopf warf.

Der stellenweise übereifrige Bibelglaube war es, der bei den Protestanten wesentlich dazu beitrug, daß sie die Zauberei auf Grund mehrerer davon handelnden, von ihnen mißverstandenen Stellen der Heiligen Schrift für möglich und für ein Verbrechen hielten. Namentlich bestärkte sie darin die schon von uns erwähnte Stelle des 2. Buches Mosis, wo über Giftmischerinnen, welches Wort Luther mit Zauberinnen übersetzt hat, die Todesstrafe verhängt wurde.

In katholischen Ländern wurde, wie wir gesehen, die Hexerei längst nicht mehr, wie ursprünglich, als ein Zweig und eine Abart der Ketzerei, sondern als ein eigenes Verbrechen behandelt.

Über das Rencontre Luthers mit dem Teufel auf der Wartburg schreibt

Gustav Freytag in seinen »Bildern aus der deutschen Vergangenheit«, nachdem er das innere Leben Luthers eingehend geschildert: »Aus der Kinderzeit wußte er, wie geschäftig die bösen Geister um den Menschen weben, aus der Schrift hatte er gelernt, daß der Teufel gegen den Kleinsten arbeitet, ihn zu verderben. Auch auf seinem Pfade lauert beständig der Teufel, ihn zu schwächen, zu verlocken, durch ihn Unzählige elend zu machen. Er sah sie arbeiten in der zornigen Miene des Kardinals, in dem höhnischen Antlitz des Eck, ja in den Gedanken seiner eigenen Seele, er wußte, wie mächtig sie in Rom waren. Schon in der Jugend hatten ihn Erscheinungen gequält, jetzt kehrten sie wieder. Aus dem dunklen Schatten seiner Studierstube erhob das Gespenst des Versuchers die Krallenhand gegen seine Vernunft, selbst in der Gestalt des Erlösers nahte der Teufel dem Betenden, strahlend als Himmelsfürst mit den fünf Wunden, wie ihn die alte Kirche abbildete. Aber Luther wußte, daß Christus den armen Menschen nur in seinen Worten erscheint, oder in demütiger Gestalt, wie er am Kreuze gehangen. Und er raffte sich heftig auf und schrie die Erscheinung an: »Hebe dich, du Schandteufel!« Da verschwand das Bild. – So arbeitete das starke Herz des Mannes. Es war ein unheimlicher Kampf zwischen Vernunft und Wahn. Aber immer erhob er sich als Sieger, die Urkraft seiner gesunden Natur überwand.«

»Unter diesen Umständen«, bemerkt Soldan, »wird es erklärlich, warum die Reformation Hexenglauben und Hexenprozesse nicht gestürzt hat. Sie ließ beide bestehen, weil sie den Glauben an den persönlichen Teufel bestehen ließ.« In diesem Glauben erhitzte sich der Eifer gegen die Verbündeten des Teufels um so mehr, je weniger eine Religionsgenossenschaft der andern im Abscheu gegen das Diabolische (Teuflische) nicht nachstehen wollte, und so rasten die verschiedenen Parteien der Protestanten untereinander selbst und mit den Katholiken um die Wette. Zwar will Walter Scott bemerkt haben, daß in England unter hervortretendem kalvinistischen Übergewicht die Hexenprozesse immer zahlreicher gewesen seien als unter dem anglikanischen Klerus (Geistlichkeit), und es ist richtig, daß im 16. Jahrhundert England verhältnismäßig wenige Hinrichtungen kennt; aber Jakobs I. Blutgesetze, die im 17. Jahrhundert so viel Greuel brachten, gingen doch nicht von den Kalvinisten aus. Weiter ist es Tatsache, daß der reformierte Theodor Beza den französischen Parlamenten den Vorwurf der Lässigkeit in den Hexenprozessen machte; aber der katholische Florimond de Remond, weit entfernt, den fanatischen Eifer seines Gegners zu tadeln, beeilt sich nur, das behauptete Faktum in Abrede zu stellen, indem er auf die zahlosen Opfer hinweist, die er als Parlamentsrat zu Bordeaux täglich zum Feuer verurteilen half. Arge Verblendung aber ist's, wenn es noch neuerdings ein katholischer Schriftsteller versucht hat, für die Verbreitung der Hexenprozesse nicht der geistlichen Inquisition und dem Beispiele der Protestanten eine besondere Rolle zuzuweisen, und Ignaz Schmidts verkehrter Ansicht, als wenn Luthers Vorstellungen von der Gewalt des Teufels das Übel verschuldet hätten, irgendeine Aufmerksamkeit zu schenken. Luther hat die Lehre vom Teufel aus der katholischen Kirche herübergenommen, aber freilich so, daß dieselbe in ihm nach zwei Seiten hin eine ganz neue, und zwar gegen den dämonischen Aberglauben der Kirche sich abschließende Gestalt gewann. Denn erstens faßte Luther den Teufel wesentlich als Werkzeug des göttlichen Zornes über die Sünde, als Mittel der Strafgerechtigkeit Gottes auf, so daß sich die Gewalt des Teufels nicht weiter als das Zorngebiet Gottes erschreckt, auf welchem Gott ihm »Raum läßt«, und zweitens sieht Luther die Stellung des Christen im Kampfe mit dem Teufel ganz anders an, als die Kirche es tat. Diese betrachtet den Kampf gegen den Teufel als ein rein äußerliches Vorgehen, bei welchem sich der Christ der ihm von der Kirche gebotenen Mittel, nämlich bestimmter Gebetsformeln, des Weihwassers, der Nennung des Namens Jesu, des Kreuzeszeichens usw. bedienen sollte. Luther dagegen verlegte den Kampf in das Innere der Seele, wo sich der Christ durch anhaltendes Gebet, durch immerwährende Buße, durch stetes Wachsen im Glauben und in der Gemeinschaft mit Gott sich gegen alle Anläufe des Bösen schirmen und sich mehr und mehr zum Sieg über denselben erheben sollte. Darum kann von Luther nicht gesagt werden, daß er durch seine Lehre von der Gewalt des Teufels das Übel der Hexenverfolgung verschuldet habe. Ist es doch auch unumstößliche Tatsache, daß die katholischen Länder, und zwar unter päpstlicher Autorität, den Hexenprozeß nicht nur geraume Zeit vorher betrieben, ehe Luthers Reformation begann, sondern auch das Übel in keinem protestantischen deutschen Lande jemals eine gleiche Höhe erreicht hat, wie in den Gebieten der katholischen Länder und namentlich der geistlichen Fürsten!

Luther hat nirgends den Zauberglauben eigens abgehandelt; wo er bei Veranlassungen auf denselben zu reden kommt, da ergibt es sich, daß er ihm – jedoch mit Beschränkungen – ergeben ist. – Um Luthers Verhältnis zu den Hexenprozessen mit wenigen Worten auszusprechen, so stand er unmittelbar zu dem Gange derselben in gar keiner Beziehung, mittelbar aber allerdings dadurch, daß er nicht noch weit durchgreifender reformierte, als er wirklich getan hat.

In Süddeutschland meinte der Reformator Schwabens, Johann Brenz, man müsse wenigstens noch alle die Weiber unter das Schwert bringen, die es im Ernste versucht hätten, zauberische Werke zu verrichten, wogegen die Jülich-Clevische Kirchenordnung von 1533 alle Zauberer, Wahrsager und Beschwörer als Gotteslästerer behandelt wissen wollte. Diese Kirchenordnung war teilweise das Werk des Konrad von Heresbach, der von jeher die für »Götzendiener« hielt, welche wähnen, ein Geschöpf könne in andere Gestalt verwandelt werden.

Übrigens war Brenzens Ansicht von der Hexerei eine ganz andere als die des Hexenhammers. Er sagt in einer Predigt vom Jahre 1564 über das Wettermachen der Hexen, »daß die Unholde Hagel, Ungewitter und andere böse Dinge zu machen, zu erregen und aufzubringen, gar keine Gewalt haben, sondern daß sie vom Teufel damit aufgezogen und verspottet werden, der ihnen weismacht, sie hätten solches getan. Denn in dem Augenblick, in welchem der Teufel weiß, daß ein solches Wetter kommen wird, gibt er einer Hexe ein, daß sie ein solches herbeibeschwören müsse, um sie in ihrem Glauben zu stärken.«

Als Seroede zu Genf auf dem Scheiterhaufen stand, redete Farel die versammelte Menge an: »Sehet ihr wohl, welche Gewalt dem Satan zu Gebote steht, wenn sich ihm einer einmal überlassen hat! Dieser Mann ist ein gelehrter Mann vor vielen, und vielleicht glaubte er, recht zu handeln; nun aber wird er vom Teufel besessen, was euch ebensowohl geschehen könnte!«

Hexenprozesse in der Schweiz

In der Schweiz begannen die Hexenprozesse zuerst in den romanischen Kantonen. Mit besonderer Heftigkeit erhob sich die Hexenverfolgung in Genf unter Kalvins Einflusse. Es sollten in Genf alle Zauberer zur Ehre Gottes ausgerottet werden. In dem kurzen Zeitraum von 1542 bis 1546 ließ der Rat der Stadt 58 Todesurteile (wegen allerlei Verbrechen) vollstrecken und verbrannte 76 Personen, darunter 27 auf Verdacht hin. Die Pest des Jahres 1542 suchte man in Genf auf »Pestbereiter« zurückzuführen. »Bündnis mit dem Satan, Zauberei und Pestbereitung« waren die Anklagetitel, auf welche dort damals unzählige in lange, schreckliche Haft, auf die Folter, aufs Schafott und auf den Scheiterhaufen gebracht wurden. Der Kerkermeister erklärte am 6. März 1545 dem Rate, daß alle Gefängnisse der Stadt überfüllt wären. Da war das Verfahren gegen die Verhafteten ein entsetzlich grausames. Man zwickte sie mit glühenden Zangen, mauerte sie ein und ließ sie verschmachten, wenn sie kein Geständnis ablegten, und ersann noch viele andere Foltermittel. Es ist vorgekommen, daß Angeklagte neunmal die Marter der »Estrapade« ertragen mußten. »Aber welche Pein man ihnen auch antat«, klagt das Ratsprotokoll einmal, »so wollten sie die Wahrheit doch nicht bekennen.« Verschiedene endeten während der Tortur, andere infolge derselben danach, wieder andere verübten in ihrer Verzweiflung Selbstmord. Der Arm des Henkers ermattete unter der Last der Arbeit, die, wie er im Jahre 1545 dem Rate erklärte, eines Mannes Kraft überstieg. Vom 17. Februar bis 15. Mai 1545 wurden 34 Personen – darunter des Scharfrichters eigene Mutter – auf die verschiedenste Art hingerichtet, zumeist aber erst nach grausamen Körperverstümmelungen. Später waren in der Zeit von drei Monaten im kalvinischen Genf 500 Personen verbrannt worden.

Auch im Waadtland blühten die Hexenprozesse. Am 25. Juli 1543 erging seitens der Berner Regierung folgender Erlaß an die Waadtländer:

»Wir vernehmen, wie die Edelleute und Twingherrn in deiner Verwaltung und anderswo in unserem neugeworbenen Lande mit den armen Leuten, so der Unhulde oder Hexerei verdächtigt und verleumdet werden, ganz unweislich grob seien und unrechtförmig handeln, als das gesagte Twingherren oder Seigneur-banderets auf ein jeder schlechtes Leumden, Angaben oder einzigen Prozeß unerfahrener Sachen die verzeigten, verargwohnten Personen mit großer ungebräuchlicher Marter zur Bekennung und Verjahung unverbrachter Sachen bringen und ohne weiteren Rat vom Leben zum Tode richten. Daran wir in diesem gefährlichen Fall der Hexerei besonderes Mißfallen haben.«

Am 21. August 1545 wurde sogar jede Hinrichtung in der Waadt untersagt, bevor das Urteil vom Rate zu Bern bestätigt war. Dagegen ließ man es selbst dem Gouverneur von Neuchatel, Georg de Rive , nicht ungerügt hingehen, daß sein Kastellan sich nebst anderen zugunsten einiger der Hexerei Angeklagten mit 30 Kronen habe bestechen lassen. Dennoch wurden die Vorschriften der Berner Obrigkeit vielfach umgangen. Der Kastellan von Gland und Prangins, Nicolas de la Foge, wurde fünf Jahre hindurch verfolgt. Von drei Hexen zu Nyon im Jahre 1600 der Mitschuld angeklagt, wurde er verhaftet und denselben gegenübergestellt, und da die Hexen auf ihren Aussagen beharrten, der Prozeß gegen ihn eingeleitet. Da er seine Unschuld auch auf der Folter beteuerte, sprachen ihn die Geschworenen frei. Im Jahre 1602 erklärten ihn abermals zwei Hexen für mitschuldig; da sie bei der Konfrontation jedoch ihre Aussage nicht aufrechterhalten wollten, so entschied man: »Da es eine heikle Sache sei, deren rechten Grund allein Gott wisse, so müsse man es ihm anheimgeben und den de la Foge seiner Gelöbnis und Bürgschaft entlassen.«

Zugleich wurde dem Kastellan Bory, seinem Nachfolger, wegen schlechter Befolgung das obrigkeitliche Mißfallen ausgedrückt und eine erste Warnung erteilt. Allein schon nach sechs Monaten kam der Verfolgte wiederum in Untersuchung, und noch 1605 erhielt Bory auf eine neue Beschuldigung und Anfrage seinethalben den Bescheid, weil nicht erhelle, daß er etwas Böses begangen, sondern nur, daß man ihn bei der »Versammlung« gesehen haben wolle usw., so sei darauf als bloße Einbildung nichts zu geben, doch möge er immerhin seinem Ankläger gegenübergestellt werden. –

Zu Büren hatte ein 17jähriger Bursche vor Gericht manches Belastende gegen seine Mutter ausgesagt. Nach Bern geschafft, erklärte er seine Geständnisse für unwahr und aus ihm herausgelockt, und zwar durch die Folter. Bei seiner Abführung nach Bern habe man ihm eingeschärft, bei seinen Geständnissen zu bleiben, sonst würde er wieder gefoltert werden. Mutter und Sohn wurden in Bern freigesprochen. –

Zu Thinen wurde im Jahre 1565 ein Sohn zum Rad verurteilt, der seine im Verdacht der Hexerei stehende Mutter zur Vermeidung der Schande mit Hilfe eines gedungenen Mörders umgebracht hatte.

Der erste Hexenprozeß des deutschen Teils des Kantons Bern, der mit

Hinrichtung endete, fällt in das Jahr 1571. In den welschen Kantonsteilen wurden in der Zeit von 1591 bis 1595 in jedem Jahre 11, im ganzen 56 Hexen, und von 1596-1600 in jedem Jahre 51, zusammen 255, also im Laufe von zehn Jahren 311 Hexen hingerichtet. Das Amt Chillon verurteilte im Jahre 1598 allein 14 Hexen. Im Jahre 1600 nahm der Berner Rat eine Revision der Prozeßordnung in Hexensachen, die verhältnismäßig milde war, vor. Danach sollten u. a. die zu Lausanne noch immer im Gebrauch befindlichen ungesetzlichen Folterwerkzeuge abgeschafft und die Kosten der Exekution aus dem Nachlaß der Hingerichteten gedeckt werden. Trotzdem wurden im Waadtland in den Jahren von 1601-1610 immerhin noch 240 Hexen hingerichtet, während die Zahl der unter unmittelbarer Bernischen Verwaltung stehenden Ämter bedeutend sank, so zu Avenches von 37 auf 18, zu Chillon von 35 auf 9, und in Yverdon und Morges kamen gar keine vor. Dagegen mußten zu Colombier in der ersten drei Monaten des Jahres 1602 acht Personen, zu Etoy in derselben Zeit ebenfalls acht und 1609 ebendaselbst während eines einzigen Monats fünf den Scheiterhaufen besteigen. Auch kamen hin und wieder, was unter der Bernischen Gerichtsbarkeit nie der Fall war, Massenexekutionen vor. Es geschah, daß in Colombier und St. Saphorin je vier, zu Etoy sogar fünf Hexen auf einem Scheiterhaufen verbrannt wurden. Und das alles geschah in einem Umkreise von wenigen Stunden!

Bald fing die Seuche der Hexenverfolgungen auch auf deutschem Gebiete an, ihre Opfer zu fordern, namentlich im Seelande. Im Jahre 1609 stieg im Waadtland die Zahl der Einäscherungen auch wieder auf 50! Jetzt revidierte der Berner Rat die Prozeßordnung noch einmal, und schon im Jahre 1610 kamen im Waadtland nur fünf Hexenhinrichtungen vor. Auch in den nächsten Jahren hielten sie sich auf einer bescheidenen Höhe. Allein im Jahre 1613 betrug sie schon wieder 60 und 1616 sogar 75. Im Amt Chillon wurden 1613 in der Zeit von vier Monaten 27 Hexen hingerichtet. Die Regierung trat milder auf als ihre Organe. So wurde dem Herrn von Berchier verfügt, »sich künftig solcher Improzeduren bei Ihrer Gnaden Strafe und Ungnade zu überheben.« Ferner wurde der Amtmann zu Grandson ernstlich getadelt, daß er ordnungswidrig Angegebene verhaftet und unmäßige Tortur angewendet habe; auch erhielten einzelne Kastellane und Gerichte strenge Verweise über ihr Vorgehen »auf einfältige Akkusation« (Beschuldigung) hin. Bereits seit 1616 war es verboten, die Namen derer, welche nur als Teilnehmer an den (gefabelten) nächtlichen Versammlungen verklagt wurden, in den Akten zu verzeichnen.

In einem Berner Prozesse vom Jahre 1591 gestand ein Hexenmeister, der Teufel habe ihn gebeten, die Leute gegeneinander aufzureizen, und in einem ebenfalls Berner Prozesse aus dem Jahre 1609 bekannte eine in Bern wohnende Weibsperson aus dem Kanton Zürich, neben vielen Krankheiten, Lähmungen und Todesfällen, die sie durch Berührung mit der Hand und durch bloßes Streifen der Kleider verursacht habe, auch Versuche gemacht zu haben, Ehen zu zerstören, indem sie den Ehegatten unüberwindliche Abneigung einflößte.

Zu Solothurn verbrannte man im Jahre 1549 ein Weib, das angeblich auf einem Wolf ins Holz geritten war. In den Baseler Archiven liegen die Akten von 14 Hexenprozessen vor, von welchen die ersten fünf in die Zeit von 1519 bis 1550 fallen. Der erste Hexenprozeß, welchen das Baseler Archiv aufbewahrt, ist vom Jahre 1519. Die Hexe war Barbel Schienbeinen aus Rüwenburg. Sie gestand, daß, als sie um Mitfasten vor dem Riehmener Tor genächtigt, ein Mann in schwarzen Kleidern gekommen, der ihr auf ihre Frage, wer er sei, entgegnete, er sei der Teufel. Sie habe Gott verleugnet und sich dem Teufel ergeben. Natürlich traf sie die Todesstrafe. Der zweite im Jahre 1530 geführte Prozeß war gegen die Wirtin »Zur roten Kanne«, Anna Wehrlin, gerichtet. Sie war vom verstorbenen Urban Schaffner, Wirt zu Sierentz, bezichtigt worden, »ihm vermittels einer Suppe die Männlichkeit genommen zu haben«, woran er habe sterben müssen. Der Verstorbene hatte geglaubt, den unerlaubten Umgang mit der Wirtin um diesen Preis gebüßt zu haben, und wurde in diesem Verdacht durch die Aussage eines Wahrsagers in Freiburg, dem er sein Wasser geschickt, bestärkt. Die Beschuldigte gesteht ihren unerlaubten Umgang mit dem Verstorbenen, »darumb sy dann Ir gepürrent straff empfangen«, dagegen »wil sy gar und gantz nit gstan, das sy Urban seligen einigerley weg, das er sterben müssen, zu eßen geben hat, sagt sy habs nit than, soll sich niemer mit Wahrheit erfinden, dann sy der Diengen dheins könne«. Sie ging frei aus und scheint auch mit der Tortur verschont worden zu sein.

Ein wunderlicher Hexenprozeß ist der wider »Agnes Salathe, Ita Lichtermutt und Dilge Glaserin, der Unholden, Verychten« vom Jahre 1532. Die drei Weiber scheinen in Pfeffingen, welches als Pfandschaft des Bischofs in den Händen Basels war, gewohnt zu haben: denn zu Agnes Salathe kommt der Teufel in grauen Kleidern unter dem Namen Oygly in ihr Haus zu Pfeffingen; auch Ita Lichtermutt wohnt auf dem Lande, denn ihr Teufel, Ruby, begehrt Einlaß, während ihr Mann Ötly mit einem Fährtlein Holz nach Basel gefahren ist. Sie spielen zusammen dem Prädikanten von Pfeffingen, Herrn Jakoben, der bei dem Schaffner zu Nacht ißt, einen Possen, indem sie ihm in Mulden über den Weg fahren und ihm einen bösen Luft zuschicken, womit sie ihn blind machen wollten, aber nur bewirken, daß ihm das Gesicht schwillt und die Haare ausfallen. Sie machen zusammen ein Wasser, daß dem Schaffner, der Holz flößen will, alles Holz in den Rhein geführt wird. Das Wunderliche an diesem Hexenprozeß ist, daß die drei Weiber, angeblich alle drei freiwillig, »ohn alle Band, Pin und Marter, unzwungen und undrungen«, wie die Protokolle wiederholen, mit der genauesten Übereinstimmung eine Reihe der abenteuerlichsten, gemeinschaftlich verübten Hexentaten bekennen; daß sie eine Reihe von Geschichten, die sie unmöglich weder verübt noch geträumt haben können, selbst in kleineren Zügen übereinstimmend erzählen. Nur einige Belege.

Alle drei erzählen: »Uff ein Früling hab sich begeben, daß sie drey samt der Mutter Dilgens, der alten Wylisteinin, uff den Stein Inn die Räben unter einem Pförsichboum zemen kommen und retig worden, was sy eßen wellent. Also hab eine erwelt die Kirsen, so das Jor wachsen sollent Inn einem Kirsmuß; die Andere die Vögel, so das Jor werden söllent, erwelt zu essen; die Dritte den Win, so das Jor sölle wachsen, begert zu trincken. Do sigent Ire Bulen, die bösen fyend, kommen und haben Inen die erwelte Spyß und Win brocht. Die habent sy fier mit einander gessen und trunken; dernoch mit Iren Bulen gemutwillet. Die sigent dornoch verschwunden und sigent sy ouch, yettlich wider heim zhuß gangen.«

»Aber«, heißt es bei jeder, »hat sie verjechen. Daß sy rätig worden, ein sölich Wasser zmachen, Dos alle äcker und Matten, So im Land werendt, wo nicht gar die ganze Christenheit, wie eine angiebt, überynnen söllte, und solichs zu thund, ein andren bescheiden uff ein matten, lige zwischen Dornach und Münchenstein, wisse nit wie sy haisse. Uff solichs sige Dilge Glaserin und Ite Lichtermutt, jede in ein Mullten gsessen, Inn Willen Zemen ze kommen und Iren Anschlag zu vollenden und also davon gefaren. Da sige Inen Agnes Salathe Inn den fiechten under dem Dorf Aesch begegnet und gesprochen: wendend üch umb, denn es wirt nüt uß dieser sach. Also sigent sy wider heim gfaren.«

Wie sie es angegriffen, Wetter und Wasser zu machen, erhellt aus folgender Erzählung: »Ongforlich im fierden Jor vergangen sigen sy zu einem Brunnen, inn Aesch Bann gelegen, kommen, do sig Franck, der Bule Dilgens, kommen und diser ein Häslin Schoß Inn die Hand geben und geheißen Inn den Brunnen schlachen, bis daß Stein und Wasser wirt. Das hab sy gethon und die andern mit Iro, do sige ein grosser Hagel kommen und den Haber geschlagen uff der Zelg, die Jezt Borch ist.«

Es bedarf keines Beweises, daß dergleichen Dinge nicht ohne Tortur so gleichförmig ausgesagt werden konnten, so daß die Versicherung, die Geständnisse seien freiwillig erfolgt, welche in einem Protokoll sogar bei jedem Artikel wiederholt wird, einen schlimmen Verdacht gegen die Redlichkeit der Inquisitoren erweckt. Ein freiwilliges Geständnis erklärt sich nur bei Dilge Glaserin, welche durch das Unglück, das die Justiz »wegen Mißhandlung« (Zauberei) über ihre Familie verhängt, leicht in den melancholischen Wahn eigener zauberischer Verbrecher geraten konnte. Sie erzählt selbst auf höchst ergreifende Weise, wie »by fier oder fünf und zwentig Joren, minder oder mer, sich begeben, als man Ir Schwester Urslen umb Ir Mißhandlung ertrenkt und Seckinger Iren ersten Mann mit dem Rad abgemacht, Iren Sechs kleine Kind gelossen, mit denen sie in grosser Armut glebt, Ih höw und korn nit vermogt Inzebringen, käme sy in söliche widerwerttikeit und verzwifflung, das sy vermeyntte sich selbe zu tödten. Inn dem sig der Tüfel in eins Jünglings gestalt zu Ir kommen und gesprochen, Dilge wie kompt es, daß du dich also übel gehebst, wie kannstu also thun, wiltu dich an mich keren, und thun was ich dich heissen, so wil ich dir und dinen kind essen und trincken gnug geben und darfst nit wercken.« Dieses Geständnis konnte gar wohl auf der gewöhnlichen, durch geschlechtliche Träume veranlaßten Hexeneinbildung beruhen. Auch trägt es unter anderem daran das gewöhnliche visionäre Kennzeichen, »daß der Tüfel Ir sin zusagen nit erstattet«. Die Geständnisse der zwei andern Weiber, wie indessen wohl auch die übrigen Geständnisse der Dilge, sind ohne Zweifel nur abgefoltert. Die Geständnisse der zwei übrigen Weiber nehmen auf die Angaben der Glaserin Rücksicht, indem sie dieselben teils zugestehen, teils etwas modifizieren. So erzählt Ita Lichtermutt: wie Dilge mit einer Ruten in den Brunnen geschlagen, bis Stein und Wasser worden; fügt aber, während letztere angegeben, daß die andern es mit ihr getan, bei: »sy hab nur darin verwilget, doch nit darin geschlagen«. – Agnes Salathe fügt der Geschichte von der Muldenfahrt bei: »Item im Wenden der Multen, so sy uf maten und ein groß Wasser welen machen über die ganz Christenheit; ist wendig worden in Bysin der zu Arlossen und der Dilgen ir Schwester.« – Auch ist die Glaserin die ältere Hexe: denn die Lichtermutt hat die Bekanntschaft ihres Buhlen erst seit etlichen Jahren, die Salathe seit 14 Jahren gemacht. Hieraus ergibt sich klar, daß, wenn ein freiwilliges Geständnis zugrunde liegt, es nur das der armen unglücklichen Dilge sein konnte. Die Versicherung der Freiwilligkeit, welche bei allen Geständnissen wiederholt und recht absichtlich hervorgestellt wird, erscheint demnach geradezu unwahr und wirft ein sehr fatales Licht auf die unordentliche und tumultuarische Weise, womit damals gegen Hexen verfahren worden zu sein scheint. Das endliche Schicksal der drei Unholdinnen steht nicht in den Akten, ist jedoch kaum zweifelhaft.

Das vierte Aktenstück ist nach der Aufschrift ein »vom Vogt von Dorneck gegebenes Vergichttenn ettlicher Unholden«. Es gehört dem Jahre 1546 an. Es betrifft eine Ellsy Stäle von Buserach, die wiederum »on alle Band und Marter die tollsten und abenteuerlichsten Dinge verjechen« haben soll. Das Auffallendste an den Geständnissen dieser Hexe ist die sonderbare Übereinstimmung mit den Geständnissen der 1532, also 14 Jahre früher, verurteilten drei Weiber. Die Else, welche ledigen Standes gewesen zu sein scheint, macht »ungeforlich vor dryen Jaren die Bekanntschaft des bösen Fyends, der sich Ruby (gleich dem Bulen der Ita Lichtermutt) nennt, in des alten Müllers Hus zu Büserach und erneuert dieselbe im laufenden Jahre in Conratt Schwob's, irs Schwogers, Huß zu Hoffstetten.« In letzterem Falle wenigstens war die Bekanntschaft eine natürliche, indem Else die Person schon beim Zubettgehen in ihrer Kammer trifft. Außer diesem Teufelsnamen wiederholt sich das Wettermachen bei einem Brunnen, zweimal, nur mit kleinen Abänderungen. Die Gehilfinnen sind das einemal zwei Weiber von Reinach, Heinis Frau im Winkel und des Thurgawers Frau. Die Szene spielt bei Zwingen, »an der Brunnstuben, do der Brunn ufgot ob dem Dorf«. Auch wird nicht mit einem Haselrütchen in den Brunnen geschalgen, sondern mit einem schwarzen »Häfelin, worein die andern sy nitt wöllen lassen lugen«. Das andre Mal kommt noch eine dritte Gehilfin hinzu, die Friesin von Bul, und die Szene spielt »bey einem Brünlein in den Räben zu Rinalch, wo man gon Thärwiler got«. An die Geständnisse der Ita Lichtermutt insbesondere erinnert, außer dem Teufelsnamen Ruby, auch noch die Angabe: »zu Hoffstetten, wie sie die Matten uff dem Weg gerummet, sig ein Wolf zu ir kummen, uff dem sig sy in das Holtz geritten, do hett er sy abgeworfen.« Ähnliches hatte Ita gestanden, »daß sy uff ein Zit in die Widen under einem Felwboum gangen, do sy Ir Wolf gestanden, den sy alwegen geritten hab. Dem hab sy eßen brocht und in uf dem rugen mit der Hand gestreift und dornoch im ein Fus noch dem andren auffghept und in doruff detschtlet.«[51] Offenbar sind der Büseracher Hexe die in der Tradition fortlebenden Geständnisse der früheren Pfeffinger Hexen nur wieder abgenötigt worden, und zwar schwerlich »on alle Band und Marter«.

Eine Adelheit Jelin von Freiburg im Üchtland war im Jahre 1550 in Untersuchung gekommen, weil sie einem albernen Hirten Kräuter nebst einem Lümpchen, worin heilige Namen gebunden waren, gegeben hatte, um jene seinem Vieh, wovon ihm einige Stücke weggekommen waren, zu fressen geben, letzteres dagegen selbst an seinen Hals zu hängen. Das Mittel sollte gut sein gegen die Wölfe oder, wie der Hirt sie nennt, Lentschen. Der Hirte hatte ihr dafür zuerst nur einen Vierer gegeben, womit sie sich begnügte und ihn weggehen ließ; nachher aber, indem er freiwillig wieder zurückkehrte, noch einen Taler daraufgelegt. Desgleichen hatte sie Hanniballen von Michelvelden, welcher sechs Kronen, drei Taler nebst eigener Münz verloren haben wollte, versprochen, »Ir bestes zu thun, um ihm wieder zu seinem Geld zu verhelfen, auch demselben nach einiger Zeit drei Taler, als von dem Dieb zurückgebracht, eingehändigt«. Beides gibt sie in einem von ihr selbst unterschriebenen Verhöre (Versybnet) vom 28. August zu, behauptet jedoch, in gutem Glauben gehandelt zu haben, indem sie namentlich die drei Taler in ihrer Stuben gefunden haben will. »Dabey berühmt sie sich, früher ein läbendig erdwyblin gehabt zu haben, Sig aber von Ir gangen und sydehr nit wider khommen«; gesteht jedoch gleich darauf: »Si habe wol gsagt, Si habe Erd-Leutlin, es sigen aber nütt dann Allrunen.« Mit ähnlicher Großsprecherei antwortet sie auf die Frage; »ob Si in Fraw Venus Berg gsin sig und wer mitt Ir dar Inn gwesen sig: Si sig mitt Irem Man seligen, meyster Robert, dem schriber, Schultheis Falckner und dem Commenthur von Engellsperg dar Inn gsin.« Dagegen leht sie jede Verbindung mit dem Teufel aufs entschiedenste ab. »Hierauf«, heißt es nämlich zum Schlusse des Verhörs, »Ist mit Ir ernstlich geredet: Man wisse, das Sie In Irem handlen den Thüfell pruche und mitt Ime umbgange. So solli Si anzeigen, wie und was? Antwortet Si: Si gange mitt dem Thüfell nitt umb. Sie pruche einen Segen und lese den passion.« – Von Solothurn aus, wo man Erkundigungen nach ihr eingezogen, wurde von Schultheiß und Rat berichtet, daß sie auch dort mit Schatzgräberei und Aufsuchen verlorenen Geldes sich abgegeben. Auch liegt ein Schreiben des Altstadtschreibers Hertwig bei den Akten, der seine Handschrift, die er der Person zur Herbeischaffung eines verlornen Gürtels seiner verstorbenen Frau in die Hand gegeben, sehr angelegentlich wieder zurückzuerhalten wünscht, damit nichts Böses damit geschehe. Auf diese Aussagen hin wurde folgendes gräßliche Urteil gesprochen: »Diese Adelheitt ist zum Brand verurteyllt, doch uß Gnaden in dem Wasser gericht und vom leben zum thodt gevertiget. Mittwochen den 17. Sptbr. 1550.« Das Urteil wurde Freitag, den 12. September, gefällt und enthält, neben einer Menge geringfügiger, mehrere geradezu falsche, von der Inquisition in Abrede gestellte Erwägungsgründe. Denn neben den eingestandenen Vergehen, daß sie sich »artznens und waarsagens mit falschem Schin und Werk gepucht, daß sie falschlich vorwendt habe, In Fraw Venus Huß gewesen zu seyn und Erdmeitlin zu haben« und dergleichen, wird ihr nachgesagt, sie habe gegen Hanniballen den Hirten als Dieb bezeichnet, insbesondere aber, »Si habe zu Irem betenglichen und falschen Handlen, verloren Gellt und Gutt, auch verborgene und begrabne Schätz zu zeugen, einen Thüfell, genannt Latus gepucht und denselben darzu berufft und beschworen«.

Es ist möglich, daß letztere Angaben, welche der Person den Tod gebracht, ihr durch ein weiteres Verhör, wovon das Protokoll verlorengegangen, abgepreßt wurden; dies ändert jedoch, da es nur durch die Tortur geschehen konnte, an der Abnormität des Verfahrens nicht viel.

So traurig die Blicke waren, welche die vorgelegten Aktenstücke in das Baseler Gerichtsverfahren gegen zauberische Verbrechen während des 16. Jahrhunderts tun ließen, so erfreulich und ehrenvoll für Basel ist das Ergebnis der Zauberprozesse aus dem 17. Jahrhundert.

Das erste Opfer der wiedererwachten Hexenverfolgung war im Jahre 1602 Margareta Vögtlin von Riehen, von ihrem verstorbenen Manne her die Gräfin genannt, eine alte, wegen böser Künste längst verschriene Bettlerin. Sie war so gefürchtet, daß eine Basler Frau, Sara Dietmann, welche ihr ein Almosen gereicht, ob ihrem Blick für einige Zeit närrisch geworden, so daß sie sich gegen ihre Kinder »schlahens nicht enthalten könndt, und was folgender Tage durch sie weiteres fürgenommen und geredet, ihr unwüssend war«. Gleichwohl hatte sich diese Frau durch Dr. Grynäum und einen gewissen Gugger den Verdacht der Verzauberung so weit ausreden lassen, daß sie in dem Zeugenverhör ihren Zustand ganz allein empfangenem Schrecken zuschreibt, und die arme Frau gänzlich freispricht. Ebenso vernünftig spricht sich eine andere Basler Frau, Katharina Steinhauser, aus, deren Stiefkind einige Tage nach Anwesenheit der Bettlerin in ihrem Hause erkrankt war. Desto krasser sind die Beschuldigungen der Riehener Kläger. Unter andern bringt eine Witwe, Anna Stürm, folgende Anschuldigungen vor: »Si geräth beim Almusen Ußgeben vor Hrn. Liechtenhahns Hauß« mit der Gräfin in Streit, wobei sie dieselbe eine Hexe schilt und von ihr dafür gestoßen wird, worauf sie niedergefallen und in den Spital getragen werden mußte, wo sie »bei 12 Wuchen lahm und krank gelegen«. Ein andermal geht besagte Stürm, mit zwei Kindern auf dem Arm, gen Basel, »Allmußen heischen«, da kommt die Gräfin zu ihr und nimmt ihr eines der Kinder ab. »Kaum hat sie es ein will getragen, so sei Ihren, Zügin, ein Egersten uff den Kopf gflogen und hab Iren durch den Hut durchbissen und gepickht. Da habe sy, Zügin, gesagt: O Jhesus Margreth, es gadt nit recht zu, und hab ihr Kind wieder genommen. Alsbald das Kind weder Hand noch Fuß regen können.« Meister Georg, dem das Kind gebracht wurde, erklärte: »Dem Chindt sige das Herz intruckht worden.« Endlich sei ihr das Kind, wie sie es wieder einmal Meister Georgen bringen wollen, in der kleinen Stadt in der Rhingassen »uff dem Arm gestorben«. Auf ähnliche Weise sollte sie Hans Linckhen Frau lahm gemacht, Hans Branz durch einen Streich in eine schmerzhafte Krankkeit gestürzt haben und dergleichen.

»M. H. die VII. befragten die Verhaftete Ires merklichen Verdachts begangener Mißhandlungen halb erstens in der Güte alles Ernstes und darnach peinlich, nach aller notturft. Gleichwohl hat sich dieselbe weder ab guettlicher noch peinlicher Examination zu kheiner Bekhanndtnuß mit wenigstem bewegen lassen, ungeachtet sie zum 5ten mal, und nämlich 3mal mit dreifacher Tortur erschröckhlich uffgezogen worden.«

Desgleichen ein paar Tage später, nachdem die arme Frau auf gütliches Examinieren wieder ihre Unschuld beschworen und als ein altes krankes Weib lieber gewünscht hätte, daß man sie gleich töten sollte, wurde sie »nach solichem gleichwol an die Tortur geschlagen und zu 3 bis 4malen mit angehänckten Steinen aufgezogen. Hatt sie jedoch solches alles one sonderpar Geschrey erlitten, allerdings nicht bekhennen noch auf beschehenen Zuspruch was antworten wöllen«.

So stand der Prozeß, als dem Konvent der Theologen und Kirchendiener wie der juridischen Fakultät ein Gutachten über den Fall abgefordert wurde. Beide Gutachten oder Bedenken anerkennen, wie von der Zeit nicht anders zu erwarten, ohne Frage die Existenz und Strafbarkeit der Zauberei, indem sie sich beide auf die bekannte Stelle Exod. 22,18: »Du solt die Zauberinnen nit leben lassen«, stützen. Das von dem derzeitigen Dekan der juridischen Fakultät, Ludwig Iselin, geschriebene und für die übrigen Professores der Juristen-Fakultät unterzeichnete Bedenken schickt sogar eine kurze kriminalistische Klassifikation der Zauberei voran. »Nun werden aber dieser armen leuthen, der Zauberer, fürnemlich dreyerley sorten gefunden. Den ettliche (leider) von Gott gar abfallen, sich aus desselbigen Bundt thunt, ihren christlichen Glauben verläugnen und mit dem Satan wüssentliche Bündtnuß aufrichten, mit demselben umbgehen und zu schaffen haben, hiermit Zauberei üben, auch gemeiniglich nitt allein Vieh, sondern auch Menschen, mitt oder ohne Gift, beschädigen. Ettliche aber, ob sie gleichwol in solliche teuffelische pündtnuß sich nit begeben, so pflegen sie jedoch ausserhalb sollicher Verbündtnuß Zauberei zu treiben und damitt Leuthen und Viehe schaden zu thun. Letstlichen sindt ettliche, so weder ihn ahngezogene pündtnuß sich begeben, noch ihemandt beschedigen jedoch aber durch zauberey und teuffelische Künst andern Leüthen offentlich oder heimlich wahrzusagen, geschehene oder zukünftige Ding zu erfahren, oder auch allein auß Fürwitz mit dem Sathan Gesprech zu halten, sich understehen.« So weit die ersten und andern Zauberer belangt, sollen dieselben, nach Außweissung Kaiser Karls V. und des Römischen Reichs peinlicher Gerichtsordnung, »vom Leben zum Tod gericht und gestraft, auch sonderlich ahn den ersten solliche Straff mit dem Feüwr volstreckt werden. Die dritten aber, so niemand Schaden gethan, sollen sonst nach Gelegenheit der Sachen gestrafft werden.« Was dagegen die Beurteilung des vorliegenden Falls anbelangt, so macht das juridische Bedenken darauf aufmerksam, »daß es ahn der Bekanntnuß der verhafften Weibsperson, ob sie gleichwol zum underschiedlichen Mahle auf das schärpffest peinlich gefragt worden, allerdings fehlen thut. Daß der Zeügen Aussagen dagegen, die Baßlischen für die Gefangene, die Riehischen dagegen wider sy seyen, daß aber, so viel die Riehischen ahntrifft, sie theills von hörensagen, theills aus keiner eigentlichen Wüssenschaft entsprungen, sondern auf ein gemeines geschrey, argwohn und Mutmassung gebawen seyen. Über das seyen etliche personen nit allein *singulares testes*, sondern geben Zeügniß *in causa propria*. Dahero dan«, schließt das ehrenwerte Gutachten, »die vorahngeregte ordentliche straff der Zauberei mit dieser Weibsperson fürzunemmen, unsers Bedunkens schwerlich fallen würde, weil die Recht vermögen, das die beklagte person der beschuldigten missethat mitt selbst eigener oder sonst mitt anderer offenbarlichen genugsamen Kundtschafft, die klarer seye dann das Mittagliecht, überwunden werden solle. Und wirtt auch deßhalben für besser und rathsamer geachtet, ihn zweiffelhaftigen Sachen *einen schuldigen ledig zu lassen, dann einen unschuldigen zum todt verurtheilen.*« Der Rat der Fakultät ist schließlich: »die Weibsperson noch eine Zeit lang in Gefangenschaft zu verwahren, jedoch, so keine mehrere Vermuthungen ihrethalben ahn Tag kommen, weder die scharpffe Frag zu erneüwern, noch einige Leibstraff mit ihren fürzunemen«.

Das theologische Bedenken, von Jac. Greynäus unterschrieben, geht in der gerechten und billigen Würdigung der nichtigen Anklage noch weiter und atmet eine unverhohlene Entrüstung über das unordentliche Untersuchungsverfahren. Bezeichnend ist die Wendung, womit das Urteil über dieses Verfahren eingeleitet wird: »daß das eigentlich politische und bürgerliche Rechtshändel seyen, uff welche die hochgelehrten Herren Juristen zum allerbesten und eigentlichsten andtwordten könndten«. Nichtsdestoweniger wird sofort sehr gründlich in die Würdigung der geführten Untersuchung eingetreten: Es wird die Ungleichheit der Zeugenaussagen hervorgehoben, »deren ettliche streng und ganz durstig uff dise Frauwen reden solliche Sachen, die da on alles Widersprechen des todts wärdt wären, ettliche sie aller Dingen ledig sagen.« Besonders aber wird premiert, daß die belastenden Zeugen mehrenteils in ihren eigenen Sachen, »in welchen doch niemand gebüre weder Richter noch Zeug zu seyn«, zeugen. Und die schneidende Bemerkung beigefügt: »Wir haltend auch, wenn diese Zeugen ire Sagen, mit solcher Scherpffe befragt, erwysen solten, als heftig dise zu verjächen die gefangene ist befragt worden, so soltend, die ihnen selber Zeugnus geben, vielleicht anders reden.« – Das Bedenken hält die Gefangene für unschuldig, teils weil sie auf die strenge und ernstliche Frage bei der Beteuerung ihrer Unschuld geblieben, teils weil sie, nach anderweitigen Berichten, fromme und christliche Gesinnungen im Gefängnisse äußern solle, und trägt schließlich darauf an, daß einer doer zwei Geistliche in die Gefangenschaft zu ihr beschickt werden möchten, um sie entweder, wenn sie sich etwas Böses bewußt wäre, zum Geständnis zu bringen, oder aber daß man sonsten erlangen könnte, was zu mehrerer Richtigkeit dieser wichtigen Sache dienen möchte. Die Frau wurde hierauf in dem Spitale gefänglich eingesetzt und blieb daselbst über ein Jahr in Haft. Danach wendete sich Jacob Grynäus, »Diener am Worte Gottes«, abermals, und zwar nur in seinem Namen, mit einem Schreiben an Bürgermeister und Rat, welches die damalige Stellung der Geistlichkeit zur weltlichen Obrigkeit recht anschaulich charakterisiert. »Wiewohl ich erkennen mag«, beginnt er, »daß wer die Sachen mit der elenden, gefangenen Frawen Im Spital, die man die Gräffin von Riehen heisset, treibet, nachred und ungunst auf sich ladet: So soll ich doch, Gottes Ungnad abzuwenden, nit unterlassen, die hohe Obrigkeit zu erinnern, daß es rahtsam, recht und billich sey, dieser Frawen zu erlauben, das sie zu den Iren wiederkehre; ja das man sie die übrige kurze Zeit Ires Lebens mit etwas Unterhaltung versehe.« Die Richtigkeit der wider sie gefaßten Kundschaften wird noch einmal, mit Berufung auf die Bedenken der beiden Fakultäten, vorgestellt und dabei bemerkt, die Rechtserfahrenen können aus kaiserlichen Rechten erweisen, daß auf solche Kundschaft, wie diese ist, auch kein Mensch solle und möge peinlich gefragt werden. Zugleich werden nachträglich noch einige starke und unordentliche Vorgänge bei der Tortur gerügt: »daß, wie ruchbar worden, daß arme Weib gar schwerlich gepeinigt, beschoren worden«, namentlich aber, daß »ein arger Landfahrer, nachdem die Herren Siben weggegangen, van Wenig, Stadtknechte, zu Iren gebracht, Iren ein Hembt abgezogen, ein Tuchlein geschmiert und zugesprochen habe, daß sie bei anderen Hexen auf Prateler Matten von Ime gesehen, und viel geträwet«. »Gnädige Herren«, schließt das merkwürdige Schreiben, »Ich beger E. G. kein ordnung zu geben und aus meinem Amt in die Regierung greiffen. Aber dieweil ich nit den Menschen, sondern Gott fürnemlich auf seinen Dienst warte, und siehe, das durch kein ander Mittel der Sachen kann geholfen: So ermane E. G. Ich von unsers Herren Gottes wegen, das sie durch die Pfleger des Spitals oder andere diese Frawen lassen gnediglich besuchen, und Ir not vernemmen, und darauf nach Milterung der Sachen trachten. Ich erkenne mich schuldig, für diese so geängstigt worden, zu bitten wie recht und christenlich: Will mich auch dessen zu E. G. vertrösten, sie werden es in Gutem von mir uf und annemmen und weislich bedenken, daß Ichs nit allein in diesem, sondern auch in anderem gut meine und fürnemlich dahin sehe, daß Gott der Herr nit durch unser unbarmhertzigeit erzürnt werde.« – So dieser Ehrenmann!

Hexenverfolgungen in den Niederlanden

In Holland nahmen die Hexenprozesse namentlich seit 1555 in Amsterdam und anderen Städten ihren Anfang. – Eine in Amsterdam 1564 im Hospital liegende kranke Frau wurde daran als Hexe erkannt, daß sie in der Fieberhitze viel vom Teufel und von Hexen gefaselt hatte. Man schleppte die Kranke in den Kerker, schor sie und folterte sie so lange, bis sie sich des Abfalls von Gott sowie der Buhlerei mit dem Teufel und anderer Hexereien schuldig bekannte und verurteilte sie zum Feuertode. Sie starb jedoch vor der Hinrichtung, und man konnte bloß ihre Leiche verbrennen.

In den »Bekenntnissen« niederländischer Hexen ist bezeichnend, daß sie meist Seestürme und Schiffsuntergang bewirkt haben wollten.

Man pflegte den Hexen vor der Verbrennung einen Pulversack umzuhängen. Dabei kam es dann im Jahre 1557 zu Bommel einmal vor, daß der Scharfrichter, der das Pulver ungeschickt anzündete, sich selbst verbrannte. Im übrigen kamen Hexenverbrennungen in den Niederlanden während des ganzen Jahrhunderts nur vereinzelt vor. Ganze Provinzen (wie Friesland bis zum Jahre 1620) und große Städte (wie Antwerpen) blieben verschont. Die Schöffen der Baronie von Brügge in Flandern waren sogar so überaus verständig, im Jahre 1542 zu beschließen, Klagen wegen Hexerei gar nicht anzunehmen, und die Stadt Oudewater war so glücklich, durch die ihr vom Kaiser Karl V. verliehene Hexenwaage Angeklagte vor dem Tode und sich selbst vor dem Wahnsinn der Hexenverfolgung schützen zu können.

Sebstredend vermehrten sich jedoch die Hexenprozesse unter Philipp II. von Spanien, der sorgfältige Hexenaufspürung und strenge Strafen anordnete. Allein die nördlichen Privinzen schüttelten das spanische Joch ab, und die Hexenverfolgung konnte in dem freien Lande so recht keinen Boden fassen.

Eine im Jahre 1593 in Schiedam zur peinlichen Frage verurteilte Frau erhob Widerspruch an die höchste Instanz und wurde freigesprochen, und der Richter, der sie verurteilte, hatte die Kosten des Prozesses zu tragen. Um dieselbe Zeit ersuchte der Gerichtshof von Holland in einem andern Hexenprozesse die Professoren der Medizin und der Philosophie zu Leiden um ihr Urteil über die Zulässigkeit der Wasserprobe, und das unterm 9. Januar 1594 gegebene Gutachten machte den betreffenden Professoren alle Ehre; denn es fiel dahin aus, daß die Wasserprobe in keiner Weise als Beweismittel gelten könne, da das Wasser doch nichts zu beratschlagen und zu beschließen vermöge. »Wenn das Wasser die Hexen für schuldig erkennt, warum trägt sie die Erde, warum gibt ihnen die Luft Lebensatem?« heißt es in dem Gutachten sehr richtig. Daß angeblich Hexen so oft auf dem Wasser schwämmen, erkläre sich aus der Art, wie sie auf dasselbe mit dem Rücken wie Schiffchen zu liegen kämen usw. Man sieht aus diesem Gutachten, daß noch nicht allen Universitätsprofessoren der gesunde Menschenverstand abhanden gekommen war.

Nichtsdestoweniger kamen in den Jahren 1594-1601 auch in den Niederlanden eine Anzahl Hexenprozesse vor, die mit Hinrichtung der Angeklagten endigte. In einzelnen dieser Prozesse bekannten etliche, daß sie Jahre hindurch als Werwölfe gehaust, dabei ihr Denkvermögen, aber keine Sprachfähigkeit besessen, daß sie Kühe gebissen hätten u. a. m. Aber schon in den Jahren 1601-04 wurde gegen alle der Hexerei schuldig Befundenen nicht mehr auf Hinrichtung, sondern auf zeitweilige Verbannung erkannt. Die ärgste Hexenverfolgung kam im Herzogtum Limburg im Jahre 1613 vor. Durch das Geschwätz eines Kindes in Roermonde kam eine Frau in den Verdacht der Hexerei, und durch diese Angaben wurden eine große Zahl von Frauen und Männern in Roermonde und den umliegenden Ortschaften angeklagt. Sie sollten wenigstens tausend Menschen umgebracht, zahlloses Vieh getötet und sonstigen namhaften Schaden angerichtet haben. Die Inquisition, die sofort ihre Netze über das ganze unglückliche Land warf, folterte denn auch eine gar sonderbare Mär heraus, nämlich: die eigentliche »Hexenprinzessin« sei eine Hebamme und deren Helfer, »der Fahnenträger der Zauberer«, ein Chirurg. Diese beiden Beklagenswerten wurden alsbald auf das entsetzlichste gefoltert und dann verbrannt.

Die kleine Ursache hatte aber noch größere Wirkung hervorgebracht; denn es wurden vom 24. September bis in den Oktober 1613 in Roermonde zusammen 64 Hexen und Zauberer gehängt und verbrannt. Die Roermonder Richter scheinen sich auf diese Schandtat nicht wenig eingebildet zu haben; denn am Schlusse der Akten dieses albernen Riesenprozesses findet sich in eigenartig naiver Weise der Wunsch ausgesprochen, daß alle Obrigkeiten und Justizstellen sich an der zu Roermonde ein Vorbild nehmen möchten. Größeres vermag richterliche Borniertheit gewiß kaum zu leisten.

Hexenprozesse in Frankreich

Seit 1390 trieb – wie Bodin sagt – in Frankreich der Satan sein Spiel so weit, daß alles, was man von den Zauberern erzählte, für Fabel gehalten wurde. Das Paralament erfüllte die nationale Pflicht, die Ehre der unter englischem Einflusse verurteilten Jungfrau von Orleans wiederherzustellen. Cresoet klagt, daß die Zahl der Zauberer unter Franz I. 100.000 überstiegen habe und daß durch die Lauheit der Richter und die Gunst der Großen das Übel nur noch gewachsen sei. Das Pariser Parlament sprach damals nur Verurteilungen aus, wenn die Anklagen auf Beschädigungen gerichtet waren. Man darf indessen nicht glauben, daß das Pariser Parlament seit jener Zeit überhaupt keine Zauberprozesse mehr geführt habe. Im Jahre 1582 sprach es ein Todesurteil wegen Nestelknüpfens und Teufelsumgangs aus. Gewöhnlich knüpfte man an den Galgen auf und verbrannte dann den Leichnam.

Louis Berquin, Rat am Hofe Franz I., hatte sich über fromme Betrügereien der Mönche etwas freisinnig ausgesprochen, wurde der Begünstigung des Luthertums beschuldigt und entging der öffentlichen Abschwörung nur durch den besonderen Schutz des Königs. Hierauf erhob man gegen ihn die Anklage der Zauberei und Teufelsanbetung, und der König wagte es nicht mehr, ihn zu schützen. Berquin wurde mit durchbohrter Zunge den 17. April 1529 auf dem Grèveplatze zu Paris lebendig verbrannt.

Unter Heinrich II. wurden im Jahre 1549 sieben Zauberer auf einmal zu Nantes verbrannt, andere zu Laon und anderwärts. Im Jahre 1557 eröffnete dieser fromme König dem Papst Paul IV., daß er in Frankreich die Inquisition einführen wolle. Infolgedessen ernannte der Papst die in Frankreich sich aufhaltenden Kardinäle zu Inquisitoren.

Sehr oft trat in Frankreich die Hexerei als Wolfswahn und andere Tierverwandlungen hervor. Man glaubte, daß die in solche Tiere verwandelten Hexen mit dem Teufel oder mit wirklichen Wölfen Unzucht trieben, Menschen und Tiere zerrissen und fräßen. Im Jahre 1573 wurden durch einen Parlamentserlaß die Bauern in der Umgegend von Dôle (Franche-Comté) sogar ermächtigt, auf Werwölfe Jagd zu machen, und ums Jahr 1598 war der Werwolfswahn im Juragebirge geradezu seuchenartig geworden. Aber auch die gewöhnliche Hexerei trieb allenthalben in Frankreich ihr Unwesen. Ein Verurteilter namens Trois-Echelles versprach einst um den Preis seiner Begnadigung, alle Hexen Frankreichs zu entdecken, deren Anzahl er auf 300.000 angab. Er zog umher, erkannte die Schuldigen vermittels der Nadelprobe und soll den Behörden über 3000 bezeichnet haben, darunter reiche und angesehene Personen. Die Verfolgung derselben wurde jedoch unterdrückt. Katharina von Medici war selbst zauberischen Künsten nicht abgeneigt, und unter Franz I. holten sich der Hof und höchste Personen oft Rat bei dem Dr. Nostradamus. Das nachsichtige Pariser Parlament stand unter dem aufgeklärten Achilles von Harlay, der deutsche humanere Ideen jener Zeit in sich aufgenommen hatte.

Die Hauptepoche des wiederauflebenden Hexenwahns in Frankreich fällt in die Zeit der Hugenotten, wenistens fanden in dieser Zeit die meisten Hinrichtungen statt auf Befehl katholischer Richter.

Hexenverfolgung in Spanien

In Spanien erscheint die Zahl der wegen Zauberei Hingerichteten im Verhältnis zu der Gesamtsumme der Opfer des Glaubensgerichts gering; dies erklärt sich aus der ausgedehnten Macht der dortigen Inquisition, die ohne Umschweife auf ihr Ziel losgehen durfte.

Das erste Autodafé scheint in Spanien gegen Zauberer im Jahre 1507 abgehalten worden zu sein. Die Inquisition von Calhahorra ließ in diesem Jahre über dreißig Frauen verbrennen.

Zwanzig Jahre später wurde eine ausgedehnte Hexenverfolgung in Navarra eröffnet. Gegen das Versprechen der Straflosigkeit traten zwei Mädchen von neun und elf Jahren als Anklägerinnen einer Menge von Hexen auf, die sie an einem Zeichen am linken Auge zu erkennen vorgaben. Die alsbald Verhafteten lieferten eine genaue Beschreibung des Hexensabbats. Eine legte sogar vor den Augen der Richter – so versichert Bischof Sandoval wenigstens – eine Probe eines Luftfluges ab, nachdem sie sich aus ihrer Büchse verschiedene Teile ihres Körpers gesalbt hatte. Die Inquisition zu Estrella verurteilte die 150 Angeklagten nur zu 200 Peitschenhieben und mehrjährigem Gefängnis. Dagegen veranstaltete bald darauf das heilige Offizium zu Saragossa im Jahre 1536 verschiedene Verbrennungen. Als Hauptsitz der Zauberer galt Toledo.

Hexenverfolgung in Italien

In der Lombardei trieb es die Inquisition so arg, daß die Bauern die Waffen dagegen erhoben und den Schutz der Bischöfe begehrten. Wer sich nicht loskaufte, den verbrannte man. Allein in den Alpentälern wurden über hundert Personen verbrannt; diese Zahl wurde im Bezirke von Como noch übertroffen, als Papst Hadrian VI. im Jahre 1520 den Inquisitor dieses Sprengels mit einer neuen Hexenbulle versehen hatte. Darin heißt es: in der Lombardei sei eine Sekte von Männern und Frauen, die den katholischen Glauben verlassen, das Kreuz Christi mit Füßen getreten, das Abendmahl mißbrauchen, sich dem Teufel ergeben durch Zauberei, Tiere und Feldfrüchte beschädigen usw. Vor Jahren schon habe der Dominikaner von Casali, Inquisitor zu Cremona, gegen diese Zauberer vorgeben wollen, mehrere vorwitzige Laien und Kleriker hätten jedoch seine Befugnis bestritten und sein Geschäft behindert und ihnen selbst großen Haß erregt, wodurch der Glaube in nicht geringe Gefahr gekommen. Julius II. habe ihn deshalb mit ausdrücklichen Vollmachten ausgerüstet, den Widerstrebenden mit Exkommunikation gedroht, alle Förderer der Inquisition dagegen gleicher Indulgenzen mit den Kreuzfahrern gewürdigt. Dieselben Vollmachten werden nun von Hadrian auch auf den Dominikanerorden ausgedeht. Die Bulle trug dann auch blutige Früchte. Im Comoer Sprengel kamen im Jahre allein durchschnittlich tausend Prozesse vor die

Inquisition und über hundert Hexenbrände vor. Weniger leichtes Spiel hatte die Hexenverfolgung im venetianischen Teile der Lombardei, denn die Republik Venedig wahrte ihre Selbständigkeit eifersüchtig gegen die Eingriffe der geistlichen Inquisition. Den Sitzungen der vom Papst bestellten Inquisitoren wohnten stets drei Regierungs-Kommissarien bei, die Urteile aussetzen konnten und die an den Senat zu berichten und das Ganze zu überwachen hatten. Außerdem war die Gerichtsbarkeit des heiligen Offiziums lediglich auf die Ketzerei beschränkt; Juden, Griechen, Gotteslästerung und Bigamie gehörten nicht vor sein Forum, und die Zauberei nur dann, wenn mit den Sakramenten Mißbrauch getrieben worden war.

Als der vom Papste Alexander VI. autorisierte Dominikaner Angelo von Verona, Inquisitor in dem venetianischen Teile der Lombardei, seine Befugnisse überschritt und man 1518 in der Provinz Brescia viele Verurteilungen vornahm, trat die Regierung energisch dagegen auf, vernichtete die Urteile und zog die anmaßenden Inquisitoren zur Verantwortung. Aber schon im Jahre 1521 rügt ein Ausschreiben Papst Leos X., wie der römische Stuhl, um den Wünschen der Venetianer entgegenzukommen, den Bischof von Polo mit der Revision der bisherigen Prozesse beauftragt und die Leitung der künftigen an dessen Mitwirkung geknüpft habe. Nun habe dieser in der Person des Bischofs von Istria einen Subdelegaten bestellt, und als derselbe in Verbindung mit den Inquisitoren in Val Vamonica, wo das verdammte Zaubervolk am meisten um sich greife, mehrere Schuldige dem weltlichen Arm übergeben wollen, da habe der Podesta (Bürgermeister) von Brescia auf Befehl der Regierung die Vollstreckung verboten, den Inquisitoren die Gebühren entzogen, Einsendung der Akten nach Venedig verlangt und sogar die Subdelegierten zu persönlichem Erscheinen vor dem Senate genötigt. Um jeden Zweifel abzuschneiden, erklärte der Papst, daß hierdurch den Rechten der Inquisitoren nichts geschmälert werde, daß die weltliche Obrigkeit über geistliche Personen und Sachen nichts zu entscheiden, keine Akteneinsicht zu begehren, sondern die gesprochenen Urteile ohne weiteres zu vollstrecken habe. Schließlich werden die Inquisitoren aufgefordert, ihren Privilegien und Gewohnheitsrechten gemäß in der Verfolgung der Zauberer fortzufahren und die Regierung samt dem Dogen nötigenfalls durch kirchliche Zensur und »andere geeignete Rechtsmittel« zur blinden Urteilsvollstreckung anzuhalten. (Übrigens findet sich auch schon eine Bulle von Innozenz VIII. aus dem Jahre 1521, welche Klage führt über die Weigerung der Obrigkeit zu Brescia, ohne vorherige Akteneinsicht Inqusitionsurteile zu vollstrecken.) Allein diese Sprache von Rom beachtete man damals in Vendig wenig. Man las vielmehr Luthers Schriften mit fast ungeteiltem Beifall, und als in demselben Jahre die Exkommunikation über den Reformator und seine Anhänger von den Kanzeln verkündet werden sollte, gestattete es die Regierung nur mit Beschränkungen, und auch dieses ungern.

Hexenverfolgungen in England

Von den Hexenprozessen in England schreibt Soldan:

»In England erscheinen die ersten Prozesse als Verfolgungen wirklicher oder bloß vorgegebener Angriffe auf die Person des Regenten. So sah sich die Herzogin von Gloucester zur Kirchenbuße und Verbannung auf die Insel Man verurteilt, weil man ihr zur Last legte, mit Zauberinnen über die Tötung Heinrichs VI. sich beraten zu haben. Die ganze Beschuldigung war von dem tödlichen Hasse des Kardinals von Beaufort gegen seinen Halbbruder, den Herzog von Gloucester, ausgegangen. Ebenso gedachte der ränkevolle (König) Richard III. seine Gegner am sichersten zu vernichten, indem er die Anklage der Zauberei gegen die Königin-Witwe, gegen Morton, nachmaligen Erzbischof von Canterbury und andere Anhänger des Grafen von Richmond erhob. Die Königin sollte an seinem verschrumpften Arme schuld sein. Eine Wahrsagung, welche der Lord Hungerford über die Lebensdauer Heinrichs VIII. eingeholt hatte, wurde 1541 die Ursache seiner Enthauptung und zugleich die Veranlassung zweier Parlamentsakten, von welchen die eine gegen falsche Prophezeiungen, die andere gegen Beschwörung, Zauberei und Zerstörung der Kruzifixe gerichtet war. Letzteres Statut war im ersten Regierungsjahre Eduards VI. wieder aufgehoben; als aber unter Elisabeth die Gräfing Lenox des Hochverrats und der Befragung um die Lebensdauer der Königin beschuldigt ward, erschien 1562 nicht nur ein Gesetz gegen die Nativität (Geburtsstunde) des Regenten, sondern auch ein anderes gegen die Zauber überhaupt. Bereits mehrere Monate nach ihrer Thronbesteigung war Elisabeth vom Bischof Jewel von der Kanzel herab in folgender Weise apostrophiert (angeredet) worden: »Mögen Eure Gnaden geruhen, sich von der wunderbaren Vermehrung zu überzeugen, welche Zauberer und Hexen während der letzten Jahre in Ihrem Königreiche gewonnen haben. Ew. Gnaden Untertanen schwinden dahin bis zum Tode, ihre Farbe verbleicht, ihr Fleisch modert, ihre Sprache wird dumpf, ihr Sinn betäubt. Ich bitte Gott, daß die Zauberer ihre Kraft niemals weiter anwenden mögen, als an den Untertanen.«

Da ist unter Elisabeths Regierung mehrfach das Blut der Hexen geflossen. Siebzehn Personen fielen 1576 in Essex und drei 1593 in Warbois. Aber mit der Thronbesteigung Jakobs I. (Jakobs VI. von Schottland) im Jahre 1603 kamen die Hexenprozesse in Schwung, vornehmlich seit dem Prozesse aus dem Jahre 1612. Dieser Prozeß endete mit der Hinrichtung von zehn Personen, davon neun aus dem Bezirke Pendle Forst in Lancashire, und unter diesen zwei achtzigjährige Weiber, die alte »Domdike« und die »alte Chattox«. Alles Unheil, was in Nah und Fern geschehen war, hatte man ihrer Tücke und ihren Zauberkünsten zur Last gelegt, worauf der Richter Roger Stowell in Read gegen sie und ihre Töchter Alison Davis und Anna Redferr einschritten. Sie wurden am 2. April 1612 in Haft genommen. Infolge der Verhaftung versammelten sich die Anverwandten der Verhafteten am Karfreitage in einem alten, abgelegenen steinernen Gebäude, Malking Tower genannt, um die zur Verteidigung der Angeklagten erforderlichen Schritte zu beraten. Diese Zusammenkunft wurde jedoch ruchbar, und alsbald wollte man wissen, daß man dort beschlosen hätte, den Gefängnisvogt zu Lancaster Castle, wo die Hexen gefangen saßen, umzubringen und das Schloß in die Luft zu sprengen. Sofort ließ der Richter die ganze Verwandtschaft und Bekanntschaft der Angeklagten verhaften, darunter auch eine Gutsbesitzerin, mit welcher der Schurke in Grenzstreitigkeiten lag. Der Hauptzeuge in bezug der angeblich getriebenen »schwarzen Künste« war ein Kind von neun Jahren, eine Enkelin der »alten Domdike«, auf deren Aussage hin ihre nächsten Anverwandten, Mutter, Großmutter, Bruder und Schwester nach Erpressung der Geständnisse durch die Folter zum Tode verurteilt wurden.

Die Übrigen behaupteten ihre Unschuld bis zum letzten Augenblicke. Zehn Personen wurden zum Strange verurteilt; die alte Domdike starb jedoch vor der Exekution. Gleichzeitig wurden in Northhampton fünf Personen, unter denen nur eine, ein Mann, sich zum Geständnis treiben ließ, hingerichtet.

Ein anderer Hexenprozeß aus dem Jahre 1618 betraf eine der ältesten Familien des Landes.

Als Jakob III., König von Schottland, argwöhnte, daß sein Bruder, der Graf Mar, in feindlicher Absicht Hexen befragte, ließ er zuerst diesen unverhört in seinem Zimmer zu Tode bluten und darauf zwölf Frauen und vier Männer verbrennen, um das Verbrechen des Grafen als ein weitverzweigtes erscheinen zu lassen. Im Jahre 1537 fiel die Lady Johanna Douglas, Schwester des Grafen Angus, welche angeklagt war, den König durch Gift zu töten versucht zu haben, um die Familie Douglas auf den Thron zu bringen. Es glaubte jedoch niemand an ihre Schuld. Seit dieser Zeit mehrten sich in Schottland die Hexenprozesse und wurden unter Maria Stuart überaus zahlreich.

Einer der schrecklichsten Hexenprozesse ist der gegen den Dr. Fian unter Jakob I. (1603-25). König Jakob I. haßte die Puritaner, aber er war hexengläubiger als sie alle. Auf einer Heimreise von Dänemark hatte er widrigen Wind, und diesen schrieb er den Hexen zu, von denen er annahm, daß sie ihn als ihren furchtbarsten Gegner verfolgten. Der Dr. Fian sollte die Hexen zu dem Sturm veranlaßt haben.

Auf der Folter gestand Fian seine angebliche Untat ein; sobald man aber das Gestränge nachließ, widerrief er sein Geständnis. Schon war jede in Schottland übliche Folterpein an ihm versucht worden. Im »spanischen Stiefel« hatte man seine Unterbeine schon völlig zersplittert. Da wurde der König, welcher der ganzen Prozedur beiwohnte, erfinderisch. In einer Beratung, was man noch versuchen könne, hatte dieses gesalbte Haupt einige gut scheinende Ratschläge erteilt. Der Gefangene wurde wieder in die Schmerzenskammer geschafft und ihm – so erzählt wörtlich ein Zeitgenosse – die Nägel, einer nach dem andern, mit einer Kneipzange von den Fingern losgerissen und abgezwickt, dann unter jedem Nagel zwei Nadeln eingetrieben bis zu den Köpfen. Trotz aller dieser Peinen aber wiederrief der Gequälte ganz entschieden wieder, was er kurz zuvor eingeräumt hatte, »so fest saß der Teufel in seinem Herzen«. Ohne bekannt zu haben, wurde Dr. Fian verbrannt. Er zählt zu den Märtyrern, seine Peiniger zu den Schandsäulen der menschlichen Gesellschaft.

Hexenprozesse in osteuropäischen Ländern

Während in Polen die Hexenprozesse – am meisten seit der Zeit, wo der Jesuitenorden seine Bestrebungen zur Ausrottung der zahlreichen Dissidenten begann – wüteten, war Ungarn selbst noch im 15. Jahrhundert von der Hexenverfolgung ganz frei. Das Ofener Stadtrecht bestimmte, daß man Hexen und Zauberer, wenn man sie zum ersten Male ergreife, an einem Feiertage auf einem besuchten Platze der Stadt auf einer Leiter, mit einem Judenhut auf dem Kopfe, an welchem die heiligen Engel gemalt wären, vom Morgen bis Mittag sollte stehenlassen. Darauf sollten sie schwören, von ihrem Irrtum ablassen zu wollen und alsdann sollten sie frei sein. Würden sie aber zum zweiten Male um desselben Vergehens willen eingebracht, so sollte man sie wie Ketzer brennen. So kam es denn, daß auch während des 16. Jahrhunderts in Ungarn und Siebenbürgen gar keine eigentlichen Hexenprozesse vorkamen. In Siebenbürgen bestimmte ein 1577 von der Universität bestätigter Visitationsartikel: »Die Zaubereien der alten Weiber, und was sonst an Teufelsgespenst ist, soll die Obrigkeit nach dem Gebote Gottes und kaiserlichen Rechten mit dem Feuer strafen oder mit dem strengen Edikt der Obrigkeit wehren, und bis solche nicht ablassen, sollen sie nicht zum Sakrament gelassen werden, denn man muß das Heiligtum nicht vor die Hunde werfen.« Das Gesetzbuch des Fürsten Stephan Bathori vom Jahre 1583 enthielt zwar Sxtrafbestimmungen über Giftmischerei und offenbaren Mord, aber keine gegen Hexerei gerichtet.

Hexenprozesse in Böhmen

In Böhmen waren Hexenprozesse bis zum Jahre 1526 unbekannt. Die älteste Nachricht über einen Hexenprozeß in Böhmen hat sich in dem Archive der Stadt Nachod erhalten. – Im Oktober 1540 wurden im städtischen Spital daselbst einige Sachen, die aus einem Einbruchsdiebstahle in der Ortschaft Schlanei herrührten, vorgefunden. Als Hehlerin wurde die alte Büttelfrau Margareta bezeichnet, welche mit ihrer Tochter im Spitale zu geringen Dienstleistungen verwendet wurde. Auf der Folter bezeichnete die alte Grete einen schmucken Jüngling, Martin Beran, als den Dieb, worauf derselbe gleichfalls eingezogen und auf die Folter gespannt wurde. Aus Rache denunzierte Beran die Büttlerin als Hexe, denn diese habe ihm und seiner Geliebten im Mittagessen ein Zaubermittel zu verzehren gegeben, um ihn der letzteren abwendig, dafür aber ihrer Tochter in Liebe geneigt zu machen. Nunmehr wurde die alte Grete als Hexe peinlich verhört, und diese räumte unter der Tortur diese Beschuldigung ein und bekannte ferner, sie habe bereits manche solcher Zaubereien verübt. Dafür wurde sie zum Scheiterhaufen verurteilt.

Im folgenden Jahre bekannte die Nachoder Bürgersfrau, Witwe Schmadrigall, auf der Folter, einem jungen Knecht, um seine Liebe zu erwecken, flüssiges Hundefett zu trinken gegeben zu haben, und später noch einmal mit einem Zauberpulver vermischt im Bier. Ob der »Liebestrank« des Knechtes Liebe erweckt, ist aus den Akten nicht zu ersehen, wohl aber, daß die Schmadrigall durch ähnliche Mittel sowohl ihren ersten Gatten als auch den Gürtlermeister Jacob ins Jenseits befördert hatte. Auch sie mußte den Holzstoß besteigen. –

Am Dienstag nach Ostern des Jahres 1546 kam die Gemeindehirtin Dorothea von Vysokow zur Frau des Gemeinderichters »auf einen Schluck Bier und paar Kolatschen«. Die Richtersfrau teilte der bereits im Geruche der Hexerei stehenden Alten mit, Veit, ihr Knecht, sollte ein Mädchen heiraten, das er nicht möge, und fragte, ob sie ein Mittel besäße, seine Liebe zu erwecken. Die Alte riet, man sollte den beiden jungen Leuten Schwalbennester ins Bett praktieren, worauf dieselbe in Liebe entbrennen würden. Da die Heirat richtig zwischen beiden zustande kam, gab die Hirtin auch einer gewissen Pornicka aus Nachod ein Mittel an, um die Abneigung ihres Mannes in Liebe zu verwandeln. Um Mitternacht mußte sich die Frau in das Bett eines nahen Baches legen, worauf die Alte, über ihr stehend, ihr Haar mit Fett von einem männlichen Schweine einschmierte. Mit demselben Mittel wollte die Hexe auch Katharina Mokwieka die verlorne Liebe ihres Galans Martin Kochan wiedergewinnen, aber der Hexenrichter von Nachod machte bald dem Treiben ein Ende, und die Gemeindehirtin endete nach überstandener Tortur auf dem Scheiterhaufen. –

Wie Svátek weiter berichtet, ließ Herr Ernst Krajir von Krajek, Grundherr von Brandeis a. d. E., eine Frau verhaften, die, obwohl ihre zwei ersten Ehemänner noch am Leben waren, doch eben einen dritten geehelicht hatte. Während der Folterung kam auf leicht erklärliche Weise heraus, daß sich dieselbe auch mit Zauberei befaßt hatte, und zwar mit einer Frau aus Altbunzlau. Diese gab vor, vom Dechanten Sigmund von Altbunzlau geweihtes Wasser aus dem Taufbecken, sowie mehrere Hostien erhalten zu haben, um damit Zauberei zu treiben. In der Tat hatten beide im Vereine den Kühen die Milch eingestellt, Mannespersonen an sich gefesselt und ähnliche sündhafte Werke vollführt. Auf Grund dieser Aussagen schickte Herr Krajir den Brandeiser und Altbunzlauer Richter, um das andere Weib einzubringen und zu konfrontieren. Da er jedoch kein Recht dazu hatte, auf fremdem Boden eine Verhaftung vorzunehmen, so ließ der Dechant das Weib, das eben eingefangen war, durch seine Leute befreien und in Sicherheit bringen, wohl nur aus Besorgnis, daß sein Name nicht in einen Hexenprozeß verwickelt werde. Krajir strengte beim Landrate einen Prozeß gegen den Dechanten an, infolgedessen derselbe auf seine Würde verzichten und in den weißen Turm auf den Hradschin zu Prag wandern mußte. Auch gegen die der Hexerei angeklagte Frau in Brandeis wurde der Prozeß durchgeführt, und Krajik bestätigte das richterliche Urteil, welches auf Tod lautete. Noch vor ihrem Tode behauptete die Malefikantin die Mitschuld jenes Weibes und des Dechanten Sigmund. –

Auf der Feste Swinná bei Zbirow saß im Jahre 1575 Herr Johann von Beschin. Seine Großmutter veranlaßte ihn, eine gewisse Marianne aus der Gemeinde Moschliz in den Dienst zu nehmen. Marianne, ein hübsches, lebenslustiges Mädchen, war kaum einige Tage auf der Feste, als sie sich in den jungen Kavalier sterblich verliebte. Derselbe nahm jedoch von seiner hübschen Dienerin keine Notiz, und so beschloß die mannstolle Dirne Zaubermittel anzuwenden, um dessen Liebe zu erwerben. Sie verbrannte einen Teil ihres Kopfhaares und schüttete die Asche in den Weinbecher ihres Herrn. Auch in sein Bett legte sie einige Haare und murmelte dabei die gewöhnlichen Zauberformeln. Aber ihr Gebaren kam ans Tageslicht, und das arme Mädchen wurde sogleich für eine Hexe gehalten, das nach dem Leben ihres Gebieters trachte. Herr von Beschin, wie alle anderen befangen vom Aberglauben seiner Zeit, übergab das Mädchen dem Pilsener Gerichte und erhob wider dasselbe die Anklage wegen Zauberei. Die Pilsener Richter leiteten den Prozeß ein, ließen aber, was ihnen zur Ehre gereicht, nach erhobenem Tatbestand die Anklage auf Zauberei fallen und erkannten bloß auf Verletzung der Untertanenpflicht seitens des Mädchens. Im Erkenntnis wurde ausdrücklich hervorgehoben, daß der Kläger durch jenes abergläubische Mittel unmöglich einen Schaden an seiner Gesundheit oder an seinen Verstandeskräften erlitten hätte. Wegen jenes Vergehens solle jedoch die Inkulpatin am Pranger mit Rutenstreichen gestraft und aus dem Pilsener Kreise unter Androhung von Todesstrafe verbannt werden. Damit war Beschin jedoch nicht zufrieden. Er rekurierte an das Appellationsgericht zu Prag und bat um Durchführung des peinlichen Verfahrens gegen die Angeklagte. Die Appellationsrichter huldigten bezüglich des Hexenwahns ganz anderen Ansichten als die toleranten Pilsener Ratsherrn und resolvierten am 11. Januar 1576 dahin, Marianne solle der peinlichen Frage unterzogen und nach Maßgabe ihrer Bekenntnisse gestraft werden. Dem jungen Herrn von Beschin und dem Appellationsgerichte wurde Genüge getang, und ersterer konnte sich an den Todesqualen seines Opfers mitten in der Feuersäule weiden. –

Komotau zeichnete sich in Böhmen durch die Zahl seiner Hexenprozesse vor anderen Städten aus. Wir heben nur einige derselben hervor. Im Jahre 1579 wurde daselbst eine Hexe verbrannt, eine andere, die Schaffnerin von Raschowitz, lebendig begraben. – Schwieriger gestaltete sich ein ähnlicher Fall im Jahre 1580. Die Komotauer Alaungruben begannen plötzlich eine geringe Ausbeute zu liefern, und schnell sollte »die Grube verhext« sein. Der Verdacht dieser Missetat fiel auf ein altes Mütterchen, das man alsbald auf die Folter warf, um von ihm das Mittel zur Entzauberung der Grube zu erfahren. Aber die Peiniger gingen leer aus; denn die Arme gab während des Folterns ihren Geist auf. Doch wurde ihr Leichnam auf dem Schinderkarren ausgeführt und bei dem Hochgericht verbrannt. – Gesprächiger war eine andere Hexe in Komotau, welche sich auf der Folter dazu bekannte, den Bürgern an der Gesundheit geschadet, sowie Gewitter verursacht zu haben. Auch wollte sie häufig Besuche des Teufels empfangen, den Gehängten den Daumen abgeschnitten, Feuer angelegt, mit Hilfe von Kröten Zauberei getrieben, auf den Kreuzwegen Steine zu schlimmen Zwecken gesammelt und dergleichen getan haben. Sie erlitt selbstverständlich den Tod auf dem Holzstoß.

Zu den angesehensten und reichsten Bürgern der Stadt Chrudim gehörte in der letzten Hälfte des 16. Jahrhunderts Mathias Mydlár. Seine älteste Tochter Dorothea war an den reichen Chrudimer Müllermeister Georg Wanura verheiratet, welcher aber bald starb und der jungen Witwe seine sämtliche Habe hinterließ. Die flatterhafte Dorothea fand sich bald in ihr Witwentum, das ihr volle Freiheit für ihr Tun gewährte, und sah sich nach Ablegen des Witwenschleiers von zahlreichen Freiern umgeben. Aber Dorothea gefiel sich in ihrer Unabhängigkeit, ohne jedoch auf die Genüsse der Liebe zu verzichten. Da gewahrte sie, daß ihr Verhältnis zu einem jungen Freier Folgen gehabt, die mit jedem Tage sichtbarer wurden. Aus Furcht vor der Schande und Strafe reichte sie schnell ihre Hand dem ältlichen Müller Adam, welcher den Sohn Johann, welchen die Frau bald nach der Hochzeit gebar, für seinen eigenen anerkannte. Leider konnte die Frau Adam an ihrem Manne keinen Gefallen finden und setzte ihr leichtsinniges Leben fort, und weil ihr Mann ihr nicht früh genug starb, so beschloß sie, sein Leben nach Kräften zu verkürzen. Zu dem Behufe setzte sie sich mit drei alten Weibern in geheime Verbindung, von welchen es hieß, daß sie Zauberkünste zu üben und mit Hilfe des Teufels die Wünsche der Menschen zu erfüllen wüßten, um ihren Mann aus der Welt zu schaffen. Da aber die Zaubermittel dieser Frauen wirkungslos blieben, brachte Frau Dorothea mit Hilfe jener Weiber ihrem Gatten Gift bei, infolgedessen Herr Adam schleunigst das Zeitliche segnete. Das Verbrechen blieb nicht lange verborgen, und die Untersuchung wurde gegen Frau Dorothea und Genossinnen eingeleitet. Auf der Folter bekannten alle vier das Verbrechen, und der Stadtrat bekannte zu Recht, Frau Dorothea solle wegen Vergiftung ihres Mannes und wegen Zauberei den Tod durch Lebendigbegraben erleiden, jene drei Weiber aber verbrannt werden. Dies Urteil erhielt die Bestätigung des Prager Appellationsgerichts und wurde im Herbste 1587 vollstreckt. Das Vermögen der Frau Dorothea wurde trotz Einsprache des

Vaters, welcher es dem Sohne der Unglücklichen erhalten wollte, für den Fiskus eingezogen und selbst nach einem langwierigen Prozeß der Familie nicht zurückgegeben. –

Besser erging es einem Jüngling, der 1610 an das Stadtgericht zu Kolin eingeliefert wurde, weil er im Verdacht stand, sich dem Teufel verschrieben zu haben, um Zauberei treiben zu können. Die verständigen Richter erkannten jedoch bald, daß es sich um Verleumdung handle; sie entließen deshald den Verdächtigen mit der einzigen Strafe, während der Predigt an den Stufen des Altars zu stehen. –

Ähnlich vernünftig benahmen sich 1609 die Richter von Kaurim, vor denen eine gewisse Anna Chaloupka aus Sazau der Hexerei bezichtigt wurde. Dieselbe, eine Witwe, war Grundbesitzerin in Sazau, und einer ihrer Enkel wollte die Tochter des Gemeinderichters in Wlkacnic heimführen. Das Mädchen gefiel der Großmutter nicht, und diese suchte die Verbindung des Paares zu vereiteln. Aus der Zeugenaussage geht allerdings hervor, daß sie bei einer alten Tagewerkerin nach einem Mittel gefragt, durch welches die Liebe ihres Enkels zu jenem Mädchen in Haß verwandelt werden könnte, sowie, daß sie ihren Schwiegersohn beauftragte, einem Hunde das linke Ohrläppchen abzuschneiden, was sofort als ein weiteres Zaubermitttel zu jenem Zwecke ausgelegt wurde. Aber es stellte sich heraus, daß jenes Ohrläppchen eigentlich zur Heilung der hinfallenden Krankheit dienen sollte; außerdem widerlegten eine Reihe Entlastungszeugen die Beschuldigung wegen Hexerei. Das Gericht erkannte auf Freisprechung, ein gewiß seltener Fall, und Frau Chaloupka war klug genug, sich ihre Freisprechung von den Richtern bescheinigen zu lassen. –

Auch der Stadtrat von Solnic bewährte Einsicht. Am 25. Mai 1581 trat der Vorsteher der dortigen Fleischerzunft, Wenzel Wech, vor den Stadtrat mit der Bitte, vom Pacht der Wiesen und Felder in der Nähe von Jestetic enthoben zu werden. Als Grund hierfür gab er an, die Schaffnerin im Jesteticer Schlosse sei eine Zauberin, die mit Hilfe des Teufels im Umkreise einiger Stunden den Kühen die Milch stehle und die Leute siech mache. Der Bürgermeister und die Räte entschieden aber, sie hätten über die Schaffnerin, als Untertanin eines fremden Grundherrn, keine rechtliche Macht, daß dieselbe aber, wenn sie bei der Ausübung ihrer Zauberei auf städtischem Grund und Boden ertappt werden sollte, gestraft werden solle. Meister Wech merkte sich den Schlußsatz dieser Entscheidung und beschloß, denselben auszuführen. Am Montag nach dem Wenzelsfeste desselben Jahres entstand in den Stadt plötzlich Lärm, und eine wilde Menge wälzte sich dem Stadtplatz zu, die erklärte: »Wir haben endlich des Teufels Geschwisterkind, welches unsere Milchtöpfe leerte und unsere Kinder mit Fraisen peinigte! Verbrennt sie!«

Die Richter hielten gerade eine Sitzung ab, als Meister Wech eine reinliche Frau in den besten Jahren vorführte, die Schaffnerin von Jestetic, welche der Fleischer auf städtischem Grunde erwischt haben wollte, als sie eben Altweiber-Sommerfäden nacheilte, dabei unverständliche Worte murmelte und andere Teufelskünste trieb.

Die Schaffnerin sagte dagegen aus, sie sei ruhig ihres Weges gegangen, als sie plötzlich von mehreren Männern überfallen und mit Gewalt nach der Stadt geschleppt worden sei. Sie sei jedoch keine Zauberin, sondern eine rechtgläubige Christin und empfange das heilige Abendmahl in beiderlei Gestalt. Wech führte nun eine Anzahl gedungener Zeugen vor, von denen einer beschwor, »als er noch im Schlosse bedienstet gewesen, habe er daselbst einen schwarzen Kater, nicht viel kleiner als ein einjähriges Kalb gesehen. Derselbe wäre zweimal in der Woche in der Gesindestube erschienen, und stets hätte man für ihn etwas vom Essen zurücklegen müssen. Als es einmal Mehlklößchen zum Nachtmahl gab, wurden drei Stück für denselben aufbewahrt; weil aber die Magd eines von denselben nahm, rumorte der Kater die ganze Nacht hindurch und wiederholte bei sich: ›Ein Mehlklößchen, zwei Mehlklößchen, das dritte hat die Magd gefressen!‹ Und aus Rache fuhr er der Magd in jener Nacht so wild ins Haar, daß sie es nach langer Mühe nicht in Ordnung zu bringen vermochte.« Außerdem behauptete dieser Zeuge, er habe die Schaffnerin in der Walpurgisnacht zum Zeuge, er habe die Schaffnerin in der Walpurgisnacht zum Schornstein auf einem Rechen hinausfliegen gesehen. Ein andermal habe sie im Stalle ihre Schürze gemelkt, und die schönste Milch sei von dem Zipfel geflossen. Ferner wisse sie Tränklein zu brauen, die Leute siech zu machen usw.

Die Beschuldigte erklärte seine Aussagen für lügenhaft und aus Rachsucht entsprungen, da der Zeuge von ihr bei einem Diebstahl betroffen und daraufhin aus dem Dienste entlassen worden sei. Auch Meister Wech habe aus Rachsucht falsche Beschuldigungen ersonnen. Als dieser jedoch bei seiner Aussage beharrte und die Hexe auf die Folter gelegt wissen wollte, wobei der Pöbel rief: »Verbrennt sie! Auf den Scheiterhaufen mit ihr!« – da erklärte der verständige Bürgermeister, die Angelegenheit müsse gründlich untersucht werden, da sich das Gericht keiner Übereilung schuldig machen dürfe, und die Folge dieser Untersuchung war, daß die Schaffnerin für unschuldig erklärt wurde und auf Geheiß der besonnenen Richter von vier Musketieren und einem Ratsherrn nach Jestetic begleitet wurde, um daselbst dem Grundherrn ohne Unfall und Schaden übergeben zu werden. – Am 13. Dezember 1588 begab sich der Pfarrer Prokopides aufs Schloß Seeberg und ersuchte den Besitzer, eine alte Hexe, die der »Satan selber aus irgendeinem Winkel Deutschlands hergeführt habe«, aus der Gegend wegzujagen, da die abergläubischen Leute haufenweise kämen, um Geheimmittel zu erlangen, und viele Weibsbilder ihre Schülerinnen werden wollten. Herr von Seeberg erfüllte sogleich den Wunsch des Seelenhirten, ließ die »deutsche Hexe« über die Landesgrenze bringen und in ihrem Häuschen eine »Anzahl von Zaubermitteln und Hexereien« mit Beschlag belegen. –

Im Jahre 1617 wurde in Rakonitz eine Hexe verhaftet und gefoltert, die von Zittau dahin gekommen und durch ihre Zaubermittel Regen herbeigeführt und Leute an Händen und Füßen gelähmt haben sollte. Die Folter tat das ihre, der Ärmsten das Geständnis dieser Untaten zu erpressen. Sie wurde zum Feuertode verurteilt und am 7. August 1617 verbrannt. – In Sec bei Chrudim kam im Jahre 1608 eine gewissen Anna Neckar aus gleicher Ursache auf die Folter, fand aber beim zweiten Gange ihren Tod. Da schleppte man ihren Leichnam auf die Richtstätte, wo ihm der Scharfrichter den Kopf abschlug und den Rumpf den Flammen übergab. –

Einen wahren Monstre-Hexenprozeß berichtet Svatek, der in Nimburg gespielt, und der aus gemeiner Rachsucht entsprungen war.

Im Jahre 1606 wurde der böhmische Magnat Heinrich von Waldstein von Rudolph II. zum Hauptmann des Jungbunzlauer Kreises ernannt, wozu Nimburg gehörte. Er war Egoist und Intrigant und schreckte bei Verfolgungen auch vor den niedrigsten Mitteln nicht zurück. Fortwährend prozessierte er und hatte infolgedessen zahlreiche Feinde. Zu diesen gehörte Johann Mandelik, Insasse der Gemeinde Budumerik, welche zu der königlichen Herrschaft Podebrad gehörte. Mandelik, ein Bauer, war früher Waldsteins Helfershelfer gewesen und ihm unbequem; deshalb wollte er ihn beseitigen. Allein Mandelik war nicht minder gerieben als sein ehemaliger Gönner, und da er känglicher Untertan war, so war ihm auf gewöhnlichem Wege so leicht nicht beizukommen. Nun suchte von Waldstein ihn durch einen Hexenprozeß zu vernichten. Zu dem Behufe richtete er in seiner Eigenschaft als Kreishauptmann an den Stadtrat von Nimburg eine Zuschrift, in welcher er meldete, daß in der Stadt und in den benachbarten Dörfern eine ganze Bande von Zauberern und Hexen ihr Unwesen triebe und der Bevölkerung großen Schaden zufüge. Ein gewisser Wenzel Hemelka, welcher im Jahre 1604 in Kopidlaw wegen Zauberei hingerichtet worden, habe auf der Folter eine große Zahl von Personen in Nimburg und Umgebung bezeichnet, welche neben anderen Verbrechen auch Zauberei getrieben, zu welchem Zwecke die Leichen totgeborener, ungetaufter Kinder aus den Gräbern gestohlen, dann geviertelt und mit dem Rücken derselben die Rampen in den Pferdeställen bestrichen, weiter aus fremden Brunnen Wasser heimlich geschöpft und dieses auf Kreuzwegen oder vor den Türen jener, welche geschädigt werden sollten, verschüttet, dann aus der Totenkammer gestohlene Gebeine zu Pulver verbrannt hätten, um Menschen und Vieh zu schaden. Durch alle diese Zauberkünste hätten bereits viele Menschen ihren Tod gefunden. Der Nimburger Stadtrat willfahrte dem Ansuchen des Kreishauptmanns, und bald saß eine ziemliche Anzahl von Verdächtigen hinter Schloß und Riegel, und die Folter brachte leicht die Bestätigung dessen heraus, was Waldstein eigentlich mit diesem Prozesse bezwecke, es beschuldigten nämlich sämtliche Angeklagten Mandelik als ihren Herrn und Meister in der Zauberkunst.

Anfangs Juni 1606 kam der erste Angeklagte, Johann Spicka, ein Untertan Waldsteins, auf die Folter und bezeichnete Mandelik als seinen Lehrer in der Zauberrei. Bereits in seinen Knabenjahren habe er für Mandelik Hostien stehlen müssen, später sei er auch zu andern Missetaten gebraucht worden, was er auch bei der zweiten und dritten peinlichen Frage, wobei er Mandelik gegenübergestellt wurde, wiederholte. Das Gericht verurteilte Spicka zum Tode, den derselbe auf folgende barbarische Weise erleiden mußte. Zuerst schnitt ihm der Scharfrichter vom Rücken mehrere Riemen herab, dann wurden ihm die Zehen am rechten Fuße und die rechte Hand abgehauen; weiter wurden dem zwischen vier Pfählen ausgestreckten Delinquenten die Schamteile abgeschnitten, der Bauch aufgeschlitzt und die Eingeweide herausgerissen, worauf ein Henkersknecht ihm mit dem zukkenden Herzen dreimal ins Gesicht schlug, schließlich wurde der Körper gevierteilt und mit den in das Hemd eingewickelten Eingeweiden an den Galgen genagelt.

Diese Schauerszene sollte jedoch nur den Anfang des grauenhaften Prozesse bilden. Noch schmachteten andere Angeklagten, die des Bündnisses mit Mandelik verdächtigt waren, in den Kerkern. In Dobrawic, welche Herrschaft Waldstein gehörte, kam zunächst Johann Culid an die Reihe, und als auch er durch seine auf der Folter erpreßten Aussagen der Zauberei überwiesen wurde, teilte er das Schicksal des Spicka, nur daß er nicht gevierteilt, sondern zugleich mit zwei Schindmähren und einer Kuh auf dem Scheiterhaufen verbrannt wurde.

Aber trotz übereinstimmender Aussagen der Gefolterten konnte der ruchlose Magnat dem gehaßten Mandelik nicht beikommen. Der Schloßhauptmann von Podebrad ließ wohl den Verdächtigen in Haft nehmen und nach Nimburg zur Konfrontierung mit den dortigen Angeklagten geleiten, aber als denselben der Stadtrat daselbst in eigene Verwahrung und Bestrafung nehmen wollte, reklamierte er ihn so energisch, daß die Nimburger Mandelik wieder frei ließen. Ja, der ehrenwerte Schloßhauptmann, Veit von Dérnè, vertrat seinen Untergebenen bei der königlichen Kammer in Prag so nachdrücklich, daß Mandelik für unschuldig erklärt wurde und jeder Verantwortung in diesem Prozesse enthoben werden solle, wenn im Verlaufe zweier Jahre keine neuen Beweismittel gegen ihn vorgebracht werden würde.

Der Magnat war wütend über das Mißlingen seines Racheplanes, aber er ließ sich in seinem Verfolgungseifer nicht abschrecken, und die zweijährige Rechtsfrist gab dem menschlichen Ungeheuer hinlängliche Frist, Beweismaterial zu einem neuen Prozeß zu sammeln und Mandelik doch endlich dem Scharfrichter verfallen zu lassen. Schon im nächsten Jahre gelang es dem Scheusal, von Rudolph II. ein Mandat zu erwirken, durch welches jene Entscheidung des Kammergerichts aufgehoben und ein neuer Prozeß gegen Mandelik und seine Genossen angeordnet wurde. Zuerst wurde eine gewisse Anna Brokojsky, welche des Ehebruchs und der Hexerei angeklagt war, verhört, und nachdem sie alle Schuld Mandelik zur

Last gelegt hatte, zum Tode durch Lebendigbegraben verurteilt. Auf dem Wege zur Richtstätte wurde die Verurteilte vor jenem Hause, wo sie das Verbrechen des Ehebruchs begangen, mit Ruten gepeitscht und ihr das Schandmal auf der Wange ausgebrannt, worauf sie samt den Ruten auf dem Rabenstein lebendig begraben wurde. Weiter folgte Mandeliks Bruder Mathias, welchen dasselbe Gericht aufs Rad flechten ließ, dann Johann Koci, Untertan des Herrn Krimecky, welche beide enthauptet wurden. Aber noch jetzt ging Johann Mandelik, welcher sich einflußreicher Protektion erfreute, mit heiler Haut aus dem Prozesse hervor, und die Bestie Waldstein mußte seine Rachegelüste, denen bereits so viele Menschenleben geopfert worden waren, auf gelegenere Zeit verschieben.

Volle acht Jahre lang hatte Mandelik nun Ruhe vor seinem hochgeborenen Verfolger. Als er aber im Jahre 1616 in einem für Waldstein recht gefährlichen Prozesse eine ungünstige Aussage abgab, erwachte der alte Grimm des Magnaten wieder. Er wandte sich nunmehr an Kaiser Mathias und das Kammergericht mit dem Ansuchen, gegen Mandelik, dessen schwere Verbrechen durch so viele Personen, die ihre Aussagen wider denselben mit ihrem Tode erhärtet hätten, erwiesen seien, mit der peinlichen Frage einzuschreiten. Das Gericht leistete dem Ansuchen insofern Folge, als der neue Schloßhauptmann von Podebrad Mandelik in Haft nehmen mußte, ohne bei demselben jedoch die Tortur in Anwendung zu bringen. Ungehalten über diese Entscheidung eilte Waldstein nach Prag und ließ seinem Zorn vor den Landesrichter derart freien Lauf, daß er die beiden damaligen Machthaber im Lande, Martinic und Slavata, zu seinen Feinden machte und Gefahr lief, selbst in Haft genommen zu werden. Waldstein hatte nämlich in seiner Buchdruckerei zu Dobrawic zwei Pamphlete drucken lassen, deren Inhalt das Verbrechen des Hochverrats involvierte, und als infolgedessen ein Prozeß gegen ihn eingeleitet wurde, ließ er den Buchdrucker Andreas Migera, dessen Aussage er vor allem fürchten mußte, im geheimen enthaupten, während das Gerücht ausgestreut wurde, Migera sei entflohen. Dieser Gewaltakt, wahrscheinlich nicht der einzige, dessen sich der übermütige und allem Rechte Hohn sprechende Magnat schuldig gemacht, hätte Waldstein jedenfalls dem Schwert des Scharfrichters überliefert, wenn der schlaue Mann, der bisher in den ersten Reihen der ständischen Opposition gestanden, nicht um den Preis seines Übertrittes zu der Regierungspartei die Niederschlagung des gegen ihn angestrengten Prozesses erwirkt hätte. Die damaligen politischen und religiösen Wirren in Böhmen begünstigten den Intriganten, und dies um so mehr, als Waldstein sich seine Amnestie die Summe von 50.000 fl. rheinisch kosten ließ. Seinen Hauptzweck, Mandelik dem Henker zu überliefern, hatte der verbrecherische Magnat trotzdem nicht erreicht, denn dessen Prozeß wurde als verjährt erklärt und der Vielverfolgte in Freiheit gesetzt, womit der langjährige Nimburger Hexenprozeß ein Ende nahm.

Selbst die Toten waren in jener wildbewegten Zeit in ihren Gräbern nicht sicher. So heißt es in Kriesches Gedenkbuch der Stadt Böhmisch-Leipa von 1571-1621: »1617, den 1. April, ist allhier auf dem Petrikirchhof eine Weibsperson ausgegraben worden, welche dreiviertel Jahr in der Erde gelegen, mit Namen die Beck-Grietsche, welche geziehen worden, daß sie eine Zauberin gewesen wäre und ihr hinterbleibendes Geschlecht ganz und gar hernach fresse. Als aber ein ehrbarer Rat das Grab geöffnet, ist der Körper im Sack ganz und gar verwest gefunden worden, das Fleisch von den Beinen, der Kittel und das Grabgeschirr hinweggewesen.« Vermutlich ist dieser Leichnam verbrannt worden, um die Nachkommen vor der »Gefräßigkeit der Hexe zu schützen.«

Besonders standen die Totengräber um jene Zeit im Geruche, sich im Besitz von Zaubermittel zu befinden, und Epidemien, so wie die Pest, pflegte man den Totengräbern, als den »Pestmachern und Leichensäern« zur Last zu legen. Als im Jahre 1623 der Ort Gottesgab im Erzgebirge infolge der Pest halb ausstarb, kam der Totengräber in Verdacht, er habe die Seuche verursacht, und als man gar in seiner Wohnung einen Totenkopf fand, der über dem Ofen hing, wurde der arme Teufel gelyncht, indem man ihn samt seiner Frau halb totschlug und das Totengräberhäuschen in Brand steckte. Noch schlimmer erging es im Pestjahre 1633 zu Abertham, ebenfalls im Erzgebirge, der Totengräbersfrau Pittel, welche beschuldigt wurde, die Pest durch Zaubermittel vermehren zu helfen. In der Marter bekannte dieselbe, einer Leiche eine Bürste mit ins Grab gegeben zu haben. Dieser Zauber verursachte die Pest, und ganz Abertham werde aussterben, wenn man die Bürste nicht aus dem Grabe nehme. Infolge dieses Geständnisses wurde die »Pestzauberin« am 18. November desselben Jahres an einem Pfahle mit dem Strange erwürgt, ihre dreizehnjährige Tochter enthauptet und ihr Sohn des Landes verwiesen. –

In Pilsen kam ein Zauberer im Jahre 1660 ziemlich glimpflich davon. Dieser (sein Name findet sich im Pilsener Stadtbuche nicht angeführt) begab sich, aus Pilsen verbannt, nach Rocycan, wo er unter anderem mit Hilfe seines Zauberbuchs den Geistlichen Tobias Campanus und später einen Bürger des Diebstahls bezichtigte. Als er sich einmal nach Pilsen wagte, wurde er sogleich verhaftet, und der Stadtrichter warf mit eigener Hand sein Zauberbuch ins Feuer. Der Büttel, welcher den Zauberer hinter Schloß und Riegel hielt, sollte viel von dem Unhold zu leiden gehabt haben, da derselbe dessen Sinne so sehr verwirrte, daß man dem Armen durch einen tüchtigen Aderlaß habe beispringen müssen. Am 17. September 1660 fällte der Pilsener Richter folgendes milde Urteil über den Missetäter: der Zauberer habe wohl den Tod auf dem Scheiterhaufen verdient, doch mit Rücksicht auf das eben stattfindende Jubeljahr solle derselbe nur mit Ruten aus der Stadt gepeitscht werden. Der Büttel vollzog gewissenhaft diesen Auftrag.

»Daß übrigens zu jener Zeit«, bemerkte Svátek, »bei jedem gewöhnlichen Dieb Anwendung von Hexerei vermutet wurde, erhellt aus dem Stadtbuche in Hermanmestec. Ein gewisser Sramek wurde während des Jahrmarktes in genannter Stadt beim Diebstahle ertappt und gestand seine zahlreichen Attentate auf die Taschen der Bürger. Aber den Herren Richtern handelte es sich um etwas anderes, denn Hermanmestec mußte seinen Hexenprozeß haben. Sramek wurde auf die Folter gespannt und befragt, ob er je die Hostie nach der Kommunion im Munde behalten, um mit derselben Zauberkünste zu üben, ob er mit seinen Genossen je eine schwangere Frau erschlagen und deren Leibesfrucht genossen, und ähnlichen blühenden Unsinn mehr. Trotz seines Leugnens wurde der simple Taschendieb auf Geheiß des Grafen Johann Spark, des damaligen Besitzers von Hermanmestec, als Zauberer auf dem Galgen mit einer eisernen Kette erdrosselt. Einen ähnlichen Tod erlitt ein gewisser Linhart Rymes aus Sukdol, welcher bei einem Wirtshausstreite seinen Gegner erschlagen hatte, aber von den Richtern mehr nach Zauberkünsten inquiriert worden war. Und als ihm der Ausspruch nachgewiesen worden, daß »ihm künftighin niemand mehr seine Krautköpfe stehlen werde«, wurde dies flugs als Hexerei angesehen, und Rymes büßte dies Verbrechen am 18. Januar 1676 am Galgen.

Einige Jahre vorher wurde ebendaselbst Salomena Moráwek am Pranger dreimal mit Ruten gestrichen, und vom Scharfrichter an der Stirn dreimal mit dem Schandmal bezeichnet, weil sie angeklagt war, ihrem Buhlen mit einem Kerzenblumenaufsud den Kopf gewaschen zu haben, um denselben für anderen Leute unsichtbar zu machen, wenn er in ihr Kämmerlein schlich.

Sehr richtig bemerkt der böhmische Gelehrte: Eigentlich konnte zu jener Zeit jeder, der anderweitiger Verbrechen wegen mit dem Gericht in Kollision kam, der Zauberei bezichtigt werden, denn die Tortur preßte jedem das hierauf bezüglich Geständnis ab. So bekannte ein Schafhüter, welcher des Diebstahls angeklagt war, auf der Folter zu Kaurim, daß er »nach seinem Belieben Teufel herbeirufen könne, welche dann in Wolfsgestalt den Leuten ihr Vieh würgten und sonstigen Schaden anrichteten«. Natürlich nahm die gerichtliche Prozedur sogleich eine andere Wendung, und der Schäfer wurde nicht mehr des Diebstahls, sondern der Hexerei wegen bei lebendigem Leibe mit Zangen gekneipt und aufs Rad geflochten.

Schließlich gibt Svátek in seinen angeführten »Kulturhistorischen Bildern aus Böhmen« noch ein anschauliches Bild sowohl der Prozedur in einem Hexenprozesse als auch der Ansichten der offiziellen und selbst der gelehrten Kreise über das Hexenwesen um die Mitte des 17. Jahrhunderts, in der Schilderung des nachstehenden Prozesses.

»In einer Gemeinde des südlichen Böhmens lebte um jene Zeit ein Bauer, namens Veit, welcher durch seine witzigen Einfälle und seinen ungewöhnlichen Humor in der ganzen Umgegend bekannt war. Zugleich tat sich derselbe durch große körperliche Kraft hervor, denn bei allen Kirchweihfesten, die bekanntlich im Wirtshaus stets mit einer Schlägerei endeten, blieb Veit immer als Sieger am Platze. Bald hielt man ihn für unverletzbar, so wie man manche Schützen und Jäger für kugelfest ansah, und Veit tat nichts, um dieser Meinung, die ihn in den Augen so vieler höher stellte, zu widersprechen. Nach und nach schrieb man ihm verschiedene Zauberkünste zu, und da sein Viehstand vortrefflich gedieh und seine Felder jederzeit die bestbestellten waren, so war es sicher, daß er mit dem Schwarzen in geheimer Verbindung stehe. Einstmals wurde die Gemeinde von zahllosen Mäusen geplagt, die sich mit jedem Tage vermehrten. Wer anders konnte der Urheber dieser Landplage sein als der Bauer Veit? Und als man denselben hierüber zur Rede stellte, bejahte er in der Tat, er habe die Mäuse den Nachbarn auf den Hals geschickt, werde dieselben jedoch bald wieder verjagen. Um zu zeigen, daß er wirklich Mäuse zu machen verstehe, versprach er, beim nächsten Kirchweihfeste seine Kunst öffentlich im Wirtshaus zu zeigen.

Als jener Tag kam, war die Gemeindeschenke überfüllt. Bauer Veit erschien in der Versammlung mit einem großen Sack unter dem Arm, in welchen er einen der Anwesenden zwanzig Steinchen zuwerfen ließ. Dies geschah, ohne daß der Betreffende bemerkte, daß der Sack in der Mitte vernäht, daher mit zwei Öffnungen versehen sei: in dem unteren Teile des Sackes hatte nun unser Dorfzauberer zwanzig Mäuse verborgen. Als die Steinchen im Sacke waren, murmelte Veit etwas, was als Zauberformel gelten sollte, und während er dabei den Sack unbemerkt umdrehte, ließ er die Mäuse unter die erschreckenden Zuschauer los.

Aber diese Szene hatte für Veit ganz unerwartete Folgen. Das Volk sah in seinen Kunststücken ein höllisches Werk, und Veit mußte froh sein, mit heiler Haut aus der Schänke zu kommen. Alle Elementarunfälle, welche je die Gemeinde betroffen hatten, wurden ihm nun samt und sonders zur Last gelegt, und der Gemeinderichter denunzierte Veit als wahrhaften Verbündeten des Satanas. Noch in derselben Nacht wurde der arme Veit in Haft genommen und auf einen Leiterwagen derart gebunden, daß er die Erde nicht berühren konnte, da, wie der betreffende amtliche Bericht über diese Verhaftung äußerte, »jedweder Zauber alsogleich verschwand und all seine Macht wiedergewann, sobald er nur ein ganz wenig die Erde berührte«.

Über die Verhaftung selbst berichtet der betreffende Beamte: »Auf gnädigen Befehl zur Haftnahme des Schwarzkünstlers beeilte ich mich, mit meinen Leuten vor Mitternacht bei demselben einzutreffen. Der Schwarzkünstler lag gerade auf dem Herde, und als ich ihm vermeldete, er sei arretiert, begann er greulich zu weinen und zu wehklagen. Jesus Maria, rief er, ihr werdet doch nicht wirklich glauben, ich armer Mensch sei ein Zauberer? – Ich achtete jedoch nicht auf diese Worte des Schwarzkünstlers und nahm ihn in Haft und halte ihn nun in Verwahrung im Arreste, welcher für ähnliche Verbrecher eigens hergerichtet ist, wo derselbe unter der Erde kreuzweis gefesselt hängt, so daß seine Füße den Fußboden nicht erreichen können. Untertänigst wird das löbliche Kriminalgericht ersucht, mir die nötige Anleitung zu geben, wie mit dem Malefizianten (Übeltäter) weiter zu verfahren sei.«

Das Kriminalgericht ließ vor allem Veit von den Ärzten untersuchen, ob derselbe das Stigma an seinem Körper trage, woran zu jederzeit ein Zauberer zu erkennen sei. Die Ärzte gaben darauf folgenden Befund ab:

»Mittwoch in der Frühe begaben wir uns mit den benannten Feldscherern und einem Magister in den Arrest des Bauern Veit, welcher der Schwarzen Kunst beschuldigt wird, da derselbe lebende Mäuse zum Schaden seiner Nachbarn hervorbrachte. Wir fanden ihn an Händen und Füßen an die Decke gekettet, wie das für ähnliche Arrestanten vorgeschrieben ist. Auf Grund unserer amtlichen Gewalt ließen wir ihn vorsichtig herabnehmen, damit er uns durch seine Zauberkünste nicht verschwinde, und ließen ihn in den Examiniersaal bringen. Hier wurde er auf einen schwarzen behangenen Tisch, auf welchem vier geweihte Wachskerzen brannten, gelegt und untersucht. Die beeideten Feldscherer und der Magister erkannten nach gründlicher Erwägung auf der rechten Brustseite des Inquisiten, nahe am Arme, ein wahrhaftes Stigma, das heißt ein schwärzliches Mal, etwa wie ein Heller groß. Zwei Feldschwerer und der Magister waren darüber einig, daß dies ein wahres Teufelszeichen sei, während der dritte Feldscherer diesen Flecken für ein gewöhnliches Muttermal ausgab, das viele Menschen zu tragen pflegen. Da sich die Feldscherer hierüber nicht einigen konnten, wurde der Scharfrichter herbeigerufen, um das *examen stigmae* an dem Inquisiten vorzunehmen. Derselbe stach mit einer geweihten Nadel dreimal in das schwarze Zeichen, wobei sich während der ersten zwei Stiche sein Blut zeigte. Beim dritten Stiche rief der Inquisit: Jesus Maria! und es troff Blut hervor. Der Schwarzkünstler wurde hierauf weggetragen, die Feldscherer in Eid genommen und vorliegendes Protokoll über den Befund verfaßt.«

Nun folgen die Aussagen der Feldscherer, von denen der erste, Johann Kohlmuth, 62 Jahre alt und 40 Jahre als Wunderarzt tätig, Nachfolgendes aussagt: »Auf mein gutes Gewissen fand ich beim Inquisiten einen schwarzen Flecken, welcher keinem Muttermale ähnlich ist, sondern als ein veritables (wahres) Teufelsmal betrachtet werden kann. Ein Muttermal entsteht, wenn die Mutter während der Schwangerschaft an etwas sich versieht, daher das Mal stets die Form jenes Gegenstandes hat, vor welchem die Mutter erschrak. Aber das Zeichen des Inquisiten hat gar keine Form, *ergo*: ist es kein Muttermal, sondern ein Teufelszeichen.«

Der zweite Chirurg, ein Deutscher aus dem Salzburgischen, namens Peter Wahrmann, behauptete, jenes Zeichen sei ein Muttermal, dessen Ursprung unbekannt sei, welches sich aber oft viele Geschlechter hindurch vererbe. Für ein Teufelsmal könne dasselbe durchaus nicht gehalten werden, daher Inquisit in Freiheit zu setzen sei. Der Gerichtshof entsetzte sich derart über ähnliche »freimütige« Ansichten, daß er dem Sachverständigen eine amtliche Rüge erteilte. Der Magister endlich, welcher der einzige war, der an der Prager Universität studiert hatte, gab ein schriftliches Gutachten ab, welches ein wahres Muster haarsträubenden Unsinns genannt werden muß und in dem Ausspruch gipfelt, der Inquisit trage an seinem Körper das Stigma, sei daher ein Zauberer.

Außerdem wurde eine große Anzahl von Zeugen, zumeist Insassen aus dem Heimatsdorfe Veits, vernommen, von denen die meisten beschworen, der Angeklagte könne Kühen die Milch stellen, Mäuse machen und dergleichen. Schließlich wurde Veit nochmals auf die Folter gespannt, leugnete aber alles, was ihm von den Richtern zugemutet oder von den Zeugen vorgehalten wurde. »Seine körperliche Konstruktion«, fügten die gelehrten Richter am Schlusse des Protokolls bei, »ist derart stark, daß man bei dem Inquisiten alle Arten der Tortur anwenden kann.« Auch das Gutachten der Prager Univeristät wurde in diesem Prozesse erbeten, und der Rektor Magnifikus entblödete sich nicht, jenes erwähnte Gutachten des Magisters durch seine Unterschrift zu decken. Durch den Ausspruch der Universitätsprofessoren, die als die gelehrtesten Männer in Böhmen betrachtet werden mußten, war der Stab über den armen Veit gebrochen; unumstößlich stand nun fest, derselbe sei ein Hexenmeister, und das Gericht sprach über den armen Veit das Todesurteil aus. Veit hörte dasselbe mit stoischem Gleichmute an, denn der Tod mußte für ihn eine Erlösung aus den bisherigen furchtbaren Qualen sein. Ein Beichtvater wurde ihm zugeschickt, und der »fromme« Mann unterließ nie, bei seinem Eintritte in die Kerkerszelle den Verbündeten des Teufels mit einer großen geweihten Kerze einigemal tüchtig zu schlagen, um des Satans Macht in diesem Körper zu brechen.

Einige Tage vor der Hinrichtung erhielt der Scharfrichter vom Kriminalgerichte den Befehl, eine eichene Säule auf der Richtstätte, vier Ellen hoch, einzurammen und rund um dieselbe zehn Klafter weiches, harziges Holz, sowie mehrere Bündel trockenes Reisig, drei Bund Stroh, fünf Pfund Pech und ein Pfund Schwefel aufzuschichten. An die Säule solle Inquisit mit drei eisernen Ketten gebunden werden, und zwar am Halse, um den Leib und an den Füßen. Der Henkersknecht solle zuerst den Schwefel, hierauf das Pech und schließlich die Reisigbündel anzünden. Die Asche des verbrannten Körpers solle in alle vier Winde verstreut werden.

Veit bestieg mutig den Scheiterhaufen, jedoch »ohne Reue gezeigt und Buße geübt zu haben«. Als er bereits angekettet war, rief er noch mit lauter Stimme: »Mein Gott, ich sterbe unschuldig!«

Auf ähnliche Weise ging im Jahre 1680 in Mähren der Prozeß des Dechanten Christoph Alois Lautner in Schönberg vor sich, welcher mit nicht weniger als fünf Hexen zugleich auf dem Scheiterhaufen endete.

Die Einführung des Hexenprozesses in den verschiedenen Landesteilen Deutschlands erfolgte im 16. Jahrhundert fast überall allmählich. Man sprach noch geraume Zeit hindurch von Zauberei im allgemeinen, ohne die Hexen von ihr zu unterscheiden. Der Begriff Hexe gestaltet sich erst nach und nach im Volksbewußtsein fester.

In der Mark Brandenburg liegt die älteste aktenmäßige Urkunde über Hexereien aus der Zeit Kurfürst Joachims II. (1535-1571) vor. Darin heißt es, daß in Neustadt-Eberswalde Zauberei mit Molken und Bier getrieben sei, und der Kurfürst befahl darüber ein Erkenntnis der Schöffen in Brandenburg einzuholen. Er bemerkte dabei, daß er die Sache mit Schrecken gehört habe. Diese Zauberei mit Bier ist seitdem in der Mark Brandenburg häufig hervorgetreten.

Im Jahre 1545 kochte eine Frau im Lande Rhinow eine Kröte, Erde von einem Grabe und Holz von einer Totenbahre zu einer »Zaubersuppe« zusammen und goß sie in einen Torweg, welchen ein anderer passieren mußte. Diese Hexe, deren Mutter schon den Achim v.d. Hagen um sein Gesicht gebracht haben sollte, wurde nach einem Urteile des Brandenburgischen Schöffenstuhls verbrannt. Auch jene »Zaubersuppen« kamen seitdem öfter vor; doch erfolgten Hexenprozesse damals noch ziemlich vereinzelt.

Im Jahre 1552 hatte Berlin einen Hexenprozeß, und es wurde dabei unter anderem versichert: In die Flammen des Scheiterhaufens, auf welchem die Hexe verbrannt worden sei, habe sich plötzlich ein Reiher gestürzt und sei gleich darauf mit Stücken der Hingerichteten vom Platze wieder davongeflogen. Wer anders als der Böse selbst könne das gewesen sein? Im Jahre darauf wurden zwei Zauberinnen, die ein gestohlenes Kind zerschnitten und gekocht haben sollten, um sich eine unsichtbar machende Salbe zu bereiten, öffentlich verbrannt. –

Wir begegnen Hexenprozessen in den Jahren 1551, 1552, 1553, 1554, 1563. Unter Joachims Nachfolgers Regierung hatten die alten Weiber zu verschiedenen Malen, der vorhergegangenen Reformation ungeachtet, einen harten Stand und die Kriminalrichter eine schöne Gelegenheit, den Ruhm ihrer Einsichten auf ihre Nachkommen zu bringen. Viele alte Weiber verstanden sich angeblich öfter dazu, Wetter zu machen. Sie ließen Hagel vom Himmel fallen, daß alle Landfrüchte verderbt wurden, und die Felder um Berlin wurden sogar im Jahre 1583 mit Hagelschaden heimgesucht. Die ehemaligen Heiden hätten vielleicht bei dieser Gelegenheit, um die Götter zu versöhnen, Menschen geopfert; allein die christliche Obrigkeit haßte den Greuel der Heiden: sie tat zwar dasselbe, jedoch auf eine andere Manier. Zwei Matronen, rechtlich angeklagte Werkzeuge des Teufels, hatten dieses landesverderbliche Wetter durch böse Künste zuwege gebracht, und sie würden das Unglück über das ganze Land gezogen haben, wenn sie nicht gestört worden wären. Denn sie bekannten auf der Folter, daß sie ein Kind zerkocht, und wenn es wäre gar gewesen, so würde der Hagel die Früchte des ganzen Landes verderbt haben. Was den Nutzen betrifft, den die alten Weiber dadurch erhalten konnten, und daß untersucht worden wäre, woher sie das Kind genommen, wird nichts gemeldet, genug, daß sie ihre angebliche Untat auf der Folter gestanden. Es wurde ihnen das Wettermachen und andere Hexenkünste fürs künftige verboten und sie zudem allen frommen Christen zur Erbauung und den Bösen zum Exempel bald nachher lebendig verbrannt. Außer diesem Unfug kamen die alten Weiber auch in Verdacht, daß sie sich sogar an der kurfürstlichen Familie vergreifen wollten. Die Gegend von Zechlin und überhaupt die Altmark und Prignitz wimmelten zu jener Zeit von angeblichen Zauberern und Hexen. Man schrieb ihnen die vorgedachten Unglücksfälle zu, ließ einige foltern, und sie gestanden alles, was man nur wissen wollte, und die Strafe blieb nicht aus. Die Leichtgläubigen schlossen aus der Folge, daß diese Untersuchung die männliche Erbfolge im kurfürstlichen Hause gesichert hatte.

Angefaßte in der Mark

Zu Friedeberg in der Neumark wurden im Jahre 1593 sechzig, und nach und nach hundertundfünfzig Menschen vom Teufel besessen, die in der Kirche viel Unfug verübten, so daß der Prediger M. Heinrich Lemrich, der sich vorher viel mit diesen Leuten abgegeben und unterredet hatte, sich einstmals selbst auf der Kanzel, da er davon predigte, wie ein Besessener gebärdet und auch dafür gehalten wurde, welches die Macht des Teufels noch mehr in Ansehen brachte. Deswegen wurde von dem Konsistorium anbefohlen, in allen Kirchen in der Mark öffentliche Gebete zur Befreiung der Menschen von der Gewalt des Teufels anzustellen. Das Übel wurde dadurch jedoch nicht gehoben. Es nahm vielmehr den Weg einer ansteckenden Krankheit des Verstandes. Wenn an einem Orte ein Besessener war, so fanden sich gleich mehrere, die sich ebenso hielten und aus Einbildung mit fortgerissen wurden. Wüßte man nicht aus späteren Tagen die Geschichte der Nonnen zu Loudun, der zwanzig Besessenen zu Annaberg, die der Angefaßten zu Elberfeld u. a. m., man würde dies für unglaublich halten. In Spandau bekam im Jahre 1594 ein Hutmachergeselle einen ähnlichen Paroxysmus, und in kurzer Zeit wurden etliche dreißig bis vierzig Menschen damit befallen, die allerlei Gaukeleien vornahmen, unter welchen auch einige wie »Mondsüchtige« oder wie »Wurmkranke« auf den Schornsteinen, Dächern und Brunnen mit Lebensgefahr herumkrochen. Der Rat ließ eiserne Ringe an den Mauern befestigen und die Besessenen dieser Art mit Ketten daran festschließen, wodurch das Übel etwas gemildert wurde. Viele Geistliche bestärkten diese armen Leute in ihren fixen Ideen und benutzten sie, ihre Lehrsätze von der Gewalt des Teufels zu bestätigen. Angesehene Männer, die die Bosheit und verworrene Einbildungskraft dieser Elenden erkannten und ihre Schalkheit verachteten, wurden dafür von ihnen mit übler Nachrede und Verleumdungen verfolgt. War ein geistlicher Amtsbruder gelinder in seinen Predigten, und redete er nicht dem Teufel und seiner Gewalt das Wort, so wurde er vom Teufel durch die Besessenen selbst ermahnt, seine Gemeinde mit mehr Eifer zu bestrafen und mit mehr Ernst anzugreifen, wie solches dem Superintendenten zu Spandau, M. Albrecht Colerus, begegnete, welchen der erwähnte Hutmachergeselle deshalb zu vermahnen von einem Engel wollte Befehl erhalten haben.

Das Unwesen zu Spandau erregte indessen so viel Aufsehen, daß Kurfürst Johann Georg die vornehmsten Theologen von Berlin und Frankfurt dahin schickte, um die Sache zu untersuchen, deren ausführliches Bedenken, welches nach damaliger Einsicht abgefaßt, in Engels Annalen abgedruckt ist.

In Frankfurt a. d. O. hatte der Teufel ebenfalls sein Spiel. Eine Fischerstochter aus Lebus begegnete im Jahre 1536 einem Soldaten auf dem Felde, der gegen Versprechung, ihr viel Geld zu geben, sie zu seinem Willen beredete. Dabei bemerkte sie, daß er gräßliche Augen machte und Hörner hatte. Sie überzeugte sich, daß sie mit dem Teufel zu tun gehabt, weil sie den Kerl seitdem nicht wiedergesehen. Von der Zeit an gebärdete sie sich als eine Besessene und wurde infolgedessen nach Frankfurt gebracht. Das Auffallende soll gewesen sein, daß, wenn sie mit den Händen an die Wand strich, sie die Hand voll Geld bekam. Die Geschichte dieses Mädchens hat zu jener Zeit viel Redens von sich gemacht, niemand aber hat sich getraut, die natürliche Ursache zu ergründen. Engel erzählt sie in den märkischen Annalen. D. Stymmel, ein Professor zu Franfurt a. d. O., der gelehrte Jodokus Willich und der berühmte Salinus haben sie beschrieben, und alle Hexenbücher der damaligen Zeit erzählen sie gehörig ausgeschmückt. Wird die Geschichte mit Vernunft untersucht, so fällt alles Wunderbare sofort weg. Nachdem sie geraume Zeit die Menge getäuscht hatte, stellte sie sich gelassen und vernünftig, vermietete sich als Magd, und als sie nach einigen Jahren in andere Umstände kam, entlief sie, und man hat seitdem nichts mehr von ihr gehört.

Des Berliner Münzjuden Lippolds Ende[52]

Der berüchtigte Münzjude Joachims II. saß unter des letzteren Nachfolger Johann Georg wegen seiner schweren Missetaten in Untersuchung. Es war aber schwer, ihm seine Schandtaten und seinen entsetzlichen Wucher nachzuweisen. Da brachte ihn sein eigenes Weib ins Verderben. Dasselbe besuchte ihn eines Tages im Gefängnisse, bei welcher Gelegenheit die Gatten in Streit gerieten. Plötzlich vernahm der wachthabende Bürger von der gellenden Stimme der Jüdin die folgenden Worte:

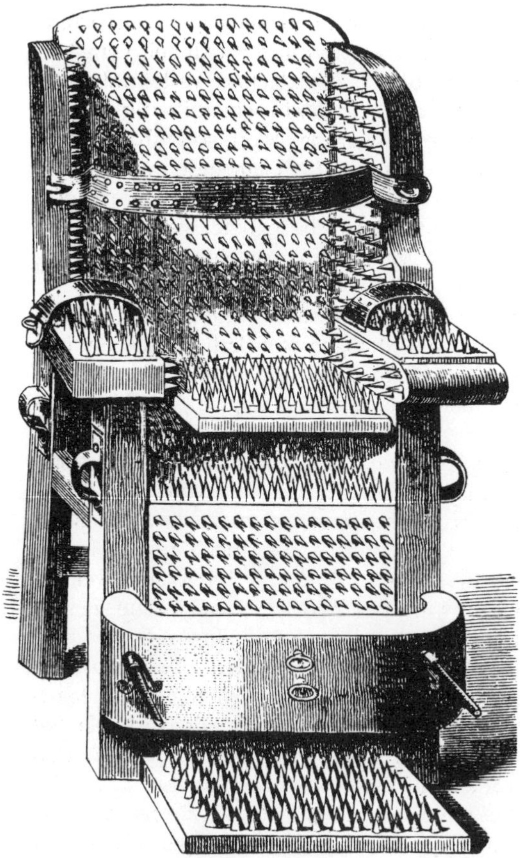

Der Folterstuhl

Das Halseisen – äußere und innere Ansicht

»Ja, wüßte der Kurfürst, was für ein Schelm du bist, so würdest du schon längst gerichtet sein.«

Der Wachhabende mußte Anzeige machen; das weitere Verfahren konnte nach den bestehenden Gesetzen jetzt nur das »peinliche« sein.

Auf der Folter bekannte Lippold sich dann auch der Zauberei schuldig, und wirklich wurde im Hause Lippolds jenes Zauberbuch gefunden, von welchem seine eigene Frau gesprochen hatte. In hebräischen Lettern und magischen Charakteren enthielt dasselbe Anweisungen, Teufel zu bannen, Gold zu finden usw. In der weiteren peinlichen Befragung bekannte Lippold endlich noch, er habe, um die Zuneigung Joachims zu gewinnen, jenes volkstümliche Zaubermittel angewendet und sich Haarlocken und Gewandteile Joachims II. verschafft und dieselben an der Schwelle der Wendeltreppe im Schlosse Grimnitz vergraben. Nach den Anschauungen jener Zeit hatte Lippold dieserhalb den qualvollen Tod verdient, mit welchem in diesem Falle zahllose Verbrechen der Zauberei gesühnt wurden.

Am Mittwoch vor Fastnacht 1572 wurde vor dem Berliner Rathause die Hauptverhandlung abgehalten. Aus Liebe zum Leben widerrief Lippold an diesem Tage alle seine früheren Bekenntnisse. Die Folter kam daher noch einmal zur Anwendung, und sie erfüllte ihren furchtbaren Zweck – Lippold gestand.

Es wurde nunmehr zur Hinrichtung geschritten. Dieselbe ist in einem Holzschnitte Thurneyssers vom Jahre 1573 dargestellt. Unten im Medaillon findet sich das Bild des eingekerkerten Lippold. Das Zauberbuch liegt, an einem Stricke befestigt, auf der Brust des Delinquenten. So ist er der Richtstätte zugeführt. Auf der Darstellung links wird der in furchtbaren Schmerzen zuckende Verbrecher auf dem Karren des Schinders mit glühenden Zangen gezwickt; rechts sieht man, wie ihm mit dem Rade die Glieder zermalmt werden. Das große Mittelbild aber stellt seine Vierteilung dar. Klaffend ist bereits die Bauchhöhle geöffnet, und jetzt saust das Beil herab, die Brust der Länge nach zu zerspalten.

Die Titelschrift zu Thurneyssers Bild lautet:

»Wahrhaftige Abkonterfeyung oder gestalt des Angesichts des Leupold Jüden, samt Fürbildung der Exekution, welche an ihme, seiner wohlverdienten grausamen und unmenschlichen Thaten halben (so er an dem vnschüldigen Christlichen Blut begangen) den 28. Januars 1572 zu Berlin nach innhalt Göttlicher und Kayserlicher Rechten vollzogen worden ist.«

Die Umschrift des Hauptes Lippold aber trägt in griechischer Sprache den Vers:

»Wandle der Billigkeit Pfad; denn Übermut fället die Stolzen.«

Die Eingeweide Lippolds samt dem Zauberbuche wurden verbrannt. »Da kam«, wie die Sage berichtet, »unter dem Gerüste, auf welchem der Münzjude, allem Volke sichtbar, hingerichtet worden war, eine große Maus hervor und lief gerade ins Feuer hinein. Sie verbrannte mit Lippolds Herzen und galt dem Volke für den Zaubergeist, welchen der Tote bei sich gehabt habe. Seine übrigen körperlichen Überreste wurden an den Stadttoren aufgesteckt, und seine erwucherten Reichtümer wurden eingezogen und zur Tilgung der Gerichtskosten, sowie zur Tilgung einiger Schulden des Hingerichteten verbraucht. Auf Bitten der Witwe des Hofjuden, welche die Verwendung Kaiser Maximilians nachgesucht hatte, wurde derselben einige tausend Taler für sich und ihre Kinder ausbezahlt.

Die Hexe von Brunn

Einem »Bilde aus der Mark« von Walther Schwarz entnehmen wir den nachfolgenden Hexenprozeß:

Im Schloßpark des unweit von Wusterhausen a. d. Dosse im Kreise Ruppin gelegenen Rittergutes Brunn beschatten uralte Bäume ein dunkles, regungsloses Gewässer, welches der Volksmund den »Hexenteich« zu nennen pflegt. Alte Tradtitionen erzählen, daß in grauer Vorzeit dieser damals inmitten des Dorfes gelegene Weiher der Schauplatz häufiger Gottesgerichte gewesen sei. Die Hexen, mit denen Brunn, Siewersdorf, Zernitz, Neustadt und andere Ortschaften zahlreich bevölkert gewesen sein sollen, wurden hier »geschwemmt«, d. h. einfach in das ziemlich tiefe Wasser geworden. Was versank, hatte als schuldloses Menschenkind sein natürliches Ende gefunden. Was sich aber durch des Teufels Macht oben erhielt, dem zündete menschliche Gerechtigkeit, ohne sich lange zu besinnen, den Scheiterhaufen an.

In den Händen des Besitzers von Brunn befindet sich ein altes Aktenstück, das uns mit größter Ausführlichkeit einen solchen Hexenprozeß vorführt. Es behandelt den Fall einer gewissen Ilse Möllers, die beschuldigt war, ihre Nachbarin, Grete Rinow, durch einen »bezauberten und verhexten Fladen« vergiftet zu haben, der der Betreffenden nur darum nicht das Leben abgeschnitten, weil sie die unverdauliche Speise alsobald »salvo honore« – wie sich das Aktenstück ausdrückt – ausgespien und von sich gegeben habe.

Die Sache machte indessen den sogenannten »Gerichtsjunkern« von Brunn viel Kopfzerbrechen. Deshalb reichten sie unter dem 1. Januar 1620 einen mit allen nur möglichen Details ausgestatteten Bericht beim »Schöpfengericht« zu Magdeburgein, um sich von den gelehrten Herren dort Rat zu holen, was hier zu tun sei. Grete Rinow war zwar, wie gesagt, nicht gestorben, es war ihr aber nach dem Genusse des Fladens »angst und bange« geworden; sie war aufgeschwollen, hatte sich in keinem Bette zu lassen gewußt, und da außer dieser an ihr begangenen Untat auch noch andere mannigfache Anklagen gegen Ilse Möllers vorlagen, so stellte man am 2. Februar 1620 – »nachdem beim Amtsschreiber Derer von Winterfeldt, aus dem Hause Neustadt, genugsam Erkundigungen eingezogen waren« – zu Brunn im Beisein sämtlicher dortigen Gerichtsjunker und »der Edlen, Ehrenvesten, Erhbaren und wohlgeachtete Christorf Gadow auf Dessow, Gevattern von Fabian, respektive erbsessenen Christian Veröws, Bürgers zu Wusterhausen« – ein Verhör mit ihr an. Sie war beschuldigt, das Zaubern und Hexen von ihrer Mutter in Neustdt a. d. Dosse erlernt und sich einem »Teufelsbuhler« verbunden zu haben, welcher in »schwarz anhabenden Kleidern« mit einer Kranichfeder auf dem Hute bei ihr erschienen war und ihr einen halben Gulden geschenkt, wofür sie ihm als Gegengabe ein »viereckiges Näsentuchlein« verehrt hatte.

»Zur Ergründung der Wahrheit« war bei diesem Verhör auch der Scharfrichter von Neu-Ruppin mit seinen Instrumenten zugegen, und Ilse Möllers, nachdem sie, unter Vorlegung dieser letzteren, »in Güte befragt« nichts aussagen will, wird »peinlicher«, jedoch »menschlicher Weise« befragt, ob sie zaubern könne? – wie es sich mit dem Buhlen verhalte? – ob sie den Fladen behext habe usw.? – Wiederum leugnet sie standhaft, und erst als sie der Henker »mit Schärfe« anfaßt, gibt sie zu, das Zaubern im Hintergarten eines Hauses zu Siewersdorf von ihrer Mutter erlernt und den Fladen mit Ratten- und Mäusegift bestrichen zu haben. Da sich ihre Aussagen indessen vielfach widersprachen, »entläßt man sie für jetzt der Marter, mit Vorbehalt, sich ferner rechtens über die Sache belehren zu wollen«.

Weiter belehrt das Aktenstück von anderen weitläufigen Zeugenvernehmungen, bei denen immer neue hexenhafte Gestalten auftauchen und besonders Ilsens Mutter, die Georg Mollersche aus Siewersdorf, in den Vordergrund tritt. Diese zauberte und spukte besonders in der Tierwelt herum. Sie versteht eine »Goche« zu kochen, von der, wo sie sie ausgießt, die Pferde fallen. Heimlich steckt sie den Fuhrleuten Schweinshaar in die Wagenräder, woraus auch nicht viel Gutes entsteht. Einem anderen Weibe, der Lex Markwardtschen, hat sie beim Flachse die Zauberformel gelehrt:

»Ich segne dich vor die Gicht, vor die Bicht,
Vor die laue, neue Moho nicht« –

Nur dieser Segen sollte »vor Zähnweh« gut sein; doch versichert sie vor Gericht, daß damit durchaus nichts Böses gemeint sei. Dennoch hatte sie, als der Hexerei verdächtig, ihren ursprünglichen Wohnsitz, Zernitz, verlassen müssen. Da indessen die dortigen von Rohrschen Gerichtsjunker – »die Röhre«, wie es in dem Aktenstücke heißt –, obwohl sie vor etlichen Jahren andere hatten der Zauberei bezichtigen lassen müssen, »von der Jurg Möllerschen in dieser Beziehung keine Wissenschaft trugen« – so wurde dieselbe durch eine »Brandenburgische Belehrung« des Gefängnisses und der »peinlichen Befragung« gänzlich losgesprochen. Die Verfügung ist unterzeichnet: »Neustadt, den 28. Januar Anno 1620. Claus Werse, Amtsschreiber daselbst.« Der Tochter der Möllerschen dagegen, der Hexe Ilse, wurde ein weniger leichtes Schicksal bereitet. Der Verdächtigungen gegen sie waren es mehr und immer mehr geworden. Grete Rinow hatte die Unverdaulichkeit ihres Fladens mit einem feierlichen Eide beschworen, und abermals wurde das Schöppengericht zu Magdeburg von den Gerichtsjunkern zu Brunn um Rat angegangen, wie man sich ferner zu verhalten habe? – Darauf sie verordnen, die wohlweisen magdeburgischen Herren, daß: da Ilse Möllers bereits zugegeben, das Zaubern erlernt und den Fladen in nicht ganz zuträglicher Weise hergerichtet zu haben – da ferner noch anderes Strafwürdige gegen sie ausgesagt wird – benannte Ilse Möllers abermals »einem Verhör mit peinlicher Schärfe zu untergeben sei«. Am 15. Februar 1620 versammeln sich also wiederum die Gerichtsjunker von Brunn und die anderen schon genannten Persönlichkeiten zur feierlichen Sitzung. Auch diesmal scheint die »gutliche Befragung« nichts bei Ilse gefruchtet zu haben. Nach der »peinlichen« indessen wird die Angeklagte geständig und bekennt nun in dreiunddreißig verschiedenen Punkten die überraschendsten Dinge, welche »von dem dazu requirierten Notario protokolliert und mit Fleiß verzeichnet wurden.«

Zunächst also sagt sie jetzt aus, die Zauberei von der Schwester ihrer Mutter, der Görg Berendschen zu Wusterhausen, im Hofe derselben unter einem Apfelbaume, erlernt zu haben. Auch sei sie von dieser Verwandten einem Teufelsbuhlen, namens Chim, der »kalter« Natur gewesen, angetraut worden. Die Görg Behrendsche habe ihr dabei einen Stock in die Hand gegeben und zu ihr die Worte gesprochen: »Greif an diesen Stock, Ilse, und vergiß deines Gottes.« Darauf habe die Brendsche ihr mit einer Knopfnadel den kleinen Finger der rechten Hand durchgestochen und drei Tropfen ihres roten Blutes auf das »Näsentüchlein« fallen lassen, das Ilse dem schwarz angetanen Schatze, mit der Kranichfeder auf dem Hute, zum Angebinde dargebracht. Der Buhle habe sie dann öfters in Gestalt einer schwarzen Katze mit greulich großen Augen aufgesucht, ihr auch einmal ein Viert Kleie mitgebracht. Darauf habe sie selber einer anderen Frauensperson das Zaubern gelehrt und sie in ihrem Stalle bei den Kuhkrippen wiederum einem Teufelsbuhlen angetraut, der Hundsfüße gehabt und sich Kasper genannt habe.

Auch von ihrer Schwester sagt Ilse aus, daß solche wegen Zauberei Brunn habe verlassen müssen und nach Freyenstein gezogen sei. Sie habe einen Knaben behext, daß er drittehalb Jahr taub und lahm geblieben, indem sie Gift unter einen Birnbaum gegossen, dessen Früchte der Knabe aufgelesen und gegessen habe. Mit dieser ihrer Schwester sowohl wie mit verschiedenen anderen dieses Gelichters, die alle namhaft gemacht werden, gibt Ilse zu, selbst während ihrer Gefangenschaft noch den Blocksberg besucht zu haben, indem sie sich in aller Teufel Namen auf die Schwinge des Satans gesetzt. Auch habe ihr Teufelsbuhle, nachdem er einmal vier Züge in der Marter für sie ausgehalten, als er von ihr gewichen, »hinter ihrem rechten Ohr, als eine Erbse groß, gesessen«.

Nachdem Ilse Möllers dieser und noch vieler anderer merkwürdigen Sachen geständig geworden ist, wird von der Marter abgelassen und ihr vom Notarius genügend vorgehalten, wie sie das Leben verwirkt und anderen Personen zum Abscheu gar wohl könne aus dem Wege geräumt werden.

Zum Schluß danket sie Gott selber höchlich, daß er sie zur Erkenntnis ihrer Sünden habe kommen lassen und sie durch die angewendeten Mittel in die ewige Seligkeit aufnehmen wolle. Auf »solchenes, frei, ledig und ungebunden von ihr abgelegtes Bekenntnis« ergibt sie sich zu leben und zu sterben, wie über sie bestimmt wird. »Worauf sie nach Kaiser *Carolus quinti* und des Reiches peinlicher Halsgerichtsordnung – Artikel 109, *sub* Strafe der Zauberei pp. – von den Schöppen zu Brunn und nach eingehaltenem Rate der hochgelehrten Herrn Schöppen zu Magdeburg, schuldig erklärt wird, von peinlicher Rechts wegen, mit dem Feuer vom Leben zum Tode gestraft und vernichtet zu werden.«

So endet das Aktenstück, und so endete auch wohl Ilse Möllers wie viele ihresgleichen in jener Zeit finstern, herzbeklemmenden Aberglaubens. –

Im Herzogtum Jülich-Cleve-Berg und der Grafschaft Mark tritt vereinzelt eine Art von Hexenprozeß im Jahr 1516 hervor. Eine gewisse Ulant Dammartz, die Tochter angesehener Eltern, war, weil letztere ihre Einwilligung zu ihrer Verheiratung mit einem jungen Manne versagten, im Kloster Marienbaum bei Xanten als Novize eingetreten, wo alsbald der Teufelsspuk begann. Ulant Dammartz erscheint als vom Teufel besessen und steckt mit ihrer Besessenheit andere Nonnen an, die darunter vier Jahre zu leiden haben. Im Jahre 1516 endlich wird eine Untersuchung gegen die inzwischen dem Kloster Entlaufene eingeleitet; sie wird im Hause ihres Vaters verhaftet und nach Dinslaken ins Gefängnis gebracht. Ohne Anwendung der Folter gesteht sie folgendes: In ihrem Jammer darüber, daß sie dem Geliebten hatte entsagen müssen, hatte sie den Teufel angerufen. Derselbe war ihr alsbald erschienen und hatte sie Gott und der Heiligen Jungfrau abschwören und geloben lassen, daß sie ihm treu und hold sein wollte. So oft sie nun es wünschte, kam er, zuweilen mit anderen frischen Gesellen und Jungfern (Zauberern und Hexen), die alle, wie ihr eigener Buhlteufel irgendein Gebrechen an sich trugen. Dann tanzten sie, ohne daß es von anderen Menschen gesehen werden konnte, indem sie ganz still zu stehen schienen. Auch fleischliche Vermischungen kamen vor. Sie vergrub und schändete die beim heiligen Abendmahl empfangenen Hostien und machte gotteslästerliche Eintragungen in das Gebetbuch. Immer schädigte sie nur diejenigen Nonnen, welche gerade ihre Freundinnen waren und mit ihr verkehrten, durch Äpfel, Feigen und Kuchen, welche der Böse ihr vorher bezaubert hatte. Sonst beschränkte sie sich auf den eigenen Verkehr mit dem Buhlteufel, dessen Versuchungen sie ab und zu auch widerstand, beispielsweise, als er sie aufforderte, dem eigenen Vater Böses zuzufügen. Sie wurde längere Zeit in Haft behalten und schließlich entlassen.

Aber auch in den nächsten Jahrzehnten blieben das Herzogtum Jülich-

Cleve-Berg und die Grafschaft Mark von dem Greuel der Hexenverfolgung frei, namentlich auch unter dem Herzog Wilhelm (gest. 1592), der in dieser Beziehung ganz dem Rate seiner einsichtsvollen Ärzte Johann Weyer aus Grave (auf den wir später noch zurückkommen werden) und Renier Solmander aus Büderich folgte.

Der Glaube an das Vorhandensein von Hexen war allerdings selbstverständlich auch in diesen Landen vorhanden; allein als das richtige Verfahren gegen die der Hexerei Angeschuldigten galt nicht die Folter, sondern die Wasserprobe. Erst ganz am Ende des 16. Jahrhunderts nahmen hier die Hexenprozesse ebenfalls ihren Anfang. Besonders machte um diese Zeit das Verfahren gegen eine ehrbare, vornehme Greisin aus Büderich, welche auf der Folter ihren Geist aufgab, und deren Leiche, dann zur Richtstätte geschleift und dort verbrannt wurde, Aufsehen.

Im Herzogtum Württemberg kamen bis Mitte des 16. Jahrhunderts nur vereinzelte Bestrafungen von Hexen vor, nicht aber systematische Verfolgungen. Damals lebte in dem Württembergischen Dorfe Rüdern ein gewisser Ludwig Morsch, der im Rufe der Zauberei stand. Sein Zauberspruch gegen Hagel lautete:

»Ich beschwöre die Wind' und Hagel
bei Jesus Christus, dem Nagel –
und bei seiner Kron',
die ihm ward aufgethon.

Du sollst uns unsere Früchte unbeschädigt lan, Im Namen Gottes des V.'s, Gottes S.'s und Gottes des h. Geistes.«

Seit dem Jahre 1562 bemerkt man jedoch das Verfahren des Hexenhammers. Anfangs dieses Jahres ließ ein Graf Ulrich von Helfenstein auf Schloß Wiesensteig über 20 Weiber wegen Verdachts der Hexerei in Untersuchung nehmen und zwar »aus großen Ursachen und vielfältigem Geschrei seiner Untertanen auch allerhand gründlichen Anzeigungen höchlich bewegt«. Bald darauf, am 3. August 1562, verheerte ein Hagelwetter die Gegend von Eßlingen und Stuttgart 18 Meilen im Umkreise entsetzlich, und nun glaubte man, das Wetter hätten die Hexen verursacht. Man spannte sie auf die »Wippe« und verurteilte sie.

In Waldsee (im heutigen Donaukreise) nahmen die Hexenprozesse 1518 ihren Anfang und bis zum Jahre 1585 endeten fast in jedem Jahre im Städtchen etliche Personen auf dem Scheiterhaufen. In einem Prozesse des Jahres 1645 hatte das Urteil folgenden grausamen Zusatz:

»Die Verurteilte soll dem Scharfrichter übergeben, an den Richtplatz geführt und unterwegs zum dritten Male mit glühenden Zangen zu ihr gegriffen, hernach an eine Säule gebunden, daran erdrosselt, hernach verbrannt und die Asche vergraben werden.«

Von besonderem Interesse sind die in der Reichsstadt Nördlingen (in Schwaben) vorgekommenen Hexenverfolgungen. Hier begann das Hexengerede in den Jahren 1588 und 1589, und der Bürgermeister Georg Pferinger, die Doktoren der Rechte Sebastian Röttinger und Konrad Graf und der Stadtschreiber Paul Majer beschlossen die Vertilgung der Hexen der Stadt. 1589 wurden drei der Hexerei verdächtigte alte Weiber verhaftet und regelrecht gefoltert; allein, da sie nichts gestanden, mußten sie entlassen werden. Dies rohe Verfahren des Magistrats erregte den Zorn des dortigen Superintendenten Wilhelm Lutz, der zwar ebenfalls an Hexerei glaubte, aber als Menschenfreund über das Einschreiten der Gewalt und über das Foltern empört war und den Rat wegen seines ganz unchristlichen Verfahrens in zwei Predigten abkanzelte. In einer derselben klagte er, daß des Bezichtigens wegen Hexerei kein Ende nähme. Etliche hätten bei ihm schon ihre eigenen Eheweiber angegeben; wohin sollte das noch führen? Dem Rat aber hielt er vor, daß er wohl einige arme Hündlein gefangen habe, aber die rechten wohl durchschlüpfen lassen werde. Damit hatte er die Eitelkeit des Rates gekränkt, und dieser erteilte dem freimütigen Geistlichen einen Verweis und ging jetzt auf Grundlage eines Gutachtens des Stadtschreibers Majer gegen die Hexen vor. Nach diesem Gutachten ist die Hexerei ein nur in nächtlichem Dunkel mögliches Verbrechen, das lediglich durch eine heilsame Tortur ans Licht gebracht werden kann. Der Rat wollte der Welt zeigen, daß er ohne Ansehen der Person verfahre, und ließ eine große Anzahl alter Weiber, aber nur Witwen, aus den verschiedensten Ständen in den Turm werfen. Darunter befanden sich die Witwen mehrerer Ratsherren und die des erst 1589 verstorbenen Bürgermeisters Gundesfinger. Man ging scharf mit der Folter vor, und schon im Mai 1590 wurden 3, acht Wochen später wieder 3, sieben Wochen darauf 5 auf einmal verbrannt. Unter diesen letzten befand sich Frau Lemp, ein edles und frommes Weib, dessen Prozeß auf das Verfahren des Rates von Nördlingen düsteren Schatten wirft; wir geben darum hierunter eingehender das

»Trauerspiel Lemp«

Rebekka Lemp, die Frau eines gebildeten Mannes, eines Zahlmeisters, als eine rechtschaffene Hausfreu und Mutter von jedermann geachtet, erregte allgemeines Mitleid. Weng hat ihren Prozeß und ihre rührenden Briefe herausgegeben. Die Vorstellungen ihres Ehegatten, das Flehen der zärtlich an ihrer Mutter hängenen Kinder, das Zeugnis der Nachbarn half nichts; sie mußte verbrennen!

Das Schicksal dieser Frau Lemp und ihrer Familie bietet dem Dichter Stoff zum ergreifendsten Drama. Sie wurde in Abwesenheit ihres Mannes auf die durch die Folter erpreßten Angaben anderer Angeklagten hin im April 1590 verhaftet. Mit lauten Klagen hatten es ihre sechs Kinder mit angesehen, wie die geliebte Mutter gepackt und in den schrecklichen Turm abgeführt wurde, und bald nach ihrer Verhaftung schickten sie ihr folgenden Trostbrief zu:

»Unseren freundlichen, kindlichen Gruß, herzliebe Mutter! Wir lassen Dich grüßen, daß wir wohlauf sind. So hast Du uns auch entboten, daß Du wohlauf seiest, und wir vermeinen, der Vater wird heute, will's Gott, auch kommen. So wollen wir Dich wissen lassen, wann er kommt; der allmächtige Gott verleihe Dir seine Gnade und heiligen Geist, daß Du, Gott woll, wieder mit Freuden und gesundem Leib zu uns kommst. Gott woll, Amen. Herzliebe Mutter, laß Dir Brot kaufen und laß Dir Schnittlein bakken, und laß Dir Fischlein holen und laß Dir ein Hühnlein holen bei uns, und wenn Du Geld bedarfst, so laß holen; hast's in Deinem Säckel wohl. Gehab Dich wohl, herzliebe Mutter; Du darfst nicht sorgen um das Haushalten, bis Du wieder zu uns kommst usw.«

Zu den leiblichen Nöten, unter denen die beklagenswerte Frau Lemp im Kerker zu leiden hatte, kam die Sorge, daß ihr zärtlicher geliebter Gatte sie für schuldig halten könnte. Darum schrieb sie ihm, als sie erfuhr, daß er zurückgekehrt sei:

»Mein herzlieber Schatz, bist ohne Sorge. Wenn auch ihrer tausend auf mich bekennen, so bin ich doch unschuldig; oder es (mögen) kommen alle Teufel und zerreißen mich. Und ob man mich sollt strenglich fragen, so könnte ich nichts bekennen, wenn man mich auch zu tausend Stücke zerriß. Vater, wenn ich der Sach' schuldig bin, so laß mich Gott nicht vor sein Angesicht kommen und immer und ewig. Wenn ich in der Not muß stekkenbleiben, so ist kein Gott im Himmel. Verbirg doch Dein Antlitz nicht vor mir; Du hörst ja meine Unschuld, laß mich nicht in der schwülen Not stecken!«

Zweimal bestand die unglückselige Frau die Tortur, ohne sich schuldig zu bekennen. Bei der dritten Folterung begann sie jedoch zu verzagen, indem das Foltern weit länger dauerte und weit grausiger verlief als die beiden ersten Male. Sie bekannte sich zu einigen der geringeren Anschuldigungen, ebenso auch bei der vierten Tortur.

Hierauf schrieb sie heimlich an ihren Gatten:

»Mein auserwählter Schatz! Soll ich mich so unschuldig von Dir scheiden müssen, das sei Gott immer und ewig geklagt! Man nötigt eins, es muß eins ausreden (bekennen); ich bin aber so unschuldig als Gott im Himmel. Wenn ich im wenigsten ein Pünktlein um solche Sache wüßte, so wollte ich, daß mir Gott den Himmel versagte. O Du herzlieber Schatz, wie geschieht meinem Herzen! O weh, o weh meinen armen Waisen! Vater, schick mir etwas, daß ich sterbe, ich muß sonst an der Marter verzagen. Kommst heut nicht, so tu es morgen. Schreib mir von Stund an. O Schatz Deiner unschuldigen Rebekka! Man nimmt mich Dir mir Gewalt! Wie kann's doch Gott leiden? Wenn ich ein Unhold (Hexe bin, sei mir Gott nicht gnädig. O wie geschieht mir so unrecht! Warum will mich Gott nicht hören! Schick mir etwas, ich möchte sonst erst meine Seele beschweren usw.«

Lemps Überzeugung von der Unschuld seiner Frau konnte durch

nichts erschüttert werden. Er richtete ein Gesuch an den Rat um Entlassung seiner geliebten Frau aus den Händen ihrer Peiniger. Es blieb ohne Erfolg. Eine weitere Eingabe des unglücklichen Mannes findet sich in den Prozeßakten zwischen dem siebenten und achten Folterprotokolle; dasselbe beginnt:

»Ehrenfeste, fürsichtige, ehrsame, wohlweise, großgünstige, gebietende Herren![53] Jüngst verwichener Zeit habe ich wegen meiner lieben Hausfrau eine demütige Supplikation (Bittschrift) übergeben, darin ich um Erledigung meines lieben Weibes gebeten, mir aber damals eine abschlägliche Antwort erfolgt: daß auf diesmal mein Bitt und Begehren nicht statthabe.«

Er bittet nun namentlich, daß die Angeschuldigte alsbald den mißgünstigen Personen, welche gegen sie ausgesagt, möge gegenübergestellt werden, und fährt dann fort:

»Ich hoffe und glaube und halte es für gewiß, daß mein Weib alles, dessen man sie bezichtigt, nicht einmal zeit ihres Lebens in Gedanken gehabt, vielweniger denn, daß sie solches mit Wort und in der Tat sollte jemals auch nur im geringsten getan haben. Denn ich bezeuge es mit meinem Gewissen und mit vielen guten, ehrlichen Leuten, daß mein Weib zu allen Zeiten gottesfürchtig, züchtig, ehrbar, häuslich und fromm, dem Bösen aber jederzeit abhold und feind gewesen. Ihre lieben Kinder hat sie gleichfalls treulich und fleißig nicht allein in ihrem Katechismus, sondern auch in der heiligen Bibel, insonderheit aber in den lieben Psalmen Davids unterrichtet und unterwiesen, also daß, Gott sei Dank, ich ohne Ruhm zu vermelden, kein durch Gottes Segen mit ihr erzeugtes Kind habe, das nicht etliche Psalmen Davids auswendig wüßte und erzählen könnte. Überdies kann aber auch niemand – niemand, sagte ich, mit Grund der Wahrheit dartun und erweisen, daß sie irgendeinmal einem Menschen – auch nur den kleinsten Schaden am Leibe oder sonst hätte zugefügt und man deshalb eine Vermutung gehabt hatte.«

Allein alle Bitten und Vorstellungen waren vergebens. Frau Lemps entsetzliches Geschick erfüllte sich. Der gottvergessene, fanatische Rat ging vielmehr jetzt, um das Material zu einem Todesurteil zu erlangen, nur noch fürchterlicher mit der Folter gegen die Bemitleidenswerte vor und erpreßte dann auch richtig die gewünschten Bekenntnisse. Am 9. September 1590 starb Frau Lemp, ein Opfer der Borniertheit, auf dem Scheiterhaufen.

Des weiteren verbrannte man in Nördlingen zwischen 1590 und 1594 35 unschuldige Weiber als Hexen. Der famose Rat dieser Stadt hatte 1590 eben beschlossen, nun einmal die Hexen mit Stumpf und Stiel auszurotten. Alle die unglücklichen Frauen leugneten standhaft, bis sie durch die allzu große Marter auf der Folterbank gezwungen wurden, zu allem »ja« zu sagen, was ihnen die Richter vorsprachen. Endlich, im Oktober 1593, hatte die 33., Maria Holl, eines Gastwirts Frau, den Heldenmut, 56 Torturen der grausamsten Art auszuhalten (die letzte im Februar 1594), ohne zu bekennen. Da empörte sich das Volk, und selbst die Geistlichkeit tat Einspruch, aber nur mit Widerstreben gaben die verbohrten Juristen endlich nach.

Aber freilassen wollte der verruchte Rat, dessen genannte Juristen zu den ersten Schandsäulen der menschlichen Gesellschaft gehören, die Heldin noch immer nicht. Er versuchte es deshalb am 22. August 1594 noch einmal, die Frau Holl zu einem Bekenntnis zu überreden, und bediente sich der plumpen List, ihr vorzuhalten, daß ihr Ehemann und ihre ganze Blutsfreundschaft von ihr, einer Teufelszuhälterin, nichts mehr wissen wollten; er verfehlte seinen Zweck aber vollkommen, denn gerade diese Verwandten riefen, da Frau Holl eine Ulmerin war, die Hilfe der Ulmer Gesandtschaft zu Regensburg an. Durch Vermittelung der Nördlinger Abgeordneten zu Regensburg richteten darauf die Ulmer Gesandten an den Rat das Ersuchen, die Gefangene »ohne Entgelt und mit unverletzter Ehre« auf freien Fuß zu setzen. Das hatte zur Folge, daß man die nun seit elf Monaten im Kerker Schmachtende glimpflicher behandelte, und so weit mürbe gemacht zu haben glaubte, daß sie bei gütlichem Zureden sich zum Beständnis herbeilassen würde. Allein die Kronenwirtin, die 56mal die Folter ausgestanden, blieb standhaft. Nun wußte der elende, feige Rat sich keines Rats; er ließ die Ulmer einfach ohne Antwort. Nunmehr aber erließen die Ulmer Abgeordneten unterm 18. September 1594 ein abermaliges Schreiben an die Flegel von Nördlingen, worin sie bestimmt erklärten: Sie hätten fleißig Bericht eingezogen und erfahren, daß die Verhaftete, als eine Ulmer Bürgerstochter, jederzeit gottesfürchtig, ehrlich und ohne verdächtigen Argwohn dessen, was man sie beschuldigt, sich erhalten habe. Ihr verstorbener Vater, vieljähriger Diener des Rats und Amtmann auf dem Lande, habe sie mit ihren Brüdern und Schwestern in der Furcht Gottes erzogen, und erstere seien von der Obrigkeit zu ehrlichen Dingen gebraucht worden. Sie könnten sich daher des Argwohns nicht erwehren, daß besagte Frau durch mißgünstige Leute angegeben worden. Auf erneutes Ansuchen der Freundschaft und weil die Frau nun elf Monate enthalten werde, hätten sie diese Fürbitte ergehen lassen. »Darum«, heißt es am Schlusse, »an E. E. R. nochmals unsere freundliche und dienstwillige Bitte, es wolle E. E. R. nunmehr selbst diese Sachen endlich ab- und zur Ruhe helfen, sie, die gefangene Frau, solcher ihrer Haft ohne ferneren Verzug und Aufhalt, ohne Entgelt und ihrer Ehren halben unverletzt, ledig auf freien Fuß stellen und sie ihren Ehewirt, auch ehrlicher Freundschaft solches unseres Bittens freundlich und dienstlich genießen lassen.«

Hiernach war wiederholt ein Reichsstand für die heldenmütige Dulderin eingetreten! Dadurch geriet der armselige, feige Stadtrat von Nördlingen, dem es freilich auf ein paar hundert Leben Unschuldiger nicht angekommen, immer mehr in die Klemme. Er forderte den Rechtsgelehrten Sebastian Röttinger auf, sich über das, was dem Andringen der Ulmer gegenüber mit der Kronenwirtin anzufangen sei, in einem Gutachten zu äußern. Der Hochgelehrte erklärte denn nun, nach den bei allen Gerichten erkannten Grundsätzen könnte man die Verhaftete nicht weiter torquieren, und sie auch nicht für immer im Gefängnis zurückhalten. Man möchte sie daher unter allerlei Beschränkungen entlassen, d. h. sie vor allem nur von der Instanz entbinden. Der Verhafteten sei zu eröffnen, daß man diese Gnade nur um der gegen sie eingelegten Fürbitte willen ihr zuteil werden lasse, daß sie aber vor der Entlassung aus dem Gefängnis eine Urfehde zu unterschreiben habe, und daß sie nach der Entlassung ihr Haus niemals weder bei Tag noch bei Nacht verlassen dürfte. Die Unglückliche unterzeichnete die Urfehde und ging im Februar 1595 endlich aus dem Kerker in einen immerwährenden Hausarrest über! Später bat die Ärmste im Verein mit ihrer Familie nochmals die Ulmer Gesandtschaft in Regensburg, dahin zu wirken, daß eine ehrenvolle Freisprechung erfolge und die Hausgefangenschaft aufgehoben werde. Gern entsprachen die wackeren Ulmer auch diesem Gesuche; der Erfolg ist indessen aus den Akten nicht zu ersehen.

Von den vier Nördlinger Schreckensjahren 1590-94 sagt Peter Lemp, jener unglückliche Zahlmeister, dem der mörderische Rat seine brave Gattin so grausam hingeopfert, in seiner Nördlinger Chronik, daß man gesehen, wie während derselben der Verstand in Nördlingen spazierengegangen sei. Röttinger und Graf, die beiden hirnverbrannten Nördlinger Juristen, die Leiter der wüsten Prozesse, starben plötzlich in ein und demselben Jahre; beide wurden, wie die Nördlinger sagten, vor Gottes Gericht geladen. An den Namen der Elenden wird für alle Zeiten der Makel der Verworfenheit haftenbleiben.

Ein Hexenprozeß in Ulm

Im Dezember des Jahres 1508 klagte Anna Spülerin aus Rückingen vor dem Stadtamtann zu Ulm gegen 23 Einwohner ihres Ortes auf Entschädigung von 2000 Gilden für eine durch die Schuld derselben erlittene Unbill. Als nämlich vor einem Jahre ihre Mutter nebst etlichen anderen Weibern auf Anrufen der Einwohner von Ringingen durch den Vogt von Blaubeuren als Zauberin eingezogen worden, seien ihr, der Tochter, Worte gerechter Entrüstung entfallen, infolge derer ihr Warnungen zugekommen seien, als habe sie sich selbst verdächtig gemacht. Eines Morgens habe sie einen großen Anlauf um ihr Haus bemerkt, und als sie, um der Gefahr zu entgehen, sich durch die Hintertür auf das Feld geflüchtet, hätten die von Ringingen sie eingeholt und ohne weiteres nach Blaubeuren abgeführt. Dort im Gefängnisse habe sie erwartet, daß man sie vernehmen und dann entlassen würde. »Aber nymands were zu Ir kommen, anders, dann gleich aubents ans Ersamen Rats sie zu Ulm zuechtiger und nachrichter, der hette gegen Ir strenngklich peenlich unmentschlich und unweyplich gehandelt und von Ir wissen haben wöllen, Sy were aine, das Sy sollichs bekennen söllte, Aber alls Sy sich sollichs frev und unschuldig gewißt, hette Sy Ir selbst kain unwahrheit auflegen, noch nichtzit bekennen wollen, sonnder Ir Hoffnung zu Gott dem Allmechtigen gesetzt, nachgennds were Sy in ain annder fangnus und gemach gefürt und abermals nit ainzway- drew- viermal, Sonnder unmentschlich peenlich gemartert, alle Ire glüder zerrissen, Sy Irer vernunfft und auch fünff Synn beraupt und entsetzet worden, dann Sy Ir gesicht und gehördt nit mer hette alls vor, So wer Ir auch in sollicher großen Irer unmentschlichen marter begegnet, daß Sy besorgte, wie wol Sy kain gründlich wissen, noch das, mangel halb Irer gesicht, nit wol erkennen noch sehen, das von Ir kommen were, das villeicht darauß ain lebennde Seel' mugen hett werden, solliche Marter hett dannocht nit gnug sein, noch erschießen wolln, Sonnder were ain anderer Züchtiger von Tüwingen mit dem Vogt komen, da hett Sy der Vogt bereden wöllen, auf sich selbs zu bekennen, und Ir selbs ab der Marter zu verhelffen und gleich mit guten worten gesagt, Was Sy sich doch zöge, Sy sollte der Sach bekennen, So Sy dann kaus diesem Zeitt füre, So sollten und müßten die von Ringingen, nemlich yeder insonnder Ir ain meß formen lassen, Dartzu Sy geantwurt hette, das sollte Ir dieser danncken, dann Sy sich unschuldig gewißt hette. Als nun der Vogt nicht zit von Ir bringen mögen, hette er weytter anngefanngen und gesagt, wie Ir Mutter auf Sy bekennt und verjehen haben sollte, daß Sy auch aine were, das hette Sy widersprochen und verantwurt, Sy wißte wohl, daß Ir Mutter nicht zit args von Ir zu sgen wißte, auch sollichs von Ir nit sagte, So wißte Sy sich auch ganntz unschuldig frey und ledig, were also für und für auf der warheit verharret und darab nicht weychen wöllen. Als Sy aber sollichs gesehen, hätten Sy weytter mit der Mutter und mit vil troworten an Sy gesetzt und gesagt, Sy wollen Ir alle Adern im leib zerreyßen, und wie wole Sy mereremale gütigklich gesagt het, was Sy Sy doch zeigen, ob Sy Sy von der warheit tryben wöllten, So hette Sy doch sollichs nit fürtragen, noch fassen mögen. Sonnder hetten Sy für und für gesagt und von Ir wissen haben wöllen, Sie were aine, und Sy genennt ain unhollden, bis zum letzten. Also hette Ainer unnder den widertailen, so yetzo gegenwärttig alda stände, gesagt und Sy gefragt, wohin das Hemb't vor unnser lieben Frawen in der Kirchen zu Ringingen komen were, denn Sy wißte, wer das zerschniten, heete Sy gewantwurt, ob Sy es yemands beschuldigte, und alls der Vogt gesagt, Er hette das wissen und Im sein Klaines fingerlei gesagt, hette Sy wieder geantwurt, Ir geschehe damit unrecht, Sy were deß unschuldig. Mit Erbiettung, wo sollichs ain Mensch von Ir, das Sy das gethan hette, sagte, wöllte Sy darumb den tod leiden, aber nyemands hette Sy sollichs ferrer beschuldigen wöllen. Mit dem wern Sy von Ir abgeschieden mit dem traw, Sy wöllten emnordnens wider komen und mit noch herrter und strenger peen und martter gegen Ir handeln, und hetten Sy darauf in ain noch herrter und schwerer fanngknus dann vor, gelegt, indem alls yedermann von Ir komen were Ir eingefallen und hette bedacht

Ir zuflucht zu nemen zu dem, der Ir helffen mögen hat, das were nemlich Got der Allmechtig und sein gepererin der himmelkönigin Marie, hett dieselbigen aus Innigkeit und grundt Irs Hertzen, und in ansehung Irer Unschuld, der gerechtigkeit und warheit angerufft, Sy sollicher Irer strengen hertten fangknus zu erledigen, und Sy bei der wahrhait zu behalten. Sollich Ir gebett und auch die verheißung der wallfarten, so Sy dabeiy zu Sannt Leonhart und an annder ort gethan hatt, were bey Gott dem Allmechtigen erhört, und Sy derselben nacht zwischen der zehennden und Aylfften stund auß sollicher fanngknus erledigt worden. Dem allen nach und die weyl Sy also auf anruffen der von Rymigingen in sollig fanngknu komen, darynn strenglich peenlich und unmentschlich gemartert, Ir Ire glüder zerrissen, Sy Irer vernunft und Synn entsetzt, Auch um Ir Er und gefür, und deßhalb in groß, unüberwintlich hertzleid kamen und bracht, dadurch Sy sich selbes und Ire klaine kynndlei nicht mer alls dann vor der zeitt geschehen were, Erneren und hinbringen und Ir auch Ir Erlicher Haußwirt nicht mer, alls vor, Erlich beywonnen möchte. So were Ir anruffung und bitt, die von Rynngingen gütlich zu vermegen und daran zu weisen, Ir umb sollich Ir zugefügt erlitten Schmertzen, Marter schmach und schadnen, nach Irer Eren notturft wandel abtrag und bekerung zu thun, wa aber das gütlich nit sein mochte, So hoffte Sy Es sollte billich wesen, mit Recht erkannt werden.«

Hierauf wendeten die Verklagten ein, die Spülerin habe bei der Hinrichtung ihrer Mutter die Drohung ausgestoßen, sie wolle die von Ringingen an Leib und Gut unglückhaft machen. Der Vogt habe sie deshalb gleich damals greifen wollen, doch, da das Anstand gefunden, den Befehl hinterlassen, man solle das Weib, wenn es solche Drohungen wiederholen würde, ihm nachbringen. Da sie von ihrer Reden nicht gelassen, so habe man sie nach Blaubeuren gebracht. Für die weiteren Handlungen des Vogts seien sie nicht verantwortlich und darum zur Genugtuung nicht verpflichtet. Schließlich wurde ihnen der Eid zuerkannt, daß sie an der »Pein und Marter« der Spülerin nicht schuld gewesen und dieselbe bloß ihrer Drohworte wegen auf Befehl verhaftet hätten. Die Ringinger erklärten sich zum Eid bereit; die Klägerin aber appellierte an das Kammergericht, und dieses wies die Sache zur weiteren Verhandlung an das Gericht der Stadt Biberach. Ein Ergebnis ist nicht bekannt. Immerhin beweist das Auftreten der mißhandelten Frau, daß man anfangs des 16. Jahrhunderts es hier und da wenigstens noch wagen konnte, wegen Hexenbeschuldigung auf Ersatz zu klagen.

Agrippa von Nettesheim berichtet um dieselbe Zeit von einem Prozesse, aus dem hervorgeht, wie ein Inquisitor bei Hexenverfolgungen sein Geschäft betrieb: Er schreibt:

»Als Syndikus zu Metz hatte ich einen harten Kampf mit einem Inquisitor, der ein Bauernweib um der abgeschmacktesten Verleumdung willen mehr zur Abschlachtung als zur Untersuchung vor sein nichtswürdiges

Forum gezogen hatte. Als ich ihm in der Verteidigung bewies, daß in den Akten kein genügendes Indizium vorliege, sagte er mir ins Gesicht: Allerdings liegt ein sehr genügendes vor, denn ihre Mutter ist als Zauberin verbrannt worden. Ich verwarf ihm dies als ungehörig; er aber berief sich auf den Hexenhammer und peripatetische (lehrwandelnde) Theologier und behauptete, das Indizium müsse gelten, weil Zauberinnen nicht nur ihre Kinder sogleich nach der Geburt den Dämonen zu weihen, sondern sogar selbst auf ihrem Umgang mit den Inkuben Kinder zu zeugen und so das Zauberwesen in den Familien zu vererben pflegten. Ich erwiderte ihm: Hast du eine so verkehrte Theologie, Herr Pater? Mit solchen Hirngespinsten willst du unschuldige Weiber zur Folter schleppen und mit solchen Sophismen (Trugschlüssen) Ketzer verurteilen, während du selbst mit deinem Satze kein geringerer Ketzer bist als Faustus und Donatur? Angenommen, es wäre, wie die sagst: wäre damit nicht die Gnade der Taufe vernichtet? Der Priester würde ja vergeblich sagen: Ziehe aus, unsauberer Geist, und mache Platz dem Heiligen Geiste – wenn wegen des Opfers einer gottlosen Mutter das Kind dem Teufel verfallen wäre usw.«

Da drohte der Heuchler zornig, Agrippa wegen Begünstigung der Ketzerei vor Gericht ziehen zu wollen. Der aber ließ sich in seiner Verteidigung nicht beirren und setzte durch, daß die Angeschuldigte entlassen, die falschen Ankläger mit Geldstrafen belegt und der elende Pfaffe der allgemeinen Verachtung anheimfiel. Der Prozeß spielte sich im Jahre 1519 ab, also in einer Zeit, in der Verteidiger von Hexen noch ein ehrliche Wort reden konnten.

Zu Freudenstadt im Schwarzwalde wurde später eine Hebamme angeklagt, hundert Kinder umgebracht zu haben.

Zu Frankfurt a. d. O. beschäftigte man sich 1536 lange mit dem Prozeß eines Mädchens, das durch Buhlerei mit dem Teufel die Gabe erhalten haben sollte, Geld aus jeder Wand zu zaubern.

Im Elsaß begannen sich die Hexenprozesse vornehmlich seit dem Jahre 1570 zu mehren. Der Magistrat von Straßburg hatte heillose Angst vor dem Teufel.

Im Jahre 1535 hatte ein Ungenannter den Magistrat ersucht, ihm den Druck einer Schrift über die Werke des Teufels zu Schiltach (eines Städtchens, welches die Hexen angezündet haben sollten) zu gestatten; der Magistrat lehnte das Gesuch jedoch ab, weil er »mit dem Teufel nichts zu schaffen haben wollte.«

Eine Magd zu Baden, die 1628 an einer Armgeschwulst litt, erinnerte sich, daß eine Krämersfrau, bei welche sie Pfeffer holte, ihr Artigkeiten wegen ihrer schönen Arme gesagt habe. Da die Frau schon früher einmal zum Verdruß der Obrigkeit einem gegen sie eingeleiteten Hexenprozeß sich zu entziehen gewußt hatte, so ergriff man diese Gelegenheit, sie von neuem zu verhaften. Der Ehemann beschwerte sich hierauf beim Kammergericht wegen Gewalttätigkeit. Das badische Gericht rechtfertigte jedoch seine Befugnisse zu peinlichem Einschreiten aus folgendem Protokolle: »Matthis Haug, Bürger und Balbirer allhier zu Baden, ist befragt und angehört worden, wie er diesen Schaden befunden, als er geschickt worden, selbigen zu besichtigen. Es sei nit anders, als wann drey Finger darein getruckht weren. Inmaßen die mähler noch zu sehen und zu erhkennen geben. Dahero zu besorgen, eß möchten drey löcher in den Arm fallen und die schwindsucht darzu khomen. Ihren der Magd khönne solliches natürliches Weiß nit geschehen sein, weilen sie zuvor nie keinen Schaden daran gehabt. Ließe es auch darbei bewenden.« Man sieht, wie leichtfertig das Gericht vorging.

In demselben Jahre (1628) führte ein anderer Spezereihändler zu Baden gegen seinen Landesherren, den katholischen Markgrafen Wilhelm von Baden-Baden, Klage beim Reichskammergericht wegen widerrechtlicher Einkerkerung seiner Ehefrau. Darin heißt es: »Als fürs Erste sei, meine liebe Hausfrau, jetzt nunmehr ein Jahr, uf 6 bloße Angebungen, als wenn sie bei einem Hexen Tantz seye gesehen worden, uf ein Zinstag um 10 Uhr zu Mittag urplötzlich zur gefänglicher Hafft genommen und alsbaldt, da sie im Thurm kommen, ihr angezeigt, auß fürstlichem Bevelch geschehe das, undt hatte sie Eppach und ein Schreiber mit dießen ungestümen Wortten angeredt: Sie seye die größte Hur in Baden und darzun ein Hex, und habe solche Hexerei von ihren Eltern (welche lutherisch gewesen und die Frauw gleichfalls) gelernt, sie soll es nur nicht leugnen, sondern reuck bekennen, darauf sie beständiglich geantworttet, man thue ihr für Gott und aller Welt Unrecht, hatt man sie also baldt ohne alle Barmhertzigkeit ahne die Folter geschlagen« usw. –

In Offenburg (im Breisgau) wurden dann in den Jahren 1627-1630 vierundsiebzig Personen wegen Hexerei zum Tode gebracht, nachdem im benachbarten Ortenburg die Verfolgungen bereits begonnen hatten.

Hexenprozesse in Ortenau und Offenburg

Nach den Angaben des Bürgermeisters Franz Volk in Offenburg in seinem trefflichen Werke »Hexen in der Landvogtei Ortenau und Reichstadt Offenburg« (Lahr, Verl. von Moritz Schaumburg, 1882) wurden in jener von Hexenverfolgung arg heimgesuchten Landschaft an Hexen hingerichtet (der Verfasser des Werkes führt sie namentlich auf):

Im Jahre	
1572	2
1569 (zwei lebendig verbrannt)	3
1573 (verbrannt)	1
1574 "	1
1575 1 "	3
1595 6 "	7

1596	2
1599 2 "	6
1603	3

(Vom Jahre 1627 tritt Hinrichtung durchs Schwert und Verbrennung der Leichen ein.)

1627	4
1628 (darunter 4 lebend verbrannt)	34
1629	22
1630	14
	Sa. 102

In Offenburg teilte man das Streben des Oberamtmanns Seyfried Gall zu Rudolfsekh, welcher (1629) die Aussagen der Gerichteten über Angehörige seines Bezirks Oberkirch zu wissen forderte, »damit allem übell so vihl möglich gesteuert und die liebe Justiz an allen Orten propagiert und befördert werde«.

Am 12. Januar 1628 wurden laut Offenburger Ratsprotokollen fünf gefangene »Unholde Weiber« »wegen bekannter fleischlicher Vermischung und Vermählung mit dem bösen Geist, Verläugnung Gottes« usw. zum Tode verurteilt und am 14. dess. Monats »mit dem Schwehrt vom Leben zum Tode gericht und nachgendts Ihre Häupter und Körper zu Asche verbrannt«.

In der Landvogtei Ortenau eröffnete nach Volk im Juli 1557 den Reigen der dortigen Hexenprozesse der wider Frau Anna Schötterlin von Zell. Sie gestand auf der Folter u. a. den verbotenen Umgang mit dem Knecht Georg Zimmer und ihrem Schwager Andreas ein. Ihr Mann war Trinker und schlug sie. Da gesellte sich, als dieser schlief, eines Nachts ein junger Gesell, der Teufel zu ihr, der ihr Reichtum und Schutz vor den Prügeln ihres Mannes versprach, wenn sie seines Willens sei und Gott und die Heiligen verleugne. Sie rief erschreckt: »Behüt euch Gott!«, und der Buhle verschwand. Sie kam aber doch hinter die Zauberei und übte sie aus. Unter einer ganzen Reihe von Geständnissen befindet sich auch das: Sie war mit ihrem Buhlen auf einer weiten Heide nachts zwischen 11 und 12 in großer Gesellschaft, welche »da einen Tanz und Fraß und Schlemme gehabt«. Sie gab auch ein Mittel an, wie die Hexenmacht ganz wirkungslos gemacht werden könne, das Sichsegnen mit dem Kreuz. Mit ihr saß ihre Schülerin Frau Anna Katharina Kroß. Sie gibt unter anderem an, sie sei einmal mit einem Fuhrmann nach Straßburg gefahren. Unterwegs suchte das vertraulich gewordene Paar unter einem schattigen Baume Vergnügen. Nachts suchten sie unter dem Wagen ihr Lager. Nachdem sich gegen Morgen der Fuhrmann erhoben, erschien wieder ein Mann »und begehrte an sie, daß sie seinen Willen thue, hat sie nit anders gemeint, es sei der vorige Mann und Ihm gleich sollichs bewilligt. Da er nun seinen Willen an ihr vollbracht, hat sie erst gewar genommen, daß er nit der Mann gewesen und ist erschrocken. Da ist er denn nach seines Willens Vollbringung von ihr gewichen«.

Gegen eine Witwe Wolf zeugte im Jahre 1569 ihr eigener Sohn. Nach seiner Aussage hatte sie ihn auf eine Ofengabel gesetzt und war mit ihm durch die Lüfte in einen Keller im Elsaß geritten, wo lustig gezecht und getanzt wurde. Margaret Ketter war auch dabei. Die Mutter gesteht auch richtig den Ritt in den Elsaß und anderes ein, leugnet aber ihre Hochzeit mit dem Sohne. Die beiden Frauenzimmer wurden verbrannt, der Sohn enthauptet.

Am 11. August 1595 wurden unter anderen Hexen in Appenweiler die Ehefrauen Barbara Schiffmann, Sophie Kurn und Katharine Margrav vom Malefizgericht »dem Nachrichter an die Hand überantwortet, von demselbigen gebunden an die gewonlich Richtstatt gefürt und mit dem Feuer von dem Leben zum Tode gericht, Ire Leib, Fleisch, Blut und Bein zu Pulffer und Eschen verbranndt werden sollen«. – Von den drei Unglücklichen sollte Frau Barbara Schiffmann schon als Bärbele von dreizehn Jahren von einer alten Frau beredet worden sein, mit einem jungen Manne, den sie für einen Christen gehalten, die Hochzeit zu feiern. Der habe ihr eine Gerte gegeben, mit der sie durch einfachen Schlag Menschen und Tiere zu töten vermochte.

Die Mitangeklagte eheverlassene Sophie Kurn, die sich kümmerlich als Wäscherin ernährte, sprach einmal ein Fremder an, der sich Bädel nannte, und versprach ihr viel Geld, wenn sie Gott und die Heiligen verleugne. Sie tat es aus Not, aber die zwanzig Gulden, die er ihr gab, waren nur Asche. Später pflegte Bädel unter einem »Pfeiflinbaume« der Liebe mit ihr. Im übrigen verachtete sie die gewöhnlichen Hexenkünste.

Viele Hexen ergaben sich dem Teufel, weil sie in ehelichem Unfrieden lebten. So willfahrte die dritte der Todesgenossinnen, Katharine Markgrav, dem hübsch gekleideten Federle ebenfalls, als sie von ihrem Manne geschlagen, von ihm floh. Ihre Kellerfahrten in die Weinlager in Gengenbach, Kinzigdorf und Rommersweiler sollten von Erfolg gewesen sein. Im Flammentode fühlte die Ärmste den schuldvollen Durst. – Recht dummer Weise kam Tobias Ohnmacht von Fautenbauch, den ums Jahr 1595 der Arm der Gerechtigkeit ergriff, zur Zauberei, dem seine Frau Hörner aufgesetzt. Er kam einmal mit seiner Frau, mit Holzbündeln beladen, aus dem Wald. Da begegnete ihnen ein schwarzer Mann, welcher seinem Weiblein freundlich die Hand bot. Erschreckt fragte er seine Frau, wer dieser Herr sei, und die Listige sagte lachend: »Ach, du Narr kennst ihn nicht? Ich will es dir später sagen, du mußt aber schweigen!« Mit diesen Worten ging sie mit dem Ungenannten ins Gebüsch zurück, während Tobias allein nach Hause trollte. Auf Anregung seiner Frau ergab er sich später dem Bösen, der ihm eine schwarze Wurzel schenkte, mit welcher man Leute und Vieh töten konnte. Er muß ein recht einfältiger Zauberer gewesen sein; denn nach seinen Bekenntnissen bestand seine Hauptttätigkeit darin, daß er zu den Versammlungen aufbot, bei denen er selbst jedoch nicht viel sah; denn die anderen gingen miteinander in die Gebüsche, während er davor stehenbleiben mußte. Nur einmal wurde ihm der Genuß, denn der Böse erschien ihm erwünscht als Baschen Friemanns Tochter, deren Verlockungen er sich gern hingab, obgleich sie kühl war bis ins Herz hinan.

Im Oktober 1596 gestand die der Zauberei angeklagte junge Witib Freyschneizler den Ortenburger Richtern: Auch ihr sei in ihrer großen Dürftigkeit ein feingekleideter Herr begegnet, der sich teilnehmend nach ihrer Trübsal erkundigt und ihr Geld versprochen habe, sofern sie ihm zu Willen sei. Sie ging darauf ein. Leibeskälte und ein Geißfuß des Buhlen machten sie stutzig, doch eine Schürze voll Geld wurde ihr zum Lohn. Zu Hause angekommen, fand sie aber, daß das Geld Kehricht war. Dessenungeachtet kam Hamerlin, der Verführer, wieder, und es gelang ihm, sie zu überreden, daß sie Gott und den Heiligen verleugnete. Sie starb durch Selbstmord. Ihr Leichnam wurde verbrannt.

Im Jahre 1599 erlitten sieben Personen wegen Hexentaten den Feuertod, darunter die Hebamme Brigitta. Sie gesteht, daß zu Offenburg in der Pfalz die Hexen oft Zusammenkünfte hielten. Einmal ritt sie mit dem Bösen auf einem Stecken zu einem guten Imbiß. Sie mußte aber zuhinterst stehen, bis nach Vollendung des Festes »sie alle im Hui davon gefahren«.

Der Verführer erscheint meist als Fremder, macht Versprechungen, tröstet und verführt die Frauen. Oft nimmt der Böse die Gestalt eines Bekannten an. So erscheint er Frau Abraham Hartnagel als Nachbar Specht. Bei Verführung der Tochter des Hans Gries siegt er in Gestalt eines von ihr geliebten Soldaten und feiert mit ihr Hochzeit hinter des Vaters Haus. Witwe Marie Grünberger bettet er in Gestalt ihres Nachbars Thomas Litterst in duftige Wiesenblumen beim Beilager. Bei der Witwe Barbara Schilling hielt der Teufel einen Hausfreund für geraten und erschien ihr als der gern gesehene Knecht Basler. Der jungen Marie Reimuß bot er als Knabe Hölzlein seine Liebesdienste an. Manchmal war jedoch die Gestalt des Verführers nicht tadellos. So nahm Frau Katharina Brinkhlein Anstoß an den abscheulichen Füßen des Hölzlein; doch feiert sie ihre luftige Hochzeit mit ihm. Der Buhle der Frau Agnes Schneider hatte sogar »watschelnde Gänsfüße«, indessen sie versagte ihm die Trauung nicht. Schwieriger fiel die Werbung des Bösen bei Frau Haan aus Waltersweier. Dreimal schlug sie die Werbung des schwarzen Mannes ab. Schließlich erklärte sie aber doch: »Weil es eben sein müßte, so wollte sie es tun!«

Frau Barbara Widmann in Appenweier besuchte der Böse in Gestalt ihres Mannes und lief nach traulichem Gruße stracks als Wolf wieder davon.

Als Teuflin erscheint der Böse nur selten. Morlin Kranz von Urloffen trat er als hübsche Dirne entgegen.

Nach der Verführung und Ableugnung Gottes kam erst die Trauung mit dem Teufel in größeren Versammlungen, wobei ein Sackpfeifer oder Geiger aufspielte.

In der Untersuchung zeigten einige Frauen ein eigenes Verhalten; so wollte Ludwig Hollers Frau in Ortenburg (1628) gar nicht geständig werden. Als man sie aber aufzog, bekannte sie gleich. Anderentags nahm sie das Geständnis wieder zurück, bekannte aber, gebunden in die Höhe gezogen, sofort nochmals. Hartnäckig wies Frau Widmer von Bühl die Anschuldigung der Hexerei zurück. Sie wurde wiederholt aufgezogen, »es ist aber nichts erpreßt worden«. Man entdeckte nun an ihrer rechten Hinterbacken ein schwarzes Zeichen als das Teufelsmal, in welches der Scharfrichter eine lange Nadel bis auf den Knochen stach, ohne daß sie Schmerz zeigte oder sich Blut ergoß: Grund genug, sie wieder auf die Folter zu spannen. Dabei hing man ihr zur Verschärfung einen Stein um den Kopf. Aber auch das blieb ohne Erfolg, wie auch des anderen Tages, wo man sie »wieder mit dem Chordan aufzog«. Dann setzte man sie nach überstandener Tortur noch »bis in die 3 Stunden lang auff den bewußten Stuel, jedoch mit der gebotenen Mäßigung, welchem nach auf entbindung und absetzung dieselbe bekhannt«. – Aus den Aussagen der Schwiegermutter des Peter Auckel von Windschläg, der sie beim Gericht zu Appenweier angeklagt, hat ihre Tochter der Schultheiß von Ebersweier, Kaspar Richter, ihr vor zwei Jahren durch ihren eigenen Mann einen Reichstaler mit dem Auftrage gesandt, daß sie Willstedt in den Adler gehen sollte. Dort leitet der lüsterne Vogt mit der Ursula ein ehrbrecherisches Verhältnis ein, welches er durch Geschenke warm erhielt. Am Ostermontag genoß Ursel jedoch die Zärtlichkeiten eines schwäbischen Barons, welchen sie nach Niederbühl begleitete, wo er ihr acht Gulden gab, bis er wiederkomme.

Im Jahre 1586 blieb die der Hexerei angeklagte »schwarze Else« bei der Tortur standhaft. Deshalb hat sie »der Meister Hardlein nochmals mit ziemlichem Ernste befragt und gemartert«. Schließlich erkannte der Rat, »sie solle nach geschworener und geschriebener Urfehde über den Schwarzwald verreisen, die Kosten der Atzung habe sie zu tragen«. –

In den Jahren 1597-99 erlitten die Frau des Rats Laubbach, eine Frau Geiger und Rumanns Anna den Feuertod, Frau Spieß und die Ratschreiberin Wych rettete sich durch die Flucht.

Die Wirtin Christine Rockenbach, Witwe des Roman Köpfer, wurde verurteilt in der Hoffnung auf Gründe. Sie hatte Margarete Wannemacher als ihre Genossin bezeichnet; man entließ sie aber der Haft, weil die Zeugen günstig aussagten.

In den Beleidigungsklagen jener Zeit kam in Offenburg fast stets der Vorwurf der Hexerei vor. So zwischen den Familien Silberrad und Laubbach. Am 7. September 1601 erhob Rupprecht Silberrad gegen des Altrats Georg Laubbach Töchter Adelheid und Helene eine »Anklage auf Leib und Leben«, weil sie nebst ihrer früher schon verbrannten Mutter ihm sein Fleisch und Blut ums Leben gebracht. Gleichzeitig klagte sein Gesinnungsgenosse Lienhard Stehlin (sie gehörten beide der Bewegungspartei an) die Helene an, weil sie ihm ein Kind blind gemacht und getötet habe. Der alte Georg Laubbach, dem man schon seine Frau auf den Scheiterhaufen gebracht, stand aber unerschrocken in dem Kampfe gegen Silberrad. (Man sieht, wie weit es damals schon der Parteihaß trieb.) Die Ertappung zweier Traubendiebinnen gibt seinen Feinden weitere Gelegenheit, einen Hexenprozeß zu schaffen, und schon am 31. Oktober wird die verheiratete Tochter Laubbachs, Else, die Frau des Bäckers Greiner, als angebliche Hexengespielin in Haft genommen. Sie wurde der Tortur unterworfen, ihre ledigen Schwestern dagegen bekamen Hilfsgenossen in der Rechthaberei der beiden Brüder Silberrad, die verlangten, daß der Rat von Amts wegen einschreite. Sie verdächtigten die Mädchen der Flucht. Der Vater übernahm jedoch eine Geldbürgschaft und erklärte, mit Leib und Leben für seine Töchter einstehen zu wollen. Der Rat ließ es dabei bewenden. Auch eine Frau Jakob König verdächtigte Kaspar Silberrad der Hexerei.

Zwei arme Hausierinnen, Mutter und Tochter, welche einige Weintrauben abgepflückt, wurden verhaftet und wegen Zauberei angeklagt auf Antrag des Christoph Rues, eines Anhängers der Silberradschen Partei. Die junge Frau gab auf der Folter an, daß Eva Vetter, ihre Mutter und sie mit einem Weber in Schutterwald getraut sei. Seit zwei Jahren jedoch, seit ihre Mutter auf einer Kirchweih eingeschenkt, fühle sie eine unwiderstehliche Abneigung gegen ihren Mann. Vorher schon habe ihr ihre Mutter, wenn sie ihre Kunst lernen wollte, einen hübscheren Mann versprochen. Gestohlen habe sie nie, und dieses Mal nur der Mutter, weil sie durstig war, eine Traube abgebrochen. Eva Vetter erklärte, die Aussagen ihrer Tochter über sie wären unbegründet. Auf die volle Tortur hin berichte Marie weiter: Vor drei Jahren sei ihr dreimal im Wald jemand im grünen Kleide begegnet, der sie beim dritten Male angesprochen habe. Sie habe einen Geißfuß an ihm bemerkt und Gott angerufen, »worauf er mit solchem Greuel davongerauscht, daß es nicht anders gekracht, als wenn Himmel und Erde untergehen wollten«. Vor zwei Jahren in ihrer Not erschien er ihr wieder und versprach ihr viel Geld, wenn sie ihm willig sein möchte. Sie gab sich ihm hin, fand ihn aber »so kalt wie einen Eggezah«. Darauf verschwand er unter einem Geräusch, »als wenn der Wald drunter und drüber ginge«. Das gereichte Geld erwies sich als ein Pfennig in Pferdekot. Entehrt und in ihrem Elend getäuscht, rief sie die Muttergottes an und schwur »Kreutlin« ab. Aber der Buhle kam wieder, und sie hielten ihre Hochzeit. Dem Feste wohnten des Bäcker Gwinners Frau, die Bäcker-Else genannt, auch des Kaspar Silberrads Frau und andere bei. Als sie recht lustig geworden, erzählte Else (geb. Laubbach), daß sie schon seit sechzehn Jahren Hexerei treibe, und die Frau Silberrad gab das Alter ihrer Kunst auf zweiundzwanzig Jahre an. Auch des Stallmeisters Sandhaftlin

Frau und die Stadtschreibersfrau Wich waren zugegen usw. Else trage gegen die Offenburger einen solchen Haß, daß, solange dieses Weib lebe, kein Eckerich mehr gedeihen könne. Sie habe Raupen im Walde ausgesetzt. Marie schildert dann ein großes Hexenfest, zu dem die Frau eines Offenburger Junkers ein Kalb und guten Wein gegeben, welches beides sie einem Elsässer entführt hätte. Die Frau Junker ritt auf einer schwarzen Kuh, die andern sausten auf Stecken und Gabeln daher. Vergnüglich sei es auch zugegangen, als die Bäcker-Else ihre Tochter dem Hämmerlin an die linke Hand traute. Zum Tanze habe ein einäugiger Sackpfeifer gespielt, dem jedermann ein Trinkgeld gegeben. Weil sie das nicht vermocht, so habe sie dafür das, was die Tempelherrn nur dem Höllenfürsten taten, an der Frau Spieß und der Altstadtschreiberin verrichten müssen.

Die alte Eva Vetter gestand trotz der Tortur nur, daß die sich dem »Biberlein« vor drei Jahren ergeben, und dieser ihr Geld in den Busen geschoben habe, was sich später aber als Hasenscherben herausstellte. Zuletzt erklärten beide, sie wollten gerne sterben, wenn nur »den anderen ebenmäßig geschähe«! Gütlich befragt, machte sich die Hausfrau des Bäkkers Gwinnder, der vielgeprüften Laubbach verheiratete Tochter, nach des Stettmeisters spöttischen Darstellung »so rein wie Christus, welcher am Stamme des Kreuzes schuldlos gestorben«. Die Marie, ihr gegenübergestellt, blieb fest bei ihren Behauptungen. Zuletzt sagte die Vetter: »Weine einmal! Du kannst so wenig weinen wie ich!«

Sie wurde aufgezogen, schrie entsetzlich, und bat, abzulassen, sie wolle bekennen, bettete aber: »Vater, vergib ihnen, denn sie wissen nicht, was sie tun!« Sie widerstand und wurde in ein anderes Gefängnis gebracht.

Diese Vorgänge erregten die Gegner der Hexenprozesse tief. »Ein vornehmer Mann« machte namentlich dem Rat Rues den Vorwurf, daß er einen einfachen Feldfrevel zur Einleitung einer verhängnisvollen Frauenverfolgung mißbraucht habe.

Jetzt faßte der Rat den Beschluß, auch Agathe, die Tochter der Bäcker-Else, zu verhaften. Sie leugnete, »daß man« – wie es im Protokoll heißt – »bei ihrer Jugend über die unerhörte Frechheit nur staunen konnte«. Ebenso ihre Mutter. Als man letztere zum dritten Male aufzog, gestand sie, »daß sie der Liebe des entenfüßigen Leiblin genossen habe«. Weil dieses Geständnis nur unvollständig, »griff man sie mit der Folter aufs stärkste an, so daß sie die größten Steine vom Boden aufzog«. Aber sie erklärte, ihr Geständnis sei Lüge und nur durch die Schmerzen erpreßt gewesen. Sie sei unschuldig. Endlich ließ man mit der Folter von ihr ab. Die Eva Vetter war in ihrer Aussage über die beiden Unglücklichen schwankend geworden, bekräftigte sie zuletzt aber durch Eid. Danach verneinte Agathe diese Aussagen. Sie wurde Marie gegenübergestellt, deren Aussagen sie für Lügen erklärte. Jetzt führte man das arme Kind in ihr Stübchen zurück und schickte ihr den Meister mit dem Ruten, und der prügelte dann ein »volles Geständnis« heraus.

Die Marie wurde zum Schwert, ihre Mutter zum Scheiterhaufen verurteilt. Als Marie den Spruch vernahm, wollte sie in ihrer Verzweiflung nur mit Frau Silberrad sterben. Auf der Fahrt zum Richtplatz am 22. November vor den Häusern Laubbachs, Silberrads und Stehlins sagte sie, Laubbach habe auch zwei Töchter, die durch ihre Hexerei Silberrads und Stehlin Schaden getan, eine Äußerung, welche Stehlin gegen Helene benutzte.

Am Hinrichtungstage der beiden Vetter eröffnete man Frau Gwinner die Aussagen ihrer Tochter, die man ihr gegenüberstellte.

Das beklagenswerte junge Mädchen konnte kein Wort hervorbringen, »denn ihr Herz sei ihr zu voll!« und erklärte auf der Mutter vorwurfsvolle Frage, wie sie solche falsche Angaben habe machen können, die Furcht vor des Meisters Ruten habe sie dazu gebracht. Dann aber sagte sie kleinmütig wieder die Unwahrheit. Da rief die unglückliche Mutter: »Warum habe ich dich, unglückliches Kind, nicht im ersten Bade ertränkt!«, worauf die Ärmste im tiefsten Schmerz entgegnete: »O Mutter, Mutter, hättest du es getan!«

Frau Else dagegen blieb unerschütterlich, auch »im frischen Hemde und im neuen Kerker«. Der Meister legte ihr die Preßeisen an die Hand, und schraubte fest zu. Sie beharrte auf ihre Schuldlosigkeit. Der Meister heftet sie auf die Folter und zog kräftig an; sie blieb standhaft. »Als sie aber sah, daß man nicht nachlassen will«, fing sie an kümmerlich mit der Sprache herauszurücken und erzählte die alte Geschichte von Federle. Am 11. Dezember begann das Foltern abermals. Die Bitte, man möchte sie ihre Tochter noch einmal sehen lassen, schlug man ihr ab. Zuletzt bekennt sie endlich doch ihre Verbindung mit dem »Leiblin«, wie sie vergeßlich jetzt ihren Buhlen heißt, und zwei Hexenfahrten auf der Kunkel. Als Genossinnen bei den Zusammenkünften nennt sie Frau Spieß und die Ratsschreiberin Wyß. Aber schon am 13. Dezember nahm sie alle ihre Geständnisse zurück, bekannte auch dem Geistlichen nichts. Als man sie am 15. wieder aufs härteste folterte, beteuerte sie zuerst ihre Unschuld, machte dann aber wieder ihre vorigen Angaben, die Beschuldigung der Frau Spieß und der Frau Wyß nahm sie jedoch zurück. Die Richter bestanden auf ihren Eid. Sie weinte und wollte lieber sterben.

Am 19. Dezember bestieg sie den Scheiterhaufen. »Aus dem verfolgten Geschlechte der Laubbach«, sagt Volk, »sieht sie des Vaters und Gatten Liebe machtlos, dagegen ihre eigene Tochter zur Anklägerin ernannt. Alle körperliche und geistige Folter wurden von den Räten, deren stumpfsinnige Verblendung uns unbegreiflich geworden, über das arme Weib verhängt, bis sie in schmerzlichster Leibesqual den Tod der weiteren fruchtlosen Verteidigung ihrer Schuldlosigkeit vorzieht. Für alle diese Freveltaten der Menschen, für ihre höchsten Leibes- und Seelenqualen hat die liebevolle Else nichts als die ängstliche Sorgfalt, niemanden mit in das Verderben zu ziehen und ihren Mitbürgerinnen durch ihre Angaben die Möglichkeit eines Schutzes zu bieten gegen den Richterstand.«

Agathe war auf Vorschlag des Kirchherrn schom am 30. November »in einem stillen Stübchen der Elenden Herberge« an die Kette gelegt worden. Am 9. Januar 1602 bat ihr Vater, bei ihrer großen Jugend von aller Leibesstrafe abzusehen. Sie wurde nun begnadigt, mußte aber auf Urfehde die Stadt verlassen. Der Vater hatte sie an einen katholischen Ort zu bringen und mußte gegen ihre Rückkehr Bürgschaft leisten. Agathe ging nach Weißenburg, wo sie sich später glücklich verheiratete.

Das Schicksal der Helene und Adelheid Laubbach ist nicht bekanntgeworden, da die Protokolle aus den Jahren 1603 und 1604 fehlen.

Im Jahre 1608 gab das Gesuch Wolf Fehrs, mit seiner Frau nach Straßburg zu seinem Schwiegersohn, dem Notar Baldauf, gehen zu dürfen, die Veranlassung zu einem Hexenprozesse. Der Rat wollte das Gesuch »aus erheblichen Gründen« erst in Bedacht ziehen und fragte bei Rechtsgelehrten um Verhaltungsmaßregeln an, da die Frau Fehr vielfach als Hexe angegeben worden war. Graf von Sulz, Präsident des Kammergerichts in Speyer, meinte, wenn schon Frau Fehr nicht wegen Schadens angeklagt und nach allen Aussagen einen braven Lebenswandel geführt habe,so sollte man doch nach Rat der Rechtsgelehrten gegen sie vorgehen, denn der Teufel könne auch die Gestalt eines Gerechten annehmen. Zuletzt warf man Frau Fehr ins Gefängnis. Fehr verlangte Mitteilung der Anklage und vom Kammergericht Freilassung seiner Frau gegen Bürgschaftsleistung. Sie hatte aber bereits Geständnisse abgelegt und besonderns gegen Frau Anna Gütle ausgesagt. Diese wurde eingezogen und machte wiederum Anna Keller als Genossin namhaft, welch letztere wieder die Wirtin Christine Eckard der Teilnahme zieh, und schon am 8. August wurden sie zum Feuertode verurteilt, aber zur Hinrichtung mit dem Schwerte und Verbrennung des Leichnams begnadigt.

Darauf nahm man die Fischerin Marie Betzler fest und dann ihren Sohn, welchen die eigene Mutter der Blutschande mit ihr und der Hexerei bezichtigt, ferner Frau Sabine Probst und die Tochter der Weidenwirtin, welche »nach Aussage des Kirchherrn« von ihrer Mutter ebenfalls der Hexerei beschuldigt wurden in Haft. – Am 12. September starb die Betzler den Feuertod, hatte aber ihre Anklage gegen den eigenen Sohn aufrechterhalten, der nun enthauptet wurde.

Am 1. Oktober beschloß der beutegierige Rat, aus den Bezichtigungen der angegebenen Hexen einen Auszug zu machen, damit man, »wo man befugt zu sein meint, mit dem bösen schändlichen Volke weiter prozediere.«

Am 6. Oktober werden Marie Liederin, Frau Fehr mit der Witwe Fiedler und Frau Ottilia Ott mit dem Schwert hingerichtet und ihre Leichen verbrannt.

Am 10. Oktober erleidet die Witwe Koch dasselbe Schicksal, und am 20. Oktober ebenfalls die Frauen Anna Götz, Ursula Braun und Apollonia Haus.

Um bei Verhaftung der Frau Marie Anna Pabst, einer Matrone, das Aufsehen zu vermeiden, ließ man sie von ihrem Gatten selbst vor Gericht bringen. Alles Bitten des treuen Ehemanns, seiner Frau Erleichterungen ihrer Haft verschaffen zu dürfen, blieben erfolglos. Pabst beschwerte sich beim Kammergericht. Zuletzt wollte der Rat nach Befragen Freiburger Rechtsgelehrten die Gefangene auf Urfehde und unter Bürgschaft für Zahlung der Kosten von 330 fl. freigeben, besorgte aber deshalb Weiterungen seitens des Kammergerichts und unterließ es. Schließlich, aber post festum, kam auch noch das Urteil des seiner Langsamkeit halber mit Recht berüchtigten Reichskammer-Gerichts, welches verfügte, daß man der Frau Pabst die Schuldanzeigen mitteilen, rechtliche Verteidigung und freien Ab- und Zugang nach Notdurft gestatte und mit derselben nicht anders als ordentliche Weise verfahren soll. Trotzdem wurde dem Manne der Besuch der Gefangenen nicht gestattet. Im März 1610 reichte Pabst wieder ein Gesuch ein, man möchte seine Frau ihm nach Hause geben, da sie schwer krank sei. Der Rat zog vor, »ihr Wasser« an Dr. Heidenreich in Straßburg zu senden, der es zwar bedenklich fand, aber wegen eigener Kränklichkeit den geforderten Krankenbesuch ablehnte. Am 3. August endlich durfte Pabst seine Gattin besuchen, am 9. fand beim Malefizgericht eine Beratung in der Sache statt, aber am 27. August erhob man die Anklage und verhaftete den Ehemann der Angeklagten; man entließ ihn indessen am 11. September wieder. Auf Anordnung des Arztes gestattete man, daß er seiner Frau bessere Speisen und guten Wein verschaffen durfte. Am 23. Februar 1611 berichtete der Schultheiß »den Edlen, Ehrenvesten, Fürsichtigen und Weisen Herren Meistern und Räthen«, daß man die Frau Pabst ins Irrenhaus zu schicken habe, und es richtete sich nunmehr ihre ganze Sorge auf Eintreibung der Gerichtskosten. Glücklicherweise erlöste sie der Tod schon im April von weiteren Qualen einer hinverbrannten Justiz. Im Februar zog man die Kosten und Steuern aus dem Vermögen der Pabstschen Familie ein – und das Glück einer Familie war zerstört und der jämmerliche Rat der Reichsstadt Offenburg hatte wieder einmal seinen Hexenprozeß gehabt.

Am 3. Dezember 1627 wurden abermals drei Unschuldige wegen angeblicher Hexerei hingerichtet, von welchen die eine, Frau Holdermann, schon Ende November Bestimmungen über ihr Vermögen zugunsten ihres Sohnes und der Enkel im Falle der Wiederverheiratung ihres Mannes getroffen hatte. Nach Anhörung des Urteils vermachte sie noch dem Wächter ein Sester Frucht, einem anderen Zeug zu einem Wams und der Kirche dreißig Gulden.

Schlimm erging es um jene Zeit einem gewissen Simon Haller. Als im Oktober 1627 in Ortenburg Hexen verbrannt wurden, hörte er als Zuschauer beim Ablesen der »Vergichten« (der von den Gerichteten der Zauberei Bezichtigten) auch seinen Namen. Er geriet darüber in die größte Aufregung und drohte den Amtmann zu erschießen. Deshalb verhafteten ihn die Ortenburger und lieferten ihn nach Offenburg aus. Er wurde gefoltert, und schon wollte man das Verfahren gegen ihn einstellen, als ihn die Ortenburger abermals als Hexenmeister angaben. Wieder gefoltert, leugnete er wiederum. Nach Ortenburg geführt, wurde er seiner Anklägerin Christian Laubbachs Tochter, gegenübergestellt, die ihm ins Gesicht sagte, daß er bei ihrer Hexenhochzeit mit des Vetters Neßels Tochter getanzt habe. Wieder wurde er aufs schärfste befragt, so daß er dem Tode nahe war. Nach seiner Wiederherstellung beschloß der stille Rat die vorläufige Einstellung der Verhöre. Aber schon traf wieder ein Auszug aus dem Ortenburger Hexenprotokoll ein, worin Haller als Unhold bezeichnet wurde. Jetzt wurde er in den neuen, nach Ortenburger Muster angefertigten »Stuhl« gesetzt. Als er bis abends sieben Uhr darin gesessen, erklärte er, ein Hexenmeister zu sein. Er wurde mit noch drei Frauen enthauptet, und ihre Leichen wurden verbrannt, wozu der Stettmeister Philipp Bock das Holz gab, dessen eigene Frau man am 29. August 1629 dem Scheiterhaufen überlieferte.

Am 12. Januar 1628 wurde Frau Ursula Schlininger mit vier Genossinnen zum Tode verurteilt.

Am 4. Januar wurde, von fünf Personen angegeben, die Frau Stettmeister Megerer eingezogen und ebenfalls am 12. Januar verurteilt. Ihr Mann war ein trefflicher, kenntnisreicher, rechtlicher Bürger, der sich große Verdienste um die Stadt erworben hatte. Er mußte die Kosten des Verfahrens tragen.

Am 16. Juni desselben Jahres sollten drei Mädchen hingerichtet werden. Die beiden Widerstetter hatten die Beichte abgelegt und wollten willig in den Tod gehen, die Ursula Weid aber verweigerte die Beichte und behauptete jetzt ihre Unschuld, worauf der Rat beschloß, den beiden anderen Mädchen mitzuteilen, »daß die Ursel heut nit kann«. Bei dieser Eröffnung baten die armen Schwestern, »man wolle auch mit ihnen einhalten, bis die Ursel auch mit kann, sie wollen nit sterben ohne die Ursel...« Infolgedessen fand die Hinrichtung aller drei erst am 19. Juni statt.

Inzwischen hatte man wieder vier Frauenspersonen eingezogen, darunter die Frau des Stettmeisters Philipp Baur und Magdalena, die Frau des welschen Franz.

Letztere gestand trotz wiederholter Tortur nicht. Da setzte man sie am 30. Juni auf den »Henkerstuhl«, auf welchem sie gestorben ist. Das Protokoll vom folgenden Tage ist noch vorhanden.

Die übrigen vier Frauen wurden am 7. Juli 1628 enthauptet und dann verbrannt.

Auch des Stettmeisters Baur Tochter wurde auf die Beschuldigung des Malers Schwartz der Hexerei angeklagt und gefoltert, ebenso die Frau des Stettmeisters Weselin, der als Richter durch den Stettmeister Dädinger ersetzt wurde. Dazu kam Frau Anna Meyer und die Witwe Hauff. Letztere sollte Raupen und Flöhe machen, aber nicht färben könne usw.

Alle vier Weiber wurden wegen Verleugnung Gottes, fleischlicher Vermischung mit dem bösen Geiste usw. verurteilt und am 1. Dezember 1628 nach der Enthauptung verbrannt.

Die Tochter des Stettmeisters Baur war Braut und mußte während der Gefangenschaft dem Verlobten das Hochzeitsgut zurücksenden.

Am 18. Dezember wurde Jakob Lindner eingezogen, peinlich verhört und vom Kirchherrn mit geistlichen Mitteln bearbeitet. Am 23. berichtete Stettmeister Hag im Namen seiner Tochter, Lindners Frau, daß sie durch die großen Kosten der Gefangenschaft ihres Mannes sehr beschwert sei. Man gab der Frau in ihrer Not auf gutes Unterpfand ein Darlehen. Bei Lindner half die Tortur nichts. Als er aber hörte, daß eben seine Frau eine Messe für ihn lesen lasse, weinte er laut. Man stellte die Tortur ein und beließ ihn im Gefängnisse. Inzwischen waren Frauen eingezogen worden. Von diesen gibt die Frau Bauerlin an, Lindner zweimal bei Hexenzusammenkünften gesehen zu haben. Dem Weibe gegenübergestellt, zeiht er es der Lüge. Am 25. Januar 1629 ohne Erfolg gefoltert, setzte man ihn am 26. Januar auf den »Hackerschen Stuhl«[54] und gab »gut Sorge auf das Feuern und Schüren« – und er gestand. Am 27. und 28. wurde er wieder gepeinigt, wußte aber weiter nichts zu bekennen. Mittlerweile wurden (am 24. Januar) abermals zwei Frauen wegen Hexerei hingerichtet.

Am 29. Januar erhielt Lindner in Hans Ros einen Leidensgefährten, der ihm am 16. Februar in den Tod zu folgen hatte. – Am 4. Mai wurden drei Frauen gerichtet, darunter die Hebamme Ros, »aber der Hebamme mußten zuvor mit glühenden Zangen zwei Griffe geben werden«.

Von Ortenberg angegeben, wanderte Thomas Wittich in den Turm, widerstand aber mit stählerner Kraft der täglich wiederholten Tortur, indessen der »Hackersche Stuhl« machte ihn mürbe.

Seine Schicksalsgenossinnen waren die Frau Vollmer und die Stortzen Neß (Agnes), die Frau des Ratssohnes und Musketenschützenmeisters Wolf Jung. Als dritte erscheint Frau Margarete Wachtel und die Witwe des Simon Nonnemann. Am 28. Mai (1629) wurden die fünf enthauptet und verbrannt.

Der Tag der Hinrichtung füllte die Gefängnisse jedoch mit vier neuen Angeklagten. Die beiden Töchter der Margarete, Magdalena und Katharina Schöpflin wurden von der eigenen Mutter dem Richter als Hexen bezeichnet und gestanden im ersten Verhör. Beim fettleibigen Bäcker Jakob Roser dagegen bedurfte es des alle bezwingenden Stuhls, während Jeremias Huck schon im zweiten peinlichen Verhör bekannte. Alle vier wurden am 11. Juni 1629 enthauptet und verbrannt.

Am 22. und 25. Juni fanden neue Verhaftungen statt. Diesmal waren es fünf Frauen und ein Mann. Der letztere bekennt erst »auf'm Stuhl«. Auch Hans Dümers Frau legt erst im »Hackerschen Stuhl« Bekenntnisse ab, aber nur »wegen der argen Pein«. Wegen dieses Zusatzes setzte man sie schnell wieder hinein, damit sie ihn weglasse.

Die sechs Unschuldigen wurden am 6. Juli 1629 enthauptet und dann verbrannt.

Um diese Zeit bitten die Geistlichen um Extraentschädigung für ihre viele Arbeit bei den Malefikanten, werden aber abgewiesen.

Bis zum 20. August wurden wieder zwei Männer und zwei Frauen eingezogen, und an diesem Tage wurde die Frau des Stettmeisters Philipp Beck, jenes Mannes, der zu Hallers Hinrichtung das Holz gegeben, ergriffen, ein hübsches, zierliches Weibchen mit lockigem Haar und schönen blauen Augen. Kaum gefangengenommen, forderte ihr roher Mann vom Rate die Erlaubnis, daß er seiner Frau schreiben dürfe, sie möge auf Untreue, die sie begangen, bekennen, und man solle sie namentlich weges des jungen Hauser peinlich befragen. Was sie gestand, ist unbekannt, reichte jedoch hin, daß sie am 29. August mit den vier übrigen Unholdinnen hingerichtet wurde. Bei dieser Gelegenheit mußte sich eine Frau Nagel vor der Enthauptung noch einen Griff mit glühender Zange in die rechte Brust gefallen lassen. Als in der Ratssitzung am 5. Oktober der Einzug der Hexenkosten beschlossen wurde, wußte der elende Stettmeister Beck über den Tod seiner unglücklichen Frau nichts anderes vorzubringen, als die Zahlung der Kosten zu verweigern und zu schimpfen, wofür er in eine Geldstrafe genommen wurde.

Am 19. Oktober erlitten ein Mann und zwei Frauen wegen Zauberei den Tod.

Drei Wochen später zog man die Pulver-Margarete, Franz Göppert und Herrn Hans Georg Bauer ein. Letzterer war Ratsherr, Artilleriemeister, Weinschätzer und Geschirrfahrer. Von ihm schreibt Volk:

»Wenn sich Bauer auch früher einmal mit Stettmeister Wesele herumschlug und seine Tochter ihn ohne Wissen des Pfarrers mit einem Knäblein überraschte, das dem Jugendgenossen Christoph Mirle glich, so darf man dieses nicht für etwas damals so Außerordentliches halten, daß es sein Ansehen erschüttert hätte. Auffallender ist, daß schon an einem Maiabend des Jahres 1623 der betrunkene Pfarrer Hosemann dem Rat Bauer das Fenster hinaufrief: »Gute Nacht Hexen, Raupenhexen, Raupen dem Herrn Gumbs!« Schon zu jener Zeit schien demnach die Freundin des Pfarrers, Frau Magenzapf, welche mit dem Pfarrer dem Nachbar böse zu sein Grund hatte, mit vorbereitender Hand am Leichentuche Bauers gewoben zu haben.«

Die drei Gefangenen widerstanden der Folterpein nicht lange; sie gingen am 29. November in den Tod.

Allmählich wurden indessen die Angeklagten mutiger. Frau Magdalene Holdermann, schon am 17. August wegen Hexerei verhaftet, wurde, weil sie schwanger war, vorläufig nach Hause entlassen, nachdem ihr Mann mit Leib und Gut Bürgschaft versprochen, daß er sie nach der Kindtauffeier wieder ins Gefängnis liefere. Seine Bitte, seinem Weibe den Besuch der Kirche zu gestatten, wurde abgeschlagen. Trotzdem ging sie zum

Gottesdienst. Sie wurde darauf wieder verhaftet und peinlich verhört; gestand aber erst, nachdem man sie in den Hackerschen Stuhl gebunden.

Eine andere Frau, die Gotter Neß, hielt alle Qualen der Folter, auch die des »Stuhls« aus, dessen Martern noch kein Mann widerstanden hatte. Nur in der heftigsten Qual begann sie ein Geständnis, nahm es aber sofort zurück. Das brachte den Rat in Verlegenheit, und er ließ ihr sagen, wenn die Gotter Neß sich ergeben wolle, so könne ihr am 21. mit Bauer, Göppert und Pulver-Margaret der Gerichtstag gehalten werden, »und sie könnte mitgehen«. Da sie aber zum Mitgehen noch kein Verlangen verspürte, mußte das Heldenweib noch einmal in den Stuhl, und zwar nachdem man ihr den Barbier gesandt, da ihre Beine von den Beinschrauben schwer verletzt waren.

»Gotter Neß ist gar über auf und vielmal schwach, daß man vermein, sie werde sterben«, wird am 3. Dezember gemeldet. – »Die ist wieder auf den Stuhl gesetzt, verharrt aber auf der Unschuld. Erkennt, daß man sie solle nach Hause lassen und den Kirchherrn zu ihr ordnen.« Kleinlaut wird begefügt: »Mit dem Hexenfang soll man einhalten bis Weihnachten nachher.« Ihr Heldenmut hatte auf die Richter und auf die ganze Bevölkerung einen erschütternden Eindruck hervorgebracht.

Dessenungeachtet wurden am 2. Januar 1630 die Frau Holdermann, Marie, die Tochter der Gotter Neß, und am 12. Ursula Burg zur Untersuchung gezogen und auf ihre erpreßten Bekenntnisse hin am 23. zum Tode verurteilt. Alle aber erklärten ihre Geständnisse für erzwungen und sich für unschuldig und blieben trotz allen Zuredens des Kirchherrn und des Schultheißen dabei. Den Stuhl wagte man jetzt nicht anzuwenden und war froh, daß der Pfarrherr erklärte, »er wolle in den heiligen Ämtern der Mess' Gott um Beistand der Gerechtigkeit« bitten, und sie infolgedessen beschließen konnten, die Malefikanten bis auf weiteres »auf den Hauptwachten« in Gefangenschaft zu belassen. Später wurden sie in ihre Wohnung gebannt. Die Prozeßkosten mußten sie aber bezahlen; eine seltsame Gerechtigkeit!

So endete allmählich in der Gegend von Offenburg der blutige Wahn. Immerhin kamen noch einige Hinrichtungen wegen Zauberei vor. Der eindringende Schwede heilte mit Eisen und Feuer die unselige Volkskrankheit. –

In Flandern wüteten die Hexenprozesse ebenfalls, und auch hier erpreßte man durch die Folter Geständnisse. –

In der Grafschaft Sponheim (im jetzigen Regierungsbezirk Koblenz) wurde im Jahre 1575 überall danach geforscht, ob das Volk bei Krankheitsfällen von Menschen und Vieh zu den Segenssprechern laufe oder sonst Zaubermittel gebrauche. Da berichtete denn u. a. sogar der Zensor von Repach, seine eigene Frau gehöre zu den Segenssprechern, deren Hilfe oft gesucht werde. Vorgeladen, gab sie folgenden Segensspruch an, welchen sie gebrauche:

»Der heilige Mann Sanct Simeon
Soll gen Rom reiten oder gahn,
Da trat sein Fohlen uf ein Stein
Und verrenkt ein Bein.
Bein zu Bein
Blut zu Blut.
Im Namen Gottes des Vaters,
Ader zu Ader, Fleisch zu Fleisch.
So rhein khome sie zusammen
In unseres Herrn Jesu Christi Namen.
Also rhein du aus Mutterleib khomen bist.«

Dazu bemerkte sie, daß, wenn ihr Segen Kraft haben sollte, bei demselben fünfzehn Paternoster, fünfzehn Ave Maria und einmal der Glaube gebetet werden müßten.

Zu Enkirch gebrauchte die Hebamme (Gebärmutter), um die Entbindungen zu erleichtern, nachstehenden Segen:

»Bärmutter, war solltu gahn?
Ich geh über Felt dem sein Herz abstoßen.
Bärmutter, Du sollst es nit thun.
Die Messen sind gesungen,
Die Messen sind gelesen,
Der N. Bauch soll genesen
Sey war in Christi Namen. Amen.«

Der Frau des Zensors wurde befohlen, weil ihr Segensprechen wider Gottes Wort sei, habe sie davon abzustehen. »Solches zu tun, hat sie gutwillig angenommen, und auch die Wehmutter zu Enkirch sprach für die ihr gewordene Unterrichtung ihren Dank aus.«

Auch hatte man in jener Gegend noch allerlei besondere Segen, so für Geburten und Knochenbrüche, so auch für kranke Kinder, Vieh usw.

Bei einer Kirchenvisitation im Jahre 1591 wurde der Pfarrer zu Gebroth beschuldigt, daß er wie für sein Kind, so auch für sich selbst in Krankheitsfällen den Teufelsbeschwörer in Dillenburg und andere Teufelsbanner gebraucht habe, und der Pfarrer vermochte sich nicht völlig von dieser Anschuldigung zu reinigen.

Gegen Ende des Jahrhunderts hatte ein gewisser Kistenmacher zu Leusal großen Zulauf von Leuten, welche vermeinten, er könne Pferde und anderes Vieh, was ihnen abhanden gekommen, durch Beschwören wieder herbeischaffen oder den Zauber lösen, dem sie das Erkranken ihres Viehes beimaßen. Der Inspektor Conon mußte den Beschwörer verhören und ihm befehlen, sein sündiges Treiben aufzugeben. – Derartige Beschwörer fanden sich an vielen Orten.

In der zweiten Hälfte des 16. Jahrhunderts wurde auch das auf ein Teufelsbündnis zurückzuführende Zaubern hier nur selten in barbarischer Weise geahndet. So war 1591 zur Anzeige gekommen, daß zu Eckweiler des alten Hennen Frau der Zauberei verdächtig sei. Die Visitatoren untersuchten daher die Sache, fanden aber, daß der einzige Ankläger der Frau ihr Mann sei, der im Verdacht stand, daß er sie habe umbringen wollen, und der sie bereits aus seinem Hause verstoßen hatte. Man ermahnte den Mann, seine Frau wieder zu sich zu nehmen, friedlich mit ihr zu leben, die Predigt fleißig zu besuchen und die Wirtshäuser zu meiden. – In der hinteren Grafschaft Sponheim war im Jahre 1586 eine Frau der Zauberei angeklagt und vom Gericht »mit allem Ernste in der Güte auf viele Wege examiniert«, aber zu keinem »Geständnis« gebracht worden. Man nahm sie auf die Folter; da sie jedoch den ersten Grad derselben standhaft aushielt und beharrlich ihre Unschuld beteuerte, stand das Gericht von einer Fortsetzung der Tortur ab und entließ die Angeklagte, »obwohl der Nachrichter wie auch männiglich sie für eine große Zauberin halten«.

Philipp der Großmütige, Landgraf von Hessen, hatte vor den meisten Fürsten seiner Zeit die vernünftigsten Anschauungen über Hexen- und Zauberglauben, der ihm mit dem lebendigen Christentum ganz unvereinbar erschien. Eine diesbezügliche Bekundung befindet sich aus dem Jahre 1525 im hessischen Staatsarchiv zu Marburg. Der Amtmann zu Lichtenberg hatte damals an den Landgrafen nach Speyer berichtet, daß etliche böse Weiber durch Zauberei bedeutenden Schaden angerichtet hätten. Er habe dieselben verhört und eine, die geständig sei, auch in Haft. Der Landgraf verfügte unterm 1. August 1526 jedoch, der Amtmann solle in dieser Sache nicht zu eilig vorgehen, »nachdem es ein zweifelig Ding ist.« Es sei wohl zu beachten, daß durch derartige Verfolgung »vielen Leuten könne Unrecht geschehen«. »Darum«, heißt es in L. Philipps Bescheide, »so wollest du die Frau, die noch in Haft ist, nochmals in der Güte, ohne Pein, auf alles ihr getanes Bekenntnis fragen lassen, und wo sie es also bekennt, ihr alsdann ihr Recht widerfahren lassen. Und dieweil dieselbe auf noch mehr Leute bekennt hat, wo dann solche Personen deshalb etwas ruchbar und in einem bösen Leumund sind, so wollest du die auch in Haft nehmen und sie in dem Gefängnis gütlich, auch ernstlich, mit Bedräuung ohne Pein anreden und fragen, daß sie ihnen selbst zugute die Wahrheit bekennen und sich vor weiterer Pein und großer Marter verhüten wollten, damit nicht etwa ein Unschuldiger möchte gepeinigt und unverdientersache gestraft werden.«

Infolge der vernünftigen und humanen Anschauung des Landgrafen Philipp war in Hessen bis in die zweite Hälfte des Jahrhunderts von Hexenverfolgungen kaum die Rede. 1543 erließ Landgraf Philipp eine »Ordnung wider das Gotteslästern« usw., in der es am Schlusse heißt: »Der Kristallenseher und Weissager halben ist unser Befehl, daß man derselben Person ganz und gar keine in unseren Landen leiden, sondern, wo die mögen angetroffen werden, daß man sie an Leib und Gut ohne alle Barmherzigkeit strafen soll.«

Von Hexerei ist hier demnach keine Rede. So kommt es denn, daß unter Landgraf Philipp in Hessen niemand wegen Hexerei am Leben gestraft worden ist.

Nur in einem Hexenprozesse während seiner Regierung erkannte die Jursitenfakultät zu Marburg auf Verbrennung; es ist jedoch nicht zu ersehen, daß die Hinrichtung stattgefunden hat. Eine Weibsperson aus der Obergrafschaft Katzenellenbogen hatte vor dem Zentgrafen und Schöffen zu Gerau im Dezember 1564 auf peinliche Befragung doch »extra« torturam bekannt, daß sie mit dem Teufel (»Spitzhut«) wiederholt gebuhlt, sich von Gott losgesagt, an den Tänzen der Hexen teilgenommen und viele Menschen an ihrem Besitz geschädigt habe. Sie nahm jedoch später ihre Aussagen zurück und erklärte, daß sie dieselben nur infolge teuflischer Berückung getan habe. Der Teufel sei ein Lügner von Anfang an, und da er ein geistiges Wesen ohne Leib, könne er auch keinen geschlechtlichen Umgang ausüben. – Auch unter Landgraf Wilhelm IV. (dem Weisen) von Hessen-Kassel ist in dessen Landen keine Hexe verbrannt worden. Als 1571 zu Allendorf an der Werra durch verdächtige Weiber allerlei Gaukeleien verübt waren – sie sollten aus den Augen Fliegen, Holz und Kalk gebracht haben – und der Landgraf den Naturforscher Joachim Camerarius um Rat fragte, tadelte dieser die Folterungen vermeintlicher Zauberinnen als abergläubisch und grausam und erklärte die Wasserprobe für ganz unsicher. Dagegen wandte Landgraf Wilhelm ein: Er müsse das Recht ergehen lassen und könne nach anderer Obrigkeiten Beispiel die Wasserprobe nicht ganz verwerfen; denn wenn er gleich nicht verstehe, wie es zugehe, daß solche Zauberinnen nicht untergingen, so schienen doch die von ihnen verübten Gaukeleien übernatürlich zu sein. Diese Antwort veranlaßte nun den einsichtigen und menschenfreundlichen Camerarius, den Landgrafen dringend vor der Hexenverfolgung und Hexenverbrennung zu warnen, wobei der demselben besonders das Geschick einer unglücklichen Frau zu Ellwangen vorhielt, die, weil ihr dem Trunk und Spiel ergebener Sohn ihr nachgesagt, daß der Teufel ihr Geld gebracht habe, durch die grausamste Tortur zu einem falschen Geständnis getrieben und hingerichtet worden sei. Das scheint auch Erfolg beim Landgrafen gehabt zu haben.

Zuerst war 1575, unter dem in Marburg residierenden Landgrafen Ludwig von Oberhessen, von einer Hexenverfolgung die Rede.

Zwei im Amte Blankenstein ergriffenen Frauenpersonen, Mutter und Tochter, die sich gegenseitig »Zaubersche« schimpften, waren in Marburg ins Gefängnis geworfen worden. Der Landgraf legte die Sache der damals gerade in Marburg versammelten Generalsynode Gesamthessens vor. Diese mochte sich aber nicht in die Angelegenheit mischen. Damit war jedoch Landgraf Wilhelm (der Weise) in Kassel nicht zufrieden, weshalb er alle

Pfarrer Niederhessens aufforderte, das Volk zu belehren, daß die Zauberei niemand schaden könne, wenn man nicht daran glaube; denn der böse Feind habe keine Macht, wo man ihm nicht Raum gebe.

Anders aber als dieser erleuchtete Fürst dachte dessen Bruder Georg zu Darmstadt, der Ende Juni 1582 mehrere der Hexerei überführte Weiber verbrennen ließ. Es waren dies die ersten Hexenhinrichtungen in Hessen überhaupt. Um so erfreulicher – sagt Soldan – war die für jene Zeit wahrhaft imponierende Freisinnigkeit, welche die in diesem Jahre zu Marburg versammelte Generalsynode in ihrer Auffassung der Hexerei und des Teufelspuks kundgab. Hier teilte nämlich der Superintendent Meier zu Kassel mit, in Kassel sei ein gewisser Heinz Badstuber, der angeblich vor einer Reihe von Jahren mit dem Teufel einen Pakt auf zwölf Jahre eingegangen sei, nach deren Ablauf er dem Teufel verfallen sein wolle. Da nun die Verfallzeit seiner Seele bevorstehe und er deshalb in großer Not sei, so bitte er, daß ihm seitens der Kirche gegen den Teufel Schutz und Hilfe gewährt werden möchte. Der Superintendent fügte hinzu, vorläufig habe er den Badstuber ermahnt, gegen die Anfechtungen des leidigen Satan die Waffen des Gebets zu gebrauchen und den Bund zu halten, welchen er in der Taufe mit seinem Gott und Heiland geschlossen habe, um den Bund mit dem Teufel aber sich nicht zu kümmern. Diese Mitteilung war natürlich der ganzen Synode sehr überraschend; aber nicht eine Stimme forderte, daß gegen den Badstuber peinlich vorgegangen würde. Vielmehr wurde vielseitig geäußert, daß möglicherweise die ganze Geschichte erlogen sei, und schließlich vereinigte man sich zu dem Beschluß, der Badstuber solle in spezielle kirchliche Aufsicht genommen, zum täglichen Besuch der Gottesdienste angehalten, in denselben sollte für eine vom Teufel angefochtene Person gebetet werden, und eventuell sollte er in Kirchenbuße genommen und öffentlich absolviert werden. Von einer »Leibesstrafe« aber habe man, »weil dieser Fall mehr durch des bösen Feindes betrügerischer Nachstellung als des Badestubers Rat und zeitigen Vorbedacht geschehen«, Abstand zu nehmen.

Weiterhin wurde angezeigt, daß sich eine der Hexerei bezichtigte Frau zu Darmstadt durch ihr Davonlaufen verdächtig gemacht habe. Sie sei allerdings zurückgekehrt, allein sie sage selbst, daß sie der Teufel sei, und daß der Teufel in ihrem Namen getan habe, was man ihr schuld gebe. Es frage sich daher, wie man gegen dieselbe zu verfahren habe. Die Stellung, welche die meisten Synodalen zu der Frage einnahmen, war in der von dem Hauptmann von Ziegenhain, Eitel von Berlepsch, als dem landesherrlichen Kommissar, abgegebenen Erklärung dargestellt. Er sei der Meinung, ein Christ solle nur den Teufel und die Zauberei verachten, und der Teufel habe verloren. Wenn man aber die bösen Künste hochachte und sie fürchte, so habe der Teufel gewonnen. – H. Herder, der damalige Stadtpfarrer, sprach ausführlich aus: Wenn jene Zauberin erkläre, der Teufel möge das ihr Schuldgegebene in ihrem Namen getan haben, so sei dieses wohl zu überlegen. Denn es sei bekannt, wie der Teufel durch seine betrüglichen Eingebungen bei den zauberischen Tänzen die Hand im Spiel habe, in dem wohl etliche bei denselben zugegen sein möchten, aber sehr viele nur durch die Berückung und Illusion des Satans dabei zu sein vermeinten usw.

In ihrem Beschluß ließ die Synode zwar den Glauben an Zauberei unangetastet, aber sie fordert auch, »daß nicht allein insgemein gegen die Zauberei gepredigt, sondern auch das Volk unterrichtet werde, daß nicht alles, so den Leuten begegnet, der Zauberei zuzuschreiben sei, da gar vieles aus Gottes sonderlicher Schickung oder aus natürlichen Ursachen geschehe und daß keiner weiter, als es Gott verhänge, durch Zauberei könne beschädigt werden; dagegen wahre Buße, das Gebet und andere christliche und auch natürliche Mittel gebraucht und auch das unchristliche Verleumden und unschuldiger Leute Diffamation (Verschreiung) gänzlich verhütet werden solle«.

Im Jahre 1584 hatte ein achtzigjähriger Greis zu Nidda beim Landgrafen Ludwig zu Marburg seine Frau der Hexerei angeklagt, und diese war deshalb mit der scharfen Frage angefaßt und gemartert, endlich aber unschuldig befunden und freigesprochen worden. Gleichwohl wolle sie nun der Rentmeister zu Nidda als eine verdächtige Person in der Stadt nicht dulden.

Im Jahre 1591 war eine Frau wegen Verdachts der Hexerei gefoltert und als unschuldig entlassen worden. Ihr Mann bat nun den Landgrafen Ludwig, den Kläger zum Schadenersatz anzuhalten, weil seine Frau durch die Folter für ihr ganzes Leben zum Krüppel geworden sei. – 1595 wurde eine Hexe auf der Amöneburg verbrannt, während viele andere Verdächtige in Haft waren. Die heftigste Hexenverfolgung fand aber in den Jahren von 1596 bis 1598 statt.

In der Landgrafschaft Hessen-Darmstadt stellte Landgraf Georg (gest. 1596) eine Peinliche Gerichtsordnung auf, in welcher es heißt: »Die Zauberei ist ein greuliches, sonderbares, ungöttliches, hochsträfliches Laster, welches jetziger Zeit fast allenthalben unter den Weibspersonen durch Gottes gerechten Zorn und Verhängnis eingerissen, daher die Beamten mit allem Fleiße inquirieren, alsbald eine Person des Lasters bezüchtigt und ein Geschrei erschollen, daß es sich befindet, daß eine publica vox et fama (öffentliche Stimme und Gerücht) zu Haften bringen sollen.« Schon im Jahre 1585 waren dreißig Personen in Darmstadt in Untersuchung, von denen siebzehn hingerichtet, sieben des Landes verwiesen wurden und eine durch Selbstmord endete. –

In Niederhessen (Kassel) kommt ein vereinzelter Fall vor, die nach einer Schmalkaldener Chronik 1598 erfolgte Verbrennung einer Hexe, »die Milch der nachbarlichen Kühe stehen gemacht, sechs Pferde gesterbt und das aus dem Munde genommene heilige Abendmahlsbrot in ein Brot gebacken und auf Anstiften des Satans ihrem Sohn zu essen gegeben.«

Im eigentlichen Niederhessen ist der erste aktenmäßig feststehende Fall, daß der wegen Zauberei angeklagte Joh. Köhler, genannt Stölzelfuß aus Niederurf, »durch Richter und Schöffen zur peinlichen Frage erkannt werde«, im Jahre 1605 vorgekommen. Seitdem nahmen die Hexenprozesse freilich auch in Niederhessen überhand; »doch ist zu beachten«, bemerkt Soldan, »daß einer der ersten, welcher auf die gefährliche Anwendung der Folter aufmerksam machte, ein Hesse war, nämlich Ludwig Gilhausen.« –

In Nassau-Dillenburg hielt geraume Zeit der treffliche (reformierte) Graf Johann IV. (gest. 1606) die Hexenverfolgungen auf. In einem seiner Erlasse (vom 28. Juli 1582) heißt es, daß er trotz vielfältiger Klagen über Beschädigung von Menschen und Vieh, welche »von Zauberinnen entspringen sollen, und trotzdem, daß ihm die angeblichen Hexen genannt worden seien und ihre Ausrottung verlangt werde, doch nicht gegen sie vorgegangen sei, sondern er habe erst bei sich selbst nachgedacht, dann habe er sich bei vornehmen Standespersonen und bei in- und ausländischen Rechtsgelehrten erkundigt und sei zu dem Resultat gelangt, daß man in Sachen, welche Leib und Leben und der Seelen Seligkeit betreffen, ›nicht liederlich‹ und auf bloße Anzeige hin handele, auch niemanden vor eingezogener beserer Erkundigung angreifen, geschweige denn mit ihm zum Feuer eilen dürfe. Damit er aber jederzeit wissen möge, was es mit denjenigen, die als Hexen oder Zauberinnen angegeben werden, für eine Beschaffenheit habe, so sollten sich die Schultheißen jedesmal bei den Heimburgen, bei vier Geschworenen und anderen unparteiischen Leuten im stillen erkundigen, wodurch die angeschuldigten Personen in den Verdacht der Hexerei gekommen wäre, ob gegründete Beweise für die ihnen zur Last gelegte Schadenstiftung vorhanden und namentlich, wie sie sich von Jugend auf bis anhero erzeigt, ob sie sich christlich und fromm, auch aller guten Nachbarschaft beflissen und sich diesfalls unbescholten verhalten hätten«. –

In der Reichsstadt Nordhausen erfolgten die ersten Hexenverbrennungen im Jahre 1573. Die beiden Hexen, welche in diesem Jahre dort gerichtet wurden, sollten den Leuten Elben (Plagegeister) im Namen des Teufels massenweise angehext und dieselben auch wieder aus den Menschen auszutreiben vermocht haben. –

Auch Erfurt lieferte sein Kontingent zu den Opfern, die der alberne Glaube an Hexerei und Teufelskünste dem Genius eines finsteren Zeitalters schlachtete. So erzählt Hagel in seiner Chronik:

Im Jahre 1549 geschah es, daß bei dem Geistlichen Ulrich Eickenberger eine Magd, Barbara mit Namen, diente, welche den Diener Anton, der mit im Hause des Domherrn war, gern hatte und ihn zu heiraten wünschte. Aber Anton hatte hierzu keine Neigung und nahm in Goslar einen Dienst an, um nur ihrer loszuwerden. Das verdroß die Barbara sehr, und sie dachte von dieser Zeit an auf Rache. Zunächst suchte sie eine berüchtigte

Hexe, die Notariusin, auf, die, wie durch einen Schneider verraten worden war, die Kunst verstand, durch wollene Stecknadeln, die sie hie und da in der Stadt verstreute, Mädchen, die sie aufhoben und in das Haar steckten, zu Falle zu bringen und Frauen ihren Männern untreu zu machen. Von dieser Hexe verlangte sie, daß Anton in vier Stunden auf einem Bocke nach Erfurt geholt würde. Es geschah, und bei dem Ritt berührte Anton beinahe mit seinen Stiefeln den Knopf eines der Domtürme, dann, sanft niedergelassen, fuhr er durch das finstere Kellerloch in Eckenbergers Weinkeller ein. Dem Anton war es bei der gefährlichen Fahrt zumute gewesen, als ob Himmel und Erde auf ihm gelegen hätten und als ob ihm das Blut aus allen Fingerspitzen springen müßte. Ermattet lag er da. Als er von der Barbara bemerkt worden, eilte sie zu ihrem Herrn mit der Anklage, Anton hätte sich in sein Haus eingeschlichen, ihn zu ermorden, und verberge sich im Keller. Der Domherr überzeugte sich von der Anwesenheit seines ehemaligen Dieners und ließ ihn durch den Stadtknecht verhaften. Da Anton aber im Verhör den Ritt auf dem Bocke zur Anzeige brachte und dessen Ausführung der Magd Barbara und der Hexe Notariusin schuld gab, wurden beide in gefängliche Haft gebracht und scharf befragt. Da sie der Hexerei eingeständig waren, wurden sie bald darauf vor dem Tore verbrannt, Anton aber freigelassen.

Ferner berichtet Falkensteins Chronik: »Anno 1550 wurde am Freitage nach Quasimodogeniti Dorothea Zimmermann, um Zauberei willen verbrannt. Sie hatte in der Folter bekannt, daß sie mit dem Teufel zugehalten.« –

Ein Koburger Manuskript vom Jahre 1549 berichtet über eine Art der Hexerei, das »Abkühlen«. Darunter verstand man das Siechen und Dahinsterben einer Person, der durch die Teufelskünste einer Hexe Schaden zugefügt werden sollte; es lautete:

»Das Ärgste, was Barbara auf der Folter bekannte, war die Abkühlung ihres Herrn. Diese böse Magd war aus des Domherrn Hause verwiesen und wohnte für sich auf dem Fischersande (zu Erfurt). Einstmals ging sie in das Haus ihrs ehemaligen Herrn und bat um ein wenig guten Weins. Als ihr aber diese Bitte abgeschlagen und der Wein versagt wurde, ergrimmte sie dermaßen, daß sie den Tod des Domherrn beschloß. Schon beim Abzuge aus seinem Hause hatte sie ihm ein »Fuchskoytchen« beigebracht, woran er aber nicht gestorben wäre, wenn er sie im Hause behalten hätte. Aber nun, da ihr Stolz gekränkt war, sprach sie zu der Magd: »Nun magst du wohl besseren Fleiß und Aufsehen auf deinen Herrn haben, als du bisher gehabt, er wird nicht lange mehr gesund bleiben.« Noch in der vollen Wut nahm sie die Zurüstung zu Hand, um den guten, alten frommen Herrn, der ihr viel Gutes getan, abzukühlen, zu verzaubern und zum Tode zu vergeben. Damit dieses recht bald vor sich gehen möchte und niemand ihn retten könne, warf sie die Zurüstung in die Gera. Der genannte Herr erkrankte von Stund an und starb ganz plötzlich. In dem

Verhör der Barbara bekannte sie ferner, daß sie etliche Frauen »des Wissens« in der losen, bösen Kunst um Rat und Beihilfe gebeten, und auf ihre Anklage wurden das Greta Trottin, die Lumpin und die Hechtin der Notarierin gefänglich eingezogen und Barbara und die Letztgenannte am 24. Mai 1549 am Rabensteine an zwei Säulen gebunden und zu Asche und Pulver verbrannt. Im Jahre 1550, den Freitag nach Triburti, hat man die Wahrsagerin bei den Augustinern am Zimmerhofe wohnhaft, verbrannt, weil sie gezaubert.« –

In Quedlingburg wurden 1589 an einem Tage hundertdreiunddreißig Hexen verbrannt, weil sie auf dem Blocksberge sollten getanzt und dazu den Wein von vierzehn reichen Kellern in der Nachbarschaft ausgeleert haben; alle kamen um, nur vier der schönsten soll der Teufel durch die Luft entführt haben. –

Auch der Chronist Ciriacus Spangenberg berichtet unter anderem aus dem Jahre 1560: »Zu Mansfeld wurden etliche alte Weiber der Zauberei bezüchtiget und darüber eingezogen, auch eine von denselben, daß sie solches Teufelsgespenste geübet, und mit vergifftung umbgegangen und Leute beschedigt hatte, überfründig gemacht, und den 26. January verbrendt. Die andern kamen wiederumb los, und wurden zwo von denselben zur Staupe geschlagen und der Herrschaft verweiset, anderer verdechtiger böser stücke halber, damit sie umbgegangen.« –

In Elbing wurden im Jahre 1590 innerhalb acht Monaten fünfundsechzig Personen wegen Hexerei verbrannt. –

Nur geringen Anklang fand die Hexenverfolgung in Lübeck. Es werden nur drei Fälle aus den Gerichts-Annalen des klösterlichen Vogteigerichts zu Lübeck erwähnt aus den Jahren 1551, 1581 und 1591. Im Falle von 1551 dringen die Angeklagten selbst auf Untersuchung, wobei eine Frau äußerte: »Will mir Gott nicht helfen, so helfe mir der Teufel.« Darauf wird sie peinlich verhört, zum Bekenntnis gebracht und zum Feuertode verurteilt. Der Prozeß von 1591 endete damit, daß der Ankläger verhaftet wurde und der Angeklagten 33 Schillinge für ihre Unkosten sowie 60 Schilling Buße an das Kloster zahlen mußte. –

In Hamburg dagegen war schon im Jahre 1521 ein Doktor Viet, der besonders als Geburtshelfer viel beschäftigt war, wegen dabei betriebener Zauberkünste verbrannt worden.

Der nächste Fall betraf Heinrich von Zütphen, den ein hamburgischer Offizial durch seinen Vikar Johann Schnittger 1524 zum Scheiterhaufen verdammen ließ. Das Urteil lautete: »Dieser Bösewicht hat gepredigt wider die Muttergottes und wider den christlichen Glauben, aus welcher Ursache ich ihn von wegen meines gnädigen Bischofs zu Feuer verurteile.«

Der erste Fall, in welchem in Hamburg erweislich die Folter angewendet wurde, war auch der erste einer größeren Hexenverfolgung. Am 16. Juli 1555 nämlich wurden zu Hamburg von vierzehn Hexen zwei zu Tode gepeinigt und vier – darunter die »Vögtin aus Hamm« – lebendig verbrannt. Bereits im Jahre 1556 wurden dann (25. Juli) ein Hexenmeister und sein Kamerad ebenfalls lebendig verbrannt. Dasselbe geschah am 12. August 1576 mit fünf Hexen. Später – am 12. August 1581 – wurden sechs Hexen, am 8. März 1583 eine und am 26. August desselben Jahres fünf Hexen geschmäucht. Auch kamen Hexenverbrennungen dort in den Jahren 1589, 1591 und 1594 vor.

In Hamburg erschien 1587 auch die erste Druckschrift über den Hexenprozeß unter einem lateinischen Titel, der verdeutscht lautete: »Nödige und nütte underrichtinge, 1) Van der Töverschen geschwinden list und geschicklichkeit quadt to donde; 2) Unde dat Töverye eine düvelsche Sünde sy, de wedder alle teye Gebade Gades strydet; 3) Unde, wo eine Christlike Ourichtkeit mit sodann gemeinen Fienden Minschlikes geflechtes emmeghan schöle. Durch M. Samuelem Meigerium, Pastoren tho Nordtorp in Holstein (Malachiä 3).« –

Die Stadt Lemgo erwarb sich von 1580 bis 1670 durch die große Zahl von Hexenprozessen den Beinamen »das Hexennest«. –

Erzbischof Johann von Trier ließ im Jahre 1585 so viele Hexen verbrennen, daß in zwei Ortschaften nur zwei Weiber übrig blieben. Im Trierschen wurden in den sechs Jahren von 1587 bis 1593 in 22 Dörfern 368 Personen verbrannt, jene nicht mitgerechnet, welche in und nahe bei Trier in diesem Zeitraum auf dem Scheiterhaufen gestorben sind.

Äcker und Weinberge waren aus Mangel an Arbeitskräften verödet, aber Notarien, Aktuarien und der Nachrichter waren reich geworden. Der letztere ritt, in Gold und Silber gekleidet, auf einem stolzen Pferde; seine Frau wetteiferte in Kleiderpracht mit den vornehmsten Damen. Als jedoch das Übermaß des Elends die Sportelaxe endlich etwas zu ermäßigen gebot, war alsbald auch einige Abnahme des Verfolgungseifers bemerkbar, obgleich auch jetzt noch der Notarius täglich 31 Albus und der Nachrichter für jeden, der unter seine Hände kam, 1 1/2 Gulden erhielt.

Dr. Hennen gibt uns in der Schrift: »Ein Hexenprozeß aus der Umgegend von Trier aus dem Jahre 1572« (Selbstverlag 1872) einen wertvollen Beitrag zur Geschichte jener entsetzlichen Prozesse. Es handelt sich darin um einen Hexenprozeß, der im Jahre 1572 in Kenn und Foll spielte und vom Amtmann des reichsunmittelbaren Klosters St. Maximin geleitet wurde. Man arbeitete in jener Gegend in Vertilgung von Hexen und Zauberern mit einer fabelhaften Geschwindigkeit. Bach Theis aus Oberemmel wurde beispielsweise am 7. November 1588 verhaftet und schon am 14. desselben Monats hingerichtet, Margareta Krisams Josten aus Longuich am 23. Februar 1588 gefänglich eingezogen und am 3. März hingerichtet, Maria Vellen aus Issel am 6. März desselben Jahres verhaftet, fünf Tage später hingerichtet. Steinen Barbara aus Fell am 18. April 1589 eingezogen, vier Tage danach hingerichtet, Velters Engel zu Kenn am 2. Juni desselben Jahres verhaftet und schon am 20. hingerichtet.

Der nachfolgende Hexenprozeß erstreckt sich auf fünf Personen. Eva aus Kenn hatte sich des Kindesmordes schuldig gemacht. Außerdem wurde die Untersuchung auf Erforschung ihrer Zaubertaten ausgedehnt. Über ihre Folterung wird berichtet:

»Gefragt, ob sie auch etwas mit der schwarzen Kunst vermöge und ob sie nicht einen Knecht auf dem grünen Hause verzaubert habe, daß er sie lieb gewinnen sollte, antwortet sie, sie verstehe nichts von der Zauberei, sie habe Zymmerhansen, dem Knecht auf dem grünen Haus, einen Ring gegeben, darauf habe er ihr versprochen, da ihr Land verbleibe, so wolle er sie nehmen (heiraten). Dabei ist sie denn für dieses Mal geblieben (d. h., es wurde nicht gefoltert). Darauf wurde die arme Person ins Gefängnis zurückgeführt.«

Noch am Nachmittage desselben Tages, um 3 Uhr, ist die Missetäterin wieder im Beisein des Amtmannes, des Schultheißen und zweier Schöffen herausgeführt und gefragt worden, ob sie auf vorigem Bekenntnis verharren wolle. Darauf antwortete sie: Ja, und sie verstehe keine Zauberei, sie habe auch nicht anders mit dem Knecht gehandelt, wie sie bekannt habe. Sie wisse wohl, daß sie das Leben verwirkt habe, es sei ihr aber gleichgültig, ob sie verbrannt oder lebendig begraben werde. Sie wurde auf die Folter gespannt, und nun steht im Bericht:

»Peinlich gefragt auf die Kunst der Zaubereien, spricht sie, des Pfaffen Magd zu Beschaidt habe ihr gesagt, die Frau, so ihrem (Evas) Manne seine Mannbarkeit genommen habe, sei im Dorf zu Kenn, und sie werde kommen und ihren Mann fragen, wie es ihm gege; wenn sie komme, solle sie Eva einen Stuhl nehmen und dieselbe Frau damit schlagen. Diedrich Meyers Barbara zu Kenn sei darauf gekommen und habe ihren (Evas) Mann gefragt, wie es ihm gehe. Darauf habe sie (Eva) einen Stuhl genommen und Barbara schlagen wollen. Darum aber, weil so viele Leute zugegen waren, habe sie es unterlassen und dünke ihr, Diedrich Meyers Barbara habe ihrem (Evas) Manne seine Mannbarkeit genommen.

Weiter sagte sie, sie habe von des Hörsch Meyers erster Frau Treni von Kürenz sagen hören, Treni habe großen Zorn bei ihres Mannes Freundschaft erregt, daß er sie zur Ehe genommen, sie aber habe ihm einige Tropfen ihres Blutes in einer Birne zu essen gegeben! Wie sie (Eva) solches gehört, habe sie auch dem Knecht auf dem grünen Haus in dem Winter in einer Birne von ihrem Blute wie oben erwähnt eingegeben, damit er sie liebe gewinne.«

Eva wird, bemerkt Hennen, nach so anziehenden Enthüllungen um noch anziehenderer willen einem höheren Grad der Folter unterworfen.

Jetzt räumt sie ein, ja, sie verstehe die Kunst der Zauberei. Von der Folterleiter ausgespannt, sagt sie, Diedereich Meyers Barbara habe sie vor zehn Jahren Zauberei gelehrt. Barbara habe sich und Eva auf dem »Rükken« (Rückenstrang) und vorn zu mit schwarzem Schmer geschmiert und sie bis in den Kemmer Wald gefahren. Daselbst sei ein schwarzer Mann ihnen entgegen gekommen, welcher viel Geld in seiner Hand hielt, und habe sie angeredet; das Geld habe er ihr gegeben, und als sie es empfangen, sei es bald in schwarzem Kot verändert worden, und da habe die Meyrers den Kot genommen und in ihren Beutel getan. Damals habe sie Gott abgesagt und dem Teufel mit den Worten geschworen: »Ich sage Gott ab und dem Teufel zu und soll sein Eigen sein.« Als solches geschehen, sei der böse Feind verschwunden. Nun habe Barbara sie gelehrt, wie sie das Schmeer gebrauchen solle und ihr in einer schwarzen Scherbe gegeben, welches noch in einem hohlen Baume stehe. – Danach habe der Teufel etliche Mal mit ihr zu schaffen gehabt, und wenn Barbara mit anderen ihrer Gespielen Wetter zu machen und Kinder und Vieh zu verzaubern ausgefahren sei, habe sie Eva mit sich genommen.

Gefragt, wo sie das Wetter habe machen helfen, wann und wo sie Kinder und Vieh verzaubert habe, antwortet sie: ihrer seien alleweg zwölf beieinander gewesen. Der dreizehnte sei der Pfeifer, der vierzehnte der Schwarzmann gewesen.

Sie gibt nun eine Reihe Wetter an, die die Gesellschaft gemacht haben sollte, und bezeichnet auf die Frage nach ihren Genossen, Diedrich Meyers Barbel zu Kenn und Schröders Bernhard zu Kenn sei der Pfeifer. Die anderen kenne sich nicht. – Sie bekennt ferner, sie habe hin und wieder die Brüste mit ihren Gespielen vertrocknen und das Getreide oder Gewächs im Feld verzaubern geholfen.

Item wenn sie auf die Heide zögen oder sonst eine Zauberei verübten, steckten sie, damit nachts ihre Männer nichts davon gewahr würden, denselben das Brot, das sie auf der Heide äßen, im Schlaf in die Ohren. – Barbara sei zu ihr gekommen, als sie das zur Seite geschaffte Kind geboren, und habe ihr geraten, dasselbe umzubringen. Barbara habe es von ihr empfangen und ihm den Hals umgedreht, und sie (Eva) habe ihm das Mündchen zugehalten, daß es nicht habe kreischen können. Wo sie dabei gewesen, habe jederzeit außer Barbara Schussel Gret und Kettern Gret geholfen.

Mit diesem Geständnis waren die Richter aber noch nicht befriedigt. »Auf Donnerstag, den 24. Juli, hatte der Herr Amtmann in Gegenwart des Meiers und der drei Schöffen, auch eines Notarius, die arme Missetäterin, wie folgt, zur Entdeckung der »endlichen Wahrheit« gefragt. Erstlich, ob Barbara Meyers Dietrich ihrem Mann die Mannbarkeit genommen und woher sie solches wisse, sagte sie, Barbara habe es ihr selbst gesagt, und es habe ihr Mann einen Tag oder eine Nacht bei ihr gearbeitet; damals habe ihm auch gedünkt, solches solle ihm durch die Barbara widerfahren sein. Gefragt, ob des Pfaffen Magd zu Bescheid ihr gesagt habe, die Person sei im Dorf Kenn, welche ihrem Mann die Mannbarkeit genommen haben soll, und dieselbe werde kommen und ihren Mann fragen, wie es ihm gehe; wenn sie also kommen werde, solle sie einen Stuhl nehmen und schlagen, antwortete sie, ja, sie hätte geschlagen, wenn nicht so viele Leute zugegen gewesen wären. – Gefragt, wie sie es mit dem Knecht auf dem grünen Hause gehalten habe, sagte sie, es habe des Hörsch Meyers erste Frau sie gelehrt, wenn ihr ein Knecht vorkomme, den sie gern lieben und zur Ehe haben wolle, solle sie ihm ihres Blutes durch einen Trunk, Essen, Birne oder Apfel eingeben; alsbald werde er ihr hold und lieb werden; denn sie, die Toni, habe also ihren Mann wider der ganzen Freundschaft willen bekommen. Also habe auch sie solches getan und dem Knecht Hans aus dem grünen Haus von ihrem Blut in einer Birne am hellen Tage ein Stückchen gegeben. – »Die Dietrich Meyers Barbara, die Kettern Gret, Schussel Gret, Schröters Bernhard, Pfeifer, seien Zauberer und Zauberinnen, denn sie sei in Zauber-Erscheinungen bei ihnen gewesen.« Es seien immer 12 Personen zusammengekommen, der Pfeifer sei der dreizehnte und der Teufel der vierzehnte. Die anderen acht Personen habe sie nicht gekannt; die Meyers zu Kenn kenne sie alle wohl, als deren rote Oberste.

Die Kunst kenne sie seit etwa sieben Jahren, und Dietrichs Meyers Barbara sei ihre Lehrerin. Barbara sei »um Pfingsten« damals zu ihr gekommen und habe gesagt: »Eva, du hast nun lange genug gedient; es ist Zeit, daß du einen Mann nimmst. Willst du mitfolgen, ich will dir helfen, du sollst einen bekommen.« Sie habe sich bereit erklärt, Barbara zu folgen, und in der Nacht sei der Teufel in die Kammer zu ihr gekommen und habe seinen Willen mit ihr gehabt und zu ihr geredet, da sie ihm folgen und Gott absagen und ihm anhänglich sein wolle, wolle er sie zu geweihter Gesellschaft führen. Darauf habe sie geantwortet: »Bei guter Gesellschaft bin ich gern, und ich will Euch folgen, Gott verleugnen und Euch dienen!« Alsbald seien beide, Eva und der Teufel, ihr Buhle, der sich Belzebub genannt, gegen Kenn gefahren, daselbst hätten sie Barbara zu sich genommen und weiter seien sie nach der Hetzeroder Heide gefahren; daselbst hätten sie getanzt und habe Schröters Bernhard mit einem Runkbaum gepfiffen. Sie hätten auf der Heide auch Essen liegen gehabt, es sei aber ganz schwarz gewesen, wie schwarze Salbe. Wie sie nun getanzt und gegessen, habe der Teufel gesagt: »Fahrt hin in tausend Teufels Namen; dann dient ihr mir und ich heiße also.« Da seien sie heimgefahren. Danach sei sie allemal, wenn sie zusammengekommen, dabei gewesen. Barbara habe sie allezeit in der Kunst unterwiesen. Einmal habe sich Eva mit schwarzer Salbe auf dem Rücken geschmiert und sei bis in den Kenner Wald gefahren. Daselbst sei ein großer schwarzen Mann zu ihnen gekommen und habe gesagt: »Willkommen! Hei, haben wir ein neu Mensch!« und habe ihnen Geld gegeben, welches in ihrer Hand zu Dreck geworden sei. Damit sei der Teufel weggefahren und habe einen Wind in aller Luft gemacht. Ferner sagte sie, vor drei Jahren habe sie dem Hörsch Meyer im Beisein Barbaras ein rotes Pferd umbringen wollen, aber es sei besser mit dem Pferde geworden. – Gefragt, was sie für Übel mit dieser Kunst getrieben, sagte sie, sie habe geholfen, das große Ungewitter zu Saarburg (1567) zuzurichten. Dazu hätten Falken Greth und noch eine Frau aus Saarburg geholfen, deren Namen sie nicht wisse. Ferner habe sie das große Wetter, welches vor zwei Jahren (1570) zu Föhren und Schweich gewesen, machen geholfen. Item das Wetter, so dieses Jahr zu Clüsserath gefallen, hätte sie, Barbel und Schussel Gret machen geholfen. Eine und zwei könnten ein Wetter machen, wenn die Dritte aber komme, dann könne es grob werden. Ferner habe sie das Vieh, so hin und wieder in einem oder zwei Jahren gestorben, umzubringen und das Gewächs zu verderben geholfen.

Zu Kenn hätten sie dem Weber ein Kind gelähmt. Bei Rörsch Hansen zu Esch hätten sie einem Mägdlein schwarzes Zeug, z. B. Pferdsdreck, eingegeben, daß es lahm werden sollte. Item hätte ihr (Eva) die Hebamme zu Fell auch geholfen, die Kinder zu Fell zu verzaubern. Die beiden Hebammen, als sie sie besichtigten, hätten gesagt, sie solle sich tapfer halten und nicht bekennen. Hermann Wullenweber hätte sie, Barbara, Kettern Gret und die Hebamme ein Kind verzaubern geholfen zu der Zeit, als sie dieselben in die Kammer genommen, das Wetter zu machen. Sodann hatte sie das Wetter machen helfen zu Kenn und Kirsch am jüngstvergangenen Exaudi. Wiewohl sie im Gefängnis gesessen, seien in der Nacht zu ihr gekommen Barbara, Kettern Gret und Schussel Gret und hätten sie genommen und ihres Rats gepflegt und beim Kirscher-Heiligenhäuschen das Wetter zu machen gestimmt, wie sie drei des Tages das Wetter gemacht. Dem Meyer hätten sie vier einen Stier bezaubert, also daß er seine »Gebur« nicht hätte tun können und sterben müssen. Sie hätten ihm schwarzen Schmer eingegeben. Gesers Martin zu Fell hätten sie einen Buben verzaubert. – Gefragt, wie sie es jährlich gehalten, wenn das Osterfest gekommen, ob sie gebeichtet und zum hochwürdigsten Sakrament gegangen sei? – ja, sie habe wohl gebeichtet, aber ihre Beichte nicht gut verrichtet, auch sei sie dem Priester nicht gefolgt. Wenn sie das heilige Sakrament empfangen, habe sie es zurück aus dem Mund zuweilen in ein Schnupftuch, zuweilen auf die Erde gespien und mit Füßen getreten und habe es alsdann ins Schmeer getan: Solches habe sie auf des Teufels Geheiß getan, der sie gelehrt, sie sollten es auswerfen mit den Worten: »Da liege! Ich werfe dich in den Abgrund der Hölle, mache auch zuweilen Höllenschmalz daraus.«

Nun schritt das Gericht zur Verhaftung der von Eva der Zauberei verdächtigten Personen. Dies wird im Bericht folgendermaßen geschildert:

»Auf Montag, den 4. August, hat der edle und ehrenfeste Dietrich Skipio von Krietschin, Amtmann zu Maximin, durch beide Zender zu Longuich und Kenn Dietrichs Meyers Barbel zu Kenn, Schussel Gret zu Kirsch, Kettern Gret zu Kenn, als berüchtigte Zauberinnen und Schröter Bernhard zu Kenn als den Pfeifer der Zauberinnen gefänglich einziehen und gegen Fell in Verwahrung liefern lassen.

Mittwoch, den 6. August des 72. Jahres, zu Fell im Schloß hat der Herr Amtmann Schröter Bernhard von Kenn aus dem Gefängnis zu sich in ein anderes Gemach bringen lassen und ihm daselbst in Gegenwart des Meyers, dreier Schöffen, nämlich Lesen Hansen, Keren Michaels und Hermann Wullenwebers, auch des Notars, die Ursache seiner Verhaftung vorgehalten.

Diese bestehe nämlich darin, daß er vor zwanzig oder mehr Jahren ungefähr zu Kenn und in der Umgegend für einen Zauberer gehalten sei. Dazu sei er jetzt von einer Person, die hier gefangengehalten werde, dafür ausgegeben worden. Nun wolle ›seine Ernevesten‹ (Ehrenfesten) gern von ihm in der Güte berichtet haben, ob dem so sei, oder nicht; er solle also hierin die Wahrheit nicht verschweigen. Darauf antwortete Bernhard, er vermöge nichts mit solcher Kunst, er wolle gern wissen und die Person sehen, welche ihn dafür halte. Also hat man Eva kommen lassen und hat Eva ihm in sein Angesicht geredet, er sei ein Pfeifer der Zauberinnen, habe ihnen auf der Hetzeroder Heide alles, wenn sie zusammengekommen, gepfiffen. Solches leugnet Bernhard ganz festiglich, also daß der Amtmann ihn peinlich fragen zu lassen verursacht worden, und hat sich Bernhard in der peinlichen Frage steif und fest auf seinen Verneinungen gehalten. Er sagt, er sei die Tage seines Lebens keiner Zauberei hold geworden und niemals mit Zaubereien aufs Land gegangen.«

Danach hat der Amtmann Dietrich Meyers Barbel zu sich kommen lassen, welche aussagt, sie sei an 70 Jahre alt; ihr jetziger Mann sei Peter Weber. Als ihr die Ursache ihrer Verhaftung geoffenbaret wurde, ist sie in der Güte fleißig an ihre Seligkeit erinnert und gefragt worden, ob sie die teufelische Kunst der Zauberei verstehe; sie solle in Güte bekennen, damit er, der Amtmann, nicht genötigt werde, da ja Eva, die dabeigewesen, sie angegeben habe, sie mit der Strafe des Nachrichters[55] antasten zu lassen. Darauf antwortete sie, sie wisse von der Kunst nichts und sei auch niemals dabeigewesen, indem sie ausrief: »Eva, Eva, bedenke deiner Seelen Seligkeit! Der böse Feind redet aus dir; du bist deiner Mutter auf die Erde gefallen, und sie hat oft und vielmals geklagt, du werdest keines guten Todes sterben. Eva, bedenke dich wohl!« Wie nun Eva auf ihrem Bekenntnis beharrte und Barbara nicht bekennen wollte, wurde dem Nachrichter befohlen, sie zu foltern, und obwohl sie eine geraume Zeit »etwas tapfer« gefoltert wurde, hat sie doch niemals bekennen wollen, sondern allein gesagt, sie wisse nichts davon, daß sie bei einigen Zaubereien gewesen, es müsse denn der Böse sich etwa in ihre Gestalt verändert haben.

Danach ist erschienen Schussel oder Jakobs Gret von Kirsch, etwa 60 Jahre alt. Trotz der Gegenwart der Eva, die bekannte, sie sei eine Zauberin, hat sie doch nicht in der Güte bekennen wollen, sondern angegeben, Eva habe sie allein aus Haß, Neid und Zorn, weil sie dieselbe auf Geheiß des Herrn Amtmanns als Hebamme habe besichtigen müssen, verklagt und bezichtigt. Deshalb ist sie aufgezogen worden und sagte dem Nachrichter, er solle sie herunterlassen, sie wolle die Wahrheit sagen. Nachdem sie sich ein wenig erholt, sprach sie: »Ja, ich bin eine Zauberin.« Es habe sich vor etwa zwanzig Jahren zugetragen, daß sie wegen etwaiger Erbgelder mit einem gewissen Bartz von Möhringh in Prozeß geraten sei; als sie zu dieser Zeit um dessen willen in ihrem Hause voll Schwermut herumgegangen, sei der böse Feind in Gestalt eines jungen Gesellen zu ihr gekommen und habe sie gefragt: »Warum bist du so betrübt? Sei guten Mutes! Willst du mir folgen, ich werde dir Geld und Gut genug geben.« Sie habe eingewilligt und »also habe er seinen Willen mit ihr geschaffen«, doch unnatürlich und mit einem Instrumente, »aß wen eß ein eißkochell an einem tag winter Zeit gewesen«, habe ihr danach Geld gegeben, und als sie es empfangen, sei es häßlicher, schwarzer Kot gewesen, und nach der Zeit sei der Teufel oftmals zu ihr gekommen.

Gefragt, wer ihre Gesellschaft gewesen, antwortete sie, Dietrich Meyers Barbel zu Kenn, Kettern Gret und Eva daselbst, item Seuntger in der Hölle zu Fall, eine Frau zu Becond, hin und wieder Heischen, und Schröter Bernhard sei ihr Pfeifer gewesen, die andern habe sie nicht gekannt.

Mit dieser Kunst habe sie Übels nicht betreiben helfen, sondern der böse Feind komme und begehre ihres Willens, etwa ein schädlich Wetter zu machen, Kinder und Vieh zu verzaubern, das Gewächs zu verbrennen, und wenn sie alsdann ihm ihren Willen und Konsens nicht gäbe, drohe er, sie zu schlagen, den Hals umzudrehen, also daß sie vor Gefahr großen Unglücks ihm die Einwilligung geben müßten. Wenn er diese habe, richte er solche Werke aus in ihren Gestalten, als ob sie selbst zugegen wären. Also verhalte es sich mit dem Wetter vor fünf Jahren zu Saarburg, vor zwei Jahren zu Föhren und Klüsserat, jetzt zu Kirsch und Longuich, sowie mit der Verzauberung der Kinder und des Viehs, wie Eva ausgesagt habe.

Zum letzten ist auch Kettern Gret, von Klüsserat gebürtig, ungefähr 60 Jahre alt, dem Amtmann vorgeführt worden. Da sie, wie die anderen, in Güte nicht bekennen wollte, wurde sie peinlich examiniert und bekannt öffentlich, daß sie eine »Zaubersch« sei. Jenes Jahr, als das große Wetter zu Saarburg gewesen, sei der böse Feind im Kenner Wald zu ihr gekommen in Gestalt eines großen schwarzen Mannes und habe sie angeredet: wenn sie ihm wolle folgen und seines Willens sein, wolle er ihr viel Geld hinschütten; sie habe auch als eine arme, breßhafte und geldbedürftige Person ihm von Stunde an ihren Willen verpflichtet.

Sehr richtig bemerkt Dr. Hennen: »Aus den Geständnissen, welche nächtliche Zusammenkünfte und den Umgang der Hexen mit dem Teufel betreffen, hat der Leser wohl schon erkannt, daß, wo solche Zusammenkünfte statthatten, und ein Mensch, der in der Regel ein nicht bejahrter ist, es für gut hielt, sich bei der betreffenden »Hexe« als »Teufel« einzuführen, stets an den unerlaubten Umgang der Geschlechter zu denken ist.« Hennen möchte der Ansicht sein, daß in derartigen unerlaubten Zusammenkünften und der Art und Weise, wie man geheimnisvoll, selbst unter Hinzuziehung des Höllenfürsten, bemüht war, derartige Dinge zu vertuschen, ein tiefer Grund des Aufkommens der Hexenprozesse lag. Unsittliches Verhalten und ein riesengroßer Aberglaube dürften die zwei Hauptursachen eines so tollen Wesens sein.

Der von Dr. Hennen zitierte Bericht beschäftigt sich des weiteren mit dem »Pfeifer« der Zauberinnen.

»Donnerstag, den 7. August, morgens um 7 Uhr, ist Schröter Bernhard wiederum und nach ihm Meyers Barbara etwas scharf befragt worden, haben aber nichts bekannt. Nachdem Schussel Gret von ihrer gestrigen Aussage und ihrem Bekenntnis hat wieder zurückstehen wollen, ist sie wieder aufgezogen worden und hat alsbald bekannt, dem sei also; sie habe den Tod dadurch, daß sie Gott den Allmächtigen verleugnet und sich dem Teufel und seinem Gespons ergeben, verdient; wolle auch denselben gern erleiden. Darauf wurde Kettern Gret vorgeführt, und auch sie bekannte, aber erst in der Folter. Sie bekannte unter anderem auch, sie habe geholfen, Hermann Wullenweber, der unter den Schöffen sitze, ein Kind zu verzaubern. Gefragt, wie Eva das Wetter zur Kirsch habe können machen helfen, da sie doch zu der Zeit zu Fell gefänglich eingesessen habe, antwortete sie, Dietrich Meyers Barbara, Jakob Gret und sie (Kettern Gret) seien nach Fell ins Schloß gefahren und hätten Eva zu sich genommen und wieder hierher nach Verrichtung der Übeltat geliefert. Schröter Bernhard sei ihr Pfeifer gewesen und habe ihnen auf der Hetzeroder Heide, da sie daselbst auf einem Rockbaum, gepfiffen. Die andere Gesellschaft neben denen, welche sie genannt habe, sei ihr unbekannt gewesen.

Auf Mittwoch nach Laurentie, den 13. August 72, morgens 9 Uhr, als Kettern Gret ihr ganzes voriges Bekenntnis wieder entfallen war, ist sie wieder (also zum dritten Male) der Folter unterworfen worden. Da sie alsdann öffentlich bekannte, es sei alles wahr, was sie vorbekannt.

Nach all diesem erschien Dietrich Meyers Barbara aus ihrer Haft und wurde zu beiden, Kettern Gret und Eva – denn die dritte, Schussel Gret, war »dermaßen mit Krankheiten beladen, daß kein Verstand bei ihr war« –, geführt. Daselbst haben sie Gret und Eva Barbara ins Angesicht geredet, sie sei eine Zauberin und in ihrer Reihe die Oberste; sie, Barbara, habe auch Eva diese Kunst gelehrt. Die Richter haben Barbara ermahnt, sie soll doch die Wahrheit ihrer Seele zu Heil und Trost aussagen.

Barbara hat aber nicht bekennen wollen in Güte; deswegen ist sie wieder in die Folter gehangen und heftig gefoltert worden; hat aber nicht bekannt, sondern allein gesagt, »weil sie gegen mich bekennen und ich nichts davon weiß, so will ich mit ihnen in die Hölle kriechen«.

Demnach ist es gleichergestalt mit Bernhard, dem Pfeifer, gehalten worden, er hat aber nichts bekennen wollen und in der Tortur gejammert, sie werden nicht darauf sterben, daß ich die Kunst verstehe oder ihnen gepfiffen habe; also hat man sie alle in ihr Gefängnis geführt, und hat der Herr Amtmann den Prozeß zu verfertigen.

Denn seine Gnaden hätten vor, die armen drei Personen, so ihre Missetat bekannt hatten, gegen Dienstag, den 19. August, vor das Gericht zu stellen und alsdann ihnen widerfahren zu lassen, was das Recht ihnen zuteile.«

Die drei Angeklagten, Eva, Schussel Gret und Kettern Gret, wurden schließlich nach den Bestimmungen der Carolina zum Tode verurteilt. Was mit Barbara und Bernhard geschehen, meldet der Bericht nicht.

Eine recht bemerkenswerte Stelle in der erwähnten Schrift des Dr. Hennen ist folgende: »Sage da keiner, der Geistliche des Orts habe rettend für den Leumund der angegriffenen Frauen eintreten können. Wehe dem, der dies tat: kein augenfälligerer Beweis konnte für seine Mitschuld gefunden werden! Wie viele würdige Priester fielen auf diese Weise als Opfer eines mit den stärksten Ausdrücken nicht genug zu brandmarkenden Wahnes! So starb Pastor Jost zu Büdelich 1593, J. R., Kaplan zu Trittenheim 1592, Mathias N., Pastor zu Beschaidt, 1593, Johann Malmunder, Abt zu St. Martin, 1593, Dechant Christian zu Waldrach 1590, Dechant Peter Homphäus zu Pfalzel 1591, Dechant Schweig zu Longuich 1589, Pastor Johann Waltrach zu Mehring 1588, Pastor Johann Raw zu Fell und viele andere.«

Ehre diesen Männern, die gewissermaßen dafür büßten, daß die Geistlichkeit vielfach die Scheiterhaufen entzündet und die weltlichen Gerichte dem Fanatismus, der Ketzerriecherei und dem Aberglauben dienstbar machte. Oder war jener Papst, dessen Bulle der Hexenverfolgung in Deutschland Leben und Form verlieh, waren die Schöpfer des unheilvollen Hexenhammers etwa nicht auch Geistliche? Es war ein schlimmes Christentum, welches nach der Entdeckung von Amerika übers Meer zur Zeit Karls V. dessen Eroberer zu fremden Völkern trugen und mit Feuer und Schwert an Stelle ihrer meist friedlichen Religionen setzten. An Stelle des Grundgedankens der reinen Christuslehre, der Duldung und Liebe, brachten sie Verfolgungen, Tod und Verderben, Laster, Blut und flammende Scheiterhaufen, statt Aufklärung und Gesittung, Wahn und Aberglauben!

Zu Wolfenbüttel wurde 1591 eine Greisin im Alter von 106 Jahren verbrannt; man scheute selbst das höchste Alter und die zarteste Jugend nicht.

Aus der Zeit, als die Polen die Stadt Lissa in Schlesien weggebrannt hatten, enthält das Stadtbuch von Guhrau einen von dem Stadtvogt Heinrich Fellinger herrührenden Bericht, nach welchen infolge des Zusammenströmens von »viel fremder Leut, Christen und Juden«, ein allgemeines Wegsterben, »eine Staupe« entstanden, und unter den Gestorbenen auch drei Totengräber aufgeführt werden. Nun mußte man einen neuen Totengräber, Adam Henning, und zu dessen Unterstützung sein Weib, Anna, die nach dem Pestgeruch »nie recht bei Verstande sich befand« (d.h. stets betrunken war), annehmen. Herz und Magen eines Kindesleichnams sollte nun von diesen »Bösewichtern« gepulvert und in die Straßen und Brunnen gestreut, und dadurch die Verbreitung der Pest bewerkstelligt worden sein. »Weil etliche Bürger des Totengräbers Weib in Verdacht hatten.« Sie wurden verbrannt.

Zu Zuckmantel in Schlesien wurden 1561 allein 102 Menschen, darunter Kinder von 1 bis 6 Jahren, verbrannt. Das Stiftsland Zuckmantel, welches dem Bischof von Breslau gehörte, hielt nicht weniger als acht Henker.

Nach einer Originalrechnung des Rats dieser Stadt (Zuckmantel) vom 20. Oktober 1639 brachte das Einäschern von elf Hexen 425 Taler ein. Davon erhielt:

der Bürgermeister	9 Rtlr.	6 Gr.
der Rat	9 "	6 "
der Vogt	18 "	12 "
die Gerichtsschöppen	18 "	12 "
der Stadtschreiber	9 "	6 "
der Stadtdiener	9 "	6 "

und den Überschuß der Fürstbischof von Breslau, als der Landesherr. Da das Urteil in Neisse gefällt worden war, so hatte der Rat von Zuckmantel diesmal nur halbe Gebühren erhalten, sonst würde er doppelt soviel, nämlich ein Schock Groschen für den Kopf, erhalten haben.

In Coesfeld (im Münsterlande) bezog der Scharfrichter im Jahre 1631 innerhalb 16 Monaten 169 Reichstaler allein für seine Bemühungen an den Hexen. Der zu Koburg veranlaßte für sich, seine Pferde, Knechte und Boten um dieselbe Zeit in Jahresfrist einen Kostenaufwand von über 1100 Gulden. An manchen Orten bekam nach Angaben F. v. Spees der Richter pro Kopf 4 bis 5 Reichstaler, obschon Karls V. Peinliche Gerichtsordnung sehr richtig den Richter, den »von jedem Stück sein belonung hat«, mit dem Nachrichter vergleicht. –

In Österreich-Schlesien und Mähren suchte man hin und wieder zur Leitung eines Hexenprozesses oder eines Massenprozesses einen darin erfahrenen Mann, der, da sich nur wenige dazu fanden, gut besoldet werden mußte. Die Hexenrichterei wurde sonach zum Gewerbe, von welchem viele Leute lebten. Der Hexenrichter Boblig erhielt von der Gerichtsherrschaft, der Gräfin Galle, Kost und angenehme Wohnung für sich und seinen Diener, außerdem einen Reichstaler täglich für Dienstreisen, die üblichen Zehrkosten und Wartegelder. Dieselbe Vergütung erhielt er auch vom Fürsten von Liechtenstein, in dessen Gebiet die Prozesse hinübergespielt wurden, und dieses Einkommen wurde bei weiterer Ausdehnung der Hexenverfolgung noch erhöht.

Auch der Fürstbischof zu Olmütz sicherte Boblig dieselben Einnahmen zu. Inzwischen hatte dieser Richter die Elisabeth Brabonetzki und Katharina Wodak auf den Scheiterhaufen gebracht und dafür täglich 3 Gulden, in Summa 246 Gulden, erhalten.

Der Scharfrichter von Dieburg (Hessen, Provinz Starkenburg) verrechnete sich für das Jahr 1628 und 1629 die hohe Summe von 253 fl. 13 1/2 Batzen. In dieser Rechnung befinden sich 43 Personen, da die Person für 3 Gulden vom Leben zum Tod gebracht wurde, und 23 Personen, »wie es sein Verfahren gehabt, als wären dieselben gerichtet worden«, á 3 fl.

In Österreich wird (wie bereits berichtet) aus den Jahren 1498 und 1499 von einer Alraune (das ist Zauberin) zu Wien berichtet.

Aufsehen verursachte die 1540 an einer Unholdin Barbara Pachlerin vollzogene Verbrennung.

Im Jahre 1588 hatte man in Wiener-Neustadt zwei Zauberinnen und einen Zauberer gefangen. Ein Inquisitor wurde verschrieben. Man fand ihn aber am Tag nach seiner Ankuft im Bette tot vor.

In Wien ging im Jahre 1588 eine Hexenverbrennung vor sich. Am 27. September desselben Jahres wurde auf der für Verbrennungen auf dem Scheiterhaufen bestimmten Gänseweide in Erdberg eine siebzig Jahre alte Greisin, namens Elisabeth Pleinacher aus Mank in Oberösterreich, als Hexe verbrannt. Die Unglückliche war angeschuldigt, ihrer Enkelin Anna Schuettenbauer die Fallsucht angezaubert zu haben. Nun wollte jemand gesehen haben, wie seine Base die Teufel als Fliegen in Gläsern bewahrte und mit Teufeln umging u. a. m. Die arme Greisin wurde, nachdem sie ihre Unschuld beteuerte, erst mit zwei, dann mit drei Steingewichten auf die Leiter gesteckt und bekannte schließlich, was die frommen Väter wünschten, nämlich: daß der Teufel ihr als Zwirnknäuel und als Kätzchen erschienen sei, daß sie Wetter gemacht und zum Hexensabbat auf den Ötscher (in den Alpen) gefahren sei. Der damalige Stadtrichter, Oswald Huettendorfer, war redlich bemüht, das Unsinnige einer solchen Anklage darzutun. Allein die Ankläger wußten höreren Orts den Befehl zu erwirken, daß die Greisin der Folter unterworfen werden sollte. Unter den Qualen dieses hochnotpeinlichen Verfahrens gestand die Unglückliche ein, daß sie nicht allein die Enkelin verhext, mit dem Teufel Umgang gehabt und ihre eigenen Kinder vergiftet, sondern auch in den letzten fünfzig Jahren das Wetter gemacht habe. Auf Grund dieses durch die Folter erpreßten widersinnigen Geständnisses wurde die Ärmste zum Richtplatz auf zwei Brettern, die mit Stricken an einem Pferdeschwanz gebunden waren, auf die »Gänsweid« geschleift und dort verbrannt.

In Wienerisch-Neustadt wurde schon 1562 der Totengräber lebendig verbrannt, weil er ein Kind gekocht und durch das Wasser, vermischt mit Graberde von Verpesteten, die Pest verbreitet habe.

In den Jahren 1601 und 1603 waren zwei arme Weiber als angebliche Hexen in Wien im Kerker. Eine davon stürzte sich in den Gefängnisbrunnen, die andere verendete auf der Folter. Die Leiche der letzteren wurde zur Richtstätte geschleift und verbrannt, die der ersteren, die nicht gestanden hatte, aber auch nicht beerdigt, sondern in ein Faß gepackt und mit demselben in die Donau geworfen. –

Im italienischen Tirol begannen die Hexenprozesse mit am frühesten. Ende des 15. Jahrhunderts wurden allein im Fleimser Tale etwa dreißig Hexen hingerichtet, die unter dem Hauptmann Virgil von Firmian eingezogen worden waren. Das Vermögen wurde eingezogen. – Im deutschen Südtirol fand der erste größere Prozeß 1510 gegen neun Weiber aus dem

Gebiet Völs statt. Die Hexen sollten in einem Bündnis mit dem Teufel stehen, welches die Ausrottung des christlichen Glaubens zum Zweck hatte. An gewissen »Erchtagen« (Diensttagen) fuhren sie auf Stöcken und Stühlen usw. zu den Versammlungsstätten wobei sie in des Teufels Namen sprachen: »Oben aus und nindert an«, und dadurch sicher gen Terlan, auf die Wolff, auf Gfell oder auf den Schalern (Schlorn) gelangten. Dort traf man mit dem Teufel zusammen, der in Gestalt eines »Königs von Engelland« erschien und dem eine der anwesenden Hexen als »Königin von Engelland« erkoren wurde. Beim Schmause wurden namentlich kleine Kinder verzehrt.

Zahlreiche Hexenprozesse in Welsch-Tirol werden aus der ersten Hälfte des 17. Jahrhunderts gemeldet, wie auf dem Naisberge (1614 und 1615) und zu Nogaredo, wo fünf Weiber zugleich verbrannt wurden.

Mit am ärgsten wüteten die Hexenprozesse in Salzburg vom Jahre 1580 an etwa ein Jahrhundert hindurch. – Unter anderem wurde eine gewisse Ursula Zangerin, Ehefrau des Paul Riedel zu Neukirchen, als Hexe am 24. Mai 1594 verbrannt.

Um die Zeit des Augsburger und Passauer Religionsfriedens finden wir die geistlichen Stiftslande des Reichs durchweg vom Protestantismus durchsetzt und die »spanischen Priester«, wie das Volk die Jesuiten nannte, auftauchen und heimlich und öffentlich die protestantische Ketzerei bekämpfen. Dazu war der Hexenhammer eine treffliche Waffe, zumal wenn die Patres zu Ehren Gottes Ketzerei und Zauberei hübsch durcheinandermischten. Hei, und nun gab's über anderthalb Jahrhunderte hindurch zur Herzenslust der »spanischen Priester« ein Brennen, Hängen und Enthaupten in unserem deutschen Vaterlande zur Schande des deutschen Volkes und der christlichen Kirche zur Schmach, die fortab, was Menschenhinschlachten anlangt, getrost mit den Religionen heidnischer Völker konkurrieren konnte, wenn sie dieselben nicht, was Fanatismus, Barbarismus und Heimtücke ihrer hexenverfolgenden Pfaffen (den Namen Priester verdienen diese Bluthunde nicht) betrifft, dieselben übertraf. Und das Christentum, die Religion der allgemeinen Menschenliebe, mußte dem teuflischen Treiben solcher herrschsüchtigen Pfaffen den Deckmantel leihen!

Wir haben bereits die Hexenprozesse im geistlichen Kurfürstentum Trier erwähnt und müssen hier rühmend hervorheben, daß Bischof Johann (von Baden) seiner Zeit das Ansinnen des Papstes Innozenz VIII., mit der Hexenverfolgung zu beginnen, beharrlich zurückwies, weil im Kurfürstentum keine Hexen seien. Allmählich jedoch griff die reformierte Konfession im Trierischen um sich. Die Stadt Trarbach bekannte sich im Jahre 1558 zur Augsburgischen Konfession, und selbst Trier erklärte sich für dieselbe. Kaspar Olevian predigte die evangelische Lehre, und fast alle Ratsherrn, sowie die Zünfte hielten es mit ihr. Kurfürst Johann V. (v. d. Leyen), der die Stadt verlassen hatte, mußte seine Rückkehr mit Gewalt erzwingen. Jetzt wurde der protestantische Gottesdienst unterdrückt, die Führer der reformatorischen Bewegung hingerichtet oder des Landes verwiesen und den »spanischen Priestern« ein ergiebiges Feld der Wirksamkeit eingeräumt.

Johann VI. ächtete alle diejenigen, welche nicht innerhalb einer bestimmten kurzen Frist zur orthodoxen Lehre zurückkehren würden. Das geschah von vielen, andere, wie der Goldschmied Johannes Biener, wurden aus der Stadt verbannt. Das gleiche Schicksal hatten Kaspar Olevianus' Mutter, Johannes Steus und Lorzens Streichart. Die Leichname von Coppenstein und Pruck durften nicht in der Stadt beerdigt werden. Auch die Juden wurden verbannt. Ganz ähnlich wie in Trier erging es in Koblenz; auch da wurde mit den Ketzern aufgeräumt (1583 und 1584). In Koblenz wurden sogar die Zisterziensernonnen aus Niederwert und die regulierten Chorherren gezwungen, ihre bisherigen Klostergebäude den Jesuiten zu überlassen, die vom Landesherrn außerdem reich beschenkt wurden. Der Kurfürst zog unter anderem das Vermögen des wegen Zauberei verurteilten Schultheißen Flade ein und schenkte es den Kirchen. Die Inquisiten mußten bekennen, daß ihr Zauberwesen aus der Zeit des Einfalls des brandenburgischen Albrecht, der protestantsich war, herrühre. Jedenfalls war die 1586 ausbrechende Hexenverfolgung zum großen Teil eine Fortsetzung der Protestantenverfolgung, in der auch Doktoren, Bürgermeister, Kanoniker und andere Geistliche verbrannt wurden. –

Im Fürstbistum Bamberg waren fast alle Einwohner, der Adel und der größte Teil der Geistlichkeit nicht ausgenommen, evangelisch, als Neidhard die Regierung übernahm und eine große Landesverweisung der Lutheraner anordnete, eine Maßregel, die den glaubenswütigen Bischof in Streitigkeiten mit Brandenburg, Pfalz, der fränkischen Ritterschaft, dem Magistrat von Bamberg und seinem eigenen Domkapitel verwickelte. Da trotzdem der Protestantismus nicht erstickt worden war, berief Gottfried von Aschhausen (1609-26) die Jesuiten. Beiläufig bemerkt, waren in den Jahren 1524-1626 im Bambergischen dreihundertundsieben Personen verbrannt worden. Sein Nachfolger Johann Georg II. (Fuchs von Dornheim, 1622 bis 1633) suchte gleichfalls das Luthertum auszurotten. Unter ihm beginnt im Jahre 1625 jene lange Reihe von Hexenprozessen, welche, wie Soldan richtig bemerkt, »die bambergischen Annalen schändet«. Sein Helfershelfer war der Weihbischof von Bamberg, Friedrich Forner, ein Anhänger der Jesuiten und Todfeind der Ketzer und Zauberer.

Dieser Bischof von Bamberg ließ sechshundert Hexen, Zauberer und Teufelsbanner verbrennen, wie aus einem im Jahre 1659 mit des Bischofs Zustimmung gedruckten Buche »Wahrhaftiger Bericht von sechshundert Hexen« usw. zu ersehen ist. Unter den Hingerichteten werden aufgeführt: »der Kanzler und Doktor Horn, des Kanzlers Sohn, sein Weib und zwo Töchter, auch viel vornehme Herren und Ratspersonen, sonderlich etliche Personen, die mit dem Bischof über der Tafel gesessen... Es sind etliche

Mägdelein von sieben, acht, neun und zehn Jahren unter diesen Zauberinnen gewesen; deren zweiundzwanzig sind hingerichtet und verbrannt worden, wie sie denn auch Zetter über die Mütter geschrien, die sie solche Teufelskunst gelehrt haben. Und hat die Zauberei so überhand genommen, daß auch die Kinder in Schulen und auf der Gassen einander gelehret.« –

»Es sind auch«, schreibt G. v. Lamberg, »etliche katholische Pfaffen darunter, die so große Zauberei und Teufelskunst getrieben, daß sie nicht zu beschreiben ist, wie sie in ihrer Pein bekannt, daß sie viel Kinder in Teufels Namen getauft haben. Der eine Bürgermeister in der Langen-Gassen und der andre Bürgermeister Stephan Bawer, die haben bekannt, daß sie viel Schreckliche Wetter und grosse Wunder gemacht, daß sie viel Häuser und Gebäud eingeworfen und viel Bäum im Wald und Felde aus der Erde gerissen und nicht anders vermeint, sie wollten das Wetter und den Wind so arg machen, daß er den Turm zu Bamberg übern Haufen werfen sollt.

Die Becker auf dem Markt haben bekannt, wie sie viel Menschen haben gesterbt, die Wecke mit ihrer teuflischen Salbe geschmiert, daß viel Leute haben müssen verdorren. Die Bürgermeisterin Lambrech und die dicke Metzgerin haben bekannt, daß sie den Zauberern die Salbe gemacht haben und von einer jeden Hexe wöchentlich zwei Pfennig bekommen, hat ein Jahr sechshundert Gülden gemacht.

Der Bürgermeister Neidecker hat mit seiner teuflischen Gesellschaft bekannt, wie sie die Brunnen vergiftet haben. Wer davon getrunken, hat alsbald die Beul oder Pestilenz bekommen.

Es haben auch die Zauberinnen bekannt, wie ihrer 3000 die Walpurgisnacht bei Würzburg auf dem Kreideberg auf dem Tanz gewesen, hat eine jede dem Spielmann 1 Kreuzer geben, damit der Spielmann 40 Gülden zu Lohn bekommen, und haben auf demselben Tanz 7 Fuder Wein dem Bischof zu Würzburg aus dem Keller gestohlen.

Es sind in dem Stift Bamberg über sechshundert Zauberer verbrannt worden, deren noch täglich viel eingelegt und verbrannt werden.«

Die Beichtväter, gewöhnlich Jesuiten, erstatteten nach der Exekution dem Kommissar Bericht, ob der Verurteilte früher gemachte Angaben von Genossen im Augenblicke des Todes zurückgenommen oder verändert hatte. War dies nicht geschehen, so maß man diesen Angaben um so mehr Glauben bei. Es wird von v. Lamberg sogar eine Verletzung des Beichtgeheimnisses berichtet, welche eine unmittelbare Anzeige enthielt.

Die Gelderpressung nahm dabei kein Ende. Zuletzt war die Verarmung eine so große geworden, daß das bischöfliche Kabinett selbst zur Einschränkung der Hexenprozesse riet, da man nicht wisse, woher man die Unkosten nehmen sollte. Das Vermögen der Beschuldigten zog der Fiskus ein. –

Im Stifte Würzburg waren, als Bischof Julius (von Mespelbrunn) 1575 die Regierung übernahm, nur noch wenige Katholiken vorhanden. Julius begann 1585 eine wirksame Gegenreformation. Hundertzwanzig evangelische Prädikanten wurden vertrieben und unbeugsame Laien gleichfalls zur Auswanderung gezwungen. Gleichzeitig begann er mit den Hexenverfolgungen. Im Örtchen Gerolzhofen wurden allein im Jahre 1616 neunundzwanzig wegen Hexerei Verurteilte verbrannt.

Sein Nachfolger Johann Gottfried von Aschhausen ließ 1617 in dem neuerbauten Gefängnis in der Münze zu Würzburg acht Kammern und zwei Stuben für Hexen und Unholde einrichten; aber dem Verkehrseifer seines Nachfolgers Philipp Adolf von Ehrenberg (1623-31) stellte sich gleich zu Anfang seiner Regierung die fränkische Ritterschaft entgegen, die ihn beim Kaiser wegen Verletzung des Religionsfriedens verklagte. Dieser gebot dem Bischof mehrmals Einhalt. Im Jahre 1627 hatte der Glaubenswütige mit den Hexenverfolgungen begonnen. Es heißt, daß er über neunhundert Hexen verbrennen ließ. Ein altes Verzeichnis nennt sie mit Beinamen; wir finden darunter: »die alte Kanzlerin, die alte Hoffeilerin, die dicke Schneiderin, die dicke Bürstenbinderin, ein fremd Weib, eine dicke Edelfrau, eine Bürgermeisterin, die große Tochter selbst ihrer Mutter, eine Prokuratorin, die schönste Jungfrau in Würzburg, die Schickelte, die Amfrau« u. a. Man sieht, nicht Stand, Alter, Gebrechen, ja – Schönheit schützte nicht. Auch vier Chorherrn, acht Vikare, ein Doktor, achtzehn kleine Schulknaben, ein blindes Mädchen, ein neunjähriges Mädchen mit ihrem noch jüngeren Schwesterlein wurden Opfer des Holzstoßes. Das Vermögen der Beschuldigten wurde auch hier vom Fiskus eingezogen.

Innerhalb zweier Jahre wurden in der Stadt Würzburg hundertsiebenundfünfzig Personen zu Tode gebracht. Nach einer anderen Quelle stellt sich die Zahl der Opfer auf zweihundertundneunzehn. Die Zahl der im Stift unter Philipp Adolf, dieser Schandsäule der Menschheit, Hingerichteten belief sich auf neunhundert.

Unter den Opfern dieser Schreckenszeit befand sich auch ein Blutsverwandter des Bischofs, Ernst von Ehrenberg, ein Page und der Letzte seines Stammes, ein fleißiger, talentvoller und frommer Jüngling. Eine alte vornehme Base sollte ihn verführt haben. Nach dem Berichte eines Jesuiten, des Beichtvaters und Schergen, machte er anfangs den Heuchler, dann vernachlässigte er seine Studien und den Gottesdienst, spielte und ging Mädchen nach. Von Gefolterten erfuhren die Hexenrichter die Ursache. Ernst von Ehrenberg hatte sich dem Teufel ergeben, besuchte die Hexentänze usw. Der Bischof unterstellte ihn der Zucht der Mönche, und diese erpreßten dem armen Knaben Geständnisse, wie sie ihnen eben in den Kram paßten. Nun wurde er den Jesuiten übergeben, die ihn gegen die Angriffe des »Bösen« mit heiligen Amuletten, Agnus Dei, Wachs, Reliquien und Weihwasser versahen, ihn fortwährend unter Aufsicht hielten und den angestrengtesten geistlichen Übungen unterwarfen. Aber Ernst legte nachts bisweilen die Heiligtümer ab, die man ihm zum Schutz gegen den Satan gegeben, und dann kam der Teufel und holte ihn zu den

Hexentänzen. Morgens um vier Uhr, wenn die »frommen« Väter sich von ihrem Lager erhoben, war er meist wieder zurück, doch fanden sie hin und wieder auch sein Bett leer und vernahmen ein sonderbares, verworrenes Getöse. Nun wußten die Schurken allerhand Erzählungen dem unglücklichen Knaben zu entlocken und fanden, daß er zwischen Gott und dem Teufel schwankte. Die Jesuiten verzweifelten angeblich am Gelingen ihres Beserungswerks, und nachdem auch die Franziskaner einen erfolglosen Versuch gemacht, erklärte man dem Bischof, daß an dem jungen Bösewicht Hopfen und Malz verloren sei, und dieser ließ dem Beklagenswerten vom Gerichte das Todesurteil sprechen. Die Jesuiten, welche den Ärmsten zum Sterben vorbereiten sollten, traten bei dem nichts Böses ahnenden Knaben ein, redeten zu ihm in zweideutigen Ausdrücken von einem besseren Leben, dem er nunmehr entgegengehe, und lockten ihn auf das Schloß. Erst als ihn die sauberen Väter in ein schwarzbehangenes Gemach führten, in welchem ein Schafott aufgestellt war, gingen dem Arglosen die Augen auf, und als nun gar der Nachrichter die Hand an ihn legte, erhob er solches Wehklagen, daß er selbst die hartgesottenen Richter derartig erweichte, daß sie beim Bischof für ihn baten. Dieser verhieß durch einen Abgesandten Verzeihung, wenn der unglückliche Knabe sich zu bessern verspreche. Allein der Abgesandte meldete die Lüge zurück: Es sei alles vergeblich. Der Teufel habe das Herz des Jünglings so verhärtet, daß er frech erklärt habe, er wolle bleiben, wie er wäre. Da befahl der Bischof erzürnt, dem Rechte seinem Lauf zu lassen. Abermals wird das bemitleidenswerte Pfaffenopfer, zwei Jesuiten an seiner Seite, in das schwarzbehangene Zimmer geschleppt. Seine heuchlerischen Mörder ermahnen ihn zu Buße; er aber erklärt – nach ihrem Berichte -, er bedürfe keiner Buße, jammert um sein Leben, sucht sich den Schergen zu entwinden und gibt dem Gesalbader der Pfaffen kein Gehör. Plötzlich erfaßt der Nachrichter das ermattete Schlachtopfer und trennt ihm den Kopf vom Rumpfe, und sein schurkischer Beichtvater schreibt über seine letzten Augenblicke: »Er fiel ohne ein Zeichen des Schmerzes oder eine andere Äußerung der Frömmigkeit zu Boden. Wollte Gott, daß er nicht auch ins ewige Feuer gefallen wäre!«

Nunmehr stellte der geistliche Fürst die Prozesse ein und stiftete ein wöchentliches, vierteljährliches und jährliches feierliches Gedächtnis für die Hingeschlachteten bei den Augustinern zu Würzburg.–

Nicht minder arg waren die Hexenverfolgungen im geistlichen Fürstentum Fulda. Auch dort galten sie gleichzeitig den Ketzern. Das Volk erhob sich gegen den Fürstabt Balthasar von Dermbach, und das Land kam unter kaiserliche Verwaltung, und 1579 wurde ein gewisser Balthasar Noß, auch Voß genannt, zum Zentgrafen und Malefizmeister (Blutgerichtsmeister) des Amtes bestellt, und dann vom Abt, der 1602 das Fürstentum zurückerhielt, im Jahre 1603 zum Zentgrafen und Malefizmeister des ganzen Landes ernannt.

Dieses Scheusal, dieser Balzer Voß, rühmte sich, er habe allein über siebenhundert Zauberer (in neunzehn Jahren) beiderlei Geschlechts verbrennen lassen und hoffe, daß er vor seinem sanftseligen Ende zu Ehren des lebendigen Gottes es über tausend bringen werde. Mit Ausrottung der Hexen in Fulda war das Stadtgericht, »die Münze« genannt, beauftragt. Voß brachte die Folter in der allerunmenschlichsten Weise zur Anwendung. Viele der unter ihm Gefolterten starben während der Tortur.

Ein Weib ließ er in einen Hundestall am Backhause des Fuldaer Schlosses einsperren, in hartherzigster Art an Händen und Füßen fesseln und nötigen, durch ein niedriges Loch auf allen vieren zu kriechen, worin sie dann gekrümmt und gebückt, elendlich hockend, sich weder regen, bewegen, aufrecht stehen noch des leidigen Ungeziefers erwehren konnte.

In einer Beschwerde gegen diese menschliche Bestie heißt es, »daß er die Folter so lange wiederholen lasse, bis die Leute gestehen oder ganz ohnmächtig werden, wodurch er mehrere ganz gelähmt, ja sogar ums Leben gebracht habe, daß er die Leute nach wiederholter, oft viermaliger Folter in abscheuliche Gefängnisse werfen lasse; daß er schwangere Weiber nicht einmal verschone; daß er die Leute mit selbsterfundenen Instrumenten peinigen lasse, wie z. B. mit einem, wie ein Messer zugeschnittenen Holze, dann auch mit brennenden Fackeln über den Rücken und anderen bisher unbekannten Tormenten (Quälereien); daß er die Valentine Wächter dergestalt peinigen ließ, daß sie dieselbe Nacht noch mit Tod abging«

Regelmäßig pflegte dieses Ungeheuer, wenn er aus der Gemarterten ein Geständnis erpreßt hatte, noch zu fragen: »Besinne dich, ob in der und der Gasse nicht noch etliche wohnen, die Zauberei treiben. Zeige mir sie doch an und schone sie nicht. Andere haben dich auch nicht geschont. Die Reichen tanzen so gern wie die Armen!«

Für die Verurteilung, wie für jede Freisprechung, welch letztere bei ihm kaum denkbar war, mußten ihm beträchtliche Summen gezahlt werden. Auf diese Weise nahm er in drei Jahren 5393 Gulden ein.

War ihm jemand wegen Zauberei angezeigt, so ließ er ihn ohne Vorwissen der Schöffen, wo er ihn fand, festnehmen und dem Henker zum Foltern abliefern. Hans Werner von Ditges, einen siebzigjährigen Greis, ergriff er selbst ohne Anzeige und Grund, brachte ihn nach Fulda und ließ ihn torquieren. Steub Hennes Ehefrau zu Neuhof ließ er aus dem Wochenbette ins Gefängnis werfen, martern und verbrennen, was auch den Tod des eben geborenen Kindes zur Folge hatte. Töll Glübs Weib zu Neuhof wurde aufgezogen und mit einem scharfen, schneidigen Holz, mit brennenden Fackeln und anderen »bisher unerhörten Tormenten« derart gemartert, daß die Bestie Voß selbst ihrem Ehemann hundert Taler versprach, wenn er von dieser Tortur gegen niemand sprechen wolle. Selbstmord im Kerker kam unter diesem Teufel in Menschengestalt sehr häufig vor. Zuletzt wurden die Greuel, die Voß an seinen Opfern beging, selbst seinen Schöffen zu arg; sie suchten sich von der Hexenverfolgung zurückzuziehen. In einem Mandat des Reichskammergerichts vom 27. Juli 1603 gegen diesen famosen Zentgrafen und seine Schöffen heißt es: die klagende Hausfrau habe sich von Jugend auf als eine fromme, unbescholtene, redliche und tugendhafte Person betragen, auch im besten Rufe gestanden. »Das alles hintangesetzt habt ihr, Zentgraf, Schöffen und Richter, sie ohne Grund für eine Hexe – bloß unter dem Vorwande erklärt, weil drei derselben Untat beschuldigte Weiber sie dafür angesehen haben sollen; und ohne fernere Erkundigungen habt ihr sie gewalttätig angreifen, in ein abscheuliches Gefängnis, in einen Hundestall am Backhause des Fuldaer Schlosses einsperren, in grausamer Weise an Händen und Füßen fesseln lassen usw. Obwohl nun außer dem Zeugnisse der drei heillosen Weiber nicht die geringste Indizia der Zauberei gegen sie vorliegen, und deswegen ihr Ehewirt ihre Unschuld in Rechten darzutun, auch eine Kaution zu stellen sich erboten und um Erleichterung der Haft dieser ehrbaren, vermutlich schwangeren Person, und um Zeit zur Defension (Verteidigung) gebeten, so habt ihr ihm diese Bitte nicht gewährt, und die Klägerin hat hiernach nichts Gewisseres zu erwarten, als daß ihr zu unerträglicher Tortur forteilen und ihr demnächst einen schmählichen Tod unzweifelhaft antun werdet.«

Darauf erließ das Kammergericht einen strengen Befehl,»bei Pön von zehn Mark lötigen Goldes, sofort der Klägerin ein mildes, leidliches Gefängnis zu geben, ohne erhebliche, in Rechten zugelassen Indizia sie nicht zu torqieren und den zu ihrer Verteidigung und Verantwortung erforderlichen Zutritt zu gestatten. Auch habe sich das Gericht über die zu Klage gebrachten Nullitäten zu verantworten.«

Voß' Prozesse währten oft nur acht bis vierzehn Tage. Er war ein habsüchtiges Ungeheuer. So mußten die Fuldaer Sebastian Orth für sein Weib 31, Hans Herget für das seine 42, Johann Keller für seine Mutter 50 Gulden, Hans Döler zu Hammelburg für seine Schwiegermutter 80 Gulden, die Erben der Heinfurterin 80 fl. und Blasius Bien zu Fulda für sein Weib, welches zweimal eingezogen und das zweitemal verbrannt wurde, 91 Gulden 5 Batzen bezahlen, wobei die Hauptbeträge die für Holz, Reisig und Stroh und für den vertrunkenen Wein verrechneten Gelder waren.

Beim Nachfolger des Abt Balthasar, Johann Friedrich von Schwalbach, liefen zahlreiche Beschwerden über die ungerechten Hinrichtungen, Prozeßverfahren und Kosten ein. Es wurde eine Untersuchung gegen Voß eingeleitet; der Schurke geriet in Haft, in welcher er dreizehn Jahre zubrachte. Im Jahre 1613 erhielt er seinen Lohn; er wurde enthauptet.–

Im Fürstbistum Münster begann der erste Hexenprozeß im Jahre 1563; im Jahre 1565 berichtet nämlich der Amtsschreiber zu Stromberg, daß etliche Leute der Zauberei anrüchig wären, die deshalb schon 1563 peinlich verhört worden seien, aber alles in Abrede stellten. Darauf erfolgt der Bescheid der weltichen Räte des Fürstbischofs: »Weil solche und dergleichen

Dinge gewöhnlich aus einem Aberglauben zu fließen pflegen, so habt ihr den Prädikanten (Prediger) einige Male zu ihm zu schicken, daß er sie mit der Heiligen Schrift von solcher teuflischer Phantasie abzustehen ermahne«.

Trotz ihrer Geständnisse befahl der Fürstbischof Bernhard von Ransfeld, die Angeklagten zu entlassen, und der Vogt und der Untersuchungsrichter wurden ermahnt, in Zukunft nicht wieder »solche Leute auf bloße Vermutung in Haft zu nehmen, es wäre denn, sie suchten sich davonzumachen.«–

Die Fürstbischöfe Herzog Ernst von Bayern (1585-1511) und Ferdinand von Bayern (1612-59), Zöglinge der Jesuiten von Ingolstadt, betrachteten die Beseitung der Protestanten als ihre erste Aufgabe und riefen zu dem Behufe die Jesuiten, Kapuziner, Franziskaner und Klaristen, die Minoriten und Dominikaner ins Land. Gleichzeitig mit der Verfolgung und Vertreibung der protestantischen Prediger kam die Hexenaufspürung in deren verlassenen Gemeinden in Schwung.

Ums Jahr 1596 gab es im Münsterlande viele Personen, die im Besitz von Verschwörungen zu sein vorgaben, vermittels welcher sie in allerlei Kräuter eine besondere Heilkraft bringen könnten. Diese Leute verdienten mit Verkauf dieser Heilmittel ihren Lebensunterhalt. Einer dieser Beschwörer war der Schneider Schwachmann, Eigenhöriger des Gutsbesitzers Rudolf Münnich zu Eickhafen im Amte Vechta.

Derselbe wurde der Zauberei halber verhaftet. Sein Gutsherr trat energisch für ihn ein, allein die »weltlichen Räte« erkannten (28. März 1596) auf die Folter und– er gestand: Zu Holte im Gerichte Haselünne wohne einer, Morer Johann, der habe ihm die Bücher gegeben und ihn solche Kunst gelehrt.

»Sagt, er könne den Teufel zwingen mit Gottes Wort, da er Schaden tue, daß er allda abweichen müsse.« – »Sagt demnächst, Johann Hagestede sei zu ihm gekommen, als ihm drei Pferde krank gewesen und habe ihn um Rat gefragt. Er habe demselben geantwortet: Er besitze natürlich Kräuter, darüber wolle er Gottes Wort lesen und sie dann den Pferden geben. Werde es gut oder wiederum besser, so solle er ihm, dem Verstrickten, einen Reichstaler und ein Brot geben usw.« – »Sagt, der Teufel werde auch bei Gott und seinen fünf Wunden, Leiden und Sterben abzuweichen beschworen.« – »Auch sagt, der Teufel komme von ihm in Gestalt einer Drossel; auch müsse er kommen in jeder Gestalt, so ihm befohlen oder geboten werde. Er könne sprechen, wie er selbst erfahren.« – »Sagt, die so hoch in der Kunst seien, daß ihnen der Teufel allhier auf Erden zu dienen gelobt, die müssen ihm wiederum nach ihrem Absterben mit ihren Seelen dienen. Das habe er auch gelobt.« –

Zum Schluß des Protokolls heißt es:

»Letzlich bekennt er nochmals, daß er Vertrag mit dem Teufel geschlossen, und bekennt alles, was er gesetztermaßen bekannt, wahr zu sein.«

Dem Unglücklichen, der gestanden, daß er seine Mittel doch gegen den Teufel gebraucht, hatte man durch alle Fragekniffe eine ihn belastende Aussage in den Mund gelegt.

Es wurde mit Schwechtmann »nach dem Rechte« verfahren, und die von ihm »Besagten« in Untersuchung gezogen.–

In dem Städtchen Ahlen lebte ein gewisser Peter Kleinkamp, ein Trinker, der wegen eines ihm zur Last gelegten Diebstahls flüchtig geworden, aber nach Ahlen zurückgekehrt war, wo er des Versuchs der Sodomie und anderer Schandtaten, nicht aber der Zauberei angeklagt wurde. Es konnte ihm aber nichts nachgewiesen werden. Weil er jedoch einmal entflohen war und mit verdächtigen Personen verkehrt hatte, so wurde er am 16. Juni 1615 gefolter. Er gestand indes nichts, weshalb er »wieder hingesetzt und, damit er während der Nacht nicht vom bösen Feind gestochen wurde, bewacht.«

Am anderen Morgen wurde den Richtern angezeigt, Kleinkamp sei zum Geständnis willig gemacht worden. Das Geständnis lautet nun:

»Darauf er gütlich ausgesagt: Er sei seines Alters vierunddreißig Jahre. Gestern hatte ihn der Teufel unter den linken Arm gestochen und nicht haben wollen, daß er bekennen sollte. Er sei ein Zauberer. Seine verstorbene Frau habe ihn das Zaubern gelehrt. Auf der Broickhauser Heide habe er Gott und seinen Heiligen entsagt, dem Teufel Glauben, Treue und Huld gelobt. Bei dieser Verleugnung Gottes sei er dreimals rückwärts gesprungen. Darauf wäre der Teufel in Gestalt eines schwarzen Hundes zu ihm gekrochen. Der Hund wäre bald wieder verschwunden; statt seiner habe sich ein Weib neben ihn gestellt. Auch ein Mann wäre erschienen, der Buhle seiner verstorbenen Frau. Derselbe sei mit seiner Frau auf die Seite gegangen, um zu buhlen.

Vor zehn Jahren sei er ein Werwolf geworden. Sein Gehilfe sei damals der verstorbene Johann Offenkamp gewesen. Später sei Christian zu Loe sein Gehilfe geworden usw. ›Meine Frau ist auch eine Zaubersche. In meine Rotte gehört Heinrich Hoyemann zu Broickhausen. Unser Hauptmann war Cort Busch; derselbe hatte einen roten Kopf. Zu jeder Rotte gehören sieben (er nennt sie). Ich war ihr Trommelschläger. Unsern Tanz hielten wir auf der Kampforte. Wir tanzten auf der Leine. Die Trommel wird mit einem Fuchsschwanze geschlagen und geht: Tup, tup, tup, tup.‹

Auf der Kampfstraße in Schellings Hause hätten sie sich geschmiert, darauf wären sie aufgeflogen nach der Mark, in den Weg nach Mecheln zu in Siutholds Kamp an der Lohelinde und nach anderen Orten hin. Hier hätten ihnen ihre Buhlen Kräuter behändigt, welche sie zum Vergiften gebrauchen sollten. Mit den seinigen habe er nichts ausgerichtet. Nur im Anfang seiner Lehre habe er von seiner Buhle Kraut empfangen, mit welchem er einen Hahn, eine Henne und sich selber ein Schwein vergiftet habe. Sie wären aufgeflogen als schwarze Raben usw.«

Das Zeugenverhör ergab viel Widersprüche zwischen den Selbstanklagen Kleinkampfs und den Zeugenaussagen, allein dadurch ließen sich die Richter nicht irre machen. Da protestierten plötzlich die Angehörigen der als Mitschuldige von Kleinkamp angegebenen Personen, und das Gericht verfügte die nochmalige Vernehmung Kleinkamps und Gegenüberstellung mit Christian zum Loe.

Jetzt widerrief Klein zum Teil und sprach seine Reue aus, daß er seiner Frau Unrecht getan habe, blieb aber betreffs Loe und anderer bei seinen Behauptungen. Bei der Zusammenstellung mit Loe rief ihm Kleinkamp zu: »Du bist ein Werwolf, gerade so wie ich«, und Loe war wie vernichtet, beteuerte aber seine Unschuld.

Kleinkamp wurde schließlich »wegen geständiger Zauberei, dabei verübter Vergiftung und anderer Untaten« hingerichtet und zu Asche verbrannt. – Der verzweifelnde Loe unterwarf sich in Lembeck freiwillig der Wasserprobe, welche mißlang. Seine Frau verließ ihn heimlich, und er verbarg sich in einem Gehölz. Man fing und verhaftete ihn am 26. Februar 1616. Im Kerker wurde er wahnsinnig, weshalb die Räte in Münster die alsbaldige Folterung befahlen. Der Tod erlöste ihn jedoch am Abend des 18. April (1616), dem Tage seiner Folterung. Seitdem wurden an allen Orten im Münsterlande Zauberer massenweise aufgespürt und unzählige Scheiterhaufen loderten dort zur Ehre Gottes empor.

Von dem Kaufmann Köbbing zu Coesfeld (im Münsterlande), welcher im Jahre 1632 hingerichtet wurde, sagen des Fiskals Akten: »Inmaßen wahr, daß er so ein gottvergessener Mensch sei, der nicht allein die Kirchen nicht frequentiert, sondern auch zu sagen pflegt, man müsse temporisieren,[56] und soviel den Glauben anbelangt, allen Sekten und Religionen sich akkomodieren (anpassen) können. Item er wolle sich wegen des Glaubens soviel nicht bekümmern, daß er darum verfolgt oder getötet werden solle.«

Diese beiden Punkte konnte der Angeklagte in seinem Verhör nicht gänzlich in Abrede stellen. Köbbing stand als Kaufmann mit Holländern in Verbindung; auch hatte er die Tochter eines evangelischen Geistlichen in seinem Hause beherbergt. Jesuiten hatten sich seit 1626 in Coesfeld eingenistet, und Köbbing mußte brennen.–

Im Kurfürstentum Mainz wurde im Jahre 1570 Elisabeth, Hans Schmidten Ehefrau, in dem Orte Altheim der Hexerei verdächtigt. Ihre Nachbarn richteten daher ein Gesuch an den Amtmann zu Amorbach, »wegen dieser Zauberei sie gnädig zu bedenken«, infolgedessen die Angeschuldigten in den Turm zu Buchen geworden und hier, an eine Kette geschmiedet, in strenger Haft gehalten wurde, wo sie über ein Jahr verblieb. Da endlich verfügte das Ratskollegium ihre Freilassung. Aber der Schultheiß ließ sie zuvor auf des Amtmanns Befehl auf die Folter legen und dergestalt peinigen, daß ihr Leib zerdehnt, zerrissen, ihre Hände und Arme verrenkt und zerbrochen wurden. Trotzdem legte sie kein Geständnis ab.–

Vom Jahre 1593 an wurde im ganzen Mainzschen Odenwalde Jagd auf

Hexen gemacht. Selbst alters- und geistesschwache Personen wurden eingezogen. Schwangere Frauen wurden ihren Männern nur gegen hohe Bürgschaftssummen so lange zurückgegeben, »bis sie ihrer weiblichen Bürde entledigt« seien.

Die Frau Peter Müllers gestand auf der Folter, »sie sei mit Zauberei behaftet, vom allmächtigen Gott ab- und dem Teufel zugefallen«. Katarina Lengenfelder schrie: »Sie sei des Teufels und wolle sein bleiben.« Dabei riß sie sich von der Folter los und griff rasend den Scharfrichter an, dann stürzte sie tot nieder. Ihre Leiche wurde verbrannt und das Vermögen eingezogen.

Eine gewisse Margarete Habeckerin aus Galenbach war entflohen. Nun verhaftete man ihre Mutter, und diese gestand, ihre Tochter an einen Teufel verheiratet zu haben. In Amorbach beschuldigte ein Bauer vor Gericht die eigene Mutter der Hexerei.

Zwei Edelleute führten damals beim Kurfürsten Wolfgang zu Mainz über das Treiben der dortigen Beamten, die nachts in ritterschaftliche Gebiete einfielen, dortige Untertanen hinwegschleppten, marterten und ihre Habe raubten, Beschwerde. Dagegen richtete die Bürgerschaft von Buchen eine Eingabe an den Kurfürsten, in welcher sich in haarsträubender Weise der Aberglaube der Zeit widerspiegelt. Darin heißt es: In der Nacht vom 4. auf den 5. Juli habe der Torwart Veit Meffert zwischen 11 und 12 Uhr ein Rumoren von Pfeifen, Trommeln, umherspringenden Reitern und ungeschmierten Kutschen gehört, daß er vor Schrecken ins Horn gestoßen; doch habe er niemanden von der Bürgerschaft aufwecken können. Desgleichen habe der Torwart in der Vorstadt ein Springen und Tanzen gehört, wie wenn alle Häfen (Töpfe) zerschmissen würden, worauf um den Torturm herum ein greuliches Wetter samt Platzregen erfolgt, wie aus Fässern, dessengleichen noch niemand gesehen. Ein Bürger, der aus dem Wirtshaus gekommen, habe alles um sich herum tanzen sehen und eine Anzahl teuflischer Zaubergesindels in Menschengestalt, schwarz angetan, auf der Gasse umherspringen bemerkt, das sei vom leidigen Satan wider alles Verbot geistlicher und weltlicher Obrigkeit mit seinen untergebenen teuflischen Instrumenten zu keinem anderen Ende gerichtet, denn um sein Reich durch solche verdammliche Freude zu erheben. Daher wolle die liebe von Gott eingesetzte Obrigkeit eine heilsame Strafe gegen die dem leidigen Satan fürsichtig ergebenen Zauberer verordnen.«

Daraufhin wurde eine große Zahl von Hexen und Zauberern eingezogen. Unter diesen wurde eine Frau beschuldigt, in eine Kuh einen Fiedelbogen gezaubert zu haben. Eine vom Heumachen ermüdete Frau sprach zur anderen: »Wenn nur der Teufel das Heu holte!« Und weil sich darauf zufällig ein Sturmwind erhob, der das Heu wegwehte, so wurde die Frau als wettermachende Hexe eingezogen und gefoltert. Es folgten viele Prozesse; aber man findet über das Schicksal der Angeklagten wenig Bestimmtes in den Akten. Sie wurden meist samt und sonders verbrannt.

Kurfürst Johann Schweikert (1604-26) brachte, wie Soldan berichtet, in die Hexenverfolgung zuerst System, indem er, nachdem er sich von der theologischen und juristischen Fakultät seiner Hochschule über das Hexenwesen hatte belehren lassen, eine Untersuchungsordnung für Hexenprozesse mit 18 General- und 98 Spezialfragen aufsetzen und den Gerichten des Landes zuschicken ließ. Aber die schlimmste Zeit kam (1626) unter seinem Nachfolger Georg Friedrich (von Greifenklau).

Als sich Georg Friedrich in Dieburg huldigen ließ, ersuchte ihn die Zentmannschaft inständig, daß er zur Ausrottung der Zauberer die peinlichen Untersuchungen anordnen möge, und wiederholte 1627 die Bitte schriftlich. Nun wählte man aus der Masse der zur Anzeige Gebrachten zunächst Martin Paths Witwe aus, weil »deren Mutter vor zwanzig Jahren als Hexe verbrannt« worden sei. Das Verhör begann am 26. Juni, und die Hinrichtung erfolgte am 7. Juli. Da sie eine ganze Anzahl Mitschuldige genannt hatte, entwickelten sich jetzt auch eine ganze Reihe Hexenprozesse, die jeder einzelne wieder Verfolgungen in Dieburg, Seligenstadt, Aschaffenburg und anderen Orten hervorrief. Die meisten Beschuldigten gaben als Versammlungsorte der Hexen den Eichwasen bei Dieburg, auch den Humesbühl, den großen Formeln u. a. an.

Zum Hexensabbat fanden sich angeblich oft Tausende auf dem Eichwasen, darunter vornehme Leute aus fernliegenden Städten, ein. Dabei waren die Trinkgeschirre anscheinend von Gold und Silber, in Wirklichkeit aber Pferdeköpfe und Schelmengebein, und was sich als Krammetsvögel ansah, war eine Schüssel mit Kröten. Ein Folterprotokoll vom 2. Oktober 1627 lautet: »Wie die Angeklagte nichts gestehen wollte, sondern auf dem Leugnen halsstarrig bestand, ist sie auf dem einen Schenkel mit dem Krebs beschraubet worden. Sie hat aber immerdar gerufen, es geschehe ihr Unrecht, und sich erzeigt, gleichsam sie einigen Schmerz nicht empfinde. Und ob der Meister auf ein Holz schraubte, auch mit aufgesperrtem Mund in einen Schlaf geraten. Und als man ihr Weihwasser in den Mund geschüttet, hat sie dasselbige jedesmal wieder ausgespien und abscheuliche Gebärden im Gesicht von sich gegeben. Derentwegen, nachdem sie wieder zu sich selbst gekommen, dieselbige ausgezogen, geschoren, mit dem Folterhemd angelegt und auf dem anderen Schenkel auch beschraubet worden, wobei sie sich mit Entschuldigungen, Rufen, Schreien, Schlafen wieder wie zuvor gebärdet, auch das Weihwasser abermals ausgespien. Auf welche beharrliche Halsstarrigkeit und Verleugnen sie ungefähr zwei Vaterunser lang aufgezogen und mit ihr ein großer Stein an beide große Zehen gehängt worden. Sie hat aber wie zuvor einig empfindliches Zeichen nicht von sich gegeben, sondern gleichsam sie tot wäre, sich gestellt, deshalben man sie herabgelassen und zur vorigen Kustodie (Gefängnis), nachdem sie sich wieder erholt, hinführen lassen.«

Der Verhaftete Philipp Krämer aus Dieburg wagte im Verhör freimütig herauszusagen, daß die gegen ihn gemachten Zeugenaussagen falsch seien. Das ganze Hexenwerk sei nichts als Aberglauben. »Wenn dergleichen Belialszeugnisse auch tausend wären, so könnten sie doch alle tausend falsch sein. Denn das wären Leute, so in ihrer Pein und Marter verzweifelten. Da müsse er sehen, daß unter Tausenden nicht einem recht geschehe. Es nehme ihn wunder, daß man solche abergläubischen Sachen glaube. Das seien doch lauter unmögliche Dinge, und es könnte aus keiner Schrift bewiesen werden, daß es zu glauben sei, der Teufel verblende die Leute und nehme frommer Leute Gestalt an.« (Man sieht, daß es im Volke viel verständigere Leute gab als unter den gelehrten Richtern.) Der Freimütige wurde am 6. September 1627 mit dem Schwerte hingerichtet und seine Leiche verbrannt. 36 Opfer forderte das Jahr 1627 allein in Dieburg, nach einer anderen Aufzeichnung 85.

Ende 1629 begann wieder ein Massenprozeß gegen 29 Personen in Dieburg, und ganze Familien wurden ausgerottet. Auf Betreiben des glaubenswütigen Dechanten zu St. Peter in Mainz wurden in Großkrotzenburg und Burgel gegen 300 Leute wegen Hexerei hingerichtet, deren Hinterlassenschaft– nahezu 1000 Morgen Land– den Fiskus zufiel.

Jetzt aber schränkte Kurfürst Johann Philipp (von Schönborn) die Hexenverfolgung denn doch ein. Er ließ die im Jahre 1657 in Amorbach Verhafteten auf freien Fuß setzen.–

In der Erzdiözese Köln erstreckte sich die Hexenverfolgung in der zweiten Hälfte des 16. Jahrhunderts über alle Schichten der Gesellschaft.

Der Pfarrer Duren zu Alfter meldet dem Grafen von Salm, »daß man zu Bonn stark zu brennen anfange. Jetzo sitzt eine Reiche, deren Mann vormals Schöffe zu Bonn gewesen, namens Kurzrock. Sie ist eine Hexe, und täglich vermeint man, daß sie justifiziert werden solle, welcher ohne Zweifel noch etliche Dickköpfe (das sind Lutherische) folgen müssen«. Später schreibt derselbe Biedermann:

»Es geht gewiß die halbe Stadt drauf. Denn allhier sind schon Professores, Candidati juris, Pastores, Canonici und Vicarii, Riligiosi eingelegt und verbrannt...

Ihre fürstl. Gnaden haben 70 Alumnos, welche folgens Pastores werden sollten, gestern eingelegt, zwei andere hat man aufgesucht, sind aber ausgerissen.

Der Kanzler samt der Kanzlerin und des geheimen Secretarii Hausfrau sind schon fort und gerichtet. Am Abend Unserer Lieben Frauen ist eine Tochter allhier, so den Namen gehabt, daß sie die schönste und züchtigste gewesen von der ganzen Stadt, von 19 Jahren hingerichtet, welche von dem Bischof selbst von Kind an auferzogen.

Einen Domherrn mit Namen Rotensahn habe ich sehen enthaupten und folgens verbrennen sehen. Kinder von drei bis vier Jahren haben ihren Buhlen, Studenten und Edelknaben von 9, 10, 11, 12, 13, 14 Jahren sind hier verbrannt. Summa, es ist ein solches Jammern, daß man nicht weiß, mit was für Leuten man umgehen soll.«

Unterm 20. Dezember meldet der Vogt zu Hülchrode, Andreas Hüffele, dem Amtmann von Ladolf in Dyck, daß Zeiger dieses, der armen gefangenen Frauen Eidam, genannt Gort, bei ihm gewesen und gebeten wegen seiner selbst und seinen Geschwägern, daß man doch ihre Mutter mit dem Schwerte richten und in die Erde begraben möchte, dagegen sie unserem gnädigen Herrn 40 Thaler Kölnisch zu untertänigster Verehrung geben wollen. »Die allhier Sitzende habe ich examinieren, peinigen und aufs Wasser versuchen lassen, deren zwei ihre Untaten umständlich bekannt, die dritte aber halsstarrig geleugnet; jedoch dieselbe wie die andern zwei auf dem Wasser geschwommen.«

Unter den zahllosen Hexenprozessen jener Tage im Kölner Lande dürfte der nachstehende der interessanteste sein:

Die schöne Tochter des kaiserlichen Postmeisters Henoth, Katharina, leitete in Köln das Hauswesen ihres Bruders, des Propstes und Domherrn Härtger von Henoth. Da wurde eines Tages die den besten Kreisen angehörende junge Dame von einer vom Teufel besessenen Professorsschwester des Klosters zu St. Klara als Hexe verschrien und in den Kerker geworfen. Sie sollte Raupen gemacht haben. Zudem bekannten zwei Pfarrer, daß gewisse Behexte an den geheimsten Teilen ihrer Leiber litten und daß eine Hexe es ihnen angetan haben müsse, die ihnen im Wachen wie im Traume fortwährend erscheine. Es stand bald fest, daß dies die schöne Katarina Henoth sein müsse, die nun dreimal durch alle Grade gefoltert wurde, »daß die Sonne sie durchscheinen konnte«. Aber sie blieb heldenhaft bei Beteuerung ihrer Unschuld. Der Bruder durfte von Glück sagen, daß man ihn nicht in den Prozeß verwickelte, und mußte sehen, wie man die Schwester auf einem Karren hinaus vor die Stadt zum Scheiterhaufen fuhr. Ein von den Freunden der Bejammernswerten gewonnener kaiserlicher Notar hatte einen Protest gegen das grauenhafte Verfahren aufgesetzt. Dieser stand mit den Freunden an einer Straßenkreuzung der Stadt, wo der Zug zum Richtplatz zu halten pflegte. Man reichte der Unglücklichen die Verwahrungsurkunde und eine Feder auf den Wagen, damit sie unterzeichne. Da riefen die den Karren begleitenden Jesuiten: »Sehet, ihr Leute, daß sie eine Hexe ist. Sie schreibt mit der linken Hand.« Jetzt aber riß die Ärmste mit der Linken den Verband von der rechten Hand, zeigte die in der Folter verstümmelte Rechte und sprach mit lauter Stimme: »Ja, ich schreibe mit der Linken, weil die Henkersknechte die Rechte mir verdarben und zerschmetterten, um mich Unschuldige zum Geständnis zu zwingen!«

Entsetzen und Grausen erfüllte die Menge; es wurden harte Worte und Drohungen laut. Da stimmten die Jesuiten einen Psalm an, und weiter ging der Zug zum Scheiterhaufen. Das Blut der in der heiligen Stadt Köln unschuldig Gerichteten schreit zum Himmel.–

In Ellingen (in Franken) wurden im Jahre 1590 in acht Monaten fünfundsechzig Hexen hingerichtet.–

Im reichsunmittelbaren Frauenstift Quedlinburg sind durchschnittlich in einem Jahrhundert 133 Personen verbrannt worden; also in vier Jahrhunderten 532.–

Im Stiftsland Zuckmantel (Schlesien) wurden im Jahre 1639 nachweisbar zu Zuckmantel, Freiwaldau, Niklasdorf, Ziegenhals und Neisse zweihundertundzweiundvierzig Personen dem Hexenwahn geopfert und 1645 einhundertundzwei, darunter zwei Kinder, deren Vater Teufel gewesen sein sollte.–

Im Stift Paderborn wurde seit 1585 die Hexenverfolgung betrieben. Ein einziger der dortigen Hexenrichter hat fünfhundert Hexen zum Tode verdammt.

Ein Jesuit namens Löper rief dort eine ganz eigenartige Bewegung hervor; etwa einhundert Besessene liefen in der Stadt umher und zeterten über den Bürgermeister, über die Kapuziner, die Hexen und die Hexenverteidiger. Auf Betreiben des Kapuziner-Guardians wurde der Jesuit ausgeweisen, indes, der Unfug war einmal im Gange. Aus mehr als neunzig besessene Leuten zu Paderborn und Brakel riefen die Teufel unaufhörlich über Trinike Morings als über eine Zauberin, welche der Teufel durch Branntwein, Kuchen, Äpfel, Bier, Fleisch u. a. m. in die Menschen getrieben. Ja, die Teufel haben auch öffentlich auf den Gassen über etliche als Hexenverteidiger geschrien, und was die Teufel geschrien, das bekannten dann die Hexen gerichtlich, nämlich daß die bösen Geister durch Hexen in die vielen Menschen eingetrieben worden wären.–

Es war im Jahre 1679, als im Erzstift Salzburg der letzte große Hexenbrand in Szene gesetzt wurde, bei welchen siebenundneunzig Personen zu Staub und Asche wurden. Die Veranlassung hatte eine Viehseuche gegeben. Was für übermenschliche Seelenstärke Frauen dabei an den Tag gelegt, ist unbegreiflich. Sie ertrugen Dutzende von Martergraden und erlitten den Märtyrertod in der verschiedensten Gestalt und bewahrten doch ihren Heldenmut. –

Um die zweite Hälfte des 16. Jahrhunderts waren die Hexenprozesse allenthalben im gewünschten Gange und die Anschauungen und Lehren des Hexenhammers den breitesten Volksmassen in Fleisch und Blut übergegangen. Von da ab sehen wir die Hexenverfolgung ihre höchste Höhe erreichen. Die Drachensaat Innozenz' VIII. und Institors und Sprengers war aufgegangen und hatte die Schreckenszeit über die Christenheit herbeigeführt.

Auch in den weltlichen und protestantischen Territorien des deutschen Reiches flammten die Scheiterhaufen empor und vernichteten tausend und aber tausend von unschuldigen Menschen. Der entsetzliche Menschenwahn, der je die Welt regierte, schritt verheerend durch die meisten europäischen Lande, eine geistige Seuche, eine ansteckende Volkskrankheit, welche die Nationen dezimierte.

Das Zeitalter des Dreißigjährigen Krieges, welches ohnehin unsägliches

Elend über das deutsche Volk verbreitete, war das für die Hexenprozesse fruchtbarste. Es war, als wolle der Aberglaube, verbunden mit den Kriegsdrangsalen, unsere große Nation vom Erdball verschwinden machen. Wenn er das nun allerdings auch nicht erreicht hat, so ist ihm wenigstens gelungen, die Entwicklung der Kultur und Zivilisation ganze Jahrhunderte zurückzuschrauben.

In allen jenen deutschen Ländern, welche durch das Schwert der Feinde, durch Morden, Sengen und Brennen, durch Frevel und Mutwillen der ungezügelten Kriegerhorden, durch Rauben, Hungersnot und Seuchen so entsetzlich litten, war man, von Wahnwitz getrieben, unermüdlich, der entsetzlichsten der Volkskrankheiten, welche je christliche Nationen dezimiert, durch Errichtung von Scheiterhaufen zu fördern. Sollte doch selbst die Mutter des berühmten Astronomen Kepler in ihrer schwäbischen Heimat Wyl als Hexe verbrannt werden, und obschon ihr Sohn auf die Nachricht davon sich schleunigst dahin begab, griff doch selbst dieser große Denker, welcher die Fähigkeit besaß, das bedeutende Werk »Die Harmonie der Welt« zu schreiben, den Hexenglauben als solchen nicht an.–

Aus den Herzogtümern Braunschweig und Lüneburg berichtet schon vom Jahre 1561 die Göttinger Chronik, der Göttinger Magistrat sei so mit Hexenprozessen beschäftigt gewesen, daß fast kein altes Weib vor der peinlichen Frage und dem Scheiterhaufen sicher war. Herzog Heinrich von Wolfenbüttel ließ im Jahre 1565 an einem Tage bei Salzgitter zehn und bei Lichtenberg sieben Hexen verbrennen. In den Jahren 1572 und 1573 kam selbst die Herzogin Sidonia, die Gemahlin des katholisch gewordenen Herzogs Ernst II. von Braunschweig-Kalenberg, wegen Hexerei so in Gefahr, daß sie zu ihrem Bruder, dem Kurfürsten August von Sachsen, flüchtete. Man beschuldigte sie, im Bunde mit dem Teufel versucht zu haben, ihren Gemahl durch Gift zu beseitigen.

Immerhin stiegen in Herzog Julius, der im Jahre 1589 starb, noch Zweifel darüber auf, ob denn Hexen und Zauberer wirklich die Dinge verrichten könnten, welche sie unter der Folter bekannten. Sein Nachfolger Heinrich Julius jedoch, der seit 1566 Bischof von Halberstadt war, kannte solche Gewissensskrupel nicht; er trieb die Hexenverfolgung en gros, so daß bei Wolfenbüttel häufig an einem Tage zehn bis zwölf Hexen auf dem Holzstoße endeten. Die Richtstätte vor dem Lechenholze sah, wie eine gleichzeitige Chronik berichtet, von wegen der Menge der daselbst aufgerichteten Brandpfähle wie ein kleiner Wald aus.

Eine Chronik der Stadt Hitzacker im Fürstentum Lüneburg berichtet: »Anno 1610 wurden etliche Personen in Hitzacker der Hexerei und Zauberei beschuldigt, welche dann auf viele andere mehr bekannten, daß auf zehn Personen inkarzeriert (eingekerkert) und zum Feuer verdammt wurden. Der damalige Pastor in Hitzacker, Simon Krüger, schreibt, daß ihm diese Affäre nicht allein große Mühe und Arbeit gemacht, sondern auch tausend Sorgen und Tränen aus dem Herzen gedrungen.

Es ward geurteilt, daß sehr viel dieser Leute unschuldig sterben müssen und daß der Scharfrichter bei der Wasserprobe betrüglich gehandelt, damit er nur viel verdienen möchte. Die Pfähle, daran dieselben verbrannt, waren Anno 1670 noch häufig auf dem Galgenberge zwischen Marwedel und Livau zu sehen. Man erzählt, daß etliche von den Pfählen wieder ausgegrünt, welches dann der Regierung einiges Nachdenken verursacht, von solchem Prozeß abzustehen und eine Inquisition wider den Scharfrichter vorzunehmen.«

In Hildesheim erlitt 1615 ein Knabe den Tod, weil er sich in eine Katze verwandelt haben sollte. – Zu Loccum wurden zwölf Hexen von der Univeristät Rinteln im Jahre 1628 verurteilt. –

»Nicht selten«, schreibt Wächter, »mußte der Verdacht der Zauberei den Vorwand abgeben, eine Verfolgung aus politischen und kirchlichen Motiven einzuleiten. Hierfür nur ein Beispiel: Im Anfange des 17. Jahrhunderts herrschte in der Stadt Braunschweig ein aristokratischer Senat mit großer Härte. Die Rechte der Bürgerschaft gegen Übergriffe dieser Aristokratie vertrat einer der achtungswürdigsten und gebildetsten Männer in Braunschweig, der Bürgerhauptmann Hennig Brabant. Seine Gegner suchten diese lästige Stimme auf alle Weise zum Schweigen zu bringen. Als es nicht gelang, griff man zu einem Mittel, das in der Hand der Gewaltigen jener Zeit selten fehlschlug, zur Einleitung eines peinlichen Prozesses. Auf den Umstand, daß einmal ein Rabe in das Haus Brabants flog, wurde die Anklage eines Bundes desselben mit dem Teufel gestützt und diese noch gehäuft mit der weiteren Anschuldigung, Brabant habe sich mit dem Herzog gegen die Rechte des Rats verbunden. Daraufhin wurde er verhaftet. Wohl wissend, welches Schicksal ihm drohte, suchte er sich demselben durch die Flucht zu entziehen. Er ließ sich vom Gefängnis herab, fiel, brach ein Bein und wurde wieder in den Kerker zurückgebracht. Nun begann man den Prozeß sofort mit der Folter. Auf die unmenschlichste Weise wurde sie gegen ihn angewendet; z. B. nachdem man ihn an den rückwärts gebundenen Armen an das Gewölbe der Folterkammer aufgewunden, hing man an sein gebrochenes Bein ein schweres Gewicht und ließ ihn so eine halbe Stunde freischwebend hängen, während das Gericht abtrat und im oberen Zimmer sich gütlich tat; ja, der Scharfrichter war menschlicher als der Rat, indem er das Verlangen, dem Angeschuldigten hölzerne Keilchen unter die Fingernägel zu schlagen, mit der Bemerkung abwies, er müsse doch seine Seligkeit bedenken. Eine solche Folter mußte ihren Zweck erreichen; Brabant gestand am Ende alles, was man von ihm wissen wollte, um nur den unerträglichen Qualen ein Ende zu machen, und er wurde sofort zum Tode verurteilt. Und nun die Hinrichtung! Im jammervollsten, durch die Folter herbeigeführten Zustande wurde er auf einem Gerüst auf einem Stuhl festgebunden. Zuerst schnitt man ihm die zwei Finger ab, mit denen er den Bürgereid geschworen; dann riß man ihm viermal mit glühender Zange Stücke Fleisch aus den Armen und der

Brust. Darauf setzte ihm der Scharfrichter ein Messer auf den Brustknochen und schlug auf dieses Messer, wie es im Protokoll heißt, langsam mit einem hölzernen Hammer, während Brabant immer laut seine Unschuld beteuerte. Jetzt wurde ihm der Leib aufgeschnitten – noch lebte er –, dann wurde ihm sein Herz herausgenommen und ins Gesicht geschlagen. Das Protokoll sagt, »er sei in seinem Gebete still geworden und entschlafen, als man ihm das Herz herausgerissen«.

Fluch solchen Teufeln in Menschengestalt, die solche Grausamkeiten angeordnet! –

Auch im Amte Kalenberg waren die Hexenprozesse lebhaft im Schwunge. Wir lassen hierunter einige der dort verhandelten Prozesse nach den Akten folgen.

Untersuchung wider Sievert Meiers Ehefrau aus Rössing

Ein auf das damalige bischöflich-hildesheimsche Amt Papenburg wegen Zauberei gebrachtes Weib, namens Jansen, hatte in ihren Verhören auf Sievert Meiers Frau zu Rössing bekannt. Infolgedessen wurde die letztere am 23. Juli 1639 vom Amte Kalenberg gefangengesetzt.

Dem herrschaftlichen Pächter Müller zu Rössing waren angeblich fünfzehn Pferde in einem Jahre gestorben, seine Schafe hatten wenig Milch gegeben, sein Hofmeister war plötzlich erkrankt und ein Einwohner zu Kalenberg hatte seit Walpurgis seine Kuh nicht melken können, Vorfälle, die nach Meinung des Pächters nur durch Zauberei bewirkt sein konnten, weshalb er um Vernehmung der Hexe einkam.

In drei Verhören leugnete die Inquisitin sowohl, eine Zauberin zu sein, wie die Jansen überhaupt zu kennen. Andere Verdachtsmomente lagen außer dieser Beschuldigung nicht gegen die Meier vor; man hatte sie indes schon seit Jahren für eine Hexen gehalten, und in Artikel 44 der famosen Carolina, der Peinlichen Halsgerichts-Ordnung, mit welcher man unter Kaiser Karl V. das unglückliche deutsche Volk heimsuchte, heißt es:

»Wenn Jemand erbeut (erbietet), andere Menschen Zauberey zu erlernen, oder Jemand zu bezaubern gedräuet (drohet), und der Bedräueten (Bedrohten) dergleichen ben schicht (geschieht), auch sonderlich Gemeinschaft mit Zauberern oder Zauberinnen hat, oder mit solchen verdächtigen Dingen, Gebährden, Worten und Wesen umgehet, die Zauberey auf sich tragen, und dieselbig Person desselben sonst berüchtiget, das giebt eine redliche Anzeigung zur Zauberey und genugsame Ursache zu peinlicher Frage.«

Seltsamerweise war jedoch der Kalenbergische Beamte – ein weißer Rabe unter seinen Genossen – so verständig, nähere Umstände aus dem Bekenntnisse der Jansen zu verlangen. Der Pappenburgische Richter antwortete nicht minder vernünftig: »Ich habe die Jansen scharf vermahnet, worauf sie geantwortet, sie wäre mit der Meier viermal »auf'm Tanze« gewesen. Wie »deroselben aber vorgehalten, daß ihr tanzent falsch, und blos des Teufels einbildent (Einbildung) sey«, antwortete sie wieder: »Das wisse sie besser; sie könne die Meiersche nicht los erkennen«. Dazu bemerkt der verständige Richter Knopf wörtlich: »Wenn ich aber die Jansen für eine böse Bestie halte, so bin ich sonst selber des Gedankens, daß sie aus losem, falschem Herzen die Meiersche möchte mit ins Spiel bringen.«

Nunmehr wurden die Akten dem Oberrichter eingesandt, und dieser ließ Erkundigungen über den Lebenswandel der Beschuldigten anstellen. Inzwischen zeigte der Pappenburger Amtmann an, die Jansen sei bei ihrer Beschuldigung verblieben.

Das Ergebnis der Erkundigungen ist nicht bekannt; wohl aber bezeugte der Hofmeister des Pächters Müller zu Rössing, er habe mit der Meier einen Zank auf dem Felde gehabt, in welchem sie behauptet habe, daß seines Herrn Pferde auf einem gewissen Rasenplatze nicht weiden dürften, weil die Frau von Rössing ihr denselben zugesagt habe; er sei darauf krank geworden, könne aber nicht berichten, ob ihm die Meiern oder andere böse Leute solches angetan hätten. (Daß die Krankheit auf natürliche Ursachen beruhen konnte, scheint dem Mann unbegreiflich.)

Des Pächters Pferdejunge erzählte gleichfalls jenen Streit und zugleich, daß seinem Herrn etliche Pferde umgekommen seien; »ob solches aber von der Meierschen herkomme, könne er nicht berichten.«

Nunmehr wurden die Akten der Juristen-Fakultät zu Helmstedt vorgelegt, welche am 11. Oktober 1639 erkannte, »daß Inquisitin mit scharfer peinlicher Frage, doch menschlicher Weise« zu belegen sei.

Auf der Folter bekannte die Ärmste dann (am 20. November 1639):

»Sie wäre eine Zauberin. Das Zaubern hätte ihr die Jansen gelehrt. Fünf Jahre wäre es her und sei in deren Hause zu Nordstemmen geschehen, wo jemand beim Feuer gesessen, der schwarz gekleidet gewesen, ihr einen gelben Pfennig gegeben und sie geküßt – sagt nichts weiter! – getan habe. »Und«, heißt es weiter, »als Verstriktin dabey beharret, undt ein mehres von derselben nicht zu erzwingen gewesen, ist sie wiederum zur Custodi (Gefängnis) verwiesen worden.«

Da dem Richter das Bekenntnis noch nicht genügte, wurde die Unglückliche am 27. November wieder mit der Folter bedroht, worauf sie unter vielen Tränen um Verschonung mit der Marter bat, und nunmehr (wie es heißt) »freywillig« folgendes Bekenntnis ablegte. »Ihr Buhle, der Teufel, habe ihr gestern auf dem Kopfe gesessen und gesagt, sie solle fest halten und nicht bekennen; es solle keine Not haben. Es wäre wahr, daß sie eine Zauberin sei.« – Nun erzählt sie, wie sie das geworden:

»Als sie einmal nach der letzten Kalenbergischen Belagerung in das Haus der Jansen gekommen, hätte dieselbe zu ihr gesagt: Sie wolle ihr einen zuweisen, der solle ihr bringen, was sie vonnöten habe. Zum Feuer gewendet, habe sie jemand in schwarzer Kleidung mit schwarzem Hut und Federbusch gesehen, der sie gefragt, ob sie sich ihm wollte ergeben.

Er wollte ihr verschaffen, was sie begehrte, und habe ihr einen gelben Pfennig hingehalten, welchen sie genommen. Sie habe den Schwarzgekleideten küssen, mit ihm aufs Feld gehen, dort Gott absagen und dem Schwarzen angeloben müssen.

Ihr Buhle heiße Hans Federbusch, habe ungestalte kurze Hände und dicke Füße. Sie wäre mit ihm oft, sonderlich in der Walpurgisnacht, nebst anderen zwischen Rössing und Bernten zum Tanz gewesen. Wenn sie dorthin habe gehen wollen, habe sie sich aus dem Topfe, in welchem eine dünne Materie, wie Froschlaich, gewesen, eingeschmiert. Den gelben Pfennig habe sie zu Hause in den Schrank gelegt gehabt; er wäre aber am andern Morgen verschwunden gewesen. Bald darauf habe ihr der Buhle ein graues Pulver gebracht. Das habe sie ihrem eigenen Schwein eingeben müssen, das darum gestorben sei.

Darauf bekennt die Angeklagte, daß sie verschiedene Personen von diesem Pulver eingegeben habe, die daran krank geworden seien, auch daß sie einiges Vieh, insbesondere die Pferde des Rössinger Pächters, vergiftet, und das Zaubern mehrere Weibspersonen, darunter ihre eigene Tochter, gelehrt habe.

Dem Scheiterhaufen, der ihr gewiß war, entging die Unglückliche dadurch, daß sie am 2. Dezember 1639 im Gefängnisse eines natürlichen Todes starb. Ihr Leichnam wurde aber auf Befehl der Hannoverschen Regierung auf dem Richtplatze verbrannt.

Prozeß Holenkamp (1639)

Ein Viehsterben hielten die Einwohner von Arnau für auf übernatürliche Weise entstanden. Die Katharina Holenkamp, verwitwete Lükken, die eine Hexe sei, habe es herbeigeführt.

Einige nicht vereidigte Zeugen sagten aus:

1. Die Lükken habe einer gewissen Schattenberg eine Salbe gegen eine Beule am Arm gegeben; durch welche die eine Seite derselben gelähmt worden sei. Das habe man ihr vorgehalten und sie geprügelt, worauf sie sich entfernt habe und es der Kranken besser geworden sei.

2. Es sei allgemein bekannt, daß die Lükken eine Hexe sei und eine Frau mit Namen Köneken vergiftet habe. Einmal morgens habe sie etwas mit der Rute geschlagen, das habe geschrien wie ein Specht. Sie habe zwar gesagt, es sei ein Iltis gewesen; man wisse aber, daß es ihr Buhle gewesen, der so geschrien habe.

Die hochgelehrte Juristen-Fakultät erkannte auf diese Anzeige ohne Bedenken die Folter, die dann am 12. September 1639 auch richtig zur Anwendung kam. Dabei hat die Ärmste (so heißt es im Protokoll), »sobald der Scharfrichter ein wenig mit den Beinschrauben angegriffen, zwar anfangs Schmerzen gefühlt, demnach nicht bekennen wollen, bald darauf aber ein schreckliches und abscheuliches Gesicht gemacht, dem Gehör nach mit drei verschiedenen Zungen, und sonderlich hochdeutsch geredet. Alsbald ist sie eingeschlafen und hat nachgehends von der Tortur nichts gefühlt, sich auch also bezeiget, daß ich (der Amtmann) in Sorgen gestanden, das Weib wäre gar tot. Dero Ursache ich dem Nachrichter befohlen, das Weib gänzlich zu lassen und auf die Erde niederzulegen. Etwa nach Ablauf einer halben Stunde ist sie wieder erwacht und in die Kustodi gebracht worden.«

Auf diesen Bericht des Amtmanns erteilt die hochweise Juristen-Fakultät von Helmstädt unterm 10. Oktober 1639 folgenden erstaunlich klugen Bescheid:

»Da Inquisitin sich bey der Tortur ganz wunderlich und übernatürlich betragen, so solle er sie in ein anderes Gefängniß bringen und durch den Scharfrichter fleißig besichtigen lassen, ob etwas verdächtiges bey ihr zu finden, da sie ihr Bekenntnuß hinterhalten könnte. Auch habe er sie zu befragen, woher es käme, daß sie wider alle Vernunft gleichsam mit dreyen Zungen geredet, sich so ungeberlich bezeige undt nichtest bekennen wollen? ferner auch sie zur richtiger Bekenntnuß anzumahnen. Sollte sie aber also noch nicht zugeben und bei ihrem läugnen verharren, denn dieses falß Beschaffenheit noch die scharfe peinliche Frage, auch wohl mit anderen Instrumenten, als wie vorhin gebraucht, ziemlicher Weise zu repetiren (wiederholen) sey.«

Dieser grausame Befehl wurde am 26. November 1639 vollzogen. Das Torturprotokoll berichtet darüber. »Verstrickte ist beim Leugnen geblieben, erklärt, daß sie, als ein redlich Weib, auch von nichts anderem zu sagen wisse als vom lieben Gott, welchergestalt sie dann immer den Namen Gottes im Munde führte, unterdessen aber wieder in der Tortur eingeschlafen (ohnmächtig geworden), ungeachtet der Scharfrichter sie aufgezogen mit »lebendigen Schwefel beworfen« und mit Ruten gehauen, welche sie alles nicht geachtet und sich deswegen nicht einmal beweget, daß selbst der Scharfrichter sich verwundert und gesagt: er hätte ein solches Weib noch nie vor sich gehabt.

Etwas über eine halbe Stunde hat der Scharfrichter der Verstrickten mit den Beinschrauben »abereinst« hart angegriffen. Da hat dieselbe dann überlaut gerufen, sie wäre Zauberin; als sie aber entlassen und ihr ihre Aussage wieder vorgehalten wurde, hat sie alles revozieret (zurückgenommen) und erklärt, sie wäre unschuldig und ein ehrlich Weib.«

Hierauf erkannte die Helmstedter Juristen-Fakultät, diese Henkerbande, am 17. Dezember 1639, »daß Verstricktin gestalten Sachen nach, da vermuthlich, daß ihr muß vom Teufel seyn angethan, daß durch die Pein und Marter zum andern mal von ihr nichtß hat können gebracht werden, undt man sich ihrenthalben weiter nichtß zu befahren habe, auch andre Leute dieseß Orts nicht ergern mögen, deß Landes ewigt zu verweisen.

Von Rechts-Wegen«

Die nachfolgenden Schriftstücke, welche uns den gesamten Prozeß wider Hans Krebs' Ehefrau aus Münchenhagen vorführen, geben uns zugleich ein Bild des bürokratischen Verfahrens der Juristen jener Tage. (Wir geben das Aktenstück hier wörtlich wieder.)

Calenberg, den 1. Novembris, Anno 1638

Nachdem Hansen Krebs Frau Ilsche Giesekingk vom Mönnichehagen Stiffs Lockumb, etliche Jahr hero berüchtiget gewesen, daß Sie eine Hexin wehre, wie sie dan von verschiedenen Zauberinnen, die nach einander in verschiedenen Jahren im Stifft Lockum gebrennet worden, besagt, undt allemahll ausgetretten. Und also nach nemlicher Zeit abereinß eine Hexin zu Lockumb eingezogen, die auch nachgehents gebrandt, uff vorberürtes Weib mit bekant, welches Sie zu ihrer Wißenschaft gebracht, nochmalen in dieß Unsers gnedigen Fürsten Undt Herrn Ambt Calenbergk naher Jeinsen sich begeben undt daselbst ufgehalten, habe uf vorgehende avisation des Stiffts Lockumb, ich obberurts Ilsche Gieseken gestrigen Tags zum Hafften pringen laßen, undt gütlich befragt.

1.

Ob sie sich erinnerte warumb Sie in gefengliche Hafft gerathen?

Resp. (Antwort.)

Wisse es nicht.

Weither gefragt:

Ob ihr nicht wissendt, daß Sie zu verschiedenen mahlen von Zauberinnen, die zu Lockumb gebrandt, besagt worden?

Resp.

Habe davon wohl gehört, wehre aber Unschuldig.

gefragt:

Warumb Sie den allemahl, wenn vorberurte Zauberinnen gefenglich eingezogen undt gebrandt, außgetretten, undt zu Münchehagen in ihrem Hauß sich nicht sicher behalten durffen?

Resp.

Wäre zwart dero Zeith, wie der Catolische Abt daß Stifft Lockumb inne gehabt, geschehen, aber aus Furcht, were unschuldig.

gefragt:

Ob Sie nicht bey Abt Straken Zeithen, nunmehr für zwölf Jahren, von

Zauberinnen, die gebrandt worden, dem Stifft Lockumb genennet, undt wie sie solches in Erfahrung bracht, außgetretten?

Affirmat. (bejahet.)

Ob nicht ihre Mutter uandt Schwester auch Zauberinnen gewesen undt gebrandt worden?

Resp.

Sagt Nein, weren natürlichen Todts gestorben, Ihrer Mutter Schwester aber, Grethe Gillersen, were zum Sachsenhagen fur vielen Jahren gebrandt worden.

gefragt:

Ob Sie dan keine Zauberin were?

Negat Constanter, (leugnet standhaft) were ganß unschuldig undt ein redlich Weib, und ohngeachtet die Waßer-Probe nicht allerdings richtig sein mugte, wollte Sie sich dennoch dazu erbotten haben.

gefragt:

Warumb sie dan gewichen?

Resp.

Auß Furcht, daß Sie gleich andern ufs waßer mugen geworfen werden.

gefragt:

Warumb sie der Herr prior zu Lockumb zum abendtmahl des Herrn nicht gestatten wollen?

Resp.

Hette ihr vorgehalten, daß sie eine Zauberinn, jedoch sie endlich uf ihre Entschuldigung zugelaßen.

gefragt:

Wie lang Sie zu Gottes Tisch nicht gewesen?

Resp.

Weren zwei Jahre verfloßenn, Alß Ihr aber endlich hart zugesprochen. Im Fall Sie nicht geradt zugeben undt die Wahrheit bekennen würde, daß Sie alsdan mit scharfer Frage die Wahrheit zu erkundigen belegt werden solte, hett Sie geandtwortet, Sie mußte solches geschehen laßen, Gott undt der Geduldt befohlen, Gott wuste, daß Sie unschuldig undt keine Zauberin were, Ist zu beßerm Nachdenken wiederumb zur Custodi verwiesen.

Den 3. Novemb.

Abents umb 4 uhr ist in Gegenwahrt des Gohrgreffen der Gehrder Gohr Clausen Heinrichs undt Hieronymi, Schultzen Hausvogts hierselbst, undt andern Amtsdienern Verstricktin abereinst vorgefordert, undt von mir dem Ambtmann deroselben zu gemüth geführt, was ihr den 1. dieses vorgehalten worden, weiln Sie aber daßmahl nicht geradt zugeben wollen, wollte man vernehmen, Ob Sie nunmehr eines andern sich bedacht, undt die Wahrheit freiwillig bekennen wolte, hat verstricktinn geandtwortet, eß were Ihr von Herzen leidt, das Sie sich an Gott so schwerlich versundiget hette, muße bekennen, daß sie ein Zauberin were, undt hette sie ein Alt Weib, Aleke Blumen genandt, welcher Verstricktinnen Man daß Hauß abgekaufft, undt Zeith ihres Lebens Deroselben darin frei Wohnunge versprochen, darzu gebracht, were also zugangen, daß beurte Aleke Blumen ungefehr fur 12 Jahren zur Verstricktinnen zu efftern geredet, Sie wolte ihr eine Kunst lehren, Sie sollte Geldt und Guts gnug haben, Wie Verstricktin einßmahl von Lockumb kammen, hette Alheit Blume ein Butter Brodt in der Handt gehabt, undt ihr zu eßen gereichet undt gesagt, es were einer in der Stuben, der wollte ihr etwas sagen, Wie Sie hineinkommen, were einer von zimblich langer Statur mit Schwarzen kleidern angethan am Tisch geseßen, undt hette Fleisch, butterr und kehse fur sich stehendt gehabt undt geßen, Verstricktin hatte sich neben Alheit Blumen auch niedergesetzet, gegeßen undt getrunken, wie solches geschehen, hette Schwarzbekleideter zu Vertricktinnen geredet, ob Sie sein wollte sein? Ihr auch zugleich einen Thaler zugehalten; wie Verstricktin aber denselben sich zu nehmen geweigert, hette Schwarzbekleideter geredet, weile Sie mit ihm gessen undt getrunken, muste Sie den Thaler auch nehmen, welches sie endlich gethan, den Thaler zu ihr genommen, undt ins Schap gelegt, Schwarzbekleideten auch zugesagt, daß Sie wollte sein eigen sein, druff derselbe zu ihr weitergeredet, weiln Sie sich ihm nun ergeben, muste Sie auch allemahl wenn erß begehrte, seinen Willen thun, Undt solte absagen undt Verläugnen Gott undt sein Angesicht, auch die Sternen am Himmel, undt daß Sie solches fest halten wole, hette Sie die Hende uf einander leggen undt bei Ihrer Seel undt Sehligkeit schweren mußen, Dahingegen hette Ihr Schwarzbekleideter versprochen, daß Er Ihr Zeith ihres Lebens gelts undts anders gnug verschaffen wolte. Verstricktin wehre damit wider auß der Stuben gangen, Schwarzbekleideter alßpalt wegkommen, daß Verstricktin nicht gewußt, wo er geblieben. Deß folgenden Morgens hette Sie den verehrten Thaler besehen wollten, were aber aus dem Schranken weg Undt nicht mehr dagewesen. (Man merkt, daß die Angeklagte Träume erzählt.)

Uber Eilff Wochen hernach, were Schwarzbekleideter wieder kommen undt hette oben im Hauß uff dem Boden geklopfet, Wie Verstricktin hinauff gestiegen, hette derselbe Sie niedergeworfen undt seinen Willen gethan, Eß were aber also nicht beschaffen gewesen, alß wenn Sie mit ihrem Mann zu thun gehabt.

(Die folgende Aussage ist, wie es in dem Exekutionsprotokoll heißt, propter teneram juventutem (wegen zarter Jugend) der Inquisitin nicht vorgelesen worden.) Der Bule hette Sie gefragt, ob Sie ihm zum Tanze folgen wolte, wen erß wurde begehren, worauff Sie Ja antworten mußen. Der Bule were sehr freundlich gewesen, Sie offt geküßet, der Mundt were ihm kalt undt nicht einen Menschen gleich gewesen, hette sich Heinrichs Federbusch genennet, Neun Wochen ungefehr nach diesem uff Walpurgis abendt umb 10 Uhr wie verstricktin Man ufm Closter Lockum gewesen, hette Vertricktin fur ihrer Thur ein starkes Brausen gehöret, wie Sie auffgethan, were der Bule mit zween schwartzen pferden da gewesen, undt Sie nacher dem Bönnigs Berge, nicht weit von Lockumb belegen, weggeführt, Undt wie sie mit einander dahin kommen, were ein Tisch mit einem Licht auch Wein undt Bier daselbst gestanden, Undt mehr Weiber, in specie Tike Wilhelms, die Strohmeirsche, undt Döhleigs Fraw undt die Bekmänsche, nebst Dieterichen Wilhelm, welcher auff der Trommel zum Tanz gespielet, Undt alle gebrandt, alda versamblet, auch ohne den Bulen, noch etzliche in Schwarzen Kleidern gegenwertig gewesen, hetten mit einander getrunken undt getanzet, Wie der Tantz vollendt, hette Verstricktinnen ihr Bule uff dem Schwarzen Pferde wieder zu Hauß gebracht, etwa ein halb Jahr hernach were er abermahl wieder kommen, Undt alß Verstricktin sopalt in deß Bulen willen sich nicht ergeben wollen, hette Er Ihr den Halß wollen zutrucken, Sie mit gewalt uff deren Boden zur Münnichehagen nieder geworffen undt bei Ihr geschlaffen, wen Sie aber von Ihrem Man schwanger gewesen, were der Bule nicht zu ihr kommen, auch alsdan mit Ihr nichts zu schaffen gehabt, undt heete Er Ihr verbottren, das Sie nicht zum tisch des Herrn gehen solte, Verstricktin were aber nichts desto weniger zum heiligen Nachtmahl des Herrn gangen, und daselbst unter beiderlei gestalt genoßen.

gefragt:

Ob Sie nicht auch Menschen und Viehe mit ihrer Zauberei hette schaden zugefugt, undt wem?

Resp.

Der Bule hette zu Ihr geredt, wenn Ihr jemandts etwas zu leidt thete, solte Sie solches nicht an demselben, sondern dessen Viehe rechen, undt hette Sie Clausen-Ripenbardt ein Fullen, welches in ihrer Wiesen gewesen und daß Graß abgefreßen fur Ripenbardts pforten daß Graß vergifftet, daß es gestorben, Wozu Ihr der Bule eine weisse Materie, wie kreite gebracht, daß sie dieses für das Fullen uf die Weide strewen solte, welches Sie gethan, es hette aber davon kein Viehe mehr gefreßen oder Schaden bekommen. Furs andere hette Schneiders Tileke Verstrickerinnen einßmahl zwei

Schweine geschlagen, darumb Sie deßelben Fullen auch mit eben solcher Materie vergifftet, daß er gestorben.

Drittens were ihres Mans Schwester Gose Krebs ihrem Man an Gelde schuldig gewesen, welches Sie in lguthe uf beschehenes anmahnen nicht erheben können, darumb Sie Deroselben eine Kuhe zum Anshagen in der Grafschaft Schaumburg ebenmeßig ufm Felde vergeben,

zum Vierten hette Sie des Abts Einhitzer Johan genandt, ein Schwein mit Gifft getödtet, darumb weiln dasselbe in Verstricktinnen Garten gewesen, und die Moren außgewület.

Stellete sich, wegen ihrer noch lebenden zehen Kinder undt ihres Mannes sehr kleglich, undt daß Sie bei denselben sehr ubel gehandelt heete.

Ist weither gefragt:

Ob Sie Jemandt im Stifft Lockumb oder dieser orts mit solchen Zauberschen Handeln verfuhret, oder mehr leidt gethan?

Resp.

Hat solche Frage bestendig negiret (verneint); wuste von keinem mehr, als vorauff Sie bekennet, ihre Sunden weren ihr leidt, undt weiln Sie in Angst begriffen, daß ihr gewesener Bule, ihr wegen geschehener Bekandtnuß zusetzen mugte, bat Sie, daß Sie in die gefengnus negst dem Walle verwahret, undt der Herr Superintendens zu Jeinsen den folgenden Tag gefordert werden mugte,

Druff den Schließer befohlen, in specificirte Custodi (bezeichnete Verwahrung) Verstricktinnen zu verweisen, und daß der Herr Superintendens den folgenden Tag anhero gebeten werden solte.

4. Novemb.

Nachdem Herr Superintendens zu Jeinsen anhero erbeten, undt Verstricktinnen auß Gottes Wordt umbstendlich zu Gemuht gefuhret, das Sie sich an Gott ihren Schöpfer schwerlich versundiget mit mehrem pp. Undt nachgehents von mir dem Amtmann gefragt, ob Sie auch andern solcher hoch verbotene Teuffelischen Hendel gelehret, solches solte gutwillig bekennen, undt uf ihren Gewissen nicht behalten.

Resp.

Sie hette es keinem Menschen gelehret, drauff wolte Sie leben und sterben.

Mehr gefragt:

Ob Sie bei gestriger geschehenen Aussage es allenthalben bewenden ließe?

Affirmat, mit wiederholung deßen was Sie deponiret (vorher ausgesagt).

Weiter gefragt:

Was sie ihrem Man heut anzudeuten gehabt?

Resp.

Sopalt Sie das Zaubern gelehret, undt noch keine Feinde gehabt, hette ihr Bule Sie solang genöthigt, daß Sie ihren eigenen Ochsen mit Gifft tödten mußen, Verstricktinnen Man gesteht, daß der Ochse gestorben.

gefragt:

Wie lang es nunmehr, daß der Bule letzt bei ihr gewesen?

Resp.

Sieder Bartholomaei hette Sie denselben nicht gesehen.

gefragt:

Ob ihr Bule sie woll gehalten.

Resp.

Hette Sie zu Zeithen ubel tractiret, sonderlich wen Sie zu Gottes Tisch gewesen, undt den Segen mit aus der Kirchen genommen, welches Sie nicht thun durffen, hette ihr etzliche mahl dieserwegen die Kleider überm Kopf zusammengehalten.

gefragt:

Ob Sie den Bulen hette haben können so offt Sie gewollt?

Affirmat. Was Sie für formalia dazu gebraucht?

Resp.

Hette nur geruffen, Heinrichs kom her, alßbald er sich eingestellet, undt were der Bule sieder nechst Verschienen philippi Jacobi mehr als Funff, und zum letzten mahl an Michaelis Abendt etwa umb 7 Uhr zu Jeinsen in des Alten Hanß Wedekindts Hauß in der Cammern eine gantze stunde lang bey ihr gewesen, er wolte ihr an Geld undt anderm genug zu bringen, hette Ihr auch fur Neun Jahren zwart befohlen, daß Sie das Zaubern ihrer Tochter lehren solte, Verstricktin hette es aber nicht thun wollen, Nachgehents undt nunmehr für vier Jahren hette Sie es Johan Krügers Frawen zu Münchehagen gelehret, undt hieße deren Bule Friedericus Strauß.

In der Zunfft worin Verstricktin gehörig weren zehen Weiber gewesen, uff harter Ansprach hat Sie mehr bekandt, daß ihr Bule zu Jeinsen in Campen kleinen rothen Hause, bei Verstricktinnen gewesen, undt Sie ubel geschlagen, daß Sie unterm Angesicht gantz blaw worden, Uhrsach, Sie solte wiederumb nacher Monnekehagen gehen, sie Sie dann uf getrieb des Bulen, fast alle vier Wochen naher Monnichehagen gehen mußten.

gefragt:

Ob Sie dieser ents Schaden gethan?

Resp.

Hette Erichen Pinkenburg zu Jeinsen vierzehn Tage fur Jacobi ein Jahr, ein Pferdt mit Gifft getödtet, Uhrsach daß Er Ihrem Man, welcher daßmahl krank gewesen, kein bier oberlaßen wollen, den Gifft hette Sie uf einem Kohlblat fur Pinkenburgs Hoff geleget, undt wie das Pferdt herauß gehen wollen, hette es das Kohlblatt von der Erde aufgefaßet, eingefreßen, undt wehre darum gestorben,

Lüdeken Klünker zu Jeinsen, negst vorschiene Ostern eine Kuh vergifftet, und den Gifft ebenmessig uf zwei Kohlblätter in die Krippen vor die Kuhe gelegt, daß Sie dran gestorben, Uhrsach weiln Klunkers Sohn sich mit Verstricktinnen Sohn geschlagen, undt demselben einen stecken ufen Leib entzweigeschlagen, Mehr hette Sie Lorentz Poppenhagen Umb negst verschiene Erndte Zeith ein Pferdt mit Gifft getödtet, undt dem Pferde, so abents zu Jeinsen beim Kirchhofe gangen undt geweidet, ein stuck broht den Gifft beigebracht, Auß dieser Uhrsach, weiln Poppenhagen Verstricktinnen Flachs versprochen undt nicht gehalten hatte,

Weither hat Verstricktin bekannt, daß Sie fur Vierzehn Tagen ihrem Bulen gefordert, welcher sich auch alßbald eingestellet, undt gefragt, waß er thun solte, Sie hette zur Antwordt geben, daß Ambtmanns Schreiber, Heinrich Gastmeister, hette ihrem Man furm Jahr geschlagen, dafur solte der Bule demselben wiederumb einen Poßen reißen, der Bule hette gesagt, er wolte die Gelegenheit in Acht nehmen, heut Sonntags acht tage wehre der Schreiber von Jeinsen ab anhero naher Calenberg geritten, hette der Bule Denselben sampt den Pferdt uberm Haufen geworffen, und des Abendts der Bule solches Verstricktinnen wieder berichtet, sich auch darüber sehr belustiget undt hefftig gelachet.

NB. Der Fall ist geschehen, undt so wunderlich, daß es fast übernaturlich zugangen,

Imgleichen sein den armen Leuthen zu Jeinsen uf vorspecificirte (vorangegebene) Zeith bekannt Pferde und Kuhe gestorben.

Heinrich Strickmann.

Dieses Protokoll sandte der Amtmann seiner vorgesetzen Behörde mit nachfolgendem Anschreiben:

»Wohl-Edle Gestrenge veste undt Hochgelahrte Fürstl. Braunschw. undt Lüneb. Herren Cantzler undt Räthe Hochgeehrte gebietende liebe Herren,

E. Herl. gebe ich unterdienstlich hiemit zu wissen, daß uf geschehene Avisation (Anzeige) des Stiffts Lockum, ich Ilschen Gieseking, Hanßen Krebs Frawen, uf, welche Zauberei bekandt, Handfest machen undt anhero nacher Calenberge bringen laßen, den 1sten November habe ich daß

Weib in die Amptstuben vorgefordert, undt was mir, der ich vordem dem Stifft Lockum bedient geweßen, von ihrem thuen undt wandel wißendt, Nemblich daß Sie zu dreyen unterschiedenen mahlen von Zauberinnen die gebrandt sein, bekennet worden, der lange vorgehalten, mit dienstlicher Verwarnung, was Sie von Gott wiederumb zu erwarten, wenn sie in ihren Sünden nicht verharren, Sondern nunmehr gerade zugeben wurde, es hatt aber die scharffe Vermahnung daßmahl nichts helffen wollen, wie solches beikommendeß protocoll mit mehrere außweiset, vorgestern Abendts umb 4 Uhr, habe ich verstrickte zum andermahl vorkommen laßen, sie erinnert was am 1. Nov. ich wieder sie erwehnet, undt ihr zu gemuth gefuret hette, drauff hat sie geantwortet, sie erinnerte sich gahr wol was ich ihr angedeutet, Hette sieder dem keine Ruhe haben können, wolte nunmehr Recht auß bekennen, wie sie denn ihr Bekandtniß inhaltsprotocolli, beysein des Gohn, und Hauß Vogte alhier, auch andern Amptsdienern undt den am 4n hujus in beysein des Herrn Superintendenten zu Jeinsen gethan,

Wenn nun hierüber E. Hl. Befehl wie es mit dieser wichtigen Sachen, ferner zu halten ich erwarte, So bitte E. Herrl. ich unterdienstlich dieselbe wollen großgunstig geruhen, befehl zu ertheilen, mich darnach in schuldigkeit habend zu achten, E. Herrl. der Obhalt Gottes undt der beharrlichen faveur (Gunst) empfehlende E. Herl.

unterdienstwilliger u. gehorsamer
Heinrich Strickmann.

Calenberg, den 5ten 9btis Anno 1638 pp.«

Darauf erfolgte nachstehender Bescheid der Behörde:

»Unser freundlich wilfahrung zuvor, Achtbar guter freundt, Wir haben ab dem Eingeschickten Protocollo der inhafftirten Ilsche Giesekings gethane guthliche bekandtnuß unß im Rahte vortragen lassen, undt thun darauff im Nahmen Herzogen Georgen zu Braunschweig und Lüneburgk, unsers gnädigen Fürsten und Herrn, an Euch hiemit begehren, vor unß freundlich gesinnen, Ihr wollet wieder beikommendes protocol nebenst anderen ergangenen Akten zusahmen schlagen, nacher Helmstedt fürderlichsten vor: undt die erfolgende Erkandtnuß zu ferner Unser Verordnung zuforderst einschicken. Wonach ihr Euch zu achten undt seindt euch zu freundlicher Wilfahrung geneigt.

Geben Hildesheimb, am 5ten 9btis 1638.

Fürst. Braunschw. Lüneb. Cantzler und
Räthe des Fürstenth. Calenberg.«

Nunmehr gehen die Schriftstücke an die uns bereits bekannte überschlaue Juristen-Fakultät der Universität in Helmstedt. Diese erschöpft ihren Witz in nachstehender Entscheidung:

»Unser freundlich Dienst zuvor, Ehruester undt Achtbar, günstiger undt guter Freundt, Alß ih Uns gehaltenes protocollum die gefangene Ilschen Gieseking Hansen Krebß Weib von Munchehagen betreffendt, uff empfangenen befehl zugesandt, undt Wie uff gethanes Bekandtnuß mit derselben weiter zu verfahren euch durch unsern rechtspruch zu berichten gebeten, Demnach haben Wir diese Peinliche Sache mit gebürrendem Fleiß verlesen und umbstendtlich erwogen, Erkennen und sprechen darauff für Recht, Daß gemeldete Ilsche Gieseking vor ein Peinlich öffentlich gehegtes Halßgericht zustellen, Alda ihr ihre am 1. 3. und 4. Novembr. guedtlich gethane Aussage vorgehalten, undt wan andern zum abschewlichen Exempel mit dem fewer zum thott zu richten sey, von Rechts Wegen. Zu Uhrkundt haben Wir Unser Fcultät Insiegell hierauff drucken lassen, So geschehen Helmstedt den 14ten Nov. Ao 1638.

Decanus, Senior und Doctores
der Juristen Facultät bey der
Fürstl. Julius Universität
daselbst.«

Diese Entscheidung wird schon nach sechs Tagen an den Amtmann Strickmann in Kalenberg mit folgendem Begleitschreiben weiterexpediert:

»Unser freundlich Wilfahrung zuvor, Achtbar guter Freund, Wir haben die in peinlichen Sachen Ilsche Gieseking's betreffendt Urtheill im Rathe verlesen, thun Euch dieselbe in originali wieder zufertigen, Undt darauf anstatt deß durchlauchtigen Hochgeborenen Fürsten undt Herrn, Herrn Georgen Hertzogen zu Braunschweig undt Lüneburgk pp. Unsers gnädigen Fürsten undt Herrn, hiemit befehlen, Vor Unsß freundtlich gesinnen, Ihr wollet dieselbe Inhalts gegen die gemelte Inhafftirte furderlichsten Volnstrecken, Wornach Ihr euch zu achten, Dem wir zu freundlicher Wilfahrung geneigt,

Datum Hildesheimb, den 20. November Ao 1638.
Fürstl. Braunschw. Lüneb. Cantzler
und Räthe des Fürstentums Calenberg.
Exequirt den 26. Novemb. Ao 1638.«

Da haben wir das ganze bürokratische Gebäude, ein Kartenhaus, errichtet zur Qual und Vernichtung des Lebens einer völlig Schuldlosen.

O ewige Gerechtigkeit, verhülle dein Antlitz!

Untersuchung wider Hans Hartmanns Ehefrau aus Adensen 1653

Hans Rieke zu Adensen klagte Hans Hartmanns Ehefrau der Zauberei bei dem Amt Kalenberg am 22. Januar 1653 an.

Die Gründe dieser Beschuldigung bestanden in ihrem bösen Rufe, in verfänglichen Reden, welche sie geführt haben sollte, in dem Gerücht, daß sie Mäuse machen könne, und besonders, weil ihm seit einiger Zeit Kühe krank geworden.

Auf den Befehl, seine Beschuldigung zu erweisen, brachte er dieselbe in Artikel und reichte sie am 9. Mai 1653 ein; gleichzeitig schlug er fünf Zeugen vor, welche am 3. Juni vereidigt wurden.

Der 56jährige Halbneier Fischer sagte aus:

Es wären Rieken drei Kühe krank und blind geworden, selbstredend auf unnatürliche Weise, kurz nachdem die Inquisitin in Riekens Hause gewesen. Hans Hartmann habe ihm im Zanke gesagt: wenn ihm demnächst ein Unglück widerfahre, solle er an ihn denken. Er habe gehört, daß die Hartmann beschuldigt werde, daß sie schuld am Tode des jungen Romues wäre.

Der 60jährige Zeuge Heinrich Peck erklärte dasselbe betreffs der Kühe; es möchte vielleicht ein giftiges Ding sie angeblasen haben. Es habe im Dorfe sich das Gerücht verbreitet, daß die Hartmann Mäuse machen könne; er habe dies vor achtzehn Jahren ihrem Mann vorgeworfen, und dieser habe seiner Frau zugerufen: »Ilse, du hast wohl gehört, was ich dir gesagt habe!« Diese hätte dazu geschwiegen.

Der dritte Zeuge, Kurt Peck, 70 Jahre alt, deponierte: Es hieße im Dorfe, die Beschuldigte könne Mäuse machen. Vor vierzehn Jahren habe sein Knabe den Sohn derselben einen Mäusemacher gescholten, und weil dieser seinen Jungen dafür geprügelt hätte, habe er die Hartmann wieder geschlagen und ihr vorgeworfen, daß ihr eigener Sohn unter die Leute bringe, daß sie Mäuse machen könne. Von Fischer habe er gehört, daß Hans Hartmann, als er ausgepfändet werden sollte, gesagt habe: wenn ihm ein Unglück begegne, solle man an ihn denken.

Die Hartmann, nunmehr selbst vernommen, leugnete schlechterdings, sich jemals mit Hexerei befaßt zu haben. Dem jungen Romues habe sie nicht mit dem Finger durch den Mund gefahren, sondern ihm nur die Hand auf den Kopf gelegt. Der Junge sei damals schon krank gewesen.

Der Richter konfrontierte hierauf die Zeugen mit der Inquisitin, doch ohne Erfolg, weil jeder bei seiner Aussage verblieb, und reichte am 4. Juni 1653 die Akten mit Bericht an die Fürstliche Regierung zu Hannover ein, worin er ausführte, die Inquisitin sei »seines Bedünkens sehr graviert, daher er sie auch in Haft gezogen habe«.

Darauf erfolgte nachstehender Bescheid:

»Unser freundtlich Dienst zuvor, Ehrbar, Worgelarter, günstiger, guter Freundt.

Wir haben im Rath verlesen, waß in sachen Hanssen Rieken zu Adensen ct (wider) Hansen Hartmanns Frawen beschuldigter Hexerei halber, ihr anhero in Schrifften berichtet; Begehren darauf anstadt des Durchlauchtigen Hochgebohrnen Fürsten unnd Herzogen zu Braunschweig und Lüneburgk pp. unsers gnedigen Fürsten unnd Herrn, Wir an euch hiemit, für Uns freundtlich gesinnendt, Ihr wollet den, in denen von Hanßen Rieken übergebenen Articulus No. 9 specificirten Tonnies Arendts,[57] wofern selbiger noch im Leben, imgleichen die bey No. 13 Heinrich Hasen Weib, gleicher gestalt aydtlich der gebühr examiniren. Darauf sofort den Rotulum nebst denen in dieser sache ergangenen Acten unnd beikommenden, des Klägers articulus, dan ewern Examine testium unnd Bericht sofort an eine Juristen facultät umb Rechtensbelehrung verschicken, undt nach eingeholter Verordtnung anhero die Acta zu unser ferneren erfolgender Information, uns die Acta zu unserer ferneren Verordtnung anhero überfertigen pp. Undt Wir sind euch zu freundtlichen Diensten geneiget.

Geben Hannover am 8. Juny 1653.
Fürstl. Braunschw. Lüneb. Cantzler
unnd Rähte daselbst.«

Hierauf folgt die Vernehmung der Frau des Heinrich Hasen, die folgenden Wortlaut hat:

»*Actum Calenberg*

Den 14. Juny in caa Rieken c. Hartmansche.

Den am 13. hujus eingelangten Fürstl. Befehl zu folge ist Heinrich Hasen Fraw uber den 13. Articul von Hansen Rieken ubergeben, von selbst Eidtlich nach vorgehaltner Warnung des Meineidts befragt, deponieret wie folget.

Saget es wehre die Hartmansche gegen abndt zu ihr kommen, undt Sauerteig begehret, Sie, Zeugin, wehre in Ihrem Garten gestanden, der Hundt aber wehre nicht bei ihr im Garten, sondern im Hause gewesen, Zeugin hette ihre Tochter ins Haus geschickt umb den Sauerteig zu langen, die Hartmensche aber gewarnet, Sie solte nicht mit ins Haus gehen, der Hundt wehre darin, den der hette die Hartmensche gar nicht leiden können, die Hartmansche wehre aber nichts desto weniger Ihrer Tochter ins Haus gefolget, undt hette Ihrer Tochter nachgehents, berichtet, wie sie den Sauerteig aus dem Schapff gelanget, da wehre die Hartmensche hinter ihr gestanden, zu welcher die Tochter gesagt, Ja Hartmensche wen Euch der Hundt bisse? Die geantwortet, Mein Tochter es hat keine Noht, Ich sehe den Hundt nicht, Indem hette der Hundt sie angefallen undt ins Bein gebissen, der Hundt wehre frisch undt lustig gewesen, gegen den Morgen aber hette er gewinselt undt fur Angst nirgents zu bleiben gewußt, bis er entlich nieder gefallen undt gestorben, Ob ihn aber die Hartmansche vergeben habe oder nicht, davon könne nicht sagen, Endigte damit ihre aussage.

Den 15. Juny ist Tönnies Arens ober den 9. Articul auch Eidlich abgehöret, undt zu richtiger aussage ermahnet.

Saget Er wisse von seiner Schwieger Mutter nichts alß liebes undt gutes, hette ihr auch niemahls Hexerei zugemessen, wehre auch gottlob niemahls lamb oder krum worden, wehre einsmahls krank gewesen, das hette er des Barbiers anzeige von Eiffer undt einem heftigen trunk bekommen, Endigte damit seine aussage

Andreas Reymar.«

Nunmehr gehen die Akten an die Juristen-Fakultät zu Rinteln mit folgendem Anschreiben:

»Denen Wol-Edtlen Vesten großachtbahren undt Hochgelahrten Herrn, Herrn Dechant Seniorn, und sembtlichen Doctorn der Jursiten Facultät zu Rinteln, Meinen großgünstigen Hochgeehrten Herrn, undt sehr werten Freunden Dienstl.

Wohl Edtle Veste großachtbahre Hochgeehrte, großgünstige Herren, sehr wehrte Freunde.

Ab beikommenden wenigen actis geruhen Dieselbe mit mehrem zu versehen, was vor hiesigen Fürstl. Ambt in sachen Hansen Rieken ct die Hartmansche denunciationis bishero ergangen.

Alß nun von Fürstl. Regierung zu Hannover mir anbefohlen worden, erwehnte acta umb rechtsbelehrung ad docotores zu verschicken, So thue meinen hochgelehrten Herrn dieselbe hiebei zufertigen mit gantz Dienstfleissiger Bitte, Sie wollen Hochgünstig geruhen, beruhrte acta mit angelegenem Fleiß collegialiter zu erwegen, einer den rechten undt acten gemäßen Sententz sich mit einander zu vergleichen, undt mir dieselbe umb die gebührt, so Zeiger uff Ihre anzeige entrichtet wirdt, zu uberfertigen, Zu meinen Hochgeehrten Herrn thue mich darunter willfähriger Bezeigung dienstl. versichern, undt dieselbe götlicher gnädiger obacht getrewlich empfelen, geben Calenberg den 20. May Anno 1653.

Meinen Hochgeehrten Herrn dienstwilliger
Andreas Reymar.«

Darauf erfolgt in einem bösen Deutsch, wie es damals die Juristen auch schon schrieben, nachfolgendes Urteil, das immerdar der juristischen Wissenschaft und speziell jener Fakultät zur Schande gereichen wird, da einer der Verdachtsgründe, welcher damals für den wichtigsten gehalten wurde, »die Besagung eines Mitschuldigen«, ganz fehlte.

Nichts als das Gerücht im Dorfe, die einfältigen Reden eines Kindes, der Tod eines Hundes und die Erblindung zweier Kühe war an Belastungsmomenten vorhanden, und das genügte diesen hochgelahrten Doctores, an deren Verstand man geradezu zweifeln muß, auf die nichtswürdige Anzeige die Folter zu erkennen. Das Schriftstück, dieses Denkmal richterlicher Borniertheit, lautet:

»Dem Erwesten, Großachtparen und wollgelarten Herrn Andreas Reimar pp.

Als uns derselbe die wider Hansen Hartmann Weib ergangene acta Inquisitionis zugesand, undt wie wieder dieselbe ferner zu procedieren, des Rechten Unterricht von Uns erfordert; Demnach haben Wir den Verfolg mit Fleiß verlesen, collegialiter woll erwogen, undt berichten vorrecht; wie ab denen wieder die Inhafftirte vorgebrachte Indiciis so viel zu Tage stehe, das Sie uber das abgestandene delictum der Zauberey zu ergrundung der Warheit mit scharffer peinlicher Frage ziemlichermassen zu belegen sey von Rechtswegen, Haben es dem Herren, deme Wir freundliche Dienste zu bezeigen erbietig nicht wollen verhalten undt befehlen Ihm Gottes schutz.

Geben Rinteln den 20 Junii anni 1653.
Des Herren Dienstwillige
Dechant, Senior undt andere
Doctores der Juristen Facultät bey
der Universität daselbst.«

Aus dem nunmehr erfolgenden Protokoll, das wir in seiner ganzen Urwüchsigkeit hier wiedergeben, als eine Art Juristenspiegel jener mit der Menschheit Fluch beladenen Zeit, ersehen wir nur Raimars weiteres Verfahren.

»*Actum Calenberg*

den 1. July anno 1653

Ist die Arrestirte Hartmansche an den gewonlichen Orth, woselbst der Actus Peinlicher scharffer frage pfleget verrichtet zu werden geführet, Derselben das eingeholete Informat, undt welcher gestalt dasselbe zu vollstrecken, von Fürstl. Regierung anbefohlen, von mir dem zeitigen Ambtmann in gegenwarth Untenbenanter Fürstl. Ambstdiener vorgehalten, undt dieselbe benebenst Ernstlich ermahnet, wofern Sie mit dem bösen feinde etwa in einige wege verbunden, sich deßen zu entleddigen, ihre etwa begangene Miß- und Ubelthaten gutwillig zu bekennen, undt viel lieber sich zeitlicher Bestrafung zu unterwerfen, Als ewige Verdamnus gewertig zu sein, Umb soviel mehr, Sintemahl es ohne das zue schwerer Verantwortung demnegsten wurde gelangen, wenn Sie in einige Wege, der bezichtigter leidiger Hexerei schuldig, undt einige Bekandtnus durch die scharffe Frage, endtlich herausgebracht, Einzwischen aber ihre glieder deren Sie doch kein herr, sondern welche ihr von Gott anerschaffen,[58] durch des Scharfrichters harte instrumenta sollen zergliedert, undt in viel wege beschwerlich von einander gerissen undt gemarttert werden, Wofern Sie sich je vom leidigen Satan hette lassen verführen, So solte Sie ihre Sünde Gott undt Menschen furselbst undt gutwillig bekennen, undt nicht zweifeln wan Sie ihr von Herzen wurden leidt sein, undt Sie wahre Buße thun wurde, das Sie als dan bey Gott undt Menschen auch Gnade undt Barmhertzigkeit unzweiflich finden würde.

1. Diesen negst wehre ihr bekandt, welcher gestalt Sie 1) von Hansen Rieken beschuldiget, ob hette sie Ihm seine Kühe behext,

2. Dan 2) wehre unter den Articuln erwehnet, auch bezeuget, daß sie Jasper Romus seel. Sohn der Finger durch den Mundt gezogen,

worauf der Junge alsobalt krank worden undt bis in letztes Ende geklaget, das Sie ihn vergeben hette,

3. Ferners undt fürs dritte, wehre Sie bezichtiget, als hette sie Heinrich Hasen Hundt für Jahren, nachdem er sie vorhero gebissen vergeben, daß er folgents tages gestorben.

4. So wehre auch fürs Vierdte von ihrem eigenen sohne Gerdt Hartmann ausgesprenget, ob könte sie Meuse machen.

5. Endtlich undt fürs 5) mußte sie selbsten gestehen, daß sie insgemein zu Adensen, bei manniglicher der Hexerei halber verdechtig gehalten undt beschuldigt worden,

Was nun hierunter die wahrheit wehre, undt weßen sie sich desfals in ihren gewissen und herzten schuldig befinde, daßelbe möchte Sie in güete, ohne scharffe Frage aufrichtig bekennen, Widrigenfalls erkandter undt anbefohlenermaßen, wieder Sie procediret (verfahren) werden müsse undt solte,

Sie wüste nichts, wehre auch der erwehnten Bezichtigung unschuldig, hette ihren Herrn Jesum im Hertzen, Ob nun gleich der inhafftirten weitliche zugesprochen in guete zu bekennen, So hat sie doch in Guete sich nirgents zu verstehent wollen,

Ehe und bevor man zur scharffen frage geschritten, berichetet der Ambtsschließer, als er diesen Morgen umb 6 uhr zu ihr kommen undt angedeutet, daß Sie sich fertig machen undt zue Mir, dem Ambtman komen solte, hette sie gefraget, ob Meister Marten (den Scharfrichter meinend) schon da wehre, Ohngeachtet wie sie selbsten nachgehents gestehen mußte, daß ihrs kein Mensch gesaget, das er da wehre.[59] Hierauff hat der Meister die erste Beinschraube appliciret, undt ob Sie zwart, wan er angezogen gesagte, man möchte die Instrumenta loes lassen, sie wolte bekennen, so het sie doch, wan die Loesung geschehen, nichts bekennen wollen. Derowegen auch die ander Beinschraube appliciret worden. Wie solches geschehen, hatt sie geruffen loeszulassen, Sie wollte bekennen, Sobald die schrauben gelöset, hat Sie gesaget, Erichen Mustins Weib zu Adensen, welche nunmehr todt, hette ihr das Zaubern gelehret, wehre im Anfang des Kriegs geschehen,

Sie hette Gott abesagt undt dem teuffel zugesaget, sein Eigen zu sein mit Leib und seele, ihre Buhle hieße Johannes,

Hansen Rieken Kuhen hette sie was in die Krippen geworfen, wehre blaw Zeug gewesen, das hette ihr der Teuffel gebracht, Den Jungen Jasper Romus sohn hette Sie den Finger durchs Maul gestrichen, Darauff hette sie was gehabt, wuste aber nicht, was es gewest wehre,[60] das hette ihr der sathan gebracht.

Weil sie aber noch nicht gerade zugeben wollen, sondern wieder angefangen, das vorige zu leugnen, Inmaßen sie sich dan ihrer bekandtnuß ganz Unbeständig wangkelmuthig bezeiget, undt wunderlich gebehret hat, so ist befohlen, Sie in die Höhe zu ziehen.

Als solches geschehen, undt sie geruffen los zu lassen, wolte alles bekennen, Ist Sie wieder auf ihren stuel gesetzet, undt zu richtiger Bekentnus ganz fleissig ermahnet worden, worauf sie entlich angedeutet, das Hexen nicht von der Mustin sondern von ihrem ersten Manne Jacob Müllern, vor Dreissigk Jahren, welchen sie etwa nurt zwo Jahr gehabt, gelernet, Der Mustin aber hette sie es wieder gelehret, sonsten aber Niemandten, Sobald sie sich mit dem teuffel verbunden, hette sie müssen seinen willen thun,

Undt als das geschehen, hette er ihr etwas gegeben, wehre blaw Zeug gewesen, das hette sie probiret an ihrem eigenen huen, hette ein bissen Brodt naß gemachet, in das blawe Zeuge gestipt undt es dem Huen gegeben, davon wehre es gestorben,

Gleichfalls hette sei 2) Heinrich Hasen Hunde mit solcher materie vergeben,

3) Hans Rieken Kühen hette sie etwas furgewoffen, davon wehren sie blindt geworden, Daß Sie aber die Kuhe blindt gemachet, hette sie darumb gethan, daß er ihrem Sohne die Barten genommen,

Bekandte 3) daß sie auch das heilige Nachtmahl wieder von sich geworffen, wie noch furm halben Jahr, da sie das letzte mahl zumNachtmahl gewesen, gethan hette, So hette ihr auch heute Morgen der Böse feindt gesaget, siehe der ist nun kommen der dir auffs fel wil, den Scharfrichter meinend, Undt weil sie ein mehres nicht bekennen, auch gar nicht gestehen wollen, daß außerhalb der erwehnten posten einige Menschen oder Viehe schaden zugefueget, noch es sonsten Jemanden, außerhalb der Mustin gelehret habe, oder wisse, das sonsten einiger Mensch aus Adensen oder der Orts zaubern könne, So ist dieser Actus scharffer peinlicher frage damit geendigt undt die inhafftirte wieder in ihre vorige Behaltnus gebracht, so seind auch derselben Wächtern, Sie tagk und Nacht zu bewahren, zugeordnet worden,

So hat man auch die vorsehung getan, das noch selbigen Nachmittags der inhafftirten Beichtvatter Ehren Arndt Prediger zu Adensen ein feiner alter Exemplarische Man zu ihr kommen, undt ihr mit Christlichen ermahnungen undt erinnerungen an handt gehen mußen,

Gegen welchen sie ihre obenerwehnte Bekantnus nochmals guetlich gestanden, und öffentlich bekandt, daß sie eine große Sünderin wehre, undt Gott den Herren hoch verzürnet hätte, wollte sich aber desse getrösten, welcher der ganzten weldt sünde getragen, der würde auch ihr gnedig sein, undt ihre sünde vergeben, undt wolte Sie bei gethaner ihrer Bekantnus nunmehr bestendig pleiben undt darauff leben und sterben,

Allermaßen sie dan auch folgenden Sonnabendts, wahr der 2te huj. gegen den Herrn Superintendenten Ehrn Magister Johann Drebbern oberwehnte ihr Uhrgicht undt Bekandtnus in allen Puncten wiederholet, und ihre vermeinte Rew undt Buße mit vergießung vieler Threnen, da sie sonsten niemals het einige Threhnen recht vergossen, noch vergießen können, wie sehr sie sich auch desfalls angenommen undt beflissen hat, weitlich contestiret haben soll,

Den folgenden Montagk war der 4. hujus ist sie in die gewöhnliche Ambtstube in gegenwarth unser zu Entsbemelter abereins vorgefordert, undt ihre gethane Uhrgicht ihr nochmahls umbständlich vorgehalten, worauff sie zwart anfangs gar deutlich nochmahls gestanden, darunter gleich wol allerhandt wankelmuthigkeit sich vernehmen lassen, bis sie endlich gar loes gebrochen undt gesaget, Sie könte nicht hexen hette auch Gott dem Herrn ihr Lebtage nicht abgesaget, sondern hatte demselben allemahl in ihrem Hertzen behalten, Worunter sie sich sonderbahrer undt heuchlerischer Minen undt Gebehrden angenommen.

So hätte sich auch Rieken seine Kühe nicht vergeben, wie auch Romueses sohn undt Hasen Hundt nicht bezaubert oder getödtet, Und ob zwart ihr darauff geantwortet, das Sie Ja ihr Bekandtnuß gegen des Pastor Herrn Arendten undt den Herrn Superintendenten Drebbern ausgesetzet zu verharren versprochen. So ist sie doch dabei geblieben, sie könte nicht zaubern, hette auch Niemandt schaden damit gethan,

Ihren Ersten Man Jacob Möllern belangend, der ihr das Hexen soll gelehret haben, gestehet der mehrgedachten Pastor Herr Arendt, das derselbige der Rohtter Hirte sei genandt undt der Hexerei halber alle Zeit verdechtig gehalten worden, undt habe zu Adensen menniglich dafür allezeit ermessen, wofern die inhafftirte Hexen könte, so muste sie es von demselbigen ihrem ersten Manne gelernt haben,

Endtlich hat die inhafftirte Hartmansche nochmahls gestanden, das sie zwart von ihrem vorigen Manne Hansen Möllern noch vorm Kriege das Hexen gelernt,[61] undt hette der zu ihr gesagt, wenn sie das lernete, So koente Sie gleich andern Leuten auch was haben, Als aber derselbige gestorben, da hätte sie sich wieder zu Gott, wie Sie rehdet, gewendet, undt dem teuffel wieder abgesaget, wehre auch noch an der Zeit allemahl bei Gott dem Herrn geblieben, Ob man nun diesem bösen Weibe gleich allerhandt remonstrationes getan, welcher gestalt aus ihrer Uhrgicht von voriger guetlicher Bekandtnus gnugsahm erscheine, das sie in des teuffels Banden verstricket, Undt derowegen fleissig ermahnet, davon abzustehen, ihre sünde zu berewen, undt die seele zu retten, So hat doch alles nichts helfen muegen, setzet offters als schlieffe sie, schweiget eine Zeitlang stille, fuhret unbestendige wankelmuhtige Rehden, und selzahme gebehrden, Kan im Gerichte oder sonsten bei guetlichen Verhören keine Threhnen vergießen, das aus allen Umständen erscheinet, ob habe sie der leidige Sathan so gefesselt,[62] das Sie ihme schwerlich wirdt zu entreissen sei,

Durch den Schlueter hat sie mir, dem Ambtmann, ein Fet kalg praesentiren lassen, wenn ich ihr davon helfen wolte, und das sie loes kehme.[63] Zu Uhrkundt das alles wie obstehet, also ergangen, ist dieses Protocoll von Uns Entsbemelten unterschrieben, undt mit Unsern Pitschafften befestiget,

So geschehen Calenberg den 10ten Jul. 1653.

Andreas Reymar, Johann Kupffer. Hans Jacobs.«

Alsbald schickt der Amtmann die Akten seiner vorgesetzten Behörde ein mit nachstehendem Bericht:

»Hoch und Wohledle pp.

Hierbei thue die Acta ergebenst der Uhrgicht, die inhafftirte Hartmensche betreffend überschicken, worab E. Hoch-Edtl. Gestrengen undt Herrl. ersehen werden, welchergestalt sie zwar anfangs in etwas bekandt, nachgehents aber wieder verleugnet. Mir ist ihre Bekandtnuß wegen ihrer setzamen gebehrden undt allemahl geführter unbestendiger Rehden, auch das sie gahr kein complices bekennen wollen, allemahl verdächtig und zwart solchergestalt furkommen, daß der sathan von ihr noch niehmals gewichen, besonders Sie hart gefesselt habe, Es erscheint aus allen Umbständen, das noch viel dahinterstecke, Sintemahl sie nicht allein uber dreissig und mehr Jahren zu Adensen der Hexerei halber bei menniglichen verdechtig gehalten, sondern auch nunmehr ihren eigenen Man undt Kinder sagen sollen, Sie hetten lange wol gemerket, das es nicht allerdings richtig umb ihre sachen gewesen, begehren auch jetzo nichts mehr,[64] den das sie nur muge verbrandt werden, Fur der anterweiten tortur sol, dem Bericht des Schlueters nach, dem Weibe sehr grausen, hat auch neulich zu ihrem Beichtvater (Beichtgeheimnis) gesagt, Er muchte verhueten, daß sie nicht mehr torquiret wurde, Sie muste sonst auff ihren Man undt Kinder bekennen, welche hierunter gleichwohl unschuldig wehren, Welcher gestalt nur mit diesem Weibe weiter zu procediren, desfals verbleibe Recht- undt gemessener Verordtnung gewertig, undt tue E. Hoch- undt Wol-Edtl. Gestrenge undt Herrl. der Bewahrung Gottes getrewlich, Dero beharrlichen wohlgewogenheit mich aber unterdienstl. ergeben, So geben Calenberg d. 13. Jul. 1653.

Ei. Hoch undt Wohl-Edtl. Gestr. von Herrl.
Unterdienstwilliger
Andreas Reymar.«

Darauf muß von der Behörde ein Befehl an den Amtmann gelangt sein, der jedoch sich nicht bei den Akten befindet, den der Amtmann aber, wie folgt, beantwortet:

»Hoch undt Wol-Edtle pp.

Uff den am 15. July Jüngsthin mit Insinuirten Befehl ubersende E. Hoch-Edtl. gestrl. undt Herrl. die von der Inhafftirten Hartmenschen abermals abgestattete Uhrgicht nicht zweiffelndt Ewl. Hoch undt Herrl. werden, wie hierunter weiter zu procediren, mich grosgünstig beordern, thue dieselbe damit der gnedigen Bewahrung gottes getrewlich empfelen, geben Calenberg den 23. July Anno 1653

E. Hoch undt Wohl-Edtl. gestr. undt Herrl.
Dienstwilligster Andreas Reymar.«

Nunmehr erfolgt der Bescheid der Behörde:

»Unser freundtlich Dienst zuvor, Erbar undt wolgelarter gunstiger Freundt. Alß wir auß dem bey peinlicher ergrundung der wahrheit der Hartmenschen amm 22. huj. gehaltenen *Protocollo*[65] wahrgenommen undt befunden, daß Sie selber gestehet undt bekennet, daß Sie das Hexen nicht allein gelernet, Gott dem Allmechtigen ab- undt dem Teuffel zugesaget, sondern auch Menschen und Viehl vergeben, So ist vor Recht erkannt, daß Sie inhalts kaysers Caroli V peinlichen Halßgerichtsordtnung art. 109 durchs Feuer vom Leben zum todte zu bringen.

Derowegen an stadt Herrn Georgen Wilhelmen zu Braunschweig unnd Lüneburgk unseres gnedigen Fürsten unnd Herrn, euch hiermit befehlen, vor Unß aber freundtlich gesonnen wirdt, daß Ihr deroselben den Todt unnd daß Sie sich zum sehlichen Abschied (dero behueff die Prediger Sie fleissig zu besuchen unnd zu wahrer rew unnd Buße zu ermachnen) bereit mache, anzudeuten, auch Ihr dabey zugleich einen gerichtstagk zu ernennen, unnd nach solchem erfolg, Sie auf bedeuteten Tagk vors peinliche Halsgerichte zu stellen.

Da sie dan ihre gethane Bekandtnus nochmahls in allen puncten bejahen wirdt, Habt Ihr die Execution dergestalt zu beschaffen, daß Sie auf der Leiter Stranguliret, unnd ferner durchs Fewer hingerichtet werde,

Solte Sie aber wieder auf's verleugnen sich begeben, wollen wir ewers Berichts davon, unnd daß bis zu weiterer Verordtnung die executio Suspendiret (aufgehoben) werde, erwartten, Wie ihr dan auch der Hartmensche Sohn noch zur Zeit unnd bis die Executio verrichtet, in der Hafft zu behalten, unnd woll in acht zu nehmen, ob die Hartmensche auf ernstliche Vermanung ihres Beicht-Vatters, oder der Geistlichen daß sie kein falsches Zeugnis gebe, unnd als von Neuen Gottes Gnad verliere, bey ihrem ableiben bestendig dabei verpleibt, daß Ihr inhafftirter Sohn daß zaubern gelernet. Ihr werdet euch hiernach wissen zu achten unnd wir verpleiben euch zu freundlichen Diensten geneigt.

Datum Hannover, an 27ten July Anno 1653.

Fürstl. Braunschw. Lüneburgk. Cantzler und Räthe daselbst.«

Endlich wird das peinliche Halsgericht gehegt.

Der Bericht des Amtmanns lautet darüber:

»*Actum Calenberg*

d. 5. Aug. 1653.

Ist das peinliche Halsgerichte über Hansen Hartmanns Ehefrau geheget, und gehalten, Sie erinnert, daß Sie Etzliche Verbrechen halber in hafften gerahten, auch wie sie darüber mit der Tortur beleget, und ihr Bekantnus vorgehalten.

1.

Wahr, daß die Hartmansche in ihrer den 22. Juli jüngsthin gethane Uhrgicht bekandt undt gestanden, daß Sie das Hexen von ihrem Ersten Manne Jacob Müllern genandt, ohngefehr fur 40 Jahren gelernt, und darauf Gott im Himmel abgesaget, dem Teuffel aber dagegen zugesagt,
affirmat.

2.

Wahr das sie die erste Probe an ihrem Huhne gethan, undt solches vergeben.
affirmat.

3.

Wahr, daß sie nachgehents Curdt Hasen ongefehr fur zwey oder Drei Jahren zwei Schweine vergeben,
affirmat.

4.

Wie dan auch wahr, daß Sie Jasper Romussen Sohn vergeben, davon er dick geschwollen entlich gestorben,
affirmat.

5.

Mehr wahr, daß Sie Heinrich Hasen zue Adensen einen Hundt vergeben.
affirmat.

6.

So dan auch wahr, das Sie Hansen Rieken zu Adensen Dreien Kuhen etwas in die Krippen geworffen, davon ihnen nachmahls die Augen im Kopfe gleichsahm brennend undt entlich fast gar blind worden.
affirmat.

7.

Endlich wahr, daß dieses alles ihre eigene Bekandtnus, und wahr sey, Undt daß Sie darauff leben und sterben wolle,
affirmat.

Darauf ihr das Urtheil fürgelesen und der Scharfrichter anbefohlen, die execution zu verrichten.« – – –

In Essen bat ein am 23. Juni 1658 als Hexe wiederholt gefoltertes Weib, nur um der Gefahr zu entgehen, indem es alles bekannte, was man wünschte, laut Protokoll: »man solle sie nur nicht mehr lange aufhalten und ihr bald davonhelfen und ein Vaterunser für sie beten«, und als ihr auf den folgenden Tag die Hinrichtung angekündigt wurde, rief sie: »Ich bin eine Sünderin, man fahre morgen nur mit mir fort und helfe, daß meine Seele zu Gott kommen mag.«

In Siegburg nahm der fanatische Dr. Baumann 1636 bis 1638 die grausamsten Hexenprozesse vor.

Hier wurden in die Hexenmale (Muttermale, Leberflecken) der armen Weiber Nägel eingeschlagen, um dem Teufel seine Macht über sie zu nehmen. –

Über einen Hexenprozeß, der sich im Holsteinischen abspielte, bringen die wohlerhaltenen Akten folgende Daten: Die Handlung datiert aus dem Jahre 1632. Ein älteres Mädchen, Anna Stiggen, wird von einem Einwohner und zwei Zeugen beschuldigt, seine Frau sechzehn Wochen zu Bett gehalten zu haben. Eine Drohung der Anna Stiggen, die stets der größten Unbill ausgesetzt war, der man sogar die allernötigsten Lebensmittel vorenthielt, genügte als Verdachtsmoment. Die »vielgebietende« Obrigkeit läßt das ganze Kirchspiel zusammentreten. Dieses wählt in der Kirche zwölf Schöffen, die sich ferner zwölf kooptiren. Nach Anhörung der Parteien erfolgt der Beschluß, die Beklagte gefänglich einzuziehen, sowie, daß der Kläger gehalten sei, weitere Belastungsbeweise beizubringen, andernfalls würde auch er verhaftet. Der Anna Stiggen steht nach der Sitte der Zeit zu, durch ihre Freundschaft (Zwölfmanneseide) ihre Unschuld darzutun.

Woher eine Verstoßene eine derartige Rechtshilfe erlangen konnte, während sie im Kerker schmachtete, ist schwer einzusehen. Ihr Gegner war glücklicher. Die Anna Stiggen (Gründe sind jedoch nicht angeführt), als reif für das Inquisitionsverfahren, von jenem famosen Schöffengericht erachtet und »in des Junkers Eisen, hernacher in des Henkers Hand zur Tortur verdammt, inmaßen sie dazu verdammt worden. Actum ut supra.«

Das alles vollzog sich in sechs Tagen. Vox populi, vox Dei (des Volkes Stimme ist Gottes Stimme); niemals ist das herrliche Sprichwort wohl schlimmer in der Praxis beleidigt. Am Tage nach dem Spruche beginnt das peinliche Verfahren gegen die Unglückliche.

Aus dem Untersuchungsprotokoll, betitelt »Anna Stiggens peinliche und Gudtliche Außage«, entnehmen wir folgendes: Das Verhör dauerte vierundzwanzig Stunden. Morgens um fünf Uhr begann der Schinder sein schauerliches Amt. Die Ärmste empfing, welcher Hohn auf das Christentum, die Religion der Liebe, dazwischen das Abendmahl. Die Peiniger erzielten endlich, durch Anwendung der schrecklichen Werkzeuge, ein »offenes Geständnis«.

Halbtot, dem Wahnsinn nahe, gesteht die Beklagte zuletzt angesichts der Marterinstrumente, daß sie aus Rache für vermeintliche Beleidigungen (der Junker habe sie vom Gute verjagt, der Pastor ihr das Abendmahl versagt usw.) allerlei Übles angerichtet. Ihr Abgott heiße Beelzebub, er sei ihr Buhle gewesen. In der Kirche zu Gelting habe sie dem Herrgott den Bund aufgesagt. Sodann folgt eine lange Kette aller von ihr begangenen Schandtaten.

Auch Mitschuldige führte sie an. Das Protokoll führt nur drei namentlich auf, es sind aber mehr gewesen. Die Aussage war auch genügend, um sämtlichen Angeschuldigten das Todesurteil zu sprechen und so vielleicht eine ganze Familie auszurotten. Schon nach sechs Tagen wurde es vollzogen. Sie befahlen in öffentlicher Versammlung, wahrscheinlich in der Kirche, ihre Seele in Gottes Hände und darauf ihren Geist, auf welches Bekenntnis, um mit dem naiven Gerichtsschreiber zu reden, sie gelebet, gestorben, »christlich« abgeschieden und zum Feuer gebracht worden sind.

Ein solches Menschenopfer war übrigens für den »Junker« ziemlich kostspielig 71 Taler 2 Schillinge weist die betreffende Rechnung auf, darunter den zwölf Bonden (Schöffen) für Schinken und Bier 24 Mark 8 Schillinge, dem Scharfrichter 42 Taler, für Holz, Teertonnen und Reisig 23 Mark 2 Schillinge. Der Pastor mußte mit 2 Talern vorliebnehmen.

Im Jahre 1644 spielte auch in Liegnitz, es scheint dort der einzige Fall gewesen zu sein, ein Hexenprozeß. Die der Zauberei Angeklagte war Anna Vogelin, eine sechzehnjährige junge Witwe, der Anklägerin, ihrer Schwester, Kind, ein Mädchen von sechs Jahren, welche die Vogelin etwa ein halbes Jahr bei sich gehabt und der gegenüber sie »von Kuhmelken, Schmieren, Ausfahren von Hexentänzen allerlei weitaussehende Reden vo sich gleiten lassen«. Daß in den Augen der Angeklagten beim Verhör niemals einige Tropfen Wassers zu verspüren gewesen, daß sie ganz willig ins Stockhaus gegangen, auch gesagt, man möchte mit ihr machen, was man wolle, sie müsse ohnedies einmal sterben, schien zwar sehr bedenklich, doch entschied das Breslauer Schöppengutachten vom 28. Mai, es wären nicht genugsame Ursachen vorhanden, wider die Gefangene mit fernerer Inquisition oder schärferer Frage zu verfahren, sondern sie möchte mit ernster Verwarnung vor der Zauberei der gefänglichen Haft befreit und auf ihr künftiges Leben und Wandel genauere Acht gegeben werden. – Leider stehen so verständige Gutachten, wie das vorstehende, in den Hexenprozessen ganz vereinzelt da. –

Ein anderer Fall, der unter dem Herzog Rudolph von Liegnitz (gest. 1653) vorgekommen ist, charakterisiert mehr die Gespensterfurcht. Der Herzog bewohnte das Schloß in Liegnitz wegen der darin umgehenden Gespenster (!?) nicht. Er erfuhr durch seinen Schwager, den Freiherrn von Schafgotzsch, daß einer seiner Vasallen, ein Herr von Stange auf Kunitz, dessen Hofzauberer mit dem Verlangen angegangen habe, einen gewissen Georg Rudolph, der ihm beschwerlich, mit Zauberkünsten aus dem Wege zu räumen. Stange wurde hierauf eingezogen, am 12. Dezember 1624 aus dem Gefängnis auf den Liegnitzer Markt geschleift, ihm die zwei Eidesfinger mit glühenden Zangen abgezwickt, der Kopf abgeschlagen und der Körper gevierteilt und unter dem Galgen begraben, der Kopf aber am Haynauer Torturm auf einer eisernen Spalte aufgesteckt. Dem Herzog stand übrigens die Ausübung der Kriminaljurisdition über den Adel, nebenbei bemerkt, gar nicht einmal zu. –

In der kleinen Grafschaft Neiße wurden in zehn Jahren (1640-50) 242 Hexen verbrannt, unter ihnen zur ewigen Schmach der Richter auch kleine sechsjährige Kinder. Der (überaus weise) Magistrat von Neiße hatte zur

Verbrennung der Hexen eigene Öfen herstellen lassen und überantwortete denselben im Jahre 1651 zweiundvierzig Frauen und Mädchen. –

In Naumburg a. d. S. wurde 1694 eine Hexe verbrannt, die jemandem aus weiter Ferne das Auge aus dem Kopfe gezaubert hatte. –

In demselben Jahre bekannte eine Hexe zu Halle an der Saale, auf der höchsten Spitze des roten Turmes mit dem Teufel gebuhlt zu haben. –

Ein sächsischer Arzt Veith Pratzel hatte (um 1660) öfter beim Trunk scherzend geäußert, daß er, was die Hexen täten, auch fertigbringe, daß er in Passau sich habe »festmachen« lassen. Er hatte sogar einmal vor den staunenden Augen der Anwesenden zwanzig Männer (die er zu dem Behufe versteckt gehalten) festgemacht. Diese Scherze sollten ihm teuer zu stehen kommen. Er galt fortan als Zauberer; man verhaftete ihn, brachte ihn durch die Folter zu einem Geständnsi und verbrannte ihn, und seine beiden Kinder ließ man in einer Badewanne sich zu Tode bluten. Als der unglückliche Vater auf seinem letzten Gange die Kinder noch einmal sehen wollte, wurde ihm gesagt, daß sie bereits tot wären.

Einen hochinteressanten Hexenprozeß aus Kursachsen erzählt Heinrich Etzsch im »Sächsischen Erzähler«:

»Der schnelle und unerwartete Tod des Kurfürsten Johann Georgs IV. gab zu einer peinlichen, höchst merkwürdigen Untersuchung Anlaß. Schon zu Lebzeiten des Kurfürsten hatten die Neider und Gegner seiner Favoritin Magdalena Sybille von Neidschütz, die Kaiser Leopold I später zur Reichsgräfin von Rochlitz erhoben hatte, vielfache Gerüchte ausgestreut, sie habe durch übernatürliche Mittel, durch Hexerei, sich die Gunst des Kurfürsten errrungen. Man lebte damals in jener Zeit, in der man noch felsenfest an Wahrsagen und Horoskopstellen glaubte, in einer Zeit, wo selbst die aufgeklärtesten Damen noch Amulette und Talismane auf der Brust und die Hofkavaliere ihr Geld in Beuteln von Fledermaushäuten trugen, um Glück im Spiel zu haben; in einer Zeit, wo man die Zimmer des Kurfürsten hinter seinem Rücken und ganz im stillen mit gewissen Kräutern ausräucherte, um ihn von der Gräfin von Rochlitz abzuziehen; in einer Zeit endlich, wo über Liebestränke und Zaubermittel geschrieben und disputiert wurde, wo die Quacksalber auf den Straßen ihre Wunderarzneien ausposaunten und die Sympathie der Medizin den Rang ablief.

Die Feinde der Gräfin von Rochlitz und deren Mutter, der Generalin von Neidschütz, wagten daher anfangs schüchtern, nach und nach aber immer dreister die Behauptung aufzustellen, die Rochlitz habe mit Hilfe alter Kräuterweiber, Quacksalber und Scharfrichter den Kurfürsten in das Zaubernetz ihrer Schönheit gelockt. Der Kurfürst hattte diesen Äußerungen wenig oder gar keinen Glauben geschenkt. Nachdem er aber gestorben war, erhob sich gegen die Mutter der Gräfin von Rochlitz der öffentliche Unwille so laut, daß der Nachfolger des schwachen Regenten, Kurfürst Friedrich August der Starke, eine Untersuchungskommission einsetzte, die zuerst das Grab der Gräfin, der man bei deren Lebzeiten allerlei

Dinge angedichtet hatte, die ihr zu Bezauberungsmitteln gedient haben sollten, öffnen und die Leiche der Verblichenen besichtigen ließ. Diese Leichenschau geschah am 30. April 1694, vormittags 10 Uhr, zu Dresden. Man fand aber nichts im Sarge als das kurfürstliche Porträt, dessen vier Ecken vier große Diamanten schmückten und das an einem roten Bande befestigt war, das man der Verschiedenen um deren Hals gelegt hatte. In aller Stille wurde hierauf die Leiche der Gräfin von Rochlitz aus der fürstlichen Gruft der Sophienkirche herausgeschafft und auf einem freien Platze in der Gegend des damaligen Hofbrauhauses begraben.

Gegen die unterdessen eingezogene Mutter der Gräfin wurde eine Kriminaluntersuchung eingeleitet. Außer der Hexerei wurde die Generalin von Neidschütz auch noch anderen Verbrechen angeklagt, die darin bestanden, daß sie durch ihre Ränke das eheliche Verhältnis des Kurfürsten zu seiner rechtmäßigen Gemahlin Elenore Erdmute Luise gelockert, viel Geld beiseitegeschafft, Juwelen aus dem kurfürstlichen Schatze entwendet und sich außerdem starker Gelderpressungen und großer Bestechungen schuldig gemacht habe. Ein Schreiben vom 22. Juli 1694 sagt: »Seine Kurfürstliche Durchlaucht wollen sich in diesen Prozeß nicht melieren (einmischen), sondern der Justiz freien Lauf lassen.«

Das Urteil des Leipziger Schöppenstuhls und der Juristenfakultät, im Oktober 1695 gefällt, erkannte der Generalin von Neidschütz die Tortur auf einundzwanzig Fragen zu. Ob die Folter wirklich angewendet worden ist, davon findet sich keine bestimmte Nachricht vor, wohl aber ist die mit vielen Stellen des Cicero, Seneka u. a. garnierte (ausgestattete) Verteidigungsschrift der Generalin von Neidschütz vorhanden, in welcher eine der gegen sie aufgetretenen Zeuginnen, namens Kröpperin, für närrisch erklärt wird. Damit schlug der Verteidiger der Angeklagten, Advokat Dr. Meyer, die ganze Anschuldigung seiner Klientin nieder. Die Aussagen dreier anderer Weiber, die die Angeklagte der Hexerei beschuldigten, verwarf der Verteidiger, weil die Tortur hierbei Anwendung gefunden habe, was er als ungültig ansah. Die Aussagen der Kammerfrau der Gräfin von Rochlitz gegen die Generalin verwarf er ebenfalls, und zwar darum, »weil sie als Mitwisserin des angeschuldigten Verbrechens zu achten sei«. Die Generalin von Neidschütz muß bald darauf aus ihrer Haft entlassen worden sein; sie starb auf ihrem Rittergute Gaußig. –

In Kurbrandenburg trat unter Friedrich Wilhelm, dem Großen Kurfürsten, eine Wendung zu Besserem ein. Wir erwähnen einen Prozeß, der sich in Berlin abspielte: Der hochbetagte Heideläufer Klaus, »welchen man für einen armen und teufelischen Zauberer hielt, und der in dem albernen Rufe stand, daß er den Leuten verlorene und gestohlene Sachen wiederschaffen könne«, wurde im Jahre 1653 in Berlin enthauptet. Der Tor hatte selbst ausgesprengt, er besitze einen Geist, der ihm alles, was er wissen wollte, berichte. Und unerachtet er dies bei ernster Frage und selbst nach ausgestandener Tortur leugnete, mußte er dennoch sterben. –

Unter des Großen Kurfürsten Regierung machte ein Prozeß gegen ein im Dorfe Jagow in der Uckermark wohnendes Weib, der seit 1662 geführt wurde, Aufsehen.

Auf Drängen der ganzen uckermärkischen Ritterschaft erkannte endlich der brandenburgische Schöffenstuhl auf Tortur. Die Frau überstand dieselbe jedoch, ohne sich ein Bekenntnis auspressen zu lassen. Ein Erkenntnis des Schöffenstuhles sprach aber aus, der Teufel müsse dem Weibe bei der Tortur beigestanden haben, und da sich inzwischen in Jagow mancherlei sonderbare Dinge zugetragen hatten, so erging ein Endurteil der Jursitenfakultät zu Frankfurt a. d. O. auf Landesverweisung, welches der Kurfürst auch bestätigte. Die Unglückliche mußte Urfehde schwören und wurde dann durch den Nachrichter unter Zuziehung des uckermärkischen Hof- und Landrichters des Landes verwiesen. –

Bemerkenswert ist ein Hexenprozeß aus der Gegend von Ruppin aus dem Jahre 1660, den wir hierunter ausführlich folgen lassen; er betrifft:

Die Hexe von Köritz

Im Jahre 1660 war Hedwig Müller, eine Bauersfrau im Dorfe Köritz, als Hexe verbrannt worden. Sieben Jahre später wurde eine ihrer Verwandten, Marie Müller, eine fünfzigjährige Frau, von einer zweiundzwanzigjährigen Magd, Marie Schröder, ebenfalls der Zauberei bezichtig. Diese berief sich auf eine Szene, welche im Hause des Bauern Ladewig stattgefunden habe, wo die Müller gegen sie Verwünschungen ausgesprochen und geäußert habe, sie wolle beten, daß sie, die Schröder, weder Tag noch Nacht Ruhe finden solle, Und seit dieser Zeit sei es ihr vorgekommen, als habe sie alle ihre Sinne verloren; nirgends habe sie Ruhe und Rast gefunden. Später habe sich dieser Zustand wohl gebessert, aber ihr Leib zittere und bebe, sofern sie dieses Vorganges gedenke. Als sie der Müller einst drohend auf den Leib gegangen, habe diese geäußert, ob sie sich mit ihr schlagen wolle? Wenn ja, so schlage sie sich mit dem Teufel. Der Bauer Ladewig aus Sieversdorf, in dessen Hause die Verwünschung vorgegangen war, bestätigte die Aussage der Schröder; als er der Müller gedroht, er wolle sie totschlagen, sei ihm ein Pferd krank geworden, und eine seiner Kühe habe acht Tage lang statt Milch, Blut gegeben. Der Sohn des alten Ladewig habe gesehen, daß der Drache mehrmals in das Haus der Angeschuldigten gezogen war. Ähnliche Aussagen wurden noch von anderen Personen gemacht. Die Vernehmungen ergaben übrigens, daß die Marie Schröder schon früher kränklich war und über Beängstigung im Innern klage, und daß sie sich in den zwischen ihr und der Müller stattgefundenen Streitigkeiten sehr aufgeregt benommen, während diese sich ruhig und besonnen zeigte. So hatte sich folgende Szene zwischen beiden auf dem Rückweg von der Kirche abgespielt. Marie Schröder richtete an die Angeklagte die Frage, was sie von ihr in Ladewigs Hause geredet, worauf diese entgegnete: »Nichts«. Da fuhr die Schröder fort: »Du Teufelsmensch, hast du nichts von mir geredet? Es soll dir bald schlimm ergehen.« Und als die Müller ihr entgegnete, sie habe nichts mit ihr zu schaffen, sie möge ruhig nach Hause gehen, da wurde die Schröder nur noch heftiger, ballte die Fäuste, stampfte mit dem Fuße und drohte, es sollten ihr bald Leber und Lunge um die Füße hangen, sie sei ein Teufelsmensch und habe ihr den Teufel auf den Hals gehetzt, sie werde sie deshalb anklagen. Es lag also gegen die Marie Müller nichts weiter vor, als daß sie die Verwandte einer als Hexe verbrannten Person war, und daß sie einige unbedachte Redensarten gebraucht; ihre Anklägerin war eine kranke, hitzige und böswillige Person.

Die Aussagen derselben, sowie die der angeführten Zeugen genügten aber, sie unter die Folter zu bringen. Gerichtsherr war in diesem Fall der Besitzer von Neustadt a. d. Dosse, Prinz Friedrich von Hessen-Homburg, der spätere Held von Fehrbellin. Wie weit er von dem Handel Kenntnis gehabt, ergibt sich nicht; der Amtsschreiber aber legte diesen der Juristenfakultät in Helmstedt vor, und dieselbe fand, daß sich allerdings aus den Aussagen der Zeugen schwere Indizien gegen die Angeklagte herausgestellt hätten; weil aber bei diesem verborgenen Laster der Hexerei das Gerügte der Verdächtigen nicht bloß im allgemeinen, sondern auf das speziellste zu erforschen, namentlich zu ermitteln sei, wie der Verdacht entstanden, ob die Leute, welche ihn aussprechen, der Angeklagten feindlich gesinnt seien, ob diese mit Zauberinnen umgegangen, zauberische Worte gebraucht, so sollte die Angeschuldigte besonders darüber nochmals verhört werden. Dieses zweite Verhör fand denn auch statt, förderte aber nichts Neues zutage; die Vernommenen versicherten natürlich sämtlich, daß sie keine Feindschaft gegen die Maria Müller hegten. Nachdem diese zwei Jahre im Amtsgefängnis gesessen hatte, sollte nach der Anweisung der genannten Fakultät mit ihr so verfahren werden: Zuerst sollte sie noch einmal in Güte vernommen werden, würe die dann »die Wahrheit« nicht bekennen, so sollte sie mit Vorstellung des Scharfrichters und seinen zur peinlichen Frage gehörenden Instrumenten geschreckt werden, würde sie auch dann noch »die Wahrheit« verhalten, so sollte sie mit wirklicher Tortur, jedoch in menschlicher Weise, belegt werde. Es erfolgte also zuerst das Verhör in Güte. Der Amtsschreiber fragte sie in Gegenwart eines Notars, des Bürgermeister und Kämmerers von Wusterhausen a. d. Dosse, wie folgt:

Frage: »Hast du Maria Schröder behext?« – Anwort: »Mit meinem Wissen nimmermehr!« (Sie rief dabei: »Ach Gott, du höchster Vater!«) – Frage: »Wie hast du solches gemacht und mit welchen Mitteln?« – Antwort: »Ich weiß von keiner Hexerei.« – Frage: »Hast du Maria Schröder ums Leben gebracht?« (Diese war unterdes gestorben.) – Anwort: »Ich hoffe zu Gott, daß ich an ihrem Tode keine Schuld habe.« – Frage: »Hast du das Pferd behext und nachher wieder gesund gemacht?« – Antwort: »Davor soll mich Gott bewahren! Die Taten sind nicht von mir; ich weiß nichts von Hexerei!« – So wurde sie über die einzelnen, ihr zur Last gelegten Handlungen weiter gefragt, und sie verwahrte sich in gleicher Weise gegen jede unter Anrufung des göttlichen Namens. –

Das Verhör ging dann weiter;

Frage: »Hast du zaubern gelernt?« – Antwort: »Nein, daß mich Gott bewahre, das haben die Paten in der heiligen Taufe verschworen!« – Frage: »Von wem hast du zaubern gelernt?« – Dieselbe Ablehnung. – Frage: »Wann? wo?« – Antwort: »Ich weiß von keiner Zauberei; nie und nimmermehr soll mich ein Christmensch überführen. Es starben mehr Menschen und Tiere, ohne behext zu sein. Gott im Himmel und alle heiligen Engel sollen mich davor bewahren; ich weiß nichts von Zauberei und dergleichen Taten.« Es folgen nun noch drei Fragen, ob sie Gott abgesagt, und mit welchen Worten? – sie antwortete verneinend; Gott sei ein Herzenkünder und kenne alle ihre Gedanken. – Die nächsten acht Fragen bezogen sich auf ihren Umgang mit dem Teufel. – Sie beantwortete dieselben in derselben Weise und betete unter anderem den Vers:

»Vor dem Teufel uns bewahr,
Halt uns beim festen Glauben!«

In ähnlicher Weise wurde das Verhör noch einige Zeit fortgesetzt.

Der Prozeß endete nach dem Erkenntnis der famosen Juristenfakultät zu Helmstedt mit der Verurteilung der Angeklagten zum Feuertode. Jenes Erkenntnisses aber wolle die deutsche Wissenschaft sich immerdar schämen. –

Ein im Jahr 1687 nach dem Spruch der Juristenfakultät zu Frankfurt a. d. O. hingerichtetes Mädchen sollte vom Teufel Eidechsen geboren, dieselben verbrannt und mit der Asche Menschen und Tiere verzaubert haben.

Wer die Akten der Hexenprozesse heute durchblättert, weiß kaum, worüber er mehr staunen soll, über die Phantasie der armen gequälten Opfer oder über die Leichtgläubigkeit und den fürchterlichen Ernst der Richter.

Da sind besonders merkwürdig die Aussagen der Anna Hausbürgerin, der 1704 zu Jena der Prozeß gemacht wurde. Sie sollte einem Nachbarskinde böse Finger angehext haben, weshalb die Verwandten desselben sie peinigten und sie den Richter zu Hilfe rief. Das wurde ihr zum Verderben, denn Richter und Henker machten es sich zur Ehrensache, die wirkliche Schuld an ihr zu entdecken. Und nicht lange, so bekannte sie auf den Knien die tollsten Dinge von Teufel und Hexen, von Besenstielfahrten und nächtlichen Festen, wobei sie als Magd fungiert und die Schüsseln aufgewaschen habe. Nichts halfen ihre späteren Beteuerungen, daß nur die Angst solche Geständnisse erpreßt. Pfarrer und Obrigkeit blieben von ihrer Schuld überzeugt, und im Jahre 1705 wurde sie hingerichtet. –

In der Reichsstadt Nordhausen begann früh eine milde Praxis in den Hexenprozessen. Im Jahre 1644 am 8. März bestrafte man zwei der Hexerei beschuldigte Frauen mit Ausweisung.

In dem benachbarten Stolberg dagegen wurde noch am 30. Oktober 1656 eine Hexe geköpft und dann ihr Leichnam verbrannt. Zwei Bürgersfrauen, von der Hingerichteten des Umgangs mit dem Teufel bezichtigt, mußten im Jahre 1657 dort ebenfalls den Holzstoß besteigen. –

In Pommern erregte der Prozeß gegen die Hexe Sidonie von Borck, eine ränkesüchtige, noch im siebenundfünfzigten Jahre sehr heiratslustige Adlige, großes Aufsehen. Sidonie von Borck lebte im Stift Marienfließ mit zweiundzwanzig jüngeren Klosterschwestern zusammen, war aber derartig unverträglich, daß sie der Klosterhauptmann in einem amtlichen Schriftstück als »Klosterteufel, unruhiges Mensch, Schlange« bezeichnete. Sie rühmte sich der Kraft ihres Gebetes zur Bestrafung ihrer Feinde und war deshalb allgemein gefürchtet. Nebenbei betrieb sie Quacksalberei und sympathetische Kuren. Als nun die »dicke Wolte Albrechts«, eine umherziehende alte Wahrsagerin, welche man als der Hexerei verdächtig eingezogen hatte, auf der Folter sich der Teufelbuhlschaft schuldig und Sidonie von Borck als ihre Mitschuldige angegeben hatte, geriet diese in Untersuchung. Die »dicke Wolte Albrechts« wurde hingerichtet, und Sidonie wurde als Teufelsbuhlerin angeklagt, welche den Herzog Philipp II. von Pommern wegen Rechtsversagung auch Rache »zu Tode gebetet« habe, aus dem Kloster nach Stettin in die verödete Osterburg gebracht und dort ihr die unsinnigsten Geständnisse abgelockt. Sie bekannte, sie habe oft den 109. Psalm gebetet, ohne dabei jedoch an eine bestimmte Person im Bösen zu gedenken. Man beschuldigte sie aber auch noch, sie besäße einen »Sachsenspiegel«, durch welchen sie mit Hilfe Chims, ihres Buhlteufels, alles erfahre. Sidonie erwies die Anschuldigungen als den reinsten Unsinn; indes der Schöppenstuhl zu Magdeburg, dem man die Untersuchungsakten unterbreitet hatte, entschied auf Vornahme der scharfen Frage. Dies geschah am 28. Juli 1620 im großen Saale der Oderburg im Beisein des Schloßhauptmanns, des Schultheißen und einiger Gerichtspersonen. Sie wurde vom Scharfrichter ausgekleidet auf die Folter gespannt und so lange torquiert, bis sie die gewünschten Bekenntnisse abgelegt hatte. Von der Folter herabgenommen, erklärte sie, »sie begehre nicht länger zu leben«; sie sei zum Sterben bereit und bitte um den Beistand des Seelsorgers. Trotz Fürbitte benachbarter Fürsten wurde sie am 19. August 1620 auf dem Rabenstein von Stettin geköpft und dann ihr Leichnam zu Asche verbrannt. –

Im Hamburger neuen Stadtrecht vom Jahre 1603 hieß es:

»Die Zauberer und Zauberinnen, die mit verbotenen Mitteln dem Menschen oder dem Vieh an Leib und Leben Schaden zufügen, oder auch, die aus bösem Vorsatz von Gott und seinem heiligen Wort vergessentlich abtreten und mit dem bösen Feinde sonderbare, hochärgerliche Verbündnisse machen, werden nach Gelegenheit ihrer beweislichen Bewirkung mit Feuer oder mit dem Schwert am Leben gestraft.«

Seitdem kam die Hexenverfolgung in Hamburg in Zug; sie hat indes verhältnismäßig wenig Opfer gefordert. Im Jahre 1643 wurde die »alte Hexe« Cillie Haubels hingerichtet, die ihren Mann umgebracht hatte. Sie wurde viermal mit dem Rade gestoßen und dann ihr Körper verbrannt.

Dies war die letzte Hexenverbrennung in Hamburg, mit der jedoch gleichzeitig ein Gattenmord gesühnt wurde. –

Auch in Augsburg forderte der Hexenwahn namentlich seit dem Jahre 1650 seine Opfer. Eine Erkenntnis vom 18. April 1654 lautet:

»Der verhaßten Anna Schäfflerin von Erlingen sollen ihrer bekannten Hexerei halber und daß sie nicht allein der allerheiligsten Dreifaltigkeit, der Mutter Gottes Maria und allen lieben Heilgen abgesagt, selbe geschändet, geschmäht und gelästert, wie nicht weniger das hochheilige Sakrament des Altars zum zweiten Male mit Füßen getreten und grausamlich verunehrt, sondern auch mit dem bösen Geist Unzucht getrieben und sich demselben mit Leib und Seele auf ewig ergeben, auch die verstorbene Marie Pihlerin von Haustätten durch Gifteingebung gewalttätig ermordet und also selbe ums Leben gebracht, mit glühernden Zangen zween Griffe in ihren Leib gegeben, folgens sie mit dem Schwert vom Leben zum Tod gerichtet und der Körper zu Asche verbrannt werden soll.« –

Ein anderes Urteil wurde am 15. April 1666 gefällt, und lautet:

»Anna Schwayhoferin, welche sich dem bösen Feind, nachdem solcher auf dreimaliges Rufen in Mannesgestalt erschienen, ganz und gar ergeben, ihn für ihren Herren angenommen und auf sein Begehren die hochheilige Dreifaltigkeit, die seligste Mutter Gottes und das ganze himmlische Heer verleugnet, mehrmals der katholischen Religion entgegen ungebeichtet die heilige Kommunion empfangen und zu drei unterschiedlichen Malen die heilige Hostie wiederum aus dem Munde genommen, daheim in ihrer Stube auf den Boden geworfen, mit Füßen getreten und ganz verrieben, auch die Stube darauf ausgefegt; nicht weniger mit Hilfe des bösen Feindes und zauberischer Zusetzung ein Kind ums Leben gebracht, auch sonst eine Person mit solchen Mitteln übel zugerichtet, soll solcher verübten schweren Verbrechen halber auf einen Wagen gesetzt, zur Richtstatt ausgeführt, inzwischen aber an beiden Armen mit glühenden Zangen, und zwar an jedem Arm mit einem Griff gerissen. Darauf zwar aus Gnaden, weil sie sich bußfertig erzeigt, mit dem Schwert und blutiger Hand vom Leben zum Tode hingerichtet, der tote Körper aber nachmals zu Asche verbrannt werden, welches Urteil auf einkommende starke Fürbitte um willen ihrer großen Leibesschwachheit und hohen Alters noch weiter dahin aus Gnaden gemildert worden, daß die zween Griffe mit glühenden Zangen vermieden geblieben.«

Das letzte bekannte Erkenntnis in Augsburg trägt das Datum des 27. Juli 1694. – Im Jahre 1688 wurde ein zwanzigjähriges Mädchen, das schon im sechsten Jahre, und 1694 eine vierundachtzigjährige Frau, die schon im zehnten Jahre gehext haben sollte, hingerichtet.

Ein bischöflich Freisingenscher Pfleger ließ fast alle Weiber in der Umgegend des Schlosses Wardenfels (Oberbayern) ausrotten. In dieser Grafschaft Wardenfels endete ein sich in den Jahren 1589-92 abspielender Hexenprozeß damit, daß an sieben Tagen achtundvierzig Frauen nach der grausamsten Foltrung zum Feuertode verurteilt und teils lebendig, teils nach vorhergegangener Erwürgung verbrannt wurden. Der Untersuchungsrichter bemerkt in seinem Berichte ganz naiv: »Wäre die Untersuchung mit dem Eifer fortgesetzt worden, mit dem sie begonnen war, so würden in der ganzen Grafschaft wenige Weiber der Tortur und der Verbrennung entgangen sein.« Ein Heft des vorstehend angeführten Massenprozesses hat die bezeichnende Aufschrift: »Hierin lauter Exepensregister (Kostenregister), was verfressen und versoffen worden, als die Weiber zu Wardenfels im Schlosse in Verhaft gelegen und nachher als Hexen verbrannt wurden.« –

Die Hexenprozesse im Breisgau, insbesondere in Offenburg und Ortenburg, haben wir bereits geschildert. Wir erwähnen nur noch, daß am 27. Juni 1628 in Offenburg für jeden, der eine Hexe einbringe, eine »Fanggebühr« von zwei Schilling ausgesetzt wurde, die aber schon am 10. Juli wieder aufgehoben wurde.

Zu Straßburg im Elsaß wurde 1633 ein Knabe verbrannt, der bei Nacht auf einem mit sechs Katzen bespannten Wagen den Jesuiten Briefe gebracht haben sollte.. – Die »Malefizprotokolle« des Amtes Ballbronn im Elsaß aus den Jahren 1658-63 führen dreiundzwanzig Hinrichtungen von Hexen auf. In der zu Straßburg gehörigen Herrschaft Barr erließ der Magistrat der Stadt ein »Mandat wider das Diffamieren (Verschreien) wegen Hexerei, weil bald kein ehrlicher Mensch mehr sicher sein mag.«

In Württemberg gab es ums Jahr 1662 wandernde Inquisitoren. Kam ein solcher nach einem Orte, wo er seine Tätigkeit entfalten wollte, so forderte er durch einen Anschlag an den Türen der Pfarrkirchen oder des Rathauses unter Androhung von Kirchenbann und weltlichen Strafen auf, jede Person, von welcher man auf Zauberei Hindeutendes wisse, binnen zwölf Tagen anzuzeigen. Der Denunziant wurde mit geistlichem Segen und klingender Münze belohnt und sein Name auf Verlangen verschwiegen. In den Kirchen fand man an manchen Orten Kasten mit einem Spalt im Deckel, zum Einwurf anonymer Denunziationen. Manche weltliche Richter ahmtes es den umherziehenden Ketzerrichtern nach. Auch Äußerungen von Kindern untereinander waren den Spähern willkommener Anlaß zur Anzeige und zur Einleitung eines Hexenprozesses. Im Jahre 1662 kam es in dem württembergischen Spitalort Deizisau vor, daß der zehnjährige Sohn eines Schmieds zu einem seiner Schulkameraden sagte: »Meine Ahne (Großmutter) ist auch nichts nutz; ich bin mit ihr bei Nacht schon ausgefahren.« Dies wurde gemeldet, und sogleich (am 10. Dezember 1662) erschien der Spitalmeister in Deizisau, um den Knaben zu verhören. Durch das Versprechen der Straflosigkeit und eines Stück Geldes für den Fall eines aufrichtigen Geständnisses brachte man es auch dahin, daß er gestand, der Teufel habe ihm den Mittelfinger der linken Hand geritzt und Blut herausgelassen, auch habe ihm derselbe Wasser über den Kopf gegossen. Auf der Heide, wohin er einige Male mit seiner Ahne gefahren sei, habe man geschmaust und getanzt. Seine Ahne könne Mäuse, Raupen, Flöhe und dergleichen machen. – Dieses Bekenntnis wurde von dem Knaben am 18. April 1663 an dem Gerichte wiederholt, und trotzdem bezeugt wurde, daß der Bube ein böses, tückisches Gemüt habe, auch geglaubt. Die alte Großmutter sollte daher verhaftet werden. Diese war bereits entflohen. Man fahndete nach ihr, bis man sie endlich im Waldesdickicht als halb verweste Leiche auffand. –

Eine andere furchtbare Hexenverfolgung begann in demselben Jahre von Eßlingen, Möhringen und Vaihingen aus. Die Untersuchung begann im Juni und währte bis zum Jahre 1665. Das leerstehende Augustinerkloster zu Eßlingen wurde dabei zu einem großen Hexengefängnis mit entsprechendem Folterturm hergestellt. Zwanzig Türhüter hatten den letzteren zu bewachen. Hunderte von Zeugen wurden nach Dingen ausgeforscht, die vor langer Zeit passiert sein sollten. Schon im Jahre 1663 brachte man es auf die Zahl von fünfunddreißig Hinrichtungen. Man ging dort bei den Hexenprozessen mit großer Leichtfertigkeit zu Werke. So wurde Agnes, die Ehefrau Hans Henschers, eines Webers in Möhringen verhaftet und nach Eßlingen gebracht. Sie war der Hexerei verdächtig; denn als sie eines Tages bei einem Taufschmause war, sprang eine schwarze Katze über den Tisch; alle Anwesenden entsetzten sich, nur sie allein sagte, sie scheue sie nicht, und trank ihr Glas, worin die Katze ihre Pfote gebracht hatte, aus. Auch wollte man ein Säckchen mit Kindesbeinchen bei ihr gefunden haben, dessen Inhalt die medizinische Fakultät in Tübingen für Stärkemehl erkannte. Auf der Folter ließ sie sich Geständnisse abpressen, weil sie hoffte, dadurch eher wieder zu ihrem Manne und ihren Kindern zurückzukommen, die sie nachher zurücknahm. Sie hielt nun auch die höheren Grade der Folter aus und wurde schließlich mit dem Befehl entlassen, das Gebiet der Stadt und des Eßlinger Spitals für immer zu meiden. Die Entlassene reist auch wirklich ab, kehrte aber nach einiger Zeit von Sehnsucht nach ihrer Familie getrieben, nach Möhringen zurück. Dort wurde sie festgenommen, nach Eßlingen gebracht und mit Ruten gestrichen, dann unter Anordnung der Hinrichtung bei abermaliger Wiederkehr über die Grenze geschafft. –

Einem Bürger eines Landstädtchens fiel um jene Zeit sein Pferd bei Nacht. Dabei begab sich der Gewissenlose zu einer ehrbaren Matrone und verlangte von ihr Bezahlung seines Gauls, wenn sie nicht wolle als Hexe angezeigt werden; denn sie habe es dem Pferde angetan. Als ihm die Frau sein Ansuchen entrüstet verweigerte, verklagte er sie wirklich. Die Frau wurde eingezogen, der Wasserprobe unterworfen und darauf gefoltert. Nachdem man sie zweimal die Leiter hinaufgezogen hatte, bekannte sie, widerrief nach der Peinigung jedoch sogleich mit der Erklärung, das Bekenntnis sei ihr nur durch den unleidlichen Schmerz erzwungen worden. Mit Fortsetzung der Tortur bedroht, erklärte sie endlich, sie wolle sich lieber verbrennen lassen und sterben, als noch einmal so grausame Pein erleiden. Sei bekannte deshalb, was man von ihr verlangte, und wurde als Hexe verbrannt. –

Die Kosten der großen Prozesse in Eßlingen wurden aus dem Vermögen der Hingerichteten und aus den Strafgeldern gedeckt. Bis zum 30. Juni 1663 hatte man 2300 fl. verwendet und 2045 fl. eingezogen. Was für die vielen eingezogenen Gutachten in verschiedenen Juristenfakultäten bezahlt wurde, ist unbekannt. Von den Seelsorgern der Verhafteten erhielt laut Beschluß vom 20 September 1664 jeder drei Tonnen Ehrenwein, wobei dieselben wiederholt ermahnt wurden, in ihren Schranken zu bleiben und den Untersuchungsrichtern nicht in ihr Amt zu pfuschen. Letztere selbst bekamen vom Spital für jedes Verhör eine Kanne Wein und einen Laib weißes Brot. Dasselbe bekam wöchentlich der aufwartende Knecht. Auch die Weinzieher, Kornmeister und Wächter auf der Burg wurden für ihre Dienste bei den Hinrichtungen mit Brot und Wein vom Spital belohnt. Dem Scharfrichter Deigentesch bewilligte man am 1. Dezember 1664 eine außerordentliche »Ergötzlichkeit« von 20 fl. wegen seiner vermehrten Geschäfte und weil er die herbeigezogenen fremden Scharfrichter hatte traktieren müssen.

Die Landgrafschaft Hessen-Darmstadt bietet reiches Aktenmaterial zur Geschichte der Hexenprozesse des 17. Jahrhunderts. Im Jahre 1629 wurden in der Niedergrafschaft Katzenellenbogen auf ausdrückliches Verlagen der Gemeinden in den einzelnen Kirchspielen sogar Ausschüsse zum Aufspüren der Hexen gebildet. Grausige Hexenprozesse kamen in den Jahren 1631-33, 1650-53 und 1661 ganz besonders in der freien Reichsburg Lindheim vor. Dort hauste eine der abscheulichsten Schandsäulen der Menschheit, mit der wir uns im Nachstehenden eingehender beschäftigen wollen.

Das Scheusal von Lindheim

Eine traurige Berühmtheit hat das Dorf Lindheim durch die Hexenverfolgung erlangt. Von seinen 540 Einwohnern wurden in den Jahren 1640-51 dreißig Personen wegen Hexerei verbrannt. Dort trieb das menschliche Ungeheuer, der Schultheiß Geiß, dessen fluchbedeckter, leider deutsche Name für alle Zeiten an die Schandsäulen der Geschichte der Menschheit gehört, sein Unwesen. Über diesen Bösewicht schreibt Dr. Jul. Hermann:

»Noch heute stehen in der anmutigsten Gegend der Wetterau die Trümmer des »Hexenturms zu Lindheim« als ein grausiges Denkmal der Vorzeit, denn dieser Turm diente in der Zeit der Hexenprozesse als Gefängnis und Richtstätte, wie die noch vorhandenen Akten des Patrimonialgerichts (Erb- oder Herrengerichts) Lindheim beweisen.«

Die zum Teil noch darin befindlichen Kerker und Marterkammern zeugen von der Barberei jenes Zeitalters – dunkle Löcher findet man, wohin kein Lichtstrahl drang, dicke, starke Ringe, breite Halsreifen und schwere Ketten! Um die Mitte des 17. Jahrhunderts waren zu Lindheim Unglück und Elend an der Tagesordnung, deren Ursache eine furchtbare Hexenverfolgung war, worin nach und nach der ganze Ort verwickelt wurde, und die vielen Eingesessenen das Leben kostete. Jeder redliche Einwohner Lindheims fürchtete, über Nacht in das »Hexenbuch« eingeschrieben und ohne große Umstände lebendig verbrannt zu werden. Ein solches Hexenbuch hielt sich neben den Hexenprozeßakten der Hexenrichter zu Lindheim. In dieser Zeit stand die »reichsfreie Burg Lindheim« unter der Regierung des Ganerben von Öynhausen, Landdrosten in braunschweig-lüneburgischen Diensten, und des Domdechanten von Rosenbach zu Würzburg. Der von Öynhausensche Oberschultheiß hieß Georg Ludwig Geiß; er war der gefürchtetste Hexenrichter, ein fanatischer, roher, habgieriger Mensch, der den Dreißigjährigen Krieg als Soldat mitgemacht hatte, ohne Bildung, ohne Kenntnisse, ohne Menschengefühl. Er war es, der den furchtbaren Hexenprozeß hervorrief,»weil man«, wie er in mehreren den Akten beiliegenden Schreiben sagt, »nicht eher ruhen dürfe, als bis das verfluchte Hexengeschmeiß, zu Ehre des dreifaltigen Gottes, zu Lindheim und allerorten vom Erdboden vertilgt sei.« – Sein Antrag an den Ganerben, die Einleitung des Hexenprozesses genehmigen zu wollen, ist ein furchtbares Aktenstück und redet der Behauptung, daß nur Habsucht solche Prozesse veranlaßt, unwiderlegbar das Wort. »Was sonsten«, heißt es darin, »das leidige Zauberwerk anbelangt, so geht dasselbe leider Gottes dahier so stark in Schwung, daß man sich nicht genug vorsehen kann, und ist vor wenigen Tagen ein junger Schmiedegesell, der einen Zauber(trank) bekommen, daran gestorben, und hat über die Person auf seinem Totenbette laut geschrien, daß darüber der größte Teil der Bürgerschaft sehr bestürzt wurde. Bitte etliche derowegen aus der Gemeinde Euer Hochadligen Gestrengen untertänig, in dieser Sache Verordnung zu tun, daß das Unkraut möglichst ausgerottet werde, wovon die Herrschaft doch keinen Nutzen hätte, sondern allezeit diejenigen wären, welche sich am widerspenstigsten erzeigten. Erwarten daher gnädige Einsicht und Verordnung usw. Lindheim, den 7. Dezember Anno Christi 1661.«

Die sämtlichen Ganerben gaben zu den Hexenprozessen wirklich ihre Genehmigung, und dem Oberschultheiß Geiß wurde mit einigen Bürgern, die er sich selbst zu Blutschöffen und Mitgliedern des Inquisitionsgerichts gewählt hatte, und von denen nur einer, ein Leinweber, seinen Namen schreiben konnte, die Untersuchung übertragen, die übrigen Beisitzer waren Ackersleute. Das Gericht lag also in den Händen des Geiß.

Alsobald wurden eine Menge Weiber samt mehreren Männern, die man des Bundes mit dem Teufel beschuldigte, eingezogen und in die dunklen Höhlen und Marterkammern des Hexenturms geworden. Ja, die Raserei ging so weit, daß man sogar drei Kinder von zehn bis zwölf Jahren gefänglich einzog, um sie als junge Zauberer zugleich mit ihren Müttern zu Ehre Gottes zu verbrennen.

Das Jammergeschrei dieser armen Geschöpfe erregte allgemeines Mitleid, und Geiß selbst, der die Alten ohne Umstände zum Brande verurteilte, wußte nicht recht, was er mit den Kindern anfangen sollte. Man wandte sich deshalb an die Universität zu Rinteln um ein Gutachten. Diese hielt es in ihrer Weisheit nicht gerade für nötig, die Kinder zur Ehre Gottes zu braten, sondern erteilte den klugen Rat, sie täglich Vor- und Nachmittags in Gegenwart des Pfarrherrn und Schulmeisters und auch anderer frommer Christenseelen ein paar Stunden zu ernstlichem Gebet anzuhalten, um die List und Macht des bösen Feindes auf diesem Wege in ihrer jungen Seele zu brechen.

In einem Berichte an seine adeligen Herren schreibt Geiß (wörtlich), »daß auch der mehrere Theilß von der Burgerschaft sehr darüber (über das Unwesen der Hexerei) bestürzet und sich erbotten, wenn die Herrschaft nur Lust zum Brennen hätte, so wollte sie gern das Holz dazu und alle Unkosten erstatten, und kanndte die Herrschaft auch soviel bei denen bekommen, daß die Brügck wie auch die Kirche kenndten wiederumb in guten Stand gebracht werden. Noch über daß, so kenndten sie auch soviel haben, daß deren Diener inskünftige kenndten soviel besser besuldet werden, denn er dürfften vielleicht gantze große Häuser infociret (infiziert) sein.«

Das aus dem Oberschultheiß Geiß und aus den von ihm gewählten vier Leuten zu Lindheim gewählte Blutgericht fand bei den unerhörtesten Ungerechtigkeiten längere Zeit hindurch fast gar keinen Widerstand, bis endlich ein Mann sie erhob, der kraftvolle Opposition machte und der Sache eine andere Wendung gab. Die Verhafteten waren der größeren Zahl nach wohlhabende Leute, mit deren Vermögen man, wie wir gesehen, nach Geiß' Vorschlage. »Brücken bauen, die Kirche wiederherstellen und die treuen Diener der Herrschaft besser besolden könne.«

Der Hebamme zu Lindheim wurde das Geständnis abgepreßt, das Kind, welches die Ehefrau des von Rosenbachschen Müllers vor einem Jahre tot geboren, umgebracht zu haben, obgleich die Frau Schüler, darüber vernommen keinem Menschen an der Totgeburt ein Verschulden beimaß. Auf die Aussagen der Hebamme wurden nun sechs Personen eingezogen, welche auf der Folter gestehen mußten: sie hätten die Leiche des Kindes ausgegraben, in Stücke zerhauen, diese in einem Topfe ausgekocht und daraus Hexensalbe bereitet.

Der Müller Schüler veranlaßte die Öffnung des Grabes, und man fand die Kinderleiche unversehrt darin. Zeuge war er selbst, der Ortspfarrer, der Rosenbach'sche Verwalter und zwei Blutschöffen. Nichtsdestoweniger wurden die beschuldigten sechs Personen durch Feuer und Schwert hingerichtet, weil sie das Verbrechen auf der Folter bekannt hatten. Nach ihnen wurden abermals vierzehn Personen der Hexerei beschuldigt, verhaftet und ihnen der Prozeß gemacht, darunter die alte Becker Margret, zu welcher einer der Blutschöffen in den Kerker ging und ihr zuredete, sie sollte sich des ihr zur Last gelegten nur schuldig bekennen, dann sollte sie auch kein Meister und Schindersknecht angreifen, sondern sie sollte dann alsbald aufs Rathaus geführt, und wenn man sie hingetan (hingerichtet) haben werde, neben dem Kirchhof beerdigt werden. Die Unglückliche, die einsah, daß sie rettungslos verloren war, fügte sich verzweiflungsvoll, gab noch vierzehn Personen als Mitschuldige an: »diese sollten es auch erfahren, wie das Hintun und Brennen schmecke.«

Unter den Eingezogenen befand sich auch Johann Schüler, der zugleich mit seiner Frau zur Haft gebracht und im Hexenturm in Ketten und Banden gelegt wurde. Dieser Mann besaß ein für damalige Zeit sehr ansehnliches Vermögen. Geiß nahm bei der Haftnahme desselben mit seinen raubsüchtigen Gesellen 88 Taler in Beschlag.

Diese Verhaftung erzeugte fast einen Aufstand, da Schüler wegen seiner Rechtschaffenheit von der Gemeinde geschätzt wurde.

Geiß schilderte diese Bewegung in mehreren Berichten an die Herrschaft in den grellsten Farben und forderte dieselbe zur Ausrottung der Aufständigen durch das Schwert auf, »weil das ewige Wort des dreieinigen wahrhaftigen und barmherzigen Gottes es gebiete, indem St. Paulus ausdrücklich versichere, die liebe Obrigkeit trage das Schwert nicht umsonst.« – Schüler fand indes durch Mitwirkung seiner Freunde Gelegenheit, bei Nacht aus dem Hexenturm zu entfliehen. Nun setzte er alles für seine Sache, die zugleich die gemeinschaftliche Sache des Ortes geworden war, in Bewegung. Aus dem Turm entsprungen, begab er sich zum Domdechanten von Rosenbach nach Würzburg und flehte ihn um Schutz und Gerechtigkeit an. Der Domdechant versprach ihm auch wirklich seine kräftige Verwendung und erklärte sich in einem eigenhändigen noch vorhandenen Schreiben an den Landdrosten von Oeynhausen gegen das eigenmächtige zu weitgehende Verfahren seines Oberschultheißen aufs heftigste. Die Verwendung hatte jedoch keine Folgen. Nebenher ließ der grausame Geiß in wilder Rache Schülers Frau, die ihrem Manne nicht hatte folgen können, während Schülers Aufenthalt in Würzburg ohne weiteres verbrennen (am 23. Februar 1664).

Schüler, tief erschüttert, mußte vernehmen, daß seine Frau unter den entsetzlichsten Qualen der Folter sich schuldig bekannt. Aber kaum hatte Geiß seine Rückkehr erfahren, als ihn der Blutrichter verhaftet und in den Hexenturm in Ketten und Banden legte. Schon am fünften Tage wurde er mit eigens zu diesem Zwecke herbeigeschafften Werkzeugen gefoltert. Die unmenschlichste Folterpein erpreßte ein Geständnis aus ihm, das er aber wieder zurücknahm, worauf er sofort und noch schrecklicher als zuvor torquiert wurde und abermals gestand, darauf abermals jedoch widerrief. Schon wollte ihn das Ungeheuer Geiß zum dritten Male foltern lassen, als ein Tumult ausbrach, in welchem seine Freunde seine Flucht ermöglichten.

Nun wandte sich der unglückliche, unter der Barbarei seines Zeitalters fast erliegende Mann an das Reichskammergericht zu Speyer. Der Advokat Moritz Wilhelm von Geilchen verfaßte die Beschwerdeschrift. In derselben wird zunächst die Nichtbefähigung des Geiß dargetan und sein Verfahren gerügt. Geiß beginne wider alle Vorschrift mit Anwendung der Folter und gestatte den Angeschuldigten keine Verteidigung. Im Turm gebe man ihnen nur Brot und Wasser, und zwar nicht einmal so viel, wie zur Sättigung erforderlich sei. Ferner wird darin die Raffinerie beim Foltern geschildert und insbesondere dargetan, wie man gegen Schüler verfahren.

Es war fast nicht eine Familie im Bezirk des Lindheim'schen Ganerbengerichts, welche nicht eines ihrer Glieder als Opfer der privilegierten Justizmorde bedauerte.

Der Druck war endlich den Lindheimern so unerträglich, daß sich eine allgemeine Verzweiflung der Gemüter bemächtigte. Kurz nach der Hinrichtung der Frau Schüler, als der Hexenprozeß beinahe anderhalb Jahre gedauert hatte, entflohen durch Hilfe einiger mutvoller Männer abermals zwei Weiber aus den Marterkammern des Hexenturms. Beide sollten eben verbrannt werden, weil andere in der Tortur gegen sie ausgesagt hatten: »sie hätten sie bei allen Hexentänzen wie auch bei dem letzten gräuwlichen Teufelsabend gesehen.« Mit diesen beiden vereinigten sich nach einer Volkssage acht bis zehn andere Weiber, welche insgesamt in einem Aufsehen erregenden Anzuge unter den lautesten Ausbrüchen der Verzweiflung nach Speyer liefen und die Stadt mit ihrem Jammergeschrei erfüllten. Das Reichskammergericht gebot endlich dem Blutgerichte Einhalt. Die Juristenfakultät von Gießen empfahl den Ganerben Mäßigung und größere Vorsicht bei der Inquisition! Das war also alles!

Ein Ortseinwohner namens Mattheis Horn schlug einem der Blutschöffen, der seine Frau zur Untersuchung abholen oder zu der gewöhnlichen vorläufigen Folter in die Scheuer wegschleppen wollte, einen Arm entzwei, und wenn sich der Scharfrichter und die Gerichtsdiener nicht eilig durch die Flucht gerettet hätten, so wären sie bei dem Auflauf, der infolge dieser Schlägerei stattfand, ohne Zweifel erschlagen worden. Andreas Krieger, der verhaßteste unter den vier Blutschöffen des Inquisitionsgerichts, durfte sich nicht mehr sehen lassen und war in seinem eigenen Hause nicht mehr sicher. Täglich gab es blutige Schlägereien auf den Straßen, meist unter den Mauern des Hexenturms, wenn die Gefangenen zur Folterkammer abgeführt wurden. Die Verwirrung konnte nicht höher steigen, das allgemeine Elend nicht verzweiflungsvoller werden.

Geiß kam nachgerade ins Gedränge. Die wilde Raublust dieses Ungeheuers lag schließlich offen zutage. Die Gemeinde verklagte ihn bei seinen Herren, den Ganerben von Lindheim, die ihn endlich als Richter im Jahre 1666 »in Gnaden« seiner Dienste entließen. Dies war die einzige Strafe, die dieser Verworfene erhielt.

Bemerkenswert ist, daß Zunamen in den summarisch geführten Hexenprozessen selten genannt wurden. So ist beispielsweise bei dem vorstehenden Prozeß ein ganzes Faszikel »Pompanne« betitelt, und wird Inquisitin in der ganzen Verhandlung nur »Pompanne« genannt, ohne daß man Näheres über ihre Person erfährt.

Unweit Lindheim befindet sich ein Graben, der noch heute im Munde des Volkes den Namen »Teufelsgraben« führt. Dort soll der Blutrichter Geiß, das Scheusal von Lindheim, als er mit dem Pferde darüber setzen wollte, gestürzt sein und den Hals gebrochen haben.

Dieses menschliche Ungeheuer setzte sich für einen Ritt nach einem zwei Stunden entfernten Städtchen 5 Taler Gebühren an. Aus einer von ihm selbst gestellten Rechnung geht hervor, daß er sich bei verschiedenen Verhaftungen allein an barem Gelde einen Betrag von 188 Rtlr. 18 Alb. zugesichert hatte.

Außerdem schrieb er sich gut: Pag. 13. Itemb von denen, so aus der custodia im Hexenthurm gebrochen undt waß ich an Unkosten ausgelegt:

Johann Schüler	20 Rtlr.
Seine Frawen	10 "
Peter Weber Rest noch	5 "
Hans Poppel Rest noch	10 "
Heinrich Broch Rest noch	10 "
Hans Poppels Frawen	20 "
Hans Annigs Frawen	20 "

Was er sich aus den Ställen lindheimscher Untertanen zugeeignet, hat er, wie eine spätere Untersuchung ergab, nicht immer aufgeschrieben. Aus Geiß' Buchungen ersieht man auch die Bezüge seiner Häscher. So heißt es u. a. in seinen Rechnungen:

Pag. 15. Dem Wihrth zu Hainchen. NB. Was die der Hexenkönigin nachgesetzedten Schützen daselbst vertrunken	2 Rtlr. 7 Alb.
Pag. 16. den 29. Julyus dem Keller zu Geidern bei der Hexenverfolgung in Beysein Herrn Verwaltern.	12 Rtlr. 15 Alb.
Pag. 18. Den 12. Januarii 1664 Hannes Eneneiger zu Bleichenbach was der Ausschuß bei der Hexenjagd allda verzehret, NB. in zwey Tag daselbsten versoffen	8 Rtlr. – – Alb.

Von einem anderen Hexenprozeß aus dem darmstädtischen Orte Burkhardsfelden berichtet Soldan-Hoppe in ihrer »Geschichte der Hexenprozesse« nach den Originalakten:

Im Jahre 1672 wurde Else Schmidt, genannt die Schul-Else, zu Burkhardsfelden im Busecker Thale, vor Gericht gestellt. Dem Anklagelibell (Anklageschrift) des Fiskals zufolge hatte sie Mäuse gezaubert, einen Knaben zur Hexerei verführt und in Gegenwart des Teufels umgetauft, Hexentänze besucht, einen Mann durch Branntwein und eine Frau durch Sauerkraut zu Tode behext, ein Mädchen bezaubert, daß ihm die Haare ausfielen, auch Heilungen durch Lorbeerabsud bewirkt, woraus der Schluß folgte, daß die behandelten Krankheiten zuvor auch durch ihre Zauberei erzeugt waren. Mehrere Hexen hatten auf die Schul-Else ausgesagt, und seit dem letzten Prozesse haftete übler Ruf auf ihr. Da die Angeklagte leugnete, so wurde ein Zeugenverhör angestellt, und die Fiskal reichte eine Deduktionsschrift (Auseinandersetzung) ein. In der Refutationsschrift (Wiederholungsschrift) des Defensors (Verteidigers) wurden sowohl in Indizien als die Qualifikation der Zeugen mit löblicher Klarheit bekämpft. Dennoch verwarf, nachdem das Gericht die defension pro avertenda tortura (Ablehnung der Tortur) abgeschlagen hatte, die Juristenfakultät zu Gießen die Einwendungen des Verteidigers als unerheblich und erkannte auf die Folter. Die Angeklagte überstand demgemäß eine zweistündige Marter, ohne das mindeste zu bekennen. Hierauf aber erschien der Fiskal mit neunundvierzig Additionalartikeln (nachgebrachte Punkte), die im wesentlichen auf folgendes hinausliefen: Die Schul-Else habe einst einer Frau in einem Wecke Zauberei beigebracht, wodurch deren Knie so aufgeschwollen, daß der Pfarrer auf öffentlicher Kanzel über solche Übeltat gepredigt; die Täterin habe dann einen Aufschlag von geriebenem Tabak und Bienenhonig auf die kranke Stelle gelegt, worauf sich die Geschwult geöffnet und einundeinhalb Maß Materie und fünf Arten von Ungeziefer, nämlich »haarichte Raupen«, Engerlinge, Sommervögel und Schmeißfliegen, von sich gegeben habe. Auch wird hervorgehoben, daß bei der neulichen Tortur keine Träne zu bemerken gewesen, daß aber der Scharfrichter an der rechten Seite der Angeklagten ein Stigma entdeckt und beim Hineinstechen unempfindlich befunden habe. In der abermaligen Zeugenvernehmung bestätige die angeblich Bezauberte und Geheilte alles, auch den Punkt von dem Ungeziefer; der Defensor verwarf sie als Zeugin in eigener Sache und Todfeindin; die Angeklagte stellte die neuen Anschuldigungen gleich den früheren in Abrede. In einer sehr leidenschaftlichen Schrift begehrt jetzt das Fiskal eine geschärftere Tortur, er nannte die Beklagte einen Höllenbrand, einen Teufelsbraten, der hundertmal den Scheiterhaufen verdient habe. Von der Juristenfakultät erging unterdessen, wie der Defensor behauptet, ein lossprechendes Urteil im Punkte der Wiederholung der Tortur, von dessen Existenz der Fiskal jedoch nichts zu wissen vorgab, und von welchem auch das Gerichtsprotokoll nichts erwähnt. Gewiß ist es, daß man vorerst zur zweiten Tortur nicht schritt, sondern am 6. Mai 1674, also nach einundeinhalbjähriger Gefangenschaft des Weibes, die Nadelprobe vornahm. Ein von zwei Gerichtsschöffen unterschriebenes Protokoll bezeugt, daß man unter der rechten Schulter das Stigma entdeckt, mit zwei Nadeln durchbohrt und ohne Blut und Empfindung gefunden habe. Hierauf sandte man die Akten an die Mainzer Juristen, welche unterm 15. Juni 1674 ein Responsum (Antwortschreiben) abgaben, aus dem wir folgende Punkte angeben:

»Wir Senior und übrige Professores usw. befinden ... die Acta ... nicht also beschaffen, daß mit der vom Herrn Fiskal begehrten zweiten, und zwar völligen Tortur gegen die peinlich Beklagten prozediert werden könne: und hätte ihrer auch mit der ersten harten Tortur verschonet und dero Denfensionals Artikuln keineswegs verworfen werden sollen, aus folgenden Ursachen (Folgen die Gründe). Und thut im Uebrigen wenig zur Sach, daß die löbl. Juristenfakultät zu Gießen die Beklagtin Elisabeth zu der ersten Tortur condemnirt (verurteilt) habe; dero rationes decidendi (richterliche Entscheidungsgründe) sind nicht apud acta (bei den Akten). Und ist daran Unrecht beschehen, daß dieses arme alte Weib nach Ausweis des Protokolls – zwo ganze Stund lang mit den Beinschrauben und an der Folter so überaus hart gepeinigt worden. Noch unrechter aber ist darin beschehen, daß der Herr Fiskal, ohnerachtet, daß die verba finalia illius protocolli (Endworte jener Verhandlung) so viel geben, daß sie Elisabeth nach ausgestandener solcher erschröcklicher Tortur absolviert worden seye, nichts desto weniger in seiner also intitulirten Confutation (überschriebene Widerlegung) und Gegensubmissions-Schrift (gehorsame Gegenschrift), wie auch endlicher Gegenschlußschrift so stark urgirt, gleichsam dieses alte Weib hingerichtet und verbrennet werden müßte, sie seye eine Zauberin oder nicht. Wie denn, so ist die Sach nunmehr in so schlechtem Stand, daß sich ohne Bedrückung und Schaden eines oder des anderen Theils, oder gaar beeder Theile kein Temperament ersinnen läßt. – Gut wäre es, wenn die unschuldig beklagte Elisabeth durch glimpfliche Mittel dahin bewogen werden könnte, daß sie den Ort ihrer jetzigen Wohnung verändern und sich anders wohin begeben thäte, angesehen sie ohne Aergerniß, Widerwillen und beständiger Unruhe des Orts Unterthanen nicht wird wohnen können. Dafern das von ihro, wie zu besorgen, in Güte nicht zu erhalten, so ist nöthig, daß die Obrigkeit öffentlich verbiete, daß Niemand bei Vermeidung wohlempfindlicher Geld- oder anderen Strafen sich gelüsten lassen solle, Elisabeth und die Ihrigen an ihren Ehren mit Worten oder Werken anzugreifen, oder auch von dem wider sie bishero geführten peinlichen Hexenprozeß mit andern Personen etwas zu reden. – Und damit sie Elisabeth desto leichter bewogen werden möge, ihre gegen den Herrn Fiskal habende schwere Actionen injuriarum (Beleidigungshandlungen) fallen und schwinden zu lassen, so ist ratsam, daß die Obrigkeit sie, Elisabeth, alsbald ihrer Haften erlasse, mit der Vertröstung, daß man den Herrn Fiskal zu Zahlung der Prozeßkosten anhalten, auch an allen Orten der Buseckischen Obrigkeit bei hohen Geld- und anderer harten Strafen ernstlich verbieten wolle, daß Niemand sie, Elisabeth, oder auch ihre Kinder an ihren Ehren angreifen solle. – Im Fall nun die erstgenannte Elisabeth mit diesem Temperament, wie zu vermuthen, sich befriedigen lassen wird, so ist der Herr Fiskal einer großen Gefahr überhoben. Und daß aller obiger Inhalt den kaiserlichen Rechten gemäß seye, wird mit unserer Fakultät zu End aufgedrucktem gewöhnlichen Insiegel beurkundet.«

Sehr richtig wird dazu bemerkt: »Hält man dieses Responsum gegen diejenigen, welche gleichzeitig und später in ähnlichen Sachlagen von andern katholischen Juristenfakultäten und selbst von den protestantischen zu Tübingen, Gießen und Helmstädt u. a. zu ergehen pflegten, so muß den Mainzer Juristen die Ehre bleiben, daß sie unter die ersten gehören, welche auf die Bahn der Humanität einzulenken wußten.« –

In Großenbuseck sollte ein Judenkind von einer alten Frau bezaubert sein; die Sache kam zur Untersuchung, und dem Vater wurde der Eid zuerkannt. Da jedoch der Richter nicht hinreichend mit der Form des Judeneides bekannt war, so wandte er sich an seinen Gevatter, den Dr. Kronacher, buseckischen Sydikus in Gießen, der ihm die nötigen Anweisung gab und ein Begleitschreiben beilegte, in welchem er zugleich über die Teuerung des Kalbfleisches in Gießen klagt und dem Gevatter bemerkt, daß er für das bevorstehende Fest noch nicht versehen sei. »Ich halte dafür«, schließt das Schreiben, »der Jude solle wohl ein Kalb ausmachen können«. Mit sonderbarer Naivität ist dieses Schreiben den Akten einverleibt worden. –

Wie es übrigens mit Nennung der Komplizen herging, darüber geben Soldan-Hoppe nachstehenden Protokollauszug aus einem anderen buseckischen Prozesse:

»Actum den 29. Aprilis A. 1656.

Ward die Beklagtin befragt: Wer sie zum Leugnen beredet. R. Das habe der böße Feindt gethan; sie solle leugnen, so wolle er ihr darvon helffen. Ihr Geist heiße Hans und seye ihr in rothen Kleidern mit einem Federbusch erschienen. Item ihr Hans (der Geist) seye vor wenig Tagen einsmahls des Nachts im gefängnus zu ihr kommen und angezeigt, daß Koch Wilhelms Frau allhier dem Meister von Grünbergk Hans Peter in einem Trunk Bier mit Gift vergeben habe, daß er sterben solle, undt wenn er todt seye, so werde keiner Hexen nichts weiter geschehen pp.

Von Complicibus zeigt sie an:

Zu Großenbuseck: Born Johannes, Wewer Wansen Fraw, Marten Annels, Hof Melchors Fraw, Wewer Conradts Fraw, Nickels Strecken Fraw, der alten Kuhe Hirtin Jung, Curt, Logarbers Annels könne Wandleus und die scheiden Möllerin könne Meus machen, und Wilhelm Sammen Fraw könne Frösch und Schlangen machen.... Item Spar Conradts Mägdelein,

Schmidt Georg Fraw, Reichardt Hannes Fraw die seye auch von ihrer Mutter in der Jugend hierzu verführet worden, Item Reichardt Hanes Mägdelein, und seye kein ärgeres allhier im Dorf, Merten Göbels Fraw, Ludwig Möllers Fraw und sein groß Mägdelein, Item Peter Werners Fraw, Balzer Schmitts Wittib, des Herrn Fraw und Mägdelein, den alten Schulmeister Johann Heinrich hab sie ohnrecht gethan undt wisse nichts bößes von Ihme, habe ihn auch nicht beim Tanz gesehen. Matthäus Stein von Bewern und Sittich Otto allhier haben mit ihr getanzt, und nach verrichteten Tanz in Beyschlaf sich mit ihr vermischet. Item Koch Wilhelms Fraw hab ihr der P. Beklagtin auch erzehlet in Koch Crein Greben, daß sie Nickels Schusters Fraw allhier bezaubert und es ihr in Bier ein und vergeben habe. Item habe sie den Reiskircher Pfarrherr als Hexen Obersten am Hexen Tag bekannt, und habe es der P. Beklagtin ihr Geist Hans angezeigt, daß sie Koch Wilhelms Fraw ihre eigenen Pferdt bezaubert habe. Eulen Johann. Warumb sie P. Beklagtin gesagt, sie wolle auf keinen Menschen sterben?

R. Der böse feindt wolle es nicht haben, daß sie auf die Leuth bekennen solle.

Was sie dann von Lipp Bechtholde Fraw zu sagen wisse?

R. Die Seye so gut als sie P. Beklagtin und könne zaubern, habe auch den verstorbenen Magnus Fincken bezaubern helffen, welches der P. Beklagtin ihr Geist gesagt habe.

Ob sie den gewesenen Pfarrherrn zu Reiskirchen am letzt vergangener Jacobi Nacht auch am Hexen Convent gesehen, und derselbe das Teufelsabendmahl gehalten habe?

R. Ja!

Er habe zu Gießen gefangen gesessen, wie er dann dort beym Tanz habe seyn kennen?

R. Er habe doch beim Tanz seyn können, der Teuffel habe ihme wohl dahin bringen können.«

In dieser Weise lockte man weitere Besagungen heraus. Aus den Burgfriedbergischen Akten ca Johannetten Quaatsin von Rodenbach und Johannes Feuerbach von Altstadt pcto Zauberei von den Jahren 1663 und 1666 geht unter anderem hervor, daß das Gerichtspersonal nach gehaltenem peinlichen Gerichte auf Kosten des Angeklagten schmauste, und da der Prälat von Arnsberg zufällig dazu kam, ließ man etliche Flaschen Wein kommen, und auch diese wurden auf Rechnung des Angeschuldigten verzehrt. Der Beschuldigte überstand Verhöre und Folter tapfer, wurde zuletzt aus dem Lande verjagt und mußte das eigenartige Vergnügen nach Ausweis der Akten mit 404 fl. 39 kr. (an Kosten) bezahlen, wobei jedoch die Kosten seines Verteidigers, die Abschlagszahlungen an die Wächter und andere Posten mitgerechnet sind.

Man sieht, die Gerichte verstanden es damals auch schon, unerhörte Kosten aus den Prozessen zu schlagen.

Im Jahr 1672 wurde die Schulmeistersfrau Katharina Lips, aus Betziesdorf in Oberhessen, in den Hexenturm zu Marburg gesperrt und gräßlich gefoltert.

Das im Archiv zu Marburg aufbewahrte Protokoll sagt darüber:

»Hierauf ist ihr nochmal das Urteil (auf Tortur) vorgelesen und sie erinnert worden, die Wahrheit zu sagen. Sie ist aber beständig bei dem Leugnen blieben, hat sich selber herzhaft und willig ausgezogen, worauf sie der Scharfrichtewr mit den Händen angeseilet – peinlich Beklagte hat gerufen: O wehe! o wehe! Herr im Himmel, komme zu Hilfe! Die Zehen sind angeseilt worden – – hat gerufen: ihre Arme brechen ihr. Die spanischen Stiefel sind ihr aufgesetzet, die Schraube auf dem rechten Bein ist zugeschraubet, ihr ist zugeredet worden, die Wahrheit zu sagen. Sie hat aber darauf nicht geantwortet. Die Schraube auf dem linken Bein auch zugeschraubet. Sie hat gerufen, sie kennte und wüßte nichts. Die linke Schraube gewendet, peinlich Beklagte ist aufgezogen, sie hat gerufen: Du lieber Christ, komm mir zu Hilfe! sie kennte und wüßte nichts, wenn man sie schon ganz tot arbeitete. Ist höher aufgezogen, ist stille worden und hat gesagt, sie wäre keine Hexe. Die Schraube auf dem rechten Bein zugeschraubt, worauf sie o wehe! gerufen. Es ist ihr zugeredet worden, die Wahrheit zu sagen. Sie ist aber dabei blieben, daß sie nichts wüßte, ist wieder niedergesetzt worden, die Schrauben sind wieder zugeschraubt, hat geschrien, O wehe! O wehe! Wieder zugeschraubt auf dem rechten Bein, ist stille worden und hat nichts antworten wollen, zugeschraubet, hat laut gerufen, wieder stille worden und hat nichts antworten wollen, zugeschraubet, hat laut gerufen, wieder stille worden und gesagt, sie kenne und wüßte nichts, nochmals aufgezogen, sie gerufen: O wehe, wehe! ist aber bald ganz stille worden, ist wieder niedergesetzt und ganz stille blieben, die Schrauben aufgeschraubet.

– Die Schrauben höher zugeschraubet, sie laut gerufen und geschrien, ihre Mutter unter der Erde sollte ihr zur Hilfe kommen, ist bald ganz stille worden und hat nichts reden wollen. Härter zugeschraubet, worauf sie angefangen kreischen und gerufen, sie wüßte nichts: An beiden Beinen die Schrauben höher gesetzet, daran geklopfet, sie gerufen: Meine liebste Mutter unter der Erden, o Jesu, komm mir zu Hilfe! Am linken Bein zugeschraubet, sie gerufen, sie wäre keine Hexe, das wüßte der liebe Gott, es wären lauter Lügen, die von ihr geredet werden. Die Schraube am rechten Beine härter zugeschraubet, anfangen zu rufen, aber stracks wieder ganz stille worden. Hierauf ist sie herausgeführet worden vom Meister, ihr die Haare abzunehmen. Hierauf er, der Meister kommen und referiert, daß er das Stigma funden, in welches er eine Nadel über Glieds tief gestochen, welches sie nicht gefühlet, auch kein Blut herausgegangen. Nachdem ihr die Haare abgeschoren, ist sie wieder angeseilt worden an Händen und

Füßen, abermals aufgezogen da sie geklaget – –, ist wieder ganz stille worden, gleich als wenn sie schliefe. Die Schraube am rechten Bein wieder zugeschraubet, da sie laut gerufen, die linke Schraube auch zugeschraubet, wieder gerufen und stracks ganz stille worden und ihr das Maul zugegangen. Am linken Bein zugeschraubet, worauf sie gesagt, sie wüßte von nichts, wenn man sie schon tot machete. Besser zugeschraubet am rechten Bein, sie gekrieschen, endlich gesagt, sie könnte nichts sagen, man sollte sie auf die Erde legen und totschlagen. Am linken Bein zugeschraubet, auf die Schrauben geklopfet, härter zugeschraubet, nochmals aufgezogen, endlich ganz wieder losgelassen worden. – Meister Christoffel, der Scharfrichter, berichtet, als peinlich Beklagtin die Haare abgeschnitten, habe sie an seinen Sohn begehrt, daß man sie doch so nicht lange hängen lasse, wenn sie aufgezogen wäre.«

Die Standhaftigkeit dieser heldenmütigen Frau ertrug alle Grade der Folter. Es war ihr kein Bekenntnis abzupressen, und da sonst keine Beweise gegen sie vorlagen, so mußte man sie entlassen. Im nächsten Jahre zog man sie, da man weiteren Verdacht gegen sie zu haben vermeinte, wieder ein und marterte sie entsetzlich. Sie wurde viermal aufgeschraubt, sechzehnmal wurden die Schrauben soweit aufgeschraubt, als es nur möglich war, und da sie wiederholt in Starrkrampf verfiel, so wurde ihr mehrmals mit Werkzeugen der Mund aufgebrochen, damit sie bekennen sollte. Bald betete sie, bald brüllte sie »wie ein Hund«. Ihre Seelenstärke war größer als die Bosheit ihrer Peiniger. Endlich wurde die Unglückselige, nachdem sie Urfehde geschworen, entlassen und des Landes verwiesen.

Jetzt sah die Landgräfin ein, daß sie der Grausamkeit der Gerichte Schranken setzen müsse, und erließ (im November 1673) an die Kanzlei zu Marburg den Befehl, das Gericht ernstlich anzuweisen, »daß dasselbe in dergleichen Hexenprozessen mit Behutsamkeit verfahre, insonderheit auf bloße Denunziation und anderen geringen Argwohn nicht so leicht jemanden zu Haften bringe, weniger denselben ohne vorherige Kommunikation mit den Herren Räten peinlich vorstelle.«

In Büdingen (Oberhessen) mußten im Jahre 1633 vierundsechzig und 1634 fünfzig der Zauberei halber Verurteilte den Scheiterhaufen besteigen.

Happelt erzählt in seinen relat. curios., er habe in seiner Jugend im Jahre 1657 im Flecke Etzel 40 bis 50 Menschen wegen Hexerei hinrichten sehen.

»Jämmerlich war es anzusehen, als auch zur selbigen Zeit zehn kleine Kinder, alle über zehn und unter vierzehn Jahren, im geschlossenen Kreise mit dem Schwert hingerichtet wurden. Es ist kein Zweifel, daß alle diese Menschen unschuldig gestorben sind, indem sie gar keine Wunderdinge verrichten konnten. O das Unverständnis.«

Ein Bettelweib aus Bottendorf in der Landgrafschaft Hessen-Kassel, welches Hexerei halber im Jahre 1648 hingerichtet worden war, hatte angeblich einem zehnjährigen Knaben Zauberkünste, wie er selbst bekannte, gelehrt. Darauf wurde dem Ortspfarrer aufgegeben, sich des Jungen, der vom Bettelvogt bereits mit Ruten gestrichen worden war, anzunehmen, ihn seinem Vater zu übergeben und für seine Unterweisung im Katechismus zu sorgen. Der Pfarrer berichtete jedoch, es sei unmöglich, den Knaben in die Schule zu bringen, da die anderen Leute des Dorfes dann ihre Kinder nicht in die Schule schickten, damit sie nicht alle in die Hände des Teufels durch den Teufelsbuben gerieten.

Im Jahre 1670 sagte in Marburg der Soldat Johann Scharff vor Gericht aus, er habe von seiner Wirtin Sohn einen Zirkel geborgt, aus dem, als er ihn aufgemacht, Wasser gespritzt sei. Er habe deshalb den Zirkel ins Wasser geworfen. Darauf sei ihm der böse Feind erschienen und habe ihn zwingen wollen, den Zirkel wieder aus dem Wasser zu langen. Er habe es indessen nicht getan, sondern sich Gott befohlen. Dann sei ihm später noch einmal der Teufel erschienen und habe ihn vom Genuß des heiligen Abendmahls abhalten wollen.

Im Jahre 1696 tauchte das Gerücht auf, daß im Oberhessischen Dorf Wohra sich kaum drei Menschen vorfänden, welche der Zauberei nicht ergeben wären, und bald nannte man den Ort das »Hexendorf«. Alsbald wurden die Verdächtigen verhaftet und gefoltert und etliche, aber verhältnismäßig wenige, verurteilt, die meisten ab instantia entbunden und des Landes verwiesen. Im allgemeinen war in Hessen das Prozeßverfahren ein äußerst gewissenhaftes, daher der Willkür der Richter nicht so Tür und Tor geöffnet als anderwärts.

Unter anderem lautet bespielsweise das Urteil eines Hexenprozesses zu Rotenburg in Hessen vom Jahre 1668:

»In Sachen Fürstl. Hessisch-Rheinfelsischen Fiskalis, peinlichen Amtsankläger eines-, entgegen Else Baldewins, peinliche Beklagte andernteils, beschuldigte Hexerei in actis mit mehreren angezogen, betreffend, wird von uns peinlichen Richtern und Schöffen des Fürstl. Rheinfels. hohen Halsgerichts zu Rotenburg allem Vorbringen nach auf vorgehabten Rat der Rechtsgelehrten zu Recht erkannt, daß peinlich Beklagte von der ordentlichen Strafe der Hexerei zwar zu absolvieren, jedoch aber wegen verübten Exzessus ihr zur Strafe und den andern zum Exempel auf ein Jahr lang ad opus publicum zu verdammen sei; wie wir dann dieselbe dergestalt, als vorsteht, hiermit respektive absolvieren und verdammen von Rechts wegen.«

In der Regel aber war die Lage der Freigelassenen eine trostlose. Zunächst behielt man sie in Haft, bis sie sämtliche Gerichtskosten bezahlt hatten. Soldan führt folgendes Beispiel des Verfahres an: »Die Mutter des Bürgers Fröhlich zu Felsberg war der Zauberei beschuldigt, zum peinlichen Prozeß verdammt, zwei Jahre im Turm »angeschlossen« in Haft gehalten und gefoltert worden. Das Gericht selbst bezeugte, daß die Frau die peinliche Frage zu großer Verwunderung ausgestanden und nicht bekannt habe. Daher war die Unglückliche von der Juristenfakultät zu Marburg im Jahre 1664 freigesprochen worden. Die peinlichen Richter wollten sie aber nicht aus ihrer Haft entlassen, bis ihr Sohn für die Zahlung der 62 Rtlr. 18 Albus (nach unserem gegenwärtigen Gelde etwa 900 Mark) Bürgschaft geleistet hätte, worüber der Sohn beim Landgrafen Beschwerde führte.«

In den Augen der Welt galt jede arme Frauensperson, die einmal der Hexerei verdächtig geworden, für unehrlich. Als im Jahre 1695 die Witwe eines Schneidermeisters, welche wegen Hexerei in Untersuchung gewesen, vor Beendigung des Prozesses gestorben war, mußte die Schneiderzunft gezwungen werden, die Leiche der »Hexe« zu Grabe zu tragen.

Eine im Jahre 1663 zu Eschwege lebende Witwe Holzapfel, wegen Hexerei in Untersuchung, war freigesprochen worden. Trotzdem wollten der Superintendent Hütterodt und dessen beide Amtsbrüder, die einen sonderbaren Begriff vom Wesen des Christentums, »der Liebe«, haben mochten, die anrüchig Gewordene nicht zum heiligen Abendmahl zulassen. Auf die Beschwerde der Frau gab dem intoleranten (unduldsamen) Geistlichen das vorgesetzte Konsistorium auf, der Witwe den Genuß des Abendmahls zu gewähren. Die bigotten Pfarrer aber erklärten, eher das Amt niederzulegen, als der Holzapfel das Sakrament gewähren zu wollen. Das Konsistorium aber wußte die Widerspenstige energisch zu zwingen, der armen Frau den Trost des Abendmahlsgenusses zu gewähren, »da sie des beschuldigten Lasters der Hexerei nicht überführt werden könne«.

Soldan-Hoppe berichten auch den – vermutlich einzigen – Fall, daß eine Jüdin als Hexe betrachtet wurde. (Daß ein Jude der Zauberei und anderer schwerer Verbrechen halber in Berlin hingerichtet wurde, haben wir unsern Lesern in der Geschichte des Münzjuden Lippold bereits vorgeführt.) Die Jüdin Golda, Tochter des Kaiphas zu Kell im Amte Ulrichstein und Ehefrau des Juden Rubens zu Treis an der Lumde, hatte im Jahre 1669 ihr Häuschen zu Treis angezündet, um dadurch das ganze Dorf in Asche zu legen. Vor Gericht gestand die jüdische Mordbrennerin nicht nur die bei ihrer Brandstiftung gehegte scheußliche Absicht, sondern auch, daß sie ihre Seele dem Teufel verschrieben, sowie daß sie in ihrer Jugend mit einem Bäckergesellen gebuhlt, daß sie von ihrer Mutter schon im Mutterleibe verflucht worden sei, und daß sie darum diese wieder verflucht habe. Sie erklärte, sie wisse sich von Gott verstoßen und könne nicht mehr beten; deshalb bat sie um den Tod, womöglich mit dem Schwerte. Man brachte sie nach Marburg in den Turm, fand aber, daß sie irrsinnig war, und entließ sie.

Besonders standen die Hexenprozesse in der (Hessen-Kasseler) Grafschaft Schaumburg im Flor. Dort hatte der Professor der Rechte zu Rinteln, Hermann Göhausen aus Brakel(gest. 1632), sein Buch »Processus juridicus contra sagas et veneficos, d. i. rechtlicher Prozeß, wie man gegen Unholde und zauberische Personen verfahren soll, mit erweglichen Exempeln und wunderbaren Geschichten, welche sich durch Hexerei zugetragen, ausführlich erklärt« herausgegeben. Darin warnt er vor unzeitigem Mitleiden. Es ist eine eigentümliche Fügung, daß, während dieser famose Professor der Rechte sein Opus öffentlich herausgab, der große Menschenfreund Fr. von Spee in demselben Rinteln in aller Heimlichkeit seine berühmte Cautio criminalis drucken ließ. Das Machwerk des Professor Göhausen wurde nun in Rinteln die Richtschnur bei Führung der Hexenprozesse. Danach war in Hexenprozessen die juristische Fakultät zu Rinteln der eigentliche Hexenrichter. Sobald das erste Protokoll, in welchem die Angeklagten leugneten, der Fakultät übersandt worden war, verfügte diese die Folter. Gewöhnlich verlangten diese die Wasserprobe, die dann auch an der Weser in der gewöhnlichen Weise vorgenommen und daher wohl niemals bestanden wurde. Nun erkannte die wunderbare Fakultät auf Anwendung der scharfen Frage. So konnte es denn kommen, daß in der »Universitätsstadt« Rinteln, also an der Heimstätte dieser berüchtigten Juristenfakultät, am 20. August 1660 eine Angeklate auf der Folter elfmal aufgezogen und dabei noch »etliche Male gewippt« wurde. War nun das gewünschte Geständnis glücklich erpreßt, so ordnete die Fakultät auf Grund des vorgelegten Torturprotokolls ein peinliches Halsgericht an, welches auf öffentlichem Marktplatz gehalten wurde, und von welchem es entweder in den Kerker zurück oder direkt zum Scheiterhaufen ging.

Nach dem Jahre 1673 ließen die Hexenverfolgungen in den hessischen Landen nach. Der letzte Hexenprozeß in Hessen spielte sich in den Jahren 1710 und 1711 in Geismar gegen Anna Elisabeth Ham ab. Man hatte die Angeschuldigte in den Hexenturm nach Marburg übergeführt und, da sie leugnete, die Tortur beantragt. Das Gericht lehnte jedoch den Antrag ab und entband die Ham von der Instanz (13. Mai 1711). Im Verhör hatte die Angeklagte aber noch bekennen müssen, »es sei wahr und außer Zweifel, daß es wirklich Hexen und Zauberer gebe«.

Auch in Nassau waren die Hexenprozesse seit dem Jahre 1628 in vollem Gange. In den Dörfern bestellte man Ausschüsse, welche alle wegen Zauberei Verdächtige den im Lande umherziehenden Hexenkommissaren anzeigen sollten. Infolge dieser Maßregeln füllten sich die Kerker bald mit Unglücklichen, welche durch die Tortur zum Bekenntnis aller nur möglichen Hexengreuel gebracht wurde. Das Volk war so in Aufregung und Verwirrung gebracht, daß einzelne Personen sich sogar selbst der Zauberei anklagten.

Unter aneren bekannte sich ein Mädchen aus Amdorf, Katharina Jung, bei ihrem Vater selbst als Hexe, und dieser fühlte sich in seinem Gewissen gedrängt, sein eigenes Kind zur Anzeige zu bringen. Zehn Tage (11. Mai 1631) später wurde das Mädchen hingerichtet.

In allen Gegenden des Nassauer Landes schleppte man Verurteilte zum Scheiterhaufen. Allein in Dillenburg wurden nach O. Wächters Angaben fünfunddreißig, in Driedorf dreißig und in Herborn neunzig Personen hingerichtet.

Die Witwe Hennemann von Niederseelbach wurde auf Angabe einer anderen Gefangenen eingezogen und sagte unter dem Schmerz der Folter aus, sie müsse wider ihr Gewissen reden, wenn sie der Zauberei geständig sein wolle. Unter den Schmerzen der Tortur geriet sie in Erstarrung, wobei sie reden wollte, es jedoch nicht vermochte. Sobald sie des Wortes aber wieder mächtig, bekannte sie alles, was man von ihr wünschte.

Eine andere Angeschuldigte, Margarete, Georg Hartmanns Ehefrau von Heftrich, stellte alles entschieden in Abrede; sie »wisse nichts, als von ihrem lieben Herren Jesu«, und habe mit dem Teufel nichts zu tun. Dabei blieb sie auch unter allen Graden der Tortur, wurde aber noch vier Monate im Gefängnis behalten.

Von einer Witwe namens Weyland wird berichtet:

»Diese arme Person war längere Zeit so traurig umhergegangen und hatte dadurch bei den Richtern den Verdacht erweckt, als halte sie sich selbst nicht sicher. Als sie daher in dem peinlichen Verhör hierauf befragt wurde, antwortete sie: warum sie nicht sollte traurig sein, da sie eine Witwe sei? Sie habe, während die bereits eingezogenen Personen nach der Kanzlei geführt worden, hinter dem Fenster gestanden und gebetet. Das sei von ihnen bemerkt worden, und aus Haß sei sie nun von denselben angeklagt; sie wurde hingerichtet.«

Die Pfarrerin von Heftrich, in verschiedenen Verhören von Gefolterten als Hexe angegeben, die unbescholtene Gattin eines nahezu dreißig Jahre im Amte stehenden geachteten Geistlichen, wurde im Jahre 1676 in den hohen Turm nach Idstein gesetzt. Sie stammte nach ihren eigenen Angaben von ihrem Vater und ihren Altvätern her aus Pfarrersgeschlechte. Sie erklärte, es würden ihr diese Hexereien aus Haß und Neid nachgeredet, weil ihr Mann allezeit wider dieses Laster gepredigt habe und ihr deshalb die bösen Leute gehässig seien.

Vom Nachrichter am linken Fuße mit Schrauben angegriffen, beteuerte sie »unter großem Geschrei und Heulen« ihre Unschuld. Hierauf wurde sie auch am rechten Fuße geschraubt, worauf sie unter Jammern und Schreien ausrief, man sollte doch nicht so unbarmherzig mit ihr umgehen, sie wäre ja ein Mensch und kein Hund, es geschehe ihr Gewalt. Weil man nichts aus ihr hat bringen können, hat man sie wieder weg ins Gefängnis führen lassen. Nach drei Tagen von neuem peinlich angegriffen, gab sie alles zu, was man ihr nachgesagt hatte. Sie wurde mit dem Schwerte hingerichtet, und ihr Gatte mußte dem Gerichte persönlich die Kosten der Hinrichtung überbringen.

Durch die Folter erfuhr man im Nassauischen die Stätten, an welchen die Hexen und Zauberer angeblich ihre Versammlungen abhielten, wie: die Lüneburger Heide, die Herrenwiese bei Dillenburg, die Klippelsheide und die Altenburg bei Idstein, die Deißighafer Heide bei der Eiche.

Hans Martins Steins Witwe in Herborn fand man am Tage nach der Tortur tot in ihrem Kerker vor. Das konnte nicht mit rechten Dingen zugehen.

Bei drei anderen in Herborner Gefängnissen nach der Tortur entseelt vorgefundenen Frauen erklärten sogar zwei »berühmte« Ärzte, die eine sei weder an den Folgen des Folterns noch an einer anderen Krankheit gestorben, vielmehr sei ihr der Hals umgedreht worden, die zweite müsse Gift genommen haben, und über die Todesursache der dritten lasse sich nichts Sicheres sagen.

Eine Frau aus Langenaubach machte in der Nacht vor dem zu ihrer Hinrichtung bestimmten Tage ihrem Dasein dadurch ein Ende, daß sie ihr feuchtes Strohlager anzündete und sich im Rauche erstickte.

Dabei lebten die Hexenrichter herrlich und in Freuden. Der Amtskeller zu Kamber schrieb am 28. November 1630, »daß, wenn über die Zauberer Verhör gehalten werde, alles auf Kosten der Hexen gehe, Kost und Wein werden beim Wirt geholt«.

Selbst Leute der höheren Stände sahen sich durch Hexenverfolgungen bedroht; so ein Dr. Hön zu Dillenburg, ein Vertrauter des Grafen. Er und andere angesehene Personen sollten beim Hexentanz auf der Lüneburger Heide oft teilgenommen haben; bei einer Hexe fand man sogar den silbernen Becker eines vornehmen Herren vor, der bei einem solchen Gelage angeblich benutzt worden war.

Im Jahre 1638 wurde namentlich im Lande Siegen gegen Hexen gewütet. Der Schultheiß in Friedberg erhielt einen Verweis, weil er die Denunziationen der öffentlichen Ankläger nicht beachtet hatte. Zuletzt erließ der Graf Johann Ludwig zu Hadamar unterm 20. Juli 1639 eine Verfügung, in welcher er zwar erklärte, daß das Laster der Zauberei bestraft werden müsse, aber seine Räte ermahnte, darauf hinzuarbeiten, »daß keinem Unschuldigen, weder an Ehre, Leib und Seele zu kurz oder mehr geschehe, wie man gemeinlich zu tun pflege. Dabei sei großer Fleiß, Sorge und Fürsichtigkeit zu gebrauchen und solches mit gottesfürchtigen und gelehrten Theologen und Rechtsgelehrten zu beratschlagen, auch unverdächtige, gottesfürchtige, verständige Leute zu Kommissären zu gebrauchen, damit die Bosheit bestraft und die Unschuld beschützt werde.«

Auch in Westfalen kamen nicht selten Hinrichtungen in Massen vor. So wurden in Minden 1584 zum ersten Male einundzwanzig, 1669 zum letzten Male zwölf Hexen verbrannt.

In Pfalz-Neuburg wurde im Frühjahr 1629 die ehrbare Ehefrau eines Wirtes, namens Anna Käser, eingekerkert, weil vor Jahren einige wegen Zauberei verurteilte wider sie Aussagen gemacht hatten. Ihr Ehemann gab zu Protokoll, er könne die Wahrheit wohl sagen, daß seine Frau seit sieben Jahren nie recht fröhlich gewesen. Sie habe zu keiner Hochzeit oder dergleichen Mahlzeiten und Fröhlichkeiten, auch wenn es ihr befohlen, gehen mögen. Sie habe immer gebetet, gefastet und geweint. Dabei habe sie fleißig gesponnen und dem Hauswesen abgewartet. Er schrieb seiner gefangenen Frau, die an eine Kette gelegt und an der Wand des Gefängnisses festgemacht worden:

»Bist Du, o mein Schatz, schuldig, bekenne es; bist Du unschuldig, hast eine gnädige Obrigkeit, deren wir, zuvörderst Gottes Huld, und unsere kleinen Kinder (uns) zu getrosten. Seye mit Deiner und meiner Geduld dem Schutz Gottes befohlen! O mein Schatz, sage mit Wenigem, wie ich eine Zeit lang die Haushaltung anstellen soll; und in höchster Bekümmerniß dies.«

Die Frau beteuerte im Verhör ihre Unschuld und blieb standhaft, selbst als der Henker die Marterwerkzeuge vor ihr ausbreitete und ihr der Daumenstock angelegt wurde. Als aber schärferer Grade in Anwendung kamen, brach ihre Kraft, und sie gestand, was man von ihr zu wissen begehrte. Nachher widerrief sie ihre Bekenntnisse, was zur Folge hatte, daß sie aufs neue in verstärktem Grade die Tortur zu fühlen bekam, bis sie ihre früheren Geständnisse wiederholte. Daraufhin verurteilte man sie zum Tode. Vor ihrer Hinrichtung bat sie den Richter, »man möchte doch sonst niemanden verbrennen als sie, und überhaupt hier im Lande nicht weiter brennen«.

Im Herzogtum Sachsen-Gotha spielte sich im Jahre 1660 ein Hexenprozeß in geradezu barbarischer Weise ab. Man brachte die schon längere Zeit Verhaftete am 4. September, nachts 2 Uhr, in die Folterstube auf den Erfurter Turm, wo ihr 301 Fragen vorgelegt wurden, welche sie sämtlich verneinte. Um 7 Uhr morgens entkleidete sie der Scharfrichter, untersuchte ihren Körper, und nun begann das Foltern bis mittags 2 Uhr, ohne daß sie gestand. »Am selbigen Nachmittag wurde daher mit der Tortur fortgefahren, und obschon der Scharfrichter die Schrauben so fest zugezogen, daß er selbst eine Narbe in die Hand bekam, so fühlte sie doch nichts davon. Als sie darauf an die Leiter gestellt und an den ihr auf dem Rücken zusammengebundenen Händen aufgezogen wurde, schrie sie das eine über das andere Mal, sie sei eine unschuldige Frau, »blöckte auch dem Scharfrichter so in die Ohren, daß er vorgab, es werde ihm ganz schwindlig davon«. Bald darauf aber stellte sie sich, als ob sie ohnmächtig wurde, sagte solches auch, redete ganz schwächlich und schlief endlich ein.

Als ihr aber der Scharfrichter nur an die Beinschrauben, so er ihr an das rechte Schienbein gelegt, rührte, konnte sie laut genug schreien. Wie sie nun etzliche Male so eingeschlafen, sagte der Scharfrichter, er habe dieses bei gar argen Hexen auch absolviert (beobachtet); der böse Feind mache ihnen nur tiefen Schlaf, daß sie nichts fühlen sollten.«

Daraufhin wurde der Unglücklichen nochmals die Folter zuerkannt. Doch gelang es ihrem Verteidiger, sie durch rücksichtsloses Aufdecken des grausamen Verfahrens bewahren.

Der Schöppenstuhl zu Jena sprach die Angeschuldigte los, erkannte jedoch aber »zur Vermeidung alles Ärgernisses« die »Amtsräumung« gegen sie, welche von der Regierung noch auf einige Ämter ausgedehnt und aller Eingaben ihres Mannes ungeachtet streng ausgeführt wurde.

Und das geschah in einem Ländchen, das sich unter Ernst dem Frommen (1640-75) und Friedrich I. (1675-91) durch seine vorzüglichen Einrichtungen vor den meisten anderen deutschen Ländchen auszeichnete, und das insofern ein Musterstaat anderer dadurch voranleuchtete, daß darin nur wenig Hexen zum Tode verurteilt und schon seit 1680 gar nicht mehr auf Anwendung der Folter erkannt wurde.

Im Jahre 1674 führte der Schultheiß von Tambach einen Hexenprozeß, der durch eine Besessene hervorgerufen worden war, welche die Angeklagte beschuldigt hatte, sie habe ihr in einem Stückchen Kuchen den Teufel beigebracht. Am Morgen des 30. Mai begann das Foltern. Nach dem ersten Grade erklärte die Unglückliche, »sie wäre zwar eine arme Sünderin, aber keine Hexe«.

»Hierauf ist sie wieder auf die Leiter gestellt und sind die Riemen angezogen, ihr auch die Beinschrauben angelegt worden, aber hat alles nicht gefruchtet, bis nach 10 Uhr, da sie den Kopf hängenlassen, die Augen sperrweit aufgemacht, dieselben verdreht, sich gebäumt, das Maul verdreht, geschäumt und so abschäulich ausgesehen, daß man sich nicht genug zu entsetzen und zu fürchten gehabt; worauf, wie sonst öfters wechselweise geschehen, der Nachrichter sie heruntergelassen, ihr zugerufen und gebetet: »Christe, du Lamm Gottes« pp. und andere liebe Passionsgesänge: »O Lamm Gottes« pp., ihr auch Wein in den Mund gegeben und auf allerlei Weise gesucht, sie zum Geständnis zu bringen, aber alles vergebens. Dann sie dagestanden wie ein Stock. Gegen 11 Uhr, da sie ganz wieder zurecht, ist nach treufleißiger Erinnerung wieder ein Versuch mit ihr gemacht worden; da sie dann, ehe der Nachrichter sie recht angegriffen, abermals die Augen verkehrt, das Maul gerümpft und sich so schrecklich gestellt, daß man augenscheinlich spüren und merken müssen, es gehe mit ihr mit rechten Dingen nicht zu, sondern Satanas habe sein Werk an ihr. Weil man denn nun bei dieser ihrer Verzückung nicht anderns gemeint, als Satanas habe ihr, weil Kopf und alles geschlottert, den Hals gebrochen, oder was noch nicht geschehen, würde noch geschehen, als hat man sie aus der Stube an ihren Ort gebracht, ob Gott auf andere Weise und Wege ihre Bekehrung suchen werde, und also ist sie ohne Geständnis fernerer Tortur entkommen.«

Unter diesem Protokoll ist bemerkt:

»Notitur. Als ungefähr eine Stunde nach der Tortur ich mit der anderen Inquisitin zu tun gehabt im Nebenstüblein, und man nicht anders gemeint, Wiegandin täte kein Auge auf und läge gleichsam in ecstasi, hat sich auf einmal in ihrem Gefängnis ein groß Gepolter erregt. Da man nun zugelaufen, hat sich befunden, daß sie von ihrem Ort, allwo sie auch ausgestreckt gelegen, hinweg und außerhalb dem Türlein des Gatters, welches doch ziemlich niedrig und schmal, vorm Ofen auf einem Klumpen gelegen, da man sie dann mit vieler Mühe wieder an ihren Ort bringen müssen; alsdann jedermann davon gehalten, es ginge von rechten Dingen nicht zu, der Satan müsse sie hinausgerissen und ihr seinen Dank, daß sie sich so wohlgehalten, gegeben haben.

Johann Benedikt Leo.«

Im kleinen Amt Georgenthal, das damals kaum 4000 Einwohner zählte, wurdem im Jahre 1674 zwölf, zwischen 1652 und 1700 vierundsechzig und 1670-75 achtunddreißig Hexenprozesse geführt, weil sich der damalige Amtschöffer in seinen dummen Kopf gesetzt hatte, den ganzen Amtsbezirk vom Hexenwahne vollständig zu befreien. Dabei mußte denn die Folter das Beste tun. Die 80jährige »Sachsen-Ursel« wurde mit Daumenstöcken, spanischen Stiefeln an der Leiter »ein paar Stunden« gefoltert, leugnete aber, eine Hexe zu sein. Man folterte also weiter: »Hat sie endlich gewehklagt und gesagt, der Nachrichter soll sie doch herunterlassen, dem wir aber widersprachen und begehrten, sie solle zuvor sagen, wann, wie und wo sie zur Hexerei gekommen. – Ad quo illa (Sie): Man sollte sie heruntertun, sie wolle sterben als eine Hexe und sich verbrennen lassen. – Nos (wir): Ob sie denn eine Hexe sei? – Illa: Nein, so wahr als sie dastände, wäre sie keine Hexe. Sie wüßte nichts und könnte nichts; man möchte mit ihr machen, was man wollte. – Nos: Sie möchte sagen, was sie wollte, so wären so schwere Anzeigen wider sie da, welche machten, daß man ihr sogleich nicht glauben könnte. – Haec (diese) begehrt nochmals, man möge sie herunterlassen, die Arme täten ihr wehe, man sollte ihr zu trinken geben. – Nos: Wenn sie gleich zu bekannte, so sollte sie gleich heruntergelassen und ihr, was sie begehre, gegeben werde. Ob nicht wahr, daß sie eine Hexe sei? – Haec (diese): Sie müßte etwa vom Teufel heimlich sein verführt worden. – Nos: Ob sie denn verführt worden, wann und wo? – Haec: Ja, nu, nu, ich will mich erst besinnen. Er müßte noch im Kohlholz zu ihr gekommen sein, da sie vielleicht nicht gebetet oder sie sich Gott nicht befohlen haben würde. – Nos: Wann es geschehen? – Haec: Als ihr Mann noch gelebt, müßte er (der Teufel) etwa am Nesselberge zu ihr gekommen sein, als der Amtsverweser noch dagewesen, müßte er sie am Nesselberge mit Listen so bekommen und sie in Essen und Trinken verführt haben. – Nos: Es gelte und heiße hier nicht: »es müßte, es müßte pp.«, sondern sie sollte pure antworten: entweder ja oder nein. Sie sollte sagen, ob sie nicht das Hexen gelernt, wo, wie und wann? – Nota: Weil man ihr gemerkt, daß sie auf gutem Wege sei, hat man sie von der Leiter gelassen, sie von allem ledig gemacht, sie auf einen Stuhl niedergesetzet und sie zum Geständnis beweglich und umständlich ermahnt. – Haec: Sie wolle es sagen, ja, ja, sie sei eine Hexe« usw. Die Unglückliche wurde verbrannt.

Die Kosten der Speisung und Ergetzung der bei der Hinrichtung zugegen gewesenen Amtspersonen betrugen 5 Mfl. 13 Gr. 3 Pfs. (14 Mark 30 Pf.). Von den dreizehn Gästen wurden nämlich 17 1/2 Maß Wein und 26 Kannen Bier getrunken. (Sonach pflegten die Herren Amtspersonen, wie es im Volksmunde heißt, der armen Gerichteten »Fell zu versaufen«.) Zu der Exekution wurden drei Klafter Holz und zwei Schock Reisig verbraucht, welche mit Fuhrlohn 4 Mfl. 8 Gr. kosteten.

Dem Entgegenkommen Hugo Schuberts, Schriftstellers und Lehrers in Bad Sulza, verdanken wir den nachstehenden interessanten Hexenprozeß aus Thüringen, welchen Eduard Bräunlich nach amtlichen Quellen bearbeitet hat. Wir geben Bräunlichs Arbeit hierunter wörtlich wieder:

Nachfolgendem Auszuge aus einem, dem Einsender dieses vorliegenden Aktenstückes, überschrieben: »Acta Inquisitiones ca. Anna Hanns Hennebergers Eheweib zu Bronnhartshausen, Veneficii 1657« müssen zum Verständnis einige Bemerkungen vorausgeschickt werden. Den ersten Anlaß zum Einschreiten gegen die Anna Henneberger, der Ehefrau des Schmiedes in dem Weimarischen Orte Brunnhardtshausen wegen des Verdachts der Hexerei gab das einer gleich Unglücklichen, einer Barbara Denner aus demselben Ort, bei der Folter abgepreßte Geständnis, Hexerei getrieben zu haben in Gemeinschaft mit der Frau Henneberger.

Die armen Opfer bejahten ja unter dem Drucke der schrecklichen Folter- und Marterwerkzeuge, den zu ertragen ihre physische Kraft in den allerseltensten Fällen nur ausreichte, alle noch so unsinnigen, von der geistigen Epidemie des damaligen Zeitalters diktierten und ihnen vorgelegten Fragen, und so mußte ein solch unglückliches Wesen auch auf die Frage, von wem es die Hexerei gelernt und wer ihm dabei behilflich gewesen sei, eine Antwort geben. Und die Nennung irgendeines Namens von seiten eines durch die Folterwerkzeuge nahe gebrachten Menschen, sie genügte, um gegen den Genanntwerdenden sofort den Verdacht zu erwecken, ebenfalls Hexerei getrieben zu haben, und nun dieserhalb sofort gegen ihn einzuschreiten.

Auch in diesem Falle war es so: Auf der Folter gestand die Denner, mit der Henneberger zusammen der Hexerei sich ergeben zu haben, und darauf beginnt die erste Vernehmung der Frau Henneberger. Das Schriftstück lautet:

Actum Kaltenortheimb.

Demnach aus Deme am 10. Juny a. 1656 in Hexereysachen Barbara Hansen Denners Eheweib zu Bronnertshausen, ein Kommenen Jehnisches Urtel so viel erscheinet, das Anna Hannchen Hennebergers, des Schmits Eheweibs, uf welche die Barbara Hannsen Denners weib, Vermög der inquisitions Acten öffentlich bekennet, geführten Lebens undt wandels halber erkündigung eingezogen undt da etwas erhebliches wieder sie ufgebracht werden, solte in gewiße articul verfaßet, auch weßen sie die inquisitin Barbara Dennerin beschuldiget, Vernehmen und do sie nichts gestehen würde, mit Derselben confrontirt, mit Fleiß rigistrirt und die Acta wieder überschickt werden sollen, gestalt deswegen die Unterm obigen dato die Chur Undt Fürstl. Sächß. Hennebergesche Regierung befohlen, was wegen Hanns Hennebergers Eheweib erkandt, gebührlich zu verrichten, auch Bey der confrontation Vergehen würde, zu fernerer resolution zu berichten,

Alß ist Unterm dato den 14. Januy 1646 Anna Hanns Hennebergers Eheweib ins Ambt erfordert Undt Uf nachgesetzte articul examiniret worden:

1.

Ob nicht war, das sie Vergangenen Walburgis 1655 mit Barbara Hannses Denners Eheweib bey der breiten Linden uf dem tanz gewesen.

2.

Ob nicht war, das sie neben ihrem Buhlen, Hanns Walter Vergangenen Johannistag ao. 1654 früe morgens hinder ihrem Haus zu Hanns Denners weib undt derselben Buhlen so Valten geheißen, Kommen, uf den Waltersberg über Bronnertshausen, die Zweene buhlen Vor hinn, undt sie hinden nach gangen.

3.

Ob nicht war, das sie neben der Barbara uf ermelten Waltersberg zu Zweyen wöllfen gemacht worden.

4.

Ob nicht war, daß beede Buhlen ihnen ein Schwarz pülverlein eingeben, worauf Sie zu wölffen worden, der meinung, sie wolten in Pferchfallen undt Schaff nehmen.

5.

Ob nicht war, weilen die Schaff nich im Pferch gewesen, sie sambt ihren buhlen wieder zurückgangen.

6.

Ob nicht war, als sie unff die neüe wiesen Kommen, sie beyde wieder von ihren buhlen zu weiber gemacht worden.

7.

Ob nicht war, das sie mit ermelter Barbara ihres Sohnes Hannsen Denners des Jüngern Kindt uf dem Gottesacker zu Bronnertshausen ausgraben helfen.

8.

Ob nicht war, das sie das Kind gepülvert undt jede das pülver die Helff genommen. –

Alle diese Anschuldigungen leugnet die Henneberger, woauf sie der Denner, die jenes unsinnige Zeug ihren Peinigern erzählt hatte, gegenübergestellt wird. Es heißt darüber im Protokolle:

Weil nun die Anna alles was wieder Sie ausgesagt Undt in Vorgesetzten articuln begriffen, intotum negiret, alß ißt sie in beysein Centgraffen, Gerichtschreiber und Zweyer Schöppen der Barbara sobalden Vorgestellet worden, welche Ihr öfentlich unter Augen gesagt,ad 1. Sagt Ja, Sie wehre mit am tanz bey der Breiten linden gewesen,

ad 2. Sagt Ja, es wehre eine wie die andere.

ad 3. Sagt Ja, sie weren beede zu zwölffen gemacht.

ad 4, 5, 6. Ja, es were geschehen.

ad 7, 8. Es were geschehen.

Worauf Anna Hannsen Hennebergers weib gesagt: behüte mich Gott Gevatter Barb; wo denkt ihr denn hinn, uff welches ihr die Barb geantwortt, ist es doch war, worauf die Anna still geschwiegen, Undt zur thür hinausgegangen.

Das unglückliche Weib schwieg still! Sie mochte wohl ahnen, welch schrecklichem Schicksal sie entgegenging. Auch dieses Stillschweigen wird der Henneberger, wie sich später zeigen wird, als Schuldbewußtsein angerechnet. Und die Denner, die diesmal, ohne gefoltert zu werden, ihre Erfindungen, durch welche sie die Henneberger dem Tode überlieferte, sie tat es sicher nur vor Furcht, von neuem auf die schreckliche Folterbank gekettet zu werden. Man versteht nicht, wie gelehrte Männer, hochgebildete Richter so schrecklich vom finstern Aberglauben verblendet sein konnten, um derartiges für wahr zu halten, noch weniger aber versteht man, wie es gar niemand in den Sinn kam, nachzuforschen, ob das eine oder das andere, dessen sich die unglücklichen Opfer selbst beschuldigten, auch wirklich wahr sei. Lag es nicht sehr nahe, sich zu überzeugen, ob das Dennersche Kind (s. oben Ziff. 7) auch wirklich ausgegraben worden? Doch nichts von alledem! Das erpreßte Geständnis war ihnen Beweis genug.

Nunmehr nimmt das Gericht von Amts wegen weitere Erörterungen vor, um den gegen die Henneberger aufgetauchten Verdacht der Hexerei so viel als möglich zu bestärken. Nicht zum wenigsten mag es auch persönliche Feindschaft derjenigen, die nun dem Gericht als Zeugen dienen, mit gewesen sein, welche jetzt alles Unangenehme, was ihnen jemals passiert ist, zurückzuführen versuchen auf die Hexenkünste der Angeklagten. Das Gericht sammelt mit wahrer Begierde alle über die Angeklagte in Umlauf gesetzten Gerüchte und stellt die letzteren schließlich in einem Aktenstück folgendermaßen zusammen: Nachdem nun die Barbara Hannsen Denners weib nicht allein außer tortur, sondern auch vor öffentlichen gehegten Gericht darbey beständig verblieben, So ist von Ambtswegen ferner inquiriret Undt nunmehr so viel beygebracht worden,

1.

Die Anna Hanns Hennebergers weib, hat einen großen Diegel bei Valten Schößlern, dem Kirchen Eltesten zu Neitharthaußen, allda Hanns

Hennenberger Schulmeister eine Zeitlang gewesen, gelehnet mit Vorgeben, der Pfarrer würde bey ihr einkehren, wolte ihm einen Kuchen backen, Do sie nun gegen abent den Diegel wiederbracht, habe sie Schößlers frauen auch ein Küchlein gegeben undt gesagt, sie solte solches ihrem Kindt geben undt eßen laßen, weilen aber das Kindt albereit Schlaffen gelegen, hatte sie Schößlers weib von dem Kuchen etwas in mundt genommen. Undt do derselbe ihr Uebel geschmecket, es wieder aus dem mundt gethan, den bißen Untern tisch geworfen und das andere uf den Ofen gelegt, inn derselben Nacht aber wahren ihr zwo Kazen darüber Kommen, davon gefressen undt so bald gestorben.

2.

Hanns Anacker zu Wiesenthal habe sie in großem Verdacht, ob solte sie, die verdächtige Anna, indem er solche vor eine Ammefrauen zu seinem weibe gebrauchen müssen, sein Kindt gesterbet haben.

3.

Hollstein von Bronnertshausen soll die Anna Hanns Hennenbergers witt: Zweymal weilen sonst Keine bestendige Ammefrau zu gehaben gewesen, zu seinem greisenden weibe erfordert haben, es wären aber alle Zeit die Kinder todt uf die welt Kommen, welche alle Zeit das ansehen gehabt, ob hette Anna solche Umbs leben gebracht.

4.

Curth Schnepff, Schulthes zu Glattbach bringet ahn, alldieweilen seine tochter die Schmietin Hannsen Hennenbergers witt: vor eine Ammefrau brauchen müssen, hette sie weder glück noch seegen zu ihren Kindern gehabt.

5.

Hanns Kümpel, Schulthes zu Neithardshausen cklagt, das ihme vor 7 Jahren ein Sohnlein von 4 Jahren inns wasser Kommen, welches zwar einen halben büchßen schuß fortgefloßen undt entlichen an einen weidenstock hangent gefunden worden, als nun solches von den leuten in sein Haus getragen, were die schmietin (also die Frau Henneberger) auch gelaufen Kommen Undt gesagt, Du liebes Kindt, Du bist heute früe auch vor meinem fenster gewesen und gesagt, Schmietin, du alte Schmietin, was machstu, in derselben stundt were das Kindt weg Kommen, es hätten aber die leüte gemuthmaßet, das Kindt möchte gesagt haben, Schmietin, was machstu Du alte Hexin, umb deßwillen sie das Kindt ins waßer gebannet haben müste, zumahl weilen es nur sobalden und in derselben stundt vor ihrem haus weg Kommen, Undt alß es gestürzet Kein Tropfen waßer bei ihme, sondern gelengk, als wenn es das leben noch hette, Befunden worden.

6.

Ermelter Hanns Kümpel habe sie deswegen in größeren Verdacht, daß die Schmietin Hanns Hennebergers Eheweib sein Söhnlein ins waßer gebannet, weilen er durch ihren eigenen mann Ihr sagen laßen, das gespräch ginge stark im dorff, sie hette sein Söhnlein umbracht und sie solte sein Haus meiten, Er wolte sie, wo er zu ihr Keme, Darnieder schmeißen, nach solchen were sie nicht wieder bei ihm Kommen viel weniger hette sie deswegen ihnen beklagt.

7.

Dieser Kümpel klagt auch, das ihme nun fast drey Jahre nacheinander größer schaden an seinem bier wiederfahren, indeme ihme solches heimblich ausgesoffen worden, und wenn er oder sein gesindt im Keller gewesen, auch das was wieder umbgestürzte, so bladt aber Er oder sein gesindt wieder wegmeßen wollen, were das mas zurecht gesetzt undt allzeit noch ein trunk bier drinnen gefunden worden, hette deßwegen die schmietin, weilen sie eben selbiger Zeit Unterschiedlich im Haus gewesen, auch im Verdacht, sintemahl verwichenen Sommer er in mittag in Keller gangen, so were etwas, do sie zuvor auch in haus gewesen undt weg Kommen, zum loch hinausgefahren, wovon der Keller ganz verfinstern worden, nachdem aber uf sie bekennet (nachdem er gesagt, sie sei es gewesen), hatte er seithero nichts mehr vernommen.

Im Laufe des gegen die Henneberger eingeleiteten Prozesses stirbt unglücklicherweise deren Mann. Die Ehe scheint keine überaus glückliche gewesen zu sein. Sofort erhebt sich der Verdacht, sie köne auch ihren Mann um das Leben gebracht haben, und diesem Verdacht wird

8.

in folgendem unverhohlen Ausdruck gegeben: Vor 14 tagen ist ihr mann Hanns Hennenberger gestorben, undt nachdeme er aus der Cammer in die stüben gangen, sich uf ein frisch stroh geleget, Ist Hanns Baumbach des Kleinen weyb bei ihme gestanden, Do denn so balden Er Hennenberger ufgefahren, nach der Cammerthür geeilet undt gesagt, das es Gott im Himmel erbarme, Ich soll undt mus sterben, ist auch in derselben nacht gestorben undt starke Vermuthung, weil er seithero uf sie beKennet gewesen, mit der frauen in Uneinigkeit gelebet und immer von ihr gehen wollen, sie ihren eigenen Mann gesterbet haben müsste, zumahl vor das

9.

Valten Mözing uf dem Hof föhlritz so wegen der Zwey Wölff die er zum ersten mahl gesehen, das sie zu Zwey weiber worden, auch deßwegen am 7. Oktober 1654 Zeugnus Eydlich abgelegt, mit ihrem mann, dem Hanns Hennenbergern in der Thann (dem bayrischen Städtchen Tann) gewesen, heimb Kommen, uf einmahl Krank worden, undt in einer stündt beyde gestorben, derowegen großer Verdacht uf sie die Wittben gemacht wird.

10.

Simon Gerstung zu Bronnertshausen will die Hennenbergers wittben vor nichts anders als vor eine Hexin halten, weilen sie am 16. Juny 1656 zwischen der Predigt daheimb geblieben seinem weibe, welche in die Kirchen gehen wollen, Zugeruffen undt gesagt, Gevatter Greth, Ihr stehet zu Kaltenortheimb eben wo ich stehe undt seit eben wie Ich bin. (Du bist genau dasselbe, was ich bin, du wirst auch im Amt Kaltennordheim für dieselbe Person angesehen, für welche man mich dort hält.)

»Weil nun«, heißt es in den Akten weiter, »die am 17. Juni 1656 Justifizierte (hingerichtete) Barbara Dennerin von Bronnertshausen Vor gehegten Gericht darbey verblieben und darauf gestorben, das diese Hanns Hennenbergers wittbe 1. mit ihr auf dem tanz gewesen; 2. sich mit ihr zum Wolff gemacht, 3. ihres Sohns Kindt ausgraben und pülvern helffen, solchen auch von ihr der schmietin öffentlich nicht wiedersprochen, bißhero auch je lenger je größer indiction wieder sie einbracht worden. Alß wird dieses Hochlöbl. Regierung Unterthenig Zu erkennen gegeben undt ob angezogene Zeugen nunmehr zu vernehmen, aus diesen inquisitiones articuln gezogene spezialia Eydlich abgehört undt in dem prozess verfahren werden solle um Befehl zu ertheilen gebeten.

Signatum, 8. Mai 1657.

Ambt Kaltennortheimb.«

Schon am 12. Mai 1657 kommt darauf von Jena ein Befehl, alle bis jetzt aufgefundenen Zeugen zu vernehmen. Es sind deren dreizehn an der Zahl. Bemerkenswert für das damalige Prozeßverfahren ist, daß einem jeden dieser dreizehn Zeugen neunzehn allgemeine (auf die Person des Zeugen usw.) und fünfunddreißig spezielle (auf die eigentliche Anschuldigung der Hexerei Bezug habende Sätze) zur Beantwortung vorgelegt wurden und daß diese Zeugenvernehmungen vom 20. Mai bis 30. November 1657 währten. Auf die Zeugenaussagen näher einzugehen, würde zu weit führen. Der finsterste Aberglaube förderte Aussagen zutage, die es den Richtern unzweifelhaft erscheinen ließen, daß die Henneberger in Verbindung mit dem Teufel getreten sei und der Hexerei sich ergeben habe. Die Akten wurden darauf dem Schöppenstuhl in Leipzig zum Spruch vorgelegt, und am 22. Dezember 1657 geht von da folgendes Erkenntnis ein:

Dem Ehrenvesten, Wohlgelarten Görge Eberharden, Amptsvorwaltern zu Kaltennortheimb, Unserm guten Freunde!

Als Ihr Unß zwischen Barbara Hannsen Denners Eheweibe und Annen Hansen Hennenbergers Witben gehaltene confrontation, verfaste inquisitional articul etlicher Zeugen darauf gethane eydliche aussage sampt anderen Registraturen undt eine Frage zugeschicket undt Euch des rechten dorüber zu beleeren gebeten habt, Demnach sprechen Wir Churfürstliche Sächß. Schöppen zu Leipzigk dorauf vor recht:

Wirdt Anna Hanns Hennenbergers witbe beschuldigt, daß Sie eine geraume Zeit hero der Hexerey sich beflißen undt Menschen und vieh dadurch schaden zugefüget, ob Sie nu wohl bey der mit Barbara Dennerin gehaltenen confrontation ganz unschuldig sein und nichts gestehen wollen, dieweil aber dennoch Barbara Dennerin in der tortur die Anna Hennenbergerin angegeben undt auf sie bekant, solches bei der confrontation bestendig wiederholet undt Ihr unter augen gesagt, worauf die Hennenbergerin verstummet und davon gelauffen, die Dennerin bei der execution auf ihrer außage vorblieben und darauf gestorben, ferner aus der zeugen eydlichen außage zu vernehmen, daß die Hennenbergerin in sehr bösen Gerüchte der Hexerey halben ist, Ueber dieß unterschiedliche corpora delictorum vorhanden dadurch die wieder sie vorhandene indicia bestercket werden, Insonderheit was bey Hansen Schoßlern, Hansen Kümpeln und Hansen Kahnen fürgegangen, auch sonsten von denen Zeugen berichtet worden, nach mehren inhalt der überschickten registraturen, So erscheinet hierauß und denen acten allenthalben soviel, daß Ihr wohl befugt, mehrerwehnte Annen Hennenbergerin in Hafft zu bringen über die abgefaßten articul zu vernehmen, mit den Zeugen, do es von nöten zu confrontiren und ferner inquisitorie zu verfahren.

Zur Uhrkundt mit unserem Insiegel versiegelt.

Churfürstliche Sächßische Schöppen zu Leipzigk.

Nunmehr wird alsbald zur Verhaftung der Henneberger und darauf am 4. Januar 1658 zu ihrer Vernehmung geschritten. Das Protokoll lautet im Eingang: Actum Kaltennortheimb. Krafft erhaltnem Chrufürstlich Sächßischem Leipzigischen Urtels sub praes. 22. Dezembris 1657 Ist Anna Hanns Hennenbergers witbe zu Bronnertshausen verdächtiger Hexerey bezichtigung wegen, durch den Landt Knecht Donnerstags den 24. Decembris abgeholet in das Chur. und Fürstl. Ambhaus allhier gebracht und gefengklich beygesetzt, auch uff nachgesetzte, aus denen Inquisition acten extrahirte articul beysein hierzu gehörender Centgrafens, Gerichtsschreibers undt zweiyer Gerichtsschöppen examinirt und ferner inquisitorie erfahren worden, alß:

– Hier muß nun folgendes eingeschaltet werden: Durch die schon erwähnte Vernehmung von dreizehn Zeugen sind zu den ursprünglichen acht und später »mit Fleiß« gegen die Henneberger gesammelten zehn neuen Anklagepunkten eine solche Masse neuer Verdachtsmomente hinzugetreten, daß im ganzen nicht weniger als vierundneunzig einzelne Fragen, die alle mehr oder weniger darauf hinausgehen, ob und wie die Angeschuldigte die Hexerei erlernt und betrieben, wen alles sie ums Leben gebracht, wieviel Stück Vieh sie bezaubert, wie oft sie mit dem Teufel zusammengekommen usw., formuliert werden können.

Diese vierundneunzig Fragen werden am 4. Januar 1658 der Henneberger zur Beantwortung vorgelegt. Höchst interessant ist das hierüber aufgenommene Protokoll. Nur einiges daraus sei erwähnt: Alle an und für sich völlig unverdächtigen Fragen, so z. B.: ob sie bei der Frau Schößler einen Tiegel geborgt, ob sie gesagt, sie wolle Kuchen darin backen, ferner, ob sie an dem Morgen, an dem der Kümpelsche Knabe ins Wasser gefallen, mit diesem gesprochen habe, ob sie im Hause Kümpel öfters ein und aus gegangen sei – alles gibt die Angeklagte als richtig zu, aber alle übrigen Fragen, aus denen hervorleuchtet, man hätte sie im Verdacht der Hexerei, stellt sie mit Entschiedenheit in Abrede. Wiederholt beruft sie sich, wenn ihr schwer belastende Zeugenaussagen vorgehalten werden, auf Gott, den Allmächtigen. Diese Rufe zum Himmel waren ja für das gequälte Weib noch der einzige Trost! Dreizehn Zeugen standen ihr gegenüber, selbst die Person, die mit ihr nach der Anklage gemeinschaftlich Hexerei getrieben haben sollte (die Dennerin), selbst sie sagte belastend gegen sie aus – da war es kein Wunder, daß die Angeklagte zu der Einsicht kam, jetzt sei von Menschen keine Befreiung von der in der damaligen Zeit schwersten Anklage, von der Anklage der Hexerei, die wider sie erhogen worden, mehr zu erwarten. Aber alle ihre Unschuldsbeteuerungen verhallen unbeachtet an den Ohren der verblendeten Gerichtspersonen. Am 26. Januar 1658 schreitet man darauf zu Gegenüberstellung der dreizehn Zeugen mit der Angeklagten. Die Belastungszeugen wiederholen all den Unsinn, den sie schon früher bis ins einzelnste geschildet, die Angeklagte bleibt ebenso beharrlich dabei, daß sie niemals der Hexerei sich schuldig gemacht, nie einen Menschen ums Leben gebracht und niemals ein Bündnis mit dem Teufel geschlossen habe!

Der Schöffenstuhl in Leipzig erkennt darauf unterm 30. März 1658 anderweit für Recht: daß nunmehr mit Anwendung der Folter gegen die Hennenberger vorzugehen sei.

Unterm 7. April bereitet man sich auf Grund des Urteils des Schöffenstuhls in Leipzig nun dazu vor, die Folterwerkzeuge gegen die Angeklagte in Anwendung zu bringen, falls sie noch länger leugnen sollte, den zu der an diesem Tage stattfindenden Verhandlungen zieht man den Scharfrichter hinzu. Ehe der letztere aber sein grausiges Handwerk beginnt, redet man der Angeklagten zu, »vor der Peinigung sich selbsten zu verschonen«, das heißt also nichts anderes, als auf alle Anklagepunkte mit Ja zu antworten. Angesichts des Scharfrichters und durch die nunmehr schon seit über vier Monate über sie verhängte Untersuchungshaft, während welcher es an Quälereien aller Art nicht gefehlt haben mag, offenbar in hohem Grade körperlich geschwächt, gesteht denn darauf das unglückliche Opfer auch alles ein, was man ihr zur Last legt; die Furcht, den Qualen der Tortur zu unterliegen, bringt sie dazu.

Actum, 7. April 1658.

Demnach das vom Churfürtlichen Schöffenstuhl zu Leipzig eingeholte Urtel die verhaffte Anna Hanns Hennenbergers Wittwen zu Bronnertshausen betreffendt, so nach gehaltener Confrontation sambt vorig überschickten acten gesprochen worden, mit mehreren besagt, daß daferne inquisitin ihr bekenntnus gütlich nicht thun wollte, sie mit der scherffe zimblicher maßen angegriffen, undt befragt werden solle Als:

1. Ob sie nicht der Hexerei sich seithero beflissen.
2. Von wem sie solche gelernt und wer ihr behülffig darzu gewesen.
3. Wie lange sie solche Hexerei getrieben.
4. Ob sie nicht neben der justificirten (hingerichteten, verbrannten) Barbara Dennerin sich zu einem Wulff gemacht?
5. Durch welches Mittel solches geschehen?

Nun folgen wiederum nicht weniger als vierundneunzig Fragen, die alle darauf abzielen, die Angeklagte der Hexerei zu verdächtigen. Wir wollen nur einige davon noch hervorheben:

> Ob sie nicht Walter Schoßlers Sohn vermittelst der ihne gegebene Aepfel gesterbet?
> Ob sie nicht auch ihren mann Hannsen Hennenberger gesterbet?
> Ob sie nicht Merten Schlotzhauers schwein durch Zauberey auch gesterbet?
> Ob sie nicht Cyriaci Hollsteins Kind gleichfalls bezaubert, daß es sterben müssen?
> Ob sie nicht Hanns Kahnen von der ihm zugezauberten Krankheit wieder geholffen?
> Ob und wie lang sie sich mit dem bösen Feind verbunden?
> Ob sie nicht Hansen Kümpels Kindt bezaubert, das es ins waßer gerathen und ertrunken?
> Ob sie nicht ermelten Kümpel das Bier aus dem Keller gezaubert?

Hierauf – heißt es in dem Aktenstück weiter – ist inqusitin ihre mißethat ohne die schärffe zu bekommen, welche in entstehung gütlicher aussage vorgenommen werden müsste, und vor der peinigung sich selben zu verschonen erinnert worden, welches sie auch versprochen und ohne Handtanlegung, jedoch Beysein des Scharfrichters, Item: Centgrafen, Gerichtsschreiber und zweyer Schöppen auf die von dem Churfürstlich Sächß. Schöppenstuhle selbsten extrahirte articul abgelegt undt umb Gnade gebeten, Alß:

ad 1. Sagt Ja! Sie hätte sich bishero der Zauberei beflissen.

ad 2. Habe Solche von Barbara Hanns Denners Weib zu Bronnertshausen gelernet.

ad 3. Es möge ungefähr vor 14 Jahren geschehen sein.

ad 4. Sagt Ja! es sei in der Heuernte geschehen.

Und so bejaht das unglückliche Weib nun auch noch die Masse aller anderen Fragen. Sie konnte ja nicht nein sagen, wenn sie nicht der Folter sich preisgeben wollte! Auf alle Fragen mußte sie eine bejahende und erläuternde Antwort haben, und wenn zu den vierundneunzig Fragen derer noch vierundneunzig gekommen wären, sicher hätte sie auch diese bejaht! Das schrecklichste dabei ist mit, daß auch die Frage beantwortet werden mußte, wer ihr bei der Hexerei behilflich gewesen sei. (Siehe oben Ziffer 2.) Das arme Weib war gezwungen, hier Namen zu nennen. Und auf diese Weise gewann man Anhalt zur Einleitung immer neuer gleich schrecklicher Prozesse. Auch die Henneberger war ja bei der Folter von einer Unglücksgenossin denunziert worden, als man ihr gleich die Frage zur Beantwortung aufpreßte, wer ihr bei der Hexerei geholfen habe! So entspann aus dem einen sich immer der oder richtiger die anderen Prozesse. Wir sehen das deutlich in dem vorliegenden Fall! Margarete Bastian Wehners Weib und die schon eingangs gedachten »Buhlen« Hans Walther und Valentin Denner bezeichnet die Henneberger jetzt als die Personen, die bei ihren Hexereien geholfen haben sollen. Nun durfte gegen die genannten Personen noch der geringste, vielleicht sogar von einem persönlichen Feinde ausgesprochene Verdacht hinzukommen – und man hatte eine neue Hexe gefunden, der Scheiterhaufen war aufgerichtet für ein neues Opfer des finstersten, an Wahnsinn grenzenden Aberglaubens.

Doch zurück zu unserem Prozeß!

Nun hatte man also das sehnlichst gewünschte Geständnis. Dem mußte aber noch eine Beglaubigungsformel beigefügt werden, und so heißt es denn am Schluß des Protokolls über die Vernehmung der Henneberger:

»Wüßte also nichts mehr und wollte auf diese Aussage leben und sterben.«

Daß der ganze Prozeß mit dem Tode der Angeklagten enden würde, scheint man also schon geahnt und als wahrscheinlich angenommen zu haben, noch ehe das Todesurteil gefällt war. Das letztere geht nach einem Monat ein. Welch schreckliche Zeit mag dieser Monat gewesen sein für die Angeklagte. Das Urteil lautet:

Dem Ehrenvesten, Wohlgelarten Görge Eberharden, Amptsverwalter zu Kaltennortheimb, Unserm gutten Freunde:

Unsern freundlichen Dienst zuvorn Ehrenvester Wohlgelarter gutter Freundt, als ihr Unß der gefangenen Annen Hansen Hennenbergers Wittben in guten jedoch vor dem Scharffrichter gethanes bekendtnis sampt vorigen inquisitionsacten undt einer frage zugeschicket und Euch des rechten darüber zu belernen gebeten habt. Demnach sprechen Wir Churfürstliche Sächßische Schöppen zu Leipzigk darauf vor recht, hatt iztgedachte Inquisitin, als Sie inhalts Unseres vorigen Urthels dem Scharfrichter untergeben werden sollen, in güten bekant, undt gestanden, daß Sie nunmehr in 14 Jahr hero der Hexerey sich beflißen, solche von der justificirten Barbaran Dennerin gelernet, Inmaßen die selbe auch auf Sie bekant, nebenst der selben sich zu einem Wulff gemacht, der Intention, schaffe zu holen, Valtin Schößlers Sohn vermittels eines apfels bezaubert und gesterbet, desgleichen Sie an dessen andern Kinde durch einen Kuchen zu verrichten zu unterstanden, so doch nicht zum effect gelanget, sondern nur die Kazen davon gestorben, Ingleichen habe Sie auch ihren Ehemann, Hannsen Hennebergern benebenst Valtin Mözigen, daß sie beide Zugleich: wie auch Cyriaci Hollsteins Kindt, daß es ebener maßen gestorben bezaubert, ferner Simon Gerstungs pferdt durch Zauberey gesterbet, und des Schulzens Hanß Kümpels Söhnichen von dem Steige in waßer gestoßen, daß es ersoffen, so auch hiernach inn waßer todt gefunden worden, Ueberdiß mit dem bösen feinde sich verbunden, die Tauffe von ihnen angenommen, undt mit ihnen zu unterschiedenen mahlen gebuhlet undt unmenschliche unzucht getrieben, Auch durch dessen Hülffe ermelten Kümpeln aus seinem Keller zu unterschiedenen mahlen bier entwendet, nach mehreren Inhalt der überschickten acten, Da nun Inquisitin soch ihr bekendtnis auserhalb des Orts der tortur undt in abwesenheit des Scharffrichters wiederholet undt sodann ferner vor gehegten peinlichen halßgerichte darauf freywillig beharret, oder deßen sonsten wie recht überwiesen werden würde, So solle sie solcher bekandten und begangenen Hexerey auch mit dem bösen feinde verbindung und verübter unmenschlicher unzucht halben mit dem feuer vom leben zum todt gestrafft werden.

Wieder Margarethen Bastian Wehners Weib aber, sowohl die andere von der Inquisitin angegebenen Weibes und Mannespersonen mag in mangelung anderer bestendiger indicien noch zur zeit nichts fürgenommen werden.

Von rechtswegen,

Zu uhrkundt mit Unserem Insiegel Versiegelt.

Churfürstliche Sächß. Schöppen zu Leipzigk.

Damit endet das Aktenstück, das man ohne ein gewissen Grauen nicht durchliest. Daß die Henneberger verbrannt worden ist, ist nicht zu bezweifeln.

Die Grundanschauung der damaligen Richter war eben: Geständnis, wenn auch durch die Folter erpreßtes, ist voller Beweis. Es liegt mir ein Aktenstück vor aus dem 16. Jahrhundert, Inhalts dessen ein Weib aus dem jetzt weimarischen Orte Oberweid, trotz aller Qualen in der Tortur doch nicht dazu bewegen gewesen ist, auf die ihr vorgelegten Schuldfragen mit Ja zu antworten. Mit einer geradezu bewundernswerten physischen Kraft hat sie alles erduldet, was man ersonnen hat, um sie durch körperliche Qualen und durch die Voraussage, noch viel mehr gequält zu werden, zu einem Geständnis zu bringen.

Die Daum-, Bein- und Halsschrauben werden bei ihr angewendet und jede Schraube bei dem anhaltend fortgesetzten Leugnen erst ein-, dann zwei-, darauf drei- und endlich viermal umdreht. Bei jeder Umdrehung, die begreiflichermaßen mit den schrecklichsten Schmerzen verbunden war, bricht das arme Weib in neue Wehrufe aus. Aber nicht bloß Wehrufe, nein! vor allem Rufe zum Himmel läßt sie laut werden. Und jeder solcher Rufe wird mit Sorgfalt registriert.

»Herr Gott, du bist meine Zuversicht für und für.«

»Was frage ich viel nach Himmel und nach Erde, wenn ich dich, Herr, nur habe« –

Mit einer solchen, an Märtyrertum streifenden Standhaftigkeit erträgt dieses Weib alle Qualen. Und das Ende dieses Prozesses, dessen ich zur Illustration bloß noch Erwähnung tue? Es ist das Urteil ebenfalls vom Schöffenstuhl in Leipzig abgefaßt und lautet zwar auf Freisprechung, legt daneben aber die entstandenen Kosten der Angeklagten zur Tragung auf!

Auch Bayern und speziell München macht betreffs der Hexenverfolgungen keine Ausnahme; erst im Jahre 1803 wurde der »Hexenturm« abgebrochen, der 1682 eigens für die der Zauberei Beschuldigten erbaut worden war. Wer zum Beispiel im Nationalmuseum zu München das Folterkabinett (man vergleiche unser Bild) mit seinen Marterwerkzeugen gesehen hat, dem wird dies sehr einleuchten.

In München wurde im Jahre 1666 ein siebzigjähriger Greis mit glühenden Zangen gezwickt und dann verbrannt. Er soll, indem er durch die Wolken fuhr, ein Gewitter gemacht, dann aber nackt zur Erde niedergefallen sein, wo man ihn fing. Siebenmal sollte er die Hostie getreten haben. –

Das schon von uns erwähnte Städtchen Coesfeld im Münsterlande spielt in der Geschichte der Hexenprozesse ebenfalls eine sehr traurige Rolle. Aus einer Deservitenrechnung (Amtsrechung) des Scharfrichters geht folgendes hervor:

»Gertrud Niebers viermal verhort worden baven uff den Süstern Tornt von jeder Tortur drey Thaler machet 12 Rtr.

Den 16. Julii Gertrud Niebers des Morgens twischen 3 und 4 Slegen das Haupt abgelassen, davon mich zerkumpt viff Rtr. Darnach verbrant worden, daervon mich auch zukumpt viff Thaler.

Den 18. Julij Johan. Specht, anders Dotgrever, uff der Valkenbruggen, porten verhort, davon zukumpt drey Rthlr.

Den 19. Julij Johan Specht uff der Valkenburgger porten verhort worden, davon mich zukumpt drey Rthlr.

Den 23. Julij Johan Specht under im Süsten Tore verhort, davon mich zukumpt drei Rthlr.

Den 2. August Johan Specht erstlich gestrangulerth, uff ein Ledder davon mich zukumpt viff Rthlr.

Darnach verbrannt worden, davon mich och zukumpt viff Rthlr. usw.«

In der Regel bezog der Coesfelder Henker von jedem Inquisiten 15 Rtlr. Die ganze Rechnung geht vom Juli bis Dezember 1631, betrifft nur Hexenprozesse zu Coesfeld und beträgt im ganzen 169 Rtlr.

In Steiermark wurde der weichherzige Herr von Purgstall durch böse

Die Daumenschrauben

Stroh-Krone und-Zöpfe, welche Frauen
von schlechtem Lebenswandel öffentlich
tragen mußten

Neider dahin getrieben, Hexen verfolgen und einen großen Teil seiner eigenen Untertanen verbrennen lassen zu müssen. –

Wie der originelle Kanzelredner Pater Abraham a Santa Clara berichtet, hat das »werthe Herzogthum Steyer« seit 1674 durch verruchtes Zaubergeschmeiß unglaublichen Schaden erlitten, wie es die eigenen Aussagen der Hingerichteten zu Feldbach, Radkersburg, Voigtsberg, Grauwein und anderen Orten bezeugten.

»Dies Jahr 1688, im Monat Juni, haben sie einen so großen Schauer heruntergeworfen, daß deren etliche Steine fünf Pfund schwer gewogen, und hat man unweit der Hauptstadt Gräz gewisse große Vögel wahrgenommen, welche in der Höhe von diesem grausamen Schauerwetter geflogen und selbiges hin und her geführt. Einige bekannte, so nochmals verdientermaßen in Feuer aufgeopfert worden, wie sie das höchste Gut und die heiligen Hostien salva venia (mit Erlaubnis zu sagen) in den Sautrog geworfen, selbige mit einem hölzernen Stößel nach Genügen zerquetscht, daß auch mehrmalen ihren Gedanken nach das helle Blut hervorgequellt, dennoch ganz unmenschlich und unbeweglich in ihrer Bosheit fortgefahren, gedachtes höchstes Geheimnis mit unflätigem Wasser begossen, und nachdem sie es mit einem alten Besenstiel gerührt, sei alsbald der klare Himmel verfinstert worden und allerseits, wo es ihnen gefällt, der häufige Schauer heruntergeprässelt.« Abraham a Santa Clara gibt auch noch andere Untaten der Zauberer an, gesteht aber doch, »daß viele Ungewitter, Schauer, Platzregen kommen von natürlichen Ursachen«. Seine »wohl gesteifte Meinung« sei, daß dermalen durch den Teufel und dessen Hexengesinde solches Übel verursacht worden, und solches der gerechte Gott um unserer Sünden halber zulasse, meistens aber, weil wir des Satans Namen öfters im Maul und auf der Zunge haben, als den Namen des wahren Gottes.

Eine Hexe bekannte, daß sie mehr als achthundertmal zu ihrem Liebsten, dem Teufel, gefahren. Eine andere ist mit achtzehn Personen in Vogelgestalt als Raben und Elstern ausgeflogen, und als die Braut, welche mit dabei war, vor lauter Behagen beim Teufelsmahl ausgerufen: »Jesus Maria, so wohl habe ich nie gelebt!« saßen sie plötzlich unweit einer Schinderhütte bei einem »verreckten« Schimmel.

In Tirol kamen Hexenprozesse vor: im Hochstift Brixen in den Jahren 1643-44, im Primörtale 1647-51.

Dort war unter anderem der Zauberer Matth. Niederjocher von Schwarz im Jahre 1650 beschuldigt, Erze und Bergwerke »verthan« (verzaubert) zu haben. In seinem Prozeß kamen auch ein Paar »Glasteufel« vor, von welchen einer an zwei Bauern verkauft wurde. In den Jahren 1679 und 1680 wurde der Monstreprozeß gegen Emerenziana Pichlerin beim Gericht in Lienz im Pustertale und deren vier unmündige Kinder geführt. Derselbe endete mit Hinrichtung der Mutter (25. September) und der beiden ältesten Kinder von vierzehn und zwölf Jahren (27. September

1680). Während fünf Vierteljahren wurden zu Meran dreizehn Personen wegen Hexerei hingerichtet.

So wütete der Menschenwahn in Hexenverbrennungen und Justizmorden. Niemand, außer etwa die Landesfürsten, war vor ihnen sicher.

Die Schrecken der Hexenbrände machten Millionen Herzen in Deutschland erzittern in jener finsteren, unheilvollen Zeit des Teufelswahns, und dazu kam die Angst vor dem geheimen Treiben der Hexen selbst, die geradezu seuchenartige Erscheinungen hervorrief. So wurde zu Kalw in Württemberg im Jahre 1673 namentlich die Jugend vor einer derartigen Seuche ergriffen. Kinder von sieben bis zehn Jahren bildeten sich ein, nachts auf Böcken, Hühnern, Katzen und Gabeln in die Hexenversammlungen entführt zu werden, wo sie die Dreieinigkeit verleugnen und trinken müßten. Eine Kommission von Juristen und Theologen untersuchte die Angelegenheit. Man verurteilte eine alte Witwe und deren Stiefenkel zum Tode, wies mehrere andere Personen aus der Stadt, und die Krankheit verschwand wieder.

IV.
»Aus Nacht durch Blut zum Licht!«
Leuchten der Menschheit

»Die Menschheit kämpft sich immermehr
zur Menschlichkeit hinauf.«
Tiedge.

Allmähliches Verlöschen des Teufels- und Hexenwahns

»... und zog umher,
Mit seines Wortes Leuchte,
Die Wahn und Trug verscheuchte.«
Tiedge.

Zur Ehre der Menschheit sei es gesagt, daß trotz des Befangenseins großer Männer vom Teufels- und Hexenwahn und trotz aller Feigheit und Heuchelei, es von Anbeginn der Hexenprozesse an Männer gegeben hat, die durch Wort und Schrift gegen das entsetzliche Unwesen anzukämpfen suchten; allein was wollte das sagen einer Dreieinigkeit von Aberglauben, Fanatismus und Habsucht gegenüber! Flammen doch gleich nach Einführung des peinlichen Verfahrens, während der Jahre 1484-89, fast einhundert Scheiterhaufen empor, auf welchen Hexen, denen man den Prozeß gemacht hatte, zu Staub und Asche verbrannt wurden!

Es war außer der entfesselten Bestie der Grausamkeit »eine neuerfundene Alchymisterei (Goldmachekunst, Suchen nach dem Stein der Weisen), um aus Menschenblut Gold zu machen«, wie einer der Gegner der Hexenprozesse im 16. Jahrhundert richtig bemerkte. Und Spee, Weier u. a. waren nicht die einzigen, welche zu behaupten wagten: »Die Hexerei existiere nur in dem Wahne der Menschen, welche natürliche Wirkungen, deren Ursache sie nicht kennen, auf Zauberei zurückführe«, und welcher den Versuch machte, »das ganze Hexenwesen« als »Phantasterei und Einbildung« zu bezeichnen. Und doch begann erst, als das 17. Jahrhundert zur Neige ging, diese Ansicht energisch sich Bahn zu brechen und durchzudringen. Wer bis dahin nicht an Hexen glaubte und an die Verdienstlichkeit ihrer Verbrennung, galt selbst für einen Zauberer und als Gottesleugner.

Sie und vor allem der nicht auszurottende gesunde Sinn des Volkes, der Volkswitz, waren die Vorläufer besserer Erkenntnis über Teufelswahn und Zauberei, welche das Pfaffentum gehegt und gepflegt und großgezogen und der Jursiten seltsame Wissenschaft in Regeln gebracht; denn während die Richter und Pfaffen noch im besten Hexenbrennen verharrten, während der Afterglauben seit der Reformation als Alchimie (Goldmachekunst) und Astrologie (Sterndeuterei) sein Wesen trieb und in bezug auf Zauberei den Dr. Faust zum Repräsentanten erkor, da war es der gesunde Volkswitz, der sich immerfort über den Teufel lustig und den gelehrten Hexenwust allmählich zuschanden machte. Unzählige deutsche Volkssagen, welche bis in die frühesten Zeiten des Mittelalters zurückreichen, schildern uns den Teufel als einen dummen Patron, der sich oft auf die plumpste Weise prellen und hinters Licht führen läßt, zahlreiche alte Sprichwörter verspotten ihn, und vielfach überragte »die Weisheit der Gasse« die Systeme sogenannter »Gelehrter«.

Bereits im Jahre 1515 trat in Italien der Rechtsgelehrte Ponzivibius aus Piacenza mit einem Buche »de lamiis« dagegen auf, indem er erklärte, daß das Geständnis der Hexen, als irre geleiteter und verblendeter Personen, keine gültigen Beweise gegen sie abgeben könne. Ehre ihm! –

In Deutschland war der erste kühne Held, der den Mut besaß, das Wagnis zu unternehmen, gegen den Wahn, der am Marke der Menschheit nagte, aufzutreten, der von uns bereits erwähnte Generaladvokat von Metz, Cornelius Agrippa von Nettesheim.

Er war zu der Überzeugung gelangt, daß alle Zauberei auf Betrug oder auf besondere Kenntnis der Natur beruhe; in diesem Sinne schrieb er eine Satire auf die damalige Wissenschaft. Aber er gelangte in der Erkenntnis der Wahrheit noch weiter, nämlich zu einer vom After- und Aberglauben der Zeit unabhängigen Beurteilung des Hexenglaubens und der Hexenverfolgung, und der furchtlose Mann richtete auch dagegen seine Angriffe in der zu Paris (1531) und zu Köln (1533) erschienen Schrift »de occulta philosophia«.

Durch seine Schriften aber und namentlich auch durch die von uns bereits mitgeteilte unerschrockene und geschickte Verteidigung einer Bäuerin wurde er selbst verdächtig. Man warf den Anrüchigen, als mit dem Satan im Bunde stehend und weil er Magie treibe, zu Brüssel ins Gefängnis, ließ ihn ein volles Jahr darin schmachten und redete ihm nach seinem Tode nach, er habe auf seinem Sterbelager einen schwarzen Hund aus seinem Nacken gezogen, der ein Dämon war. Dabei sollte er gerufen haben: Die Ursache des Verderbens!

Wie auf jeden wahrhaft aufgeklärten, überzeugungstreuen Mann von reinem, makellosem Charakter der Neid und die Scheelsucht niedrigdenkender, wahnbefangener und dünkelhafter Menschen blicken und sich bemühen, ihn zu beflecken, über ihn zu Gericht zu sitzen und zu verderben, so erging es Agrippa von Nettesheim.

Gehaßt und verfolgt, stand er im allgemeinen einsam da auf dem Gipfel der Erkenntnis. Indes, Menschen vergehen, aber die Ideen der Wahrheit, sie sterben nicht, und sollten sie auch lange Zeit nur als ein winziges Fünkchen fortglimmen. So war denn auch das mutvolle Auftreten des Agrippa von Nettesheim nicht ganz erfolglos geblieben. In einem andern edlen Menschenfreunde gedieh die Saat, die er gesäet. Es war dies der Leibarzt des Herzogs Wilhelm von Cleve, Johann von Weier (Johannes Wierus), geboren 1515 zu Grave in Brabant, gestorben 1558.

Weier ließ eine Schrift »de praestigiis daemonum« (Von den Blendwerken der Teufel) im Jahre 1556 und eine zweite »de Pseudomonarchia Daemonum« (Von der erdichteten Herrschaft der bösen Geister) drucken. In beiden Werken ist zwar das Vorhandensein des Teufels nicht geleugnet, wohl aber wird behauptet, daß er keine große Macht über die Menschen habe. Weier erklärt die vermeintlichen übernatürlichen Erscheinungen, deren Entstehung man gemeinhin dem Einflusse der Zauberei zuschreibe, aus natürlichen Gründen; zugleich wagte der brave Mann den in damaliger Zeit sehr gefährlichen Ausspruch, daß Sprengers Hexenhammer ebenso aberwitzig als gottlos und daß der Hexenprozeß überhaupt der größte Irrtum der Menschheit, die abscheulichste Schande für Europa sei. Weier erkannte im Aberglaube die größte Seuche seiner Zeit, gegen welche er im Jahre 1563 sein Buch »von den Blendwerken der Dämonen, von Zauberei und Hexerei« als Heilmittel entgegenwarf.

In der Widmung dieses Buches an seinen Fürsten, den überaus aufgeklärten humanen Herzog Wilhelm von Cleve, heißt es:

»Als aber dieser Gräuel ein wenig gestillet, und ich derhalb gute Hoffnung gefaßt hatte, es würde ohne Zweifel der liebe Gott seine Gnade und Kraft verleihen, daß er durch die Predigt der gesunden Lehre abgeschafft und aufgehoben würde, so sehe ich doch von Tag zu Tag je länger je mehr, daß ihn der leidige Teufel wiederum viel stärker, als vordem auf die Bahn gebracht hat und täglich bringt. Dieweil dann zu solchem gottlosen Wesen die Mehrheit der Theologen schweigt und durch die Finger sieht; die verkehrten Meinungen von Ursprung der Krankheiten, auch gottloser abergläubischer Ableitung derselben die Medici leiden und gestatten, daß es ein alt Herkommen und deshalb eine ausgesprochene Sache ist, fürüber passiren zu lassen, und zu dem Allen Niemand, der aus Erbarmniß zu den armen Leutlin diesen verworrenen, schädlichen Handel zu offenbaren oder zum wenigsten zu verbessern sich unterwinden wolle, gehört wird: so hat mich, Gnädiger Fürst und Herr, für nützlich und notwendig angesehen, die Hand, wie man spricht, an Pflug zu legen, und ob ich gleich meines Vorhabens nicht in alleweg gewährt, jedoch Andern, so im Verstand und Urtheil solcher Sachen mir den Stein weit verstoßen, ein Anlaß, ja (wie man pflegt zu sprechen) die Sporn, diesem Handel fleißiger nachzutrachten und ihre Meinungen auch zu fällen.«

Klugerweise hatte Dr. Weier seine Schrift vor dem Druck dem Kaiser Ferdinand überreicht, um ein Privilegium »gegen den Nachdruck« zu erlangen, und dieses war ihm seltsamerweise auch wirklich erteilt worden, und noch dazu mit dem Bemerken, »daß das rühmliche Vorhaben nicht nur gebilligt und gelobt, sondern auch gefördert zu werden verdiene.« –

Über die Art, wie zu Weiers Zeiten sich manche Prister bei der Heilung von Zauberschäden benahmen, gibt Weier folgende Beispiele:

»Es hat eines aus dieser beschworenen Rott kürzlich ein erdichtet, erlogen Gespräch in Druck verfertigt, doch allein in deutschen Zungen: es sei nämlich vor etlichen Jahren einem Weibe das Bäuchlein dermaßen aufgegangen, daß Jedermann, sie gehe schwanger, gänzlich vermeinet habe.

Und dieweil sie guter Hoffnung, sie würde noch vor Fastnacht des Kindes genesen, und aber solches wider ihre Hoffnung nicht beschehen, habe sie bei ihm Rath und Hilfe gesucht, da habe er ihr einen Trank eingegeben, dadurch er bei seinem geschworenen Eid zwo Kannen Kirschenstein, die zum Theil schon angefangen grünen, zum Theil aber eins Fingers lang aufgeschossen, von ihr getrieben habe. Es wird dieser Kautz (der Geistliche Jakob Vallick) die Anatomica etwand nicht gestudirt haben; denn daß es eine lange, breite dicke Lüge sei, mag ein Jeder dabei wohl leichtlich abnehmen.«

»Eben dieser Gaukler hat in einer berühmten Stadt in Geldern, da ich (Weier) vor Zeiten Stadtarzt gewesen, ein Klosterfräulein, so mit etwas Krankheit beladen, gänzlich überredet, sie sei veruntreuet worden, es sey ihr auch durch kein ander Mittel zu helfen, es werde ihr denn das Amt der heiligen Meß auf dem Bauch gehalten. Welches als es ihm zugelassen und vergönnt, ist ihre Sache zehnfältig böser geworden, denn sie vor nahem nicht mehr denn von einer natürlichen Krankheit beschwert, hat aber nochmals nicht anders, denn als ob sie verzaubert wäre, angefangen, zu wüthen, daß es ihm von der Aebtissin oder Priorin oft verwiesen und unter die Nasen gestoßen worden. Aber es seyn doch diese Zoten wie lahm sie immer wollen, so hat doch dieser spöttliche Brillenreißer und Merlinschreiber seine Kunden, die ihm anhangen und ihn, vielleicht daß sie mehr Geistlichkeit und Andacht, als aber ist, hinter ihm suchen (denn er Amtshalben ein Pfarrherr ist) gar hoch achten.«

Aber nicht bloß gegen die boshaften, betrügerischen und dummen Priester und Klosterinsassen zieht Weier los, sondern auch gegen die unwissenden Ärzte.

Beifall dagegen zollt er dem weisen Verfahren des Herzogs Wilhelm von Cleve in Zaubersachen.

Einem Bauer, dessen Kühen die Milch ausblieb, hatte ein Wahrsager des Meiers junge Tochter angegeben, welche die Kühe verhext habe. Ergriffen, gestand das arme Mädchen, was man von ihm wünschte, und gab auch sechzehn Weiber als Mitschuldige an. Auf das Gesuch um Genehmigung des weiteren Verfahrens ließ er den Wahrsager festnehmen und befahl, dem Mädchen guten Religionsunterricht zu erteilen, die sechzehn Frauen aber ungeschoren zu lassen. Dazu bemerkt der redliche Weier:

»Wollte Gott, daß alle Obrigkeit diesem Exempel nachkäme, so würde nich soviel unschuldiges Blut dem Teufel zugefallen, vergossen werden. Aber es ist fürwahr, hoch zu bedauern, daß oftmals der Fürsten Räth, auch andere Fürgesetzten und Amtleute so ungeschickte Schlingel seyn (– die es nicht antrifft, verzeihen mir –), daß sie weder in dieser, noch in einigen anderen zweifelhaftigen Sachen ein recht satt Urtheil fällen können, und deshalben nirgends anders wohin, denn daß es Blut koste, sehen und sich richten können.«

Weiers Buch machte ungemeines Aufsehen; binnen vierzehn Jahren erschienen fünf Auflagen, und im Jahre 1586 übersetzte es Fuglinus ins Deutsche. Viele wirkliche Gelehrte, namentlich Ärzte, spendeten ihm Beifall, der edle Cujacius rühmt das Werk, der Probst Johann Brenz in Stuttgart trat in Briefwechsel mit ihm, und Kaspar Borcholt empfiehlt das Buch dem lüneburgischen Rate Bartolus Richius.

Vom Pfalzgrafen Friedrich rühmt Weier selbst, daß er bald der Stimme der Vernunft Gehör gegeben; ein Gleiches sagt er von der clevischen Regierung und vom Grafen von Nieuwenar, der eine geständige Angeklagte um ihrer eigenen Sicherheit willen des Landes verwies. Es ist zweifellos, daß Weiers Werk dem Hexenwesen in Deutschland und darüber hinaus einen harten Stoß versetzt hat; leider waren dessen wohltätige Wirkungen aber nur von zu kurzer Dauer, und dem hochherzigen Helden der Wahrheit blieben schwere Anfechtungen der Dunkelmänner auch nicht erspart. Sein erleuchteter Herzog Wilhelm IV. verfiel in Trübsinn, und kaum war dieses traurige Verhängnis eingetreten, als seine Feinde den seines hohen Beschützers Beraubten anklagten, durch teuflische Zauberkünste den Geist des Fürsten umnachtet zu haben, und sicher hätte ihm ein trauriges Los bevorgestanden, wäre er nicht aus Düsseldorf entflohen. Glücklicherweise fand er bei dem nicht minder aufgeklärten Grafen von Bentheim zu Tecklenburg Aufnahme, und unter dessen Schutze lebte und wirkte er segensreich als Arzt und Schriftsteller bis an sein Ende.

Der kühne Weier, dieser echte Jünger der Wissenschaft hatte aber die Hinfälligkeit der Schein- und Aftergelehrten so sehr ans Licht gezogen, daß sie drei Jahrzehnte hindurch den Mann der Wahrheit mit den Waffen der Finsternis bekämpften, und man sollte kaum für möglich halten, daß selbst »der Vater der reformierten Moraltheorie«, der berühmte Lambert Danäus, für den Hexenglauben und dessen Verfolgung eintrat, und beispeilsweise selbst das Abscheren der Haare vor der Tortur vom theologischen Standpunkte aus ganz in der Ordnung fand.

Auch der französische Philosoph Jean Bodin bekämpfte Weier heftig und zieh ihn der Selbstüberschätzung, und so noch viele andere beschränkte Köpfe, deren Namen eigentlich verdienen, an die Schandpfähle der Geschichte der Menschheit festgenagelt zu werden, tun dasselbe; so Scribonius und andere mehr.

Weier folgten u. a. Reginaldus Skod in England (1584), Montaigne (1588) und Charru (1591) und hatten denselben Erfolg.

Bald nach Weier trat auch ein böhmischer Schriftsteller, Johann Slelcar Zeletawsky, utraquistischer Pfarrer zu Mnichowic bei Kaurim gegen das Hexenwesen auf, indem er in seinem 1538 zu Prag erschienenen »Geistlichen Buch« unter anderem auch die Frage behandelte, ob Hexen und Zauberer durch eigene Kraft Hagel, Sturm und Gewitter herbeirufen könnten und den Beweis führte, daß weder Zauberer noch Hexen Ähnliches vermögen, daher der Glaube an deren Macht ein Widersinn und die Verfolgung der wegen Hexerei Verdächtigten inhuman sei.

Was die Hexengläubigen am meisten verdroß, das war diese Meinungsverschiedenheit im eigenen Lager. So bekannte der gelehrte Frankfurter Jurist Johann Tichard in einem von ihm 1564 herausgegebenen Werke »Consilien«, daß er die nächtlichen Teufelstänze und Mahle sowie die Vermischung des Satans mit Frauen für Träumereien und Täuschungen halte, weshalb man darauf nicht den Feuertod erkennen dürfe. Im übrigen war er noch stark im Hexenwahn befangen und verurteilte in anderen Fällen zum Tode.

Auch der mecklenburgische Jurist Georg Godelmann schreibt 1584: »Die Hexen gestehen entweder Mögliches, nämlich, daß sie Menschen und Vieh durch ihre magische Kunst getötet haben, und wenn sich dieses so erfindet, so sind sie nach Art. 109 der Carolina zu verbrannen; oder sie gestehen Unmögliches, z. B., daß sie durch einen engen Schornstein durch die Luft geflogen seien, in Tiere sich verwandeln, mit dem Teufel sich vermischt haben, und dann sind sie nicht zu strafen; oder endlich gestehen sie einen Vertrag mit dem Teufel, in welchem Falle sie mit einer außerordentlichen Strafe, z. B. Staupenschlag, Verbannung oder Geldstrafe belegt werden können« usw.

»Was das Reiten und Fahren der Hexen auf Böcken, Besen und Gabeln nach dem Blocksberg oder Heuberg zum Wohlleben und zum Tanz, desgleichen auch die fleischlichen Vermischungen, so die bösen Geister mit solchen Weibern verbringen sollen, anbelangt, achte ich nach meiner Einfalt dafür, daß es lauter Teufelsgespinst, Trügerei und Phantasie ist.

Dergleichen Phantasie ist auch, daß etliche glauben, daß die Hexen und Zauberer in Katzen, Hunde und Wölfe können verwandelt werden. Denn daß solche Veränderung unmöglich sei, ist bereits in einem alten Concilio, so zu Ancyra gehalten, geschlossen worden. Endlich wird auch den Hexen vorgeworfen, daß sie böse Wetter machen können, so doch Wettermachen Gottes und keines Menschen Werk ist. Derentwegen kann kein Richter jemanden auch solche Punkte peinigen, viel weniger töten, weil derselbigen mit keinem Wort in der Peinlichen Halsgerichtsordnung gedacht wird.«

In ähnlichem Sinne sprechen sich August Lercheimer und selbst der strenge Ketzerrichter Hard a. Dassel aus.

Bemerkenswert ist übrigens ein Aufsatz, welchen am 16. Oktober 1886 der Landesgerichtsrat Meyer in Marienwerder in der Berliner historischen Wochenschrift »Der Bär« veröffentlichte. Danach haben selbst die zuerst genannten Verteidiger der Menschenrechte schon in Deutschland nicht nur im gesunden Sinne des Wortes, sondern gewissermaßen auch eine Art offiziellen Vorläufers gehabt. Der Aufsatz lautet:

»Joachim II. (von Brandenburg) und der Hexenglaube.«

Der 1487 in Veranlassung der päpstlichen Bulle Summis disiderantes von Institoris und Sprenger verfaßte Hexenhammer brachte den bestehenden Hexenhammer in ein System und die Hexenverfolgungen wüteten jahrhundertelang in katholischen und protestantischen Ländern. An der Hexerei zu zweifeln galt für Ketzerei; 1589 wurde der kurfürstliche Rat Flade zu Trier dieserhalb verbrannt, und noch 1698 wurde ein reformierter Pfarrer – Balthasar Becker – seines Amtes entsetzt, weil er die Hexerei für Aberglauben erklärte.

Man nennt gewöhnlich den cleveschen Leibarzt Dr. Weier als den ersten, der gewagt habe, gegen den Hexenglauben 1563 aufzutreten. Demgegenüber ist es höchst interessant, daß schon 1533 die Nürnberger Kirchenordnung in den als Anhang beigefügten Kinderpredigten den entschiedensten Unglauben an die Hexerei ausspricht. Hier heißt es unter der Überschrift, »Die ander Predigt, Auslegung des andern Gepots« wörtlich folgendermaßen:

»Zum fünfften nennet man Gottes Namen unnützlich und vergeblich, wenn man zauberey damit treiben will. Und das ist nicht allein ein sünd, sunder auch eine grosse mechtige thorheyt, denn das sollt ir kindlein für gewiß halten, daß es nichts mit zauberey ist, sunder ist eytel betrug und lügen von bösen buben erdacht, die einfältigen leut zu närren und zu äffen, wie da vil Leut zu mit irem Schaden erfahren haben. Darumb hüt euch davor, glaubt nicht daran, lernets nicht und förchtet euch nicht davor, es ist nichts, denn daß der Teuffel dadurch große sünd anricht, daß man Gottes Namen mißbraucht, in mancherlei Aberglauben falt und eins dem andern verdächtig wirt. Darauß dann feindschafft, zorn, neyd, haß, afftered, und alles ubel entstehet. Das gefellt dem Teuffel wol. Aber Gott hat es verpoten und gesprochen, man soll die Zauberer nicht leben lassen. Exo. 22.«

Diese Stelle der Kinderpredigten ist – von einigen orthographischen Änderungen und Änderungen des Wortes »kindlein« und »geliebten« abgesehen – wörtlich in die Kinderpredigten aufgenommen, welche Joachim II. (von Brandenburg) als Anhang zu der Kirchenordnung für Brandenburg 1540 veröffentlichte. Sie wurden von Joachim II. mit einer eigenen Vorrede versehen, und Luther billigte sie und schrieb dem Kurfürsten: »Es gefällt mir über die Maßen wohl Ew. Kurfürstlichen Gnaden Vorrede, so im Drucke soll mit ausgehen.« (Vgl. Gerlach, Katechismus oder Kinderpredigten, Berlin 1839, S. VIII. Hier sind die Kinderpredigten in heutigem Deutsch wiedergegeben.) Die Kinderpredigten in dieser Fassung (von 1540) sind abgedruckt in Mylii Corpus Constitutionum Marchiacarum Vol. I. Nr. 2, während der oben mitgeteilte Passus aus den Nürnberger Kinderpredigten einem in der Nürnberger Stadtbibliothek befindlichen Werke »Kirchenordnung. In meiner gnädigen Herrn der Markgrafen zu Brandenburg und eines Erbaren Rats der Stat Nürnberg Oberkeit und gepieten, Wie man sich bayde mit der Leer und Ceremonien halten solle M.D.XXXIII Gedruckt zu Nürnberg durch Christoph Gutknecht« entnommen ist.

(Danach ist Luther auch ein Gegner des Hexenwahns gewesen.)

Es ist allerdings in den angeführten Stellen von Zauberei mittels Anrufen des Namens Gottes die Rede, und die Hexerei sollte nach dem Volksglauben mit Hilfe des Teufels geschehen; doch ist die Stelle so allgemein gefaßt, daß es wohl auf jede Zauberei zu beziehen ist; sonst wäre sicher gesagt, daß sie nur mit Hilfe des Teufels geschähe. Statt dessen wird alles für Betrug und Lügen erklärt.

Wenngleich diese vernünftige Ansicht den Siegeszug der Hexenprozesse über Deutschland nicht hat aufhalten können, so ist doch allein schon die Tatsache von Bedeutung, daß dergleichen damals – und anscheinend doch mit Billigung der bedeutendsten Theologen der Reformation – geschrieben werden konnte.

Eine traurige Berühmtheit erwarb sich im Jahre 1589 der Weihbischof Peter Binsfeld zu Trier durch seine Schriften, die bald hier und da, besonders auch in Bayern, den Richtern in den Hexenprozessen zur Richtschnur dienten; so wurde er die Ursache des Untergangs zahlreicher Unschuldiger, darunter auch zweier Ehrenmänner names Loos und Flade.

Gleichzeitig mit Weier eiferte der gelehrte und rechtschaffene Mainzer Geistliche Kornelius Loos gegen die Ungerechtigkeit der Hexenprozesse.

Allein diese Braven wurden von der Menge überschrien. Wie konnte auch Besserung geschaffen werden, wenn selbst der größte deutsche Satiriker jenes Jahrhunderts, Johann Fischart, sich dazu herbeiließ, das aberwitzige Hexenbuch des Franzosen Bodin unter dem Titel »Vom außgelassenen wüthigen Teufelsherr« ins Deutsche zu übersetzen!

Der Mainzer Priester Kornelius Loos, der den ganzen Hexenglauben für Irrwahn erklärte, wurde durch Kerkerleiden zum Widerruf vor Peter Binsfeld gezwungen, wiederholte aber seine Fübitte für die armen Weiber und wurde aufs neue in den Kerker geworfen. Aus demselben entlassen, trat er abermals für die Wahrheit ein und schwebte in Gefahr, wieder eingesperrt zu werden, als der Tod (3. März 1593) seinen Feinden zuvorkam und seinem Leben ein Ziel setzte. Schlimmer erging es dem kurfürstlichen Rat und Schultheißen zu Trier, ehemaligen Universitäts-Rektor Dr. Dietrich Flade. An ihn hat sich Loos gewendet. Auch er stellte die Hexerei als Einbildung hin. Er wurde eingekerkert, gestand unter der Folter und wurde im Jahre 1589 gleichzeitig mit zwei Bürgermeistern, einigen Ratsherrn und Schöffen sowie mehreren Priestern lebendig verbrannt.

Neben Binsfeld erwarb der lothringische Geheimrat und Oberrichter Nikolaus Remigius einen ganz ähnlichen, traurigen Ruhm wie dieser durch seine »Damonologia«, die den Hexenrichtern zu einem unentbehrlichen Not- und Hilfsbüchlein wurde.

Während der sechzehn Jahre, die Remigius dem Halsgerichte beiwohnte, sind nach der eigenen Angabe dieses Scheusals achthundert Zauberer in Lothringen zum Tode verurteilt worden, und ebensoviel waren entwichen. Nur eine Schwachheit konnte diese Schandsäule der menschlichen Gesellschaft sich selbst nicht verzeihen; er hatte nämlich auf Wunsch seiner Kollegen siebenjährige Kinder, die angeblich am Hexentanze teilgenommen, nur damit bestraft, daß er sie nackt dreimal um den Richtplatz ihrer Eltern mit Rutenhieben treiben ließ, da sie ebenfalls verdient hätten, verbrannt zu werden.

Wie Remigius und der König von England, Jakob I., war der 1551 zu Antwerpen geborene Martin Delrio ein gewaltiger Verfechter der Hexenprozesse und eine der Schandsäulen der Menschheit; ebenso Torreblanca.

Etwa ein Jahrhundert später traten wieder einzelne Menschenfreunde gegen den Molochsdienst der Hexenprozesse auf, und diese Ehrenmänner waren – Mitglieder der Gesellschaft Jesu.

Der erste Jesuit, der sich der Unglücklichen annahm, war Adam Tanner (Thanner), (geb. 1572 zu Innsbruck, gest. am 25. Mai 1632), ein Universitätsprofessor. Er forderte namentlich die Richter auf, ihre mörderische Willkür zu beschränken und bei der Untersuchung sehr auf ihrer Hut zu sein, da so vieles auf Täuschung beruhe.

Sein Biograph sagt von ihm: »Seine liebste Erholung war der Wald und der Gesang der Vögel.«

Auch er hatte wegen seines großen, gegen den Hexenwahn geschriebenen Werkes große Anfechtungen zu erdulden, und noch im Tode verfolgte ihn ein eigenes Mißgeschick. Der Tod hatte ihn auf eine Reise in dem Örtchen Unken ereilt, und unmittelbar darauf entdeckte man unter seinen Sachen ein Glas, in welchem sich ein großer, dunkler, haariger und mit Krallen versehener – Teufel zeigte. Natürlich wurde der Verstorbene der Zauberei verschrien, indem man behauptete, daß er einen »Glasteufel« mit sich geführt und wegen dieses »Hausteufelchens« (*spiritus familiaris*) eilten die guten Leute zum Pfarrer, damit die Leiche des Hexenmeisters ja nicht etwa in geweihter Erde begraben werde. Der verständige Geistliche erkannte in dem »Glasteufel« ein Mikroskop, in welches Tanner eine Mücke gelegt hatte. Nunmehr machte er den Leuten das Verhältnis klar, indem er vor ihren Augen die Mücke aus dem Mikroskop nahm und ein anderes Insekt hineinlegte, welches sich denn auch bedeutend vergrößert zeigte. Man sah den Irrtum ein, und die Leiche des Gelehrten wurde in der Ortskirche beigesetzt.

Als Tanners Werk zwei Inquisitoren gelesen hatten, erklärten diese, sie würden diesen Menschen, sobald sie ihn in ihre Gewalt bekämen, auf die Folter spannen.

Ein anderer Jesuit, Paul Laymann (1575 zu Innsbruck geboren und 1635 zu Konstanz gestorben), gab in München eine »Theologia moralis« heraus, in der er seine humanen Ansichten niederlegte und sich gegen die Hexenverfolgungen aussprach.

Indessen man kehrte sich im großen und ganzen nicht an die Mahnungen eines Tanner und Laymann, sondern mordete lustig weiter, so daß es schien, als sollten Laymanns Worte in Erfüllung gehen: »Es ist jetzt so weit gekommen, daß, wenn solche Prozesse noch länger fortgesetzt werden, ganze Dörfer, Märkte und Städte veröden und daß niemand sicher sein wird, nicht einmal Geistliche und Priester!«

Da erhob sich ganz plötzlich – und zwar ganz gewaltig – abermals eine Stimme gegen den Wahnsinn der Hexenverfolgungen; es war die des Jesuiten von Spee. Er war es, der sich die größten Verdienste um Bekämpfung der Hexenprozesse erwarb. Dieser berühmte und große Menschenfreund Friedrich Spee von Langenfeld, zu Kaiserswert im Jahre 1591 geboren, stand im Dienste der Mission und starb 1635 zu Trier. In einer seiner geistlichen Dichtungen, der *»Trutznachtigal«*, singt er unter anderem von der Trutznachtigal:

»Sich setzt an groben Eichen
Zur schnöden Schedelstatt,
Will kaum von dannen weichen,
Wird Kreutz noch Peinen satt.«

Dieser edle Mann hatte als junger Beichtvater in Franken viele zum Tode verdammte Hexen vorzubereiten und sie zum Scheiterhaufen zu begleiten. Durch die Mitteilungen, welche ihm die unglückseligen Schlachtopfer finsteren Menschenwahns gemacht, veranlaßt, schrieb er im Jahre 1631 in heiligem Eifer für die Wahrheit sein Werk Cautio criminalis sive de processibus contra sagas liber usw. (Kriminalistische Vorsicht oder das Buch gegen die Hexen). Dieses Buch, an die Obrigkeiten gerichtet, legte die Ungerechtigkeiten in den Hexenprozessen dar und unterzog die damalige Rechtspfelge einer strengen Kritik. Die erste Auflage dieser Schrift erschien im Jahre 1631 in Rinteln ohne Angabe des Verfassers, welcher sich seiner persönlichen Sicherheit halber nicht nennen konnnte, bloß mit der Bemerkung: auctore incerto theologo Romano. Dem Kurfüsten von Mainz entdeckte Spee jedoch seine Verfasserschaft. Auf die Jursitenfakultät von Rinteln hat das Buch keinen Einfluß geübt, denn diese hat noch lange danach Todesurteile gefällt (so im Jahre 1653). Sein Werk blieb indes bei seinen Zeitgenossen nicht ganz ohne Erfolg; so wirkte es beispielsweise so auf den Kurfürsten von Mainz Johann Philipp von Schönborn derartige ein, daß so lange, als dieser regierte, in seinem Lande keine Hexe verbrannt wurde. Anders war es bei den meisten Juristen und Theologen seiner Zeit; bei diesen stieß er auf taube Ohren.

Der treue Wahrheitskämpfer Spee erzählte u. a., es hätten ihm ganz kräftige und mutige Männer, welche gefoltert worden, versichert, es könne kein Schmerz gedacht werden, der so unausstehlich sei, wie der der Tortur, und sie würden sofort auch die abscheulichsten Verbrechen auf sich nehmen und bekennen, wenn man sie wieder mit der Folter bedrohen würde, und lieber, wenn es möglich wäre, zehnmal sterben, als sich noch einmal foltern lassen.

Nachdem Spee die Folter beschrieben, bemerkt er:

»Es wäre wohl etwas, wenn man nach einmal beständig ausgehaltener Tortur vor ferneren Martern gesichert wäre; aber da man die peinliche Frage zum zweiten, dritten, auch wohl mehr Malen repetiert, und des Folterns, Ziehens Geißelns, Sengens und Brennens fast kein Ende ist, darf ihm niemand den Gedanken machen, wieder los zu werden.

Wer wollte nicht lieber sterben und mit tausend Lügen sich einer solchen Pein und Marter überheben?

Aber viele halten es für eine Todsünde, sich zu dem Laster der Zauberei (das sie nicht begangen) zu bekennen. Damit sie nun solchergestalt ihre Seele nicht beschweren mögen, so strecken sie alle ihre Kräfte daran, daß sie die Marter aushalten, müssen aber endlich doch wegen Unleidlichkeit der Marter gewonnen geben, und wann sie alldann vermeinen, daß es wegen solcher falschen Bekenntnis nunmehr um ihre Seligkeit schon getan sei, wie ängsten, quälen und bekümmern sich dann solche arme Leute im Gefängnsi, also, daß ihrer viele in Verzweiflung fallen!

Wehe der Armen, welche einmal ihren Fuß in die Folterkammer gesetzt hat! Sie wird ihn nicht wieder herausziehen, als bis sie alles nur Denkbare gestanden hat.«[66]

Über die Habsucht der Richter und Kommissare, die für den Kopf einen gewissen Preis bezogen, schreibt der mutige Spee:

»Sie suchen allerlei Ränke, damit diejenigen, so sie wollen, nicht unschuldig erfunden worden; da werfen sie dieselbige in ein böses Gefängnis, plagen und quälen sie daselbst durch Gestank und Unflat, zähmen sie mit Kälte und Hitze, spannen sie von neuem auf die Folterbank, und plagen und ängsten sie so lang und viel, bis sie die arme ausgemachte Kreatur zu Bekenntnis genötigt haben.«

Spee berichtet des weiteren, wie die durch die Folter zum Geständnis gebrachte Angeschuldigte auf Mitschuldige ausgeforscht wurde:

»Wenn sie aufs Beständigste dabei bestunde, daß sie deren keine wüßte oder kennete, pflegt der Richter sie zu fragen: »Ei, kennst du denn die NN. nicht, hast du dieselbe nicht auf dem Tanz gesehen?« – sagte sie alsdann, nein, sie wüßte nichts Böses von derselben, so hieß es alsbald (zum Henker): Meister, ziehe auf, spanne besser an (die Folter); als dies geschah, und die Gemarterte den Schmerz nicht erdulden konnte, sondern rief: ja, sie kennet dieselbe und hätte dieselbe auf dem Tanz gesehen,man sollte sie nur herunterlassen, sie wolle nichts verschweigen: so ließ er solches zu Protokoll nehmen.«

Vergebens mahnt Spee, man möge sich wohl versehen: »ob die Besagenden nicht auch von der Rotte seien, welche in ihrer Phantasie betöret und geblendet worden, also daß sie meinen, sie seien gewesen und haben gesehen, wo sie doch in Wahrheit nicht hingekommen und was sie ihn Wahrheit nicht gesehen haben.«

Spee warnt:

»Wenn man auf die Besagung so viel zu geben pflegt, so hat der Teufel, als ein abgesagter Menschenfeind, die gewünschte Gelegenheit an der Hand, die Unschuldigen in Unglück und Verderben zu stürzen.« –

Spee sah im Paderbornischen soviel Hexen verbrennen, daß sein zartfühlendes Herz schauderte. Aus Kummer über eine Hexe, die er als Geistlicher zum Holzstoß begleiten mußte, soll sein Haar in einer Nacht grau geworden sein. In seinem schon erwähnten Buch »Cautio criminalis« fleht er alle Fürsten und Obrigkeiten an, dem Greuel ein Ende zu machen.

Schwer klagt er die Fürsten an, die alle diese unmenschlichen Greuel begehen ließen. »Wehe den Fürsten! Was ist das für eine Blindheit Deutschlands? Und solche Doktores fragen die Fürsten um Rat, und solcher Leute Stolz und Unwissenheit muß das gemeine Wesen ertragen!« Er klagt hauptsächlich den brutalen Kastengeist der Juristen an, die aus jenen Prozessen ihr Privilegium und eine Erwerbsquelle gemacht. Als Beichtvater aber sah er tief ins Innere der unglücklichen Opfer, und seine Schrift ist das Beste, was jemals über Hexenverfolgungen geschrieben worden ist.

Er rief den Unglücklichen zu: »Was hoffet ihr noch? Warum bekennst du dich nicht sofort schuldig, du thörichtes, wahnsinniges Weib, warum so oft sterben, da du das mit einem Male abmachen kannst? Befolge meinen Rath, bekenne nur aller Strafen dich schuldig und stirb! Du wirst doch nicht entrinnen!«

Schon nach einem Jahre folgte der erste Auflage von Spees Cautio criminalis eine neue, welche in Frankfurt a. M. erschien und auch ins Deutsche übersetzt wurde. Dadurch trug das Werk sehr viel dazu bei, daß die Hexenrichter und Fanatiker überhaupt von jenem finstern Wahn allmählich zurückkamen und die Menschenwürde in der Folge ihr Recht wiedererlangte.

Friedrich Spee von Langenfeld starb, erst 44 Jahre alt, am 7. August 1635 zu Trier, als ein Opfer seiner Nächstenliebe, an einem ansteckenden Fieber, das er sich bei unausgesetzter Krankenpflege zugezogen hatte.

Erst durch Leibniz hat die Welt erfahren, daß Spee der Verfasser der die Hexenverfolgungen von Grund aus erschütternden Bücher gewesen. »Dieser große Mann« – sagt Leibniz von Spee – »verwaltet in Franken das Amt eines Beichtvaters, als im Bambergischen und Würzburgischen viele Personen wegen Zauberei verurteilt und verbrannt wurden.

Johann Philipp von Schönborn, später Bischof von Würzburg und zuletzt Kurfürst von Mainz, lebte damals in Würzburg als Kanonikus und hatte mit Spee eine vertraute Freundschaft geschlossen. Als nun einst der junge Mann fragte, warum wohl der ehrwürdige Vater ein graueres Haupt habe, als seinen Jahren gemäß sei, antwortete dieser: das rühre von den Hexen her, die er zum Scheiterhaufen begleitet habe. Hierüber wunderte sich Schönborn, und Spee löste ihm das Rätsel folgendermaßen: Er habe durch alle Nachforschungen in seiner Stellung als Beichtvater bei keinem von denjenigen, die er zum Tode bereitet, etwas gefunden, woraus er sich hätte überzeugen können, daß ihnen das Verbrechen der Zauberei mit Recht wäre zur Last gelegt worden. Einfältige Leute hatten sich auf seine beichtväterlichen Fragen, aus Furcht vor wiederholter Tortur, anfänglich allerdings für Hexen ausgegeben, bald aber, als sie sich überzeugten, daß vom Beichtvater nichts zu besorgen sei, hätten sie Zutrauen gefaßt und in ganz anderem Ton gesprochen. Unter Schluchzen hätten alle die Unwissenheit oder Bosheit der Richter und ihr eigenes Elend bejammert und noch in ihren letzten Augenblicken Gott zum Zeugen ihrer Unschuld angerufen. Die häufige Wiederholung solcher Jammerszenen habe einen so tiefen Eindruck auf ihn gemacht, daß er vor der Zeit grau geworden. Als Schönborn vertrauter mit Spee geworden war, gestand ihm dieser auch, daß er der Verfasser der Cautio criminalis sei.

In der Folge wurde Schönborn Bischof und Reichsfürst, und so oft eine Person der Zauberei bezichtigt wurde, zog er, eingedenk der Worte des ehrwürdigen Mannes, die Sache vor seine Prüfung und fand die von jenem ausgesprochenen Warnungen nur allzu begründet.«

Auch die Briten Webster und Hutchinson, welche das Jahrhundert zur Vernunft zurückführen wollten, verdienen als Bekämpfer des Hexenwahns einen ehrenvollen Platz in der Geschichte. Immerhin bleibt der erste Bekämpfer des Zauberwahns der Protestant Weier.

Der tübingische Theologe Theodor Thummius trat, wenn auch noch im Wahn befangen, doch wenigstens für mildere Behandlung der Angeklagten ein. Ein anderer Protestant, der Prediger Joh. Grevius aus dem Orte Büderich, kämpfte gegen die Folter. Er hatte einundeinhalb Jahre zu Amsterdam in einem entsetzlichen Kerker geschmachtet, und unmittelbar nach seiner Freilassung schrieb er ein Werk, in welchem er nachwies, daß die Folter dem deutschen Rechtsverfahren von Haus aus fremd, daß sie mit dem Naturrecht und mit dem Gesetz der christlichen Liebe durchaus unverträglich, daß sie völlig unnütz und entbehrlich und daß sie trügerisch und verderblich sei, indem ermarterten Bekenntnissen kein Wert beigelegt werden könnte und auf Grund solcher Geständnisse gar oft Unschuldige in gräßlichster Weise gepeinigt, verurteilt und hingerichtet würden. Wirklichen Erfolg konnte sein Werk, trotz des Aufsehens, das es machte, doch erst nach einem Jahrhundert haben, wo es im Jahre 1737 zu Wolfenbüttel aufs neue erschien.

Das erste Land, in welchem – Dank den Bemühungen Spees – die Einstellung der Hexenprozesse vor sich ging, war das Kurfürstentum Mainz unter Johann Philipp von Schönborns Regierung (1647-1673). Auch im Bistum Bamberg legte sich seit 1631 der Eifer.

Die römische Geistlichkeit im allgemeinen ließ sich dadurch indessen in ihren Hexenverfolgungen nicht stören, und noch im Jahre 1623 erschien eine das Hexenwesen betreffende Verfügung Papst Gregors XV., nachdem einige Jahre zuvor mehrere Mönche hingerichtet worden waren, weil sie den Papst durch zauberische Wachsbilder zu töten versucht haben sollten.

Dem trefflichen Weier folgte etwa zwanzig Jahre später ein anderer Protestant als gleich eifriger Bekämpfer der Hexenprozesse. Es war Meyfart, Direktor des Gymnasiums zu Koburg, dem gleicher Ruhm wie dem edlen Spee gebührt, der aber bisher nur selten so, wie er es verdient, unter den unerschrockenen Vorkämpfern der Humanität genannt worden ist. Sein Buch »Christliche Erinnerungen an gewaltige Regenten und gewissenhafte Prädikanten« (Dominikaner) ist mit derselben aus tiefster Seele quellenden Empörung über die unerhörten Greuel, deren Augenzeuge er gewesen, wie die Schriften Spees, geschrieben. Es enthält Stellen, welche man nicht ohne Erschütterung lesen kann.

So erzählt er, er sei von Jugend auf bei den protestantischen Gerichten Zeuge gewesen, wie man Gefangenen keinen Schlaf gestattete und sie, gerade so wie es auch in Schottland üblich war, mit spitzen Stacheln aufweckte, wenn sie die Augen schlossen, wie man ihnen nur Speise, mit Heringslake gesalzen, reichte, aber ihnen keinen Tropfen Wasser gönnte! Er hatte gehört, wie die Prädikanten herangezogen kamen – blinde Eiferer, die keinen schonten; die ihre Predigten mit feurigen Blitzen voll luden, hervorbrechend in eigenem Hirnwahn und stutzigem Trotz, und schreiend nach Ketten und Banden, nach Türmen und Löchern, nach Holz und Stroh, Rauch und Feuer, Pulver und Schwefel; indem sie wähnten, das heiße den Spruch des Herrn befolgen: »Lernet von mir, denn ich bin sanftmütig und von Herzen demütig.« Dann sah er die Malefizräte mit eisernen Händen zugreifen und in der heimlichsten aller Sünden ohne alle Bescheidenheit verfahren. Er war Zeuge, wie das arme Volk auf ihr Geheiß zerschlagen, gepeitscht, zerquetscht, zerschraubt, zerzerrt, zerrissen, verwüstet, verderbt und verödet wurde; wie der »Trutenkarren« täglich durch die Straßen polterte und der Truten doch stündlich mehr wurden. »So lasset euch nun weisen, ihr Könige«, ruft er aus, »und lasset euch züchtigen, ihr Richter auf Erden! All ihr Könige Fürsten und Regenten, ihr Zentgrafen, ihr Beisitzer, ihr Malefizschreiber, Henker, Peiniger! Ihr müßt dermaleinst Rechenschaft geben von jedem Worte, das da geboten: zu fahen, zu geißeln und köpfen und brennen; von jedem Hohne, mit welchem ihr der armen Gepeinigten gespottet, von jeder Träne, die sie ausgeweint, von jedem Tropfen, den sie ausgeblutet!«

Die Seuche der Hexenverfolgungen hatte ihren Höhepunkt erreicht; die Krisis trat ein, und allmählich hörten die Hexenprozesse auf.

Wie wir bereits erwähnt, mußte man im Bambergischen wegen Mangel an Geld in den fürstlichen Kassen das kostspielige Verfahren einstellen; auch haben wir schon gesehen, daß der Kurfürst von Schönborn von Mainz in Würzburg und Mainz sich das große Verdienst erwarb, dem Jammer ein Ende zu machen. Ein anderer Ehrenmann, ein schwedischer Offizier, nahm sich der Verfolgten im Osnabrückischen an, und seiner Herrin, der Königin von Schweden, erste Regierungshandlung in den neuerworbenen deutschen Landen war die Niederschlagung sämtlicher schwebenden Hexenprozesse; sie erließ am 16. Februar 1649 den Befehl, »daß alle fernere Inquisition und Prozeß in dem Hexenwesen aufzuhören habe usw.« Allerdings kommen unter Christinens Nachfolgern auch wieder Hinrichtungen von Zauberern in Schwedisch-Pommern vor; indes war es von Wichtigkeit, daß im Jahre 1683 in Mecklenburg aufs strengste verboten wurde, »daß hinfüro in den peinlichen Gerichten bei angestellten scharfen Verhör der wegen Zauberei Inhaftierten und der Tortur untergebenen Delinquenten so wenig von dem zu der peinlichen Befragung adhibierten (gebrauchten) Richter gefragt werden sollte, ob reus oder rea (der Beklagte oder die Beklagte) auf dem Blocksberg gewesen und daselbst gegessen, getrunken, getanzt oder anderes teuflisches Gaukelwerk getrieben und diese oder jene Person mitgesehen und erkannt habe, noch auch, so der Gepeinigte von selbst obiges alles erzählen und für Wahrheit berichten wollte, desselben Bekenntnis einigen Glauben beilegen, noch zu Protokoll bringen und des Beklagten Namen verzeichnen lassen sollen, zumalen alle dergleichen Denunziationen zu keinem Grunde rechtschaffener Beweisung zu legen seien.«

Ende des 17. Jahrhunderts sprach schon die Juristenfakultät zu Frankfurt einem Geistlichen, den ein altes Weib der Zauberei beschuldigt hatte, das Recht zu einer Beleidigungsklage gegen den Richter zu, weil er den Blödsinn der Alten zu Protokoll genommen hatte, und Friedrich Wilhelm, »der Große Kurfürst« von Brandenburg, ließ vom Professor Joh. Brunnemann zu Frankfurt eine »Anleitung zu vorsichtiger Anstellung des Inquisitionsprozesses« aufstellen, in welcher unter anderem als ein abzustellender Mißbrauch bezeichnet wird, »daß die Leute so lange torquiert werden, bis sie etwas bekennen, welches absonderlich bei denen, so der Hexerei beschuldigt werden, gebräuchlich ist.«

Fortan durfte in des Kurfürsten Landen die Peinigung nicht über eine Stunde dauern, weshalb der Richter eine Sanduhr bei sich haben mußte, die er bei Beginn des Folterns umzukehren hatte. Auch mußte die Tortur wenigstens fünf oder sechs Minuten nach dem Essen oder am frühesten Morgen oder »was das Beste«, nachts vorgenommen werden, und was der Einschränkungen mehr waren. –

Obgleich in Frankreich das Parlament von Rouen dem König Ludwig XIV. aus theologischen und juristischen Gründen das wirkliche Vorhandensein der Hexerei und die Notwendigkeit der Todesstrafe zu beweisen suchte, so schlug derselbe doch im Jahre 1672 die Untersuchungen in der Normandie nieder und setzte alle eingezogenen Hexen in Freiheit. Später jedoch (1683) bedrohte er in einem Gesetze die Zauberei unter gewissen Voraussetzungen wieder mit der Todesstrafe. Trotzdem, weil eben die Gesichtspunkte genau bezeichnet ware, ist dies als ein Fortschritt gegen das frühere Verfahren anzusehen.

In Genf hörten seit 1632 die scheußlichsten Prozesse, wie sie gerade dort in Blüte standen, auf.

Auch in England gerieten die gerichtlichen Hinrichtungen von Zauberern seit 1682 ins Stocken, und in Holland soll der letzte Fall ums Jahr 1610 vorgekommen sein. Dort trat im Jahre 1658 der Mennonit Abraham Palingh, Arzt und Apotheker zu Haarlem, mit einer Schilderung des Hexenwesens in die Öffentlichkeit, in welcher er die Nichtigkeit und Torheit desselben dartat.

Inzwischen machten die Naturwissenschaften große Fortschritte, und sehr richtig bemerken Soldan-Hoppe: »Was Kepler, Galilei, Gassendi, Harvey, Guericke, Huygens u. a. geleistet haben, ist der Philosophie und Humanität, überhaupt dem Kulturleben zugute gekommen. Die großen Geister des Jahrhunderts, Hobbes, Bacon, Descartes, Spinoza, Leibniz und Newton, hoben die ganze alte Methode der Wissenschaft aus den Angel und zündeten ein Licht an, das freilich den blöden Augen gar mancher Zeitgenossen wehe tat, aber den dankbaren Nachkommen desto wohltätiger vorgeleuchtet hat. Vor diesem Licht ist auch der Aberglauben erblichen usw.« »Die Philosophie«, heißt es weiter in Soldan-Hoppes klassischem Werke, »riß sich los von der Obervormundschaft der Theologie. Vor der Erkenntnis des Naturgesetzes wich das Wunder des Aberglaubens und die Teufelei, vor der eigenen Einsicht die traditionelle Autorität (überlieferte unbedingte Glaubwürdigkeit), vor einer geistigen Auffassung der Buchstabenkram; der starke, eifrige Gott der Juden, der da straft bis ins vierte Glied, machte im Herzen der Theologen demjenigen Platz, der seine Sonne aufgehen läßt über die Guten und Bösen, und der Jurist bat dem Höchsten die Lästerung ab, die er ihm zugefügt, als er in der Bestrafung eingebildeter Verbrechen sich vermaß, zur Rache für die beleidigte göttliche Majestät das Schwert zu ziehen.«

Auch der Franzose Gabriel Naudé erwarb sich Verdienste um die weitere Aufklärung über den Hexenwahn. Dagegen verteidigte der Engländer Glanvil (gest. 1680) denselben noch mit großem Geschick. Zu seinem Schrecken gebot die englische Regierung dem Friedensrichter Mr. Hunt in Somerset in seiner fanatischen Hexenaufspürerei Einhalt. Da trat der Arzt Webster in ähnlicher Weise wie der Deutsche Weier in einer Druckschrift gegen den unglückseligsten Wahn, an dem jemals die Christenheit erkrankt gewesen, auf, trotzdem Glanvil zahlreiche Nachbeter gefunden hatte.

Auch der niederländische Theologe Balthasar Becker schritt rüstig auf der Bahn der Aufklärung weiter. Er schrieb ein Buch. »De betooverde Wereld« (die bezauberte Welt), welches in Amsterdam (1691-1693) erschien, und worin er den ganzen Teufelsglauben in dessen vollkommener Nichtigkeit darstellte. Wegen seines Freimuts und seiner helleren Ansichten wurde jedoch auch er, wie es den aufgeklärten Geistlichen fast immer ergangen, von den Theologen verfolgt, verlor sein Amt, weil er nicht widerrufen wollte, vielfach geschmäht und gekränkt, im Jahre 1698. Sein Name aber möge leuchten unter denen der Männer des Lichts!

Er war der erste, der die Nichtigkeit des gesamten Zauberglaubens erkannte und den Blödsinn bis auf die Wurzel bloß legte.

Beckers Vater war deutscher Abkunft. Auf Besuch bei Verwandten in Bielefeld hatte er in der Nähe die Hexenverfolgungen kennengelernt; er starb am 11. Juli 1689 in Amsterdam.

Ein deutscher Mann und ausgezeichneter Gelehrter führte den Kampf gegen die Macht der Finsternis mit frischem Mut und glükklichem Erfolge fort. Dieser Mann, Christian Thomasius (geboren 1656, gestorben 1728), Professor der Universität Halle, zu deren Gründung (1694) er Veranlassung gegeben hatte. In mehreren Schriften über den Teufels- und Hexenglauben erklärte Thomasius allen orthodoxen (strenggläubigen) Katholiken und Protestanten zum Trotz, frei und kühn: »Es gibt gar keinen Teufel.« Seine Schriften über diesen Gegenstand sind folgende: »Dissertatio de crimine magiæ« (Dissertation von dem Verbrechen der Zauberei) und: »De origine et progressu processu inquisitorii contra sagas« (Vom Ursprung und Fortgang des Inquisitionsprozesses gegen die Hexen).

Zwar erregten seine Schriften, welche die Barbarei und den Unsinn an der Wurzel erfaßten, den erbittertsten Streit, in dem es alle Dunkelmänner und alle diejenigen, deren zeitlicher Vorteil an das Fortbestehen der Hexenprozesse und des Aberglaubens geknüpft war, und die es an einer Flut von Gegenschriften nicht fehlen ließen: allein die so lange unterdrückte Wahrheit trug endlich den Sieg davon, und die Jahrhunderte hindurch so schändlich verhöhnte Menschenwürde feierte zuletzt doch ihren Triumph, zumal sich alle Gegner derselben gerade in diesem Streite durch ihre Gegenschriften vor der immer mündiger gewordenen Meinungen selbst der Lächerlichkeit preisgaben, indem sie die Nichtigkeit der von ihnen behaupteten abergläubischen Grundsätze dartaten. Thomasius warf unerschrocken den blinden Autoritätsglauben über den Haufen, erlöste die Wissenschaft aus den starren Fesseln der Theologie und setzte an Stelle der verknöcherten, scholastischen Philosophie das freie Denken. Die Fakultätsmenschen verdächtigten ihn als staatsgefährlichen Freigeist. Man konfiszierte seine gesamte Habe und hätte ihn sicher auf das Schafott gebracht, wenn er nicht von Leipzig nach Berlin geflohen wäre, wo der erste Preußenkönig, Friedrich I., unter dessen Szepter Thomasius die Universität Halle namentlich mit ins Leben rief, sich seiner annahm.

Thomasius führte die Sache der Humanität und Vernunft so siegreich und glänzend durch, daß man wohl von ihm sagen kann: Er hat durch seine Bestrebungen dem Werke aller seiner ehrenwerten und ausgezeichneten Vorgänger den Schlußstein eingefügt und ihm die Krone aufgesetzt.

Die schmachvollen Hexenprozesse wurden durch seine bereits erwähnten beiden Schriften, die später ins Deutsche übersetzt wurden, und auch in die breiteren Schichten des Volkes drangen, so mächtig erschüttert, daß fortan sich die deutschen Gerichte zu schämen begannen, solche zu führen, und mit Recht konnte Preußens großer Philosoph auf dem Throne,

König Friedrich II., ihm das Zeugnis geben: »Thomasius habe den Weibern das Recht vindicirt (verliehen), alt zu werden«, und von ihm sagen, daß Thomasius von allen Gelehrten, die Deutschlands Ehre verherrlichten, neben Leibniz dem menschlichen Geiste die wichtigsten Dienste getan habe.

Nach Thomsius kamen schließlich auch die meisten protestantischen Theologen zu dem Ergebnis und darin überein, daß die Lehre vom Teufel keine wesentliche Religions- und Glaubenslehre sei. Damit verlor sich das Hirngespinst vom Teufel und der Zauberei immer mehr, und selbstredend hörten auch die unseligen Hexenprozesse auf. Ein treuer Verbündeter des Thomasius aber war vor allem die Presse gewesen, deren Macht jenen Sieg des Lichts über die Finsternis, der Wahrheit über Lüge, Wahn und Truggebilde zum Segen der gesamten Menschheit erringen half und die reine Christuslehre von jenen Schlacken säuberte, die aus der Religion der verkörperten Menschenliebe so lange ein Zerrbild gemacht und an Stelle der Bruderliebe Scheiterhaufen und Blutgerüste gesetzt, sowie Aufklärung und Gesittung zurückgedämmt hatte.

Thomasius fand Unterstützung an Johann Reiche, der, um das Publikum nach und nach auf den richtigen Standpunkt zu führen, seine »Unterschiedlichen Schriften vom Unfug des Hexenprozesses« herausgab.

Aber trotz dieser Heroen des Geistes, deren Namen jeder Deutsche kennen sollte, die wie keine anderen würdig sind, in dem Gedächtnis der christlichen Völker in dauerndem Gedächtnis zu bleiben, wußte der Aberglaube die Herrschaft der Geister noch immer zu behaupten.

Bis tief ins 18. Jahrhundert hinein rauchten die Scheiterhaufen; noch 1701 wurden in Zürich sieben Hexen und ein Zauberer verbrannt, 1714 auf dem Heinzeberge in Graubünden eine sechzehnjährige Hexe. –

In Zug erschien am 9. August 1737 Katharina Kalbacher, ein siebenjähriges Mädchen, vor dem Hexentribunal, in welchem die Jesuiten in Luzern eine Besessene erkannt hatten. In ihren Geständnissen nannte sie sechs Mitschuldige und fügte später noch drei hinzu.

Die Angezeigten wurden in den berüchtigten »Kaiben-Turm« zu Zug geworfen, über welchen folgende Schilderung noch vorhanden ist:

»Durch einen verschlossenen Gang gelangt man vor der Straße in das Innere, und eine feuchtmodrige Luft, die einem hier entgegenweht, verkündet das Unheimliche des Orts, an dem man sich befindet. Nachdem die Lichter angezündet, wird man eine schwache Treppe hinauf zur eigentlichen Folterstube geführt. Dieselbe ist mit doppelten Türen verschlossen. Aus derselben dringt kein Laut, in dieselbe kein Licht. In der Mitte ist eine Foltermaschine, links daneben eine Vorrichtung zum spanischen Bock, vor derselben eine erhöhte Bank für die Richter, rechts davon eine gleiche für die Kanzlei, hinter ihnen das Bild des Gekreuzigten. An den Wänden stehen Stühle für die Läufer und Henkersknechte. Auch sieht man eine Art von Luftzug angebracht, in dem bei den Exekutionen

Wacholderholz verbrannt ward. Überbleibsel verschiedener Folterwerkzeuge, Haselruten usw. liegen zerstreut umher. Zum Überfluß erzählt der begleitende »Läufer« einem noch die femenartige Form und Sprache, die bei Gebrauch der Folter üblich waren.

Über und unter diesem Lokale befinden sich je zwei Gefängnisse, die in diesen dunklen Räumen freistehend, von Eichenholz gebaut, so ziemlich einem Schweinestall ähnlich sehen. Licht fehlt ganz, und Luft kann aus dem äußeren dumpfen Raum nur durch einen einige Zoll breiten Einschnitt in das Gemach dringen. Von Geradestehen oder Geradeliegen kann keine Rede sein.«

Im jetzigen Donaukreise des Königreichs Württemberg bestand das Reichsstift Marchtal (z. Z. Standesherrschaft des Fürsten von Thurn und Taxis), welches noch in der ersten Hälfte des 18. Jahrhunderts in der Geschichte der Hexenprozesse eine traurige Rolle spielt. Dort wurden zu Anfang der vierziger Jahre des vorigen Jahrhunderts zwei Schweizerinnen als Hexen verbrannt, dann 1747 sechs, von denen zwei Mutter und Tochter waren. Man hatte sie im Dorfe Alleshausen am Federsee aufgegriffen und durch die Folter Geständnisse von ihnen erpreßt. Sie wurden zur Strangulierung oder Hinrichtung mit dem Schwerte und Verbrennung des Leichnams verurteilt. Eine der Frauen ließ sich auch zu dem Geständnis treiben, daß sie ihre Tochter »Annele« mit zum Hexentanzplatz genommen und auch diese mit dem Teufel gebuhlt habe. »Sie habe«, heißt es im Protokoll, »ihr Kind mit auf diesen Schelmentanz genommen und wolles es nun auch mit sich in die Ewigkeit nehmen.« Und als die Tochter bald ihr Schicksal zu teilen hatte, sagte sie: Jetzo habe sie Gott in ihrem Herzen.

Im ersten Verhör wiesen jene unschuldig Angeklagten alle Beschuldigungen zurück. Nunmehr wurde zunächst die siebzigjährige Lisi Bossard gefoltert. Sie wurde »gesetzt« dann »gebunden« und mit dem »kleinsten Stein aufgezogen«, gab aber hängend »unter erschrecklichem Geschrei«, aber tränenlos und bei allen weiteren Torturen auf alle Fragen ein entschiedenes »Nein« zur Antwort. Ähnlich erging es den übrigen.

Die vierzigjährige Ehefrau Anna Gille war am 12. August 1737 in voller Kraft und Gesundheit und im Besitz eines starken, abgehärteten Körpers eingebracht worden, und am 29. Januar 1738 fand man sie zerschlagen, zerquetscht und zerrissen an Fleisch und Knochen, kaum noch ein menschliches Aussehen an sich tragend, in der Ecke eines der Löcher im Kaibenturm zusammengekauert tot vor.

Das erste Verhör dieser Erbarmungswürdigen eröffnete man damit, daß man sie das Zeichen des Kreuzes machen, fünf Vaterunser und Ave Maria, sowie den Glauben und die »offene Schuld« beten ließ, wonach eine Reihe Fragen erfolgten und sie, da sie nicht bekannte, gefoltert wurde. Sie wurde nackt ausgezogen, mit einem Hexenkleid angetan, »ist ihr dann unseres Erlösers Jesu Christi... (das Wort fehlt im Torturprotokoll) um den Leib gelegt und heilige und gesegnete Sachen an den Hals gehängt worden, wie auch Salz, das an einem Sonntage gesegnet war – ist auch exorzisiert worden, hat aber hierauf keine Träne vergossen. Sind ihr hierauf im Weihwasser drei Tropfen von einer gesegneten Wachskerze gegeben, ist hierauf wieder lange geistlich zugesprochen worden« usw. Bis zum 2. September war sie schon zwölfmal gefoltert worden, und zwar stundenlang mit Anhängung der schwersten Steine, dann hatte man sie in die »Geige« gespannt, ihr den »eisernen Kranz« aufgelegt, und schließlich war sie »im Namen der allerheiligsten Dreifaltigkeit« nach Entblößung ihres Körpers erst auf dem Rücken, dann auf den Fußsohlen mit Haselstöcken zerhauen worden, im vierzehnten Verhör sogar mit dreihundert Rutenstreichen. Aber das Heldenweib blieb standhaft. Bald aber begannen die Verhöre und die Folterungen mit ihr von neuem, und zwar mit Anhängung aller drei Steine an die Füße. Das Ende dieses Opfers richterlicher Grausamkeit kennen wir und übergehen den albernen amtlichen Bericht über den Leichenbefund. Sie wurde bei Nacht ohne Geläute und Lichter auf dem Kirchhofe in das »Bretterloch« hinuntergelassen.

Marx Stadlin von Zug, seine Frau und seine Tochter Euphemia waren die von dem Unglücksmädchen Kati Kalbacher nachträglich vor ihrer Hinrichtung noch angegebenen Personen. Marx Stadlin erlitt standhafte alle Foltergrade; auch seine kaum achtzehnjährige Tocher ertrug heldenhaft ihr entsetzliches Los, eine Märtyrerin der Wahrheit. Sie wurde mit ihrem Vater schließlich freigesprochen. Die Mutter dagegen gestand und widerrief dann, bekannte sich zuletzt aber als Hexe.

Die übrigen wurden auf die grausamste Weise hingerichtet.

In Neuschatel wurde 1743 ein Zauberer gerädert und dann lebendig verbrannt.

Noch im Jahre 1782 wurde zu Glarus in der Schweiz Anna Göldlin als die letzte Hexe verbrannt, nachdem in demselben Kanton das Jahr zuvor einer Hexe der Kopf abgeschlagen worden war.

Im Jahre 1725 fand in Hechingen eine Hinrichtung statt, und in demselben Jahre wurden ebendaselbst fünf Gulden Belohnung ausgesetzt für den, der einen Kobold, Nix usw. fangen würde.

1731 wurden in Olmütz neun Leichen verbrannt, weil man glaubte, es seien Vampire, welche Schlafenden das Blut aussaugten. 1744 wurden zu Tepperbuden bei Kolditz in Niederschlesien fünf Hexen in einer Tonne angekettet, gemartert und verbrannt. Ein Ehemann mußte selbst das Holz zum Verbrennen seiner Frau herbeifahren, und die Kinder mußten den Scheiterhaufen bauen. 1754 wurde in Bayern ein dreizehnjähriges Mädchen als Hexe geköpft, 1755 zu Landshut abermals ein vierzehnjähriges. In demselben Jahre verbrannte man in Mähren wieder zwanzig Leichen.

Die letzte Hexe von München wurde am 17. November 1701 mit dem Schwerte hingerichtet und der Körper dann verbrannt.

Es war ein junges siebzehnjähriges Mädchen, namens Maria Theresia Kaiser, die Tochter eines Wachtmeisters zu Pfaffenhofen, eine Nachtwandlerin. Ihren verschiedenen »gütlichen und peinlichen« Aussagen nach zu schließen, muß ihre Phantasie etwas in Unordnung gewesen sein; die damalige Zeit aber übergab sie nicht einem Arzt, sondern dem Henker!

Eine der letzten Hexen in Bayern war eine geborene Münchnerin, Maria Renate Sänger, eine Nonne im Kloster Unterzell in Franken. Sie wurde als Hexe angeklagt, am 21. Januar 1749 auf dem Schlosse zu Würzburg enthauptet und ihr Körper dann verbrannt.

Würzburg war damals fürstbischöfliche Residenzstadt, und das Drama der unglücklichen greisen Nonne erregte den gerechten Unwillen der edlen Kaiserin Maria Theresia derart, daß sie es als einen Schandflecken der Geschichte der deutschen Nation bezeichnete.

Maria Renate Sängerin von Mohan gehörte seit fünfzig Jahren dem Kloster Unterzell bei Würzburg an und hatte es bis zur Würde einer Subpriorin gebracht. Eines Tages erkärte eine andere alte Nonne dem Propste des Klosters auf dem Sterbebette, die Subpriorin, die seit langer Zeit Teufeleien treibe, habe ihr ihre Krankheit angehext. Da das Ausreden des Propstes nichts fruchtete, so mußte er Anzeige erstatten, und alsbald begannen die Teufelsbeschwörer, Pater Siard und Konsorten, bei den Nonnen ihre Arbeit, wobei sich ergab, daß einzelne vom Satan besessen waren und noch dazu von recht unverschämten Teufeln.

Einer davon schrie beispielsweise den Pater Siard aus dem Leibe einer Nonne Maria Cäcilie, eines Edelfräuleins von Pistorini, an: »Du verfluchter weißer Hund, wie plagst und quälst du mich!« Pater Siard, an solche Teufelskomplimente vermutlich gewöhnt, preßte dem Bösen seinen werten Namen »Na-va-do-nesah« ab, und als ihn der fromme Teufelsbanner nicht gleich recht verstand und nochmals fragte, schrie Satan mit hoher Fistelstimme wütend: »Du Ochsenkopf hast gewiß Saublasen vor den Ohren; laße einen Sauschneider kommen, damit er sie dir abnehme.« – Aber trotz ihrer hochgradigen Grobheit vergaßen die Dämonen doch die Hauptsache nicht, nämlich aus den besessenen Nonnen heraus zu bekennen, daß sie der Subpriorin Quartier zu verdanken hätten.

Renate erklärte nun freimütig: die angeblich Besessenen verstellten sich nur oder hätten eine krankhafte Phantasie, *da es Besessene, Zauberer und Hexen überhaupt gar nicht gebe.* Damit hatte sie allerdings eine große Wahrheit gesprochen, und – das war ihr Unglück! Nun wurde sie auch noch der Ketzerei beschuldigt und verhaftet. In ihrer Zelle fand man »ihren Schmierhafen, ihre Zauberwurzel und Zauberkräuter, sodann einen goldenen Rock, in welchem sie zu ihrem gewöhnlichen Hexentanz auszufahren pflegte.«

Auf fürstbischöflichen Befehl wurde nun die Verhaftete auf dem Marienberg eingekerkert und vor eine aus zwei geistlichen Räten und zwei Jesuitenpatres zusammengesetzte Inquisitionskommission gestellt und ihr auf bekanntem Wege die erforderlichen Geständnisse abgepreßt, nämlich, sie habe sich schon als Kind durch ein altes Weib, einige Jahre später durch einen Reiter und im elften und dreizehnten Jahre durch zwei Offiziere, vermutlich verstellte Teufel, zur Hexerei und Buhlerei verführen lassen, und weil die Hölle den Namen Maria nicht dulde, habe man ihren Namen in Enna Renate umgewandelt. Schon im zwölften Lebensjahre hatte sie es bei den Zuammenkünften zur Ehrendame gebracht und hatte ihren Sitz nahe am Trone des Fürsten der Finsternis. Neunzehn Jahre alt, wurde sie wider ihren Willen ins Kloster gebracht, wo sie – natürlich zur Verdeckung ihrer Teufeleien – den Chordienst und alle ihre sonstigen Obliegenheiten mit größter Pünktlichkeit erfüllte. Auch Unzucht wollte sie mit dem Teufel getrieben haben usw.

Den Klosterpropst und den Abt von Oberzell habe sie zu schädigen getrachtet, auch sechs Personen im Kloster und etliche außerhalb desselben Auszehrung, Gliederschmerzen, Gicht und andere Gebrechen zugefügt, in sechs Mitschwestern den Teufel gehext, Pater Gregorium zu Kloster Ebrach und den Pater Nicolaum zu Kloster Ilmstadt die Vernunft verwirrt, unter anderem die heilige Hostie »zu dreienmalen in das geheime Ort« geworfen usw.

Daraufhin wurde »Maria Renata« am 23. Mai 1749 wegen dieser schweren Verbrechen und Missetaten aller christlichen Freiheiten und Vorrechte verlustiget und den weltlichen Richtern übergeben, jedoch mit der Weisung, daß man an der armen Sünderin keine »Gliederstümplingsstrafen« vornehmen möge, und das Gericht verurteilte sie zur Einäscherung bei lebendigem Leibe, welches Urteil der Fürstbischof jedoch in Enthauptung und demnächstige Verbrennung umwandelte.

Noch kurz vor der am Morgen stattfindende Hinrichtung bewahrte Renata die vollkommenste Ruhe. Nachdem sie sich noch an einer Weinsuppe gelabt, traf sie, vom Benediktiner Maurus als Beichtvater und vom Domprediger und Jesuitenpater Georg Gaar als »Galgenpater« begleitet, den Weg zur Richtstätte nach »der mittleren Bastei von Marienberg gegen Höchberg zu« an, und zwar »angetan mit einem braun und schwarz getupften kattunenen Kontuschel, einem lagen Rock, weißem Halstuch, unten eine weiße Nonnenhaube und oben eine schwarztaffente Matrazenhaube, in Summa eine alte und arme Tetterhex«, auf einem eigens hierzu angefertigten Stuhle, »weilens sie zu gehen unvermögend«, zum Richtplatz getragen, wo ihr alsbald der Kopf vom Rumpfe getrennt wurde.

Während dieser letzten Hexenhinrichtung wollten Zuschauer in den Lüften einen Geier gesehen haben, der selbstredend nur der Teufel sein konnte. – Nach der Enthauptung wurde der Leichnam von der Festung herab auf einen Platz gen Büttelbrunn getragen, wo vordem auch Hexen verbrannt worden. Vor der Verbrennung hielt am Holzstoße der »Galgenpater« eine salbungsvolle Rede an das versammelte Volk.

Diese Rede ist »aus gnädigstem Befehl einer hohen Obrigkeit in öffentlichen Druck gegeben« und seinerzeit sogar in der Hofbuchdruckerei zu Würzburg erschienen.

Dieser Hexenprozeß gab Anlaß zu einem Federkrieg, in welchem sich Girolamo Tartarotti und Francesco Scipione Maffei als Hexengegner auszeichneten. –

Nicht nur Landbevölkerung und Volksaberglaube gewährten diesem unseligen Hexenwahn so lange Schutz; auch die Gesetze sicherten ihm sehr geraume Zeit hindurch eine feste Stätte, Sitz und Stimme. Im Jahre 1746 wurde zu München wiederholt ein ausführliches Gestz erlassen »gegen Aberglauben, Zauber- und Hexenkünste«, das heißt also Verordnungen und Strafen für alle solche, die »den Teufel anbeteten, anriefen« usw., zum Beispiel: »Wer den Teufel anbetet, soll auf dem Holzstoße verbrannt und sein Vermögen eingezogen werden; wer den Teufel anruft, beschwört oder sonst magische Künste treibt, soll enthauptet und sein Vermögen eingezogen werden. Wahrsager, wenn sie solche Künste ernstlich betrieben haben und Leute damit verführten, sollen mit dem Schwerte hingerichtet werden. Wer jemandem Liebestränke beibrachte, durch zauberische Mittel Feindschaften erregte, den Menschen Krankheiten zuzog usw., sollte ebenfalls durch das Schwert sterben. Individuen, welche bei Zauberern oder Wahrsagern sich Rates erholten, den Aussprüchen derselben Glauben schenkten und Beifall gaben, sollten lebenslänglich aus dem Vaterlande verwiesen werden. Wer den Teufel anbetete und anbei durch Zauberkünste Menschen, Vieh und Feldfrüchte schadete, sollte verbrannt und nach Gestalt des zugefügten Schadens ehevor mit glühenden Zangen gekneipt werden.«

Auch noch im Kriminalkodex von 1751 befinden sich Strafen gegen »Zauberei, Hexerei und Verbindung mit dem Teufel«, und dieser Kriminalkodex war von dem damaligen Staatskanzler selbst verfaßt! – Übrigens hielt das Einstellen der Hexenprozesse in den deutschen Landen nicht gleichen Schritt. In den katholischen nahm die Entwicklung längere Zeit in Anspruch als in den protestantischen, und die Finsterlinge boten bis zum letzten Augenblicke stets ihre ganze Kraft auf, sie aufzuhalten. Allein der Siegeszug der Wahrheit ist durch keine Macht der Erde für die Dauer zu hemmen, das Himmelreich auf Erden, der Triumph der allgemeinen Menschenliebe wird und muß doch endlich der Menschheit werden.

In Bayern wurden leider noch im Jahre 1754 ein 13jähriges Mädchen und im Jahre 1756 ein 14jähriges Mädchen als Hexen enthauptet; ja noch im Jahre 1766 hatte der aufgeklärte bayrische Professor Sterzinger wegen einer Rede, »über das gemeine Vorurteil der wirkenden und tätigen Hexeren«, die er als Mitglied der bayrischen Akademie der Wissenschaft gehalten hatte, einen harten Kampf zu bestehen, den zwei Mönche, Merz und März, gegen ihn anstifteten, indem sie seine Lehre als eine gegenkirchliche bezeichneten und ihn selbst als Ketzer verdächtigten.

Im Gebiete des heutigen Königreichs Bayern ging noch im Jahre 1775 ein Hexenprozeß vor sich, und zwar im Stifte Kempten. Er begann am 6. März und endete am 11. April.

Anna Maria Schwägelin, eine Tagwerkerstochter von Lachen, hatte früh ihre Eltern verloren und mußte ihr Brot als Magd erwerben. Im Dienst eines protestantischen Hauses versprach ihr der Kutscher die Ehe, wenn sie lutherisch werde.

Das geschah, als sie dreißig bis sechundreißig Jahre alt war. Der Kutscher ließ sie jedoch sitzen und heiratete die Wirtstochter von Berkheim. Darüber erregt und zugleich in ihrem Gewissen beunruhigt, berichtete die Schwägelin die Sache einem Augustinermönch in Memmingen, der sie tröstete. Bei ihrem Übertritt in Memmingen in der Martinskirche habe sie die Schwörfinger aufheben und sagen müssen, daß sie auf dem lutherischen Glauben beharren wolle, und daß die Muttergottes und die Heiligen ihr nicht helfen können usw. Gott allein könne ihr helfen, sonst niemand. Da aber jener Augustinermönch wenige Tage nach ihrer Beichte auch dem katholischen Glauben abtrünnig wurde, so wurde sie besorgt, von ihm nicht richtig absolviert zu sein. Sie will hierauf die Sache einem Kaplan gebeichtet haben, der ihr die Absolution indes verweigerte, weil der Fall nach Rom berichtet werden müsse. Darauf sei der Kaplan versetzt worden und die Angelegenheit unerledigt geblieben.

Seitdem wurde Schwägelin eine Art Landstreicherin und schließlich in dem Zuchtschloß Langenegg untergebracht und deshalb einer geisteskranken Person namens Anna Maria Kuhstaller für zweiundzwanzig Kreuzer wöchentlich in Pflege und Aufsicht gegeben. Ihrer Aussage nach wurde die Schwägelin von der Kuhstaller überaus schlecht gehalten und ernährt und dabei mißhandelt. Sie konnte zuletzt weder gehen noch stehen.

Dies sollte aus Eifersucht geschehen sein, weil die Kuhstaller befürchtete, sie mache ihr den Zuchtmeister abspenstig. Das bestritt dieselbe, und der Zuchtmeister Klingensteiner stand ihr bei. Unmutig sagte einmal die Schwägelin, sie wolle lieber beim Teufel als in solcher Pflege sein, worauf sie von der Kuhstaller beim Gericht angezeigt wurde, daß sie bekannt, mit dem Teufel Unzucht getrieben, Gott und die Heiligen abgeschworen usw. Diese vom Zuchtmeister unterstützte Anzeige genügte, die armselige, gebrechliche Person, auf der»Bettelsfuhr« nach Kempten ins Gefängis holen zu lassen. In den Verhören am 6., 8. und 9. März erzählt sie ihre Leidensgeschichte bei der Kuhstaller, und daß sie auf deren stetes Fragen zugegeben habe, mit dem Teufel zu tun gehabt haben. Sie habe das nur getan, um Ruhe zu bekommen. Alsbald beginnt ein schamloses Forschen nach den Einzelheiten der Unzucht, ein Fragen nach Ekelhaftigkeiten, von denen die Unglückliche nie etwas vernommen. Im Verhör am 10. März versichert die Angeschuldigte, sich mit dem Teufel nur einmal, und zwar auf der Hart, versündigt zu haben.

Schließlich wird sie so weit gebracht, daß sie bekennt, jede Nacht mit dem Teufel Unzucht getrieben zu haben, und sie bejaht den blühendsten Blödsinn der Richterphantasie. Endlich, am 30. März, wird das Urteil gefällt, welches auf »Tod durch das Schwert« lautete. Die Bestätigung des Urteils lautet:

»Fiat justitia! Honorius, Fürstbischof!«

Das war der letzte Hexenprozeß auf deutschem Boden! –

In den österreichischen Staaten war es die edle Kaiserin Maria Theresia, welche die Hexenprozesse gänzlich beseitigte. In der betreffenden Verordnung heißt es unter anderem wörtlich:

»Wir haben eine Zeitlang mißfällig wahrnehmen müssen, daß nicht allein verschiedene von unseren Landeseinwohnern in ihrer Leichtgläubigkeit so weit gehen, daß sie dasjenige, was ihnen durch Traum oder Einbildung vorgestellt oder durch andere betrügerische Leute vorgespiegelt wird, für Gespenster und Hexerein halten, nicht minder den für besessen sich ausgebenden Menschen sogleich Glauben beimessen, sondern daß sie auch in ihrer Leichtgläubigkeit oftmals mit einigen von Vorurteilen eingenommenen Personen (die Geistlichen und Mönche) bestärkt werden; wie denn letzthin in unserem Markgrafentum Mähren die Sache so weit getrieben worden, daß verschiedene Körper aus den Friedhöfen ausgegraben und einige davon verbrannt worden, wo doch hiernächst bei der erfolgten Untersuchung sich nichts anderes, als was natürlich war, befunden hat. Wie zumal aber hierunter mehrenteils Aberglauben und Betrug stecket, und wir dergleichen sündliche Mißbräuche in unseren Staaten keineswegs künftighin gestatten wollen, als ist unser gnädigster Befehl, daß künftighin in allen derlei Sachen von der Geistlichkeit ohne Konkurrenz der Polizei nichts vorgenommen, sondern allemal, wenn ein solcher Kasus eines Gespenstes, Hexerei, Schatzgräberei oder eines angeblich vom Teufel Besessenen vorkommen sollte, derselbe der politischen Instanz sofort angezeigt, mithin von dieser, unter Beiziehung eines vernünftigen Physizi, die Sache untersucht und eingesehen werden solle usw.« –

In der Schweiz, wo die kirchliche Partei unter dem Vorwande, die katholische Religion aufrechtzuerhalten, so manche schlimmen Reste des alten Aberglaubens zu behaupten wußte, hielt sich auch der Hexenwahn noch länger; selbst im reformierten Teile des Kantons Glarus war dies der Fall. Dort wurde noch im Jahre 1782 eine Magd hingerichtet, welche das Kind ihrer Herrschaft »be- und enthext« hatte! –

Eine sonderbare Hexengeschichte aus dem Jahre 1708 finden wir in C. M. Plümekes Niedersch. Magaz., I. Band, 2. Heft vom Jahre 1789. Darin heißt es wörtlich:

»Im Jahre 1718 wurden zwei Frauenspersonen in der Adelsdorfer Gemeine von heftiger Nervenkrankheit und daraus entstehenden Krämpfen befallen. Pastor Sturm hielt diese natürlichen Zufälle für Wirkungen böser Geister. Er verfertigte ein Gebet, ließ es in Lauban drucken und teilte es in der Gemeine aus. Darin kamen unter anderem folgende Worte vor:

»Insonderheit habe ich dich, meine liebe Gemeine, zum Gebet ermahmen wollen für diese zwei hart angefochtene Weibspersonen, welche von dem verdammten Mord- und Lügengeiste aufs heftigste gequälet werden.«

Dieser Mord- und Schandgeist will nunmehro mit Gewalt an ihnen handeln, denn er hat den 31. Januar 1718 des Abends um sechs Uhr sehr jähling, auf göttliche Verhängnis, mit ihnen auf meiner Studierstube zu hantieren (wörtlich) angefangen, daß er ihnen mit aller Gewalt den Kopf an der Wand und Mauer zerschlagen wollen, daß vier Personen an einer zu halten hatten. Wie greulich er auch die ersten acht Tage an ihren Körpern gehauset, ist mit Erstaunen anzusehen gewesen.«

Pastor Sturm fing nun wirklich zu exorzisieren[67] an und geriet deshalb in Inquisition. Der Jesuit Karl Regent erhielt den Auftrag der Untersuchung, und das oberamtliche Protokoll (Verhandlung) über diesen Vorgang lautet folgendermaßen:

»Ich Hannß Anton Schaffgotsch genannt pp. Urkunde hiermit öffentlich, daß auf Instanz des Tit. pl. Caroli Regenst, S. J. und D. Z. Kayserl. *Missionario*[68] in obenerwähnten Fürstentümern Schweidnitz und Jauer, die verwittibte und der Augspurg. Confession zugethane Anna Rosina Haubtmannin aus Lauterseiffen, wegen eines von dem Lutherischen Worts-Diener (Sturm) zu Adelsdorf im Fürsthenthum Ligniz ungleich anrühmenden *Exoricismi,*[69] heut unter gesetztem Dato in der Königl. Ambtsstette vorgenommen worden, welche dann gerichtlich ausgesagt hat, daß sie ohngefähr vor zwey Jahren im Sommer zu Adelsdorf im Pfarrhof selbst gegenwärtig gewesen und nebst anderen Personen, nemlich: dem von Mauschwitz auf Leufersdorf, beeden von Niekisch auf Adelsdorf und des älteren von Niekisch seiner Ehe-Consortin[70] gehört und gesehen habe, wie daß selbiger Pastor von einem durch geraume Zeit bei sich gehabten freyledigen Weibsbilde, Nahmens Susanna, so noch am Leben, und anjetzo bey ihrer Schwester zu Adelsfdorf sich aufhielte, Teuffel ausgetrieben, welche unter währendem Singen und Bethen, in Gestalt blinder Frösche und Kröten zu unterschiedenen mahlen von ihr gekommen und zwar zusammen bis zwey und zwanzig Stücke, wovon fünf große *per membrum genitale,*[71] der übrigen kleinen aber durch den Mund ihren Ausgang genommen haben, bei dem letzten aber, welcher von ungemeiner Größe gewesen, habe bemeldete Susanna die stärksten motus (Bewegung) und compressiones (Zusammendrückung) erlitten. Es habe auch solcher nur noch ein Vierteljahr in dieser Herberge zu verbleiben, oder wenigstens zu wissen verlanget; bey wem er unter den Anwesenden hinfüro seine Einkehrung haben solle? Nachdem aber der Pastor ihm den Ort der Hölle angewiesen, so wäre dieser endlich auch und zwar todt von ihr gekommen, worauf der Schul-Rektor (M. Hertwig) zu Leipzig, als des bemeldeten Pastoris Schwieger-Vater, die Pfarrfrau und Sie, Deponentin (Aussagende), Spiritum vini (Weingeist) hergeben, daß gedachte Frösche oder Kröten in zwey Gläser gethan worden, welche auch mehr gedachter

Pastor Zweifelsohne, auch aufbehalten würde. – Wenn dann nun obenerwähnter Kais. Missionarius (Glaubensbote), in Ansehung, daß sothanes Gaukelspiel bloß allein zur Verkleinerung der Catholischen allein seligmachenden Religion, und hingegen die irrgläubigen Schwenkfelder zum Lutherthum anzulocken, abgezielet sey, Ihnen diese gerichtliche Aussage in forma probante (in rechtskräftiger Form) außfertigen zu lassen geboten; Alß habe auch demselbigen hieran nicht entfallen, sondern solche hiermit unter meinem Königl. Ambtswegen führendem Gräfl. Semper Freyl. Signet (Zeichen) und eigenhändigen Unterschrifft wohlwissentlich außfertigen und ertheilen lassen. So geschehen aufm Königl. Burglehn zu Jauer den 7. Dezember 1723.«

In späterer Zeit hat man diesen Pastor Sturm mit einem anderen verwechselt, welchen die Jesuiten in Olmütz haben vermauern lassen. Dieser letztere aber heißt Felßner, S. M. Joh. Gotttreu Felßner, weil. gewesenen Pastors der Evangelischen Lutherischen Gemeinde in Olmütz, welcher wegen seiner Beständigkeit von den damals allda befindlichen Jesuiten ist vermauert worden, gleichwohl aber durch Gottes Schickung ganzer dreizehn Jahre – beym Leben erhalten worden, wahrhaftige und gründliche Beschreibung. Ohne Druckort (Breslau) 1731. 8. –

Im Jahre 1713 ertheilte die Tübinger Juristenfakultät noch in einem häßlichen Hexenprozesse ein Gutachten. Der Sohn eines alten Generals war erkrankt, und seine unwissenden Ärzte erklärten seinen Zustand für nicht natürlich. Dazu kam, daß sich der General erinnerte, in seiner Jugend öfter an Alpdrücken gelitten zu haben, und dieses alles schrieb der beschränkte Herr einer alten Frau zu, die man denn auch dienstbeflissen alsobald vor Gericht stellte, und die betreffenden Akten weisen noch immer den alten Plunder von Teufelsbund, Blutverschreibung, Unzucht, Hexentanz, Hostienschändung und dergl. nach, und siehe da! – der Spruch der Fakultät führte die Angeschuldigte auf den Holzstoß.

In einem ähnlichen Gutachten vom Jahre 1714 stimmt die Helmstädter Jursiten-Fakultät mit der Tübinger ganz überein, und noch 1724 lehrte der Professor der Rechte Joh. Gottlieb Heineccius zu Halle allen Ernstes: »Zauberer, welche durch Gemurmel von Zauberformeln Schaden angerichtet haben, werden mit dem Schwerte hingerichtet, diejenigen aber, welche ausdrücklich ein Bündniß mit dem Teufel eingegangen sind, werden lebendig verbrannt; der Richter muß aber, wenn in irgend einer, so gewiß in dieser mit so vielen Irrthümern der Menge verflochtenen Sache nicht zu leichtgläubig sein!«

Ganz ähnlich sprachen sich um jene Zeit auch andere Rechtslehrer aus, bis endlich der Rektor der Universität zu Frankfurt a. d. O., Joh. Sam. Friedr. Böhmer im Jahre 1758 verkündete, daß das Licht der Vernunft obgesiegt habe und der Hexenglaube preisgegeben sei.

Thomasius' unerschrockenes, die Geistesfinsternis durchbrechendes Auftreten zeigte die ersten segensreichen Früchte im jungen Königreich

Preußen. Auf den Münchowschen Gütern in der Uckermark war 1701 ein junges Mädchen von fünfzehn Jahren wegen angeblicher »fleischlicher Vermischung mit dem Teufel« enthauptet worden, und zwar nach einem von der Universität Greifswald eingeholten Erkenntnis. Eine Revision der Akten ergab, daß weder die nötigen Zeugen verhört, noch die Angeklagte ordnungsgemäß vereidigt worden war. Nach dem Gutachten des Hoffiskals hätte diese, als eine mit Melancholie behaftete Person, dem Arzte übergeben werden sollen. Darüber zog König Friedrich I. den märkischen Gerichtsherrn zur Verantwortung. Derselbe König beschränkte auch im Jahre 1706 die Hexenprozesse in Pommern.

Mit dem allmählichen Aufhören der Hexenprozesse war aber der Gespensterglaube noch keineswegs besiegt.

Wie tief derselbe beispielsweise noch unmittelbar nach Thomasius' Tode in Preußen eingewurzelt war, ergibt die Bestallung des Grafen Stein als Vizepräsident der Akademie der Wissenschaften vom 19. Januar 1732, in welcher es heißt:

»Dafern auch der Vizepräsident, Graf von Stein, besondere Umstände oder Veränderungen im Laufe des Gestirns anmerken sollte, zum Exempel, daß der Mars einen freundlichen Blick in die Sonne geworfen hätte, oder daß er mit dem Saturno, Venere und Mercurio im Quadrat stünde, oder auch, daß der Zodiacus, wie bereits zu des Campanella Zeiten angemerkt worden, sich noch weiter aus dem Gebiete begeben und verrücken, oder auch, daß ein Wirbel des Himmels den anderen nach den Cartesii principiis, abschleifen und verschlingen wollte und daher eine übermäßige Anzahl von Kometen oder Schwanzsternen zu vermuten wäre, so hat er (Stein) ohne den geringsten Zeitverlust mit den übrigen Sociis darüber zu konferieren, und nicht allein auf die Ergründung solcher Unordnung, sondern auch auf Mittel und Wege, wie denselben am besten abzuhelfen, sorgfältig bedacht zu sein; und ob es zwar durch den Unglauben der Menschen dahin gediehen, daß die Kobolde, Gespenster und Nachtgeister dergestalt aus der Mode gekommen, daß sie sich kaum mehr sehen lassen dürfen, so ist dennoch dem Viezepräsidenten, Grafen von Stein, aus dem Prätorio und anderen bewährten Autoribus zur Genüge bekannt, wie es an Nachtmähren, Bergmännlein, Drachenkindern, Irrwischen, Nixen, Werwölfen, verwünschten Leuten und anderen dergleichen Satansgesellen nicht mangele, sondern daß deren eine große Anzahl in den Seen, Pfuhlen, Morästen und Heiden, Gruben und Höhlen, auch hohlen Bäumen verborgen liegen, welche nichts als Schaden und Unheil anrichten, und wird also der Graf von Stein nicht ermangeln, sein Äußerstes zu tun, und dieselben, so gut er kann, auszurotten, und soll ihm ein jedes von diesen Untieren, welches er lebendig oder tot liefern wird, mit sechs Talern bezahlt werden.«

Weniger erfolgreich waren Thomasius' Angriffe gegen die Folter. Noch über ein halbes Jahrhundert bestand diese grauenhafte Einrichtung, bis der hochsinnige Markgraf Karl Friedrich von Baden dort den ersten Anstoß zu deren Entfernung gab.

Schon Friedrichs der Großen Vater, der wackere König Friedrich Wilhelm I., hatte im Jahre 1728 alle Hexenprozesse verboten. Dessenungeachtet bat der Pfarrer von Parchow bei Bütow noch im Jahre 1787 in einer Eingabe an den König Friedrich Wilhelm II.:

»Se. Majestät möchte ohne Vorzug den Besitzern des Dorfes Zukowske wie auch zu Parchow gnädigst ›schwimmen‹befehlen; denn dieses sei das einzige allerbeste Mittel, die Zauberer, als welche wie die Enten schwimmen und nie zugrunde gehen, zu erkennen.«

Der Eingabe war auch gleich ein Namensverzeichnis der Hexen und Zauberer beigefügt. Darauf befand sich unter Parschow der Vermerk:

»Es werden sich aber allhier noch mehrere Zaubern und Zauberer finden; nur muß das ganze Dorf ›geschwommen‹ werden.«

Dieselbe Bitte wiederholte im September desselben Jahres ein benachbarter Edelmann, der folgendes wörtlich dem König klagte:

»Ew. Majestät werde es zu Gnade halten; ich bin dieses Jahr den 3. Mai bei einem Freimann (d. i. ein freier Bauer) Namens Michael N. N. auf die Hochzeit invitiret, da nicht hingehen wollte. Der Mann hat nicht abgelassen, da endlich hingegangen. Wie ich zum Essen aus einem Spitzglas Branntwein trunk, kam mir was in den Hals, ging aber herunter. Um ein Weilchen nahm ich wieder einen Schluck aus demselben Spitzglas, da kam mir wieder was in den Hals und blieb stehen, und das Vorige, was heruntergegangen, kam auch wieder in die Höhe und conjungierten sich recht im Schlucks, und das habe ich vorerst nicht 'effomiret' (evomirt); aber nach und nach ward das immer schlimmer, und habe ich im Hals Brennen und Reißen und theils in der Brust und eine sehr große Beängstigung und erstaunende Plage. Also nach aller Absicht weiß ich nicht anders, als daß mit in dem Branntwein angeflogen, einen bösen Geist einzutrinken. Der Geist ist wie ein Uebel. Der Teufel thut sonst keinem Menschen nichts; aber die Leute, so mit dem Teufel Pacta haben, die befehlen ihm, daß er das thun muß. –

Ich bin ein Mann, achtundsechzig Jahre alt und habe das Unglück erlebet und die Plage. Als komme mit flehender Bitte an Ihro Majestäten, ob der Michel N. N. nicht wegen der bösen That, die mir geschehen, in seinem Hause die Freiheit und die Erlaubniß bekommen kann, zu untersuchen. Das Wasser ist heilig, die Wasserprobe ist gerecht. Kein Zauberer hat Teufelszeichen am Leibe wie ein Schwamm, wenn er bestochen wird, hat keine Fehlung. Ein guter Mensch, ein Gottes Kind, wenn das aufs Wasser geschmissen wird, geht gleich unter.

Seliger Andenken hoher Monarchen, Hochseligen König Majestäten Friedrich Wilhelm Regierung sind noch Protocolla vorhanden, daraus deutlich zu ersehen, was das für eine Beschaffenheit damit hat.«

Und solche blödsinnigen Eingaben machten ein bornierter Geistlicher und ein beschränkter pommerscher Edelmann unmittelbar nach des großen Friedrichs, des Philosophen und Freigeistes auf dem Throne, Tod! –

Kurz nach seiner Thronbesteigung erließ dieser strengrechtliche Monarch (unterm 13. Dezember 1714) ein Mandat, welches das Ende der Hexenprozesse ankündigte. In demselben erklärte der wackere König, daß unter den im Kriminalprozeß überhaupt wahrnehmbaren Mißständen einer der gefährlichsten in den Hexenprozessen hervortrete, indem hier nicht immer mit der gehörigen Vorsicht verfahren, sondern oft auf ganz unsichere Indizien hin vorgegangen, darüber auch gar mancher ganz unschuldig auf die Folter, durch diese um Gesundheit und Leben auf das Land eine große Blutschuld gebracht werde. Er wolle daher die Prozesse in Hexensachen verbessern und so einrichten lassen, daß dergleichen üble Folgen aus denselben nicht entstehen könnten. Inzwischen aber, bis es dahin gekommen sein würde, sollten alle Urteile in Hexensachen, bei denen es sich um Anwendung der scharfen Frage, oder gar um Verhängung des Todesstrafe handle, ihm selbst zur Konfirmierung (Bestätigung) vorgelegt werden.

Auch wünschte er, daß ihm die Kriminalkollegien, Fakultäten und Schöffenstühle ihre Gedanken wegen der Hexenprozesse überhaupt gutachtlich vorlegen möchten, wobei es ihm zu besonderem Gefallen gereichen werde, wenn jemand zur Verbesserung des bisherigen Vefahrens etwas beitrage. Schließlich wurde befohlen, alle noch vorhandenen Brandpfähle, an denen Hexen gebrannt worden wären, sofort zu beseitigen.

Seitdem hörten zwar in Preußen die Hexenprozesse nicht sofort auf, aber es konnte doch keine Hexe mehr verbrannt werden, und der König wollte, daß von Hexen und Hexenverfolgung in seinem Lande nicht mehr die Rede sei.

Die beiden letzten Hexenprozesse in Preußen fallen in die Jahre 1721 und 1728.

Eine Schuhmachersfrau in Nauen wurde 1721 der Hexerei angeklagt, weil sie an eine andere Frau Butter verkauft habe, welche sich über Nacht in Kuhdreck verwandelt habe. Das Kriminalkollegium erkannte jedoch, mit dem corpus delicti habe es nicht seine volle Richtigkeit, weil es möglich, daß jemand aus Mutwillen Kuhdreck statt der Butter hingesetzt habe, und der König schrieb eigenhändig die Worte unter das Erkenntnis: Soll aboliert (nachgelassen) sein. Zugleich erhielt der Magistrat von Nauen einen Verweis dafür erteilt, daß er den Prozeß veranlaßt habe, weil er König ein für allemal alle Hexenprozesse verboten habe.

Trotzdem konnte noch im Jahre 1728 in Berlin ein Hexenprozeß vorkommen, und zwar geschah dies gegen ein geistesschwaches 22jähriges Mädchen, das sich hatte erhängen wollen. Dasselbe hatte ausgesagt, es sei einst am Wedding einem Herrn in blauem Rock und gestickter Weste begegnet, der ihr damals Geld geschenkt habe. Späterhin habe sie ihn an der langen Brücke wieder angetroffen, von wo er sie nach dem Wedding geführt habe. Hier habe ihr der Unbekannte gesagt, daß er der Teufel sei, und sie aufgefordert, ein mit drei Buchstaben beschriebenes Billet zu unterzeichnen. Dabei habe der Teufel ihr so die Finger gedrückt, daß das Blut hervorgetreten sei, und seitdem verfolge er sie fortwährend und trage die Schuld, daß sie sich habe erhängen wollen.

Das mit drei roten Buchstaben beschriebene Billett wurde zu den Akten genommen, wobei sie bemerkte, daß sie dem Teufel ein anderes, von ihr mit ihrem eigenen Blute beschriebenes Billett ausgestellt habe, wobei ihr der Teufel die Hand geführt. Ein Geistlicher und ein Arzt besuchten das Mädchen im Gefängnisse, wobei dasselbe im Gebete oft die heftigsten Anfälle bekam. Laut Erkenntnis vom 10. Dezember 1728 wurde die Person wegen liederliches Lebens und versuchten Selbstmordes auf zeitlebens in das Spinnhaus nach Spandau gebracht, zu leidlicher Arbeit angehalten, und ihr auch leibliche Arznei und geistlicher Zuspruch erteilt. Mit diesem vom Monarchen bestätigten Urteil gingen die Hexenprozesse in Preußen zu Ende.

Ein sonderbarer Schwärmer

In den dreißiger Jahren des 18. Jahrhunderts zeigte sich in West- und Ostpreußen ein seltsamer Schwärmer, namens Adelgreif. Er war der Sohn eines Dorfgeistlichen aus der Gegend von Elbing. Allenthalben, wohin er kam, redete er über religiöse Gegenstände, behauptete, von den sieben Engeln die Offenbarungen erhalten zu haben und die Person Gottes des Vaters auf Erden leibhaftig vorzustellen. Er sei gekommen, um alles Böse von der Erde zu vertilgen und die weltliche Obrigkeit mit eisernen Ruten zu züchtigen. Ganz von tiefer Vorstellung erfüllt, eignete er sich den Titel an: »Wir Johann Albrecht Adelgreif von Syrdos, Amada, Canamada, Kikis, Schmalkilimundis, Elioris Obererzhoherpriester, Kaiser des heiligen göttlichen Reichs, König der ganzen Welt, Friedensfürst, Richter der Lebendigen und der Toten, und Vater, in dessen Herrlichkeit Christus kommen soll zum jüngsten Gericht, Herr aller Herrn und König aller Könige.« Er besaß große Sprachkenntnisse, verstand vollkommen hebräisch, griechisch und lateinisch und redete böhmisch, polnisch und litauisch geläufig. Er begnügte sich nicht allein damit, zu lehren; er schrieb vielmehr fleißig und setzte zwölf Glaubensartikel auf. Anfangs hatte man ihn in Freiheit gelassen; als sein Treiben jedoch gemeingefährlich zu werden begann, bemächtigte sich die Obrigkeit seiner und ließ ihn nach Königsberg transportieren. Er wurde der Zauberei beschuldigt, weil er Zeichen in die Luft getan hatte. Das wahre an der Sache war, daß er stark gestikulierte. Während der Untersuchung zeigte er sich offen und gelassen und bekannte in Siebenbürgen wegen Ehebruchs mit Staupenschlag bestraft worden zu sein. Das Urteil lautete, es sollte ihm die Zunge ausgerissen, der Kopf abgeschlagen und der Leichnam verbrannt werden. Während des Urteilsspruches zeigte er nicht die geringste Furcht und meinte, sein Leib werde am dritten Tag wieder aus der Asche lebendig werden. Bekehrungsversuche blieben erfolglos. Am 11. Oktober 1735 wurde das gemilderte Urteil an ihm vollzogen: man enthauptete ihn einfach, verbrannte den Leichnam und unterdrückte seine Schriften.

Preußen war das erste deutsche Land, in dem die Folter (im Jahre 1740) durch den König Friedrich II. zuerst abgeschafft wurde, ein Verdienst um die durch die Tortur schwer beleidigte Menschheit, durch welches der »alte Fritz« allein schon den Beinamen »der Große« verdient hat.

In Österreich hatten die Hexenprozesse, wenn auch selten Hinrichtungen vorkamen, noch immer ihren Fortgang. In den Jahren 1716 und 1717 wurden nicht weit von Roveredo zwei Frauenspersonen, Maria Bertoletti und Domenica Pedrotti, als Hexen mit dem Schwerte hingerichtet und verbrannt. Mehrere Mitangeklagte starben im Kerker. Im Jahre 1728 starb im Fürstentum Trient eine Frau, Maddalena Tedeschi, im Gefängnis, die wegen Hexerei zu lebenslänglichem Kerker verurteilt worden war, und am 23. Juli 1728 wurden zu Szegedin sechs Hexenmeister – darunter der vorjährige Stadtrichter, ein Greis von sechsundachtzig Jahren – und sieben Hexen nach der Wasserprobe, in der sie wie »Pantoffelholz« geschwommen haben sollen, und nach der Waageprobe auf drei Scheiterhaufen an der Theiß lebendig verbrannt und nur ein Weib vorher geköpft. Unter den hingerichteten Weibern befand sich auch eine Hebamme, welche über 2000 Kinder in des Teufels Namen getauft haben sollte. 1730 wurde noch ein dicker Stadtrichter verbrannt, »der nur ein Quentlein gewogen« habe. Im Jahre 1739 unterzog man um Arad Hexen der Wasserprobe, und 1744 verbrannte man in Karpfen drei Hexen. 1746 wurden in Mühlbach im Lande der Sachsen drei Glieder einer Familie ebenfalls als Hexen verbrannt. Seitdem hörten die Hexenprozesse auch hier auf.

In Maros-Vasarhely wurde noch 1752 die alte Hebamme Farkas der Wasserprobe unterworfen, gefoltert und hingerichtet. –

Im geistlichen Fürstentum Salzburg wurden in den Jahren 1715 bis 1717 im Pflegegerichte Moosham viele Kinder, Füllen, Schafe, Ziegen, Schweine, Hirsche und anderes Wild auf der Weide und in den Wäldern von Wölfen vernichtet. Dies erregte Verdacht. Da gestand der zu Moosham in Haft befindliche Bäckerlippl, daß ihn der jüngst verstorbene Betteltoni mit einer schwarzen Salbe angeschmiert habe, durch welche er sofort zu einem Wolfe geworden sei. – Als solcher habe er mit Perger und anderen, die ebenfalls Wölfe geworden, zu verschiedenen Malen Vieh niedergerissen, worauf diese in die Frohnfeste nach Salzburg eingebracht wurden. Perger leugnete anfangs alles, bekannte jedoch später. Das Urteil lautete zwar auf Verbrennung, der Erzbischof begnadigte Perger jedoch zu lebenslänglichem und seinen Genossen Schwebelhans mit achtjährigem Gefängnis. Am 12. September mußten beide Urfehde schwören. –

Spees und Thomasius' Bestrebungen blieben zuletzt selbst auf Österreich nicht ohne Wirkung. Auch dort wurde bei Hexenprozessen die willkürliche Anwendung der Tortur etwas begrenzt; aber noch im Jahre 1739 unter Kaiser Karl VI. bedrohten die neu herausgegebenen Kriegsartikel »das teuflische Verbrechen der Zauberei mit der Todesstrafe durch Feuer, welcher jeder zu verfallen habe, wer nachts unter dem Galgen oder auf dem Rabensteine durch den Teufel bewirkte Gastereien und Tänze besucht oder Wetter, Sturm und Hagel, Würmer und anderes Ungeziefer hervorbringt«. Die im Jahre 1708 erschienene Peinliche Halsgerichtsordnung Josephs I. behielt zwar ebenfalls noch die Todesstrafe auf Zauberei bei, bestimmte jedoch, daß bloße Aussagen der Komplizen »wegen soviel unterlaufenen Betrugs und durch List des Satans angesponnene Unwahrheit« weder zur Anwendung der Tortur noch zur Verurteilung hinreichend sein sollten. Zugleich wurden als besondere Indizien der Zauberei angeführt: »der Besitz von abergläubischen Gesundheitsmitteln, verbotenen Büchern, Spiegeln, auf ein Verbündnis mit dem bösen Feind hindeutenden, mit ungewöhnlichen Ziffern oder Zeichen geschriebenen Zetteln, Totenbeinen, der Eintritt eines angedrohten, nicht natürlichen Schadens, die Äußerung einer übernatürlichen Wissenschaft zukünftiger und unbegreiflicher Dinge, Wahrsagerei, besondere Begünstigung, z. B. daß die Felder des Inkulpaten grünen, anderer dorren, sein Vieh nutzbar, anderer verdorben war usw., Anerbietung zu Lehenerteilung in der Zauberei, endlich Bewirkung von menschlich unbegreiflichen Taten, z. B. in der Luft herum zu fahren usw.«

In Österreich machte die Kaiserin Maria Theresia dem Hexenwesen auf Anraten ihres Leibarztes van Swieten ein Ende, denn mit der am 1. Januar 1770 eingeführten Peinlichen Gerichtsordnung, der sogenannten Theresina, wurde wohl noch die Zauberei zu den Kriminalverbrechen gerechnet, die Todesstrafe auf dieselbe jedoch aufgehoben und der Geistlichkeit untersagt, bei ähnlichen Anklagen auf eigene Faust vorzugehen.

Jeder einzelne Fall, wo es sich um Zauberei, Schatzgräberei und dergleichen handle, solle sogleich der politischen Behörde angezeigt werden, die dann durch einen »vernünftigen Physiker« die Sache zu untersuchen und etwaigen Betrug der Bestrafung zuzuführen habe, da die meisten Fälle von Zauberei auf Betrug oder Selbsttäuschung beruht hätten. In Josephs II. Strafgesetzbuch vom 13. Januar 1787 endlich wurde das Verbrechen der Zauberei ganz aus der Reihe der Kriminalverbrechen ausgeschieden und nur als Verbrechen des Betrugs bezeichnet.

Maria Theresia hob in der diesbezüglichen Verordnung hervor, daß »bisher kein wirklicher Zauberer, Hexenmeister, auch keine Hexe« entdeckt worden, sondern »diese Prozesse allemal auf eine boshafte Betrügerei oder eine Dummheit, Wahnwitz des Inquisiten usw. hinausgelaufen seien«!

Noch im Jahre 1715 erörterten sächsische Behörden die Frage, ob der unter besonderen Umständen erfolgte Tod zweier Bauern dem Teufel zuzuschreiben sei, die mit einem Studenten einen Schatz heben wollten, oder nicht. Die theologische, die juristische und die medizinische Fakultät erklärten jedoch einstimmig, der Tod sei auf natürlichem Wege erfolgt.

Wie zugänglich man im 18. Jahrhundert übrigens noch dem Glauben an Wunder und magische Gaukeleien war, das beweist das Treiben der Rosenkreuzer, sowie das eines Swedenborgs, Schröpfers, Gaßners, Ziehens, Cagliostros und anderer mehr.

In Schweden, wohin die Hexenprozesse im Dreißigjährigen Kriege aus Deutschland gekommen waren, hatten sie sich bald nach dem Prozesse von Mora ausgetobt. Die Todesstrafe darauf hob man jedoch erst im Jahre 1779 ausdrücklich auf, nachdem sie schon längst nicht mehr vollzogen worden war.

In England sind als Gegner der Hexenprozesse Thomas Browne (1633), und Hutchinson (1718) zu nennen. –

Ein letzter Hexenprozeß kam noch im Jahre 1712 gegen Johanna Wenham in Herfordshire vor. Der Richter jedoch, der an Hexerei nicht glaubte, entlastete gewissermaßen die Angeklagte und behandelte den Ortspfarrer, welcher auf seinen Diensteid erklärte, daß dieselbe eine Hexe sei, mit auffallender Verachtung. Leider sprachen die Geschworenen das »Schuldig« aus; allein der wackere Richter setzte eine Urteilsmilderung durch. –

In Schottland erfolgte die letzte Hinrichtung im Jahre 1722. Noch im Jahre 1697 waren sieben Hexen zum Scheiterhaufen verurteilt worden. Im Jahre 1736 wurde das Statut Jakobs I. durch Parlamentsakte förmlich aufgehoben, nachdem kurz zuvor noch der Pöbel ein altes Mütterchen in der Wasserprobe umgebracht hatte.

In Großbritannien wurde die Tortur zuerst abgeschafft.

In Schottland geschah dies förmlich durch ein Statut der Königin Anna (1689-1774, in England noch vor 1772 durch Georg III. Einige deutsche Staaten hielten sie dem Buchstaben des Gesetzes nach fest bis ins zweite Viertel unseres Jahrhunderts, so Gotha bis zum Jahre 1828. In Frankreich war ihr erster mannhafter Widersacher der Skeptiker Montaigne (geb. 1533); Abbé Charron und Bayle (1541 und 1647) folgten ihm, dann im 18. Jahrhundert Voltaire, Montesquieu und die Enzyklopädisten. In Spanien war es König Karl III. (1759-88), welcher durch die Zurücknahme der vom Klerus usurpierten Staatsrechte gleichzeitig die Inquisition und die Praxis der Tortur zu untergraben begann. Der Freund der Helvetius und Holbach, der 1738 geborene Italiener Beccaria, dessen Standbild wir in der Brera zu Mailand begrüßen, wurde in Italien ihr wie der Todesstrafe wirksamster Bekämpfer. Daß wir hier lauter Männer nennen müssen, welche mit der Kirche keine Gemeinschaft hatten, ist nicht unsere Schuld. Dem Einfluß der Aufklärung des 18. Jahrhunderts konnte sich selbst die Kaiserin von Rußland nicht entziehen. Friedrich II. von Preußen und Großherzog Leopold von Toscana standen, wie es sich bei ihrer Geistesbildung von selbst versteht, in den vordersten Reihen der Bewegung für menschenwürdige Justizpflege. Aber auch in denjenigen Ländern, in welchen die Tortur gesetzlich noch bis in unser Jahrhundert fortbestand, war sie seit der großen französischen Revolution außer Übung geblieben. Hatte in Frankreich auch schon im Jahre 1780 ein Teil der Tortur-Praxis fallen müssen, gründlich und gänzlich wurde sie doch erst beseitigt nach dem vollendeten Siege der Revolution der neunziger Jahre. So unmenschlich letztere durch manche ihrer Erscheinungen in der Geschichte sich ausnimmt, sie war doch ein Ruck, wenn auch ein gewaltsamer, auf dem Wege der Humanität. Auch in ihren Folgen bewahrheitet sich, was Fritz Reuter seinem Inspektor Bräsig von der neuen Zeit im allgemeinen sagen läßt: »Die Priester behaupten, die Welt sei schlechter geworden – in der Welt aber ist es besser geworden.«

Das Haupt-Inquisitionsgericht zu Sevilla in Spanien ließ noch im Jahre 1781 eine angebliche Hexe verbrennen, sie aber vor der Exekution verstümmeln, damit sie durch ihre schöne Gestalt niemand zum Mitleiden rühren sollte. – Noch im Jahre 1804 wurden verschiedene Personen wegen Liebeszauber und Wahrsagerei eingekerkert.

In Frankreich hatte Nicole Malebranche (gest. 1715) seinen Zeitgenossen klargemacht, daß neben der Allmacht Gottes ein teuflisches Hexenwerk gar nicht denkbar sei. Spöttisch hatte später Voltaire bemerkt, »daß, seitdem es in Frankreich Philosophen gebe, die Hexen zu verschwinden begännen«, und im Jahre 1672 wies Colbert die Behörden an, Klagen auf Hexerei nicht mehr anzunehmen; gleichzeitig verwandelte er eine Anzahl Todesurteile von angeblichen Zauberern in Verbannung. –

Das Parlament von Bordeaux verbrannte noch im Jahre 1718 einen Menschen, der einen Vornehmen und dessen ganze Familie durch Nestelknüpfen verhext haben sollte. –

Im Jahre 1731 wurde vorm Parlament zu Aix der berüchtigte Prozeß Katharina Cadière und Jesuit Girard verhandelt, der sein Beichtkind gemißbraucht, dasselbe entführt und die Leibesfrucht abgetrieben zu haben unter Anklage stand. Die Verführung und den Abortus sollte der Jesuit durch Zauberei bewirkt haben.

Allein das Hexenbeiwerk wurde im Prozesse nicht berücksichtigt; es war an sonstigem pfäffischem Schmutz ohnehin ein Riesenmaterial vorhanden. Er endete mit Freisprechung der Cadière und Verurteilung des Jesuiten zum Scheiterhaufen. Schließlich wurde der verbrecherische Pfaffe dem geistlichen Gerichte übergeben, und dies sprach ihn los.

Im Polen untersagte der Reichstag von 1776 alle Prozesse auf Zauberei. Wie in Polen ehedem das Übel gewütet, beweisen später nach Besitznahme Posens durch Preußen gemachte Funde. Im Jahre 1801 fielen einer Gerichtsperson in der Nähe eines polnischen Städtchens die Reste einiger abgebrannter, in der Erde steckender Pfähle in die Augen, über welche auf Befragen ein anwohnender zuverlässiger Mann berichtete: daß im Jahre

1793, als sich eine kgl. Kommission zur Besitznahme des ehemaligen Südpreußens für den neuen Landesherrn in Posen befand, der polnische Magistrat jenes Ortes zwei Weibspersonen als Hexen zum Feuertode verurteilt habe, weil sie rote, entzündete Augen gehabt hätten und das Vieh des Nachbars beständig krank gewesen sei. Sofort nach erhaltener Kunde habe die kgl. preuß. Kommission in Posen ein Verbot der Vollstreckung des Urteils erlassen, das leider zu spät eintraf.

Jedenfalls ist dieses der letzte Hexenbrand in Europa im 18. Jahrhundert gewesen.

Was hier Recht gewesen, wurde nun zum Unrecht, und diese Umkehr mußte in den breiten Volksmassen die Rechtsbegriffe verwirren. Es ist daher nicht zu verwundern, wenn (1731) in England ein wütender Volkshaufen die Sakristei einer Kirche stürmte, in welche sich ein altes Mütterchen vor ihren Verfolgern geflüchtet hatte, und dasselbe im Wasser herumzerrte, bis es starb. Der Anstifter dieser Untat wurde zwar gehängt, aber das Volk murrte darüber, daß man einen ehrlichen Burschen abtat, der doch die Welt von einer Hexe befreit habe. –

In Palermo auf Sizilien wurde noch im Jahre 1724 ein »Glaubensakt« (Autodafé) abgehalten. Ein Mönch und eine Nonne, Anhänger der molinistisch-quietistischen Ketzerei, waren die Helden des Brandes, bei welch pomphaftem Akte die Hunderte von Zuschauern aufs reichlichste mit Speisen und Getränken bewirtet wurden. Bei dieser Gelegenheit wurden noch sechsundzwanzig Personen gemaßregelt, darunter zwölf, die man als Hexen und Hexenmeister in Untersuchung genommen, sowie ein Greis im Alter von sechundsechzig Jahren, der schon 1721 wegen »Zauberei und Aberglauben« bestraft war. Er erhielt lebenslängliches Gefängnis. Die sechsundzwanzig wurden »zur Schmach, mit gelben Kleidern angetan und ausgelöschten Wachskerzen in der Hand«, durch die Stadt geführt und ihnen ein zeitweiliges Gefängnis und Peitschenstrafen zuerkannt. Eine Hexe erhielt am Tage nach dem Glaubensakt ihre zweihundert Hiebe.

In das 19. Jahrhundert ging nur in Irland noch ein Hexenprozeß über. –

Ludovicus Parama berechnet, daß durch die Inquisition in 150 Jahren 30 000 Menschen allein wegen Hexerei verbrannt wurden. In wenigen Jahren erlitten nur in Lothringen 900 Menschen den Tod wegen Hexerei. Zur Zeit der Puritaner von 1640 bis zur Restauration des Königs wurden in Großbritannien 3000-4000 Personen wegen Hexerei verbrannt. Mr. Ady dagegen gibt die Zahl der Opfer in Schottland allein auf mehrere Tausend an. Der berüchtigte Hexenfinder Hopkins hing in einem Jahr in der kleinen Grafschaft Sussex sechzig sogenannte Hexen.[72] Der Stadtsyndikus Voigt zu Quedlinburg hat in der »Berliner Monatsschrift« vom Jahre 1784 die ungefähre Zahl aller in Europa als Hexen Hingerichteten auf eine Million berechnet. Andere Berechnungen kommen auf mehrere Millionen.

In Summa sollen nach anderen im 16. Jahrhundert nach einer allein in

Deutschland oberflächlichen Berechnung 200 000 Hexen und Zauberer verbrannt worden sein. Und das geschah im Namen des Gesetzes! Unser Blut erstarrt bei dem Gedanken an die offizielle Menschenschlächterei.

Im alten deutschen Reiche folgten dem Beispiele Preußens allmählich auch die anderen Staaten mit Abschaffung der Hexenprozesse (in Hessen-Kassel hörten sie z. B. 1711 auf).

Der deutsche Geist zerbrach endlich die Fesseln jahrhundertealten Wahns, und mit der Aufklärung verschwanden die Hexenprozesse; aber hier und da sind die Folterkammern und Marterwerkzeuge geblieben, als redende Zeugen menschlicher Verirrung, Bosheit und Grausamkeit in verrauschten Jahrhunderten.

Bessere, aufgeklärtere Zeiten kehrten bei uns ein. Wenn wir aber zurückblicken in die finsteren, kaum seit einem Jahrhundert entschwundenen Zeiten der Hexenprozesse, so erfaßt uns ein Grauen: Was für Justizmorde, Grausamkeiten, Bosheit, Menschenopfer und Verwüstungen! Erst auf dem Blutfelde von hundert Generationen konnte der Same des Friedens gedeihen!

Angesichts dieses Fortschritts der Menschheit müssen wir einstimmen in die goldenen Worte, welche im Jahre 1824 ein Menschenfreund, der Pastor Scholz, sprach:

»Wohl atmen wir freier auf, daß in der Gegenwart nach milderen Gesetzen regiert wird; immerhin ist es gut, sich jener fürchterlichen Zeiten zu erinnern. Des Lichtes Kraft zeigt sich schon überall. Dessenungeachtet erschallen von heiligen Stätten Stimmen, welche die *Religion der Liebe* in eine Lehre der Furcht und des Schreckens verwandeln wollen; suchen sie nicht wie vormals unter dem Volke ihren Anhang, verhöhnend das Edelste des Menschen, *die Vernunft*?«

V.
Der Menschenwahn im Spiegel des alltäglichen Aberglaubens und dessen Überbleibsel

»Des Aberglaubens alte Rechte
Erstrecken sich auf jedes Haupt:
Noch ist im menschlichen Geschlechte
Ihr Eindruck größer, als man glaubt.«
Buch vom Aberglauben 1791.

»Viele suchen nicht bloß bei den Heiligen« – sagt Peter Gelcicky, der Gründer der Brüdersekte, im Sittenspiegel seiner Zeit, im Kapitel über den Aberglauben –, »sondern in ihrem Wahne auch bei den Zauberern und Wahrsagern Hilfe, indem sie zu ihnen dasselbe Vertrauen haben wie zu den Heiligen. Bald wenden sie sich nach Kyjow an die Mutter Gottes, bald nach Temelin an einen Hexenmeister, bald nach Thein und an den heiligen Prokop bei Zajimac, es gilt ihnen gleich, wer helfe, ob Gott oder der Teufel.«

Verschiedene Arten des Teufels-, Zauberei-, Hexen- und Spukglaubens und Überbleibsel derselben

Teufeleien und Mysterien

Es konnten in der Vorzeit kein öffentlicher Aufzug, kein Schauspiel zur Zufriedenheit der Zuschauer, ja nicht eine lebhafte christliche Kirchendarstellung gegeben werden, in der nicht der Teufel eine Hauptrolle spielte. Beim Kirchenfeste am Himmelfahrtstage zogen mehrere vermummte Teufel in die Kirche ein und bildeten eine ganze Hölle, aus welcher sie um sich warfen, um sich gegen das von Geistlichen getragene Kreuz zu wehren. Deshalb mußte auch der Nürnberger Schönbart seine Hölle und seine Teufel haben. In ihren wunderbaren Aufzügen und sonderbaren Gestalten mit Schwänzen, Hörnern, Krallen, Pferdefüßen usw. versehen, belustigten sie die Zuschauer. In Frankreich mußten solche christliche Schauspiele, sogenannte Mysterien, mindestens vier Teufel haben, wenn sie eine große Teufelei sein sollten.

In Schernberks Mysterie: das Spiel von Frau Jutten im Jahre 1480 erschienen nicht nur acht Teufel, von denen ihrer zwei Spiegelglanz und Federwisch hießen, sondern auch des Teufels Großmutter, Frau Lillis. Sie sangen in einem Rundgesang:

»Luziver, in deinem Throne,
Rimo, Rimo, Rimo,
Warest du ein Engel schone,
Rimo, Rimo, Rimo,
Und bist nun ein Teufel greulich,
Rimo, Rimo, Rimo pp.«

Zuweilen haben die Verfasser im Personen-Verzeichnis bei der Angabe von vier, sechs, acht Teufeln hinzugesetzt: »Allhie mag man auch wohl mehr Teufel verordnen.« Die Teufel hatten ihre besonderen Stimmtöne, rasselten mit Ketten, klingelten mit Schellen und schrien mit fürchterlichem Zischen, Brummen, Brüllen, Heulen: Hoho, hoho! Huhahu, burrurrr, brurrur, rur! russihususch, briiix, braaax!« usw. – Geistliche und Mönche wurden dabei gar oft als Tiere vorgestellt. So sah man den Fuchs, Meister Reineke, erst als einen gemeinen Pfaffen, wie er eine Epistel sang, nachher als Bischof, dann als Erzbischof, dann als Papst. Dabei verspeiste er unausgesetzt alte und junge Hühner und anderes. Kam der Teufel zu einer solchen Szene, so gab es Spaß für die Zuschauer.

Solcher deutscher Volkshumor mag der Geistlichkeit bisweilen unbequem gewesen sein und Papst Innozenz VIII. wenig behagt haben. Nach Einführung des »Hexenhammers« wurde aus dem Scherz fürchterlicher Ernst und er mit Feuer und Schwert bekämpft.

Die Schauspieldichter jener Tage taten das ihre in Erschaffung der verschiedenartigsten Teufel für ihre Stücke, und die Theologen erkannten entweder die waltende Hand eines Teufels bei jedem Laster oder sie machten das Laster selbst zu einem Teufel. Da erschienen dann Bücher, deren Titel Teufelsnamen zierten, wie Tanzteufel, Fluchteufel, Saufteufel, Jagdteufel, Eheteufel, Hoffartteufel, Spielteufel, Hofteufel, Eidteufel, Hosenteufel usw., die alle gefielen, so daß schließlich der Buchhändler Siegmund Feyerabend zu Frankfurt im Jahre 1575 davon eine Sammlung veranstaltete und unter dem Titel »Theatrum Diabolorum« herausgab.

Nun wurde der Teufel das Modethema der Schriftsteller. Alle seine Ränke wurden geschildert und die Hölle aufs eingehendste beschrieben.[73] Besonders machte sich damals durch diese infernalische Topographie der Jesuit Hieronymus Drexel bekannt, der auch von den Höllenstrafen zu sprechen wußte in seinem Buche: »*Infernus Damnatorum carcer et rogus aeternitatis*« (Col. 1631). Nach ihm hat die Hölle sieben Gemächer und drei Pforten. In jeder Wohnung sind sieben Flüsse von Hagel. In jeder Wohnung befinden sich 7000 Löcher, in jedem Loche 7000 Risse, in jedem Risse 7000 Skorpionen, deren jeder sieben Gelenke hat und in jedem Gelenke seien 1000 Tonnen Gift. –

Man hatte auch Rezepte gegen die Hölle, so das nachstehende aus dem Jahre 1718: Erstlich nimm 5 Lot Traurigkeit, 10 Lot Geduld, 15 Lot Mäßigkeit, 20 Lot Keuschheit, 125 Lot Demut und 30 Lot Freigebigkeit. Diese Ingredienzien stoße wohl durcheinander in dem Mörser des Glaubens mittels des Stempels der Stärke. Alsdann gieße darauf ein Vierteil Hoffnung, siede es in der Pfanne der Gerechtigkeit bei dem Feuer der christlichen Liebe, rühre es oft um mit einem andächtigen Gebet, und bewahre es dann in dem Geschirre der Beständigkeit, auf daß der Schimmel der Eitelkeit nicht dazukomme. Mit dieser Salbe salbe dich dann täglich, morgens und abends. Es hilft wider die Hölle.

Vom Teufel kam's nun auf die Erzählungen von seinen Teufelsstreichen. Ein Hamburger Pfarrer, Peter Goldschmid mit Namen, gab im Jahre 1704 eine Sammlung dieser Art heraus unter dem Titel: »Höllischer Morpheus«, und Erasmus Francisi zu Nürnberg im Jahre 1708 seinen »Höllischen Proteus«. Man hatte sonach eine vollständige Teufelsliteratur. Alle diese Erzählungen zu entkräften, schrieb im Jahre 1751 ein Ungenannter ein Buch: »Über die Werke des Teufels auf dem Erdboden.«

Bald kam indes der Teufel in die Hexengeschichten, und die Sache wurde bitterernst, und als über die Teufeleien gestritten und philosophiert wurde, mochte man nichts mehr davon wissen, und der Spaß ging durch den Ernst verloren.[74] Selbstredend lebt der Teufel noch heute in unzähligen Sprichwörtern, so wie: »Der Teufel trägt allerlei Larven«, »Der Teufel guckt ihm aus den Augen«, »Der Teufel hat mehr als zwölf Apostel«, »Der Teufel ist nie so schwarz, als man ihn malt«, »Der Teufel ist nie mehr zu fürchten, als wenn er predigt«, »Wem der Teufel einheizt, den friert's nicht«, »Der Teufel hofiert nimmer auf den größten Haufen«, »Er nimmt's überhaupt, wie der Teufel die Bauern«, »Was hilft's, wenn ihn der Teufel holt und ich die Fracht bezahlen muß?«, »Er sieht aus, als hätte der Teufel Erbsen auf ihm gedroschen«, »Der Teufel ist schon alles gewesen, nur kein Schulmeister und kein Lehrbube«, »Wo der Teufel nicht selbt hin will, schickt er einen Pfaffen oder ein altes Weib«, »Dem Teufel beichten«, »Wer den Teufel zum Freund hat, hat's gut in der Hölle«, »Man braucht dem Teufel keinen Boten zu schicken«, »Ich habe den Teufel geladen, nun muß ich ihm auch Arbeit geben«, »Man muß den Teufel mit Beelzebub austreiben«, »Wenn man den Teufel an die Wand malt, so kommt er« usw.

Der Aberglauben vom Festmachen und die Passauer Kunst[75]

Ein gewisser Kaspar *Neithart*, von Geburt ein Gersbrucker, damals Nachrichter zu Passau, verkaufte im Jahre 1611 an die verzagten Soldaten mit Zauberzeichen beschriebene Stückchen Papier, einen Taler groß, die mit einem messingenen Stempel gedruckt und mit nichts bedeutenden, unbekannten Wörtern bezeichnet waren, welche diese verschluckten oder anhängten und dadurch unverwundbar gemacht zu sein glaubten. Er verdiente viel Geld, und das Festmachen erhielt den Namen Passauer Kunst, seine Papiere aber wurden Passauer Zettel genannt. Eine alte Handschrift gibt über den Ursprung der Passauer Kunst und der Passauer Zettel folgende Auskunft:

»Ein Student, Christian Elfenreiter genannt, versuchte zu Anfang des 17. Jahrhunderts in der Stadt Passau in einem Gäßchen rückwärts des Rathauses, wo er sich aufhielt, durch Verfertigung von Zauberzetteln, die gegen alle Verwundungen schützen sollten, Ansehen und Reichtümer zu erlangen. Es waren auf diesen Zetteln folgende Worte zu lesen: »Teufel, hilf mir, Leib und Seel geb' ich dir!« Wer sich vor jeder Schuß- und Hiebwaffe sicherstellen wollte, verschluckte einen solchen Zettel, und seine Existenz war auf Lebenszeit gesichert. Starb er aber innerhalb der ersten vierundzwanzig Stunden nach der Verschluckung, so gehörte seine Seele dem bösen Feinde.«

Die Sage vom Festmachen ist unfehlbar daher entstanden, daß mancher General, wenn er seine Soldaten vor den Feind führte, für ratsam fand, ihnen Mut zu machen und vorzugeben, er könne mit seinem Kommandostab alle Kugeln abweisen. Er selbst hatte vielleicht ein Panzerhemd unter seinem Wams und bewies, indem er etwa aus einem schwachgeladenen Gewehr nach sich schießen ließ, den Glauben, daß seine Kunst probat sei; er ließ auch wohl heimlich die Kugel aus dem geladenen Gewehr ziehen und zeigte sie dann vor, als hätte er sie aufgefangen. Natürlich glaubten die Leute, ihm könne keine Kugel schaden. – Übrigens sollte auch der 91. Psalm, vor einer Schlacht gesprochen, die Kugeln entfernen und die Hiebe entkräften, das tägliche Hersagen des 109. Psalms aber einen Feind töten.

Später glaubten viele Söldner, die Mansfelder St.-Georgs-Taler, besonders die in den Jahren 1611 und 1613 geprägten, schützten gegen Stich und Schuß, und wurde das Stück oft mit 10 Talern bezahlt.

Ein Graf von Mansfeld hatte auf die Taler St. Georgs Kampf mit dem Lindwurm prägen lassen und benutzte diese Taler zur Besoldung seiner Kriegsleute. Seine Nachkommen behielten manches Jahrzehnt dieses Privilegium, allein solche Stücke prägen zu lassen. Die Stadt Kremnitz in Ungarn dagegen durfte sie nur während eines Jahres aus dem bei ihr gegrabenen edlen Metalle herstellen lassen, weshalb denn auch die Kremnitzer Georgstaler die seltensten sind.

Die ältesten Mansfelder Georgstaler zeigten auf der einen Seite den Ritter, auf der anderen das Mansfelder Wappen, und die Umschrift lautet verdeutscht: »Bei Gott ist Rat und Tat«. Später geschlagene Georgstaler führen statt des Wappens zuweilen ein Schiff und verschiedene Umschriften. Ein altes numismatisches Werk: »Thaler-Cabinet des Herrn David Samuel von Madai« (Königsberg 1765) sagt hierüber:

»Der berufene mansfeldische oder St.-Jörgen-Taler, auf dessen einer Seite sich wie gewöhnlich der Ritter St. Georg mit erhobenem Schwert im Galopp gegen die rechte Seite zeiget, während unter ihm der Drache, dem ein Stück von der abgebrochenen Lanze im Rachen steckt, auf dem Rücken liegt, trägt die Umschrift: DAVID: CO. E. DO. IMANSF. NOB. D. I. HEL. ET SCHRAPL *(Comes et dominus in Mansfeld, nobilis dominus in Heldrungen et Schraplau).* Auf dem Revers ist (wie schon erwähnt) das alte mansfeldische Wappen ohne Helm mit der Jahreszahl auf den Seiten und den Buchstaben G M. über dem Wappen steht in drei Reihen der Spruch Jeremias 32, 19: BEI GOTT IST RATH UND THAT, welche Worte des Grafen David Wahlspruch gewesen, wie aus einem alten Stammbuch erhellt.

Von diesem Taler machen abergläubische Menschen viel Werks, indem sie dafür halten, daß, wer denselben bei sich trage, niemals mir einem Pferde stürzen könne, ja hieb-, stich- und schußfest sei. Wie denn ehemals in einem Feldzuge wider die Türken nicht leicht ein vornehmer Offizier soll gewesen sein, der nicht einen solchen Taler bei sich getragen, wodurch er dermaßen im Preise gestiegen, daß bei fünfzehn und mehr Taler dafür bezahlt worden.

Zu dieser Torheit soll ein sächsischer Obrister, des Geschlechts von Liebenau, wiewohl wider seine Absicht, Gelegenheit gegeben haben. Denn derselbe soll in Aktionen zweimal geschossen, aber allemal auf solch mansfeldisch Geld, welches er zum Notpfennig bei sich getragen, getroffen worden sein, also daß die Kugel nicht durchgeschlagen, noch ihn verwundet; dieses hat er anderen erzählt, welche darauf dem Taler eine solche beschützende Kraft zugeschrieben.

In den zu Halle Anno 1705 gedruckten auserlesenen Anmerkungen (Part. II. p. 120 § 49) wird vorgegeben: der im Dreißigjährigen Kriege so sehr renommierte Mansfelder habe dergleichen Taler zur Bezahlung seiner Soldaten schlagen lassen. Den Ritter St. Georg, so darauf gepräget ist, habe er zu seinem Patron und Vorbilde erwählet, weil er die Absicht hatte, Deutschland, wie jener die in Todesgefahr schwebende Jungfrau, von der zu sehr anwachsenden Macht des Papstes zu befreien. Andere mutmaßen, daß, wie St. Georg allemal ein Patron der englischen Nation gewesen, auch von demselben der Ritterorden den Namen führet, so habe der Mansfelder dadurch andeuten wollen, daß er das englische Interesse embrassieret, und die mit ihrem Gemahl, dem unglücklichen Könige in Böhmen und Pfalzgrafen Friedrich, vertriebene englische Prinzessin Elisabeth, eine Tochter Jakobs I., Königs in England, zu retablieren suchen wollte, wie dem zu gleicher Anzeigung Herzog Christian von Braunschweig dieser unglücklichen Prinzessin Handschuhe auf dem Helme getragen und nicht eher zu ruhen sich vermessen, als bis sie wieder zu voriger Würde gelangt wäre. Die gemeine Einbildung hält auch nur diejenigen Taler für kräftig, welche Anno 1609 bis 1611 gepräget worden.« –

Fest zu sein, soll selbst König Karl XII. von Schweden geglaubt haben. – Soldaten, die bei einem am 22. Mai 1640 vom Rittmeister Strauß geleiteten Überfall der Schweden in Sorau, ob sie gleich schwer verwundet waren, vor Sonnenuntergang nicht sterben konnten, hatte man angeblich mit Äxten zu töten versucht. Sie waren aber mit Hilfe des Teufels stahl- und eisenfest gemacht. Die rebellierenden Russen unter Peter I. glaubten auch fest zu sein, bis ihrer 12 000 tot auf dem Platze liegenblieben, und man hat noch im Siebenjährigen Kriege Soldaten gesehen, die Passauer Zettel bei sich trugen. Auch glaubte man: »Wer St.-Johannis-Blüte gedörrt bei sich führt, kann nicht verwundet werden, wenn er sie unter dem Arme trägt«, weshalb beinahe einer im Jahre 1601 zu Erfurt nicht eher enthauptet werden konnte, als bis er sie wegtat. »Aber es ist ein wunderlich Ding und kann – wie es auch gesucht werde – nur gefunden werden mittags zwischen 11 und 12 Uhr.« Auch suchte man Kräuter und allerhand Dinge auf, daraus eine Waffensalbe zu verfertigen, wie Bärenschmalz, Regenwürmer, Blutstein, Sandelholz, Moos von der Hirnschale eines Gerichteten, Natterwurz, Wallwurz u. a. m., die zubereitet, wenn die Sonne in der Waage stand, gegen Hieb und Stich schützen sollte. Erfahrene Chirurgen und Ärzte nannten das eine Waffensalbe und stellten dieselbe her; dieselbe galt als Universalmittel zur Heilung aller Art von Wunden.

Eine hübsche Probe eines solchen Mittels wider »Schuß und Stich« stellte Herzog Albrecht zu Sachsen an, von dem wir in einer Predigt des Bernhard Waldschmidt aus dem Jahre 1660 folgendes wörtlich gedruckt finden:

»Als auff ein Zeit ein Jud kam zu Hertzog Albrecht zu Sachsen, und ihm einen Knopff gab, mit seltzamen Charactern und Zeichen, der solle dienen für kalt Eisen, stechen und schießen, sagt er: Da will ich's mit Dir Juden erst probiren; führet den Juden für's Thor, ins Feld hinauß, hing ihm den Knopff an Hals, zog sein Schwerdt aus undt durchstach ihn. Da hat ihm nichts geholfen, sein Schemhampheres, Tetta grammaton, und andere seine Gauckeley«

Sonst trug auch wohl der Pöbel die »Länge Jesu«, um gegen den Schuß sicher zu sein. Das war ein elendes Gebet, in Tuch von fünferlei Farben eingewickelt, von welchem man glaubte, daß es, wenn es auf dem bloßen Leib getragen würde, dem Träger nicht nur Festigkeit und Unverletzlichkeit, sondern ihm auch, mochte er sterben, wie er wollte, die ewige Seligkeit geben sollte. Es bestand aus einem Streifen Papier, eine Hand breit und fünf Fuß lang, weil Jesus so lang gewesen wäre, wie auf dem Riemen zu lesen war. Man wollte diese Länge Jesu im Jahre 1655 zu Jerusalem beim Heiligen Grabe gefunden haben, und Papst Klemens VIII. sollte nicht nur diese Nachricht, sondern auch die Gebete, welche auf diesem Papier gedruckt standen und die für deren Anbetung verliehenen Gnaden gutgeheißen und bestätigt haben. Am 3. Juni 1790, am Fronleichnamsfeste, wurde ein bischöflich straßburgischer Untertan, der auf Wildschießen ausgegangen war, von einem markgräflich badischen Freijäger (Forstpolizisten) erschossen. Man fand bei ihm ein Exemplar der »Länge Jesu«. Dasselbe war außer vielem anderen mit den Worten bedruckt: »gelobet sei der allerheiligste Nahme Jesus, und seine heilige Läng' in alle Ewigkeit Amen.« – Wer diesen Papierstreifen bei sich trug oder im Hause hatte, der sollte vor allen sichtbaren oder unsichtbaren Feinden, Straßenräubern, vor Zauberei und Schaden der Verleumdung sicher sein. Schwangere Weiber sollten dadurch vor großen Schmerzen beim Gebären geschützt werden. In einem Hause, in welchem sich ein solcher Papierstreifen befand, sollte nichts Böses bleiben, ihm sollten weder »Donner noch Wetter, weder Wasser noch Feuer schaden«. Wer ihn aber besaß, mußte alle Sonntage für die ganze Woche fünf Vaterunser, fünf Ave Maria und einen Glauben zu Ehren der heiligen fünf Wunden Jesu Christi beten. Dreimal des Jahres sollte er die heilige Länge lesen oder sich lesen lassen. Tat er das, so war er allezeit »gesegnet zu Wasser und zu Lande, bei Tag und Nacht, an Leib und Seel' in alle Ewigkeit, Amen«!

Wer die lateinischen Worte

S A T O R
A R E P O
T E N E T
O P E R A
R O T A S

auf einen Zettel geschrieben, bei sich trug, glaubte man, dem könne auch der Stärkste nichts anhaben, der sei vor allem Übel gesichert, vor dem fürchte sich jeder. Die einzelnnen Worte übersetzt »der Säer, ergreift, hält, die Werke, die Räder« – würden etwa folgenden Sinn geben: »der Sämann ergreift den Pflug, arbeitet und erntet dann.« Das Wort arepo ist wahrscheinlich aus arripo hergestellt.

Man besprach auch Gewehre, daß sie nicht losgehen sollten. Das geschah, wenn jemand im Walde oder auf dem Felde einen Schuß hörte und dann unter Benennung gewisser Worte einen Strauch in einen Knoten band, so sollte der Schütze seine Flinte nicht eher wieder abschießen können, als bis entweder der Knoten von selbst aufgegangen oder von einem anderen aufgelöst worden.

Hier und da sind noch Arbeiten vorhanden, die man für Werke des Teufels hielt, wie die Teufelsmauer im Harze. In Wismar sollte ein künstlich gearbeitetes Gitterwerk, welches dem Taufstein zur Einfassung dient, vom Teufel angefertigt sein. Auch im Dom zu Magdeburg zeigt man angebliche Arbeiten von ihm. In Sennewitz bei Halle liegt ein Stein, den der Teufel vom Petersberge, also eine gute Meile weit, dahin geworfen haben soll, um die neugebaute Kirche zu zertrümmern, welche in jener Gegend die erste lutherische gewesen, und in Wien zeigt man sogar noch den Ort, wo der Teufel einen lutherischen Schlosserjungen zur Hölle hinabgeführt haben soll, weil er über eine katholische Religionsangelegenheit gespottet.

Geschickte und gelehrte Männer, zu. B. der Erfinder der Buchdruckerkunst, wurden ehemals vom Neide oder der Dummheit beschuldigt, mit dem Teufel in Verbindung zu stehen.

Bei einem verstorbenen Gelehrten fand man ein Glas, in welchem sich ein vierfüßiges, haariges Tier befand. Das mußte der Teufel sein. Man verwehrte seinem Leichnam die Erde zum Begräbnis, bis man überzeugt wurde, daß es eine Spinne sei. Von denen, die sich dem Teufel ergeben, sagte man, daß sie sich mit einem Pergament, welches dieser ihnen gebe, in den Finger schneiden müßten, um sich dann mit ihrem Blute folgendermaßen zu unterschreiben:

»Dieweil du, Luzifer und Beelzebub, Oberster der Teufel, versprochen hast, alle meine Begehren zu erfüllen, so verspreche ich N. N. dir nach den abgelaufenen... Jahren für deine Dienste hinwiederum meinen Leib und Seele, daß du damit umgehest nach deinem Gefallen.«

Der Kobold war nach der Meinung der Leute eine Art von Teufel, den ein Mensch, nachdem er mit dem Hauptteufel in Verbindung getreten, oft aber ganz wider Willen in dieser oder jener Gestalt in sein Haus bekommen und seiner dann nie wieder loswerden könne. In Leipzig auf Auerbachs Hofe konnte man den Kobold in Gestalt einer Schmeißfliege, die in einer Schachtel war, für einen Dukaten kaufen.

Viele Abergläubische hörten den Kobold pfeifen und lachen und sahen Steine sich um den Kopf fliegen, und wenn sie fragten: »Hänschen, wo bist du?« so antwortete er: »Hier!« – »Hänschen, wie heißt du?« – »Hans!«

Am Ende entdeckte man meist, daß die verbuhlte Magd, um ungestörter zu sein oder sicherer zu stehlen, die Ursache davon war. Andere entdeckte Betrüger gestanden, daß sie bei dem Koboldsspiel bloß die Absicht gehabt, das Haus in Furcht zu setzen oder durch Bann und Vertreiben des Kobolds etwas zu verdienen.

Und sind die »Kobolde« in unseren Tagen etwa verschwunden? Mitnichten! Wir erinnern nur an den Geisterspuk von Resow in der Nähe von Berlin und an den Bauernjungen, der ihn veranstaltet und vom Gericht im Jahre 1890 bestraft wurde. Man hat nur den Namen verändert und nennt ihn in unseren Tagen »Medium« und die gegenwärtigen Zauberer und deren Anhänger »Spiritisten«. Selbst an einem Zauberbanner in Gestalt eines Geistlichen fehlte es in jenem Prozesse nicht. Wir sehen, »der Aberglaube pflanzt sich wie eine ewige Krankheit fort«.

Unter Nickert stellte man sich eine kleine menschenähnliche Gestalt vor, die beinahe so dick als lang ist, mit einem ungeheuer dikken Kopf, roten Haaren, roten Augen und mit einer Kröte unter der Zunge. Die Nixen dagegen sollten vernünftige Geschöpfe sein, die ihr Geschlecht fortpflanzen und in Haushaltungen und Familien im Wasser ihren Aufenthalt hatten. Sie sollen den Menschen in das Wasser zu ziehen suchen und namentlich die Kinder gern mit den ihrigen vertauschen.

Der wilde Jäger wurde da, wo er sich am meisten aufhalten soll, und wo man ihn besonders gesehen und gehört haben will, Hakkelberg genannt, nach einem vornehmen Geschlecht, das im Braunschweigischen gelebt haben soll.

Er, seine Bedienten, Hunde und Pferde sind ohne Kopf. Sie schrecken auf ihren nächtlichen Jagden den Menschen durch ihr Geschrei und werfen den Leuten Pferdekeulen auf den Herd.

Der dreibeinige Hase galt unter all den Gespenstern als das unschädlichste. Er tat niemandem etwas, außer wenn man ihn beleidigte; man zerbrach dann leicht ein Bein. Die Hexen sollten sich gern in Hasen verwandeln und dann auf drei Beinen laufen.

Der Bieresel sollte sich in einigen Wirthäusern aufhalten, und wenn ihm nicht alle Nächte ein Krug Bier an einen bestimmten Ort gesetzt wird, soll er alles zerwerfen. Das Bergmännchen oder der Berggeist erscheint angeblich den Bergleuten in den Schächten so klein wie ein Kind, aber dick.

Der fliegende Drache[76] oder Teufel in sichtbarer Gestalt wurde häufig erblickt. War man auf der Reise, und gewahrte man ihn am Himmel, so mußte man eilends ein Wagenrad abziehen und es verkehrt anstecken. Nach noch vorhandenen Abbildungen hatte er einen gewaltigen feurigen Rachen, große Zunge und Augen, spitze große Zähne, Schweinsohren und Borsten, dabei die Gestalt eines Fisches. Denjenigen, die mit ihm gut standen, brachte er Würste und Eier durch den Schornstein. Wo er hinflog, war es nicht richtig, da wohnten Hexen und mußten verbrannt werden. Die feurigen Kugeln bedeuteten Pest und Krieg, die Sternschnuppen hatten den Jüngsten Tag gesehen, nahmen die Ruhe der Nacht und bedeuteten den Tod eines Kindes.

Die Feuermännchen oder Irrlichter lockten vom rechten Wege ab, führten in Gruben und Sümpfe, aufs Hochgericht, den Schindanger oder den Gottesacker.

Aus den Farben des Nordlichts machte man Meere von Blut, zerstampfte Getreidefelder, ganze Kriegsheere usw.

Vom Regenbogen wurde gesagt, daß auf ihm die Engel tanzen, und der Regen, der fiel, solange er sichtbar war, half gegen alle Krankheiten. Auch erzeugte er die goldenen Regenbogenschüsseln oder Sternschosse, die wie vertiefte Pfennige aussahen, und auf denen man Sterne, Strahlen, Vögel, Schlangen usw. erblickte. Wo ein solches Stück im Hause war, gab es Glück.

Der Hof des Mondes oder der Sonne setzte in Angst und Schrecken, ebenso wie Nebensonnen, Nebenmonde und Kometen. Bei Gewittern glaubte man, das Einschlagen des Blitzes geschehe vermittels eines Donnerkeils, von dem man mehrere gefunden haben wollte und sogar in Naturaliensammlungen aufbewahrte. Es waren jedoch uralte Streitkolben. Ein Donnerkeil im Hause sollte dasselbe gegen den Blitz schützen, und wenn man den Kühen das Euter damit bestreiche, bekämen sie durch Zauberei verlorene Milch wieder. Sie schwitzten angeblich bei Veränderungen des Wetters, und wenn es donnerte, bewegten sie sich. Sie sollten auch einen dicht um sie gewickelten Faden vor dem Verbrennen bewahren und nach Schwefel riechen, wenn man sie an anderen Steinen reibe.

Das Holz eines vom Blitz getroffenen Baumes sollte Zahnschmerzen heilen und Backofen zerspringen machen.

Beim Gewitter hielt man sich vorm Einschlagen sicher, sobald Feuer im Ofen oder Licht auf dem Tische brannte.

Ein durch den Blitz in Flammen geratenes Haus konnte nur mit Milch gelöscht werden.

Man glaubte allen Ernstes die Fabel, daß einst ein Gewitter sieben Tage am Himmel gestanden, bis eine Stimme vom Himmel gerufen habe: Zündet Kardobenedikten an, daß ich mich verziehen kann. Als man die ersten Blitzableiter anbrachte, hieß es allgemein, es sei frevelhaft, sich dem Strafgerichte Gottes zu widersetzen.

Zum Bier legte man während des Gewitters Nesseln, um das Sauerwerden zu verhüten.

In der Gegend, wo ein Selbstmörder begraben lag, tat angeblich das Gewitter Schaden.

Sonnen- und Mondfinsternisse erregten selbstverständlich Bestürzung, da man noch weit davon entfernt war, ihre Ursachen zu kennen. Als im Jahre 1654, den 2. August, eine Sonnenfinsternis entstand, wurden die

Leute in große Angst versetzt. Die Nürnberger hielten sie für eine Anzeige und Folge der Blindheit des menschlichen Herzens und des kommenden göttlichen Zorns, für ein Vorbild des Todes und für den schrecklichen Verkündiger des einbrechenden letzten Gerichts. Man verkaufte nichts auf dem Markte, kein Vieh wurde auf die Weide getrieben, alle Brunnen wurden zugedeckt, weil man glaubte, es falle Gift aus der Luft, und aus Furcht vor dem Tode nahmen 2285 Personen in den Kirchen das heilige Abendmahl. Die dunkeln Flecken, welche im Monde wahrgenommen werden, hielt man für einen Mann, der, weil er ein Holzbund gestohlen, zur Strafe mit demselben im Monde stehen müsse.

Abergläubische Leute, welche die Ursache der abwechselnden Lichtgestalten des Mondes nicht kennen, haben darin etwas Geheimnisvolles gesehen und dem Mond Wirkungen angedichtet, die er nie haben kann. So glaubte man, daß der Vollmond Krebse, Austern, Muscheln und Schnecken voller mache als der abnehmende – daß die zur Zeit des Vollmondes versetzten Blumen voller werden – daß das Holz bei zunehmendem Monde mehr Feuchtigkeit besitze als beim abnehmenden – daß die im vollen Mond geschlachteten Tiere fetteres und schmackhafteres Fleisch haben als die im abenehmenden geschlachtet werden – daß die im vollen Mond abgewöhnten Kälber bessere Kühe werden und größere und von Milch strotzendere Euter bekommen als solche, die man zu einer anderen Zeit gewöhnt – daß der Mohrrübensamen im abnehmenden Mond müsse gesäet werden, weil die Rüben sonst zu sehr ins Kraut wachsen – daß aus den Eiern, mit welchen eine Gans zur Zeit des neuen Mondes gesetzt wird, Gänse ausgebrütet werden, die blind sind – daß, wer kein Geld hat, sich hüten müsse, damit nicht der Neumond ihm in den Beutel scheine, weil sonst, solange dieser Monat währt, Geldmangel bei ihm sei. Zur Zeit des Neumonds soll es auch schädlich sein, Samen auszustreuen. Manche Leute glauben auch, daß der Weizen nicht brandig werde, wenn man ihn auf den Tag, an welchem der Michaelsmond voll ist, säet.[77] Zuweilen sollte es auch Schwefel regnen; denn man sieht nach dem Regen auf dem Wasser bisweilen gelbliche Stäubchen, die das Ansehen des Schwefels haben. Der Abergläubische fürchtete dann Krieg, weil zum Pulver Schwefel gehört, Pest, weil seiner Meinung nach die Luft schon halb vergiftet ist, Erdbeben, weil die in der Erde befindlichen großen Schwefelmassen bald losbrennen werden.

Zur Zeit eines Donnerwetters sollte es bisweilen Feuer regnen, so daß unter dem Regen feurige Tropfen bemerkt würden. Auch Steine, Frösche, Fische, Korn, Wolle usw. soll es geregnet haben. Außerdem bildete man sich ein, daß sich zuweilen das Wasser in Blut verwandle, und hielt es für die Anzeige eines sehr blutigen Krieges. Schon manchmal ist hierdurch eine ganze Gegend in Angst versetzt worden, bis man endlich fand, daß rote Tierchen, sogenannte Wasserflöhe, sich so vermehrt und in so ungeheurer Anzahl auf der betreffenden Wasserfläche verbreitet hatten, daß das Wasser wie Blut aussah. Neu entstehenden Quellen sollten gegen alle Krankheiten helfen.

In teueren Zeiten glaubten die Leute, Gott tue dadurch ein Wunder, daß er auf außerordentliche Weise Brot gebe. Man fand Mondmilch, eine feine weiße Kalkerde, hielt sie für auf außergewöhnliche Weise gesandtes, für »Berg- und Himmelsmehl«, und verwandte es zum Kochen und Backen. Bei der großen Unkenntnis in der Naturwissenschaft fabelte man eine Menge Albernheiten über alle Tiere, deren Lebensweise weniger bekannt war. So über Regen- und Ohrwürmer, Blutegel und Blattläuse, die man Meltau nannte, über Heuschrecken, Grillen, Ameisen, Heimchen, Blattwespen, Spinnen, Krebse, Schlangen, Eidechsen usw., denen man die lächerlichsten Eigenschaften zuschrieb. Beispielsweise glaubte man, die Hähne legten alle sieben Jahre ein Ei, aus welchem, wenn es von einer Kröte ausgebrütet wurde, Basilisken zum Vorschein kämen. Die Schlangenbeschwörer sollten durch Zauberformeln die Schlangen an gewisse Orte bannen können. Der Vogel Greif gab zu einer Unzahl von Fabeln die Veranlassung. Der Neuntöter sollte täglich neun Tiere umbringen, und am Dasein des Phönix, des Lindwurms und des Drachens zweifelte niemand. Schwalben und Störche waren glückbringende Vögel; nur die Nachtschwalbe nicht. Sie nannte man Hexe oder Ziegenmelker, weil sie nachts den Ziegen die Milch aussauge. – Der Rattenkönig mit zehn Köpfen ist vielfach gesehen worden, und man glaubte, wo ein Stück Rattenkönig im Hause sei, bleibe keine Ratte.

Vom Renntiere glaubte man, man brauche ihm nur ins Ohr zu sagen, wohin die Reise gehen solle, Zügel brauche man nicht.

Vom Stachelschweine erzählte man, daß es seine Stacheln wie Pfeile auf seine Verfolger abschießen könne, und vom Igel, daß er Birnen und Äpfel abschüttele und den Kühen und Ziegen die Milch aussauge.

Auch die Edelsteine spielten im Aberglauben eine Rolle. Emil Romminger schrieb im »Thüringer Hausfreund« darüber: »Die Edelsteine, diese glänzenden, harten, einer hohen Politur fähigen, schönen Schmucksteine, von nur geringem praktischen Wert, aber einer außerordentlichen, durch ihre Seltenheit hauptsächlich bedingten Kostbarkeit, sind im Altertum sowie im Mittelalter, ja bis in die Neuzeit hinein vielfach mit abergläubischen Ansichten in Zusammenhang gebracht worden, indem man ihnen gar außergewöhnliche Kräfte und wundersame Wirkungen zuschrieb. Daher auch ist es zu leiten, daß die Materie, mittels welcher sich unedles Metall in Gold verwandeln, jede Krankheit sich heben und das menschliche Leben sich beliebig verlängern ließ, der »Stein des Weisen« genannt wurde, deshalb ist es ein Stein, welcher in der bekannten, einer alten orientalischen Sammlung entlehnten Fabel des Boccaccio demjenigen, der ihn besitzet, die Herrschaft über seine Brüder sichert, und derselbe Stein, in einen Ring gefaßt, ist es, dem in Lessings »Nathan der Weise« die sittliche Eigenschaft anhaftet, »bei Menschen beliebt zu machen«.

Das wundersüchtige Mittelalter begnügte sich nicht damit, wirklich vorhandenen Edelsteinen absonderliche Wirkungen beizulegen, es erdichtete vielmehr noch Steine, samt deren Namen und Eigenschaften.

So sprach man damals von dem Stein Quirim, der sehr schwer, und zwar nur im Neste der Wiedehopfe zu finden war. Legte man ihn einem schlafenden Menschen unter den Kopf, so mußte derselbe alles ausplaudern, was er in wachem Zustand entweder sorgfältig als Geheimnis bewahrte oder doch nur seinem vertrautesten Freund unter dem Siegel der Verschwiegenheit mitteilte.

Da fabelte man ferner von dem Stein der Unsichtbaren, der nur in einem Zeisigneste und selbst da nur von einem Vogel zu entdecken war. Wollte man seiner habhaft werden, so mußte man aus einem Rabenneste einen Raben nehmen, ihn erwürgen und neben dem Neste an einem recht starken Stricke aufhängen. Die alten Raben vermochten diesen herzzerreißenden Anblick nicht zu ertragen und bemühten sich, den Strick zu durchbeißen, was ihnen natürlich nicht gelang. Der alte Rabe wußte aber Rat, er flog von dannen und kehrte nicht früher wieder heim, als bis er den Stein der Unsichtbaren in einem Zeisigneste erspäht hatte und ihn mitbringen konnte, um ihn dem toten, hängenden Nachkömmling in den Schnabel zu stecken, wodurch er sofort durch des Kleinods Kraft unsichtbar wurde, also den Blicken der alten Raben entschwunden war. Jetzt konnte der begehrliche Mensch den kostbaren Stein sich aneignen, denn nur der Vogel, nicht auch der Strick war unsichtbar geworden. Selbstverständlich konnte sich mit Hilfe dieses gar erwünschten Steines auch der Mensch zusamt der Kleidung, so er auf dem Leib trug, unsichtbart machen. So auch erzählte man von einem Steine »Juperius«, dem alles Wild zuliefe, weshalb ihn sich die Jäger sehnlichst wünschten.

Einige Beispiele werden dartun, welche Vorstellung man sich von der geheimnisvollen, mächtigen Wirkung verschiedener wirklich existierender Edelsteine ehedem gemacht hat. Berücksichtigen wir zunächst das Altertum. Der Achat war bei den Alten ein sehr geschätzter Stein, mehrfach besungen von Orpheus, welcher rühmend hervorhebt, daß der Achat den Mann bei Frauen angenehm mache, gegen den Stich des Skorpions helfe und gepulvert mit gutem Weine gesund und angenehm zu trinken sei.

Adamas, der Unbezwingliche (griechisch), der Diamant, sollte sich gleichwohl, in das Blut eines Ziegenbocks gelegt, darin auflösen, dieses Blut aber, als Medizin getrunken, jede Krankheit heilen. Ferner sollte schon die Nähe dieses Steines dem Magnet seine Kraft nehmen, die er auch nach der Entfernung des Steines nicht mehr wiedererlangte.

Der Stein, den wir Rubin nennen, wurde von den Alten seines Glanzes wegen maßlos gepriesen. Ein Römer Vartomanus berichtet, daß ein solcher, den der König von Pegu besessen, so sehr geleuchtet habe, daß man bei seinem Schein in finsterer Nacht ebensogut habe sehen können, als ob die Sonne schiene, und Bischof Epiphanius berichtet von ihm, er scheine durch die Kleider, welche ihn bedeckten, wie eine Flamme hindurch. Daher hieß er bei den Griechen Anthrax (glühende Kohle), bei den Römern Carbunculus, woraus das deutsche »Karfunkel« entstanden ist.

Den Spinell schätzten die Alten unter dem Namen Balassus oder Pilatius als die Mutter, Wohnung oder Palast, in welchem der Karfunkel erzeugt wird und sitzet.

Der Saphir war nach Dioscorides dem Apollo geheiligt, und wer ihn trug, erwarb die Gunst der Fürsten, war sicher vor Zauberei, Bande und Gefängnis.

Der Smaragd war dem Merkur zugeeignet, und nach Plinius wuchs der schönste szythische Smaragd in Goldgruben, worin die Greife nisten und ihn bewachen.

Der Topas (so nannten die Alten den heutigen Chrysolith) war, pulverisiert und mit Wein getrunken, ein sicheres Mittel wider Fieber und Melancholie.

Der Türkis hatte die gar vortreffliche Eigenschaft, alle Feindschaft aufzuheben und namentlich bei Zwistigkeiten Mann und Frau zu versöhnen.

Übrigens waren die Alten der Ansicht, daß die Edelsteine aus den Ausdampfungen der Erde entständen, und da dieselben in den heißen Ländern durch die wärmere Sonne begünstigt würden, sahen sie darin den natürlichen Grund, daß in besagten Gegenden mehr edle Steine gefunden würden als in kälteren.

Im Mittelalter verlieh:

Der Achat die Kraft, alle Gefahren abzuwenden, alles Irdische zu besiegen und die Kräfte des Herzens zu heben, so daß sein Egentümer mächtig, wohlgefällig und fröhlich wurde.

Der Adlerstein (eine Art Toneisenstein), am linken Arme getragen, erweckte Liebe zwischen Mann und Weib.

Ein gar köstlich tugendreicher Stein war der Beryll, wie folgende Verse beweisen:

»Mehr lob ich Edelgestein,
Der Barillus ist ein,
Gut Tugend er hat
Als von ihm geschrieben stat;
Er macht, daß Mannes Leib
Lieb hat sein ehlich Weib,
Er ist dem Auge gut,
Welches thränen thut,
Wer trinkt davon zur Stund,
Dem wird das Milz gesund.
Trägt ihn bei ihm ein Mann,
Deß Red wird lobesan

Und wo der Stein ist
Da mag zu keiner Frist
Der arge Teufel syn,
Der Stein vertreibet ihn.«

Der Besitz eines großen Diamanten schützte einerseits gegen Hexerei und Zauberei und gab andrerseits dem Eigentümer Gewalt über die unterirdischen Mächte, so daß kein stärkeres Beschwörungsmittel existierte, als eine gewisse Formel, auf einen flachen Diamant gegraben. Hexen vermochten sich durch ein Amulett aus Diamant gegen die Qualen der schmerzhaftesten Folter unempfindlich und fest zu machen, und Fürsten sich gegen Vergiftung zu schützen, indem sie nur einen Diamanten in den Becher werden durften, aus dem sie ihren Wein tranken. Bei Frauen beseitigte der Diamant alle Schwermut, und diese liebenswürdige Wirkung soll sich durch ihn bei geschickter Anwendung noch bis auf den heutigen Tag in der Regel erzielen lassen.

Wollte man unsichtbar werden, so mußte man einen Opal, in ein Lorbeerblatt gewickelt, bei sich tragen, der dann von solcher Tugend war, daß er die Umstehenden blind machte, weshalb er auch der »Patron der Diebe« war.

Der Smaragd schärfte den Verstand, vermehrte den Reichtum und gab, sofern man ihn unter die Zunge legte, die Fähigkeit, Künftiges vorherzusagen.

Solcher Beispiele ließen sich wohl noch mehrere auffinden, indessen genügen ja die hier aufgeführten schon, um darzutun, auf welche Irrwege die Menschen geraten konnten, solange ihnen das Licht der Wissenschaft noch nicht hell genug leuchtete.

Was man unter Hexen und Hexenmeistern verstand, wissen wir. Daß sie aber mit Aufhören der Hexenprozesse noch fortlebten, wenigstens in der Phantasie der Abergläubischen, könnte uns fast zum Einstimmen in Schillers Seufzer veranlassen: »Weh denen, die den Ewigblinden – des Lichtes Himmelsfackel leihn! – Sie strahlt ihm nicht, sie kann nur zünden und äschert Stadt' und Länder ein.«

Wohnte da noch im Jahre 1786 ein Zauberer in der damaligen Grafschaft Lippe-Detmold, auf der sogenannten Knetterheide, unweit Schöttmar, der, weil er Kuren unternahm, gestohlene Sachen nachwies pp. in jener Gegend gute Geschäfte machte. Vor ihm fürchteten sich die Diebe mehr als vor der Obrigkeit. Einst wurde in jener Gegend einem Manne sein ganzes Fleisch gestohlen. Wütend darüber erklärte der Bestohlene öffentlich, er wolle nach der Knetterheide gegen und dem Diebe ein Auge ausschlagen lassen. Er tat das auch, fand aber den Hexenmeister nicht zu Hause. Während dieser Abwesenheit wurde das Fleisch jedoch in die Behausung des Abwesenden zurückgebracht. Hätte er den Hexenmann daheim angetroffen, so hätte ihn derselbe vermutlich mit dem Bescheide nach Hause geschickt, daß er, wenn sein Fleisch in drei- oder viermal 24 Stunden nicht wiedergebracht würde, wiederkommen möchte, und daß der Dieb dann ein Auge verlieren solle. – Einst starb ein Bauer, der durch das Einstoßen eines Zweiges in das Auge dasselbe verloren hatte. Dieser Verlust fiel gerade in die Zeit, in welcher ein Bestohlener dem Diebe durch den Hexenmeister – wenigstens wie er glaubte – ein Auge hatte einschlagen lassen. Was war natürlicher, als daß der Einäugige unter dem Verdacht des Diebstahls starb! Durch solche Zufälligkeiten steigen die sogenannten Hexenmeister im Ansehen. Man hielt jeden für einen Hexenmeister, dessen Tun man nicht begreifen konnte. Auch der große Erfinder der Luftpumpe, Otto von Guericke, hatte das Schicksal, für einen Zauberer gehalten zu werden.

Noch zu Ende des 18. Jahrhunderts kurierte ein Herr auf folgende Weise von Hexenwahn. Derselbe befand sich auf einem Dorfe, als gerade eine Anzahl Personen einen Schäfer geknebelt anbrachten. Der Herr fragte, was der Mann Böses getan habe, und erhielt zur Antwort, es sei ein Hexenmeister, den man der Gerechtigkeit überliefern wolle. Der Herr ersuchte, ihm den Menschen zunächst zu überlassen, was auch geschah. Als er mit ihm allein war, sagte er zu ihm: »Freund, du mußt mir die Wahrheit sagen. Hast du wirklich ein Bündnis mit dem Teufel?« – »Ja, mein Herr!« erwiderte der Schäfer. »Ich gestehe, daß ich alle Tage in die Versammlung der Hexen komme. Einer von meinen Freunden hat mir einen Saft gegeben, welchen man einnehmen muß; ich bin seit drei Jahren unter den Zauberern!« Überhaupt redete der Schäfer von den Teufeln so, als wenn er wirklich täglich in ihrer Gesellschaft gewesen wäre. Da forderte ihn der Herr auf, ihm die Arznei zu zeigen unter dem Vorgeben, ihn nachts in die Hexenversammlung begleiten zu wollen. »Das können Sie«, antwortete der Schäfer, »sobald es Mitternacht sein wird!« Als die Mitternachtsstunde kam, sagte der Herr: »Nun, die Zeit unserer Abreise ist da!« Da nahm der Schäfer eine Büchse aus seiner Tasche, in welcher er Opium hatte; er nahm für sich in der Größe einer Nuß und gab dem Herrn ebensoviel und sagte: »Das müssen Sie einnehmen und hernach sich unter den Schornstein legen. Dann wird der Teufel in Gestalt einer großen Katze kommen und Sie in die Versammlung führen.« Der Herr nahm die Salbe und stellte sich, als könne er sie nicht einnehmen, wenn er sie zuvor nicht in etwas Wohlschmeckendes gewickelt hatte, ging in die Kammer, nahm Backwerk, legte Oblaten darauf und sagte, als er wieder zum Schäfer kam: »Ich bin bereit!« – »Wir wollen uns beide auf den Boden legen und so einnehmen!« antwortete der Schäfer. Beide streckten sich nun am Schornstein hin. Der Herr aß sein Backwerk, der Schäfer sein Opium. Kaum waren einige Minuten vergangen, so schien dieser außer sich, schlief ein und redete im Traume tausenderlei Narrheiten. Nachdem er über vier Stunden so geschlafen hatte, erwachte er und sagte zu dem Herrn: »Nun, Sie müssen mit der Art, wie Sie der Bock aufgenommen hat, zufrieden sein. Es ist eine große Ehre, daß er Sie gleich den ersten Tag Ihrer Aufnahme zum Afterkuß zugelassen hat.« Der Herr aber löste dem Schäfer das Rätsel, indem er in seiner Gegenwart einem Hunde von dem Opium eingab, welcher fortan einschlief, Zuckungen hatte, winselte und bellte.

Die Hexen sollten außerordentliche Dinge tun können; daher sind die Mittel, mit denen man sich gegen sie zu verwahren suchte, oft sehr seltsam. Wer Geld liegen hat, sagte man, der lege Kreide dazu, damit Hexen keinen Teil daran haben oder etwas davon nehmen können, denn sie sollen die Kunst wissen, es unter den Schlössern hervor heimlich zu entwenden.

Wider das Behexen sollte es gut sein, etwas von der Kleidung eines armen Sünders bei sich zu führen. Auch sollte ein solcher Lappen dienen, die Pferde fett zu machen, die man damit putzt – und gut füttert.

Wenn der Drache oder die Hexen nichts vom Gelde holen sollten, so sollte man es mit reinem Wasser abwaschen und ein wenig Brot und Salz dazulegen.

Wenn eine Hexe fragte, sollte man nicht mit Ja antworten, sonst konnte sie durch Zauberei etwas nehmen. Auch sollte man sich von ihnen, am wenigsten freitags, nicht mit der Hand über den Rücken fahren lassen und drei Schritte weit von ihnen abtreten, weil man sich sonst vor ihrer Zauberei nicht hüten könne. Wenn die Hexen einen verzauberten, so sagten sie, nach dem Glauben der Leute, folgendes zum Teufel: »Tue hin und fahre hin in N., und martere und plage und beiße den in aller und meines Teufels Namen.« Wer sich dann aber nackend auf den Mist setzte und, indem er seine Notdurft verrichtete, Käse und Brot aß, der wurde das Übel wieder los. Ehe man sich schlafen legte, verwahrte man noch die Tür mit seinem Überwurf (Kittel), um Hexen und Gespenster dadurch abzuhalten. »Wenn Hexen einen hanfenen Strick an die Torsäule hängen«, sagten die Abergläubischen, »daran melken und sagen: ›Du, Teufel, (Strutzfeder, Wittfedder oder wie man ihn sonst hieß), bringe mir Milch‹, so können sie alle Morgen und Abend so viel bekommen, als sie wollen; denn der Teufel melkt die Kühe eines reichen Nachbarn so lange, als die Hexe am Stricke zieht, und bringt ihr dann die Milch. Von dieser Milch läßt sich aber nicht gut Butter machen.« Wenn Hexen sagen: »Strutzfeder pp., bringe mir Eier«, so bringet er sie. Wenn eine Frau buttern will, so soll sie ein dreikreuziges Messer an das Butterfaß stecken, oder drei Kreuze an dasselbe schreiben, um den Hexen die Macht zu nehmen, dabei zu schaden. Hexenbutter glaubte man daran zu erkennen, wenn sie im Wasser untersinke.

Die Katzen hielt man für diejenigen Tiere, in welche die Hexen sich am leichtesten verwandeln könnten. Wenn in und an einem Hause die Katzen sich häufig bissen, sollte es nicht ganz richtig sein; denn in dieser Gestalt, glaubte man, machten die Hexen einander Besuche. –

Das Nestelknüpfen[78] war die Knüpfung eines Knotens, wobei eine unbekannte Kraft vermittels Segensprechen wirken sollte. Man sagte, es könne einem die Mannheit benommen werden, während der Zeit, da verlobte Personen vor dem Altar stehen, um sich durch priesterliche Einsegnung zu verbinden, mit besonderen Zeremonien (Feierlichkeiten) und Worten in das Hosenband einen Knoten bände, welches dann Kraft habe, wenn die Verlobten nicht nahe genug aneinanderständen. Man brauchte gegen das Nestelknüpfen lächerliche Mittel. Man sollte einen Ring am Finger tragen, in welchem das rechte Auge eines Wiesels eingefaßt sei. Hauswurzel essen, durch den Trauring sein Wasser laufen lassen, sich mit dem Zahn eines toten Menschen räuchern, von einem Grünspecht essen, über eine Türschwelle gehen, unter welcher Quecksilber in einem mit Wachs zugestopften Federkiel gelegt ist. Eine Pomeranze ganz verschluckt, und nachdem sie so wieder weggegangen, gerieben – sollte verliebt machen, wenn man sie jemand irgendwo eingebe. Man glaubte auch, wenn man einen Frosch in einer durchlöcherten Schachtel in einen Ameisenhaufen setze, so finde man an dem zurückgebliebenen Gerippe eine Spitze, welche die Eigenschft habe, denjenigen verliebt zu machen, der damit gestochen oder nur berührt werde. Viele standen in dem Wahne, daß, wenn ihre Fußstapfen aufgenommen und in den Rauch gehangen würden, sie ganz verkommen müßten. Andere, daß dies durch das Anschreiben gewisser Zeichen und durch das Anschmieren gewisser Salben an die Haustür oder durch Vergrabung einer Kröte oder Eidechse unter die Türschwelle geschehen könne.– Die Kinder sollten dem Behexen und Beschrienwerden besonders ausgesetzt sein. Wenn man wissen wollte, ob ein Kind behext sei, sollte man es an der Stirn lecken. Schmecke es hier salzig, so sei es wirklich an dem. Nun gebrauchte man Kehricht aus vier Winkeln, Abgeschabtes von vier Tischecken, räucherte das Kind mit neunerlei Holz usw. Starb es demungeachtet, so hieß es, es sei »auf den Tod behext« gewesen. – Die beste Probe, um zu sehen, ob ein Kranker beschrien sei oder nicht, sollte die sein: »Man soll Frauenflachs oder Rufkraut kochen, damit den Kranken baden und das Bad hinter das Bett setzen. Läuft es zusammen, so ist er beschrien, läuft es nicht zusammen, so ist er es nicht. Das Wasser muß stillschweigend und zu einer gewissen Zeit geholt und nicht dem Strom entgegen geschöpft werden.« – Wenn man ein Kind mit dem Besen schlägt, so verdorrt es. Wenn es aus Hunger, Durst oder weil ihm etwas schmerzt, schreit, so hat es den Pfizwurm, der es im Leibe kneipt. Man band ihm dagegen einen lebendigen Schmerlfisch auf den Nabel. Wenn nun dieser auf der Seite, auf welcher er auf dem Bauch des Kindes lag, von der Wärme abfaulte, so glaubte man, der Wurm habe ihn abgefressen. Nun räucherte der Abergläubische mit Berufskraut, oder er legte venedische Seife und Spießglas in einer Nußschale auf den Nabel des Kindes. Dies half, jedoch nicht eher, als bis das Kind satt zu essen bekam oder ihm nichts mehr wehtat.

Wenn ein Kind nicht recht gedieh, riet man, so wende einen Taler daran und lasse es von einem Pater überlesen. – Wer Brot und Salz bei sich trägt, soll vor Zauberei sicher sein. Man sollte die Kinder mit Kot an der Stirn bestreichen, um sie vorm Behextwerden zu bewahren. –

Das Bannen galt für eine geheime Kunst. Man glaubte durch Zeichen, die man in die Luft hinmachte und durch Aussprechung gewisser Worte einen Menschen dergestalt festmachen zu können, daß er von einem Orte nicht wegkommen können, sondern unbeweglich bleiben müsse. Auf diese Weise wollte man Diebe festmachen, daß sie nicht von der Stelle, Vögel, daß sie nicht wegfliegen, wilde Tiere, daß sie nicht davonlaufen konnten. –

Man glaubte auch, man könne Gewehre besprechen, daß sie nicht losgehen konnten, sowie an Freikugeln und dergleichen.

Auch an Verwandlungen, wonach gewisse Menschen nach Gefallen eine andere Gestalt annehmen und dann wieder in der menschlichen erscheinen konnten, glaubte man. Sie hatten angeblich vom Satan die Gabe erhalten, sich in Hasen, Katzen, Hunde und dergleichen zu verwandeln. Besonders hat man geglaubt, daß die Menschen sich in Werwölfe verwandeln, d. h. die Gestalt eines Wolfes annehmen könnten. Von ihnen sagte man, sie bewirkten durch Anlegung eines Riemens um den Leib die Verwandlung in einen Wolf, als welcher sie durch Wälder und Felder streiften und alles zerrissen und fraßen, was ihnen vorkäme. –

Auch an das Sichunsichtbarmachen einzelner Menschen und das Versetzen an einen anderen Ort glaubte man und nannte dies »bei lebendigem Leibe spuken«. –

Sympathie und Antipathie (Geheimkraft und natürlicher Widerwille) wurde auf jede mögliche Art angewandt. Diejenigen, welche sich schämten, gewisse Dinge und Krankheiten mit allen alten Mütterchen für Hexereien und Wirkungen des Teufels zu halten, nahmen zur Sympathie und Antipathie ihre Zuflucht und suchten die Möglichkeit und die Ursache davon durch seine Ausflüsse zu erklären, die aus dem menschlichen Körper oder in denselben übergingen und darin etwas bewirkten. Hast du einen Kropf, sagt der, der hieran glaubt, so stelle dich mit dem Gesicht gegen den Mond, nimm einen Stein, der vor dir liegt, bestreiche damit den Kropf dreimal und wirf ihn hinter dich; tue dies bei drei zunehmenden Monden nacheinander. – Wenn dein Hals angeschwollen ist, so winde einen gelben Wachsstock da herum, oder wenn du die »gelbe Sucht« hast, so stehle den Schmierkübel von einem Fuhrmannswagen und sieh hinein. – Hast du einen Schaden am Leibe, so nimm ein Ei und trink es aus, laß deinen Urin in die Schale, verwahre es in einem Säcklein und hänge es in den Rauch. – Schneidest oder stichst du dich, so schmiere die Nadel oder das Messer mit Fett, verbinde es mit einem Läppchen und lege es an einen temperierten Ort, die Wunde verbinde mit einem trockenen Lappen, so heilt sie zu[79] Wenn du Warzen hast, nimm einen Faden, umwickele sie damit und wirf ihn dann unter eine Dachrinne; wenn darauf der Faden verfault, geht auch die Warze weg. Oder gehe des Morgens früh, wenn es geregnet hat, stillschweigend auf den Kirchhof, wasche dich mit dem Wasser, das auf einem Leichenstein stehengeblieben ist; gehe stillschweigend wieder zurück, dann vergeht sie. Oder nimm ein Hölzchen und schneide soviel Kerben hinein, als du Warzen hast, wirf es heimlich dem Klingelmann in den Korb. – Wenn dich ein Hund gebissen hat, so sieh, daß du Haare von ihm bekommst, lege sie darauf, dann wird die Wunde heilen. – Wenn dir die Nase blutet, so laß das Blut in eine auf Kohlen gesetzte Eierschale oder auf ein aus Strohhalmen gelegtes Kreuz laufen, dann hört es auf. Wenn dir jemand ein Messer schenken will und du nimmst es von ihm, so wird er dir gram. – Wenn du das Brot ißt, von dem ein anderer schon gegessen hat, so bekommst du seinen Geiz. Schlage die Kuh, wenn sie nicht still steht und die Milch lassen will, mit dem Stabe eines Bettlers, dann wird sie ruhig stehen usw. usw.

Von Dieben, Gehängten pp. sind von alters her mancherlei Erzählungen im Umlauf, die darauf hinauslaufen, daß, nachdem ein Unschuldiger vom Leben zum Tode gebracht worden, ein außerordentlicher Sturm, Hagel, Regen, Gewitter, wohl gar ein Erdbeben enstanden sei, um den für einen Missetäter Gehaltenen zu rechtfertigen. Wenn aber so etwas Außerordentliches geschehen sollte, dann soll auch das Schwert des Scharfrichters in eine außerordentliche Bewegung geraten. An dem Galgen hängt ein Dieb schon längere Zeit. Ein Fuhrknecht zwickt ihm die Teile des Fingers ab, woran die Nägel sitzen und womit der Diebsgriff geschehen ist und läßt sie in den Handgriff seiner Peitsche einflechten, woraus, wie er glaubt, die Wirkung entsteht, daß, wenn die Pferde mit dieser Peitsche getroffen werden, sie den Wagen auch in dem tiefsten Morast nicht stecken lassen. Der Weinschenk sucht einen Daumen zu bekommen. Gewinnsüchtige Spieler tragen einen solchen in der Absicht herum, und Wirte glauben, daß dadurch viel Gäste herbeigezogen werden. Der Strick des Gehängten ist schon lange um nicht geringen Preis an abergläubische Weibsleute verkauft, welche ihn ihrem Vieh, wenn es die Würmer pp. hat oder gar behext ist, mit Vorteil umhängen. Wer den Nagel bekommen kann, der beim Hängen gebraucht wurde, der hält sich gesichert gegen alle Hexereien pp. –

Eine Mutter muß den Kindern zum ersten Male die Nägel abbeißen, damit sie nicht stehlen lernen.

Wenn Diebe von einem neugeborenen Kinde einen Finger anzünden, so kann keiner im Hause aufwachen. –

Wenn jemand geköpft wurde, so kam es vor, daß epileptische Personen das Blut tranken, um von ihrer Fallsucht befreit zu werden. Andere haben mit der kalten Hand des Toten sich den Kropf und andere Auswüchse bestrichen, um sie wegzubringen.

Mit Schatzgraben wurde der größte Betrug getrieben. Zu dem Gelderheben gebrauchte man zuweilen die Wünschelrute. Eine solche Rute ist ein von einer Haselnußstaude in der St.-Johannis-Nacht zwischen 11 und 12 Uhr abgeschnittener Zweig, der die Gestalt einer Gabel hat und gegen den Aufgang der Sonne gewachsen sein mußt. Der, welcher sie über dem Punkte, wo die Nebenzweige herausgewachsen sind, abschneidet, muß in dem Zeichen der Waage geboren sein und dabei folgende Worte auch gegen den Aufgang der Sonne sprechen: »Gott grüße dich, du edles Reis, mit Gott, dem Vater, such' ich dich, mit Gott, dem Sohne, find' ich dich, mit Gott des Heiligen Geistes Macht und Kraft brech' ich dich. Ich beschwöre dich, Rute und Sommerlatte, bei der Kraft des Allerhöchsten, daß du mir wolltest zeigen, was ich dir gebiete, und solches, so gewiß und wahr, so rein und klar, als Maria die Mutter Gottes eine reine Jungfrau war, die unseren Herrn Jesum gebar. Im Namen Gottes des Vaters, des Sohnes und des Heiligen Geistes. Amen!« Sonst wird dabei auch wohl das erste Kapitel Johannis: Im Anfang war das Wort usw. oder die Worte des 23. Psalm gesagt: Dein Stecken und Stab tröstet mich. Es mögen Buchen, Birken, Tannen, Eschen, Erlen, Eichen, Äpfel-, Birnen-, Lorbeer- oder Mandelbäume sein, die Rute kann aus allen gemacht werden. Jedoch soll man eine gewisse Art Holz zu jedem Metall wegen Gleichförmigkeit ihrer Teile wählen, als Haseln zum Silber, Eichen zum Kupfer, Tannen zum Blei, Zinn, Eisen, Stahl, Gold. Die von Weiden und Haselnuß aber sollen die besten sein und auf alle Metalle schlagen. Die Wünschelrute wurde auch aus Draht, Papier und Fischbein verfertigt, und es hat Leute gegeben, welche die geheime Wissenschaft zu besitzen vorgegeben und sie für schweres Geld verkauft haben. Solche künstlich gemachte Rute besteht aus zwei Stücken eisernem Draht, welche dergestalt zusammengefügt sind, daß sie sich biegen lassen. Sie sind über und über mit Leder überzogen und mit Zwirnfaden bewunden. Durch das Schlagen dieser Rute sollen alle verborgenen Dinge, vorzüglich die vergrabenen Schätze, auch Erzgänge, Wasserquellen, Marksteine, dann verirrtes Vieh, Mörder, Diebe, unbekannte Wege und Stege entdeckt und sogar auf vorgelegte Fragen richtige Antworten gegeben werden. –

Der Sattler Striedicke hatte schon einmal einen mansfeldischen Prediger zu überreden gewußt, ihm zur Hebung eines Schatzes behilflich zu sein, und der würdige Geistliche hatte seinen Aberglauben durch einen Verlust von 180 Talern und mit einem Verweise, den er für seine Dummheit vom Konsistorium erhielt, büßen müssen. Dennoch hörte Striedicke nicht auf, zu behaupten, daß ihm ein Schatz bestimmt sei, und kurz vor Weihnachten des Jahres 1785 verbreitete sich plötzlich das Gerücht, daß er ihn nun gefunden habe, was vernünftige Leute allerdings nicht glaubten. Da Striedicke jedoch mancherlei Ausgaben machte, die mit seinem Verdienst in keinem Verhältnis standen, wurde die Obrigkeit aufmerksam auf ihn und stellte geheime Nachforschungen an. Diese ergaben, daß das Gerücht, Striedicke habe aus der Ferne eine reiche Erbschaft gemacht, auf Unwahrheit beruhte. Bald darauf wurde das Rätsel durch eine Witwe gelöst, welche Striedicke, weil sie die Miete nicht bezahlen konnte, aus dem Hause warf. Die Frau sagte aus: In der früher von ihr bewohnten Stube sei, wenn man ein Brett des Fußbodens aufhebe, eine Öffnung, durch die man den darunter liegenden Keller des Striedicke übersehen könne. Gegen Weihnachten habe sie einmal viele Personen darin beobachtet, unter denen sie indes nur Striedicke, seine Frau und einen Windmüller aus der Neustadt erkannt habe; die anderen Personen waren verkleidet gewesen, einer als Teufel, der andere als Mönch, der dritte als Geist usw. Man habe einen Kreis geschlossen, und nach vielen Zeremonien habe man mit Schaufeln die Erde aufgeworfen und sei auf einen Kasten gestoßen, den man mit vieler Mühe heraufgebracht. Beim Heben habe der als Teufel Verkleidete so heftig gebrüllt, daß ihr angst und bange geworden sei. Man habe den Kasten einen Augenblick geöffnet, und alles habe daraus wie Gold und Silber gefunkelt, ihn aber sogleich wieder verschlossen, mit mehreren Petschaften versiegelt und zum Windmüller in die Neustadt geschafft. Von jenem Tag datiere das Wohlleben im Striedickschen Hause. Striedicke und Frau wurden in Untersuchungshaft genommen, und die Untersuchung ergab: Striedicke hatte erfahren, daß der Windmüller einiges Gold liegen habe. Alsbald ging Striedicke wie tiefsinnig in der Nähe der Windmühle auf und nieder. Vom Müller gefragt, was ihm sei, schreckt er auf, starrt den Müller eine Weile mit vielversprechendem Schweigen an und ruft dann entzückt: »Gott« Nun habe ich gefunden, was ich schon lange gesucht habe! Freund! Er ist der glückliche Mann, der mich auf einmal in die blühendsten Umstände versetzen kann. Mit ihm nur kann der Schatz gehoben werden, der mir zugedacht ist.« Damit hatte der Schwindler den Müller schnell gewonnen, und bald gelang es Striedicke, den Toren zu überreden, ihm 200 Taler vorzuschießen, wofür er von dem Schatze 2000 Taler erhalten und zu seiner Sicherheit bis zu der Zeit, da man ihn angreifen dürfe, den Kasten in seine Verwahrung nehmen solle. Das war der Kasten, von dem der Teufel durch sein verzweiflungsvolles Brüllen Abschied nahm. Die Rolle des Teufels hatte der abgedankte Postillon Scharf gespielt und die des Geistes Burkhardt, ein liederlicher Bergmann. Der unterpfändliche Schatz wurde in die Richterstube gebracht, und der Geist und der Teufel mußten den einige Zentner schweren Kasten auf den Tisch heben. Die Siegel waren noch unverletzt. Man fand: Zuoberst einige achtzig kleine, mit Flitter vergoldeten Münzen, dann schwere Steine und dazwischen Kiessand, und bei der Haussuchung Werkzeuge und Bücher mit allerlei Formeln und Fratzen, sowie Schmelztiegel, Stempel und ähnliches. Striedicke war sonach ein Schwindler, der seine Strafe erhielt, während der Prediger und der Müller sich in dem Prozesse als habsüchtige Einfaltspinsel gezeigt hatten. –

Eine wohlhabende Bauerswitwe, die Ruschkin in Quappendorf bei Fürstenwalde, wurde vor etwas über hundert Jahren ebenfalls von angeblichen Schatzgräbern betrogen. Zunächst mußte sie eine vorgeblich mit

Türkenblut bestrichene Wünschelrute mit 10 Talern bezahlen. Es kamen Boten zu ihr, die von naheliegenden Schätzen redeten und den eigentlichen Schatzgräber, der noch kommen sollte, ankündigten. Er habe überstudiert, sagten sie, und sei Priester gewesen. Die Frau gab Geschenke und was man sonst von ihr forderte, u. a. ein Stück Speck, um es auf dem Kreuzwege einzugraben, und ein Stück Leinwand zur Befriedigung des Geistes. Endlich kam der überstudierte Mann, ein lahmer Husar, und man ging ans Werk. Er führte die Bäuerin um Mitternacht aufs Feld, ließ hierin einem vor ihr bezeichneten Kreise ihren Knecht und ihre Magd graben und murmelte unverständliche Worte, um den Geist, der den Schatz bewache, zu zitieren. Darauf erschien eine weiße Gestalt und sprach: »Ich war ein alter General, ich habe meinen Schatz vor dem Feinde vergraben und hatte auf Erden niemand, dem ich dies offenbaren konnte usw.« Dann beschrieb er den eisernen Kasten, gab die Kostbarkeiten und das bare Geld in demselben an, letzteres zu 72 000 Taler. Um dies zu heben, sollten nun 100 Taler, Damast usw. an eine katholische Kirche in der Lausitz gegeben werden, anderenfalls würde allen dreien der Hals gebrochen. Der Schatz sei mit einem Hahn versetzt. Der Hahn wurde gebracht, vom Schatzgräber dem Geist gegeben, worauf letzterer verschwand. Man grub weiter und fand den Kasten. Die Witwe half ihn in ihr Haus tragen, gab dem Geisterbeschwörer mehr, als er für Lesung der Gebete am katholischen Altar gefordert, und ließ ihn ziehen, nachdem er versprochen, in einer bestimmten Zeit wiederzukommen, da nur in seinem Beisein der Kasten geöffnet werden dürfte. Natürlich kam er nicht wieder, und als man schließlich den Kasten öffnete, fand man Steine und Sand darin. Übrigens wurde der Geist entdeckt und bestraft. –

Gegenüber dem Unterberge bei Brotterode liegt ein Berg, Ave Maria, nach anderen auch Ave Markus geheißen. Hier stand vor alten Zeiten eine Kapelle. Trotzdem ist es bis heute daselbst nicht geheuer gewesen. Denn es läßt sich daselbst zuweilen ein gespenstischer Schulmeister sehen, hat ein Gesicht wie Spinnweben und predigt zum Schrecken der Leute von einer auf dem Ave Maria befindlichen Felskanzel. Zuweilen steigt er auch auf einen alten Holzapfelbaum am Laudenbache und hockt sich dann Vorübergehenden auf, die ihn nun ein gut Stück Weg mitschleppen müssen. So kamen einmal Leichenträger von Seligenthal her, und einer von ihnen war der alte Johannes Eck. Kleinschmalkalden lag bereits hinter ihnen; hell schien der Mond, und der gefrorene Schnee glitzerte rings an den Bergwänden. Als sie sich nun umsehen, fehlt einer. Nun rufen sie. Umsonst! Sie bleiben stehen, horchen, rufen wieder – nichts läßt sich hören. Da machen sie sich entschlossen auf und gehen den Weg zurück. Endlich kommt ihnen der alte Eck entgegen, keuchend, von Schweiß durchnäßt, und mit zitternder Stimme erzählt er seinen Kameraden, daß es sich plötzlich auf ihn gelegt hätte, schwer wie ein Schaf, und erst, als sie ihm nahe gekommen seien, sei es wieder von ihm rücklings abgeglitten.

Am Ausgang von Brotterode erhebt sich der Burg-Berg, auf dem man früher noch verfallene Mauerüberreste der einst hier gestandenen Brunosburg gewahren konnte. Auch hier war es nie geheuer. Denn ein Schatz lag hier vergraben, und alle sieben Jahre tauchte zwischen dem Burggetrümmer eine Jungfrau auf, die Hüterin des Schatzes. Sie trug ein langes weißes Gewand mit rotem Bande und war von einem Hündchen begleitet, das am Halsband eine Schelle hatte. Von dem Burgberge stieg sie zum Orte nieder bis da, wo die Gärten beginnen. Sonntagskinder, die ihr begegneten, vernahmen, wie sie leise vor sich hin die Worte sprach:

»Ein Knäblein von sieben Jahren
Mit weißen Haaren
Kann mich erretten!«

Seitdem das letzte Trümmerwerk der alten Brunosburg verschwunden ist, hat man auch die Jungfrau nicht mehr gesehen; ob der Schatz gehoben, ob sie erlöst worden ist? Wer will es wissen?

Nicht nur in der Umgebung Brotterodes aber weht die Sage ihre Schleier, auch drinnen im Orte selbst haben Aberglaube und Volksphantasie so manchen Schatz an Mären und seltsamen Überlieferungen bewahrt. So soll sich früher im alten Gemeindewirtshause zu Brotterode gar oft den Wirtsleuten im Keller ein Geist in Gestalt einer Flitterbraut – so geheißen, weil die Brotteroder Bräute eine aus lauter Goldflitter bestehende Haube am Hochzeitstage zu tragen pflegen – gezeigt haben, während zu gleicher Zeit sich in der Küche eine Züchterin (Brautjungfer) sehen ließ. Letztere griff immer in die Luft, bis endlich ein Mann aufmerksam ward, daß an der Stelle, wo sie hintastete, einige Fädchen auf einem Balken hervorsahen. Nun zupfte er, neugierig geworden, an denselben, bis aus dem morschen Holz ein uraltes Leinwandbeutelchen herausfiel, das einige verschimmelte Silbergroschen enthielt. Von Stund' an war die Züchterin für immer verschwunden. Wohl aber erschien die Flitterbraut alle Tage und Nächte und erschreckte die Wirtsleute durch ihr geheimnisvolles, stummes Wesen. Niemand wagte sie anzureden, und so blieb der Spuk bestehen. Die Wirtsleute verarmten und starben endlich. Neue Bewohner sah das Haus. Unter diesen auch das Töchterlein, schmuck und reinen Herzens. Als dasselbe eines Tages in den Keller hinabstieg, einen frischen Trunk heraufzuholen, sah es die Flitterbraut stehen. Die aber hatte ganz die Züge einer Freundin der Wirtstochter angenommen. Verwundert, da diese Freundin gerade an demselben Tage Hochzeit gehalten hatte, frug das junge Mädchen: »Was machst du da?« Da antwortete die Flitterbraut: »Wisse, daß ich ein seit vielen hundert Jahren an diesen Ort gebannter Geist bin und einen großen Schatz bewache, den du heben sollst und geschwind von seiner Stelle rücken mußt, denn wenn die Glocke die Mitternachtsstunde anschlägt und es ist nicht getan, so bleibe ich ewig unerlöst. Darum habe ich die Züge deiner Freundin angenommen, damit du mich fragen solltest, denn ungefragt war mir nicht vergönnt, zu dir zu reden. Eile und hebe den Schatz, der dort an jener Stelle ruht!« Fast zu Tode erschreckt, stieg die Wirtstochter aus dem Keller empor und erzählte ihren Eltern, was sie gesehen und gehört. Da nahm der Vater beherzt Schaufel und Hacke, stieg mit der Tochter wieder hinab und ließ sich die geheimnisvolle Stelle zeigen. Und in der Tat, bald, nachdem er daselbst eingeschlagen, kam ein mächtiger, mit Goldstücken gefüllter Kessel zum Vorschein. So war der Wirt ein reicher Mann über Nacht geworden, und auch Segen war bei dem Golde, denn der erlöste Geist erwies sich dankbar. Noch die Nachkommen jenes Wirtes sind heute reiche Leute. Das Wirtstöchterlein aber verfiel bald in Zittern und Siechtum und starb nicht lange darauf. Denn von denen, welche bei Hebung eines Schatzes zugegen sind, muß immer einer das Glück der anderen mit seinem Leben bezahlen.

Auch sonstige Hausgeister trieben früher ihr Wesen in Brotterode und sollen sich zuweilen noch heute hier und da bemerkbar machen. So auch in einer Bergmühle, die dort stand, wo man die Stätte jetzt die Schleifkothen nennt. Da wohnten ehemals zwei Brüder, Messerschmiede natürlich. Denen waren die Hausgeister gewogen und verhalfen ihnen zu vielem Reichtum. Diese Hausgeister aber trugen sich immer sehr gering und dürftig, so daß die Brüder in ihrer Erkenntlichkeit eines Tages dahin übereinkamen, ihnen neue schmucke Gewänder anfertigen zu lassen. Gefragt, getan. Als der Gevatter Zwirn die roten Jäckchen und blauen Höschen abgeliefert hatte, legten die Brüder dieselben neben die Klingen, welche die fleißigen Geister die kommende Nacht wieder schleifen sollten. Doch sahen dieselben neue Kleidung, da sprachen sie gar traurig:

»Da liegt nun unser Lohn.
Jetzt müssen wir auf und davon!«

Sie nahmen die Kleider und zogen fort, und niemals sind sie wiedergekommen. –

Ein Student zu Jena, namens Weber, hatte sich mit zwei Bauern, Gesner und Zenner, vereinigt, einen Schatz zu heben. Die drei begaben sich in den in der Nähe der Stadt befindlichen Weinberg eines Schneiders, dort den Geist zu zitieren, der den Schatz bewachte. Nach der Meinung des Studenten hieß der Geist Och, und der sollte seinen Diener Nathanael schicken. Weber schrieb etliche unverständliche, nichts bedeutende Worte an die Tür. Dann setzten sich alle drei nieder und legten Fausts[80] Höllenzwang nebst gewissen Charakteren und vier Beuteln zu den vermeintlichen Hecketalern vor sich auf den Tisch. So saßen die Narren bis zehn Uhr. Da beschrieb der eine Bauer mit Webers Degen einen Kreis an der Decke, welches er alle Viertelstunden dreimal wiederholte, und Weber las die Beschwörungsformel aus dem Buche »Fausts Höllenzwang«. Der Geist blieb indessen aus. Da es nun sehr kalt war, so hatten die Schatzgräber in dem verschlossenen, ofenlosen Häuschen ein Feuer von Steinkohlen angemacht, woran sie erstickten. Als der Schneider am anderen Tage von ohngefähr in sein Weinberghäuschen kam, fand er darin zu seinem Schrecken die drei Männer, die beiden Bauern tot und Weber halbtot und sprachlos, eine Verletzung am Arm und rote Flecke, Geschwulst und Blasen auf der Brust. Man wollte dahinter kommen, ob der Teufel das Unglück angerichtet habe, und stellte die Wächter Baier, Krempe und Schuhmann in das Gartenhäuschen. Als diese froren, machten sie in dem verschlossenen Häuschen ebenfalls ein Feuer an, und es ging ihnen daher ganz ebenso wie den Geisterbeschwörern. Man fand sie am anderen Morgen halbtot. Sie erholten sich aber wieder bis auf Baier, welcher starb. Schuhmann sagte, nachdem er sich erholt, aus: Es sei ihm gewesen, als ob er auf der Bank eine Strecke fortgeschoben worden; er habe aber nichts gesehen, nichts gehört, während Krempe sich wichtig machte, er habe den Teufel gesehen und ein Kratzen an der Tür gehört. Auf die Frage, wie der Teufel ausgesehen, beschrieb er ihn: »Der Teufel sah aus, als hätte er keine Gewalt über mich.« Darüber wurde er ausgelacht, und als er später Nachtwächter geworden, riefen ihm die Spaßvögel beim Stundenabrufen zu: »Heda! Krempe? Wie sieht der Teufel aus?« –

Ehedem standen katholische Priester im Rufe, nicht nur Gespensterbannen und Geister zitieren, sondern auch, daß sie Geld geschickt zu heben wüßten. Einst ging ein solcher, der sich den heiligen Christoph zum Schutzpatron ersehen hatte, mit seiner betrogenen Gesellschaft um Mitternacht in ein altes Gewölbe, von dem noch die Wände standen, das oben mit Brettern leicht zugedeckt war. Dort machte Pater Franziskus einen Kreis um sich herum, sprengte Weihwasser an die Wände, sprach das Ave Maria und betete:

»Heiliger und ehrwürdiger Märtyrer Christoph, himmlischer Fürst! Wir rufen Dich an, als denjenigen, der Du den großen König gesucht hast, und zuerst einen heidnischen König, hernach den Teufel, endlich aber den Herrn Jesum gefunden hast, weil Du die Leute durch den Jordan trugest. Und da Du in Deiner Einsiedlerhütte schliefest, rufte Jesus als ein Knab': ›Offery, Offery‹ Da Du das erstemal und andere Mal aufstundest, war niemand da. Das drittemal rufte und sagte der Knabe: ›Offery, Offery, nehme Deine Stange und trage mich durch den Jordan.‹ Du nahmst ihn auf Deine Schultern und gingest durch das Wasser. Der Knabe aber war so schwer, daß Du in Lebensgefahr kamest und zu dem Knaben sagtest: ›Du bist so schwer, daß ich meine, ich trage Himmel und Erde.‹ Der Knab' antwortete: ›Du trägst wahrlich Den, der Himmel und Erde geschaffen hat.‹ Da tauchte Dich der Knabe ins Wasser und taufte Dich im Namen des Vaters und des Sohnes und des Heiligen Geistes und veränderte Deinen Namen mit dem Beisatz: »Du sollst nicht mehr Offey, sondern Christoph heißen. Ich erschaffe Dich zu meinem Schatzmeister und gebe Dir Gewalt über alle in der Erde verborgenen Schätze, daß Du sie unter diejenigen, welche

Dich in meinem Namen anrufen, austeilst. Ich gebe Dir auch Gewalt über alle bösen Geister.« Nun rufen wir Dich, o heiligster und verehrungswürdigster Herr Märtyrer und Fürsprecher Christoph an, daß Du Dich unserer erbarmest und uns neben Gott und der Jungfrau Maria erhörest und uns zum Behuf unserer Arbeit diese Nacht hunderttausend Gulden guten Geldes bescherst. Wir rufen Dich das erste, andere und dritte Mal an und beschwören Dich in dem Namen des Vaters und des Sohnes und des heiligen Geistes und der heiligen Maria, mache durch meine Fürbitte, daß wir reich werden und aller Glückseligkeit genießen. So wahrhaftig Du Gott gedienet hast, und von ihm getauft bist, und Du den heidnischen König und unzählige andere zu dem christlichen Glauben gebracht hast, und Dir Gott Seele und Leib gegeben hat; hilf uns und bringe uns gutes lauteres Gold, gutes Geld durch Gott Vater und Sohn und Heiligen Geist Amen!«

Nach Beendigung dieses Gebetes sprengte der sündige Pfaffe noch einmal Weihwasser gegen die vier Wände, ließ vier Personen mit mit Kreuzen bezeichneten Hämmern dreimal gegen die vier Wäünde schlagen und dies zum zweiten und dritten Male wiederholen. Plötzlich aber stürzt eine Wand ein, und – erschrocken laufen alle zum Gewölbe hinaus. Allein die Habsucht ließ sie, nachdem sie sich erholt, umkehren und suchen; natürlich fanden sie nichts. –

Ein sterbender Vater sprach zu seinem Sohne: »Sohn, grabe den Acker und den Weinberg fleißig um, und du wirst einen Schatz finden!« Kaum war der Alte beerdigt, als H. auch schon alles umzuwühlen begann; allein er fand nichts. Nach Jahren fingen Acker und Weinberg an, reicher als je zuvor zu tragen. H. hätte nun merken können, was der Vater unter dem Schatz, den er finden sollte, gemeint habe; er sprach aber oft in der Schenke seinen Unwillen darüber aus, daß er den Schatz – den er meinte – noch nicht gefunden habe. Da bemerkte ihm ein Bergmann, ein listiger Bursche, er wisse einen Schatz. H. bezahlte die Zeche für ihn und sagte: »Bruder, wenn du ihn weißt, warum hast du ihn nicht schon gehoben?« – »Ja, meinte der Betrüger, das geht so nicht; ich bin arm. Wenn ich 33 Taler 3 Groschen und 3 Pfennige in Gold, Silber und Kupfergeld hätte, womit ich den Schatz herauflocken könnnte, so wollte ich ihn gleich heben.« Sofort erhielt er von H. den Betrag, und schon nachts um 12 Uhr ging der Schwindel vor sich. H. mußte sich in gewisser Entfernung unter eine Eiche stellen, und sollte, bei Lebensgefahr!, sich weder rühren noch sprechen! Er hatte schon drei Stunden unter großer Angst dagestanden. Endlich wurde ihm die Zeit lang; er wagte es, sich umzusehen, zu rufen und dann an den Ort hinzugehen, wo der Schatz sollte gehoben werden; aber der Bergmann war über alle Berge. –

Ein französischer Bauer, der mit seiner Wünschelrute so viel Aufsehen erregte, daß selbst die Richter mit ihm umherliefen, um vermöge derselben Mörder zu entdecken, wurde als Betrüger entlarvt und mußte das Land verlassen. Ein abergläubischer Gerichtsschöppe glaubte den Dieb entdeckt zu haben. Dieser wurde aber unschuldig befunden und der Schöppe in Strafe genommen, außerdem mit sechs Tagen Gefängnis gebüßt. Ein listiger Bergmann versicherte einem reichen Bauernburschen, daß er durch seine Wünschelrute schon verschiedene Schätze entdeckt hätte. Sie gingen an den bezeichneten Ort. Dort ließ erst der Bergmann, dann S. die Rute schlagen, und schon in der nächsten Nacht um 12 Uhr sollte der Schatz gehoben werden. –

»Wenn wir nur das Geld anschaffen können«, sagte der Bergmann, »welches zur Hebung des Schatzes notwendig ist. Ich bin arm, und meine Armut ist eben die Ursache, warum ich durch meine Wünschelrute noch nicht reich geworden bin. Die unterirdischen Geister werden den Schatz, ohne Schwierigkeiten zu machen, heben lassen, sobald sie erkennen, daß ich 50 Taler in der Tasche habe. Merken sie aber, daß ich weniger oder wohl gar nichts bei mir führe, so werden sie ihn stets fortrücken, wenn man gleich glaubt, ihn schon in den Händen zu haben.« Nun empfing er das verlangte Geld. Sie gingen an den bestimmten Ort und fingen genau um 12 Uhr an zu graben. Der Erdboden war gefroren. Als sie etwas hineingearbeitet hatten, fragte der Bergmann seine Rute, die ihm, wie er vorgab, sagte, daß der Schatz nur noch einen Fuß tief stehe, und gab S. zu erkennen, daß kein Ungeweihter zugegen sein dürfe, wenn der Schatz gehoben würde, worauf sich derselbe zitternd entfernte. – Die Geschichte endete, wie man leicht erraten kann; der Bergmann hatte sich mit den 50 Talern davongeschlichen, und S. verfiel in ein hitziges Fieber, an welchem er, der einzige Sohn seiner Eltern, starb. –

Einen Fall von Schatzgräberei aus neuerer Zeit erzählte C. Kahle in der »Weidaer Zeitung« nach Akten des Weidaer Gerichts, der in Gera und in Dürrenebersdorf vor nicht allzulanger Zeit spielte. Da die betreffenden Opfer der Schwindler noch leben, so hat Kahle die Namen derselben nur mit den Anfangsbuchstaben bezeichnet.

»Nicht weit von Dürrenebersdorf wohnte der Bauerngutsbesitzer J. G. Pr. Dieser bemerkte eines Tages, daß seine Kühe verhext seien, d. h. nicht mehr genügende Milch gaben, und wandte sich an Johann Georg S. in Weida, der als Zauberkünstler großen Ruhm genoß. S. zog mit und fragte seine Wünschelrute, die er um den Stall trug, ob das Vieh verhext sei. Die Wünschelrute bejahte die Frage dreimal und zeigte auf die Stelle im Miste, wo der Hexenschuß vergraben sein sollte. Pr. machte, nachdem er auf Geheiß des S. den Mist weggehackt hatte, ein Loch in den gepflasterten Boden der Düngestätte, in welches Simon eine Kanne voll mit Salz und Asche vermengtes Wasser goß. Nach einer Viertelstunde war das Wasser versickert, und es fand sich auf dem Boden der Grube ein verschimmeltes Päckchen, welches nach Angabe des S. der Hexenschuß war. In dem Päckchen waren eine Bleikugel, einige alte Nägel, Kuhhaare und Eierschalen.

Alles dies ließ S. überm Feuer verkohlen, räucherte das Vieh damit und befahl Pr. den Topf um Mitternacht ins Wasser zu werfen. S. ging hierauf mit Pr. in das Nebenhaus, woselbst er einen magischen Kreis legte und die Hexe beschwor. Sofort tat es einen fürchterlichen Schlag, die Hexe kratzte an der Tür und klirrte mit der Kette. Da ging S. hinaus und prügelte die Hexe.

Als sie abends in der Stube saßen, erzählt Pr. dem S., unter seiner Treppe läge ein Schatz von 400 Talern. Eine Zigeunerin habe ihm gesagt, er könne ihn heben, müsse aber vier Jahre darauf sterben.

Sogleich nahm S. seine Wünschelrute und ging auf die Treppe, wo die Rute sofort ausschlug und meldete, der Schatz betrage 700 Taler in Gold und 1000 Taler in Silber.

Nun war Pr.s Gier geweckt; er bat S., ja den Schatz zu heben.

Der sagte, man müsse ein Werk haben, worin zu lesen wäre, wie der gute Geist zitiert werden könne; er wüßte, wo es zu haben sei.

Nach vier Wochen teilt S. dem Pr. mit, das Buch sei gefunden, er solle nach Gera kommen und 60 bis 100 Taler mitbringen.

Bei Pr.s Ankunft in Gera erzählte ihm S., er habe das Buch schon gekauft, man wolle heute in Weida die Probe damit machen.

Elf Uhr nachts gingen beide mit einer brennenden Laterne auf S.s Boden. Dort zog S. einen magischen Kreis, schnallte Salomonis Gürtel um, befahl Pr. niederzuknien und sprach dann die Beschwörungsformel, die er aus dem gekauften Buche ablas.

Sofort ertönte ein schwacher Knall, und aus der Tür kam eine weiße Gestalt, die auf Befragen des Beschwörers angab:

»Ich heiße Tischma. In dem Hause des Herrn Pr. liegt ein Schatz, der nur mit dem Siegel aus dem Kloster N. gehoben werden könnte. Dasselbe kostet fünfzig harte Taler.«

Darauf befahl ihnen der Geist, die Worte nachzusprechen:

Ich schwöre im Namen der heiligen Dreifaltigkeit, Gottes, des Schöpfers Himmels und der Erden, Jesu Christi und des Heiligen Geistes, daß ich standhaft sein und von dem, was hier vorgegangen ist, niemand etwas sagen will. Auch der Geist schwur etwas, aber in der unverständlichen Geistersprache, schnaubte heftig und verschwand.

Beide Beschwörer gingen in die Wohnstube zurück. Pr. bekannte, daß er die fünzig Taler nicht habe, daß er aber seinen Schwager in Münchenbernsdorf überreden wolle, dem Schatzheben mit beizutreten. Beide Schwager schafften das Geld, und S. brachte darauf das Erdzwangssiegel mit seiner Frau zu Pr. Der Schwager Pr.s aber war argwöhnisch und verlangte, erst solle S. noch einmal die Hexe beschwören, die das Vieh bezauberte. – S. war gleich bereit, goß Branntwein auf einen zinnernen Teller, stellte auf seinen Teller Räucherkerzchen, warf Weihrauch in den Branntwein und zündete ihn an. Darauf zog er einen Kreis mit Kreide, schrieb magische Zeichen an die Tür und entfernte sich einige Zeit, um auch draußen magische Zeichen anzuschreiben.

Jetzt begann die Beschwörung. Ein heftiger Schlag erfolgte, S. ging hinaus und prügelte die Hexe, die jammernd mit hoher Frauenstimme um Schonung bat.

Hierauf glaubte auch Pr.s Schwager. Das Erdzwangssiegel wurde auf die Treppe gelegt und siehe – nach einer Viertelstunde lag ein altes Goldstück und ein halber Gulden unter ihm.

Noch offenbarte die Wünschelrute, die Beschwörung des Schatzes dürfe nicht im Hause des Pr. geschehen, da könnte ein Unglück geschehen, man sollte sie, über Weißig gehend, auf einer Holzebene nahe bei Dürrenebersdorf vornehmen.

S. führte Pr. und dessen Schwager dahin, zog einen magischen Kreis, umgürtete sich mit Salomons Gürtel, hing ein Kruzifix an die Rute, stellte drei brennende Räucherkerzchen in den Kreis und beschwor den Geist mit folgenden Worten: »Ich beschwöre dich im Namen des allerhöchsten starken Gottes, erscheine mir, guter Geist, in dieser glückseligen Stunde. Tut euch auf, ihr Felsen und Gebirge, und machet Raum den dienstbaren Geistern. Hephata, Nemphmalabus, Spirituana!«

Kleine Feuerschlangen hüpften auf dem Boden umher, und eine weiße Gestalt nahte sich dem Kreise und sprach mit hohler Stimme:

»Euch fehlt das Ewige Licht aus dem Kloster zu Banz, schafft es für dreieinhalb Säckel und hebt den Schatz.«

S. erklärte nach dem Verschwinden des Geistes, ein Säckel sei 100 Taler. Die Schwager versprachen auch, das Geld zu schaffen, kamen aber mit S. ohne Geld in Gera zusammen. Gleichwohl zitierte S. aufs neue den Geist. Diesmal war er aber grob und schwur, Pr. und seinen Schwager durch die Lüfte zu entführen.

Da sank den Armen das Herz in die Hosen, und sie baten S., er möge doch das Geld borgen, sie wollten den Schatz dann teilen.

Acht Tage darauf erhielten sie einen Brief von S. des Inhalts, er habe 350 Taler Mündelgelder geliehen, die er in acht Tagen zurückzahlen müsse.

Da erschienen nach ungefähr vierzehn Tagen Pr. und sein Schwager in Gera und zahlten dem dorthin berufenen S. 200 Taler. S. war auch bereit, 150 Taler daraufzulegen und begab sich mit beiden nach dem Hölzchen.

Dort erschien der Geist; sanft und gütig erklärte er, das Geld sei zu spät gebracht, das Ewige Licht habe in der jetzigen Zeit keine Kraft mehr. Der Schatz könne nach neunundvierzig Monaten gehoben werden, wenn sie den Altar des Klosters Banz mit dreißig Ellen grünem Tuche bekleideten. Am 15. September nach neunundvierzig Monaten werde ein Kartäusermönch in der Mittagsstunde am Kreuz von Miesitz sitzen, an welchen man das Geld für das Tuch bezahlen könne. Der Mönch trage ein grün Reislein zur Erkennung. Doch sollten die drei nicht vergessen, jährlich dreimal zu beten. Als S. aber die erst Betstunde mit den Verblendeten abhalten wollte, wurde er verhaftet.«

Verborgene Schätze. Leonhard Turneisser, der über den Sälen der Berliner Schloßapotheke als Hofalchimist und Leibarzt des Kurfürsten Johann Georg seine geheimnisvolle Kunst trieb, später aber in nächtlicher Stille die Mauern des grauen Klosters verließ, welches ihm sein hoher Gönner nach dem Tode des letzten Franziskanermöchs eingeräumt, hatte ein Verzeichnis von verborgenen Schätzen angefertigt, in welchem er unter anderem berichtet von einer lebensgroßen goldenen Statue, dem Abbild einer heidnischen Göttin, welches vorzeiten in einem alten Tempel am Venusberge zu Merseburg gestanden und dort zur Zeit Karls des Großen vergraben sein soll.

Ferner sollen sich in dem Dorfe Berga unfern des Städtchens Roßla am Harz in einem Gewölbe unter der auf einem Berg stehenden Kirche ein Schatz im Werte von mehreren Tonnen Goldes befinden, welche zu Karls V. Zeiten dort vergraben worden. Wie die Sage berichtet, führt zu dem Schatzgewölbe ein zugemauerter Gang; allein man hat denselben bis jetzt nicht aufgefunden.

Auch hinter der Kirche zu Spremberg sollen auf dem Georgenberge unter einer Linde über 20 000 Taler, in den Gewölben der Kirche selbst 50 000 Taler, unweit des Altars eine gleiche Summe und an verschiedenen anderen Stellen daselbst über 20 000 Taler vergraben sein. Wie sehr man solchen Gerüchten Glauben schenkte, beweist die Tatsache, daß der Herzog Christian von Sachsen-Merseburg nach diesen Schätzen – allerdings vergeblich – suchen ließ. – Auch unter der Marienkirche auf dem Marien- oder Hartunger Berge bei Brandenburg sollte ein Schatz versteckt liegen, der seiner Hebung harrte: Die Kirche, von welcher sich im neuen Berliner Museum eine Abbildung befindet, wurde um das Jahr 928 gegründet, als Heinrich der Städtebauer die märkischen Wenden siegreich im eigenen Lande angriff und ihre feste Hauptstadt Brennabor (Brandenburg) eroberte. Auf den Trümmern des heidnischen Tempels entstanden, ist sie verschwunden, wie die jahrhundertlang in ihr aufbewahrte Bildsäule des Heidengottes Triglav, welchen Kurfürst Joachim I. im Jahre 1586 seinem damals in Berlin anwesenden Verwandten, dem dänischen Könige Christian II. verehrte. An die älteste Gestalt des Aachener Domes und an das von Karl dem Großen in Zürich erbaute Münster erinnernd, fiel die Marienkirche 1722 als das Opfer eines schätzesuchenden Generals. Auf die Vorstellung desselben gab König Friedrich Wilhelm I. den Befehl zum Abbruch der starken Mauern, in denen man unermeßliche Schätze vermutete. Vergebens legte der Magistrat der Stadt Verwahrung dagegen ein und erbot sich zum Bau der Stadtmauern von Potsdam, wozu die Steine jener Kirche demnächst verwendet werden sollten, neue Steine zu liefern, wenn das für die vaterländische Geschichte so unschätzbare Baudenkmal erhalten bliebe; alles war umsonst: die Kirche wurde mit großen Kosten abgebrochen, Schätze aber nicht vorgefunden.

Als die Dynastie der Bourbonen in Spanien gestürzt worden, brachte der damalige Vizekönig von Mexiko, Don Jose Isturrigaray, und sein

Anhang schnell die ungeheure Summe von vier Millionen Pesos zusammen, um damit Ferdinand VII. und das alte Königshaus zu unterstützen. Das Geld wurde mit anderen Kostbarkeiten und wertvollen Heiligenbildern nach Verakruz geschafft, um nach Spanien eingeschifft zu werden. Die Kunde von diesem Transport ging wie ein Lauffeuer durch das Land und erregte jene beutelustigen Männer, an denen es in Mexiko nicht mangelte. Eine Bande der verwegensten derselben, unter denen sich auch ein Priester befand, hatte sich zusammengerottet und überfiel den Zug in einem wüsten Engpasse, metzelte die Bedeckung nieder und brachte den Schatz in Sicherheit. Die schwerbeladenen Maultiere wurden gruppenweise auf verschiedenen Wagen nach einem bestimmten Punkte im Gebirge getrieben, wo die Bande sich wieder vereinigte. In einer Höhle, die sich an einer über tausend Fuß hohen Felsenwand befand, versteckte man den großen Schatz; dann wurden alle Spuren unkenntlich gemacht, ja sogar ein Flüßchen nach der Felswand geleitet, so daß er gerade darüber hinabstürzte und die nur auf Strickleitern zu erreichende, mit Steinen verschlossene Höhle bedeckte und verbarg. – Nach Jahresfrist sollte die Teilung des Schatzes in aller Ruhe vorgenommen werden. Ein jeder der Abenteurer kehrte in seine Behausung und zu seinen gewöhnlichen Geschäften zurück, und man verbreitete geflissentlich das Gerücht, daß die ganze Geschichte des Raubes nur eine leere Erfindung des Vizekönigs sei.

Aber der Teufel der Habsucht kam über die einzelnen Räuber; ein jeder von ihnen wollte womöglich den ganzen Schatz für sich allein erlangen. Es bildeten sich einzelne kleine Banden, es entstanden Verschwörungen, deren Folge ein gegenseitiges Morden war, welches die Zahl der Verbündeten dermaßen lichtete, daß nur wenige übrigblieben, und diese wagten es wieder nicht, den Schatz für sich allein zu heben, wollten andererseits aber auch keine fremden Personen aus Furcht vor Verrat in das Geheimnis ziehen. Nur einer, ein Priester, ließ auf seinem Sterbebette einen Deutschen zu sich rufen und vertraute ihm, als einem Landsmanne Alexander von Humboldts, der sich um Neuspanien große Verdienste erworben hatte, das wichtige Geheimnis an. J. W. von Müller hat in seinem Werke »Reisen in den Vereinigten Staaten, Kanada und Mexiko« die Geschichte, welche ihm von dem erwähnten Deutschen erzählt worden war, mitgeteilt. Er schickt derselben die Bemerkung vorauf: »Obgleich die Mitteilung in allen Stücken der Wahrheit gemäß ist und aus authentischer Quelle stammt, so zwingen mich doch die Verhältnisse, die Namen der handelnden Personen, wie auch des speziellen Schauplatzes zu verschweigen.«

Der Geistliche war in ein Kloster gegangen. Er lag auf dem Sterbebette. Unter einem Maisbündel, auf welchem sein Haupt ruhte, befand sich ein Papier, welches eine genaue Beschreibung des Ortes enthielt, wo der Schatz sich befinden soll. – Der Deutsche nahm das Papier an sich und teilte einem Freunde seine Erlebnisse mit. Beide studierten nun die Angaben des Papiers, auf welchem genau die ganze Örtlichkeit bezeichnet war, um von einem Punkte am Rio de la Soledat aus die betreffende Felswand zu finden. Die Sache wurde von ihnen weiter verfolgt; eine Expedition nach der bezeichneten Gegend ließ trotz der üppigen Vegetation, die alles überwuchert und unkenntlich gemacht hatte, zwar nicht den Schatz, wohl aber den Wasserfall und die Felswand nebst allen anderen Anzeichen wahrnehmen.

Dennoch waren beide außerstande, den Schatz zu heben, teils weil die mexikanische Regierung Kenntnis von der Sache hätte erhalten und sie um die Früchte ihrer Arbeit hätte bringen können, teils auch aus Furcht vor Banditen und Mördern. Demnach liegt vermutlich aus dieser unermeßliche Schatz noch in der tausend Fuß hohen, von einem Wasserfall überstürzten Felsenwand. –

Juden, Zigeuner, Köhler und Aschenbrenner gaben vor, das Feuer besprechen zu können. Die Juden hatten zweierlei Arten, es zu tun. Der Feuerbesprecher wählte einen erhabenen Ort, von dem er alles, was brannte, übersehen konnte, ließ sich eine Pfanne mit glühenden Kohlen nebst einer Gießkanne voll Wasser geben, sah unverwandt das Feuer an, murmelte die hebräischen Worte aus dem 4. Buche Mose, Kap. 11, 2: Da schrie das Volk zu Mose, und Moses bat den Herrn, da verschwand das Feuer – silbenweis her, und beim Aussprechen goß er ein wenig Wasser über die glühenden Kohlen in dem guten Glauben, das Feuer müsse verschwinden oder es werde nun mit leichter Mühe gelöscht. Andere feuerbesprechende Juden suchten bei einer Feuersbrunst ein Haus, das noch nicht angegangen, dadurch zu retten und dem weiteren Vordringen des Feuers zu wehren, daß sie mit Kreide entweder die vorgedachten Worte oder den Schild Davids mit dem Wort Agla oder den göttlichen Namen Adonai anschrieben. Unter dem Schild Davids dachten sich die törichten Feuerbesprecher die bildliche bedeutende (hieroglyphische) Figur, welche David, ihrem Vorgeben nach, auf seinem Schilde gehabt haben soll. Sie besteht aus zwei unter- und etwas ineinanderstehenden Triangeln, in deren sechs Winkeln, wie auch in der Mitte, das Wort Agla mit hebräischen Buchstaben geschrieben steht. Dieses Wort bedeutet an sich nichts, sondern es zeigt nur die Anfangsbuchstaben von den vier hebräischen Worten an: Atta Gibbohr Leolam Adonai – Du bist stark in Ewigkeit, Herr! – Siebenmal steht das Wort Agla in der Figur, denn die Zahl sieben ist unter den Juden so heilig wie unter den Christen die drei. War das haus schon angegangen, so schrieben sie jene Worte aus dem 4. Buche Moses auf eine Brotrinde, auf Papier oder einen Teller, gingen, wenn sie konnten, dreimal um das Feuer herum und warfen den so beschriebenen Gegenstand hinein. Dies sollte gleichfalls das Feuer verschwinden machen.

Die Zigeuner und die Geister dagegen pflegten einen Feuersegen herzusagen:

»Feuer, steh still, um Gottes Will,

Um des Herrn Jesu Christi Willen!
Feuer, steh still in deiner Glut,
Wie Christus der Herr ist gestanden
In seinem rosinfarbigen Blut.
Feuer und Glut, ich gebeut dir bei Gottes Namen,
Daß du nicht weiter kommst von dannen,
Sondern behaltest alle deine Funken und Flammen.
Amen! Amen! Amen!«

Oder der Feuerbesprecher sagte: »Feuer, heiße Glut und Flamm«, dir gebeut Jesus Christus der große Mann. Du sollst still stehn und nicht weitergehn, im Namen Gottes des Vaters, des Sohnes und des Heiligen Geistes, Amen.« – Er sollte dabei dreimal um das Feuer reiten, jedesmal einen Strophe langsam sagen und dann in einen Teich hineinjagen, weil nun das Feuer aus allen Winkeln hervorkomme und ihn verfolge, und wenn es ihn erreichen könne, ihn töte und verzehre. Das Feuer besprechen sollte nur bei vollem Mond, des Freitags nachts zwischen elf und zwölf Uhr, indem drei Lichter auf dem Tische brannten, so gelernt werden können, daß der Lehrende wie der Lernende vor- und nachher jedesmal drei Kreuze sich vor die Brust machen und beim Lernen des Segens die linke Hand aufs Herz legten.

Man bediente sich, das Feuer zu besprechen, auch wohl eines hölzernen Tellers, auf welchem nicht weit vom Rande drei Zirkel nahe untereinander und gegenüber noch drei gezeichnet sind. Innen unterwärts steht ein Herz und darüber ein kleineres. Mitten durch diese beiden Herzen ist eine gerade Linie gezogen mit einem daran befindlichen Widerhaken. In dem oberen Herzen stehen die Buchstaben A G, in dem unteren L A, so daß die Zusammenfügung das Wort AGLA ergibt. Ganz unten stehen die Worte *consumatum est* (es ist vollbracht), welche der Erlöser am Kreuze gesprochen, und darunter findet man drei Kreuze. Mit dieser Figur und diesen Buchstaben sollte der Teller des Freitags bei abnehmendem Mond zwischen elf und zwölf Uhr mit frischer Tinte und mit einer neuen Feder beschrieben, bei einer entstandenen Feuersbrunst im Namen Gottes ins Feuer geworfen und, wenn das Feuer nicht verlösche, noch zweimal wiederholt werden.

Den Marktschreiern und Wunderdoktoren strömte sonst die Menge zu und kaufte von ihnen. Mit Mondschein und Gebet heilte ein solcher Doktor in Berlin in den Jahren 1780 und 1781 angeblich viele Kranke, vorzüglich äußere Schäden. Er heilte sie mit Mondschein, obgleich der Mond oft gar nicht zu sehen war und seine Frau ihrerseits Heilungen zu derselben Zeit in einem anderen Zimmer vornahm, das eine ganz entgegengesetzte Lage hatte. Er heilte unentgeltlich, um desto mehr Zulauf zu haben, aber die Billetts beim Eintritt in das Haus mußten bezahlt werden.

Ein Knabe in Oberschlesien, Thomas Gablunec, hatte die Krätze. Ein

Quacksalber riet, ihn in den Backofen zu stecken, nachdem das Brot drei Stunden darin gebacken hätte. Es geschah. In kurzer Zeit war der Junge über und über verbrannt; er kam zwar wieder zu sich, starb aber nach zwei Tagen.

Einige Jahre nach dem Mondscheindoktor trat in Berlin ein anderer Wundermann auf, welcher vorgab, geheime Naturkräfte bei Heilung der Kranken anzuwenden. Er bestimmte die Krankheit um zwölf Uhr; vor dieser Zeit durften seine Kranken nicht reden. Er schnitt ihnen die Haare ab, legte sie kreuzweise übereinander, verbrannte sie dann und gab ihnen die Asche ein. Dabei murmelte er Gebetsformeln, sprach seinen Patienten viel von Bezauberung, vom Teufel besessen sein und dergleichen. Der Schwindler endete im Zuchthause.

Und sind in unseren Tagen etwa die Wunderdoktoren ausgestorben? Mitnichten! Und noch heute wäre für sie die Strafe ganz am Platze, die man ehedem in Montpellier für derart Leute hatte. Wenn man dort nämlich einen Marktschreier entdeckte, so war man berechtigt, ihn auf einen mageren Esel zu setzen, das Gesicht nach hinten gekehrt, und ihn so durch die Stadt zu führen, mit Kot zu bewerfen pp., ihn überhaupt der Schande preiszugeben.

Nicht leicht hat ein Scharlatan größeres Aufsehen gemacht als Cagliostro, der sich einen Grafen nannte und bald vorgab, er stamme aus fürstlichem Geblüt, bald von einem Malteser-Ordensgroßmeister, bald von einem arabischen Prinzen und bald in Asien, bald in Europa geboren sein wollte. Seinem Vorgeben nach unterrichteten ihn morgenländische Weise. Reisen nach Ägypten und Einweihungen in die unterirdischen Geheimnisse der Pyramiden verschafften ihm geheime Kenntnisse. Ende des Jahres 1780 wurde er in Rom auf der Engelsburg gefangengesetzt. Als Cagliostro einst nach den Grundlagen seiner Kunst gefragt wurde, antwortete er, ihre Kraft beruhe *in verbis, in herbis, in lapidibus* (in Worten, Pflanzen und Steinen). Diese Dreiheit findet sich auch schon in König Jakobs I. von England Dämonologie, wo sie allerdings nur als das Abc der Zauberei bezeichnet wird. –

Überbleibsel des Aberglaubens. Gar mancher Aberglaube hat sich im gemeinen Leben bis auf unsere Tage erhalten. So glaubten zum Anfang des 19. Jahrhunderts noch viele folgendes: Garn, von noch nicht siebenjährigen Mädchen gesponnen, sei gut gegen Gicht – bewahre vor Hexerei und mache den, der sie am Leibe trage, schuß- und stichfrei. Wer sie in ein Gewehr lade, schieße nicht fehl. Wenn eine Maus am Kleide nagt, bedeutet das Unglück. Wenn ein Fremder in die Stube kommt, muß er sich setzen, sonst nimmt er den Kindern die Ruhe mit. Wenn eine Henne kräht, so bedeutet das Unglück. Wer früh nieset, kriegt selbigen Tages Neues zu erfahren oder etwas geschenkt. Wenn in eine Stube, in welcher eine Wöchnerin liegt, jemand mit einem Tragkorb kommt, so muß man einen Spahn vom Korbe abbrechen und in die Wiege stecken, sonst nimmt er der Mutter oder dem Kinde die Ruhe mit. Wenn Weiber Garn sieden, so müssen sie recht dabei lügen, sonst wird es nicht weiß. Es ist nicht gut, wenn man über den Kehricht geht. Es ist nicht gut, den Krug, woraus man trinkt, mit der Hand über den Deckel anzufassen, daß er hierdurch überspannt werde, denn das schadet dem andern, der daraus trinkt; denn wer zuerst daraus trinkt, sagt man, bekommt den Herzspann. Die Eltern sollen den Kindern nicht selbst Klappern kaufen, sondern sie ihnen von andern schenken lassen, sonst lernen sie langsam und schwer reden. Wenn die Kinder schwer reden lernen, soll man ihnen Bettelbrot zu essen geben. Wenn man ausgeht und verreist, soll man nicht wieder umkehren, wenn man etwas vergessen hat, sondern soll es lieber durch einen andern nachbringen lassen, denn wer das tut, dem sollen seine Verrichtungen nicht wohl vonstatten gehen. Wenn die Weiber Federn in die Betten füllen, sollen die Männer nicht zu Hause bleiben. Die Federn stechen sonst durch das Inlett. Es ist nicht gut, wenn man eine leere Wiege wiegt. Mit einem kleinen Kinde soll man unter einem Jahre nicht in den Keller gehen, es wird sonst furchtsam. Die Mutter soll den ersten Zahn, der vom Kinde ausfällt, verschlucken, alsdann bekommt es schöne Zähne. Wenn man die Kinder unter einem Jahre in den Spiegel sehen läßt, so werden sie stolz. Wenn ein Hund in den Backofen sieht, so bäckt das Brot ab. Man macht drei Kreuze über den Teig, damit er desto gesegneter sein soll, und drei Kreuze an das Brot, ehe man es anschneidet. Wenn Teig im Backtrog steht, soll man die Stube nicht auskehren, man kehrt sonst das Brot hinaus. Den Essigkrug soll man nicht auf den Tisch setzen, der Essig verdirbt davon. Wenn man den kleinen Kindern den ersten Brei nicht bläst, so verbrennen sie sich hernach an heißen Suppen den Mund nicht. Wer reich werden will, der schneide das Brot fein gleich. Wenn zu Grabe geläutet wird, soll man nicht essen, sonst tun einem die Zähne weh. Wenn einem Kinde unter einem Jahre rote Schuhe angezogen werden, so kann es hernach, wenn es erwachsen ist, kein Blut sehen. Wenn man über ein Kind hinschreitet, so wächst es nicht. Wer mit Holz, Stroh und anderen brennbaren Stoffen in Feuer oder Licht gaukelt, der harnt hernach ins Bett. Wer bei dem Spiel Geld wegleiht, der verliert. Wer zu Markte zieht und die erste Lösung verborgt, der verborgt sein Glück. Wenn ein Weib zu Markte gehen will, so muß es den rechten Schuh zuerst anziehen, dann wird es seine Ware teuer los. Wer des Morgens rückwärts aus dem Bette steigt, dem geht selbigen Tages alles verkehrt. Von Kindern, die trotz starken Essens nicht gedeihen, sagt man, daß sie das Älterlein haben. Man weiß aber ebensowenig, was das Älterlein, wie was das Jüdel ist. Wenn das Kind das Älterlein hat, soll man es lassen in den Backofen schieben. Vorzeiten hat man denn auch bedauernswürdige Kinder wirklich auf Schieber gebunden und verschiedene Male in den Backofen geschoben, statt die Ursache der Krankheit zu heben. An der Wiege muß ein Drottenfuß gemalt sein, sonst kommt der Schlenz und drückt und saugt das Kind aus, ob es gleich keinen Schlenz gibt. Im langen Korn, glaubt man, halten sich gewisse Geister auf, die man Kornengel nennt. Sie sollen besonders den Mägden sehr gefährlich sein. Wenn eine Kuh gekalbet hat, so läßt man sie den Sonntag zum erstenmal wieder aus dem Stall, dann, glaubt man, kalbt sie künftig allemal Motschenkälber. Wer einer Katze Schaden tut oder sie totschlägt, dem steht ein Unglück bevor. Wem ein Floh auf die Hand hüpft, der erfährt Neues. Beim Schlafengehen soll man nichts auf dem Tisch liegenlassen, es kann sonst das Älteste oder Jüngste im Hause nicht schlafen. Es ist nicht gut, daß man sich Feuer oder Licht durch einen Fremden aus dem Hause tragen läßt. Wenn eine Magd zu einem neuen Herrn zieht, so soll sie bei ihrem Anzuge sogleich ins Ofenloch hineinsehen, damit sie es bald gewohnt wird. Die Mägde ziehen an Fleischtagen an, damit ihnen das Jahr nicht lang deuchten soll. Viele lassen sich an Fleischtagen kopulieren. Wer in ein neues Haus zieht, soll einen neuen Besen, ein Brot und Salz vorher in dasselbe schicken. Wenn die Weiber waschen wollen, so muß im Hause alles freundlich aufstehen, alsdann bekommt man ein schönes Wetter. Wer ein vierblättriges Kleeblatt findet, der soll es aufheben und bei sich tragen, denn so lange er es hat, ist er glücklich. Wenn die Mägde Zunder brennen, so müssen sie von Mannshemden Stücken dazu nehmen, von Weihnachtshemden fängt der Zunder nicht. Wer eine Katze oder einen Hund behalten will, daß sie nicht entlaufen, der soll sie dreimal um den Herd treiben und sie mit den Hintern an der Feuermauer reiben, dann bleiben sie. Wenn ein Fuhrmann eine Otter- oder Schlangenzunge in seine Peitsche flicht, so werden seine Pferde die größten Lasten aus einem Graben ziehen und sich auch nicht übersaufen. Wer gestohlenen Käse oder Brot ißt, der bekommt den Schlucken davon. Wer einen Menschen, der sich selbst gehenkt hat, vom Strick losmacht, der wird unehrlich.

Zahlenaberglaube. Die Drei, die Sieben und die Dreizehn sind es hauptsächlich, welche im Volksglauben eine Rolle spielen. Die Drei ist die eigentliche heilige Zahl. In den wichtigsten Religionen kommen drei Hauptgottheiten, zum Teil Dreieinigkeiten vor. In der ältesten indischen Religionsform sind es Agini, Indra und Varuna (Feuer, Luft und Himmel), im Brahminismus: Brahma, Wischnu und Siwa. Bei den Griechen waren es Zeus, Poseidon und Hades (Himmel, Meer und Unterwelt), bei den alten Skandinaviern Odin, Thor und Freia. Das Christentum hat neben der Zweiheit (Vater und Sohn) die Dreieinigkeit (Vater, Sohn und Heiligen Geist). Man findet ferner drei Zyklopen, drei Zentimanen, drei Urriesen, drei Götterbrüder, drei Schicksalsgöttinen (Mören oder Parzen, Nornen), drei Rachegöttingen (Erinnyen oder Furien), drei Grazien, drei Weise (Könige), drei Hauptengel (Michael, Gabriel und Raphael) usw. Drei Jungfrauen oder Burgfräuleins kommen häufig in unseren Volkssagen vor. Manus, der Sohn des erdgeborenen Tuiskio, hat drei Söhne: Ingo, Isko und Hermio, von denen die drei germanischen Hauptstämme, die Ingäwonen, Istäwonen und Hermionen, abstammen sollten. Die Oberpriesterin Pythia sitzt auf einem Dreifuß; Melkstühle sind dreibeinig. In der Sage von der wilden Jagd und vielen anderen ist vielfach von dreibeinigen (gespenstischen) Tieren die Rede, die germanische Todesgöttin reitet auf einem dreibeinigen Pferde. Drei Kreuzchen (ursprünglich Odins Hammer) wurden und werden heute noch zu gewissen Zeiten, wie in der Walpurgisnacht, als Schutzzeichen gegen Hexen und Geisterspuk an Fenstern und Türen angebracht. Drei Kreuze gelten auch für des Schreibens Unkundige als Unterschrift. Zu Dreien zu Tische sitzen, gilt hier und da als bedenklich.

Sieben gilt als Zauberzahl. Der Ursprung dieser Bedeutung ist astronomisch und stammt aus Ägypten. Veranlassung waren die damals bekannten sieben Planeten. Die Erschaffung der Welt dauerte, den Ruhetag eingeschlossen, sieben Tage. In der Bibel kehrt überhaupt die Sieben besonders oft wieder. Noah nahm sieben Paar Vieh und sieben Paar Vögel mit in die Arche, worauf nach sieben Tagen die Sintflut hereinbrach. Siebenfältige Rache, die sieben fetten und die sieben mageren Kühe usw. Jedes siebente Jahr war ein Sabbatjahr, in welchem die Felder nicht bestellt wurden und Sklaven frei waren, alle sieben mal sieben Jahre trat das Jubeljahr ein, welches außerdem die Tilgung aller Schulden brachte; verschiedene Feste dauerten sieben Tage usw. Ferner kommen vor: sieben Siegel (Siebenschläfer), sieben Todsünden, sieben Sakramente. Später sieben Kurfürsten, sieben Freikugeln (Freischütz); sieben Schöffen gehörten zu einem gültigen Spruch, sieben Zeugen zu einem vollgültigen Beweis. Verborgene Schätze steigen alle sieben Jahre an die Oberfläche, und mit dem siebenten Jahre hört die Kindheit auf. Bei Krankheiten wird der siebente Tag als Krisistag angesehen, weshalb dieser Tag auch bei den sympathischen Kuren eine wichtige Rolle spielt. Um das Fieber zu vertreiben, muß der Abergläubische z. B. um 7 Uhr morgens und 7 Uhr abends sieben aufeinanderfolgende Tage Weihwasser aus sieben verschiedenen Kirchen trinken. Die Monatsdaten, welche eine sieben enthalten (7, 17, 27), gelten als unglückbringend. Ein böses Weib heißt im Volksmunde eine böse Sieben. Schwarze Katzen, welche das Alter von sieben Jahren erreichen, werden zu Hexen. Wenn Schwalben sieben Jahre in einem Nest gebrütet haben, lassen sie nach dem Volksglauben darin den Schwalbenstein zurück, der sehr heilkräftig ist, insbesondere bei Augenkrankheiten. Mit siebenerlei Holz werden in Süddeutschland Reinigungsfeuer für krankes Vieh angezündet.

Was endlich die Zahl Dreizehn betrifft, so ist ihre Bedeutung als Unglückszahl allbekannt. Von einer Tischgesellschaft von dreizehn Personen muß nach der abergläubischen Anschauung in demselben Jahre noch eine sterben, und zwar diejenige, die beim zufälligen Erwähnen der Zahl dreizehn erschrickt, oder die unter dem Spiegel oder in der Ecke sitzt, oder auch diejenige, die zuletzt aufsteht. Sind die dreizehn Personen aber jede fünfunddreißig Jahre alt, so sei die Wahrscheinlichkeit des Sterbens für eine Person erst in acht bis neun Jahren vorhanden. Man hat den Grund jenes Aberglaubens mit den dreizehn Personen des heiligen Abendmahls (Christus und die zwölf Apostel) in Verbindung gebracht, von denen Judas sich in demselben Jahre erhenkte. Möglicherweise hat er auch Zusammenhang mit dem mythologischen Umstande, daß von den dreizehn Göttern in Walhalla einer (Baldr) dem gewaltsamen Tode verfällt. Die Zahl ist übrigens auch bei sympathischen Kuren wichtig, kommt aber auch als Glückszahl vor, indem zur Erziehung einer glücklichen Brut dreizehn Eier vonnöten sind usw.

Die Tagwählerei[9] ist ein alter Aberglaube. Schon in den ältesten Zeiten kannte und übte man die Tagwählerei aus. Die Heiden wählten die Tage, um etwas zu unternehmen, und die Christen ahmen ihnen darin nach. Wenn ein Fremder des Montags zur Stubentür hineinsieht und nicht ganz hineingeht, der macht (angeblich), daß der Mann die Frau schlägt. Wer am Gründonnerstag oder drei Feiertage hintereinander fastet, der ist selbiges Jahr vom Fieber frei, wer es aber schon hat, dem vergeht es davon. Die Kinder soll man Freitags nicht baden, weil sie angeblich aus ihrer Ruhe kommen. Wenn des Sonnabends der Wocken nicht abgesponnen wird, so wird aus dem übrigen Flachs und Werg kein gutes Garn und bleicht sich nicht weiß. Am Gründonnerstag soll man vor Sonnenaufgang dreierlei Frucht säen, und sobald der Samen aufgegangen ist, daß er in die Halme schießen kann, alles vom Boden wegschneiden und eine Salbe daraus machen, die das einzige und beste Mittel für alle Brandschäden sein soll. Andere glauben, so viel Lasten Dünger in der Karwoche aus dem Dorf oder Hof gefahren würden, so viel Leichen würde man aus solchem Ort zu Grabe tragen, und so viel Bett- und Tischtücher man in dieser Woche auswaschen lasse, so viel Menschen würden in dem Jahr sterben. Wer am Karfreitag Laugenbrezeln ißt, bleibt das ganze Jahr vom Fieber frei. Wenn man am Silvestertage die Maulwurfshügel abträgt, so wirft der Maulwurf selbiges Jahr nicht mehr, denkt mancher. Schreibt man am Tage Nikasii (fällt nach dem dritten Advent) frühmorgens stillschweigend an alle Türen des Hauses: Heute ist Nikasiitag, so werden dadurch die Mäuse vertrieben. Wenn die Obstbäume auf Fastnacht beschnitten werden, so bekommen sie selbiges Jahr keine Raupen und die Früchte keine Würmer. An Fastnachten soll man keine Suppe essen, weil sonst die Nase stets triefe. Wenn du Lein säest, so nimm einen langen Sack dazu, laß den Samen recht lange in den Sack hineinlaufen, ziehe ihn wieder recht lang heraus, so wird der Flachs auch lang. – Wie vielerlei sonderbare Meinungen hat man von der Johannisnacht! Den Tag vor Johannis hängt man in Sachsen eine aus Klapprosen, Kornblumen, Rittersporn usw. gemachte Krone in die freie Luft, davon die Blumen, wenn die Krone neun Tage gehangen hat, gutes Ratten- und Mäusepulver sein sollen. Diese Eigenschaften sollen auch die Ähren aus den Erntekränzen äußern, nachdem sie ein Jahr gehangen haben. Manche Leute glauben, daß wenn sie am genannten Tage zwischen elf und zwölf Uhr an der Wurzel einer kleinen Pflanze, welche sie Johanniskraut nennen, schneiden, das Blut des Täufers Johannis in kleinen Körnern sich zeige, und daß solches gleich nach 12 Uhr wieder unsichtbar werde. Am Johannistage holen viele stillschweigend fließendes Wasser, bewahren es sorgfältig auf und glauben, es halte sich das ganze Jahr frisch. Wenn der schwarze Johannisbeerstrauch unter gewissen Zeremonien ausgegraben wird, so glaubt dieser und jener, daß die Beeren dieser Staude Kraft bekämen, die Gicht zu vertreiben, sobald die kranke Person davon esse. Zu dem Ende holt am Abend vor dem Johannistag eine Frauensperson von dem Gärtner einen solchen Strauch. In der darauffolgenden Nacht zieht sie sich ganz nackend aus, nimmt den Strauch und geht damit in den Garten. Hier gräbt sie ein Loch und setzt, indem sie gewisse Worte spricht, den Strauch hinein, unnd dadurch sollen die Beeren dieser Staude Kraft bekommen, denen, die sie essen, die Gicht zu vertreiben. Einige halten den Mittwoch, andere den Donnerstag, andere den Freitag, zu Unternehmungen für unglücklich. Die Ferkel pflegt man an Fleischtagen abzufetzen. Am Mittwoch geborene Kälber sollen von der besten Art sein, man soll sie im Stall behalten, aber die am Valentinstag geworfenen sollen nicht zur Zucht dienen. An diesem Tage soll man auch keine Henne zum Brüten aufsetzen. Am Mittwoch soll man kein Kalb abbinden, nicht ein- und ausziehen, soll keine Magd in und außer Dienst gehen. Am Freitag soll man kein Kind baden, allen Wein und Essig füllen. Hier und da hält man den Tag der unschuldigen Kinder für unglücklich, widmet man die Tage der Heiligen Agnes, des Valentin und Markus den Liebessachen und glaubt, daß, was man in dieser Rücksicht an genannten Tagen vornehme, sei von besonders glücklichem Erfolg. Was doch die Menschen von jeher für sonderbare Einfälle hatten! Am Himmelfahrtstage wollen die Weiber nicht nähen, weil sie glauben, wer das Genähte trage, sei bei einem Gewitter in besonderer Gefahr. Viele essen am Gründonnerstag Brezeln, um in dem Jahre vor dem kalten Fieber sicher zu sein. Am Fronleichnamstag eine blaue Kornblume mit der Wurzel ausgerauft, soll das Bluten der Nase stillen, wenn man sie in der hohlen Hand so lange an dieselbe hält, bis sie erwärmt ist. Wenn am Lichtmeß- oder Maria-Reinigungstage die Sonne scheint, so sagen die Schäfer, sie wollen lieber den Wolf in ihren Höfen sehen als die Sonne. Die Weiber verlangen Sonnenschein, weil, wie sie glauben, der Flachs gerate, wenn sie an diesem Tage tanzen. Wer Lein säet, soll dem Sämann ein Trinkgeld geben, weil sonst der Flachs verdirbt. Wenn es an Medardi oder am Johannistage oder am Tage Mariä Heimsuchung regnet, soll es vierzehn Tage, und wenn's am Siebenschläfer (den 27. Juni) regnet, sieben Wochen hintereinander regnen. Die Förster glauben, bei der Holzsaat müsse man auf das Kalenderzeichen sehen. Zum Baumsamensäen wird eine glükkliche Hand erfordert. Das Holz, welches in den Hundstagen gefällt wird, brennt nicht. Das Eschenholz kuriert angeblich alle offenen und sonstigen Schäden, wenn es am Johannistage oder Karfreitag morgens vor Aufgang der Sonne stillschweigend geschnitten wird. Eichmistel heilt die fallende Krankheit und ist bei Menschen und Vieh sehr heilsam.

Alter Volksglaube. Wenn man früh nüchtern nieset, bedeutet das: Montags: beschenkt, – Dienstags: gekränkt, – Mittwochs: geht's trübe, – Donnerstags: neue Liebe, – Freitags: viel Glück, – Sonnabends: alle Anschläge gehn zurück! –

Aberglaube vor und nach der Geburt eines Menschen. Wenn eine Sechswöchnerin über ein Feld- oder Gartenbeet geht, so wächst in etlichen Jahren nichts darauf, und was gewachsen ist, verdirbt. Wenn eine schwangere Frau vor dem Brotschrank essend stehenbleibt, so bekommt das künftige Kind Mitesser. Wenn eine Wöchnerin einen schwarzen Latz vorlegt, so wird das Kind furchtsam. Wenn eine Wöchnerin zur Kirche geht, kann sie merken, ob sie inskünftig einen Sohn, eine Tochter oder gar kein Kind bekommen werde; denn wenn der Kirchengängerin eine Mannsperson zuerst begegnet, soll sie einen Sohn, wenn eine Weibsperson – eine Tochter bekommen. Begegnet ihr aber niemand, so soll sie auch kein Kind mehr bekommen. Wenn ihr zwei Personen zugleich begegnen, soll sie Zwillinge kriegen. Ein schwangeres Weib, das Gevatter wird, soll ja nicht das Kind selbst aus der Taufe heben, denn sonst würde entweder das Kind, das getauft ist, oder ihr eigenes bald sterben. Wenn zwei kinderstillende Weiber zugleich miteinander trinken, so trinkt eine der anderen die Milch ab. Diese Meinung stimmt mit der überein, daß man glaubt, daß zwei Personen, wenn sie zu gleicher Zeit miteinander anfingen und aufhörten zu trinken, einer der andern die Farbe abtrinke. Über die Wiege des Kindes, wenn es darin liegt, darf man nichts herüberholen, es kriegt sonst den Herzspann. Bringt man ein Kind zum erstenmal zu dir, so schenke ihm eins, drei, sechs oder neun Schnattereier. Diese stoß dem Kinde dreimal in den Mund und singe: Wenn das Buttla anfängt zu gatzen, so fange du an zu schwatzen, da lernt das Kind bald sprechen. Schneide den Kindern vor dem siebenten Jahre die Haare nicht ab, du schneidest sonst den Verstand hinweg, der in den Haaren steckt. In den Sechswochen soll man ein Kind nicht in den Mantel fassen, sonst wird es melancholisch, und hat stets zu trauern, wenn es immer neues Unglück erlebt. Ein neugeborenes Kind soll man nicht auf die linke Seite zuerst legen, es wird und bleibt sonst sein Lebtag links, wenn man ihm das Linkssein sich angewöhnen läßt. Ein Knabe, der geboren wird, wenn Venus Morgenstern ist, bekommt ein viel jüngeres Weib, als er ist; ist aber Venus Abendstern, bekommt er eine ältere Frau, als er ist. Bei einem Mädchen ist es ganz das Gegenteil. Wenn der Mond bei dem Jupiter oder der Venus gesehen wird, so zeigt es bei der Geburt eines Kindes Glück, wenn aber Saturn oder Mars mit dem Mond in Verbindung stehen, Unglück. Der siebente Sohn ist glücklich, etwas zu heilen oder zu pflanzen. Kinder, am Sonntag geboren, können Gespenster sehen und sind glücklich. Wenn ein Kind, nachdem man es schon zu entwöhnen angefangen hat, wieder an die Brust gelegt wird, so kann es beschreien. Das am Himmel regierende Zeichen des Krebses, Löwen usw. hat auf die Denkungsart und die Schicksale der Kinder Einfluß. Wenn das Kind so zur Welt kommt, daß es das Gesicht oben hat, dann kommt es an den Galgen, wenn es ihn verdient hat. –

Aberglaube beim Gevatterstehen und Taufen. Wenn ein Junggesell und eine Jungfrau miteinander ein Kind aus der Taufe heben, soll der Prediger sich zwischen sie stellen, sonst würde, wenn sie sich heiraten, stets Uneinigkeit sein. Es soll keiner seine Gevatterin heiraten. Wer Gevatter steht und muß dazu borgen, dann wird dem Patchen nichts versagt werden und es überall Kredit finden. Wenn ein Kind hundert Jahre alt werden soll, muß man aus drei Kirchspielen die Gevattern dazu bitten. Wenn die ersten Kinder der Eltern Namen bekommen, so sterben sie noch eher als die Eltern. Die Paten sollen dem Kinde Löffelchen kaufen, sonst lernt es geifern. Wer Gevatter stehen soll und sich schon angezogen hat, darf nichts Abseitiges verrichten, sonst tut's das Patchen im Bette nach. Wem es in der linken Hand juckt, wird bald Gevatter stehen. Wenn die Paten in des Kindes Haus kommen, so müssen sie, ehe sie zur Taufe gehen, ihre Handschuhe auf die Wiege legen, wenn es ein Mädchen ist, ist es aber ein Knabe, den Hut, dann steht dem Kinde der Staat gut. In dieser Absicht putzt man das Kind auch wohl drei Sonntage hintereinander sauber an. Auch müssen die Paten vorher etwas Kuchen essen, damit das Kind Kuchen essen lerne. Wenn während der Taufe die Uhr schlägt, so stirbt das Kind. Einem Kinde, das in der Taufe Johannes genannt wird, widerfährt kein Unglück. Wer keine zaghaften Kinder haben will, da soll der Vater gleich nach der Taufe dem Kinde ein Schwert in die Hand geben, dann sind sie immer beherzt und kühn. Sobald das Söhnchen oder Töchterchen getauft ist, soll man es mit den Füßen an des Vaters oder der Mutter Brust stoßen und ihm Gutes wünschen.

Aberglauben[82] beim Sterben und Begrabenwerden. Wer viel bauet, stirbt bald. Wer ein Erdhuhn oder eine Hausotter beschädigt oder nur sieht, der muß selbiges Jahr sterben. Wenn ein Weib in den Sechswochen stirbt, so muß man ein Mandelholz oder ein Buch ins Wochenbett legen, auch alle Tage das Bett neu machen, sonst kann sie nicht in der Erde ruhen. Wenn der Hausherr stirbt, muß man die Bienenstöcke, die Wein- und Bierfässer im Keller fortrücken, sonst bleiben sie stehen. Wenn das Feuer platzt und prasselt, die Kinder oder Hunde vor einem Hause scharren und heulen, Raben krächzen, Eulen und Elstern auf dem Hause schreien, die Katzen sich beißen, so stirbt jemand. Wenn einem die Haut schauert, so läuft ihm der Tod über das Grab. Wenn man Tränen auf den Kranken fallen läßt oder über ihn wegragt, so stirbt er schwerer, und wenn er nachmittags um vier Uhr noch nicht tot ist, so quält er sich noch sechs Wochen. Wenn die Leiche im Sarge auf die rechte Seite sich legt, so stirbt jemand männlichen Geschlechts, wenn sie sich aber auf die linke Seite legt, so stirbt jemand weiblichen Geschlechts aus der Familie. Sobald der Mensch tot ist, muß man die Fenster aufmachen, damit die Seele hinaus kann. Daß der Tote nicht wieder komme, muß man, sobald die Leiche fortgetragen wird, einen Eimer Wasser hinterher gießen und die Haustür zumachen oder den Toten bei der großen Zehe anfassen. Wenn man vor alle Türen drei Kreuze malt, so kann der Tote nicht herein. Wenn das Gesicht eines verstorbenen Ehegatten oder Freundes im Tode weich bleibt, so holt er einen aus dem Hause nach. Wer den ersten Spaten voll Erde in die Grube werfen kann, an dem hat der Tote keinen Teil. Wenn das Grabloch nachfällt, so stirbt einer aus der Freundschaft.

Vom Wahrsagen aus der Kaffeetasse. Die Wahrsagerin schüttet in die Obertasse etwas dicken Kaffeesatz, schwingt denselben dreimal, haucht dreimal hinein, setzt sie dann so lange, daß das Gebet des Herrn dreimal gebetet werden kann, auf die Untertasse umgekehrt hin, so daß die dünne Feuchtigkeit abläuft, setzt die Obertasse an einen andern Ort, nimmt sie, nachdem sie drei Kreuze darüber geschlagen, auf, sieht hinein, um aus den darin zurückgebliebenen Kaffeeteilchen das Unbekannte bekannt zu machen. Gewöhnlich fallen die Wahrsagereien zweideutig aus oder die Wahrsagerin setzt sie nach dem von der fragenden Partei Gehörten zusammen. –

Das Klingen in den Ohren hält der Abergläubische für eine Wirkung, die dadurch verursacht wird, wenn Abwesende von ihm reden. Klingt es im rechten Ohr, so redet man Gutes, klingt es im linken, Böses. –

Wahrsagen aus den Sternen. Unter der Astrologie, welche ehedem so in Ansehen stand und eifrig erlernt und getrieben wurde, versteht man die Kunst, aus verschiedenen Stellungen der Gestirne (Konstellationen) und ihrem Lauf zukünftige Begebenheiten, wie die Veränderungen des Wetters, die Fruchtbarkeit der Erde, die Schicksale ganzer Reiche und einzelner Menschen und den Ausgang ihrer Unternehmungen vorher zu sagen. Der Ursprung derselben ist in dem Heidentum zu suchen, da man glaubte, der Himmel besitze selbst Leben und beseele die Gestirne, welche daher sehr vollkommene Wesen wären, durch welche dann auch die Schicksale der Menschen und die Begebenheiten auf dieser Unterwelt regiert würden, welche man daher durch fleißige Beobachtung derselben voraussehen könnte. Man glaubte, Gott habe jedem Planeten einen Erzengel zugeordnet, der Legionen Engel unter sich habe. Sobald nun ein Kind geboren würde, sende der Engel einen seiner Untergebenen, der zeitlebens bei dem Kinde bleibe, welches dann auch solche Eigenschaften bekomme, als der Planet habe, unter welchem es geboren ist. Selbst Philipp Melanchthon war von dieser Art des Aberglaubens angesteckt und suchte durch Astrologie sein Lebensende zu erfahren. Als er daher um die Zeit, auf welche er seinen Tod prophezeit hatte, zu der Versammlung der Theologen reiste, die im Jahre 1540 zu Hagenau gehalten wurde, setzte er vorher zu Wittenberg ein Testament auf, verfiel aber unterwegs zu Weimar schon in eine tödliche Krankheit, die ihre Ursache lediglich in seiner

Einbildung hatte. Der Kurfürst von Sachsen schickte Luthern von Wittenberg dahin, dem kranken Melanchthon mit Trost beizustehen. Als dieser ankam, fand er ihn in den letzten Zügen, die Augen waren schon gebrochen, die Sprache und das Gehör ihm vergangen; er kannte niemand mehr. Luther erschrak darüber sehr, nahm den schon halbtoten Melanchthon bei der Hand und redete ihn mit den Worten an: »Sei getrost, Philippe, du wirst nicht sterben. Ob Gott schon Ursache hätte, dich zu töten, so will er doch nicht den Tod des Sünders, sondern daß er sich bekehre und lebe usw.«; Melanchthon erholte sich und wurde gesund. Er gesteht in einem Brief, den er nachmals geschrieben hat, daß diese erschreckliche Krankheit bloß von einem Gemütskummer hergerührt habe, den ihm eine fremde Sache verursacht habe, und er würde an derselben gestorben sein, wenn er nicht durch Luthers Ankunft dem Tode gleichsam aus dem Rachen gerissen wäre. –

Eine Sibylle. Am 25. Juni des Jahres 1843 schloß die in ihrer Zeit vielgenannte Wahrsagerin Lenormand ihre Augen für immer. Seit fünzig Jahren hatte sie das Haus Nr. 5 in der Rue de Tournon zu Paris bewohnt. Eine Tafel im Hofe, über dem Eingang zum Erdgeschoß, trug die Worte: »Mlle. Lenormand, Buchhändlerin.« Sie verkaufte nämlich ihre eigenen Werke und nannte sich, da das Gesetz schon damals der Wahrsagerei nicht hold war, Buchhändlerin. Man konnte jederzeit bei ihr eintreten; durch eine Dienerin angemeldet, wurde man sogleich vorgelassen. Das Empfangszimmer war einfach und freundlich möbliert, Mlle. Lenormand saß auf einer Ottomane, eine prachtvolle Perücke und einen wunderbaren persischen Turban auf dem Haupte, sonst aber gut bürgerlich gekleidet. Keine Totenköpfe, keine Schlangen, keine Skelette und keine Krokodile, es ging alles ganz einfach her. Ihre erste Frage war: »Was für ein Spiel wünschen Sie? Zu sechs, zu acht, zu zehn, zu zwanzig bis zu vierhundert Franken?« Sobald der Besucher gewählt hatte, besah sie seine linke Hand, fragte ihn nach seinem Alter, seiner Lieblingsblume, dem Tiere, das er am meisten verabscheue, und nach ähnlichen Dingen, dann nahm sie ihre Karten, ließ, wieder mit der linken Hand, abheben und breitete sie nun vor sich auf der grünen Tischdecke aus. Unmittelbar darauf begann sie, die Augen fest auf die Karten gerichtet, ihre Prophezeiung in vielen volltönenden, sprudelnden Worten, hin und wieder den Zuhörer auch durch einen Geistesblitz überraschend. Jedermann verließ befriedigt die Wahrsagerin, und die meisten versicherten späterhin, daß ihre Prophezeiungen eingetroffen wären.

In Alencon am 27. Mai 1772 geboren, wurde sie in dem dortigen Benediktinerinnenstifte erzogen und soll, kaum sieben Jahre alt, die Absetzung der Äbtissin prophezeit haben. Einen Monat später war ihre Vorhersagung eingetroffen. Sie bestimmte auch der Äbtissin Nachfolgerin voraus, und dieser Orakelspruch ging drei Monate später in Erfüllung. So trat sie, im Gefühle ihrer übernatürlichen Mission, zu einer Zeit in die Welt, als die französische Revolution bereits am Horizonte aufdämmerte. Trübe, traurige Weissagungen flossen aus ihrem Munde, worüber die frivole Pariser Welt lachte. Da kamen eines Tages drei junge Männer zu ihr. Sie betrachtete dieselben aufmerksam, dann sagte sie ernst: »Ihr werdet alle drei eines gewaltsamen Todes sterben. Sie«, fügte sie bei dem einen hinzu, »von den Segnungen des Volkes begleitet und zum Gott gemacht, ihr anderen mit seinen Verwünschungen beladen.« Die Herren lachten und gingen. Es waren Marat, Robespierre und St. Just. Als Marat durch den Dolch der Charlotte Corday gefallen war, als das Volk wehklagend seine Leiche ins Pantheon getragen hatte, als die Lenormand in ihren düsteren Prophezeiungen fortfuhr, wurde Robespierre unruhig und ließ eines Morgens die Prophetin verhaften und in die Gefängnisse der Conciergerie schleppen, die man damals nur verließ, um das Schafott zu besteigen. Der 9. Thermidor rettete ihr das Leben und gab ihr die Freiheit wieder, und die Verfolgung Robespierres umkleidete sie mit neuem Nimbus. Unzählige strömten zu ihr, um sich von ihr die Zukunft enthüllen zu lassen. Unter ihnen erschien auch eine junge Frau in tiefer Trauer. Sie hatte ihren Gatten unter dem Beil der Guillotine verloren. »Trösten Sie sich, Madame«, sagte die Lenormand, »eine Krone wartet Ihrer!«

Diese Dame war Josephine Beauharnais. Kurze Zeit darauf heiratete die Witwe einen unbekannten, damals noch einflußlosen General ohne Vermögen und dachte seufzend: Ich verzichte auf die mir weisgesagte Krone! Allein die Neugier stachelte sie doch, und einige Wochen nach der Hochzeit veranlaßte sie Bonaparte, der bekanntlich ebenfalls nicht frei von Aberglauben war, mit ihr zur Lenormand zu gehen. Wie groß aber war ihr Erstaunen, als die Prophetin zu ihr sagte: »An Ihrem Lose, Madame, hat sich nichts geändert!« Als nun Bonaparte lächelnd ihr seine Hand hinhielt, rief die Lenormand: »Hundert siegreiche Schlachten, Retter der Republik, Gründer einer Dynastie, Besieger Europas!« – Bonaparte wurde ernst und sagte: »Ich werde Ihrem Orakel Ehre zu machen suchen, Madame!« Als die Lenormand viele Jahre später ihre bevorstehende Ehescheidung prophezeite, ließ Napoleon sie verhaften. Sie wurde zu Fouché geführt, der sich ihrer erinnerte; sie hatte ihm nämlich, als er noch Konventsdeputierter war, gesagt: »Sie sind schon gestiegen, Sie werden aber noch höher steigen!« – »Ihre Prophezeiung ist eingetroffen«, sagte er zu der Gefangenen; »ich bin höher gestiegen, als ich es mir damals träumen ließ. Aber haben Sie auch vorausgewußt, daß Sie ins Gefängnis wandern und dort wahrscheinlich sehr lange bleiben werden?« – »O ja«, entgegnete die Lenormand, »ich habe es in meinen Karten gelesen, aber auch, daß mich Ihr Nachfolger, der Herzog von Rovigo, bald befreien wird.« Und es geschah wirklich, wie sie vorausgesagt: Fouché fiel in Ungnade, wurde abgesetzt und die Prophetin bald darauf wieder frei. Die Restauration begünstigte sie, hatte sie doch in ihrer Schrift: »Souvenirs prophétiques d'une Sibylle« Napoleons Sturz prophezeit. Alles strömte ihr zu, und bis zu ihrem Tode lebte sie ungestört als ausschließlich privilegierte Prophetin. Die Stael, die Tallien, die Recamier, Benjamin, Constant, der Kaiser Alexander von Rußland und viele andere Berühmtheiten jener Tage hatten sie besucht. Sie schrieb nach und nach mehrere Werke; so außer dem schon genannten: »Memoires historiques et secrètes de l'Impératice Josephine« u. a. Als sie starb, hinterließ sie ihren Erben 500 000 Franken, ihre Papiere und zahllose Briefe merkwürdiger Personen, die an sie gerichtet worden waren. –

Vom Wahrsagen aus den Händen. Eine alte Zigeunerin wird dem Abergläubigen ehrwürdig, wenn sie den prophetischen Mund öffnet, und ein Verliebter wird bewundert, wenn er wahrsagt. Kaum läßt sich ein schwarzbraunes Zigeuner-Gesicht sehen, so läßt jeder seine Geschäfte und läuft demselben nach, um etwas Glückliches zu hören. Die Zigeuner sind dreist genug, mit ihren Wahrsagereien sich jedem aufzudringen, und unverschämt zu sagen, daß man es bedauern werde, wenn man sie nicht hören würde. Ungeheißen stehen sie still, rufen: »Gott grüße dich, mein Herr! Ach, was hast du für ein gutes Herz, und hast doch so viele Feinde und Neider, die immer mit dir umgehen und dir so freundlich begegnen. Du wirst sehr alt werden, grau wirst du werden, und du wirst auch selig werden.« Vergebens bietet man ihnen Almosen an, um weiterzugehen, oder legt ihnen Stillschweigen auf. »Wir sind auch Christenleute, antworten sie, und glauben an den Herrn Jesum; aber höre uns an, wir haben bei Generals und Obersten Gehör gefunden. Es steht dir ein großes Unglück bevor, hüte dich vor zwei Paar Schuhen! du kannst es aber vermeiden. Hör, mein Herr! es ist nicht gut, daß die Leute alles wissen, ich kann dir hier auf der Straße nichts sagen, komm mit mir, so will ich dir die beschreiben, denen du so viel trauest, und die doch hinter dir her sind. – Ach, du hast heimliche Feinde, und dein edles Herz macht, daß sie dich hassen. Hör mich an, mein Herr, ich will dir alles sagen, was sie vorhaben.« –

Vom Kartenschlagen. Es geschieht dies auf verschiedene Art. Die bekannteste ist folgende: Die Wahrsagerin mischt die Karten, läßt sie den, der sich wahrsagen lassen will, abheben und ein Blatt wählen, wonach sie sich richten will. Dann legt sie die Blätter, je acht nach der Reihe, auf, betrachtet die Lage des von jenem erwählten Blattes und die Lage der anderen gegen dasselbe und fängt nun an, Vergangenes und Zukünftiges zu sagen. Jedes Blatt in der Karte und jede Farbe hat ihre Bedeutung.

Im Dorfe Wuthenow, eine Meile von Soldin in der Neumark, wurden dem Krüger fünzig Taler, lauter harte Taler und Achtgroschenstücke, gestohlen. Der Krüger ließ sich die Karte legen, und das Weib, welches dies tat, sagte: Der erste Jude, der in einem braunen Rock zu ihm käme, habe sein Geld gestohlen. Kurz darauf kehrte ein alter Jude aus Lipehne, der in Soldin zu Markte gewesen, bei dem Krüger ein, um einmal zu trinken. Der Bestohlene sah kaum, daß der Jude mit einem braunen Rocke bekleidet war, als er ihn auch schon für den Dieb seines Geldes hielt. »Habt ihr kein hart Geld?« fragte er ihn. »Laßt mir doch einige Taler ab!« Der Jude sagte, er habe hart Geld in Soldin eingewechselt, um es auf der Frankfurter Messe zu gebrauchen, aber er wollte ihm doch sechs Stück ablassen. Bei dieser Gelegenheit bemerkte der Krüger, daß der Jude an achtzehn Stück hatte und beredete sich mit seiner Frau, seinem Knecht und seiner Magd, ihn zu knebeln. Dies geschah; der Jude wurde mit einem Strick über den Leib, den man hinten mit einem Prügel zusammendrehte, so gepreßt, daß ihm das Blut aus Mund und Nase quoll, und als er dennoch mit großem Geschrei seine Unschuld versicherte, legte man ihm zwischen jeden Finger und Zehe kleine Hölzer und drückte sie zusammen. Dabei prügelte man den Armen unmenschlich, daß er gestehen sollte. Der Lärm und das Geschrei rief die Nachbarn herbei, die, weil sie das Haus verriegelt fanden, die Tür einschlugen und den schon halbtoten Juden von weiteren Grausamkeiten des Krügers retteten. Die Sache wurde untersucht und der Jude völlig schuldlos befunden; denn er hatte, wie glaubwürdig nachgewiesen wurde, das harte Geld bei einem Kaufmann in Soldin eingewechselt. Diese Geschichte hat sich im Juni des Jahres 1784 zugetragen. –

Das Punktieren oder die Geomantie ist die eitle Kunst, durch Punkte, die man in den Staub, Sand oder auf Papier macht, etwas Unbekanntes erfahren zu wollen. Die Punkte, die aber, indem man sie zeichnet, nicht gezählt werden dürfen, werden, wenn sie gemacht sind, zusammengezählt und von der Zahl, die da herauskommt, auf mannigfaltige Weise Gebrauch gemacht. Es werden auch wohl die Taufnamen der nach Rat fragenden Personen aufgeschrieben und die einzelnen Buchstaben mit der Summe der gezählten Punkte verglichen. Jeder Buchstabe bedeutet eine Zahl. Das Verfahren ist ganz willkürlich. –

Vom Teufel Besessene, auch Angefaßte genannt. Das viele Schreiben und Predigen über die Gewalt des Teufels, über die neuen Moden, welche Gottes Strafen, Pest, Krieg, Brand, Mißgeburten, Hungersnot nach sich ziehen sollten, wodurch Schuldige und Unschuldige in gleiches Elend gestürzt würden; die angeblichen Vorboten des jüngsten Gerichts: die Kometen, Feuer- und Luftzeichen, Blutregen usw. verwirrten in der letzten Hälfte des 16. Jahrhunderts einer großen Menge von Menschen den Verstand und machten bei hypochondrischen Körpern und schwachen, abergläubischen Seelen einen besonderen Eindruck und brachten schlimme Wirkungen hervor. Viele Leute glaubten selbst sich vom Teufel besessen und sagten die wunderlichsten Dinge aus. Zu Friedeberg in der Neumark glaubten sich im Jahre 1593 sechzig und nach und nach hundertfünfzig Menschen vom Teufel besessen, welche in der Kirche großen Unfug verübten, so daß der Prediger M. Heinrich Lemrich, der sich vorher viel mit diesen Leuten abgegeben und sie unterrichtet hatte, sich einstmals selbst auf der Kanzel, als er davon predigte, wie ein Besessener gebärdete und auch dafür gehalten wurde, wodurch die Macht des Teufels noch mehr im Ansehen stieg. Deswegen wurde damals von dem betreffenden Konsistorium anbefohlen, in allen Kirchen in der Mark öffentliche Gebete zur Befreiung der Menschen von der Gewalt des Teufels anzustellen, das Übel wurde aber dadurch nicht gehoben. Es nahm vielmehr den Weg einer ansteckenden Krankheit. Wenn an einem Orte ein Besessener war, so fanden sich gleich mehr, die sich ebenfalls für besessen hielten und aus Einbildung mit fortgerissen wurden. Wüßte man nicht die Geschichte der Nonnen zu Loudon und der zwanzig Besessenen zu Annaberg und so viele Begebenheiten dieser Art bis in die neueste Zeit – wir erinnern nur an die zahlreichen vom Antichrist Angefaßten in einem Waisenhause des Wuppertales zu Ende der fünfziger Jahre unseres Jahrhunderts –, so würde man solche Erscheinungen für unglaublich halten. – In Spandau bekam ein Hutmachergesell im Jahre 1594 einen ähnlichen Paroxysmus, wie jene Friedeberger, und in kurzer Zeit wurden etliche dreißig bis vierzig Menschen davon befallen, die allerlei Gaukeleien und Kontorsionen machten, unter welchen einige wie Mondsüchtige auf den Schornsteinen, Dächern und Bäumen mit Lebensgefahr herumkrochen. Der Rat ließ eiserne Ringe in den Mauern befestigen, um die Besessenen dieser Art mit Ketten daran festzuschließen, wodurch das Übel etwas gemildert wurde. Leider bestärkten einzelne Geistliche diese armen Leute in ihrer verrückten Einbildung und mißbrauchten sie, ihre Lehrsätze von der Gewalt des Teufels zu bestätigen. Lökel hat die Geschichte der hier angeführten Besessenen und eine noch größere Anzahl von solchen Verrückten angezeigt und bei einigen die Worte und Reden angeführt, deren sie sich bedienten, um im Namen des Teufels die Menschen über die Modesucht zu bestrafen und Moral zu predigen, die vollkommen in dem damaligen Kanzelstil abgefaßt sind. Angesehene und rechtschaffene Männer, welche die Bosheit und verworrene Einbildungskraft dieser Elenden erkannten und sie verachteten, wurden dafür von ihnen mit üblen Nachreden und Lästerungen heimgesucht. War ein geistlicher Amtsbruder gelinder in seinen Predigten, lärmte und polterte er nicht dem Teufel und seiner Gewalt das Wort, so wurde er vom Teufel durch die Besessenen selbst ermahnt, seine Gemeinde mit mehr Eifer selbst zu bestrafen und mit Ernst anzugreifen, wie solches dem Superintendenten zu Spandau, M. Albrecht Colerus, begegnete, welchen der erwähnte Hutmachergeselle deshalb zu vermahnen von einem Engel wollte Befehl erhalten haben. Lökel sagt ganz vernünftig, daß dieser Mensch wahnsinnig gewesen und von dem Henker ein Brandmark verdient hätte. Das Unwesen zu Spandau machte indessen so viel Aufsehen, daß Kurfürst Johann Georg die vornehmsten Theologen von Berlin und Frankfurt dahin schickte, um die Sache zu untersuchen, deren ausführliches Bedenken, welches nach damaliger Einsicht abgefaßt ist, Engel in seinen Annalen abdrucken ließ. In Frankfurt a. d. O. trieb der Teufel auch sein Spiel. Eine Fischerstochter aus Leubus wollte im Jahre

1536 mit einem Soldaten zu tun gehabt haben und ihm zu Willen gewesen ein. Sie gebärdete sich alsbald als Besessene und wurde nach Frankfurt gebracht. Das Auffallende war – wenigstens nach Berichten aus jener Zeit –, wenn diese Frauensperson an die Wand strich, so erhielt sie die Hand voll Geld. Die Geschichte dieser Besessenen hat zu jener Zeit viel Redens von sich gemacht und die Federn der Gelehrten beschäftigt; kein einziger hat sich getraut, die natürlichen Ursachen zu erforschen. Engel erzählt sie in den märkischen Annalen, und Leuthinger in seinen Kommentarien. Dr. Stymmel, ein Professor der Arzneigelahrtheit zu Frankfurt, der gelehrte Jodokus Willich und der berühmte Sabinus haben sie weitläufig beschrieben, und alle Hexenbücher damaliger Zeit erzählen sie, jedoch mit allerlei Bemerkungen aus den gewöhnlichen Hexengeschichten verbrämt, und doch war der Zusammenhang leicht zu erklären. Zuletzt, als die Person auf Luthers Anraten in allen Predigten zur Kirche geführt und zu Hause auf Befehl des Rates angeschlossen wurde, wurde sie der Possen selbst überdrüssig, und der Zauber hörte auf. –

Natürlich war die Geisterbeschwörungsgaukelei, die ja in unseren Tagen selbst unter den aufgeklärten Deutschen noch nicht ganz verschwunden ist, im vorigen und den vorhergehenden Jahrhunderten in vollem Schwunge. So produzierte, als Kaiser Karl V. sein Hoflager in Innsbruck hielt, sich der berühmte Schwarzkünstler Dr. Johann Faust vor ihm, und richtig! – er ließ auf Verlangen des Kaisers Alexander den Großen »ein wohlgesetztes dickes Männchen, mit rotem dichtem Bart, glühenden Wangen, blitzenden Augen und strengen Angesicht in schönem Harnisch einherschreiten«. Bald erschien auch seine Gemahlin im blauen Samtrock mit goldener Stickerei und Perlen geziert, und daß sie es wirklich war, das erkannte Kaiser Karl an der großen Warze, die sie im Nacken hatte. Man nahm die Sache bei dieser Vorstellung glücklicherweise von der heiteren Seite.

Ein altes rheinländisches Liedchen schildert in naiver Weise die abergläubischen Vorurteile der pfälzischen Landbewohner. Dasselbe ist betitelt »Reeshinnernisse« und lautet:

»Ich kann halt gar nit weiter kumme,
Es is a wahri Noth,
Uf heut hatt ich mer's vorgenumme,
Da war die Sunn so roth;
Un geschtert, wie ich's überleech,
Lauft so a Sapperlot,
A dummer Haas mer übern Weech,
Do reesa – b'hüt mich Gott!
Am Mondtach fangt man nie was an,
Am Suntach wollt' ich gehn,
Da muß, als war's mer angethan,

A Schwein am Stadtthor stehn;
Uf morche, da werd's juscht a Jahr,
Daß mer der Wooche brecht;
Der Tach kann freilich nix davor;
Doch weeß mar's als nit recht,
Drum weeß ich nit, was anzufange,
For daßmal geht's mer bös;
Denn deß wird doch kein Mensch verlange,
Daß ich am Freitach reef'!«

Indessen wird jener mit dem Leben und den Gewohnheiten des Volks, mit seinem Denken und Tun nur einigermaßen Vertraute aus eigener Erfahrung wissen, daß man ähnliche Vorurteile und mit geringen Abweichungen und Nuancen denselben Aberglauben, wie er sich in diesem Liede ausspricht, überall in Deutschland antrifft. Noch immer werden hier und da einzelne Frauen mit sogenanntem bösen Blicke ängstlich gemieden und manches bejahrte rotäugige Weib als Hexe gefürchtet und ihren Verwünschungen dies und jenes Unheil, Krankheiten, ja der Tod von Kindern zugeschrieben. Jedoch ist das Volk darauf bedacht gewesen, dem unheilbringenden Einflusse der bösen Mächte vorzubeugen und zu entgehen. So wird der böse Zauber eines quer über den Weg laufenden Hasen dadurch vernichtet, daß man nicht mehr und nicht weniger als neun Schritte zurückgeht, und wer nur nicht nüchtern des Montags und Freitags früh ausgeht, hat diese *dies fatales* keineswegs zu fürchten; jedenfalls aber bleibt es eine schlimme Vorbedeutung, wenn jemand auf seinem Geschäftswege zuerst ein weibliches Individuum entgegenkommt, sie müßte denn einen Korb voll Klee tragen, dagegen ist glückverheißend die Begegnung von Männern und Wagen; und wer bei gerichtlichen Verhandlungen, Verabredungen, Verträgen, Bittgesuchen und ähnlichen Verhältnissen auf guten Erfolg rechnen oder doch vor Nachteil gesichert sein will, der versäumt es gewiß nicht, neun oder sieben kleine Brotwürfelchen zu sich zu stecken und bei dem Eintritt in das Verhandlungszimmer den Namen der heiligen Dreieinigkeit still vor sich hin auszusprechen. Sehr gewöhnlich endlich ist der Gebrauch eines Erbschlüssels, den man in ein ebenfalls altes, in derselben Familie von den Voreltern fortgeerbtes Buch steckt, dasselbe mit einem Faden umbindet und den Schlüsselkopf zwischen zwei Fingern hält, um den Ort oder mutmaßlichen Inhaber eines verlorenen Gegenstandes oder sonst eine ungewisse Sache zu erraten. Dreht sich das Buch sogleich nach der an dasselbe gerichteten Frage, so ist man auf rechter Spur und der Wahrheit nahe; rührt aber das Buch sich nicht, so hat man einen durchaus falschen Verdacht gehegt.

Was aber allerorten am Weihnachts- und am Sylvesterabend das junge ledige Volk zur Kurzweil vorzunehmen pflegte, um aus der Gestaltung gegossenen Bleies, aus der geraden oder ungeraden Anzahl Stückchen, die aus der Remise hinter dem Ofen getragen werden, oder aus dem Schütteln eines Erbzauns um Mitternacht und dem danach unterbleibenden oder sich erhebenden Hundegebell abzunehmen, ob und wer, wann und von welcher Gegend her der zukünftige Ehegemahl zu erwarten sei, daran zu zweifeln hat noch niemand ernstlich gedacht. Wird ferner um dieselbe Stunde ein Sarg in der Esse hangend erblickt, da stirbt im selbigen Hause eins im Laufe des Jahres, und wer hineinrufend in die Ofenblase einen Widerhall hört, der muß selber sterben; in den zwölf heiligen Nächten aber hat jedermann acht auf die gehabten Traumerscheinungen, durch welche die Erlebnisse in den jenen Nächten entsprechenden zwölf Monaten des laufenden Jahres angedeutet sind. Ganz besonders wichtig allen Unverheirateten ist der St.-Andreas-Tag. Der gute Heilige läßt da jeden, der sich in umgekehrter Richtung auf sein Nachtlager gelegt, sein künftiges Los im Traume schauen; vor dem Einschlafen ruft man den Heiligen also an:

O heiliger Andreas mein,
Den Herzallerliebsten laß heut mir erschein'!
Soll ich mit ihm leben in Kummer und Not:
Laß ihn mir erscheinen bei Wasser und Brot!
Doch soll ich mich guter Tage erfreun:
Laß ihn mir erscheinen bei Kuchen und Wein!
Soll ich mit ihm leben in Zufriedenheit:
Laß ihn mir erscheinen voll Heiterkeit.

Auch pflegt St. Andreas im Traume zu antworten auf folgende an ihn gerichtete Fragen:

Andreas, heiliger Schutzpatron,
Wende von mir Schmach und Hohn!
Schaue doch mein Alter an,
Schaffe bald mir einen Mann!
Krieg' ich einen oder keinen?

Antwort: Einen, einen.

Ei, das wäre ja gar schön!
Wird er viel nach andern sehn;
Treulos, unbeständig sein,
Oder einzig und allein
Mir nur leben zu Gefallen?

Anwort: Allen, allen.

Ei, das klänge nicht gar fein,
Würde lieber gestorben sein!
Hat er denn ein eigen Haus,
Und wie sieht es drinnen aus,

Ist es denn von rechter Länge?

Antwort: Enge, enge.

Nun, das gehet auch noch an,
Leb' ich nur glücklich mit meinem Mann;
Hat er, was mir Freude schafft,
Sind die Betten auch von Taft,
Da ich drinnen ruhen werde?

Antwort: Erde, Erde.

Ach, wie klingt es schauerlich,
Heil'ger Andreas, behüte mich!
Soll denn der Tod mein Ehegemahl sein:
Muß ich mich ergeben drein.
Erden – Hoffnung – falscher Schimmer!

Antwort: Immer, immer!

Brautpaare begeben sich erst nach völligem Ausläuten der Glocken auf den Kirchweg, gehen häufig hintereinander; so ein Teil sich umsieht, deutet es Trennung der Ehe an durch Tod oder Scheidung, das Regnen im Brautkranz aber Glück; über die Schwelle der Kirchtür wird mit dem rechten Fuß zuerst getreten, mit zum Himmel erhobenem Blick, »so Gott will« gebetet und an den Stufen des Altars, eng nebeneinander kniend, wird kein Zwischenraum gelassen, damit künftig niemand zwischen die Ehe trete, endlich bei auswärtiger Trauung eilt man, noch vor der zwölften Mittagsstunde heimzukehren.

Wie werdende Mütter sich hüten müssen, vor jedem Schreck und Haschen und Greifen nach Insekten und andern Tieren, um ihren Kindern kein Muttermal beizubringen, ist allbekannt; so wagt auch keine, in solchen Umständen nicht eine Stecknadel fremden Gutes sich anzueignen, aus Besorgnis, dem Kinde einen Diebessinn zu geben; noch sich die Nase zuzuhalten, bei dem Vorübergehen an übelriechenden Gegenständen aus Furcht, es möchte das Kind einen ungesunden Atem erhalten; noch Gevatter zu stehen, weil einer der Täuflinge sterben muß; doch wird durch das Antun zweier Schürzen der böse Zauber wiederum zunichte. Schaut endlich ein neugeborenes Kind sich innerhalb des ersten Jahres in den Spiegel, so stirbt es binnen Jahresfrist.

Sehr häufig sind die Heilungen durch Sympathie; Leichdornen, Warzen werden gewöhnlich im letzten Viertel des abnehmenden Mondes kreuzweise mit einem Strohhalm bestrichen, im Namen der heiligen Dreieinigkeit und unter eine Dachtraufe vergraben; nicht selten auch im zunehmenden Monde, wobei man sich des Sprüchleins bedient: »Was ich sehe, vermehre sich«, indem man nämlich das Angesicht dem Monde zuwendet, »Was ich streiche, verzehre sich.« Mit der Verwesung jenes Halmes schwindet auch das Übel. Durch Osterwasser, am ersten Osterfeiertage früh vor Sonnenaufgang aus einer Quelle geschöpft, pflegen viele den Magenkrampf zu heilen, indem sie abwechselnd in ungerader Anzahl bald einen Löffel solchen Wassers bald einen Löffel voll Bierhefe trinken. Wer sein Zahnweh loswerden will, der schneidet sich am Karfreitag vor Sonnenaufgang die Nägel erst an der linken Hand, dann am rechten Fuße und an der rechten Hand und am linken Fuße ab, begibt sich mit den Abschnittlingen auf den Steg eines Wassers und wirft dieselben hinter sich dem Wasserlaufe nach im Namen der heiligen Dreieinigkeit.

Die Schwindsucht endlich sucht man durchgängig durch Messen zu büßen, und zwar in folgenden Weisen: Der Schwindsüchtige legt sich schweigend auf den Boden nieder, und nun nimmt ein anderer einen von einem Kinde gesponnenen wergenen Faden Garn und mißt vom Wirbel des Hauptes bis an die Sohle des linken, dann des rechten Fußes und zuletzt von der Spitze des Mittelfingers der linken Hand bis zur rechten hin, still die Worte sprechend: »Schwindsucht, ich will dich büßen an Händen und an Füßen in Namen des Vaters, des Sohnes und des Heiligen Geistes.«

Danach aber wird der Faden verbrannt.

Reichte die Länge des Fadens vom Hauptwirbel bis zur Fußsohle bis wenigstens in die Mitte der rechten Hand, so ist die Gefahr noch unbedeutend, wird aber um so größer, je weiter die Fadenlänge nach und über die Handwurzel zurückreicht. Mit dem Tage der Messung tritt ein Stillstand der Schwindsucht ein. Die völlige Heilung wird dadurch herbeigeführt, daß der Kranke für eine ungerade Summe Geldes sich ein Quart Wein holen läßt und in jedem letzten Mondesviertel dreimal Freitags und Montags, einmal nach Sonnenuntergang und zweimal vor Sonnenaufgang in drei Schlucken das mit obigem Wein gefüllte Glas austrinkt und dazu spricht:

Ich, N. N., das tu' ich zur Zeit,
Das trink' ich für meines Leibes Macht;
Das trink' ich für meines Herzens Kraft;
Das trink' ich für mein Lung- und Leberblut;
Das hab' ich getrunken für die Schwindsucht gut.

Im Namen des Vaters, des Sohnes und des Heiligen Geistes.

Ist noch ein Tropfen Wein im Glase, so gießt man ihn auf den Wirbel des Kopfes, beobachtet bis zum Aufgang der Sonne das tiefste Stillschweigen und wiederholt den Akt jeden Monat, bis die abermalige Messung dartut, daß die Länge des Körpers von der linken zur rechten Hand der vom Hauptwirbel bis zur Fußsohle gleichgekommen ist.

Eine Teufelsbeschwörung im 16. Jahrhundert schildert Bartholomäus Sastrow, Bürgermeister von Stralsund, in seiner umfangreichen Selbstbiographie mit folgenden Worten:

»Im Jahre 1529 ging meine Mutter schweren Fußes und wollte vor der Entbindung noch scheuern und waschen lassen, wie es die Frauen in Brauch haben. Nun hatten meine Eltern diesmal eine Magd, die vom bösen Geist besessen war. Sie hatte sich bis dahin nicht hervorgetan, aber jetzt, als sie das große Wandgerät zu scheuern hatte, Kessel und Tiegel herunterzunehmen, warf sie diese herab auf den Boden, sehr graulich, und rief mit lauter Stimme: »Ich will hinaus!« Als man den Grund merkte, nahm ihre Mutter die Magd zu sich, und sie wurde etliche Male in die Kirche zu St. Nikolaus in einem rigaischen Schlitten geführt. Wenn die Predigt geendigt war, wurde der Geist beschworen, und ergab sich aus seinem Bekenntnis, daß ihre Mutter einen frischen sauren Käse gekauft und in den Schrank eingesetzt hatte, die Magd war in Abwesenheit ihrer Mutter an den Schrank gekommen und hatte den Käse gegessen. Als nun die Mutter gesehen, daß jemand bei dem Käse gewesen war, hatte sie dem den bösen Geist in den Leib geflucht; seitdem hatte er in der Magd hausgehalten. Als er darauf gefragt wurde, wie er denn bei und in der Magd hätte bleiben können, da sie in der Zeit zum Sakrament gegangen war, gab er die Antwort: »Es liegt wohl ein Schelm unter der Brücke und läßt einen frommen Mann über sich hingehen«, er hätte mittlerweile ihr unter der Zunge gesessen. Er wurde aber nicht allein gebannt und beschworen, sondern es ward auch von männiglich, so in der Kirche dabei- und umherstand, auf den Knien fleißig und andächtig gebetet. Mit dem Exorzismo trieb er sein lautes Gespött; denn als der Prediger ihn beschwor, daß er ausfahren sollte, sagte er: Ja, er wollte weichen, er müßte ja wohl das Feld räumen, aber er forderte allerlei, was man ihm mitzunehmen erlauben sollte; wenn ihm das eine Geforderte abgeschlagen würde, so stände ihm das Bleiben frei. Es stand einer unter den Anwesenden, welcher den Hut aufbehielt, als diese beteten, da begehrte er von den Predigern, ihm zu erlauben, daß er dem den Hut vom Kopf nehmen dürfte, den Hut wolle er mit sich nehmen und weichen. Ich trage Sorge, wäre es ihm vor Gott gestattet worden, Haut und Haar hätten mit dem Hut gehen müssen. – Zuletzt, als er wußte, daß seine Zeit die Magd zu plagen verflossen war, und vermerkte, daß unser Herrgott das gläubige Gebet der gegenwärtigen Leute gnädiglich erhörte, forderte er gar spöttisch eine Tafel Glas aus dem Fenster über der Turmuhr, und als ihm eine Raute aus demselben erlaubt wurde, hat sich dieselbe zusehends mit einem Klange abgelöst und ist davongeflogen. Nach der Zeit hat man nichts Böses bei der Magd vermerkt. Sie hat auf dem Dorfe einen Mann bekommen und von ihm Kinder erhalten.«

Katharina von Medici und der Geisterbeschwörer. Ein altes Buch »Europäische Staatswahrsager« schildert uns (buchstäblich) folgenden Vorgang:

»Caput IV. Propheceyungen, das Königreich Franckreich betreffend.

Das Königreich Franckreich ist vor andern reich an Propheten, welche zukünftige Dinge geweissaget haben. Hier sind auch sonderlich berühmet die Propheceyungen des Nostradami, welcher als Franckreichs Prophet seine Weissagungen im Jahre 1555 geschrieben, auch daselbst bei dem Könige Heinrich II. als dessen Leib Medicus und der Chatharina de Medicis in vieler Hochachtung gewest; weilen er auf alle ihre Fragen zukünftiger Dinge, eine Antwort gewust. Er soll dem Mönch, welcher mit seinem Messer den König Heinrich dem III. Anno 1598 erwürget, wie auch den Scharf-Richter, welcher unter Ludwig dem XIII. den Hertzog von Montmorancy Anno 1632 enthauptet, vorher mit Nahmen genannt haben.

Bekandt gnug ist es auch, welcher gestalt Franckreich seine vermeinte Last vor sehr viel tausend neuen, an Languedoc und dem Delphinat gräntzenden begeisterten Propheten, denen so genannten Cevennes und Camisards gehabt, welche gar nicht zum Wohlgefallen des Königs, sondern wider die Päbstliche Clerisey und derselben anhangende Potentaten, deutlich genug geweissaget; wesfalls man sie durch grimmige Execution tilgen, und da ihrer immer mehr geworden, am liebsten mit guten Worten aus dem Lande locken wollen. In der Schweiz und in Engelland fand ein gut Theil derselben seinen Unterhalt, und ihre gewaltsame Entzuckungen, ungemeine Propheceyungen und seltsame Thaten wurden mit Erstaunen gesehen und gehöret, auch darüber allerley raisonnirt, biß diß Neue, alt, und kaum mehr darauf reflectiret ward. Ihre fürnehmste Propheten Marion, Fage, Cavalier, Mission u. f. f. waren sonst keine unebene Männer, deroselben meistes Weissagen aber, gieng auf bessere und güldene Zeiten für die Protestantische Kirche und Policey, und daß auch der König in Franckreich auf gute Gedanken würde kommen.

Ganz besonders aber ist diejenige Anzeige, welche König Heinrich des II. Gemahlin Catharina de Medices, von der zukünftigen Nachfolge der Könige in Frankreich gehabt, wie sie einer nach dem andern den Königlichen Thron besteigen werden.

In einem alten Buche, Memoires de Monsieur Haillon genannt, findet sich diese gar sonderbare Historie.

Heinrich der II. König in Frankreich, hatte die Florentinische Prinzessinen Catharinam de Medicis unglücklicher Weise zur Gemahlin, indem sie tausenderley lose Händel stifftete, und eine grosse Liebhaberin von der Zauberei war. Einsmahls trieb sie der Vorwitz an, zu erfahren, was ihr Gemahl und die künftigen Könige in Frankreich, vor ein Schicksal zu gewarten, hätten.

Zu solchem Ende ruhte sie nicht eher, biß sie mit großer Mühe und Kosten, einen berühmten Schwartz-Künstler von Florenz herbey lockete. Ob es der zur selbigen Zeit sehr beruffene Nativität-Steller Lucca Gaurico gewesen, kann ich eigentlich nicht sagen, jedoch ist es zu vermuten. Zum wenigsten war er sehr entrant bei den Lucifer, und correspondirte fleißig mit den vornehmsten bösen Geistern der Hölle. Als sich nun derselbe einstellete, und das Verlangen der Königin gehöret hatte, sagte er zu ihr: Daß er zwar dieses alles bewerkstelligen könnte, jedoch müsse er gantz allein mit ihr in einem Zimmer seyn, darinnen sie solche entsetzliche Dinge zu sehen bekommen würde, daß sie, wie er gewiß glaubete, nicht standhaft genug wäre, solches ohne tödtlichen Schrekken anzuschauen, da sie doch in der größten Gefahr des Lebens seyn würde, wenn sie einiges Wort redete, oder einen lauten Ton von sich hören ließ: Ja; wenn sie alsdenn aus Furcht davon lauffen wollte, so würde sie von den grimmigen Geistern in Stücken zerrissen werden.

Alle diese Vorstellungen waren nicht fähig, die Königin abzuschrecken. Sie war sehr verwegen, und ihr Vorwitz überwog die Furcht, welche dem weiblichen Geschlechte insgemein pfleget angebohren zu seyn. Sie sagte demnach zu dem Herrn Teufels-Banner, sie wolte ihre Person rechtschaffen spielen, er solte nur auch das seinige redlich thun, und zwar, sobald als möglich, weil ihr die Neugierigkeit, keine längere Ruhe verstattete. Er war streng hierzu willig, indem er zu seiner Kunst, keine große Zubereitung nöthig hatte.

Die Comödie solte auf dem grossen Saal im Louvre, praesentiret werden, und zwar in der Nacht: Denn diese gehöret zu den Wercken der Finsterniß. Die Königin vertraute sich Niemand als ihrem Hofmeister und einer alten Cammer-Frau, welche sie biß in ein an den großen Saal stoßendes Zimmer mit sich nahm, allwo diese beide blieben und hernach von demjenigen, was in dem Saal vorging, nicht das geringste höreten, ob sie schon so nahe dabei waren.

Als die Königin mit ihrem Negromanten in den Saal eingetreten war, und er die Thür hinter sich zugeschlossen hatte, ermahnete er sie nochmahls sich wohl zu prüfen, und lieber ihre Curiosité zu verleugnen, als sich in Gefahr zu stürtzen, wofern sie nicht Muthes genug hätte. Sie blieb aber bei ihrer einmahl gefaßten Resolution, und befahl ihm, seine Künste ohne ferneren Vorzug sehen zu lassen. Solchem nach machte er mitten im Saal einen Cräys (Kreis) um sich herum, und fieng seine Beschwörungen mit unbekannten barbarischen Worten an, worauf ein grausames Gepolter entstand und ein Königlicher Thron erblicket wurde. Sodann erschiene ihr Gemahl, König Heinrich der II. setzte sich auf den Thron, und fiel nicht lange hernach von demselben plötzlich auf die Erde.

Ich habe vergessen zu sagen, was massen der Negromante die Königin verständiget, daß diejenigen Könige, welche herunter gehen, und verschwinden würden, eines natürlichen Todes sterben solten, diejenigen aber, welche herunter fielen und verschwänden, würden gewaltlsamer Weise sterben.

Nun ist bekannt, daß Heinrich der II. an einer Wunde im Haupte starb, welche er von dem Grafen Montgommeri im Thurier empfing. Ferner hatte der Negromante die Königin benachrichtiget, daß je länger ein König auf dem Throne bliebe, je länger würde er regieren. Nach diesem stieg einer auf den Thron, welcher, wie der Ausgang gelehrt hat, Franciscus II.

der mit der Zauberey beschäftigten Königin Catharina ältester Sohn war. Er blieb aber nicht lange darauf sitzen, sondern begab sich bald wieder herunter und verschwand; wie denn auch dieser König nicht lange regieret hat. Bald nachher setzte sich Carl der IX. hinauf, welcher weit länger sitzen blieb, bis er auch herunterging und sich unsichtbar machte. Sodann bekleidete Heinrich der II. den Thron, und fiel endlich mit großem Tumult herunter. Dieses hat eingetroffen, indem er von einem Mönch, Jacob Clement genannt, mörderischer Weise erstochen worden. Anjetzo hatte die vorwitzige Königin gesehen, wie es nebst ihrem Gemahl denen anderen Königen ergehen würde, aber, daß sie an ferneren Erscheinungen einen Abscheu hätte haben sollen, so wurde sie immer begieriger, und fragte den Schwartz-Künstler, ob er nicht noch mehr Könige zeigen könnte? Als es nun derselbe bejahete und seine Beschwörungen ferner machete, stieg eine kleine Person auf den Thron hinauf, worüber die Königin voller Zorn und Verwunderung ausrief:

Helas! Voicyle petit Bearnois! Ach, das beste ist der kleine Bearner. Es bekam ihr aber dieses Geschrey sehr übel, indem die bösen Geister mit heftigem Ungestüm auf sie loß stürmten, und ihr sonder Zweifel Schaden gethan haben würden, woferne sie der Schwartz-Künstler nicht mit Gewalt zurückgetrieben hätte, wie wohl es bei ihr nicht ohne Zittern und Beben abging.

Die Ursache ihres Geschreyes war daher entstanden, weil sie diesem Printzen, welchen sie aus Verachtung jederzeit le petit Bearnois nannte, von gantzem Hertzen feind war. –

Als nun derselbe eine Zeitlang auf den Throne gesessen hatte, und nachmals herunterfiel, worauf er unsichtbar wurde, wollte der Florentinische Schwartz-Künstler in seinem Handwerk nicht ferner fortfahren, sondern sagete: Weil er wohl sehe, daß die Königin sich des Redens und Schreiens nicht enthalten könte, so seye es besser, allhier abzubrechen, damit sie nicht noch in größere Gefahr gerathen möchte, zumal da sie doch nunmehro schon Begebenheiten genug gesehen hätte. Sie wurde aber durch diese Ermahnung noch immer begieriger, und ersuchte ihn fleißig, in seiner Teufels-Arbeit nicht müde zu werden; indem sie sich schon hüten würde, ihre Stimme nicht wieder hören zu lassen, bis die ganze Erscheinung völlig zu Ende wäre. –

Derowegen ließ der Schwartz-Künstler wieder einen König auf den Thron steigen, welcher eine lange Zeit, der nachfolgende aber noch länger sitzen blieb; alle beide aber gingen hin, nehmlich einer nach dem andern in ihrer Ordnung wieder herunter, und verschwanden. Diese waren, wie es die nachfolgenden Zeiten klar gemacht haben, Ludwig der XIII. und Ludwig XIV.

Hierauf fing der Schwartz-Künstler an, die Königin von neuem auf das inständigste zu bitten, es möchte dieselbe nichts weiter von ihm begehren, woferne ihr das Leben lieb wäre: Denn sonsten würden solche Dinge erscheinen, worüber sie nothwendig vor Furcht überlaut schreien und hernach von den Geistern in tausend Stücke zerrissen würde. Man hatte gedenken sollen, der tapferste Held würde über diese Vorstellungen furchtsam geworden sein: Allein dieser Königin Hertz war härter als ein Felß, und sie wollte kurtzum noch mehr sehen, als sie bereits gesehen. Demnach fuhr der Schwartz-Künstler in seinem Teufels-Dienste fort. Es entstand ein gewaltiger Sturm-Wind; die Fenster zitterten; der Saal schiene sich zu bewegen; es erregte sich ein stinkender Dampf, als ob Pech und Schwefel brennete; aber die Königin hielte noch beständig aus. Es ging ihr wie den Soldaten, welche in der ersten Schlacht verzagt seynd, hernach aber des Feuers gewohnt werden.

Sie hatte gleichsam schon unterschiedliche Bataillen mit dem Teufel gehalten. *Endlich kamen unterschiedliche Ungeheuer hervor, welche sich in ihrer Gegenwart auf das allergrausamste zerzauseten und herum bissen. Ihre Gestalt war so entsetzlich, daß es keine Zunge aussprechen kan. Löwen, Bären, Tyger-Thiere, Drachen, Schlangen, Ottern, Hyderen und dergleichen Thiere und Ungeziefer, wären allesammt gegen diesen abscheulichen Ungeheurn vor die lieblichste und angenehmste Creaturen zu halten gewesen. Die Königin biß die Zähne zusammen, damit sie nicht schreien möchte, jedoch hatte die Courage auch nunmehr ein Ende, indem sie in Ohnmacht zur Erden niedersanck, da inmittelst die grausamen Ungeheuer wiederum verschwanden.«*

pp.

Man sieht aus der vorstehenden Schilderung, wie tief Jahrhunderte hindurch Teufelswahn und der Aberglaube bei Hohen und Niederen eingefressen war, und wie Gaukler und Geisterbeschwörer vor den Mächtigsten ihr Wesen trieben. –

Der *Aberglaube* und sein Zwillingsbruder, der Wahn, sind allerdings auf Erden noch nicht ausgestorben, und selbst in unserem an der Spitze der Zivilisation marschierenden Vaterlande sind bis auf die jüngste Zeit hier und da noch vereinzelte Erscheinungen zutage getreten; allein das Zwillingspaar – Aberglaube und Wahn – ist nicht mehr das finster drohende, Schauder erregende Ungeheuer, wie ehedem; es äußert sich vielmehr, wie wir gesehen haben, in milderer Form, und die Hexen, Unholde, Zauberer und Teufel sind dahin gekommen, wohin sie gehören, in das Gebiet der Sage.

Noch glaubt man beispielsweise hier und da, z. B. in den beiden Provinzen Preußen, an den sogenannten »Liebeszwang«. Will man sich beispielsweise die Gegenliebe eines geliebten Wesens verschaffen, so muß man ihm heimlich in Speisen oder Getränke einen Tropfen des eigenen Blutes beibringen. Läßt man einen Apfel oder eine Semmel, welche man in den Kleidern bei sich trägt, vom Schweiße des Körpers befeuchtet werden und bietet die Frucht oder das Gebäck dem Begehrten des anderen Geschlechts an, so bindet man diesen an sich, wenn er den Apfel oder die Semmel verzehrt.

Wünscht ein Mädchen einen jungen Mann an sich zu fesseln, so muß sie, trifft sie ihn einmal die Hände waschend an, ihm ihre Schürze zum Abtrocknen geben. Benutzt er das Dargereichte, so kann er sie nimmer lassen.

Zu gleichem Ziele gelangt sie angeblich, wenn sie ein seidenes Halstuch einschwitzt, es darauf zu Zunder verbrennt und ihm davon in Speisen und Getränken zu genießen gibt. Kann man vom Kopfe des Mädchens, das man sich wünscht, drei Haare bekommen, so klemme man diese in eine Baumspalte, so daß sie mit dem Baume verwachsen müssen, und – das Mädchen vermag dagegen eine Mannsperson sehr leicht an sich zu fesseln, wenn sie ihm in die Stiefel p.....t.

Wenn man – glaubt man im Samlande – da, wo es Niemand hören kann, dreimal den Namen der geliebten Person ruft, so zwingt man sie dadurch, an den Rufenden zu denken.

Am Johannisabend streut man in der Gegend von Angerburg Samen in die Erde und spricht dabei:

Ich streu' meinen Samen
In Abrahams Namen,
Diese Nacht mein Feinslieb
Im Schlaf zu erwarten,
Wie er geht und steht,
Wie er auf der Gasse geht!

Oder man streut Leinsamen ins Bett und spricht:

Ich säe Leinensamen
In Gottes Jesu Namen,
In Abrahams Garten
Will ich mein Feinslieb erwarten!

Beide Formeln sollen bewirken, daß der Bräutigam im Traume erscheint.

Der Aberglaube, der in der Johannisnacht üppige Blüten trieb, hat im Jahre 1891 leider ein Menschenleben gefordert. Die beim Rentier Sch. in Rummelsburg bedienstete 18jährige Augusta Zadewack, die Tochter eines in einem Dorfe bei Fürstenwalde wohnenden Tagelöhners, hatte, einem alten Brauche in der Mark folgend, sich heimlich in der Johannisnacht nach dem Garten begeben, um dort von 12 verschiedenen Pflanzen Blätter zu sammeln, die dann unter das Kopfkissen gelegt, der Schlafenden im Traum das Bild des Zukünftigen zeigen sollten. So war die Abergläubische bis an einen Kreuzpfad des Gartens gekommen, als ihr plötzlich eine weiße Gestalt entgegentrat, bei deren Anblick die Z. so erschrak, daß sie lautlos, ohnmächtig zu Boden stürzte, während das Gespenst spurlos verschwand. Wie sich später herausstellte, war der Spuk ein gleichfalls in diesem Hause dienendes Mädchen gewesen, das ebenso wie die Z. den Zauber der Johannisnacht hatte probieren wollen. Leider hatte sie die Z. nicht bemerkt und war wieder nach Hause zurückgekehrt, ohne die am Boden Liegende zu sehen und ihr Hilfe leisten zu können. Erst zwei Stunden darauf, gegen zwei Uhr, fand ein anderer Hausbewohner die vom Gehirnschlage Betroffene, welche ein Opfer des Aberglaubens in der Johannisnacht geworden ist. –

Am Andreasabend streut man eine Handvoll Hafer und Leinsaat unter sein Kopfkissen und spricht dazu:

Hafer und Lein, ich säe dich,
Heil'ger Andreas, ich flehe dich:
Laß mir im Traum erschein'n
Heute den Liebsten mein,
Wie er geht, wie er steht,
Was er im Herzen trägt!

Man stößt auch wohl dreimal an das untere Ende des Bettes mit den Füßen und spricht:

Bettlad', ich trete dich,
Heil'ger Andreas, ich bitte dich
Laß mir im Traum erschein'n
Heute den Liebsten mein.

Im Samlande brauchen die Mädchen auch folgende Formel:

Heil'ger Andreas, ich bet' dich an,
Du brauchst eine Frau und ich ein'n Mann;
Laß du mir im Schlaf erschein'n,
Wer mein Geliebter soll sein!

Der Silvesterabend[83] soll vorzugsweise zur Entscheidung der Frage geeignet erscheinen, ob man im Laufe des neuen Jahres heiraten werde, und zur Ermittelung des künftigen Bräutigams.

Ob sie im kommenden Jahre überhaupt heiraten werde, kann – nach Meinung der Samländer – ein Mädchen sehr leicht erfahren. Es gehe nur um Mitternacht in den Schafstall und greife, natürlich im Finstern, ein Schaf. Ist dies ein Mutterschaf, so wird aus der Heirat nichts, ergreift sie jedoch einen Hammel oder gar einen Bock, so kommt die Heirat zustande, und was der Mittel mehr sind.

Aus welcher Gegend der Bräutigam kommen wird, läßt sich ermitteln, wenn das Mädchen in der Mitternacht in Begleitung eines Hundes an einen Zaun geht, diesen schüttelt und dabei spricht: »Tunke, öck schedder di!« Der Hund fängt an zu bellen und nach welcher Gegend er dabei sieht, aus der kommt der Bräutigam. Oder sie schlägt mit einem Waschholz an den Zaun und merkt auf, aus welcher Gegend zuerst Hundegebell ertönt. Wer der Bräutigam sein wird, kann das Mädchen in der

Silversternacht ebenfalls leicht ermitteln, wenn es sich um die Mitternachtsstunde nackt auf den Herd stellt und durch die Luken in den Schornstein oder ins Ofenloch sieht. Dort erblickt es den ihm bestimmten Bräutigam. Geht die Maid um Mitternacht auf einen Kreuzweg, so wird sie dort dem ihr bestimmten Bräutigam begegnen.

Stellt sich das Mädchen mittags ans Fenster und ißt Äpfel, so ist der, welcher zuerst vorbeikommt, der ihr bestimmte Bräutigam. Man schreibt drei Namen auf verschiedene Zettel, steckt sie in einen Strumpf und legt diesen unter das Kopfkissen.

In der Nacht greift man in den Strumpf, zieht einen Zettel heraus und erfährt durch ihn den Namen des Zukünftigen. Will man im Samlande erfahren, welcher Gestalt der Geliebte sein wird, so geht man um Mitternacht ohne Licht in den Holzstall und zieht eine Klobe Holz aus dem Holzstoße. Nach der Gestalt der herausgenommenen Klobe richtet sich auch die Gestalt des künftigen Liebsten. Ist sie krumm, so wird er verwachsen sein.

Ebenso wichtig ist der Sylvesterabend zur Entscheidung der Frage, ob ein Liebespaar im Laufe des kommenden Jahres Hochzeit machen werde. In eine Schale Wasser träufelt man zwei Tropfen Lichttalg oder Wachs. Einer dieser Tropfen stellt den Bräutigam, der andere die Braut dar. Kommen sie schwimmend zusammen, so gibt's im neuen Jahre Hochzeit. Man pflegt auch kurze Wachskerzchen in ausgeleerte halbe Walnußschalen zu setzen. Kommen diese Schiffchen noch während die Lichtlein brennen zusammen, so heiratet das Brautpaar. Eine weitere Art besteht im Samlande darin: Das Mädchen reitet auf einem Besen bis an die Tür des Pferdestalles und horcht. Wiehert ein Pferd, so kommt sie mit ihrem Schatz im neuen Jahre in die Ehe; hört sie dagegen die Laute Blähung eines Pferdes, so muß sie im kommenden Jahre Kindtaufe geben, ohne einen Mann zu haben.

Im Samlande hat man auch noch folgende abergläubische Gebräuche: Die Braut legt beim Zubettgehen ein Gesangbuch unter das Kopfkissen. In der Nacht kneift sie ein Ohr in ein Blatt und sieht am Morgen nach, wo das Zeichen steht. Hat es ein Hochzeitslied getroffen, so gibt es unfehlbar Hochzeit im Laufe des Jahres; traurig soll es dagegen sein, wenn sie ein Todeslied bezeichnet – dann würde sie im Laufe des neuen Jahres sterben.

Man geht unter das Fenster einer Stube, in welcher man sich laut unterhält und fragt: »Werde ich heiraten?« Erfolgt auf diese Frage zufällig ein »Ja!« als Antwort, so ist die Heirat sicher; hört man dagegen ein »Nein!« so wird nichts aus derselben.

Auch das in der Silversternacht gegossene Zinn kann der Aussicht auf die Verheiratung sichere Bestätigung geben, wenn der Guß die Form eines Kranzes gewann; gestaltet er sich jedoch zu einem sargähnlichen Gebilde, so stirbt man.

Geht man in der Mitternachtsstunde dreimal rückwärts ums Haus und sieht nach beendetem Gange aufs Dach, so wird man im Laufe des neuen Jahres heiraten, wenn man einen Kranz erblickt. Gewahrt man dagegen einen Sarg, so stirbt man – einen Storch, so gibts Kindtaufe – einen Hahn, so brennt das Haus ab. –

Im XIII. Jahrgange (1886/87) der illustrierten Berliner Wochenschrift »Der Bär« veröffentlichte der Prediger E. Handtmann in Seedorf »Aberglaubensüberbleibsel«, die er in der Mark Brandenburg, insbesondere in den Landstrichen Neumark, Sternberg, Teltow, Zauche, Berlin und in der Priegnitz gesammelt und die der emsige Forscher bei Männern und Frauen aller Stände und Bildungsgrade fand. Er teilte seine Blütenlese ein in medizinischen Aberglauben, Gottesurteil über Hausdiebe, Aberglauben gelegentlich religiöser Feiern, religionsgefärbte Sprüche und Formeln.

I. Medizinischer Aberglauben

1. Gegen entzündete Augen, Geschwüre, Fieber ist das Besprechen gut, wenn zugleich mit einem Steine, welcher von dem Hexenmeister immer an einem kühlen Orte aufbewahrt wird, über die leidende Stelle gestrichen wird. Der Besprecher muß aber älter und kräftiger sein als der Leidende. Ganz besondere Kraft wohnt Frauen bei, welche über 46 Jahre alt sind. Auch kahlköpfige Männer mit Fistelstimme sind gut; Männer mit Baßstimmen taugen nichts. Der Besprecher muß forsch und dreist auftreten, das Besprechen leise erfolgen und im übrigen helltönend geredet werden. Ein Hexenmeister vererbt seine geheime Weisheit auf den anderen. Auf die Zeremonien kommt es gar nicht an. Man sagt am besten: »In Gottes Namen, hilft es nicht, so schadet es nichts.« Die Hauptsache ist, recht viel vor sich hermurmeln, jubmisch wasche, wischi, waschi und den *stylum curiae* innehalten, d. i. recht viele Kreuze und Striche vor dem Gesichte des Kranken und über die leidende Stelle machen. Dabei bedeutet: 1. Senkrechter Strich = Gott den Vater, 2. Kreuz = Gott den Sohn; hierbei sind die Knie zu beugen und der Oberkörper vornüber zu wippen. 3. Waagerechter Strich = Gott den Heiligen Geist, hierbei Hände ausbreiten wie schlagende Flügel. Zuletzt muß der Besprecher, ohne daß es der Kranke merkt, seitwärts hinter dem ausgetriebenen Krankheitsgeist ausspuken.

2. *Gliederreißen* wird dadurch gestillt, daß man zur Mitternachtsstunde und zur Mittagszeit drei Tage zu einem Holunder, den man sich in jungen Jahren als kleinen Strauch vom Pastor oder vom Küster hat schenken lassen oder auch selbst vom Kirchhof an der Kirchenwand »geholt« (gestohlen!) hat, hingeht und dem Stamm dreimal umspannend entlang streicht mit den leise gemurmelten Worten: »Fieken, fieken, menne huc, aber, Vater Abraham! (= Fuge, fuge, mane huic arbori: Abrakadabra).

3. *Epilepsie, Krämpfe, einseitiger Kopfschmerz.* Man schleicht sich während des Mittagsschlagens, ohne daß der Küster etwas merkt, in die Kirche,

rennt um den Altar und macht, als wäre es beim Abendmahl, zu beiden Seiten eine Verbeugung, legt auf die Kelchseite etwas, was man sonst immer bei sich trägt, etwa ein Taschenmesser, Taschentuch, Halskette, hinter den Altar in ein Versteck und ist am nächsten Sonntag eilig dabei, der erste in der Kirche zu sein und sein Liegengelassenes herauszuholen. Solange man solches dann zu eigen besitzt, ist man vor der Wiederkehr des Übels sicher.

4. Universalmittel gegen alle Krankheiten hat man, wenn es gelingt, von der inneren Vergoldung des Abendmahlkelches oder von dem am Kelche haftenden Grünspan etwas abzuschaben und das Geschabte, auf frische Leinwand gestrichen, aufzulegen. Ebenso heilsam ist das Tuch, mit dem man beim Krankenabendmahl dem Küster den Kelch auswischt. In schweren Fällen legt man das dem Kranken auf die Herzgrube oder wickelt es um den großen Zeh. Gewiß; das stillt! Man warte es nur ab!

5. *Entzündung der Brust* wird durch Auflegen von Wachs der Altarkerzenreste geheilt. Besonders heilkräftig in ganz schlimmen Fällen sind die Altarlichts-Abtropfungen.

6. *Krämpfe* sind Teufelsbesessenheiten. Wo sie eintreten, ist irgend etwas in der Taufe versehen, und es hilft nur nochmalige Taufe. Dasselbe ist bei Mondsüchtigen zu beobachten. Die Priester wollen aber hiervon nichts wissen. Da hilft man sich: wenn so ein Kranker einmal vor einem über ein schmales Brett recht kaltes Wasser überschreitet, stößt man ihn unverhofft im Namen des Vaters, Sohnes, Heiligen Geistes hinein.

7. *Fieber und Sommersprossen* werden dadurch vertrieben, daß man sich mit Taufwasser eines Kindes anderen Geschlechts wäscht oder einen Schluck davon trinkt. Um das zu bekommen, kann eine Witwe den Küster bitten, das wegzugießende Wasser da- oder dorthin zu schütten. Dieselbe hat an solchem Ort zuvor einen Scherben oder eine kleine Kruke versteckt, und was da hineinschlägt von dem ausgegossenen Taufwasser, trägt sie heimlich dem Kranken zu.

8. Wer ein Feuermal im Gesicht hat, kann davon befreit werden, indem er mit der Hand eines totgeborenen Mädchens über dasselbe streicht.

9. Wer sich die Finger verbrennt, fahre schnell mit denselben ans Ohr und kneife sich ins Ohrläppchen, indem er schreit: »Au Jee, Petrus!« Dann gibt es keine Brandblasen.

10. Ein Gerstkorn wird durch dreimaliges Aufdrücken des Traurings geheilt.

11. Wenn es nicht gelingt, Warzen, trockne oder nasse Flechten durch Auflegen von frischem Rindfleisch, welches nachher unter die Dachtraufe vergraben wird, oder dadurch zu heilen, daß man eine Speckschwarte darüberstreicht, welche man darauf in einen Schweinestall an der Schuppstelle des Schweines annagelt und wartet, bis das Schwein dieselbe zerschuppt hat, so gibt es dafür noch zwei ganz sichere Mittel. 1. Eine Salbe aus der Apotheke, welche der »Kohlenprovisor« d. i. der Stoßer oder

Hausknecht, heimlich besorgt auf das Rezept »Zug, Druck, Stich, Drachenblut und Rekuzius – auch Ochsenkruzius«. 2. Man esse tüchtig »Drachenblut« allein, d. i. eine wilde Birne, Knödel. Nüchtern täglich drei Tage lang eine Metze; das gibt »schnelle, mach hurtig« und futsch ist einem beinahe die Seele aus dem Leibe – zehn Schritte gegen den Wind, zugleich aber auch alles Elend des alten Adam in diesem Leibe (?).

12. Gegen Warzen allein muß man aufpassen, ob einem einmal zwei Reiter auf einem Pferde zu Gesichte kommen, und dann, solange man noch zwischen denselben durchsehen kann, brüllen:

»Da sitten twee up eenem Perd,
De Hingerscht is min Wratten werth.
Lazarus, armer Lazarus!«

Oder auch: Während des Mittagläutens führt einer eine, resp. eine einen, an das frischaufgeworfene Grab einer Person anderen Geschlechts und streut von der Erde dem Kranken dreimal kreuzweise über die Warzen. Es vergehen keine vierzehn Tage, so sind sie weg.

13. *Fieber* läßt sich a) in Weidenbäume mit Nadeln einstechen, b) in Birkenzweige einknoten, c) von böhmischen Leuten, namentlich Scherenschleifern – auf Butterbrot verschreiben, welches aufgegessen werden muß, ehe man dreimal mit den Augen geblinkt hat, d) dadurch stillen, daß man – wie sonst bei Nasenbluten – unvermutet den Kirchenschlüssel ins Genick gesteckt bekommt oder einem plötzlich das Mittelglied des kleinen Fingers linker Hand im Namen Gottes usw. kräftig eingeschnürt wird. e) Ganz sicher gegen Fieber ist folgendes Verfahren: An einem Freitag, abends 6 Uhr, geht man bei Regenwetter schweigend von Hause fort zu einem großen fließenden Wasser. Unterwegs streut man dreimal drei Kreuze aus seinem weißen Mehl beim Hingange, hüte sich aber wohl, bei der Rückkehr auf diese Stellen zu treten, sonst haftet das Fieber wieder an. Tritt ein anderer in solche Streustellen, so nimmt er das Fieber an sich. Sonst geht es mit dem abströmenden und ablaufenden Regenwasser unschädlich in die Tiefe.

14. *Schwindsucht zu heilen* muß man nur für den Leidenden dreizehn Wochen lang täglich frisches Taufwasser besorgen, wovon derselbe täglich nüchtern drei tüchtige Schlucke im Namen pp. trinkt.

15. Ein Sargnagel, welcher beim Aufwerfen eines neuen Grabes ans Tageslicht tritt, vertreibt a) Zahnschmerz, sobald man ihn spitz in den leidenden Zahn stößt; b) Nasenbluten, sobald man den Nagelkopf fest auf den Halswirbelknochen drückt.

16. Schreit ein Kind so toll, das es ersticken will, so weiß man nicht, womit es behaftet ist. Alsdann muß die Mutter beruhigen, indem sie zunächst innerhalb fünf Minuten neunerlei tut, sodann das Kind dreimal schweigend in einen offenen Schrank schiebt und es dann still in die Wiege legt.

17. Gegen *»Schluckauf«* (Kehlkopfkrampf) hilft sicher: drei Schluck frisches Wasser und bei jedem Schluck kreuzweise unter die Kelle sehen, während man drei zählt.

18. *Bruchleiden* zu heilen a) im ersten Lebensjahr: man schiebt Freitags vor Ostern und am Ostermorgen das Kind vor Sonnenaufgang rückwärts und vorwärts durch die Sprossen der Stalleiter. b) In späteren Jahren, doch vor dem zwölften: man spalte eine junge Eiche an der Grenze, schiebt das leidende Kind durch den Spalt, verbindet den gespaltenen Baum und wartet, ob der Spalt vernarbt. Damit, daß solch gespaltener Baum sich wieder schließt und weitergedeiht, verwächst auch der Bruch.

19. Schichtzähne muß ein Kind ins Mauseloch werfen mit dem Wunsch:

»Mäuslein, Mäuslein, hast du meinen Zahn,
Gib mir deinen Zahn!«

Das wehrt vor Schmerzen und frühem Verlieren. Ausgezogene Zähne muß man, den Blick zur Erde gesenkt, über die Schulter in fließendes Wasser werfen. Dann heilt nicht bloß die Zahnwunde schnell, dann ist man auch ein ganzes Jahr vor Zahnschmerzen gesichert.

II. Gottesurteil über Hausdiebe.

Geschieht irgendwo ein Hausdiebstahl und das »Siebhalten« führt zu keiner Entdeckung, so hilft sicherlich das »Erbbuchlaufen«.

Man nimmt ein recht altes ererbtes Buch, welches etwas von Gottes Wort enthält, am besten Großvaters Gesangbuch. Hat dasselbe vier Heftklammern, um so besser. In deren Ermangelung wird es mit Großmutters Strumpfband fest zugebunden. Nun wird ein großer Truhenschlüssel in das Buch geklemmt, doch muß es ein Erbschlüssel sein. Dann sammelt sich die ganze Hausgenossenschaft. Die beiden Ältesten im Hause halten jeder den rechten Zeigefinger festgeklemmt unter den breiten Rand, welcher sich unterhalb des Schlüsselgriffs befindet, und halten so Schlüssel und Buch in der Schwebe. Nunmehr fragt der Hausvater das Buch nach dem Diebe, indem er ganz leise die Namen aller Hausgenossen herzählt. Sobald der richtige Name erschallt, fängt er an zwischen den Fingern der beiden Haltenden zu wackeln, und in demselben Augenblick »verfiehrt«, d. i. entsetzt und entfärbt sich der Dieb: er ist erkannt!

III. Aberglaube gelegentlich religiöser Feiern.

I. Der Weihnachtspfennig. Einem jungen Birnbaum kann man zu besonderer Fruchtbarkeit verhelfen, indem man am Heiligen Weihnachtsabend während des Glockenläutens einen blanken, im selben Jahre geprägten Pfennig mit dem Holzpantoffel unter die Rinde schlägt. Das darf weder weitergesagt noch darf es wiederholt werden.

a) Taufe.

1.Patenstehen das erstemal muß man je bei einem Kinde anderen Geschlechts. Sonst verdirbt man sich das Heiraten.

2. Kinder, am Sonntag oder Donnerstag geboren, dürfen nicht am Sonntag oder Donnerstag getauft werden, sonst gibts Hellseher und Nachtwandler.

3. Wer sich zum Patengehen angekleidet und das Patengeld eingesteckt hat, darf nicht mehr hinters Haus gehen, sonst würde das Kind von schlimmen Übeln heimgesucht.

4. Vater und Mutter sollen nicht bei der Taufe sein. Sie haben die Sorge für den Glauben dem Priester und den Paten zu überlassen. Sie müssen an das irdische Leben des Kindes denken, indem die Mutter zwischeninne, daß die Paten die Hände auf das Kind legen, neunerlei vollbringt, worin das Kind einmal besonders geschickt werden soll. Der Vater muß inzwischen schweigend Obacht geben, daß Türen und Fenster geschlossen bleiben und niemand die in ihren neun Stücken haftende Mutter stört.

5. Eigentlich muß jedes Kind, um den Segen rein und frisch zu haben, neues Taufwasser bekommen: Jedenfalls darf nie ein Mädchen aus dem Taufwasser eines Knaben getauft werden, sonst bekommt es einen Bart.

6. Vor der Taufe darf das Kind nicht mit dem ihm bestimmten Namen gerufen werden. Das hört der Böse, merkt's sich an und hat Übergewalt später über solch ein armes Ding. Man sage »das Kleine!«

7. Bis zur Taufe soll man einem Kinde den Kopf oben nicht waschen, es wird sonst altklug und naseweis. Doch nach der Taufe muß alles gleich herunter und mit ihm Unducht (Untugend) und Gottlosigkeit (Unart).

8. Sofort nach der Taufe muß das Kind in einem Zuge von Arm zu Arm wandern, ehe das Wasser fortgetan ist. Jeder, der es vorher hochnimmt, hebt es zehn Jahre weiter ins Leben.

9. Man schüttle beim Patestehen das Kind ja nicht, sonst vernichtet es später viele Kleider und gerät in ein Leben voller Aufregungen.

Kirchliche Gebräuche.

1. Ein Brautpaar muß innerhalb der Haustür warten, bis der letzte Glockenschlag des Vorläutens verklungen ist. Begönne es vorher den Gang zur Kirche, so würde das Geläut dem, der den Vortritt gehabt, zum Grabgeläut innerhalb Jahresfrist. Beim Gang zur Kirche darf keiner der Brautleute sich umsehen, sonst gibt es eine seufzervolle Ehe. Am wenigsten dürfen sich verwitwete, wieder getraut werden sollende umsehen.

Alle Torwege müssen längs des Weges eines Brautzuges geschlossen sein. Wer seinen aufließe, bewirkte, daß böse Zwischenträger aus seinem Hause den Neuvermählten etwas Störendes in den Lebensweg brächten, das Glück zu verderben. Ist unterwegs, namentlich an Kreuzwegen, geschnürt, so hüte sich die Braut auf die Strippe zu treten. Das würde später immer je ein Kindesleben kosten! Was es für Kinder geben wird, ist leicht bei der Erscheinung zu ersehen: was für ein Kind das beim Schnüren von dem Bräutigam gestreute Geldstück aufhebt, ob Knabe oder Mädchen, dessen Geschlecht gibt's das je erste, zweite, dritte usw. Mal.

Auch gibt es hierfür noch ein anderes Merkzeichen. Es müssen nämlich, wenn beide, Bräutigam und Braut, Geld streuen, die auflesenden Kinder rechts und links schleunigst nach dem Hochzeitshause laufen, sich Kuchen und Wein zu holen. Kommt nun dort das Kind rechts zuerst an, so bedeutet das: Knabe, links aber Mädchen.

2. Um Trauopfergeld muß die Braut den Bräutigam im letzten Augenblick bitten, als habe der Vater es ihr zu geben vergessen. Er wird das in solcher Lage nicht verweigern. Sie aber hat alsdann immer die Hauskasse in ihrer Gewalt. Beim Opfergeld muß auch ein Pfennig der Gottespfennig sein. Den wird der Priester sehr gerührt ansehen. Und diesen muß man ihm nachher abluchsen (= ablocken), indem man ihn z. B. bittet, am Schluß der Tafel Geld zu wechseln. Wer solch einen Gottespfennig unter seinem Gelde hat, gewinnt sicher.

3. Die Braut nehme zwei Körner Dill und Kümmel oder auch Fenchel in den Brautstrumpf und spreche, während ihr Schatz das »Ja« sagt:

»Ick steh up Kümel un up Dill,
Min Mann muß dhun so as ick will.«

Damit hat sie ihn besser unter, als wenn sie ihm beim Jasagen auf den großen Zehen tritt oder beim Ringwechseln und Segenempfangen die Hand obendrauf hält.

4. Ein bißchen Opfergeld muß die Braut in der Tasche behalten und während des Trausegens ein bißchen mit dem rechten Bein schütteln, daß es in der Tasche klirrt. Dann geht das Geld in der Wirtschaft nie aus.

5. Fest aneinandergeschlossen muß das Paar vor dem Altar stehen, daß niemand zwischen sehen kann, sonst wird's durch Klatscherei und Zwischenträgerei auseinander gebracht.

6. Während der Trauung in der Kirche (und beim Haustrauen) darf im Hochzeitshause keine Uhr schlagen. Sollte es das Brautpaar versehen und das Schlaggewicht nicht aushängen, so muß solches ein alter Vetter oder auch der Ortsküster besorgen, welch letzterer eigens, um hierauf Obacht zu geben, ganz besonders zum Frühstück im Hochzeitshause einzuladen ist.

Tod und Begräbnis

1. Wenn es zum Sterben geht, ist es gut, in einem weißblaugestreiften Bettüberzug zu liegen, am besten in einem mit dem alten Färbemuster »Josua und Caleb«. Weiß nämlich bedeutet (und wirkt) Gerechtigkeit der Heiligen (Off. Joh. 19, 8). Blau ist die Himmelsfarbe, die Farbe des Mantels Mariae, der Mutter Gottes, der großen Fürbitterin. Wo man keinen solchen Bettüberzug besitzt, muß man dem Sterbenden wenigstens ein anderes blauweißes Leinentuch, Taschentuch oder Halstuch nahe bringen.

2. Einem Sterbenden muß man alles zu Willen reden und nur immer dazu leise sprechen »so Gott will«. Sonst läßt einem der Verstorbene ein ganzes Jahr lang keine Ruhe.

3. Wer sich vor einem Toten erschreckt, muß sich sofort von einer klugen Frau »streichen, kneten, messen und recken« lassen. Sonst tut es ihm der Tote an; er bekommt Schwellen in den Gliedern und bleibt steif sein Leben lang.

4. Vom Kirchhofe in die Kirche hinein zur Leichenpredigt müssen alle aus dem Trauergefolge möglichst eilen und ihr Opfergeld früher auf den Altar niederlegen, bevor der Totengräber sein Gerät völlig fortgestellt hat und der Küster anfängt zu singen. Sonst kommt der Tote noch mit in die Kirche, um selbst den Trauergesang mit zu singen, erschreckt die Leute die Woche durch und kommt erst am nächstfolgenden Sonntag mit seiner Abkanzlung zur Ruhe.

5. Beim Begräbnisgeläut muß ja aufgepaßt werden, daß nicht der Glockenklöppel zum Schluß auf einer Seite »nachbimmelt«. Sonst stirbt binnen Jahresfrist schon wieder einer aus dem Trauerhause.

6. Bei jedem Begräbnis ist zu ersehen, welchen Geschlechtes der nächstfolgende Tote sein wird. Sobald nämlich der Grabhügel festgeklopft ist, legen die Grabhelfer ihre Geräte querüber. Wird nun zuletzt ein »Gräber« (scharfer Eichenspaten) hingelegt, so holt der Tod zunächst einen Mann. Wird zuletzt eine »Schippe« oder eine hohle Holzschaufel beigelegt, so ist der nächstfolgende Tote weiblichen Geschlechts.

Hier schickt der Aufzeichner des »Aberglaubens in der Mark« folgende Vorbemerkung voraus: Eine reiche Literatur ist, betreffend die berühmte »Sator Arepo-Formel«, in der Anthropologischen Zeitschrift der letzten drei Jahre zutage getreten. Ich wiederhole aus derselben hier nur das von mir als persönliches Erlebnis Mitgeteilte, daß ich – im Sommer 1853 oder 1854 – gelegentlich des Umherschweifens toller Hunde von einem »Wissenden« Stücke Butterbrots heimlich übermittelt erhielt als Präservativmittel (für uns selbst und unsre beiden Hunde), welche mittels Grashalms in der Weise beschrieben waren:

Sa—tor—a—re—po
O—pe—ra—ro—tas

Also: zehn Silben auf zehn Brotstückchen. Oben aber waren in die Butter die Zeichen »Auge, Kreuz, Pfeil« gezeichnet, als weihende Dreieinigkeitszeichen.

Ich erhielt in treuherzig guter Absicht solches Präservativ geschenkt und erschreckte den Geber samt der Überbringerin nicht wenig, als ich es lächelnd achtlos dem einen Hunde zuwarf. Es sollte für zehn Fälle dienen und kostete eigentlich zehn mal zehn Silbergroschen!!

1. Fieberspruch, auf einen Zettel geschrieben mit Tinte, welche aus reinstem Wasser und Holzkohle hergestellt ist, mittels einer im Kirchturm gesuchten Eulenfeder und zwischen zwei Butterbrote gepackt, verzehren. Gültig für Erwachsene im Frühjahr.

»Im Namen usw.

Die (resp. der) Alte hat das Kalte.
Behält die (der) Alte das Kalte,
So holt der Kuckuck die Alte.
Kuckuck zum Kuckuck Gott walte.«

2. Fieberformel.

Sana, Sava, Savita: Sieben Silben innerhalb des Triangels (Dreieinigkeitszeichen) auf Butterbrot geschrieben, welches zerschnitten in sieben Stücken (täglich nüchtern je ein Stück) verzehrt wird. Nach sieben Wochen ist die ersehnte Heilung da! (Andere Fassung: am nächsten Sonntag hilft's!)

3. Flechten-Bannspruch. Man streicht an einem Weidenbau Sonnabends nach dem Ausläuten dreimal längs und quer, dreht mit Daumen und Zeigefinger ein Stückchen Weidenborke um, zieht ein Stück flechtenbedeckte Haut ab, steckt diese dort mit einer Nadel fest und spricht:

»Im Namen usw.

Wedenbom, ick kloag di an,
Ick kloag di mine Flechte an;
Min Flechte wann (= wandte sich)
Min Flechte schwann (= verschwand):«

Danach drei Kreuze schlagen und zu Hause drei Vaterunser.

Besonders heilkräftig sind die Knackweiden an den Rändern von Priestergärten. Für diese gibt es auch den andern Spruch:

»De Wid un de Flecht,
De jingen beed' to Recht (zu Gericht).«

Über Aberglauben in der Mark, in welcher verhältnismäßig wenig Überbleibsel sich erhalten haben, weiß auch Hans Sundelin zu berichten. Man sagt: »Wenn jemand ißt, während es zum Begräbnis läutet, bekommt er Zahnschmerzen.« – »Wenn Eeender jeschtorrewen (gestorben) is un där Düscher (Tischler) sal in Sarrek maken, so rädert et (redet es) däen Ovend vörho int Handwerriktstüeck« (den Abend vorher im Handwerkszeug). (In der Gegend von Treuenbritzen.) – Sagt jemand, was sich reimt, so erhält er an demselben Tage noch einen Brief. – Wenn man sich verkleidet und eine häßliche Larve vors Gesicht nimmt, dann »kommt es« (Geister = der Teufel) und nimmt einen mit. – Das Trinken von Backwasser (Wasser, mit welchem man den Teig bestreicht, bevor er in den Ofen geschoben wird) schützt vor Zahnweh. – Wer über den Kehricht geht, hat kein Glück. – Wer Tabak raucht, läuft die Stiefel nicht schief. – Wenn man eine junge Katze zum Geschenk erhält, muß man einen Sechser dafür geben, sonst maust sie nicht. – Das erste Veilchen muß man essen, dann friert einen nicht so sehr. – Will man sehen, ob das Korn teuer wird, muß man, wenn das erste gedroschen und noch nicht gereinigt ist, drei Tassenköpfe voll Kornähren dazwischen tun und jeden Tassenkopf voll auf den Hof schütten und wieder mittun. Ist es dann mehr, so wird das Korn billig, ist es weniger, aber teuer. – Ob es nach Weihnachten teurer wird, ist zu erkennen, wie der Wind am Michaelstage weht: geht er vormittags heftiger als nachmittags, wird das Korn billig und umgekehrt. – Wenn's bei der Trauung der Braut in den Kranz regnet, bedeutet das Tränen, und sie muß viel weinen. In Locto bei Niemegk heißt es: dann wird die Braut reich; schneit es ihr aber in den Kranz, arm. – Läßt sich ein Paar bei abnehmendem Monde oder im Zeichen des Krebses trauen, geht alles rückwärts; am Freitag bleibt es nicht lange zusammen, weil es Gerichtstag ist; ebenso, wenn einer Braut das Kleid bei der Trauung zerreißt. – Sticht sich der Verfertiger des Brautkleides mit der Nadel in den Finger, so bekommt die junge Frau von ihrem Manne recht viel Küsse. – Die Irrlichter werden »Lichtermander« (Lichtermänner) genannt, und wenn man sie sieht, muß man nicht beten, sonst kommen immer mehr; flucht man dagegen, verschwinden sie alle plötzlich. In Locto heißt es umgekehrt: Lichtermander sind Kinder, welche den Segen Gottes nicht erhalten haben und die sofort verschwinden, sobald sie diesen empfangen. In der Plaue-Niederung gibt es viele Irrlichter, und man erzählt dort: Einmal kam ein Bauer mit einer Fuhre Heu durch eine sumpfige Gegend. Als er noch im Trocknen war, erschien ihm ein Lichtermann, und der Bauer sprach zu ihm: »Wenn du mir einmal leuchten willst, so leuchte mir durch den Sumpf.« Der Lichtermann tat es wirklich; als sie glücklich hindurch waren, sprach der Bauer: »Gott segne dich!«, und der Lichtermann war verschwunden.

In einem zwei Meilen von Berlin entfernten Dorfe bat Sundelin einmal eine besorgte Mutter für ihren zum Militärdienst einberufenen Sohn folgenden »Schutzbrief« abzuschreiben. »Im Namen des Vaters usw. Amen L. J. F. K. G. B. K. N. K. Die Buchstaben bei der Gnade. Im Namen Gottes usw. So wie Christus im Ölgarten stillstand, so soll alles Geschütz stillstehen. Wer diesen Brief bei sich trägt, den wird nicht treffen des Feindes Geschütz und wird vor Dieben und Mödern gesichert sein. Er darf sich nicht fürchten vor Degen, Gewehren und Pistolen, denn so wie man es anschlägt, so müssen durch den Tod und Befehl Jesu Christi alle Geschütze stillstehen, ob sichtbar oder unsichtbar, alles durch den Befehl des Engels Michael im Namen Gottes des Vaters usw. Gott sei mit dir; Wer diesen Segen gegen die Feinde bei sich trägt, der wird vor Gefahr geschützt bleiben. Wer dieses nicht glauben will, der schreibe es ab, hänge es einem Hund um den Hals und schieße auf ihn, so wird er sehen, daß der Hund nicht getroffen und daß es wahr ist; auch wird derjenige, der daran glaubt, nicht von den Feinden genommen werden. So wahr es ist, daß Jesu Christus auf Erden gewandelt hat und gen Himmel gefahren ist, so wahr ist es, daß jeder, der an diesen Brief glaubt, vor allen Gewehren und Waffen im Namen des lebendigen Gottes des Vaters usw. unbeschädigt bleiben soll. Ich bitte im Namen unseres Herrn Jesu Christi Blut, daß mich keine Kugel treffen möge, sie sei von Gold, Silber und Blei. Gott im Himmel halte mich von allem frei, im Namen usw. Dieser Brief ist vom Himmel gesandt und in Holstein gefunden worden im Jahre 1724 und schwebte über der Taufe Magdalena. Wie man aber angreifen wollte, wich er zurück, bis sich im Jahre 1791 jemand mit dem Gedanken näherte, ihn abzuschreiben.« – Einen ähnlichen Schutzbrief teilt Strackerjahn in seinem Buche »Aberglauben und Sagen aus dem Herzogtum Oldenburg« mit.

Über Aberglauben in Sachsen veröffentlichte noch im Mai 1891 ein Chemnitzer »F. G.« folgendes: In den Häusern (in Chemnitz) werden gedruckte Schriften vertrieben, über deren abergläubischen Inhalt mir die Worte fehlen. Ich erstand von einem Austräger 1. Traum der heiligen Jungfrau, 2. Mittel für jedermann in landwirtschaftlichen und häuslichen Verhältnissen, 3. (Auf rotem Papier gedruckt!) Moses letzter Brief durch Gott und seinen heiligen Sohn, welchen an Ketten ein Engel der heiligen Dreieinigkeit in Galiläa bis zum Jüngsten Gericht aufbewahrt und großes Aufsehen erregt durch seine Wunder.

Ich gebe zunächst aus der an zweiter Stelle genannten Schrift eine kleine Blumenlese.

Vor die Schwinden.

Altes Schmeer und Branntwein, drei Krebsaugen zu Pulver gestoßen, vier Knoblauchherzen; ein Käsenäppchen voll Wacholderbeeren, dieses alles zusammengestoßen und damit geschmiert.

Vor die Rose.

Rose Marie und Christi Blut ist vor die Rose gut! † † † W Oder: (sit), (set), (hoet) auf die Rose geschrieben.

Oder: die Rose gebeut Gott zu deiner Buße: du sollst nicht hitzen, du sollst nicht schwitzen, du sollst nicht gären, du sollst nicht schwären, du sollst nicht wüten, du sollst nicht töten, das zähl' ich dir N. N. zugut. † † †

Vor die Hitze in den Augen und anderen Wunden.

Jesus Christus ging übers Land und hatte einen Brand in seiner Hand; Brand, brenn aus und nicht ein, tief ist die Wund', glückselig ist die Stund', da meine hitzigen, schmerzenbrennenden (was nun sei) heilen mag! Gott der Herr heilete fünf Wunden in einer Stunde, meine hitzige, schmerzbrennende – soll die sechste sein. –

Warzen zu vertreiben.

Man sehe, daß man an dem letzten Freitag soviel Speck oder fettes Fleisch als eines Hellers groß kann stehlen, damit schmiere man die Warze und trage solches unter die Dachtraufe zu Mitag in der zwölften Stunde, daß niemand etwas weiß, so vergehen sie in kurzer Zeit.

Vor das Zahnweh.

St. Petrus stand unter einem Eichenbusch, da sprach unser lieber Herr Jesu Christ zu Petro: Warum bist du so traurig? Petrus sprach: Warum soll ich nicht traurig sein, die Zähne im Munde wollen mir verfallen! Da sprach unser lieber Herr Jesu Christ zu Petro: Petrus, gehe in den Grund, nimm Wasser in den Mund und spei es wieder in den Grund. † † †

Wie man Maulwürfe fangen kann.

Wenn man Maulwürfe fangen will, lege man vor das Loch eine Knoblauchhaut oder Zwiebel, so werden sie ihre Löcher verlassen und können mit den Händen gefangen werden.

Wenn eine Jungfrau ihre Zeit nicht haben kann.

Man nehme ein Stück von einem Manneshemde, brenn' es zu Pulver, das Kraut Tormentill gepülvert und Saft von der Hauswurzel mit weißem Lilienöl zu Pillen gemacht und eingenommen.

Oder zu Tee nimm die Kräuter: Johanniskraut, Wermut, Dillwurzel, Frauenhaarkraut, Dorant, gedörrte Kirschenstiele, Fenchel, Anis und Aloe, jedes für drei Pfennig, täglich etliche Tassen getrunken.

Vor Bezauberung des Viehes.

Hole drei weiße Kieselsteine aus einer Leichenpforte, mache sie heiß, tue sie in ein Gefäß und gieße Milch darauf, für einen Pfennig Schwefel, ein Pfennig schwarzen Kümmel, drei Pfennig Teufelsdreck und Eberwurzel, laß dieses drei Tage stehen in dem Stalle, darnach tue sie wieder in der Stunde dahin, wo du sie geholt hast.

Wenn einer Kuh die Milch genommen ist.

Nimm Milch, Urin und Kot von der Kuh, tu es in einen neuen Topf, derselbe muß in einer ungeraden Stunde gekauft sein und bezahlt, wie er geboten worden ist, mit einer neuen Stürze, die darauf passend ist und fest verklebt, daß kein Dampf daraus kann und setze es zum Feuer, lasse sieden und das Feuer nicht abgehen 24 Stunden lang, so werden sie kommen in dein Haus. Auf der letztgenannten Schrift stehen die klugen Worte: »Wer diese Schrift in den Händen hat und heilig aufbewahrt in seiner Wohnung wie im Tempel der heiligen Dreieinigkeit, dem werde ich Gnade und Segen zukommen lassen bis aufs letzte Glied seines Stammes.«

Aus dieser Schrift führe ich die folgenden Stellen an:

† Sympathie der Natur. †

1. Wer auf rechtlichen Nahrungswegen geht und trägt diesen Brief oder die vorstehenden drei Verse bei sich, den werde ich mit meinem Segen selbst begleiten und Glück und Segen schenken.

2. Wenn eine schwangere Frau bei ihrer Entbindung diesen Brief auf ihrem Herzen trägt, die wird einer leichten, sowie schnellen Entbindung ohne alle Nachfolgen entgegensehen. Trägt dieselbe den Brief in den sechs Wochen, wird keine Antipathie haften.

3. Wer stets mit Unglück belastet worden, der bete vorstehende drei Verse neun Sonntage lang früh und abends, so wird meine Gnade euch Schutz und Segen spenden. † † †

4. Wenn die Regel bei einem Frauenzimmer nicht eintritt und damit viel Beschwerden hat, die nehme die Kräuter: 1. Johanneskraut, 2. Wermut, 3. Dillwurzel, 4. Frauenkraut, 5. Dorant, 6. Fenchel, 7. Anis, 8. Aloe, jedes für drei Pfennig, und täglich zwei Tassen getrunken, wird sofort das Blut regelrecht erscheinen. Außerdem sind die vorstehenden drei Verse früh und abends zu beten.

5. Sollte ein Kind oder erwachsene Person beschrien worden sein, wodurch das Blut am Herzschlag gehindert, so bete man vorstehende drei Verse, mache bei jedem Gebet die drei † † † an das Herz mit dem Zeigefinger der rechten Hand und spreche nach dem diese Worte:

»Es waren zwei böse Augen, die dich übersahen, drei waren, die dir das Gute widersprachen, sie haben dir genommen deinen Schweiß vom Blut, du sollst wiederbekommen Schweiß, Schlaf und Ruh', daß du wieder nehmest zu. † † †

Im Namen Gottes des Vaters † des Sohnes † und des Heiligen Geistes.« †

6. Wer an Gicht, Reißen, Krämpfen, Magenbeschwerden, Lungen- und Leberleiden-, Unterleibskrankheiten, Wasserbeschwerden, Mattigkeit, Schlaflosigkeit, Zittern der Glieder, ängstlichen Blutanfällen, Schwermütigkeit, Fallsucht, Hautausschlag, Schwerhörigkeit u. dgl. m. leidet, der koche ein Ei in seinem vom Körper gelassenen Wasser, schreibe dann seinen ganzen Vor- und Zunamen auf ein Blatt Papier, nehme dann einen feuerroten Faden, wickel das Ei in das Blatt, binde dann den Faden um das Ei, im Namen Gottes des Vaters, des Sohnes und des Heiligen Geistes, tue dann das Ei wieder in das Töpfchen, binde dasselbe zu und vergrabe das Töpfchen nach Sonnenuntergang unter einer Birke. Außerdem trinke die Woche zweimal eine Tasse Wegebreit, darunter einen Eßlöffel Lebertran, und sofort wird die Krankheit beseitigt werden. † † †

7. Wer Hausfeinde hat, welche eine Wirtschaft bereden, stets gedenken Schaden zu tun, schlechte Reden gegen Mann, Weib und Kind führen, der schreibe vorstehende drei Verse ab und hänge dieselben an einem feuerro-

ten Faden über die Türe, so werden die Zungen von selbst schweigen, und die Ruhe ist hergestellt.

8. Wer glaubt, daß etwas an dem Viehstande durch antipathische Personen getan worden ist, so auch bei verschiedenen andern Krankheiten des Viehstandes, der schreibe vorstehende drei Verse ab und hänge dieselben dem Tier zwei bis drei Stunden an den Hals, nehme sie dann wieder ab und vergrabe dieselben, ohne etwas anderes zu tun, sofort unter einem jungen Baum, und die Besserung wird eintreten.

9. Wer glaubt, daß etwas an dem Viehstande nicht richtig sei, was teilweise durch Erkältung des Euters und der Milchadern herkommt, der füttere beim warmen Saufen folgendes:

Es wird ein Wassereimer voll Holunder mit ganz kochendem Wasser aufgebrüht und unter das warme Saufen geschüttet, so werden sich durch den Schweiß die Adern und das Euter wieder erwärmen, und die Milch sowie die Butter wird ausgezeichnet sein, und der Nutzen wird sich sofort herausstellen.

Glaubet fest an das Wort Gottes und an seinen heiligen Sohn, so wird euch geholfen! † † †

Im Jahre 1848 kam in Berlin eine Frauensperson zu der Frau eines Vorkosthändlers, welche seit längerer Zeit leidend war. Die Unbekannte gab vor, Mehl und Kuchen kaufen zu wollen; da sie aber von der Krankheit der Frau hörte, nahm sie sich ihrer anscheinend teilnehmend an und suchte ihr Vertrauen zu gewinnen, was ihr um so eher gelang, als sie jene durch Anwendung ihrer Sympathie bald von ihrem Leiden zu befreien versprach. Die Kranke schenkte der Unbekannten vollen Glauben, und so geschah es denn, daß drei Talerstücke, ein goldener Schlangenring und zwei goldene Trauringe in einen Teller unter Mehl zugedeckt, gebracht, mit einem von der Patientin getragenen Hemde unter Hersagung allerlei frommer und zauberischer Sprüche bestrichen und dann, nachdem eine Serviette darüber geknüpft war, das Ganze in ihr Bett gestellt, von der Unbekannten aber ausdrücklich angeordnet wurde, die Serviette unter keinen Umständen eher zu öffnen, als nach vollen vierundzwanzig Stunden, wo sie wiederkommen und die Zeremonie beenden werde. Wie indes wohl zu erwarten stand, ist die Unbekannte nicht wieder erschienen, und man hat bei Öffnung der Serviette wohl das Mehl, nicht aber die darunter verborgen gewesenen drei goldenen Ringe und drei Taler vorgefunden. Auch ist keineswegs eine Abnahme der Krankheit bei der Frau eingetreten. –

Aberglaube aus unseren Tagen. Gottfried Hammer besaß außer einem elenden Häuschen in einem Gebirgsdorfe rein nichts; selbst mit seinen Verstandeskräften war es schlecht bestellt. Jedermann im Dorfe kannte die plumpe, gedrückte, krummbeinige Gestalt mit dem aufgedunsenen, stupiden Gesichte und der grunzenden Stimme. Er tat niemandem etwas zuleide, und doch fürchtete ihn jedermann. Er galt für den Alp der ganzen Ortschaft, und einzelne Leute erzählten, wenn sie nachts an dem Zustande gelitten hätten, den die Ärzte *Ephialtes, Incubus* nennen, der verdammte Hammer habe auf ihnen gelegen. Die Dorfjugend glaubte die Albernheit auch, und wo sich der Ärmste blicken ließ, warfen die Buben mit Steinen nach ihm, schlugen ihn wohl auch. Erst im Grabe fand der Beklagenswerte Ruhe vor der Verfolgung seiner beschränkten Nächsten. –

In einem kleinen Geestdorfe starb in den siebziger Jahren einem Einwohner eine Kuh. Da sich nun beim Öffnen des Kadavers kein Fehler zeigte, an dem das Tier verendet sein konnte, ward von allen Seiten angenommen, daß es von Hexen getötet sei. Als derselbe Hauswirt bald darauf ein Pferd gekauft hatte, wurde Rat gehalten, auf welche Weise das Tier vor den bösen Hexen bewahrt werden könnte. Nach langer Beratung wurde schließlich bestimmt, das gekaufte Tier rückwärts ins Haus und in den Stall zu ziehen. Dem Braunen mußte diese Gangart doch wohl etwas ungewohnt sein, denn die ganze Familie war gezwungen, sich an den Schwanz des Pferdes zu hängen und aus Leibeskräften zu ziehen; so gelang denn auch schließlich die Prozedur. – In einem anderen Orte machte ein Landmann, dem das Rauhfutter mangelte, und der das Korn lieber im Sacke behielt, die Wahrnehmung, daß sein Vieh nicht allein aufstehen konnte. Ein Nachbar erklärte ihm sehr wohlweise: »Dein Vieh ist behext, dagegen gibt es aber ein sicheres Mittel. Du mußt jeden Tag dreimal vor dem Vieh vorüberkriechen und jedem Stück Vieh ein fingerdickes, rund ums Laib geschnittenes Stück Brot ins Maul stecken und dabei jedem Tiere dreimal in die Nase spucken, aber kein Wort dabei sprechen.« Der gute Mann folgte dem Rat und siehe – es half. In seiner Freude erzählt er das Geschehene und nennt auch den Hexenmeister. Letztere leugnet keinen Augenblick, sagt aber, es ginge auch ohne Kriechen und Spucken, und das Brot wirke noch besser, wenn es zweier Finger Dicke habe. –

Im Jahre 1884 bildeten sich Leute in Schleusenau bei Bromberg ein, von einer Frau behext worden zu sein. –

In Wien herrscht noch heute der Lottoaberglaube. Wie bei allen hervorragenden Ereignissen, welche dort den Gegenstand der lebhaftesten Erörterung bilden, hatte auch eine Bluttat in Mariahilf, welcher das Ehepaar Emeder zum Opfer gefallen, bei den Lotterieschwestern die Kombination der auf das blutige Ereignis »Bezug habenden« Zahlen angeregt. Insbesondere waren es die Nummern 11 (Wohnungsnummer der Ermordeten in der Sandwirtgasse), 62 (Mord), 90 (Angst), 50 (Tod), 47 (Leben und Tod); ferner die Nummern 49 und 54 (Alter der Julie und des Rudolf Emeder), welche stark besetzt wurden. –

Im Sommer 1891 wurde ein Arzt aus Lissa auf ein benachbartes Dorf geholt, wo ein Landmann mit seinem Sohne schwer krank darniederlagen. Dem Vater war leider nicht mehr zu helfen; er starb. Der Grund zu der Erkrankung der beiden sollte folgender sein: Dem Bauern war eine

Kuh erkrankt, und er wandte sich an einen Schäfer, der im Rufe eines »klugen Mannes« steht, damit dieser die Kuh heilen sollte. Der kluge Mann ließ sich für seinen zu erteilenden Rat zunächst zehn Mark zahlen; dann meinte er, die Kuh sei behext. Um das Verhexen zu heben, sollten die männlichen Mitglieder der Familie um die Mitternachtszeit sich mit entblößtem Körper auf einen Ameisenhaufen setzen. Der Bauer und sein erwachsener Sohn waren auch abergläubisch genug, diesen Unsinn zu glauben, und begaben sich nach dem eine halbe Meile von ihrem Dorfe entfernten Walde, wo sie um zwölf Uhr nachts sich nach Vorschrift des klugen Mannes auf einen Ameisenhaufen setzten. Während sie so dasaßen, raschelte es neben ihnen, wahrscheinlich hatten sie irgendein Tier aus dem Schlafe geweckt; beide erschraken heftig und meinten, es sei der Böse aus der Kuh, der sie necke. In unbeschreiblicher Hast liefen sie, ohne erst die Kleider in Ordnung gebracht zu haben, atemlos nach Hause, wo sie beide infolge der ausgestandenen Angst und Erkältung so schwer erkrankten, daß den Vater der Tod ereilte. Der zu Bett liegende Sohn erzählte dem Arzt, daß die Ameisen ihn ganz gewaltig gebissen hätten. –

In Uschütz bei Rosenberg in Oberschlesien ließ sich im Juni 1891 ein junger Mann, der sich verhoben hatte, von »klugen Frauen« in eine Krauttonne stecken, mit heißem Wasser von »neunerlei Kräutern« begießen; zum Überfluß gab man ihm noch drei heiße Steine mit ins Faß und schloß dieses mit wollenen Decken. Der Kranke verließ indes das Faß nicht mehr lebend. Die gerichtliche Untersuchung gegen die heilkundigen Weiber wurde eingeleitet. –

Welcher Aberglaube noch im Volke herrscht, davon gibt folgender Brief eine Probe der im Juni 1891 von einem in einer böhmischen Stadt lebenden deutschen Handwerker an die Leipziger Stadtbibliothek gerichtet worden ist und der nach dem »Leipziger Tageblatt« folgendermaßen lautet:

an Wohl Löbligen bücher Biblodek

Ersuch sie mir geföllichst mid zu Theilen, ob mann in ihren werthen lager von Büchern auch zauber Bücher für Magischer kunst haben kan dieses Buch miste aber so Sein das man Endwentten gehenstände die gestohlen Sein dur das zwancks Cittiren wieder haben kan. Das der betreffenter dieb zurickstellen mus und wo auch dieb segen und Sonst andere Sachen darinnen Enthalden Sind

wen ich ein Soliches Buch haben kände Bitte sie mir den Breis an zeugen zu wollen

Bitte Umgehente andwort. –

Am 10. Juni 1891 meldeten Berliner Zeitungen: »Es spukt wieder! Dr. Egbert Müller hat ein neues Medium à la Wolter entdeckt, und zwar in einer sechzehnjährigen Kleinmagd im Kirchdorf Storbeck bei Neu-Ruppin. Die sogenannten Spukvorgänge bestehen in Werfen mit Holz,

Hinstreuen von Holzstücken in der Küche, mehrmaliges Ausheben der Flügel eines Fensters, die sich alsdann auf oder unter dem Dunghaufen wiederfinden, Beschmutzen von hängenden Kleidungsstücken durch Anspritzen mit Wasser und Dung, Hineinstopfen eines Kleides in das Butterfaß und dergleichen mehr neckischer Dinge. Dr. Egbert Müller ist so naiv, zu verlangen, daß die Erscheinungen von Staats wegen auf Staatskosten untersucht werden. Wir unterstützen dieses Gesuch mit dem Hinzufügen, daß die Untersuchung in Dalldorf (dem Irrenhause) unternommen werde.« –

Im April 1891 wurde in B. bei Gräfinau einem Bauern eine Kuh krank und fraß nicht mehr. Zufällig kam ein Witzvogel, welcher riet, die Kuh, welche verhext sei, sofort zu schlachten und zu verschenken und die Ruppen und einige Fleischteile abends nach Sonnenuntergang im Backofen zu verbrennen, sonst könnte sich die Hexerei auch auf das andere Vieh übertragen! Der Bauer glaubte das alberne Geschwätz, ließ die Kuh töten und schenkte das Fleisch und die Haut zwei Männern, welche fünfundsiebzig Mark dafür vereinnahmten. Obendrein wurden die bestimmten Fleischteile und Knochen, in welchen die Hexe stecken mußte, unter zeremoniellen Umständen im Backofen verbrannt. –

Im April 1891 meldete die »Amb. Volkszeitung« allen Ernstes: »Eine grausige Mißgeburt! Am heutigen Tage sind wir in der Lage, folgende wahrhafte (!!) Mitteilung zur Kenntnnis der Leser zu bringen. In Plato, einem Dorfe von Mc. Leod Co., Minnesota (Nordamerika), lebt ein junges Ehepaar namens Miller. Der Mann ist ein Schuhmacher und betreibt als solcher ein blühendes Geschäft. Vor nicht gar zu langer Zeit kam ein jüdischer Hausierer nach Plato und wollte u. a. auch der Frau Miller eines seiner Oeldruckbilder, die »Kreuzigung Christi« darstellend, verkaufen. Des weigerte sich die Frau, und als der Hausierer mit jüdischer Zudringlichkeit nicht ablassen wollte, geriet sie in heftigen Zorn und verstieg sich zu der greulichen Lästerung, lieber wollte sie den Teufel im Hause sehen als das Bild eines gekreuzigten Heilands. Bald darauf ging ihr Wunsch in Erfüllung, denn 3 Wochen, nachdem sie das schreckliche Wort gesprochen, gab sie einem Wesen das Leben, von dem man nicht sagen kann, ob es Mensch, Tier oder Teufel ist. Welche ein Schrecken erfaßte die Mutter, den Vater und die anderen anwesenden Personen, als sie ein mit fast zwei Zoll langen groben Haaren über und über bedecktes, zottiges Wesen mit kleinen funkelnden Augen, einem voll entwickelten Gebisse von scharfen spitzigen Zähnen, krallenartigen Händen (!), hufbesetzten Bocksfüßen (!), einem 18 Zoll langen Schwanze und zwei kurzen scharfen Hörnern auf dem Kopfe (!) sahen, das, affenartig aus dem Bett schlüpfend, sofort auf allen vieren herumkroch, um die Abfälle in Küche und Haus zu suchen und zu fressen. Dieses grausige Wesen ist nun schon fünf Wochen alt, schneidet eine unbeschreibliche boshafte Fratze, entwickelt die schlimmsten Instinkte eines wilden Tieres und schnappt grimmig nach jedem, der es anzurühren oder zu bändigen wagt. Aus seinen funkelnden Augen unter den buschigen Brauen scheint der leibhaftige Teufel hervorzublicken, und als neulich die Wärterin ihm die Treppe hinunter nachlief, um es in das Zimmer zurückzubringen, dem es entschlüpft war, griff es dieselbe so bösartig an, daß sie genötigt war, es zu ihrer Selbstverteidigung mit dem Kruge, den sie eben in der Hand hatte, niederzuschlagen. Die unglücklichen Eltern scheinen der Verzweiflung nahe zu sein. Von nah und fern strömen die Ärzte und von allen Seiten neugierige Menschen jedes Standes und Alters herbei, um dieses schreckliche Wunder zu betrachten. Obwohl man von seiten der Behörden den Versuch gemacht hat, die grausige Nachricht zu unterdrücken, so breitete sie sich doch immer weiter aus. Die Bevölkerung hält fest daran, daß in dieser Mißgeburt ein Gottesgericht zur Bestrafung einer greulichen Lästerung zur Offenbarung gekommen sei.«

Von einem Hexenbanner im Jahre 1891 berichteten die Blätter aus Ulm: Auf der Anklagebank der Strafkammer saß ein »Hexenbanner« aus dem Dorfe Hohenstaufen bei Göppingen; er hieß Luther, war seines Zeichens Maurer und genoß in der Gegend einen namhaften Ruf als Beschwörer von Hexen und Spukgeistern und Bezwinger aller finsteren Mächte. Als es nun Ende vorigen Jahres in dem Hause des Bäckers und Wirts Scheer zu Göppingen greulich spukte, indem nächtlicherweile den Kindern die Litzen von den Kleidern getrennt, der Stiefelzieher hinter den Spiegel gesteckt und andere schreckliche Sachen verübt wurden, hatte der biedere Bäcker nichts Eiligeres zu tun, als den großen Hexenhammer von Hohenstaufen kommen zu lassen. Der machte sich's denn auch mehrere Tage bequem im Scheerschen Hause, aß und trank, was ihm schmeckte, und trieb seinen Hokuspokus mit Beschwören, Räuchern und Verstecken hieroglyphischer Zettel in allen Ritzen und Löchern. Schließlich verlangte und erhielt er für diese »Versicherung« des Hauses auch noch fünfundzwanzig Mark bar. Aber die Sache wurde ruchbar und der Hexenbanner selbst von der Justiz in den Untersuchungsarrest gebannt. Die Verhandlung bot ein trauiges Bild des borniertesten Aberglaubens, und der Staatsanwalt gab seiner Verwunderung unverhohlen Ausdruck, daß so etwas bei uns noch möglich sei. Luther wurde wegen Betrugs zu drei Wochen Gefängnis verurteilt. –

Der bornierte Hexenwahn und Teufelsglaube steht noch überall unter dem unwissenden Volke, besonders aber in Serbien in üppigster Blüte. »Hexen« nennt man in Serbien solche Weiber, die in sich einen »Teufelsgeist« bergen. Während ein solches Weib schläft, verläßt es, dem Volksglauben zufolge, der Teufelsgeist, verwandelt sich in einen Schmetterling, in ein Huhn oder Truthuhn, fliegt in die Häuser und frißt Menschen, besonders kleine Kinder. Sobald die Hexe einen Menschen im Schlafe antrifft, gibt sie ihm einen Hieb mit ihrem Hexenstabe über die linke Milchdrüse; durch diesen Schlag öffnet sich die Brust, und die Hexe reißt das Herz heraus und zehrt es auf, worauf die Brust wieder zuwächst. Die Hexen essen keinen Knoblauch, deshalb reiben sich viele Leute zu bestimmten Zeiten damit ein und besonders in den Faschingstagen, da dann die Hexen am eifrigsten auf die Menschenvertilgung ausgehen. – Bei den Südslawen in Dalmatien, der Herzegowina und Montenegro wird ein seltsames, übrigens schon im Mittelalter hier und da gebrauchtes Mittel angewandt, um festzustellen, wieviel Hexen es im Lande gebe. Alle streitfähigen Männer im Dorfe, welche ein Gewehr tragen können, versammeln sich, und der Dorfvorstand spricht sie an: »Seht ihr, Leute, daß uns die Hexen stark beunruhigen? Gott möge sie dafür strafen! Morgen früh führe ein jeder sein Weib und seine Mutter zum Flusse, ich bringe auch die meinigen, dann werden wir sie in den Fluß tauchen und dabei erkennen, welche die schuldigen Hexen sind, die wir dann steinigen, oder sie müssen uns schwören, daß sie uns nichts Böses antun.« –

Den folgenden Tag bringt ein jeder sein Weib mit, auch die Mütter werden herbeigeführt, man bindet jede mit einem Stricke unter der Achsel, damit man sie zurückziehen könne, und wirft eine nach der anderen mit den Kleidern in den Fluß. Diejenige, welche untertaucht, ist von jedem Verdacht gereinigt und wird schnell herausgezogen, die aber längere Zeit an der Oberfläche des Wassers sich hält, wird kurzweg als »Hexe« angesehen. Solche Tollhausblasen treibt am Ende des 19. Jahrhunderts der Wahn- und Aberglaube noch! Und diejenigen, die gegen diesen Wahn- und Aberglauben in allen seinen Gestaltungen kämpfen, werden von gewissen Leuten als Sünder wider die »guten Sitten« hingestellt! –

Wie Wallenstein glaubte Napoleon I. an eine Sternenschrift und suchte sie zu erforschen. Als vor dem Ausbruche des Krieges mit Rußland sein Oheim, der Kardinal Fesch, bei stiller nächtlicher Unterredung ihn warnte und bat, davon abzustehen, trat er mit ihm ans geöffnete Fenster und sprach: »Schau auf und lies! Da am gestirnten Himmel steht mein Schicksal geschrieben, und was da geschrieben steht, wird unabänderlich in Erfüllung gehen!«

Wie aufgeklärt war dagegen der Philosoph auf dem Throne, Friedrich II. von Preußen! Als Voltaire ihm im Jahre 1765 vorschlug, eine kleine Kolonie von französischen Philosophen in Cleve zu gründen, die dort, ohne Furcht vor den Ministern,den Priestern und den Gerichtshöfen, frei die Wahrheit sagen könnten, erwiderte er: »Ich bin gewiß, daß, wenn eine solche Gemeinde gegründet wäre, sie bald einen neuen Aberglauben in die Welt setzen würde.«

Der alte Fürst von * * * glaubte nicht an Gott; wenn er aber auf die Jagd ging und drei alten Weibern begegnete, kehrte er um – das war ihm eine schlechte Vorbedeutung! Am Montag unternahm er nichts, weil dieser Tag ihm unheilbringend schien. Wenn man ihn aber nach dem Grunde fragte, konnte er denselben nicht angeben. *Und so gibt es viele Menschen, die am Tage ungläubig sind und nachts aus Furcht vor Gespenstern nie allein schlafen.*

In die Geschichtsbücher der europäischen und auch einiger amerikanischer Nationen sind die Hexenprozesse mit Blut eingetragen. Die Folterwerkzeuge sind wie die Hexenverfolgungen – ebenfalls der Vernunft und Menschlichkeit sei es gedankt – teils verschwunden, teils in die Rumpelkammer geraten; aber sie starren den Beschauer in unseren Tagen als bluttriefenden Zeugen des Menschenwahns und Aberwitzes entgegen!

Der Teufels-, Zauberei-, Hexen- und Spukglauben war eben leider fast unausrottbar im Volke eingewurzelt. »Des Aberglaubens Weihaltar« hat leider auch in unserer Nation Jahrhunderte hindurch unzählige Opfer gefordert. Zunehmende Volksbildung und Aufklärung allein vermögen ihn wirksam zu bekämpfen und allmählich zu bannen. Es sollte daher jeder einzelne den Aberglauben ernstlich bekriegen; allein noch heute ist es eine unanfechtbare Wahrheit, was Lessing sagt: *»Der Aberglauben schlimmster ist, den seinen für den erträglichsten zu halten.«*

VI.
Ausgeburten des Menschenwahns im Spiegel der Ketzerverfolgung und der Autodafés

»Wag es nicht, mit allen Ketzerflammen
Den Mann, den man verdammet, zu verdammen.«
Seume.

I.

»Aber fliehet meine Inquisition!«
Schiller.

Es sind unzertrennliche Zwillingsgeschwister, die Hexen und die Ketzerverfolgungen, und bilden beide den größten Schandfleck in der Geschichte der christlichen Kirchen, weil sie dem Wesen des Christentums geradezu widersprechen. Christus' Gebot, der Geist der Religion, die er gestiftet, sind: »Liebe Gott über alles und deinen Nächsten als dich selbst!« und die frohe Botschaft bei der Menschwerdung des Weltheilands lautete: »Und Friede den Menschen auf Erden!«

Duldung, Versöhnung, Liebe sind die Grundzüge der Christenlehre, und nirgends verlangt sie gewaltsame Bekehrung Andersgläubiger oder gar deren Verfolgung und Bestrafung. Leider aber ist das Verfolgen und Martern Andersdenkender ganz so wie der Hexen- und Teufelswahn aus dem Heidentum in die christliche Kirche übergegangen. In den ersten Zeiten des Christentums freilich, als dieses selbst noch schwere Verfolgungen auszustehen hatte, dachte kein christlicher Priester daran, Mitglieder der Gemeinde, deren Meinungen von den allgemein geltenden abwichen, deshalb zu bestrafen.

Die Christen galten ja selbst unter den Völkern in dieser Geschichtsperiode als Ketzer[84] (d. h. Abtrünnige).

Die heidnische Volksmeinung war gegen die Christen ebenso gerichtet, wie später die Meinung der christlichen Pfaffen (d. h. Geistliche im verächtlichen Sinne) gegen die Ketzer, und was die Heiden den Christen nachredeten, dessen schämten später die Ketzerriecher sich nicht, ihre Opfer ebenfalls zu beschuldigen. Die Christen galten anfangs, namentlich den Römern, als eine verworfene, verzweifelte, lichtscheue Partei, zusammengesetzt aus verdorbenem Gesindel und leichtgläubischen Weibern, die gegen das Göttliche wüte, gegen das Wohl der Menschen sich verschwöre und der Welt, d. h. den damaligen Verhältnissen, Verderben drohe. Sie genossen in ihren nächtlichen Versammlungen angeblich unmenschliche Speise, verachteten die Tempel, spieen die Götter an und verspotteten die heiligen Gebräuche; ihr eigener Kult sei nicht Gottesdienst, sondern Ruchlosigkeit. Sie erkannten sich an geheimen Zeichen, nannten sich untereinander Brüder und Schwestern und entweihten diesen heilgen Namen durch Gemeinschaft der Unzucht. Sie beteten einen Eselskopf an, oder wie andere behaupten, die Genitalien des Oberpriesters. Ein Kind, mit Mehl überdeckt, hieß es, wird dem Aufzunehmenden vorgesetzt. Derselbe muß wiederholt in das Mehl stechen und tötet das Kind; das fließende Blut wird von den Christen gierig aufgeleckt, die Glieder des Kindes werden zerrissen, und so wird durch dieses Menschenopfer ein Pfand hergestellt, welches der Gesellschaft die Verschwiegenheit der einzelnen verbürgt. Am Festtage versammeln sich alle mit ihren Schwestern, Müttern und Kindern zum gemeinschaftlichen Mahle. Wenn bei demselben durch unmäßiges Essen und Trinken die Wollust gereizt ist, so werden die Lichter ausgelöscht, und nun gibt sich die Gesellschaft, wie eben der Zufall die Personen zusammenfügt, der abscheulichsten Unzucht hin.

Man sieht, heidnische Pfaffen verbreiteten über die Christen die unglaublichsten Lügen und verwirrten damit die Begriffe des Volkes, ganz ebenso, wie es später von herrschsüchtigen christlichen mit den Ketzern geschah.

Als die Verfolgungen des Christentums nachließen und zuletzt ganz aufhörten, als dasselbe Staatsreligion wurde, verschwand die Duldung mehr und mehr aus der christlichen Kirche. Es machte sich immer mehr die Ansicht geltend, die Einheit der Kirche in Glauben und Lehren müsse durch jedes Mittel, selbst durch weltliche Zwangsmaßregeln erhalten werden, und man nannte diejenigen Christen, deren Anschauungen von den allgemein geltenden Grundbegriffen abwichen, Ketzer (Haeretici). Je mehr und bestimmter sich nun die staatsartige Verfassung der christlichen Kirche ausbildete, desto mehr wurde die Ketzerei als ein Verbrechen betrachtet, verfolgt und bestraft. Es enstanden geistliche Gerichte zur Aburteilung der Ketzer, die anfangs noch milde in ihrer Wirksamkeit und in ihren Urteilssprüchen waren, dann jedoch schärfer wurden und sich des Armes des weltlichen Richters zur Vollstreckung der Urteile bedienten.

Als aber das Papsttum die Höhe seiner Macht erreichte, als der Bischof von Rom, der Papst, nicht bloß das sichtbare Oberhaupt der Kirche, sondern – nach seiner Lehre wenigstens – auch der ganzen Erde wurde, als er nicht allein die geistliche Macht über die Gewissen der Gläubigen, sondern auch die höchste weltliche Macht im Namen Gottes über alle Reiche für sich in Anspruch nahm, da sollte die ganze Erde nur ein einziges Gottesreich und der Papst, welchen der Heilige Geist zu untrüglichen Aussprüchen erleuchtete, dessen unbeschränkter Herrscher sein. Wer an dieser päpstlichen Macht zweifelte oder gar daran zu rütteln wagte, der versündigte sich an Gott selbst, der den Papst zu seinem Stellvertreter auf Erden eingesetzt haben sollte. Da die Päpste indessen trotz dieser Stellvertreterschaft Gottes doch nur schwache, sündige und mit menschlichen Neigungen und Leidenschaften behaftete Menschen blieben, so war Willkür in jener seltsamen Vermischung der höchsten geistlichen mit der weltlichen Gewalt unvermeidlich, und es wurde allmählich immer gefährlicher, Ansichten laut werden zu lassen, die von denen der herrschenden

Kirche abwichen. Dazu kam – bei der Schwäche und dem Stolze der menschlichen Natur -, daß die Beherrscher der Kirche je nach ihren persönlichen Anschauungen bestimmte, äußere Sätze feststellen und zu Glaubenssätzen (Dogmen) erhoben, so daß diejenigen, welche jenen menschlichen Satzungen entgegen waren, nunmehr auch als Feinde des Glaubens, als Verächter göttlicher Gebote betrachtet wurden, wodurch der Begriff von Ketzerei bedeutend an Ausdehnung gewann.

Wesentlich trug dazu die Einführung des Kirchen- (kanonischen) Rechtes bei, und um ihr Ansehen bei den Völkern behaupten zu können, stand den Päpsten die Verhängung des Kirchenbannes und des Interdiktes zu Gebote; durch den ersteren wurden einzelne Personen, durch das letztere ganze Völker und Staaten von der Kirche und vom Genusse aller kirchlichen Gnaden ausgeschlossen. Sehr wichtig für die Befestigung der Kirchenherrschaft (Hierarchie) war die Einführung der Ehelosigkeit der Geistlichen (des Zölibats). Infolge dieser Maßregel Papst Gregors VII. wurden die Priester gewissermaßen zu Mönchen gemacht und ausschließlich an die Interessen des Papstes und der Kirche gebunden. Auf der anderen Seite nahm mit dem Wachsen des Ansehens und der Macht des Papstes das Ansehen und der Einfluß der Bischöfe ab, die nunmehr diesem alle untergeordnet wurden, während sie ihm früher gleichstanden.

Die Päpste benutzten ihr Ansehen als Oberherren der ganzen Christenheit mit großer Schlauheit, Ausdauer und Kühnheit. Wer sich ihnen nur etwas widersetzte – ob hoch oder niedrig, Priester oder Laie -, den taten sie als Ketzer in den Kirchenbann, und wenn sie diese höchste geistliche Strafe über einen Monarchen verhängten, so entbanden sie zugleich dessen Untertanen ihres Gehorsames gegen ihn, wodurch ein solcher Fürst plötzlich verlassen und aufgegeben war.

Sie verwandelten auf diese Weise die ursprünglich geistliche Strafe zugleich in eine weltliche, und sie verschmähten, um dieselbe zu vollstrecken, es keineswegs, Aufruhr und Bürgerkrieg zu billigen, auch wohl anzustiften.

Allein trotz aller ihrer strengen Maßregeln vermochten sie es doch nicht zu verhindern, daß die Ketzerei überhandnahm, ja mit der Befestigung ihrer Gewalt und mit Ausdehnung ihrer Willkürherrschaft wuchs auch der Widerstand dagegen, gewissermaßen ein Gegengewicht bildend. Es mußte freigeborenen, freiheitsliebenden Menschen widerstreben, die Alleinherrschaft des römischen Bischofs anzuerkennen, und gerade das Nichtanerkennen war in den Augen des Pontifex das größte Verbrechen, dessen sich ein Christ schuldig machen konnte, und galt geradezu als Gottesleugnung. Die Päpste, besonders Innozenz III. (im 12. Jahrhundert), fanden sich durch das für die Kircheneinheit sehr bedrohliche Umsichgreifen solcher freigeistigen Ideen veranlaßt, Glaubensuntersuchungen und -verfolgungen anzuordnen, wobei ihnen Könige und Fürsten behilflich sein mußten. – Schon im Jahre 385 wurde Priscillian wegen Ketzerei zu

Trier hingerichtet, und ein Schrei des Entsetzens ging darüber damals noch durch die Christenheit; es war dies die erste der uns bekannten Hinrichtungen von Ketzern.

Im übrigen trat die Ketzerei (Härestie) im Abendlande im ersten Jahrtausend der christlichen Kirche nur in einzelnen und vorübergehenden Erscheinungen auf.

Als jedoch das Ende des Jahrtausends herannahte, traten mancherlei Wandlungen, wenigstens in ihren Anfängen ein. Die ganze abendländische Christenheit befand sich damals in banger Erwartung des Untergangs der Welt; denn was die Apostelgeschichte vom tausendjährigen Reiche Christi auf Erden berichtet, wurde auf die bestehende Kirche bezogen. Zahlreiche Personen haben damals, besorgt um ihr Seelenheil, ihr Hab und Gut der Kirche geschenkt; indes man trat ins zweite Jahrtausend über und – die Welt stand noch!

Jetzt richtete sich der Blick der kirchlichen Gläubigen auf die sichtbare Ordnung, welche Gott angeblich für seine Kirche auf Erden aufgerichtet hatte, und die Hingabe an die Unfehlbarkeit der Kirche und das Papsttum, sowie an die Leitung der Geistlichkeit betrachtete man als die Grundbedingungen alles Heils. Man glaubt mit einem Worte nunmehr an den unvergänglichen Bestand des Papsttums, in welchem man das Reich Gottes auf Erden erblickte.

Diesen Gläubigen gegenüber standen aber Unzählige, welche durch die ungeheure Täuschung, die sie erlebt hatten, zu ganz anderen Resultaten gelangt waren. Sie meinten zum Teil, die Zeit der herrschenden Kirche sei zu Ende, und viele begannen selbständig zu denken und sich zu neuen Religionsgenossenschaften zu verbinden.

So entstand vom Anfang des 11. Jahrhunderts an die Sekte der »Reinen« oder das »Katharertum«, welches bald Eingang bei allen romanischen Völkern fand und auch nach Deutschland hin drang. Dasselbe hatte eigene Bischöfe und Diakonen, umfaßte zahlreiche Diözesen, trat auf Synoden zusammen und verbreitete sich sofort in allen Kreisen der Gesellschaft. Seine Anhänger forderten völlige Weltentsagung bei Aufnahme in ihre Gemeinschaft und verwarfen die Wassertaufe, wogegen sie behaupteten, eine Geistestaufe zu haben, die durch einfaches Händeauflegen vollzogen wurde.

Selbstverständlich stand die alte Geistlichkeit der ihr im Katharertum drohenden Gefahr nicht untätig gegenüber, und sie verfolgte die Neuerer mit grimmigem Haß. Man schalt sie Bougres (Bulgaren, d. h. Bogomilen, was auch liederliche Menschen bedeutet) Poblicants (= Zöllner und Sünder), Albigenser (von Alby in Südfrankreich), Patarener (nach dem Revier der Lumpensammler in Mailand, Patavia), am gewöhnlichsten aber Manichäer, setzte die scheußlichsten und lügenhaftesten Gerüchte über sie in Umlauf und verfolgte sie als Ketzer, die ausgerottet werden müßten.

Schon um das Jahr 1020 nahm unter dem König Robert in Orleans die

Verfolgung ihren Anfang. An der Spitze der dortigen Katharergemeinde standen einige Kanoniker von hervorragender Bildung und Frömmigkeit. Sie verwarfen namentlich die Verwandlung im Abendmahl (Transsubstantiation), die Wassertaufe und Anrufung der Heiligen, redeten von einer himmlischen Speise und der Erteilung des Heiligen Geistes durch Auflegen der Hände. Graf Arefast, ein normännischer Edelmann, wurde zum Verräter an der Gemeinde, in die er sich geschlichen und dann eine Untersuchung veranlaßt hatte. Die Verhafteten wiesen die Bekehrungsversuche des Bischofs von Beauvais mit Würde zurück, indem sie sagten: »Spare deine Worte und tue mit uns, wie es dir gut dünkt! Schon schauen wir unsern König, der im Himmel gebietet und mit seiner Rechten uns aufnimmt zu unsterblichen Triumphen und uns himmlische Freuden schenkt.« Sie wurden, eine Nonne und einen Geistlichen, die sich bekehrt hatten, ausgenommen, verbrannt. Im Auftreten dieser Unglücklichen lag weder Gottloses noch Unsittliches; aber schon in demselben Jahrhundert beschuldigt sie der Mönch Glaber Radulf der Wollust und der Schwelgerei (Epikuräismus) und leitet ihre Ketzerei von einer Italienerin ab, die, voll vom Teufel, jedermann verführt habe. Nach Ademar waren die verbrannten Kanoniker von einem Bauern betrogen, der den Menschen Asche verstorbener Knaben eingab und sie durch die Kraft derselben zu Manichäern zu machen verstand. Sobald sie nach diesem einmal eingeweiht waren, erschien ihnen der Teufel bald als Mohr, bald als Engel des Lichts, brachte alle Tage Geld und befahl ihnen, Christus äußerlich zu bekennen, im Herzen aber zu verabscheuen und im Verborgenen sich allen Lastern zu ergeben. Über die Art der Bereitung ihrer himmlischen Speise tischt d'Achery folgendes Märchen auf: Man versammelt sich in der Nacht, jeder mit einem Lichte, die Teufel werden in bestimmten Formeln angerufen und erschienen in Tiergestalt, darauf folgt Auslöschung der Lichter, Unzucht und Blutschande. Die erzeugten Kinder werden verbrannt und die Asche derselben wie ein Heiligtum aufbewahrt. Diese Asche hatte eine so teuflische Kraft, daß derjenige, der auch nur ein wenig kostete, unwiderstehlich an die Sekte gebannt war.

Man sieht, daß man das Lügen und Verleumden Andersdenkender von Grund aus betrieb. In Italien begann die Verfolgung ums Jahr 1035, in welchem der Erzbischof Heribert von Mailand in dem Schlosse Monteforte bei Turin eine Katharergemeinde aufspürte, welche nicht an die Brotverwandlung glaubte, dem Kreuze keine Ehrfurcht bezeugte und sonstiger Ketzerei ergeben war. Heribert ließ sie verhaften, und da seine Bekehrungsversuche erfolglos blieben, so errichtete er zu Turin einen Scheiterhaufen und ein Kreuz daneben und stellte ihnen die Wahl zwischen dem Feuertode und der Anbetung des letzteren. Ihren Führer Girardus voran, stürzten sich die meisten in die Flammen; nur wenige wurden abtrünnig.

Mitten in dieser das ganze Volksleben, namentlich in Frankreich, erregenden Bewegung erwuchs allmählich eine neue religiöse Gesellschaft, die zuletzt zu einer Zeugin evangelischer Wahrheit wurde und als Vorläuferin des Protestantismus betrachtet werden kann. Es waren dies die Waldenser, welche in der zweiten Hälfte des 12. Jahrhunderts in Lyon hervortraten, durch welche namentlich die Übersetzungen einzelner Bücher der Heiligen Schrift in die Landessprache Verbreitung fanden. Katharer und Waldenser (in Frankreich »bons hommes« = gute Menschen genannt) reichten einander die Hand, und selbst Magnaten, wie die Grafen von Toulouse, gewährten ihnen Schutz und Schirm. Die Landschaft Albigrois wurde ihr Hauptsitz, woher die Bezeichnung Albigenser rührt. Ihrer Frömmigkeit und ihrem unsträflichen Wandel gegenüber hatten die Priester der alten Kirche einen harten Stand. Schriftsteller jener Tage klagen: »Die Priester in der Kirche waren so in der Achtung gesunken, daß sie, wenn sie über die Straße gingen, die Platte mit den übrigen Haaren bedeckten, um nicht dem Hohn des Volkes ausgesetzt zu sein; die Edelleute gaben nicht mehr ihre Söhne, sondern nur ihre Leibeigenen zu Geistlichen her; es war so weit gekommen, daß man nicht mehr sagte: Ich wollte lieber ein Jude werden, als dies tun, sondern: Ich wollte lieber ein Kaplan werden pp. Selbst Bischöfe hielten es mit den Ketzern, der Zehnt wurde verweigert, und die Seelenmesse brachte nichts mehr ein.

Im Anfang des 13. Jahrhunderts zählten in Südfrankreich ziemlich sämtliche Fürsten, Grafen und Barone zu den bons hommes, so daß die katholische Kirche, wenn nicht zum Gespött, doch übersehen wurde.

Da bestieg der schon mehrfach von uns erwähnte Papst Innozenz III. (1198) den Stuhl Petri, ein kluger und willensstarker Mann, der dem Kampf des Katholizismus mit der Ketzerei und im besonderen mit den Albingensern um jeden Preis ein Ende zu machen entschlossen war, und der im Jahre 1209 die Ketzervertilgung systematisch ausführte, die bis zum Jahre 1229 währte. Er benutzte schlau die Habgier der Großen wider die Großen und stachelte den Aberglauben gegen die Freiheit auf. Ein Kreuzzug wurde gegen die Albigenser gepredigt, und den Teilnehmern wurden gleiche Gerechtsame versprochen, wie den Streitern gegen die Sarazenen. Die Untertanen der ketzerischen Grafen wurden der Treue und des Gehorsams gegen ihren Herrn entbunden; denjenigen, welche ihr Land eroberten, sollte es bleiben. Und nun entstand ein zwanzigjähriger Religionskrieg, der, erst von Simon von Montfort und dann von Ludwig VIII. geführt, Tausende dahinraffte und mit ziemlicher Ausrottung der Albingenser und Waldenser endete. Viele der letzteren, die versprengt waren, fanden ein Asyl in den Bergen von Piemont und Savoyen; in Frankreich konnten sie nur in der Provence und Dauphiné, und nur unter hartem Druck, ihre Gemeinden noch auf längere Zeit erhalten.

Zu ihrer Vertilgung und zur Unterdrückung ähnlicher gegen die Papst- und Kirchenmacht gerichteten Bestrebungen wurden unmittelbar nach dem Kriege das ständige Inquisitionsgericht zu Toulouse, und nach diesem solche an vielen andern Orten, errichtet. *Die Ketzerei galt von jetzt ab als eines der ärgsten öffentlichen Verbrechen, das bürgerliche Gesetz bestrafte sie mit Ehrlosigkeit, Kerker, Tod und mit Gütereinziehung.*

Die Obrigkeit verfolgte, das geistliche Gericht entschied über Schuld und Nichtschuld, und den Henker spielte der weltliche Arm der Gerechtigkeit.

In Deutschland, in dessen Gauen das Katharertum gleichfalls Eingang gefunden, begannen ebenfalls Verfolgungen desselben, und schon im Jahre 1952 wurden zu Goslar Katharer zum Tode verurteilt. Im Jahre 1146 disputierte der Propst Everin von Steinfeldenzu Köln mit mehreren Häuptern der Sekte, und im Jahre 1163 kamen in Köln Verbrennungen vor. 1212 ließ der Bischof von Straßburg an einem Tage etwa 100 Personen den Scheiterhaufen besteigen, und im Jahre 1232 erfolgte eine Reichsacht gegen die Ketzer.

Schon früher hatte das bereits von uns erwähnte Scheusal Konrad von Marburg als General-Inquisitor sein blutiges Handwerk aufgenommen. Über diese Bestie, der die »heilige« Elisabeth von Thüringen so blindlings ergeben war, daß sie sich von ihm die härtesten Bußen auferlegen ließ, berichtete ein Zeitgenosse, der Erzbischof von Mainz, an den Papst. »Wer ihm in die Hände fiel, dem blieb nur die Wahl, entweder freiwillig zu bekennen und dadurch sich das Leben zu retten, oder seine Unschuld zu beschwören und darauf verbrannt zu werden. Jedem falschen Zeugen wurde geglaubt, rechtliche Verteidigung war niemandem gestattet; der Angeklagte mußte gestehen, daß er ein Ketzer sei, eine Kröte berührt, einen blassen Mann oder sonst ein Ungeheuer geküßt habe. »Darum«, sagte der Erzbischof, »ließen sich viele Katholische lieber um ihres Leugnens willen unschuldig verbrennen, als daß sie so schändliche Verbrechen, deren sie sich nicht bewußt waren, auf sich genommen hätten. Die Schwächeren logen, um mit dem Leben davonzukommen, auf sich selblslt und jeden beliebigen anderen, besonders Vornehme, deren Namen ihnen Konrad als verdächtig ausforschte. So gab der Bruder den Bruder, die Frau den Mann, der Knecht den Herrn an; viele gaben den Geistlichen Geld, um Mittel zu erfahren, wie man sich entziehen könne, und es entstand auf diese Weise eine unerhörte Verwirrung.« Besonders hauste dieses Ungeheuer im Elsaß, im Mainzischen und Trierischen. Das merkwürdigste Ereignis, bei dem der fanatische Mönch mit auftritt, war der bereits von uns erwähnte Kreuzzug gegen die Stedinger.

Die wackeren Bewohner des Gaues Steding im heutigen Oldenburg, ein freiheitsliebender, kräftiger Stamm, lebten in Hader mit dem Erzbischof von Bremen, des Jagdrechts und des Zehnten halber. Sie hatten einige Geistliche desselben, die er wegen des Zehnten an sie gesandt mißhandelt, und flugs beschuldigt sie der Erzbischof der Ketzerei, weil der Zehnt von Gott eingesetzt sei. Auf einer Wallfahrt nach dem Morgenlande berührte er Rom, wo er sich vom Papst die Erlaubnis zu einem Kreuzzuge gegen die Stedinger erwarb. Die demselben vorausgehenden kleinen Fehden wurden von den tapferen Stedingern meist siegreich bestanden, auch wohl durch Vergleich beigelegt. Im Jahre 1207 fiel der Erzbischof Hartwig in das Land ein, kehrte aber, als man ihm eine Summe Geldes zahlte, mit seinem Heere zurück. Sein Nachfolger Gerhard II. (1219), ein habsüchtiger Priester, führte jedoch Arges im Schilde. Unzufrieden mit dem ihm von einer adligen Frau dargebrachten Beichtpfennig, stieß ein Geistlicher diesen Pfennig beim Abendmahl der Frau statt der Hostie in den Mund, worauf deren dadurch beleidigter Gatte den frechen Pfaffen einfach totschlug. Jetzt wurde der Edelmann in den Bann getan, er trotzte demselben indes, gestützt auf seinen Anhang. Durch ähnliche Vorgänge wuchs die Aufregung unter den Stedingern. Da fällt der Erzbischof im Verein mit benachbarten Fürsten mit seinen Söldnerscharen in das Land; aber die Stedinger, tapfere zähe Friesen, stehen fest und wehren sich so hartnäckig, daß ihre Unterwerfung unmöglich erscheint. In dieser seiner Bedrängnis schildert der Erzbischof Gerhard dem Papst die Stedinger als verruchte Ketzer, und alsbald (1232) erläßt Gregor IX. eine Bulle an die Bischöfe von Minden, Ratzeburg und Lübeck, das Kreuz predigen zu lassen; es wird darin den Stedingern Geringschätzung und Feindseligkeit gegen die Freiheit der Kirche, wilde Grausamkeit, besonders gegen die Geistlichen, Herabsetzung des Abendmahls, Verfertigung von Wachsbildern und Befragen von Dämonen und Wahrsagerinnen vorgeworfen. Schon 1233 überflutet ein Kreuzheer von 40 000 Mann das Land, und der größte Teil der Stedinger Helden fällt, tapfer kämpfend für seine Freiheit, während die Überlebenden dem Erzbischof Gehorsam versprechen müssen und vom Banne losgesprochen werden.

Die ehrlichen Stedinger, die der Erzbischof und der Papst verketzert hatten, waren nichts weniger als Ketzer. In einer päpstlichen Bulle vom Jahre 1233, die sich auf die nichtswürdigen Berichte des Großinquisitors Konrad von Marbnurg gründet, klagte Gregor allerdings darin über Ketzer: »Wenn ein Neuling aufgenommen wird und zuerst in die Schule der Verworfenen eintritt, so erscheint ihm eine Art Grosch, den manche auch Kröte nennen. Einige geben derselben einen schmachwürdigen Kuß auf den Hintern, andre auf das Maul und ziehen die Zunge und den Speichel des Tieres in ihren Mund. Dieses erscheint zuweilen in natürlicher Größe, manchmal auch so groß als eine Gans oder Ente, meistens jedoch nimmt es die Größe eines Backofens an. Wenn nun der Noviz weitergeht, so begegnet ihm ein Mann von wunderbarer Blässe, mit ganz schwarzen Augen, so abgezehrt und mager, daß alles Fleisch geschwunden und nur noch die Haut um die Knochen zu hangen scheint. Diesen küsset der Novize und fühlt, daß er kalt wie Eis ist, und nach dem Kusse verschwindet alle Erinnerung an den katholischen Glauben bis auf die letzte Spur aus seinem Herzen. Hierauf setzt man sich zum Mahle, und wenn man sich nach demselben wieder erhebt, so steigt durch eine Statur, die in solchen Schulen zu sein pflegt, ein schwarzer Kater von der Größe eines mittelmäßigen Hundes rückwärts und mit zurückgebogenem Schwanze herab. Diesen küßt zuerst der Noviz auf den Hintern, dann den Meister und so fort alle übrigen der Reihe nach, jedoch nur solche, die würdig und vollkommen sind; die Unvollkommenen aber, die sich nicht für würdig halten, empfangen von dem Meister den Frieden, und wenn nun alle ihre Plätze eingenommen, gewisse Sprüche hergesagt und ihr Haupt gegen den Kater hineingeneigt haben, so sagt der Meister: »Schone uns!« und spricht dies dem Zunächststehenden vor, worauf der Dritte antwortet und sagt: »Wir wissen es, Herr!« und ein Vierter hinzufügt: »Wir haben zu gehorchen!« Nach diesen Verhandlungen werden die Lichter ausgelöscht, und man schreitet zur abscheulichsten Unzucht ohne Rücksicht auf Verwandtschaft. Findet sich nun, daß mehr Männer als Weiber zugegen sind, so befriedigen auch Männer mit Männern ihre schändliche Lust. Ebenso verwandeln auch Weiber durch solche Begehungen miteinandern den natürlichen Geschlechtsverkehr in einen unnatürlichen. Wenn aber diese Ruchlosigkeiten vollbracht, die Lichter wieder angezündet und alle wieder auf ihren Plätzen sind, dann tritt aus einem dunklen Winkel der Schule, wie ihn diese Verworfensten aller Menschen haben, ein Mann hervor, oberhalb der Hüften glänzender und strahlender als die Sonne, wie man sagt, unterhalb aber rauh, wie ein Kater, und sein Glanz erleuchtet den ganzen Raum. Jetzt reißt der Meister etwas vom Kleide des Novizen ab und sagt zu dem Glänzenden: »Meister, dies ist mir gegeben, und ich gebe dir's wieder«, worauf der Glänzende antwortet: »Du hast mir gut gedient, du wirst mir mehr und besser dienen, ich gebe in deine Verwahrung, was du mir gegeben hast», und unmittelbar nach diesen Worten ist er verschwunden. – Auch empfangen sie jährlich um Ostern den Leib des Herrn aus der Hand des Priesters, tragen denselben im Munde nach Hause und werfen ihn in den Unrat zur Schändung des Erlösers. Überdies lästern diese Unglückseligsten aller Elenden den Regierer des Himmels mit ihren Lippen und behaupten in ihrem Wahnwitze, daß der Herr der Himmel gewalttätiger-, ungerechter- und arglistigerweise den Luzifer in die Hölle hineingestoßen habe. An diesen letzteren glauben auch die Elenden und sagen, daß er der Schöpfer der Himmelskörper sei und einst nach dem Sturz des Herrn zu seiner Glorie zurückkehren werde; durch ihn und mit ihm, und nicht vor ihm erwarten sie auch ihre eigene ewige Seligkeit. Sie bekennen, daß man alles, was Gott gefällt, nicht tun solle, sondern vielmehr das, was ihm mißfällt usw.«

Solche schändlichen Lügen über einen herrlichen deutschen Volksstamm wagte der verruchte Pfaffe seinem »Heiligen Vater« zu einer Bulle zu unterbreiten, und dieser scheint den ungeheuerlichen Blödsinn in der Tat für bare Münze genommen zu haben.

Glücklicherweise beachteten die Deutschen die Bulle nicht, und mit dem eigentlichen Urheber machten sie kurzen Prozeß: Als der verlogene Generalinquisitor Konrad am 30. Juli 1233 von Mainz nach Paderborn zu ziehen im Begriff stand, wurde er auf der Heide unfern Marburg an der Lahn überfallen und wie ein räudiger Hund erschlagen.

Dieser Totschlag hatte für Deutschland das Gute, daß die heilige Inquisition vor dem deutschen Rechtssinn erschrak und vor deutschen Hieben erbebte und ihre Blutarbeit fortan in deutschen Gauen aufgab. –

II.

»Wo des Weltherrn Zepter schürte dem
Inquisitor den Holzstoß.«
Platen.

»Bald fehlte dem Tribunal wenig mehr als
der Name und Dominikaner.«
Schiller.

Welche Sorte von Menschen sich am besten eignen würde, die Inquisitoren zu spielen und Ketzer aufzuspüren und sie zu verurteilen, mochte dem päpstlichen Stuhle wohl ein wenig Kopfzerbrechen bereitet haben. Denn nicht bloß viele Fürsten und sonstige Obrigkeiten sträubten sich, sich zu derartigen Unchristlichkeiten herzugeben, sondern auch Bischöfe überstürzten sich nicht, die Scheiterhaufen-Kandidaten aufzusuchen; sie wußten recht wohl, daß sie dadurch sich nur ins eigene Fleisch schnitten und die Alleinherrschft des römischen Bischofs, »des Papstes«, befestigen halfen, und manchem mochte wohl einfallen, daß der Heiland, als er von dem Felsen sprach, auf dem die Kirche den Pforten der Hölle trotzen solle, nichts von einem »Papst« gesagt, und daß er keinen seiner Jünger zum Ersten über die anderen gesetzt hat. Hübsch brüderlich mit- und nebeneinander sollten sie seine Lehre ausbreiten, und nicht durch Zwang, sondern durch Werke der Bruderliebe, fein bescheiden, wie er selbst, sollten sie durchs Leben gehen. Das war in den ersten Zeiten des Christentums denn auch der Fall, und es waren die Bischöfe nicht Herren, sondern Brüder der Gemeinden gewesen, von denen keiner über dem anderen stand. Dies einfache, natürliche und der christlichen Lehre allein würdige Verhältnis konnte die Mehrheit der Bischöfe nicht ganz vergessen, und einzelne mögen es selbst in unseren Tagen noch nicht ganz vergessen haben; kein Wunder, wenn sie sich nicht beeilten, sich zu Werkzeugen zur Ausführung der herrschsüchtigen Pläne der römischen Päpste herzugeben.

Dagegen fand der päpstliche Stuhl um so tauglichere Organe zu seinen ketzerbeseitigenden Zwecken in den Mönchen, und unter diesen wieder unter den anfangs des 13. Jahrhunderts gestifteten Orden der Bettelmönche, den Dominikanern und Franziskanern. Diesen Bettelmönchen, welche auf Eigentum und Familienbande verzichteten, denen die Liebe fremd war, und die einsam auf Erden wandelten, galt der Heilige Vater in Rom mehr als Eltern, Geschwister und Kinder; er war ihr eigentlicher Gott im irdischen Leben. Was er ihnen geboten, das führten sie in blindem Gehorsam aus, und sie legten Wert darauf, sich bei den Ketzerverfolgungen hervorzutun.

Unermüdlich zogen die heimatlosen Bettelmönche von Land zu Land, allenthalben nach Glaubensanrüchigen schnüffelnd und sie dem weltlichen Gerichte überliefernd.

Leider trugen selbst aufgeklärte Fürsten, wie Kaiser Friedrich II., ein Hohenstaufe, sogar bei, die hellen Köpfe, deren Meinungen von den Dogmen der Kirche abwichen oder sie doch nicht ganz anerkannten, unterdrücken zu helfen, eine recht traurige politische Verblendung, die niemand weniger ersprießlich gewesen ist als gerade dem Hohenstaufischen Hause, denn eben die Hohenstaufen wurden, weil sie den Staat von der Kirche unabhängig machen wollten, von den Päpsten so unversöhnlich verfolgt, daß nur ihr Untergang die römische Kirche zufriedenstellen konnte.

Im Jahre 1183 versammelte Papst Luzius III. in Gemeinschaft mit Kaiser Friedrich eine Anzahl hoher Geistlichkeiten und besprach mit ihnen neben vielem anderen vornehmlich auch die Ketzerei im südlichen Frankreich und das zu ihrer Ausrottung einzuschlagende Verfahren. Und siehe da! – noch in demselben Jahre ließ Luzius durch den Erzbischof von Reims, als dem päpstlichen Legaten in Flandern, eine ganze Anzahl von Ketzern schmoren.

Bisher hatte man nur Ketzereien von Belang mit Strafen belegt. Von jetzt ab wurde jedoch auch die geringste Abweichung von der Kirchenlehre als gleich fluchwürdige, strafbare Ketzerei angesehen und mit dem der Größe des Verbrechens einzig entsprechenden Tode, dem Scheiterhaufen, bedacht.

Zur Ehre der Menschheit sei es jedoch gesagt, daß allerdings im elften und Anfang des zwölften Jahrhunderts zahlreiche Stimmen in der Kirche gegen die Hinrichtung Andersgläubiger laut wurden. Ernste und fromme Bischöfe erinnerten daran, daß ein solches Verfahren gegen den Willen Christi sei, daß man dadurch die Kirche verhaßt mache und die Heuchelei großziehe, allein ihr Widerspruch war vergebens; man hielt daran fest: weil die Ketzerei vom Teufel stamme, darum müsse sie mit Stumpf und Stiel ausgerottet werden, und der altkirchliche Gedanke, daß die Verfolgung der Ketzerei den Bischöfen zustehe, wurde auch bald in Vergessenheit gebracht; das Papsttum ließ durch seine Legaten (Abgesandte), die von ihm mit den weitgehendsten Begfugnissen ausgestattet waren, das Strafrecht der Kirche über die Ketzer selbst ausüben.

Papst Gregor IX. entriß die Inqusition den Bischöfen ganz und richtete sie als eine rein päpstliche Anstalt ein, der auch die Bischöfe unterworfen sein sollten. Den schon geannnten Dominikanern wurde die *Inquisitio haereticae praevitatis* übertragen, die dieses »heilige Offizium« in unmittelbarem Auftrage des Papstes besorgen sollten. Mit dem Jahre 1232 trat diese neue päpstliche Einrichtung ins Leben, und zwar zuvörderst in Südfrankreich, in Aragonien, in der Lombardei, in Österreich und in Deutschland. – Mit der Inquisition war die päpstliche Autorität unmittelbar in die Kirche hineingetreten. Jeder einzelne Inquisitor handelte in unmittelbarem Auftrag, und – sagen Soldan-Heppe – vom dreizehnten Jahrhundert an bis zur Reformation hin ist nie ein Mensch (Ketzer natürlich) anders als im Namen des Papstes und aus dessen allgemeinem oder speziellem Auftrag zur Folterbank geführt und auf den Scheiterhaufen gestellt worden.

Übermütig traten daher die Inquisitoren sowohl gegen die Bischöfe wie gegen die landesherrlichen Gewalten auf. Letztere mußten Kerker hergeben und die Urteile vollstrecken; der Gang der Untersuchung aber kümmerte sie nicht. Kümmerten sie sich doch darum oder wollten sie nicht willfährig die Holzstöße errichten, so verfielen sie dem Kirchenbanne oder der Inqusition selbst.

Ihren Unterhalt bezogen die Inquisitoren anfangs bald aus den Gemeinschaften, unter welchen sie wirkten, bald aus Quoten des eingezogenen Vermögens. Innozenz IV. wies sie (1252) auf das Drittel an und ließ ihnen eigentlich auch noch ein zweites Drittel zukommen, indem er dasselbe für künftige Inquisitionszwecke auch noch zu deponieren befahl. Aber schon im 15. Jahrhundert kannte man es als rechtliche Gewohnheit, daß die Inquisition das ganze Vermögen der Verbrannten oder sonstwie Hingerichteten an sich zog, und im 16. Jahrhundert nahm sie dies überall da als Recht in Anspruch, wo sie ihre eigenen Diener und Gefängnisse hatte und sonach dem Staate keine Ausgaben entstanden.

Die Folter tritt als Inquisitionsmittel zuerst unter Papst Innozenz IV. hervor; allein aus einer Bulle desselben vom Jahre 1252 geht hervor, daß das Foltern ein längst zu Recht bestehendes Verfahren war. Nur wenn Beweismittel vorlagen, sollte sie ausgeschlossen sein. Sie sollte dem Verdächtigen das Geständnis seiner eigenen Schuld und die Anzeige seiner Mitschuldigen erpressen.

So begannen die Inquisitoren den Betrieb ihres fluchbeladenen Handwerkes, peinigten mit ihrer Folter Unzählige und zerfleischten deren Leiber, und das geschah – welcher Hohn auf das Christentum! – zur Ehre Gottes!

Im Jahre 1261 vefügte Papst Urban IV., daß in allen Fällen, wo Inquisiten aus Übereilung oder menschlicher Schwachheit bis zum Zerbrechen der Glieder oder zu Tode gefoltert waren, die (geistlichen) Inquisitoren sich sollten untereinander absolvieren können.

War jemand der Ketzerei halber vom Inquisitionsgericht verhaftet, so wurde er von diesem auch als der Ketzerei, Zauberei usw. unbedingt schuldig angesehen. Es galt daher nur noch durch die Tortur das Geständnis seiner Schuld zu erpressen.

War das Geständnis erzwungen, so mußte das nunmehr als erwiesen betrachtete Verbrechen durch Verbrennung des Verbrechers gesühnt werden. Zu dem Verbrennungsakte wurden öffentliche Einladungen, auch durch reitende Boten, erlassen. Die nächsten Vorgänge hingen davon ab, ob der Luftstrom den Opfern des pfäffischen Fanatismus den Qualm ins Gesicht trieb oder nicht. Im letzteren Falle hatten dieselben den bittern Kelch, den ihnen die Kirche reichte, bis zum Grunde zu leeren und – langsam zu verbrennen. Da gab es denn Helden, die so große sittliche Kraft besaßen, lautlos den letzten Schlag des Herzens zu erwarten, während weniger Starke, von den Qualen der langsamen Verbrennung überwältigt, entsetzliches Geschrei erhoben. Dies zu verhindern, wurde solchen hier und da die Mundsperre, eine Art Bremse, angelegt und die Zunge gebunden.

Dieses schamlose Verfahren der geistlichen Tyrannei mußte natürlich auf Widerstand stoßen. Die Inquisition war daher Ketzern und Nichtketzern, Bischöfen und Magistraten, Behörden und Privatpersonen gleich furchtbar und verhaßt. Der Anmaßung, Habsucht, Willkür, sowie der Unredlichkeit und Grausamkeit sind darum zu verschiedenen Zeiten Fürsten und Fakultäten mit Entrüstung entgegengetreten. So führte die »Sorbonne«[85] Beschwerde über die Arroganz der unwissenden Mönche, Parlamentsbeschlüsse schritten gegen das unerhörte Rechtsverfahren ein, ebenso sind Edikte dagegen vorhanden von Ludwig d. H., Philipp dem Schönen und Ludwig XI. Schon 1243 hatte sich das Konzil zu Narbonne veranlaßt gefunden, die Ketzerrichter von Auferlegung von Geldstrafen um der Ehre ihres Ordens willen abzumahmen. Über die arglistige Inquisitionsweise, auf welche man völlig Unschuldige zu Ketzern machte und ihrer Güter beraubte, wurde trotz der Furcht vor dem unheimlichen Gerichte vielfach geklagt. Es kam auch vor, daß das mißhandelte Volk sich gegen die Bluthunde, die es erbarmungslos zerfleischten, auflehnte. Wir erinnern an den famosen Beichtvater der heiligen Elisabeth, Landgräfin von Thüringen, den ruchlosen Mörder Konrad von Marburg, den die Deutschen kurzerhand abtaten; ebenso kam es in Frankreich, Belgien und Italien zu Aufständen gegen die Bedrücker.

So wurde im Jahre 1208 ein anderer Bluthund, der Inquisitor Peter von Kastelnau, erschlagen. Es kam zu Aufständen 1234 zu Narbonne und Albi, 1235 vertrieb das Volk die Inquisitoren aus Toulouse und Narbonne, 1242 wurden vier Inquisitoren zu Toulouse erschlagen, 1250 wurde Robert der Bulgare eingekerkert, und 1285 brach ein offener Aufstand zu Parma aus.

Als die Sache dort gefährlich wurde, baten die Dominikaner in Languedoc im Jahre 1243 um Enthebung vom Inquisitionsgeschäft, Innozenz IV. aber gewährte sie nicht; er steigerte nur das Ansehen der Ketzerrichter.

Besonders waren es auch die weltlichen Richter, welche der Inquisiton hier und da Widerstand entgegensetzten, von denen die Inquisition unabhängig sein sollte und bei denen sich die Inquisitoren dadurch aufs äußerlichste verhaßt machten, daß die bloß dem Papst verantwortlichen Inquisitoren im Gefühl ihrer Vorrechte und ihrer Unantastbarkeit ihren

Privatleidenschaften, vor allem der Rachsucht und Habgier, die Zügel schießen ließen, ferner, daß unter dem Vorwande der Ketzerei auch eine Menge ganz anderer Dinge in die Reihe von Verbrechen gezogen wurden, über welche die päpstliche Inquisition zu richten habe, endlich auch die ungeheure Ausdehnung dieser geistlichen Polizei- und Gerichtsanstalt, welche selbst Kinder verpflichtete, ihre der Ketzerei verdächtigen Eltern anzugeben! Man begriff recht gut in manchen Kreisen, daß die Inquisition bereits zum großen Teil vornehmlich bezweckte, jeden zu beseitigen, der dem Papstum oder den Inquisitoren ein Stein des Anstoßes war.

Aber der sich den Glaubensgerichten entgegenstellenden Gärung wußte man dadurch zu begegnen, daß man die Ketzerverfolgung mit den Hexen- und Zauberverfolgungen verquickte. Soldan-Heppe sagen in ihrem trefflichen, gelehrten Werke »Geschichte der Hexenprozesse«: »Im Schoße der Inquisition ist der Hexenprozeß erzeugt und groß gezogen worden; die Männer, die ihn durch ihre Schriften theoretisch begründet und im Einzelnen weitergeführt haben, Eymericus, Nider, Bernhard von Como, Jaquier, Sprenger, Institor u. a. sind sämtlich Dominikaner und Inqusitionsrichter gewesen. Über 2000 Jahre hat sich die Inquisition in fast ausschließlichem Besitze des Hexenprozesses behauptet, und als sie in den meisten Ländern zu Grabe getragen wurde, hat sie ihn den weltlichen Richtern als ein trauriges Erbteil hinterlassen.«

Ums Jahr 1271 war die Inquisition in ihrer blutigen Tätigkeit, in Languedoc die Reste der Waldenser auszurotten. Infolgedessen sehen wir diese Sekte auf einige Zeit von der Bildfläche verschwinden. Sie tauchte jedoch zwischen 1285 und 1300, nachdem sie in Albi aus der Lombardei und anderwärts her Zuwachs erhalten, wieder auf und bietet den Blutrichtern neue Arbeit. Inzwischen haben sich die letzteren mit Verfolgung der ersten eigentlichen Hexenprozesse vor den Tribunalen von Carcasonne und Toulouse beschäftigt.

Gegen die von den Inquisitoren begangenen Ausschreitungen schritt Ludwig der Schöne des öfteren ein, wenngleich er es nicht verschmähte, die Ränke der Ketzerrichter in seinem Interesse wirken zu lassen, insbesondere bei Vernichtung des bereits von uns erwähnten Ordens der Tempelherren. Dem Orden wurde vorgeworfen: Abfall vom Glauben, Beschimpfung des Kreuzes, Verachtung der Sakramente, Kuß der Teufelsunterwerfung und Teufelsunzucht. Das Konzil zu Vienne war es, welches die Sache dieses Ordens verhandelte. Die Urteile der Inquisition zu Toulouse in den Jahren von 1307 bis 1323 betreffen bis dahin meistens noch Albigenser, Waldenser und Beginen. Sehr wahr hatte damals der Minorit Bernhard Deliciosi zu Carcasonne, der zum Widerstand gegen die Inquisition aufgereizt hatte, gesagt: »Selbst die Apostel Petrus und Paulus würden, wenn man mit den gegenwärtigen Inquisitionsmitteln gegen sie vorginge, nicht imstande sein, einer Verdammung wegen Ketzerei zu entgehen.«

Mit dem Verbrechen der Auflehnung gegen das heilige Offizium (Glaubensgericht) verband man noch die Beschuldigung des Hochverrats und den Vorwurf, ein nekromantisches (schwarzkünstlerisches) Buch besessen und gelesen zu haben. Ein im Jahre 1319 darüber gefällter Urteilsspruch lautete auf Degradation und ewige Gefangenschaft.

Im Jahre 1320 wies Papst Johann XXII. den Inquisitor von Carcasonne unter Erweiterung seiner Vollmachten zu eifriger Verfolgung der Zauberer an.

Im Jahre 1327 hatte man angeblich den König Karl durch Blei- oder Steinbilder beseitigen wollen, und die königlichen Beamten zu Toulouse hatten dieserhalb eine Untersuchung angestellt, in welche auch ein Neffe des Papstes verwickelt, aber vom Verdacht freigesprochen wurde. Der französische abergläubische Hof leistete dem Inquisitionsunfug Vorschub. Zwar hatte Philipp von Valois gleich nach seinem Regierungsantritt der hohen Geistlichkeit zu Paris sechzig Artikel über Mißbrauch der geistlichen Gerichtsbarkeit unterbreitet; indessen hatte ein Beschluß des Pariser Parlaments, wodurch die Inquisition für einen königlichen Gerichtshof erklärt wurde, in Wirklichkeit eine namhafte Machterweiterung dieses Tribunals zur Folge. Natürlich konnte es unter solchen Umständen an Schlachtopfern nicht fehlen. – So wurden denn in Carcasonne in den Jahren von 1320 bis 1350 vierhundert Zauberer verurteilt und über die Hälfte hingerichtet und zu Toulouse in demselben Zeitraume sechhundert verurteilt und über zwei Dritteile dem weltlichen Arme zur Hinrichtung übergeben. Auch in der zweiten Hälfte des Jahrhunderts wiederholten sich derartige Exekutionen, und noch 1357 wurden zu Carcasonne einunddreißig Unglückliche zur Richtstätte geführt.

Jene Zeit war eine finstere, grauenhafte Periode der Geschichte. Bei all den Ketzerverfolgungen ging noch der schwarze Tod über die europäischen Völker dahin; die verrückten Geißler durchzogen die Lande und peitschten sich allerorten blutig, und in Holland und Deutschland herrschte die Seuche des Veitstanzes, wobei die Wahnwitzigen laut den bevorstehenden Triumph des Satans verkündeten, während in Spanien der Geist des Averrons hohnlachend auf alles, was den Christen heilig war, herabsah.

Um dieselbe Zeit, in welcher in Narbonne die Fratrizellen und Beginen ihre Ideen verbreiteten (1326), ergaben sich dort viele Menschen der Zauberei, und die Inquisitoren hatten vollauf zu tun. Die Ketzerei der Fratrizellen bestand namentlich darin, daß sie die päpstliche Befreiung von der Armutsregel des heiligen Franziskus für ketzerisch und diejenigen, welche deshalb den Holzstoß besteigen mußten, als Märtyrer erklärten. Außerdem nannten sie die römische Kirche die babylonische Hure und eine Synagoge des Satans, erblickten in Papst Johann XXII. den Vorläufer des Antichrists und weissagten eine gewaltsame Umwälzung des Bestehenden und blutige Kriege u. a. m.

Im Jahre 1321 brach in Frankreich eine Verfolgung der Aussätzigen aus, die man beschuldigte, sich zur Ausrottung der Christen durch Brunnenvergiftung verschworen zu haben.

Auf der Folter gestanden sie natürlich auch, schoben aber die Schuld auf Bestechung der Juden. Hier und da glaubte man auch, der König von Grananda habe die Juden aufgestachelt und diese sich der Aussätzigen bedient.

Aus einem im Jahre 1344 in Irland sich abspielenden Hexenprozesse läßt sich deutlich erkennen, daß sich derselbe auf die Unterlage des Ketzerprozesses gestaltete. Der Bischof Richard de Ledred zu Ossory, der in seinem Sprengel und dann in ganz Irland der Ketzerei und Zauberei ein Ende machen wollte, trat zuvörderst in Hirtenbriefen gegen diejenigen auf, welche keine kirchlichen Abgaben und Zehnten entrichten wollten, die die Rechte der Bischöfe nicht achteten und die Kirchengüter plünderten – das war des Pudels Kern, die Ketzerei, um welche es sich handelte. – Alice Kyteler, eine vornehme Dame, wurde nun im Jahre 1324 mit ihren beiden Zofen, ihrem Sohne, William Outlaw und mehreren anderen Personen, angeblicher Zauberei halber, vor das geistliche Gericht geladen. Alice Kyteler sollte Zusammenkünfte mit einem bösen Geiste geringster Sorte, namens Artysson, haben und ihn dabei mit neuen roten Hähnen und Pfauenaugen bewirten. Auch sollte sie Pulver und Salben aus dem Fett und Hirn ungetaufter Kinder und anderem bereiten und im Schädel eines vom Galgen gestohlenen Missetäters kochen, und was des Blödsinns mehr war. Sodann beschuldigte man sie, sie äße mit ihrem Liebhaber das heilige Meßopfer und verhöhne es unter Verwünschungen ihrer Feinde und Mannes. Ihrem Gatten Lord John de Poer seien dadurch die Nägel und Haare ausgegangen.

Nun gelang es zwar William Outlaw, der Gefahr, die ihm und seiner Mutter drohte, einstweilen zu entgehen, als er erreichte, daß dem Bischof die Verhaftsbefehle gegen die Angeschuldigten verweigert wurden. Allein seine Mutter wurde von der Kirchengemeinschaft ausgeschlossen und er selbst vor das geistliche Gericht geladen, und zuletzt setzte es der Bischof durch, daß das Parlament erklärte, den Lauf der Gerechtigkeit gegen die Ketzerei und Zauberei nicht mehr aufhalten zu wollen. Jetzt erhob der Bischof neue Anklagen gegen die Dame und ihre Angehörigen, infolge deren die Angeschuldigten sich schleunigst in eine entfernte Gegend Irlands begaben und sich dort in tiefster Verborgenheit hielten.

Nur die Angeklagte Petronilla geriet in die Hände der Häscher und wurde als der Ketzerei und Zauberei überführt, und nachdem sie sechsmal in grausamster Weise gegeißelt worden war, verbrannt. Nach ihrer Geißelung hatte sie das verlangte Geständnis abgelegt, in welchem sie Frau Alice Kyteler als die Hauptzauberin und Lehrerin der Zauberei des Landes bezeichnete; allein, wie man am Pfahle erkannte, war die Unglückliche unter den erduldeten Mißhandlungen irrsinnig geworden. –

Etwa ums Jahr 1358 schrieb der spanische Dominikaner Nikolaus Eymericus († 1393) die erste Unterweisung für Ketzerrichter, die Jahrhunderte hindurch für die Inquisitoren maßgebend war. Vierundvierzig Jahre hat dieser Generalmenschenschinder sein erbärmliches Amt zum Unheil Unzähliger geführt.

Seine Unterweisung *(Directorium Inquisitorum)* in der Tasche, daneben ein Kruzifix und ein Brevier genügte als Ausstattung für einen Mann Gottes, wenn er sich auf die Menschenjagd begab. Die Anweisung des Eymericus enthielt ja zu seiner Bequemlichkeit sogar ein alpahbetisches Verzeichnis von Ketzereien von zwölf enggedruckten Seiten, in welchem allein unter dem Buchstaben A vierundfünfzig Ketzereien aufgeführt standen. Im Jahre 1503 soll die erste gedruckte Ausgabe dieses Leitfadens und wertvollen »Noth- und Hilfsbüchleins für Ketzerrichter« erschienen sein. Ein Rechtsgelehrter hat dann eine mit Kommentaren versehene Ausgabe besorgt, der Papst Gregor XIII. unterm 13. August 1578 den Schutz gegen Nachdruck verlieh.

So herrschte denn die Inquisition in Frankreich und Irland, gleichzeitig aber auch in Italien, Frankreich und Spanien in zügelloser und grausamster Weise.

In der Republik Venedig jedoch wurde ihre Willkür dadurch in etwas beschränkt, daß sie die Regierung in gerechter Besorgnis vor den Übergriffen und den Ausschreitungen des Pfaffentums unter ihre besondere Obhut nahm und die Befugnisse der weltlichen und geistlichen Gerichtsbarkeit genau abgrenzte. Sie gestattete die Untersuchung seitens der päpstlichen Inquisition über entschiedene Ketzereien, wie gegen Menschen, welche ohne die Priesterweihe priesterliche Amtshandlungen verrichteten, u. dgl. Alle übrigen Vergehen, z. B. Gotteslästerung, Bigamie, Wucher, Zauberei, Judentum, Mohammedanismus pp., welche anderwärts vom Inquisitionstribunal verfolgt wurden, gehörten in Venedig vor das Tribunal der Staatsinquisition. Dieser Freistaat Venedig bedurfte bei seiner furchtbaren weltlichen Polizei in seinem aristokratischen Staatswesen der geistlichen nicht und war so eifersüchtig auf jeden Eingriff derselben in seine Machtspähre, daß er unverzagt dem päpstlichen Stuhle Trotz bot und dieser es für das klügste hielt, nachzugeben. –

Es ist übrigens auch eine merkwürdige Erscheinung, daß die »heilige Inquisition« im Kirchenstaate und namentlich in Rom selbst nicht allzusehr um sich griff. Jahrhunderte hindurch, fast bis zur Zeit der Reformation, wurde sie dort milder gehandhabt als in Frankreich und Spanien.

Immerhin sah man in Rom und in den Städten des Kirchenstaats Scheiterhaufen lodern. Das berüchtigte Ketzergesetz vom Jahre 1231 verpflichtete den Stadtpräfekten oder Senator bei Antritt seines Amtes, den feierlichen Eid zu leisten, daß er Urteile der Inquisition genau vollziehen wolle. Erfüllte er sein Blutamt, so erhielt er die Hälfte des eingezogenen Vermögens des Verurteilten, weigerte er sich, so trafen ihn Bann, Ehrlosigkeit und Geldbuße. »Die Ketzer«, heißt es in den Konstitutionen des Königreichs Sizilien, »welche den ungenähten Rock unseres Herrn zertrennen wollen, sollen lebendig im Angesicht des Volkes den Flammen überliefert werden. Die sie hegen oder bei sich aufnehmen, verlieren ihre Güter; ihre Kinder dürfen kein Amt bekleiden und kein Zeugnis ablegen. Nur wenn sie einen Ketzer zur Anzeige bringen, erhalten sie ihre Ehre zurück.« Nicht selten diente die Ketzerei zum Vorwand, um nach Freiheit strebende Bürger unter die Gewalt der Fürsten und Prälaten zu beugen, und die Bestimmung, daß das Vermögen der verurteilten Ketzer an die Herren fallen solle, war ein verführerisches Reizmittel für Ketzeraufspürer und Ketzerrichter.

Auch in England kam (1399) ein Statut »über Verbrennung von Ketzern« zustande. Niemand sollte hinfort lehren und predigen dürfen ohne Erlaubnis des Bischofs; alle verdächtigen Schriften sollten an die geistlichen Oberen abgeliefert werden. Wer dawider handelte, wurde danach in Haft genommen, bis er der Kirche durch Abschwörung und dem Fiskus durch Erlegung einer Geldstrafe Genüge getan hatte. Weigerte sich der Schuldige, die Abschwörung zu leisten oder wurde er eines Rückfalles überführt, so war das geistliche Gericht ermächtigt, das Todesurteil zu fällen, und der Sheriff angewiesen, denselben auf einer hohen Stätte vor den Augen des Volkes in den Flammen sterben zu lassen, damit alle Umwohner von Schrecken ergriffen würden. Vordem mußte vor der Vollstreckung des geistlichen Urteils die Beschäftigung des weltlichen Gerichts eingeholt werden; nunmehr aber war der Schuldige ohne weiteres dem geistlichen Gericht preisgegeben. Das Parlament gab seine Zustimmung. Die nächste Folge dieses harten Gesetzes war die Hinrichtung Wilhelm Sawtres, eines Geistlichen, der zwei Jahre früher wegen seiner ketzerischen Ansichten seiner Pfarrstelle in Lynn entsetzt und zur Abschwörung gebracht worden war. Des Rückfalls beschuldigt, erlitt er am 2. März 1401, als erstes Opfer der Glaubenswut in England, den Flammentod. Eine Verordnung des Erzbischofs Arundel schärfte die genaue Befolgung der kirchlichen Lehren und Satzungen ein, verbot alle lollhardischen[86] Schriften, selbst das von Wiklif übersetzte Neue Testament, und erklärte jede Unterlassung kirchlicher Gebräuche für Ketzerei. Von dieser Zeit an entfalteten die geistlichen Gerichtshöfe Englands die größte Tätigkeit, von ihrer Kirche den Flecken der Ketzerei abzuwaschen. Das bei den Verhören eingehaltene inquisitorische Verfahren machte leicht aus einem Verdächtigen einen Schuldigen, und das äußere Formenwesen des katholischen Kultus gab Gelegenheit genug zu Anschuldigungen, böslichen Verleumdungen und gehässigen Verfolgungen. Der sogenannte Lollhardsturm im erzbischöflichen Palaste Lambeth füllte sich mit schuldigen und unschuldigen Ketzern; manche retteten ihr Leben durch Abschwörung, andere starben als Blutzeugen auf dem Scheiterhaufen, unter ihnen der fromme William Thorpe. Aber trotz aller Verfolgungen zählten die wiklifitischen Lehren noch viele Anhänger.

Die Universität Oxford trat öffentlich für ihre ehemaligen Genossen in die Schranken, und als Heinrich IV. im Jahre 1406 eine hohe Steuer vom Parlament begehrte, stellte das Unterhaus, von einem anderen Geist beseelt, den Antrag, der König möge Hand an das Kirchengut legen und aus diesem die Bedürfnisse des Staates befriedigen. Diesem Antrag stellten die Lords das Verlangen entgegen, daß alle, die wider den Besitz der Kirche predigten, mit dem Tode zu bestrafen seien. – Heinrich IV. beharrte standhaft auf den Beschlüssen gegen die Lollharden, und auch sein Nachfolger, Heinrich V., schützte die Kirche gegen Häretiker (Zauberer) und Sektierer. Das Haupt der Lollharden, der ritterliche Oldcastle, hatte bisher hoch in Heinrichs Gunst gestanden. Jetzt, ums Jahre 1413, zogen wieder Wanderprediger durch das Land, und an den Kirchen Londons wollte man Anschläge gefunden (?) haben, in welchen es hieß, daß 100 000 Lollharden bereit seien, das Schwert zum Schutze ihres Glaubens zu ziehen. Der Erzbischof machte dem Könige Anzeige, daß Cowling Castle in Kent, die Wohnung des Ritters John Oldcastle, den Wiklifiten als Sammelplatz diene und daß dort die englische Bibel und ketzerische Schriften gelesen würden. Heinrich versuchte, seinen alten Freund durch Vorstellungen und Drohungen zu bewegen, von seinen ketzerischen Ansichten abzulassen, aber dieser erklärte offen, er werde seinem Herrn in allen weltlichen Dingen treu und gehorsam sein, aber in dem Papst und seiner geistlichen Macht könne er nur die Herrschaft des Antichristes erblicken. Nun erhielt der Erzbischof Erlaubnis, mit Strenge vorzugeben, worauf die Oldcastle in den Tower gebracht und vor ein geistliches Gericht gestellt wurde. Als er aber sowohl in seinem schriftlichen Glaubensbekenntnis, das er vorlas, wie in dem Verhör in betreff des Abendmahls, der päpstlichen Hierarchie und anderen Satzungen und Bräuche der Kirche Ansichten kundgab, die im wesentlichen mit den Lehren Wiklifs übereinstimmten, und durch keine Ermahnungen zum Nachgeben zu bewegen war, wurde er als Ketzer und Schismatiker (Glaubensspalter, Abtrünniger) aus der kirchlichen Gemeinschaft ausgeschlossen und dem Arm der weltlichen Strafgerechtigkeit überantwortet. Man verschob jedoch die Vollstreckung des Urteils in der Hoffnung, er werde in sich gehen und widerrufen. Diese Frist benutzte Oldcastle zu Flucht. Er hielt sich verborgen und bildete mit seinen Gesinnungsgenossen eine Verschwörung. Wenigstens wurde dem König die Nachricht überbracht, die Lollharden wollten ihn nebst seinen Brüdern und Getreuen am Weihnachtsfeste in Eltham überfallen, die Kirche und Klöster in und um London in Brand setzen und eine Republik unter Cobhams Leitung gründen. So unwahrscheinlich auch bei der anerkannt friedfertigen Gesinnung der Wiklifiten solche Beschuldigungen klangen, so schenkte ihnen Heinrich doch Glauben, und da man ihm meldete, daß eine Ebene in der Nähe von St. Giles ihnen zum Versammlungsort diene, so beschloß er, sie dort zu überraschen. Nachdem er Befehl gegeben, die Tore der Hauptstadt zu schließen, um dem dortigen Lollharden die Verbindung abzuschneiden, näherte er sich in der Stille der Nacht mit hinreichender Mannschaft dem Platze und traf etwa 100 Wiklifiten, die sich wahrscheinlich zu heimlicher Andachtsübung versammelt und zum Schutze gegen Überfall mit Waffen versehen hatten. Der König ließ sie sogleich greifen. Andere, die sich noch auf dem Wege befanden, wurden gleichfalls verhaftet; auf das Haupt Oldcastles aber, den man vergebens in der Versammlung suchte, wurde ein Preis von tausend Mark gesetzt. Mehrere der Gefangenen wurden, nach einem hastigen Gerichtsverfahren auf schuldig erkannt, an den Galgen geknüpft oder den Flammen übergeben.

Drei Jahre später erfüllte sich auch Oldcastles Schicksal. In Wales, wo er sich verborgen gehalten, entdeckt, wurde er nach tapferster Gegenwehr gefangengenommen und als Hochverräter und Ketzer in Ketten aufgehängt und verbrannt. Er starb treu in seinem Glauben, von seinen Genossen als Märtyrer verehrt. Katholische Schriftsteller dagegen suchten sein Andenken durch die Nachrede zu verunglimpfen, Shakespeare habe den Ritter Oldcastle unter dem Namen John Falstaff auf die Bühne gebracht. – Die Folge dieser Vorgänge war eine Schärfung des Gesetzes gegen Ketzer, welche den Richtern und Munizipalbehörden die Gewalt einräumte, alle des Lollhardismus Verdächtigen in Haft zu bringen und zugleich bestimmte, daß mit der Bestrafung der Überführten Verlust alles Guts und Vermögens wie beim Hochverrat verbunden sein sollte. Auch wurden die religiösen Bücher und ihre Abschreiber unter die strengste Aufsicht gestellt. –

Diese Ereignisse waren von verderblicher Wirkung für die Wiklifiten. Der entschiedene Wille des Königs, »die Kirche Gottes gegen die nichtswürdigen Aftergläubigen zu schirmen«, die Strenge der Geistlichkeit, deren Inquisitionswächter über das ganze Land zerstreut waren und alles geistige und religiöse Lelben mit Argusaugen beobachteten, verbunden mit dem Verdammungsurteil, das bald nachher das Konzil zu Konstanz gegen eine Reihe wiklifitischer Lehrsatzungen aussprach, und die gefährlichen Nachwirkungen in Böhmen schreckten die höheren Stände, unter denen der Wiklifismus anfangs viele Bekenner zählte, von der bedrohten Lehre ab. An der Universität zu Oxford, im Parlament, unter Adel und Klerus trat man öffentlich oder insgeheim von den ketzerischen Ansichten zurück und gab die kirchliche Opposition auf. Der Versuch des Bischofs Pecock von Chichester, um die Mitte des fünfzehnten Jahrhunderts, die reformatorischen Grundsätze Wiklifs noch einmal zu beleben, hatte für ihn selbst Kirchenbuße, Absetzung und Klosterhaft zur Folge. Mit dem Fluche der Kirche beladen, führten die wenigen Getreuen als gemiedene Sekte nur ein freudloses Dasein, bald geduldet und übersehen, bald verfolgt und mit entehrenden Stafen belegt. Diejenigen, welche die gebotene Abschwörung leisteten, mußten, in ein Bußgewand gehüllt, ein Reisigbündel nebst einer Fackel an die Kirchentüren tragen und durch die öffentliche Schmach ihre Schuld und ihre Reue bekennen, oder es wurde ihnen auf die Wange ein Brandmal gedrückt und auf den Ärmel ein Kennzeichen geheftet, um ihnen den Umgang mit anderen Menschen abzuschneiden. Nur wenn sich einer oder der andere beikommen ließ, standhaft bei seinen antikirchlichen Ansichten zu beharren oder wenn äußere Umstände oder eigene Keckheit die Blicke des Klerus auf die eiternde Beule der Kirche lenkten, suchte man durch Hinrichtungen die Vermessenen zu schrecken und in die frühere Verborgenheit zurückzuscheuchen. Manchen hartnäckigen oder eifrigen Häretiker schloß auch der Lollhardsturm zu Lambeth im Westende von London vom menschlichen Umgang und vom erquickenden Sonnenlicht auf zeitlebens ab und ließ ihm nur den traurigen Trost, seinen Glauben und seinen Kummer auf die dunklen Wände seines Kerkers einzugraben.

III.

»Der Fanatismus mußte das Heiligste entweihen.«
Schiller.

»Fleuch gebetabkugelnder Glatzenpfäfflein
Tand und Betörung.«
J. H. Voß.

Spanien bestand in der ersten Hälfte des 13. Jahrhunderts aus mehreren christlichen Königreichen, umfaßte aber auch viele maurische und jüdische Bewohner, auf deren Vertilgung es die Glaubenseiferer vornehmlich abgesehen hatten. Aber die Einführung der Inquisition stieß anfangs auf mancherlei Widerstand.

Nachdem Gregor IX. im Jahre 1231 durch eine Bulle die Exkommunikation über alle Ketzer verhängt hatte, erließ er ein Breve (ein eigenhändiges päpstliches Sendschreiben) an den Erzbischof von Tarragona, in welchem er die Aufsuchung der Ketzer anordnete und Dominikanermönche auch hier mit diesem traurigen Spitzelamte betraute. Bedeutungsvoll bezeichnet die Legende vom heiligen Dominikus den Stifter jenes Ordens, den Feuereifer der Dominikaner als Inquisitoren und die flammenden Scheiterhaufen, auf welche sie ihre Opfer lieferten. Die Mutter des Heiligen soll nämlich nach der angeführten Legende während ihrer Schwangerschaft geträumt haben, daß sie einen Hund gebären würde, der eine brennende Fackel im Maule hielt. Der Stifter des Dominikanerordens, der »Hunde des Herrn« (*Dominicanes*), der sich die Vertilgung aller Ketzer zum Lebenslauf gesetzt, stammte aus Spanien.

Alle von der Kirchenlehre und dem Priesterkult abweichenden Lehrmeinungen fanden in den Spaniern die leidenschaftlichsten Gegner. König Ferdinand III. von Kastilien zündete eigenhändig in Palenzia den Scheiterhaufen an, auf welchem ein Ketzer verbrannt wurde, und bei Strafe der Exkommunikation war es verboten, über den katholischen Glauben zu disputieren oder die Heilige Schrift in der Landessprache zu lesen. –

Schon im ersten Jahrhundert nach Christi Geburt waren die Juden auf der Pyrenäischen Halbinsel so zahlreich und mächtig geworden, daß sie versuchten, das ganze Volk zum Judentum zu bekehren. So kam es, daß die Synode von Eliberis, einer alten Stadt in Spanien (i. d. Jahren 303-313), verordnete, daß künftig kein christlicher Gutsbesitzer seine Felder von Juden segnen lassen sollte, daß ferner den Geistlichen und Laien der nähere Umgang mit denselben verboten, vor allem aber die Ehe zwischen Christen und Juden untersagt wurde. Später, im Jahre 589, erneuerte das dritte Konzil von Toledo das Verbot der Verheiratung mit Juden. Da inzwischen die spanischen Juden hauptsächlich Handel mit Sklaven getrieben und diese sogar vielfach beschnitten hatten, so untersagte ihnen die Synode diesen Handel und versprach jedem beschnittenen Sklaven die Freiheit. Manche Beschlüsse dieser Art scheinen indes nicht vollzogen worden zu sein, zumal die Juden für »koscheres« Geld denselben oft zu entgehen wußten. Die vierte Synode von Toledo im Jahre 633 sah sich deshalb genötigt, auch dagegen Verordnungen zu erlassen.

Andrerseits fehlt es auch schon unter den westgotischen Königen in Spanien nicht an Versuchen, die Juden mit Gewalt zu Christen zu machen, was jedoch dasselbe vierte Konzil zu Toledo verbot. Über die bereits getauften Juden sagt jenes Konzil, daß sehr viele von ihnen noch heimlich Juden seien, aber wieder zum Christentum zurückgeführt werden müßten, und verbietet, um weiteren Abfall zu verhindern, den getauften Juden jeden Umgang mit den ungetauften. Sonach stellte schon jene Synode einen Unterschied zwischen den jüdischen Scheinchristen und den wirklichen Juden fest, einen Unterschied, der für die späteren Ereignisse von Bedeutung ist.

Die Zahl der nur scheinbar zum Christentum übergetretenen Juden, welche heimlich ihre alten Gebräuche beibehielten, vermehrte sich durch die strenge westgotische Gesetzgebung des 7. Jahrhunderts, welche darauf hinauslief, die Juden durch Entziehung vieler bürgerlicher Rechte mit Gewalt zu Christen zu machen. Unter diesen gezwungenen Christen verbreitete sich im 7. Jahrhundert in der Stille eine große revolutionäre Bewegung, welche nichts Geringeres bezweckte, als durch Verbindung mit den mohammedanischen Sarazenen oder Mauren in Afrika den christlichen westgotischen Thron umzustürzen und in Spanien ein neues Jerusalem aufzurichten. Allein dieser Plan wurde von dem König Egica entdeckt und schwer bestraft. Die Schuldigen wurden zu Sklaven gemacht und der Einfall der Sarazenen glücklich abgeschlagen.

Die Juden hatten sich indessen von diesem harten Schlage bald wieder erholt, und als die Mauren zu Anfang des 8. Jahrhunderts wirklich die Pyrenäische Halbinsel eroberten, gelangten die Juden wieder zu Reichtum, Macht, Einfluß und Ämtern, hatten blühende Schulen und Akademien zu Kordova (seit 984), Toledo und Barcelona und besaßen namhafte Gelehrte. Dadurch gelangten sie in Spanien zu einer Bedeutung und zu einer Bildung wie sonst nirgends in einem anderen Lande Europas.

Die ununterbrochenen Kämpfe der ganz in den nördlichen Teil der Halbinsel zurückgedrängten christlichen Bewohner gegen die Mauren, die mit bewunderungswürdiger Tapferkeit und Ausdauer geführt wurden, liefen darauf hinaus, den Sarazenen immer mehr Terrain abzugewinnen und den Süden zurückzuerobern, was nicht ohne Erfolg blieb, indem es eine Provinz nach der andern wieder in die Hände der Christen brachte, bis nach nahezu 800jährigem Ringen die Herrschaft der Mauren in Spanien gänzlich vernichtet war. Diese für Rettung des christlichen Glaubens in Spanien geführten Kämpfe brachten auch den spanischen Juden Gefahr, da die christlichen Spanier in ihnen weit gefährlichere Feinde erblickten als in den Mauren.

Allein damals waren Päpste es gerade, welche sich der Juden annahmen, und noch besitzen wir vom Papst Alexander II. ein Breve an alle spanischen Bischöfe, in welchem es heißt: sie hätten recht gehabt, daß sie die Juden beschützten und ihre Ermordung verhinderten. Nicht minder hat sich anderthalb Jahrhundert später der Papst Honorius III. der Juden angenommen. Die Päpste verlangten mit demselben Rechte aber auch andrerseits von den Beherrschern der wieder christlich gewordenen Königreiche in Spanien, daß die Juden kein Regiment über Christen als ihre Herren, Obrigkeiten oder Richter führen dürften. Dessenungeachtet finden sich immer wieder Juden in öffentlichen Ämtern. Häufig waren sie auch die Hausmeister, Verwalter und Schatzmeister der Könige und Großen des Landes. Viele waren Ärzte und gewannen als Heil- und Arzneikundige in allen Familien Zutritt; auch die Apotheken des Landes waren in ihren Händen. Sie hatten ihre eigenen Richter und standen unter besonderen Gesetzen und Rechten, und dieser Sonderzustand, dieses Staat-im-Staat-Bilden der Juden schlug meist zum Nachteil der Christen aus, zumal sie sich vieler Gerechtsame erfreuten, welche die Christen nicht besaßen; so durften sie beispielsweise, als ob sie Edelleute seien, nur auf ausdrücklichen Befehl des Königs verhaftet werden. Ja, wir finden sogar jüdische Finanzminister und Günstlinge der Könige, welche in Wahrheit regierten, eine Erscheinung, die sich in unserem Jahrhundert in Spanien in der Person des Juden Mendizaba (aber auch in anderen Ländern) wiederholt hat. Es drangen daher schon im 14. Jahrhundert öfter die Cortes und die Konzilien auf Beschränkung der großen Vorrechte der Juden, und einzelne Volksaufläufe zeigten die allgemeine Stimmung der christlichen Bevölkerung gegen die jüdische.[87] Doch viel gefährlicher als die wirklichen Juden erschienen die zum Christentum Bekehrtern oder Judaisten. Während nämlich jene einen großen Teil des Nationalvermögens und des spanischen Handels an sich rissen, bedrohten die letzteren ebensosehr die spanische Nationalität wie den christlichen Glauben, indem sie einerseits in eine Menge geistlicher Ämter, selbst auf bischöfliche Stühle, sich einschlichen, andrerseits zu hohen bürgerlichen Ehren gelangten, in alle adligen Familien hineinheirateten, und alle diese Verhältnisse samt ihrem Reichtum dazu benutzten, um dem Judentume den Sieg über die spanische Nationaltät und den christlichen Glauben zu verschaffen.

Die unter solchen Umständen drohende Gefahr erkannten viele Geistliche und Laien. Sie waren überzeugt, daß von seiten der Regierung etwas dagegen geschehen müsse, und es wurden deshalb an König Ferdinand den Katholischen und an dessen Gemahlin Isabella wiederholt Gesuche gerichtet, gegen die verkappten Juden einzuschreiten. Die Königin Isabella soll anfangs dem Vorschlag zur allgemeinen Einführung der Inquisition sehr abgeneigt gewesen sein; doch später empfahl sie in ihrem Testament ihren Erben ausdrücklich die Begünstigung derselben.

Das erste Inquisitionstribunal in Spanien ist übrigens bereits im Jahre 1233, und zwar in Lerida, errichtet worden; im Jahre 1236 verfügte Papst Gregor IX. die Einführung der Inquisition im Königreich Kastilien und 1238 in Navarra.

Auf dem Provinzial-Konzilium zu Tarragona im Jahre 1242 wurde das Inquisitionsverfahren gegen Ketzer festgesetzt und bestimmt, daß die Unbußfertigen dem weltlichen Gerichte zur Hinrichtung übergeben werden sollten, die Reumütigen dagegen zu zehnjähriger Kirchenbuße in der Weise verurteilt würden, daß sie sich an jedem Sonntag in der Fasten im Bußgewande, auf welchem sich zwei Kreuze befanden, an der Kirchtür einzufinden hätten.

Papst Innozenz IV. widmete, wie wir bereits mehrfach erwähnt, der Inquisition seine besondere Aufmerksamkeit, erweiterte die Befugnisse der Inquisitoren und gestattete ihnen über Ketzer, sowie über deren Freunde und Begünstiger entehrende Strafen und Güterentziehung zu verhängen. Bald fanden auch die irdischen Überreste von solchen, die der Ketzerei verdächtig befunden wurden, in ihren Gräbern keine Ruhe mehr; man grub sie aus, brachte sie auf Scheiterhaufen und verbrannte sie. Im übrigen muß bemerkt werden, daß sich bis zu Anfang des 14. Jahrhunderts auf der Pyrenäischen Halbinsel nur ein Provinzial der Dominikaner befand, welcher die Befugnis hatte, die Mönche seines Ordens zu Inquisitoren zu ernennen; erst im Jahre 1301 wurde durch Beschluß eines Generalkapitels des Ordens, der sich in Spanien sehr ausgebreitet und vermehrt hatte, die Einteilung in zwei Provinzen getroffen, von denen die eigentlich sogenannte »spanische« Kastilien und Portugal und die »aragonesische« Valenzia, Katalonien, Roussillon, la Cerdagne und die Balearen umfaßte, und wobei der Provinzial von Spanien sein Vorrecht zur Ernennung der Inquisitoren mit dem von Aragonien noch lange nicht teilen wollte. Beide wurden in der Folge die General-Inquisitoren, die dann die einzelnen Inquisitoren überall hinsandten, wo die Gefährdung der Kircheneinheit durch Ketzerei ihnen Glaubensuntersuchungen und Glaubensgerichte notwendig zu machen schien.

Der spanische Ketzerbekehrer und Ordensstifter Domingo hatte einen wichtigen Anteil an der Einrichtung, und auf spanischer Erde und im spanischen Volksgeiste fand sie die festesten Stützen. Kastiliens Herrscher suchten einen Ruhm darin, als eifrige Vorfechter der Rechtgläubigkeit gepriesen zu werden. Von der Zeit des heiligen Ferdinando, der eigenhändig Reisigbündel zu dem brennenden Scheiterhaufen trug, bis auf Johann II., welcher auf das ketzerische Bergvolk von Biskaya Jagd machte, suchten gar manche Könige sich durch blutige Strenge gegen Ungläubige und Irrgläubige die ewige Seligkeit und auf Erden Ehre zu gewinnen. Und der spanische Boden bot den Ketzerverfolgungen ein reiches Erntefeld! Denn selbst in den Städten und Landschaften, wo das Kreuz bereits siegreich erhöht worden war, folgten noch gar viele den Gesetzen Mosis und Mohammeds. Je mehr die christliche Bevölkerung nach dem Süden der Halbinsel vordrang, desto mehr verschlimmerte sich die Lage der Juden. Vom Volke angefeindet, von den Schuldnern gefürchtet, sahen sie sich öfter blutiger Verfolgung ausgesetzt. Selbst die Annahme des Christentums schützte sie nicht immer, denn man glaubte nicht an die Aufrichtigkeit ihrer Bekehrung. Dennoch gab es eine große Zahl solcher »Bekehrten« oder »neuen Christen« in allen Ständen. Sie waren im Besitz städtischer Ämter, und viele adlige Häuser hatten ihre gesunkenen Vermögensverhältnisse durch Ehebündnisse[88] mit Gliedern dieser Neubekehrten, vom Volke nach einem Fluche Marranos genannt, zu heben gesucht, wie das ja in der Gegenwart in den verschiedenen europäischen Kulturländern auch noch gar häufig vorkommt. »Kaum gab es eine vornehme Familie im Lande, deren Blut nicht zu irgendeiner Zeit durch die Mischung mit dem ›male sangre‹ des Hauses Juda verunreinigt wäre.« Dem Späherblick der Dominikaner entging es nicht, daß die Juden trotz ihrer äußerlichen Bekehrung noch immer an ihren Gebräuchen und Satzungen festhielten, und sie versäumten keine Gelegenheit, das Volk gegen sie aufzustacheln und die Regierung zur Unterdrückung der »jüdischen Greuel« anzugehen. Sie arbeiteten mit einem Worte mit unermüdlichem Eifer an ihrem Werke, der Ausrottung der Ketzerei, und »das Hündchen des heiligen Dominikus« zündete mit seiner Fackel so manchen Scheiterhaufen an.

Die große Kirchenspaltung, welche infolge doppelter Papstwahlen vom Jahre 1378 bis 1417 dauerte, übte ebenfalls auf die größere Verbreitung der Inquisitiongerichte in Spanien mächtigen Einfluß aus, indem jeder von den streitenden Päpsten Inquisitoren ernannte, so daß die Zahl derselben bedeutend wuchs; einer suchte es dabei dem anderen an Feuereifer in Verfolgung der Ketzer zuvorzutun. Immerhin scheint doch die Inquisition in Kastilien, ungeachtet der Verordnung Papst Gregors IX. zu ihrer Einführung daselbst, bis zur Zeit Ferdinands von Aragonien und Isabellas nicht recht Wurzel geschlagen zu haben.

Von Ferdinand und seiner Gemahlin verlangten die Dominikaner die Ernennung der heiligen Inquisition, die seit der Ausrottung der waldensischen Ketzerei erschlafft und außer Übung gekommen war. Ferdinand wurde leicht für den Vorschlag gewonnen; denn er gedachte der Vorteile, welche durch die Gütereinziehungen der Schatzkammer und die von der Krone abhängigen geistlichen Ausspäher dem monarchischen Absolutismus erwachsen würden. Die gerechtere Isabella dagegen widerstand, wie bereits erwähnt, lange dem Drängen ihrer Geistlichkeit. Erst als der Dominikaner Thomas de Torquemada, ein finsterer, herzloser Mann, Prior des Klosters vom »Heiligen Kreuz« in Segovia, selbst Abkömmling einer jüdischen Familie, der einst ihr Beichtvater gewesen, ihr Gewissen bedrängte und ihr die Ausrottung der Ketzerei »zur Ehre Gottes und zur Verherrlichung des katholischen Glaubens« als heilige Pflicht vorstellte, ging sie auf den Plan ein. In Torquemadas Hand legte sie das Gelübde nieder, ihre ganze Gewalt zur Ausrottung der Juden, Mauren, Ketzer und Zauberer anzuwenden. Nachdem Isabella durch eine päpstliche Bulle vom 1. November 1478 ermächtigt worden war, »zwei oder drei Inquisitoren zur Entdeckung und Unterdrückung der Ketzerei in ihren Landen anzustellen«, schritt sie zur gründlichen Einführung des Glaubensgerichts, das so viel Unheil über die Welt bringen sollte. Zwei Dominikaner und zwei geistliche Beisitzer sollten in Sevilla ihr Richteramt beginnen (September 1480), und die städtischen Behörden wurden angewiesen, den Ketzerrichtern jeden möglichen Beistand zu leisten, und schon zu Anfang 1481 begann das Gericht seine schreckliche Tätigkeit. Schon am Schluß dieses Jahres konnten sich die Inquisitoren rühmen, in Sevilla 289 »Missetäter«, deren Schuld aus allerlei Gebräuchen und verdächtigen Handlungen nachgewiesen war, dem Feuer- und dem Henkertode geweiht und mehrere Leichen aus den Grüften zum Scheiterhaufen geschleppt zu haben. Schrecken erfaßte Unzählige. Tausende suchten sich durch die Flucht zu retten.

Anfangs fanden sie Aufnahme auf den Gütern des Marquis von Cadiz, als aber die Inquisitoren alle Beschützer und Hehler von Angeklagten mit Bann und Güterverlust bedrohten, zog er seine Hand von ihnen. Ähnliche Verfolgungen fanden in anderen Teilen Andalusiens statt, und wüteten mit einer gleichzeitigen Pest um die Wette. Die Zahl der Opfer, womit die neue Inquisition ihre Tätigkeit kundgab, belief sich in kurzer Zeit auf 2000, welche lebendig den Flammen überliefert wurden. Darunter befanden sich viele angesehene Leute, deren Vermögen dem Fiskus anheimfiel. Noch größer war die Zahl der Flüchtigen[89] und Verborgenen, die man im Bilde verbrannte, und 17.000 sogenannte »Versöhnte« wurden mit geringeren Strafen, mit Geldbußen, Verlust der bürgerlichen Ehre, Einziehung der Habe, jahrelanger Haft, entlassen, schwebten aber in steter Gefahr vor neuen Anklagen. Alle Länder füllten sich mit Flüchtigen.

Der Schmerzensschrei der Verfolgten schien einen Augenblick das Gewissen des Papstes und der Königin zu rühren. Aber solche Regungen der Menschlichkeit gingen bald vorüber oder wurden mit sophistischen Gründen und heuchlerischen Vorspiegelungen erstickt.

Allerdings darf um der geschichtlichen Wahrheit willen hier nicht verschwiegen werden, daß, bevor die spanischen Herrscher die Strenge des Inquisitionsgerichtes walten ließen, sie erst noch andere Mittel angewandt hatten, um dem unter christlichem Scheine verborgenen Judentum Einhalt zu gebieten, und mit ihrem Einverständnis veröffentlichte der Erzbischof und Kardinal Mendoza von Sevilla – nachmals von Toledo – im Jahre 1478 eine Art Katechismus des christlichen Lebens, nämlich ein Abriß dessen, was der Christ zu tun und wie er sich zu benehmen habe, von der Stunde seiner Taufe bis zu der seines Todes. Allein diese Bemühungen scheiterten an der Verschlossenheit der Judaisten, die mit einer beißenden Schrift gegen das Verfahren und den Plan der Herrscher und die christliche Religion antworteten, einer Schrift, die für die Ketzer, wie wir gesehen, selbst die schlimmsten Folgen hatte. Kraft der spanischen Bulle wurden zwei königliche Inquisitoren für Sevilla aufgestellt, die Dominikaner Michael Morilla und Juan Martin, ersterer damals Provinzial, letzterer Vikar seines Ordens, denen der Weltpriester Don Juan Ruiz, Rat der Königin und ihr Hofkaplan Juan Lopez del Barco beigegeben wurden. In diesem Schritte haben wir den Anfang der neuen oder spanischen Staatsinquisition zu erkennen. Diese in Sevilla errichtete Inquisition erließ am 2. Januar 1481 ein Edikt, worin viele Punkte namhaft gemacht werden, aus denen der geheime Judaismus eines angeblichen Christen erkannt werden könne, mit dem Befehle an jedermann, alle diejenigen zu nennen, bei welchen solche Zeichen des Judentums vorkämen. Zu diesen Punkten gehörte z. B., wenn ein ehemaliger Jude fortfährt, am Sabbath kein Feuer in seinem Hause zu dulden, wenn er an diesem Tage beständig Festkleider trägt, wenn er seinem Kinde gleich nach dessen Taufe die mit heiligem Öl gesalbten Stellen waschen läßt usw.

Der alten Inquisition unterlagen folgende Verbrechen: 1. Ketzerische Lehren über die Eigenschaften Gottes und gotteslästerliche Reden über diesen Gegenstand, selbst wenn sie im Zustande der Trunkenheit ausgestoßen worden waren. 2. Wahrsagerei und Zauberei, wenn man sich dazu konsekrierter Hostien (geweihten Abendmahlsbrotes), des Weihwassers, des geweihten Öls und dergleichen bedient hatte. 3. Bündnis mit dem Teufel (denn dieser Aberwitz wurde von seiten des Papsttums für die Wahrheit gehalten). 4. Längeres, als einjähriges Verharren im Kirchenbann, wenn der Gebannte nicht um die Aufhebung desselben gebeten oder die ihm auferlegte Kirchenbuße nicht vollzogen hatte. 5. Nichtanerkennung des Papstes als des sichtbaren Oberhauptes der katholischen Kirche und Abweichung von Grundglaubensbegriffen der römisch-katholischen Kirche. 6. Hehlung, Begünstigung und Unterstützung der Ketzer. 7. Widersetzlichkeit gegen die Inquisition und ihre Beamten. 8. u. 9. Weigerung des Landes- und Gutsherrn, die Ketzer zu vertreiben und die Kirche gegen dieselben zu verteidigen. 10. Beibehaltung der den Anordnungen der Inquisitoren zuwiderlaufenden Städteordnung. 11. Ratschläge von Advokaten und Notaren an ihre Klienten, um deren Befreiung zu erwirken, und Unterschlagung der zur Entdeckung der Ketzereien dienlichen Papiere. 12. Christliche Bestattung erwiesener Ketzer. 13. Verweigerung des verlangten Eides über irgendeinen Punkt bei Prozessen über Glaubensangelegenheiten. 14. Versuche von Juden und Mauren, katholische Christen zur Abtrünnigkeit vom Christentum zu bewegen. 15. Qualifizierter Verdacht der Ketzerei (durch Wort oder Schrift; diejenigen, welche in schwerem Verdacht derselben standen, bezeichnete die Inquisition mit dem Worte *de vehementi*, die im leichten Verdacht *de levi*). Auffallend und merkwürdig war es, daß die Inquisition hierbei für die Päpste, ihre Legaten und Nunzien sowie für die Beamten und Familiaren und für die Bischöfe eine Ausnahme machte, während dagegen die Fürsten der Gerichtsbarkeit der Inquisition unbedingt unterworfen waren.

Das Verfahren der alten Inquisition war folgendes: Sowie ein Mönch zum Inquisator ernannt worden war, wurde der König davon in Kenntnis gesetzt, welcher sodann an alle weltlichen Tribunale in jenen Orten, über welche sich die geistliche Gerichtsbarkeit des Inquisitors erstreckte, die Anweisung ergehen ließ, demselben allen möglichen Vorschub und Schutz zu leisten und ihm die von ihm als Ketzer zu bezeichnenden Leute unweigerlich zu überantworten. Der Inquisitor selbst setzte gleich nach seiner Ankunft in einer Stadt die Obrigkeit davon in Kenntnis und verteidigte sie zur Vollziehung aller Verfügungen gegen die Ketzer. Wer sich weigerte, diesen Eid abzulegen, verfiel dem Kirchenbann. Hierauf hielt der Inquisitor an einem Festtag eine Predigt und forderte in derselben auf, sich binnen Monatsfrist freiwillig zu stellen. In diesem Falle kamen die sich Meldenden bloß mit einer leichten Kirchenbuße davon. Nach Verlauf dieser Frist begannen die Ankläger und Denunzianten ihr miserables Geschäft, wobei sehr oft die niedrigsten Leidenschaften im Spiele waren, und nicht selten, wie bei den Hexenprozessen, ein bloßes Gerücht hinreichte, einen Schuldlosen in den Verdacht der Ketzerei zu bringen. Die Angeklagten wurden ungesäumt eingezogen, und von dem Augenblicke an, wo sie sich im Gewahrsam der Inquisition befanden, waren sie von aller und jeder Verbindung mit der Außenwelt getrennt, waren ihre Güter verfallen, wobei das sogenannte »heilige Gericht« auf die Rechte der Gattinnen, Kinder und Verwandten nicht die mindeste Rücksicht nahm und dieselben dem bittersten Mangel preisgab. Ebensowenig wurden Einsprüche von Gläubigen berücksichtigt. Die Inquisition mußte von den eingezogenen Gütern der Verurteilten alle jene großen Kosten bestreiten, welche die Unterhaltung ihrer Beamten und Diener erforderten. (Vordem, als die Einrichtung noch einfacher war, hatten die Bischöfe und Herren diese Kosten zu tragen, und ursprünglich sollten die Inquisitoren ihr Amt sogar unentgeltlich besorgen.) Das Verhör mußte sich der Verhaftete erst erbitten. Die Anberaumung desselben wurde ihm durch den Gefängniswärter behändigt. Den Beschuldigten zum Geständnis zu bringen, bedienten sich die geistlichen Richter jedes Mittels, und nicht selten auch der Lüge und des Betruges. Gestand er seine Ketzerei, und wünschte er sie abzuschwören, so hatte er sich bloß Kirchenbußen zu unterwerfen, wurde jedoch freigelassen. Dies galt jedoch für zurückgefallene Ketzerei (Relapsi) nicht. War die Gewißheit nicht zu ermitteln, daß der Angeklagte sich wirklich einer Ketzerei schuldig gemacht habe, so mußte er alle Ketzereien überhaupt feierlich abschwören und erhielt die »*Absolution ad cautelam*« (bedingte Freisprechung), trug jedoch noch immer den Verdacht der Ketzerei.

Verstärkte sich dieser, so wurde er, selbst wenn er leugnete, als hartnäckiger Ketzer in den Kerker zurückgebracht und einem neuen gerichtlichen Verfahren unterworfen. Man gab ihm einen Advokaten, welcher jedoch nur in Gegenwart der Inquisitoren mit ihm sprechen durfte und welcher weiter nichts zu tun hatte, als ihn zum Geständnis seines Verbrechens zu bewegen! Gelang dies »gütlich förschelnd« nicht, so wurde er der Tortur übergeben, welche dann dem Unglücklichen meist das Bekenntnis auspreßte. Häufig schien indes den Inquisitoren dies nicht einmal notwendig, und sie verurteilten kurzerhand nach ihrem Gutdünken über Vorhandensein der Schuld. Bei der Wahl der Zeugen sah man auf nichts weniger, als auf Unbescholtenheit, und es genügte oft schon, wenn nur zwei Zeugen aussagten, von der Sache reden gehört zu haben. Selbst die Denunzianten ließ man als Zeugen gelten; Gatten, Eltern und Kinder, Herren und Diener konnten und mußten gegeneinander aussagen, und überdies wurden die Zeugen nicht einmal dem Angeklagten gegenübergestellt.

Die verschiedenen Strafurteile waren folgende: Der bloß in leichtem Verdacht Befindliche mußte die Ketzerei, deren man ihn beschuldigt hatte, abschwören. Er wurde an einem bestimmten Tage in die Kirche geführt, wo er eine Erhöhung besteigen und eine Messe hören mußte. Vor der Epistel hielt der Inquisitor eine Predigt gegen die Ketzerei, dann mußte der Angeklagte feierlich auf Kreuz und Evangelium die Abschwörung leisten, und hierauf erhielt er die Absolution unter der Bedingung, an den Festen Allerheiligen, Weihnachten, Drei Könige und Maria Lichtmeß, sowie ferner an allen Sonntagen in der Fastenzeit, barfüßig, im Bußhemde und mit verkreuzten Armen bei der Prozession in der Hauptkirche zu erscheinen und vom Priester Schläge zu erhalten. Am Gründonnerstag wurde er dann wieder aufgenommen. Endlich mußte er ein besonderes Kleid tragen, welches sich durch Kreuze bemerkbar machte, deren Farbe von der Grundfarbe der Bußkleider abstach. Diese Buße dauerte für die in leichtem Verdacht Befindlichen drei Jahre, für die in starkem fünf und für die in schwerstern sieben Jahre. –

Die Strafen für unbußfertige, zurückgefallene und hartnäckige Ketzer, von denen die zweiten durchaus nie auf die Gnade der Inquisition Anspruch machen konnten, waren verschieden. Zurückgefallene hatten stets den Tod auf dem Scheiterhaufen zu erwarten, höchstens milderte man die Strafe, wenn sie erklärten, im katholischen Glauben sterben zu wollen, auf Erdrosselung, bevor man sie den Flammen übergab. Abwesende wurden in *contumaciam* verurteilt und ihre Bilder verbrannt. Die Stufenleiter der härteren Strafen bestand aus dem Verlust der Ehre, der Ämter und Würden, aus Verbannung und Hinrichtung. In bezug auf die Todesstrafe nahm das heilige Offizium den Schein an, als ob dieselbe nicht von ihrem Willen abhinge. Am Schlusse ihrer Urteile stand jene merkwürdige Formel, welche man »Relaxation des Verurteilten« benannte und worin die Inquisitoren das weltliche Gericht heuchlerisch baten, gegen den

Verurteilten die Todesstrafe nicht anzuwenden. Dieses Ansuchen bedeutete die unverschämteste Lüge; denn wenn die Richter dem Ersuchen willfahreten, kamen sie sicher selbst in den Verdacht der Häresie und in Gefahr, als Ketzerbegünstiger von den Inquisitoren verfolgt zu werden.

Das ungefähr dürfte in kurzen Zügen das Bild der sogenannten alten Inquisition sein, dieses auf dem Begriff von der Alleinherrschaft der römisch-katholischen Kirche beruhenden, ursprünglich und ausschließlich geistlichen Gerichtes, welches mit der weltlichen Macht nur insofern zusammenhing, als es sich derselben als der ausführenden und urteilvollstreckenden Gewalt unbedingt bediente. Die Urteilsvollstreckung, die feierlichen Verbrennungen und sonstigen öffentlichen Strafvollziehungen, hießen bei den Spaniern »Glaubenshandlungen« = »Autodafés«.

Ein Auszug aus dem Gesetzbuch der neuen heiligen (!) Inquisition, jenes furchtbaren Gerichtes, das von Spaniens Erdfläche den Geist der Aufklärung um Jahrhunderte zurückschleuderte und Greuel verübte, so groß, daß sie die Wahrheit der Geschichte zweifelhaft machen, möge hier folgen: 17. Auch über die Ketzer, Juden, Mauren, so bereits gestorben sind, soll gerichtet werden, und zwar also: ihre Gebeine sollen aus der geweihten Erde genommen und nach dem Urteilsspruch auf dem heiligen Autodafé verbrannt oder auch in schmutziges Wasser, aus welchem nicht Mensch noch Tier trinkt, gesenkt werden. Das Vermögen eines so Gerichteten soll seinen Nachkommen und Erben entnommen und dem heiligen Gerichte zur Verfügung der königlichen Kammer übermacht werden. 18. Die Kinder, Kindeskinder und Nachkommen von solchen Toten sollen ehrlos sein für alle Zeiten, sollen kein öffentliches Amt bekleiden, nicht Sachwalter, Ärzte, Apotheker seixn, nicht mit Spezereien handeln dürfen, auch keine Juwelen oder Seide tragen. 34. Wenn der Tote, den das heilige Gericht verurteilt und verdammt hat, bereits über vierzig Jahre in der Erde ruht, so soll den Kindern und Nachkommen zwar das Erbe verbleiben, aber sie sollen ehrlos sein und unfähig, ein Amt zu verwalten. Auch soll ein Teil ihres Vermögens zur Sühne und Buße dem heiligen Gericht anheimfallen. 67. So aber jemand dem heiligen Gerichte einen Verbrecher angibt, der – er sei lebend oder tot, gegenwärtig oder abwesend, hoch oder niedrig, Mann oder Weib – das Gesetz Mosis jemals beobachtete oder noch beobachtet oder auch nur dasselbe gelobt, oder auch den Lehren Mohammeds gefolgt, oder sonstige Ketzerei getrieben, so soll ein solcher Angeber reichlich belohnt werden, ihm jede Untat verziehen sein und ihm für jedes Verbrechen, was er geübt, um den Sünder dem heiligen Gericht zu überliefern, vollkommener Ablaß werden. 74. Derjenige aber, so das Judentum befolgt oder befolgte, oder auch hebräische Bücher besitzt, oder der dem Ketzertume zugetan ist, oder derjenige, der den Koran verbirgt, oder auch ein solcher, der wissenlich oder unwissenlich sich gegen den heiligen Glauben vergangen; item, derjenige, der sich dem Teufel stillschweigend oder ausdrücklich ergeben, soll dem heiligen Gerichte verfallen sein, soll die Strafe des Feuers erleiden; denn es ist billig, daß der Körper zu Kohle verglühe, wo die Seele unrettbar im ewigen Feuer leidet. 77. So aber einer jemanden kennt, der Jude, Ketzer oder Mohammedaner ist oder gewesen, gleichviel ob der Verbrecher tot oder lebendig, gleichviel ob der Verbrecher des Mitwissers Vater, Bruder, Mutter oder sonstiger Anverwandter sei und er solchen nicht dem heiligen Gerichte anzeigt, ist er derselben Schuld verfallen und soll dieselbe Strafe erleiden. 113. Keinem Verhafteten soll dieselbe Schuld, welcher er verdächtig, noch weniger der Ankläger genannt werden, sondern man soll ihn dahin bringen, daß er aus freiem Antriebe bekennt. So er aber hartnäckig schweigt, soll ihm die Folter durch alle Grade angetan werden, bis er willig die Schuld eingestehet. 117. Das heilige Gericht hat aber das Recht, Milde zu üben; solche Verbrecher, so nur unwissend verbotene Schriften gehegt oder unwissend Umgang mit Ketzern gepflogen, sollen gnädig gerichtet werden. Sie sind nur ehrlos, verlieren nur ihr Vermögen und tragen beim Autodafé den Sanbenito und die Koroza, um öffentlich zu büßen, zur Verherrlichung der alleinseligmachenden Religion und zur Erbauung aller rechtgläubiger Christen. 119. Wenn ein Ketzer auf dem Scheiterhaufen verlangt, in dem Glauben der katholischen Kirche zu sterben, so soll ihm solches gewährt, er auch aus Gnaden erdrosselt werden, eh' das Feuer ihn sengt; so aber einer nicht bereut und sich nicht bekehrt, soll er lebendig den Flammentod erleiden.

Seit Ferdinand V. wurde die Inquisition als ein Werkzeuf zur Erreichung seiner politischen Zwecke angewendet; sie wurde benutzt, die Volksfreiheit zu vernichten, das Selbstgefühl und die sittliche Kraft der Nation zu verwischen und die königliche Willkürherrschaft unter dem Deckmantel der Religion dauernd zu befestigen. Das neue Ketzergericht war mehr ein Werk des Hofes als der Kirche und mehr auf Erwerbung unumschränkter Gewalt als auf Bewahrung des Glaubens gerichtet. Jene Einrichtung auf den Ruin der Volksfreiheit und Rechte zu gründen, die mächtige Geistlichkeit und den übermütigen Adel zu unterjochen und jedes freimütige Wort zu unterdrücken, das war der Endzweck dieses tyrannischen Gerichtshofes. Deshalb ernannte auch der König den Großinquisitor, der an der Spitze stand, desgleichen auch die Beisitzer und gab ihnen unumschränkte Vollmacht. Die Güter der Verurteilten fielen nicht der Kirche, sondern dem Könige zu; dadurch wurde der Habsucht ein weites Feld geöffnet. Die Geistlichkeit fügte sich indes auch dieser Form, die immerhin darin noch die alte vortreffliche Anstalt fand, das Aufblühen der Wissenschaften zu verhindern, dem Licht der Aufklärung den Zugang zu versperren und den Herolden der Wahrheit auf immer den Mund zu verschließen. Torquemada war auch der erste Großinquisitor und behauptete seine Gewalt mit einer Grausamkeit, die nicht bei Kannibalen gefunden wird. In dem kurzen Zeitraum von vier Jahren ließ er 6000 Ketzer verbrennen und mehr als 100 000 redliche und schuldlose

Bürger hinter düsteren Kerkermauern verschmachten, Menschen, die nichts verübt hatten, deren Tugend vielmehr den Neid und Ingrimm nichtswürdiger Pharisäer und Heuchler erregt hatte. Angst und Entsetzen bemächtigte sich der Familien, denn es war ja möglich, an den eigenen Gliedern derselben Ankläger zu erhalten, die, verblendet von falschem Glaubenseifer oder von Leidenschaften entzündet, gegen Eltern und Brüder in die Schranken traten. Kein Gerichtshof hatte jemals solche Macht gehabt, keiner zur Erreichung seiner Zwecke so sicher führende Rechtsform. Denn fürchterlicher noch als die Urteile, die er sprach und vollzog, waren die Mittel, die für schuldig Gehaltenen auszuforschen. Wer einmal getroffen werden sollte, konnte dem Schlage nicht ausweichen. Ihn schützten weder Rang, Stand noch Ansehen. Verlassen von seinen Freunden, glich er einem Aussätzigen, den jeder flieht, und sah sich plötzlich am Rande des Verbrechens. Die ehrlosesten Angebereien wurden als Tugenden gepriesen und belohnt, die leiseste Vermutung, eingebildete und erdichtete Verbrechen, harmlose Äußerungen, längst von dem vergessen, der sie hatte fallen lassen, dienten zu einem rechtskräfigen Vorwand, die Kerker mit Angeklagten zu füllen und ihnen Ehre, Gut und Leben abzusprechen. Nie kannte der Beschuldigte seine Ankläger und wurde mit denselben nie zusammengestellt. Er mußte seine Schuld erraten. Durch verfängliche Fragen, wie in Schlingen verwickelt, bekannte er sich oft für strafbar, ohne es zu wissen. Verleumder und falsche Zeugen waren wie damals, als der Heiland sich vor Gericht stellen mußte, willkommen, und nie ist ein Fall bekannt, wo das Laster wäre bestraft worden. Wider die Aussprüche dieses Gerichtshofes gab es keine Berufung auf ein noch höheres Gericht oder auf den König, weshalb viele Männer aus den ersten Familien des Landes in die Dienste des »heiligen Gerichtes« traten und sich, um sich selbst zu retten, zu Spähern, Spionen und Häschern erniedrigten. Es war daher nur zu leicht, in die Krallen dieses Ungeheuers zu geraten, zumal, da nie ein öffentlicher Befehl zur Verhaftung gegeben wurde, da keine Freistätte, kein Tempel und Altar, kein Standesvorrecht ihn schirmen, kein Schlupfwinkel ihn verbergen konnte. Der Vater wurde von der Seite seiner Kinder, der Gatte aus den Armen seiner Gattin gerissen und plötzlich, häufig mitten in der Nacht, so daß die Besorgung des Notwendigsten unterbleiben mußte, und mit solcher entsetzlichern Strenge, daß selbst die leiseste Fürbitte für den Unglücklichen zum Verbrechen wurde. Umfing ihn aber erst die düstere Kerkermauer, so war für ihn keine Rettung mehr. Abgeschnitten von der ganzen Welt, war jeder Blick in die Zukunft trost- und hoffnungslos, da ihm das Bewußtsein seiner Unschuld keine Bürgschaft für seine Erlösung gab, vielmehr häufig die Ursache seines Verderbens wurde. Ja, selbst des Mittels wurde er beraubt, seinem Leben freiwillig ein Ende zu machen. Womit er irgend seinen Körper verletzen konnte, das wurde mit teuflischer Sorgfalt von ihm ferngehalten, denn er war einem feierlichen Tode –

dem Feuertode – geweiht. Doch ehe es so weit kam, verging erst geraume Zeit bis zum ersten Verhör. Inzwischen war der Gefangene aller Schrecken der Einsamkeit und nächtlichen Finsternis preisgegeben. Die Kerker der Ketzergerichte waren unterirdische, feuchte, modrige Gewölbe. Man stieg auf Umwegen zu ihnen herab. Sie lagen so tief unten, daß die Außenwelt das Seufzen und Wehklagen der Gemarterten nicht vernehmen konnte. Nie drang ein Sonnenstrahl in diese Höhlen. Nie gewährte man den Eingekerkerten die Wohltat des Zusammenseins mit einem Leidensgenossen, nie, frische Luft zu schöpfen. Auf seinem feuchten Lager besuchte den Verlassenen einzig der milde Engel des Schlafes, um seine Leiden auf Stunden in Vergessenheit zu begraben.

In den Verhören wurde alle Hinterlist und Schlauheit aufgeboten, aus dem Angeklagten das Geständnis herauszulocken, welches man wünschte, und es war überaus schwer – zumal bei völliger Unschuld – den gestellten Schlingen zu entgehen. Man verknüpfte auch wohl mit der Forderung eines freiwilligen Geständnisses und dem Beweis aufrichtiger Reue das Versprechen und die Aussicht einer baldigen Befreiung und täuschte den Beklagenswerten mit den Blendwerken der Milde und Gnade. Er war jedoch verloren, wenn sein Herz sich dieser Hoffnung hingab und Schuld und Reue log. Schlugen indes die Ränke fehl, ein Geständnis zu entlocken, so bediente man sich, wie gesagt, der Folter, ein solches zu erpressen.

Papst Sixtus IV. war gleich anfangs mit der Anwendung dieses an sich kirchlichen Institutes zu Staatszwecken nicht so recht einverstanden; deshalb bestellte er durch ein Breve vom Jahre 1483 den Erzbischof Don Inigo Manrique von Sevilla als päpstlichen Appellationsrichter, an welchen von den Sentenzen (Richtersprüchen) der königlichen Inquisitoren Berufung erhoben werden könnte. Aber Ferdinand und Isabella ignorierten die Maßregeln ebenso wie die, daß der Papst selbst die Appellation entgegennehmen wollte.

Inzwischen war die Zahl der Marranos auf 100 000 Familien gestiegen, und auf dieses geheime Judentum und die Güter und großen Schätze der Scheinchristen war es hauptsächlich abgesehen.

Torquemada, der Großinquisitor von Kastilien und später auch von Aragonien, mit den größten Vollmachten ausgestattet, errichtete vier Inquisitionstribunale, und zwar zu Sevilla, Kordova, Jaen und Villarval; letzteres wurde später nach Toledo verlegt, deren Zahl sich allmählich auf dreizehn vermehrte. Sein würdiger Genosse war der Domherr Pedro Arbues de Epila, der Vorsitzende des Ketzergerichtes von Saragossa.

Aber trotz der strengsten Befehle an sämtliche Gouverneure der Provinzen, den Inquisitoren in jeder Hinsicht Folge zu leisten, fand die Einführung des »heiligen Gerichts« bei den Kastilianern den lebhaftesten Widerstand, und viele Marranos wanderten aus. Da erklärte die Inquisition (2. Jan. 1481) in einer Proklamation alle Auswanderer für überwiesene Ketzer und wies die Granden von Kastilien unter Androhung der Strafe des Kirchenbannes und des Verlustes ihrer Güter und Würden an, auf die Auswanderer zu fahnden und sie unter sichere Bedeckung nach Sevilla abzuführen. Infolge dieses Befehls wurden denn auch wirklich so viele von jenen Unglücklichen gefänglich eingebracht, daß sie die Kerker kaum zu fassen vermochten.

Man glaubte indessen noch immer nicht, aller Scheinchristen habhaft geworden zu sein, und bediente sich eines trügerischen sogenannten »Gnadenediktes«, um sie sicher zu machen und so ins Verderben zu locken. In diesem Edikt wurde den reuigen Marranos Verzeihung vorgespiegelt, wenn sie sich freiwillig stellten. Diejenigen aber, welche auf diese Leimrute gingen, mußten, wenn sie Begnadigung erlangen wollten, alle Personen, welche ihnen sonst als Abtrünnige bekannt waren, ganz genau angeben. Sodann wurde für Kastilien ein neues Gesetz erlassen, welches jedermann ohne Ausnahme – bei Strafe der Exkommunikation – zur Anzeige aller Abtrünnigen verpflichtete. Die Folge davon war, daß innerhalb eines halben Jahres Tausende von Unglückseligen die Scheiterhaufen bestiegen, in die Kerker geworfen oder in Kirchenstrafen genommen wurden. Vor Sevilla errichtete man eine eigene Schaubühne für die Hinrichtungen mit vier großen hohlen Statuen, in deren Innern die Verurteilten eingeschlossen und langsam gebraten wurden. In demselben Verhältnisse, in welchem der grausame Eifer der geistlichen Ketzerverfolger zunahm, wuchs auch die Zahl der Flüchtlinge, die sich teils nach Frankreich, teils nach Portugal und nach Afrika wandten. Etliche suchten sogar in Rom am päpstlichen Hofe Schutz, und wirklich ließ sich Sixtus IV. zu drohenden Vorstellungen gegen die spanischen Inquisitoren bewegen. Dabei blieb es jedoch, und die Drohungen mußten wohl nicht ganz ernst gemeint sein; denn bald darauf bestätigte er noch acht spanische Inquisitoren. Nunmehr errichtete Ferdinand der Katholische die »Suprema« oder den königlichen Inquisitionsrat, dessen Präsident auf Lebenszeit der Großinquisitor wurde und zu welcher ein Bischof gehörte und zwei Doktoren als Räte des Rechtes. Im Jahre 1484 entwarf eine von Torquemada einberufene Generalversammlung der Inquisitoren und Räte zu Sevilla das erste Grundgesetz, eine Instruktion in achtundzwanzig Artikeln. Dieses Fundamentalgesetz mit seinen unmenschlichen Bestimmungen fand namentlich in Aragonien heftigen Widerstand, besonders weil die dortigen Provinzialrechte den die Gütereinziehung betreffenden Bestimmungen des Inquisitionsgesetzes direkt entgegen waren. Das war aber gerade für den König der wichtigste Punkt, dem es nicht allein um seine Bereicherung, sondern auch darum zu tun war, die Provinzialselbständigkeit Aragoniens zu brechen. Aber die Inquisition griff den opponierenden Ständen dieses Reiches gegenüber zur Gewalt, deren Opfer Peter Arbues de Epila im Jahre 1485 wurde. Arbues Tod mußte Aragonien bitter büßen; viele der angesehensten Männer verfielen in Lebens- und Gefängnisstrafen, und die Rachsucht kannte keine Grenzen. Unter anderem zwang die Inquisition den Sohn eines nach Toulouse geflüchteten Edelmannes, Kaspar von Santa Cruz, sich dorthin zu begeben und die Gebeine seines Vaters auszugraben und verbrennen zu lassen.

Nicht minder entsetzlich schaltete das heilige Gericht zu Toledo, wo in einem Jahre nicht weniger als 3327 Prozesse zur Verhandlung kamen.

Aber trotz dieser Schreckensherrschaft regte sich allenthalben der Widerstand gegen das Blutgericht, und ziemlich gleichzeitig kam es in Teruel, Valencia, Lerida, Barcelona und ziemlich in allen übrigen Städten Kataloniens zum Aufstand; vornehmlich weigerte sich Barcelona auf das entschiedenste, die Autorität Torquemadas anzuerkennen; auch Majorca und Minorca leisteten der Einführung der Inquisition bis zum Jahre 1490 den heftigsten Widerstand.

Jetzt gingen dem Papst die Augen über die eigentlichen Absichten der königlichen Willkürherrschaft immer mehr auf, und er widersetzte sich der weiteren Ausdehnung der neuen Einrichtung der spanischen Inquisition. Er konnte und wollte nicht dulden, daß dieses ursprünglich geistliche Gericht der Abhängigkeit von Rom entzogen wurde, daß der König allein die Beamten der Inquisition ernannte und die Güter der verurteilten Ketzer für sich einzog und daß das heilige Gericht seine Willkür unter königlichem Schirm immer mehr erweiterte und sogar Erzbischöfe und Bischöfe angriff. Es kam zwischen dem königlichen Hofe und dem heiligen Vater zu einem Streit, in welchem der letztere jedoch schließlich klein beigeben mußte.

War die spanische Inquisition zunächst nur gegen die Judenchristen gerichtet gewesen, so eröffnete sie nach Unterwerfung des maurischen Reiches in Granada auch dort das Feld ihrer Tätigkeit, und zwar, wie längst auch anderwärts, gegen Nichtjudenchristen. Das spanische Glaubenstribunal war das furchtbarste Werkzeug im gemeinschaftlichen Dienste der Hierarchie und des Despotismus. Es war sowohl eine politische wie eine kirchliche Anstalt, in welcher sich Thron und Altar zum gefährlichsten Bunde gegen die Freiheit des Geistes vereinigt hatten und die Verurteilten nicht bloß den schwersten weltlichen Strafen, sondern auch dem ewigen Verderben – wenigstens nach dem Wahn und den Vorurteilen jener Zeit – preisgegeben waren. Die Weltgeschichte hat viele Schrekkenszeiten in ihren Blättern verzeichnet, wo die Leidenschaft der Menschen zu blutigen Verfolgungen sich hinreißen ließ und die Mittel der Wohlfahrt in Werkzeuge der Wut und des Schreckens verwandelte; aber keine Erfindung glich an systematischer Grausamkeit, an Verhöhnung aller Menschenrechte, am Mißbrauch aller Rechtsformen, an teuflischer Bosheit dieser neuen Institution. Sie bewies, daß Glaubenswut mit Macht gewappnet das schwerste Unheil ist, welches ein Volk treffen kann. Nicht genug, daß man den Angeschuldigten so lange peinigte und bedrängte, bis seine Verurteilung erfolgen konnte, auch seine Todesstunde war mit den Schrecknissen des Jüngsten Gerichtes umgeben, und sein ganzes Geschlecht, Kinder und Kindeskinder, von den Nachwirkungen getroffen, indem nicht nur das Vermögen eingezogen, sondern auch der Name mit Ehrlosigkeit gebrandmarkt wurde.

Seit den römischen Triumphzügen und Fechtspielen hat die Geschichte kein ergreifenderes Schauspiel gesehen, als die »spanische Glaubenshandlung«, das »Autodafé«, durch welche die verurteilten Schlachtopfer unter Pomp und Gepränge dem Holzstoß übergeben wurden.

Und der Mann, welcher die Geschichte der Menschheit mit einem solchen Schandmal befleckte, Tomas de Torquemada, dieses blutdürstige Scheusal, starb in hohem Alter ruhig auf seinem Lager, von den fanatischen Volksmassen wie ein Heiliger verehrt. Indessen seine Angst vor Nachstellungen, seitdem sein Genosse Arbues, der grausame Ketzerrichter von Saragossa, den Streichen einiger Verschworenen der eigenen Kirche erlegen war, kann als Zeugnis gelten, daß er von Gewissensbissen und Menschenfurcht gefoltert war. Hunderte von Schlachtopfern bluteten den Manen des finsteren Fanatikers Arbues; dafür wurde er von dem aufgeregten Volk als Märtyrer verehrt und in der Folge gar »heiliggesprochen«. Torquemada erlebte noch weitere Triumphe. Es gab noch zahllose Bekenner des mosaischen Gesetzes, welche getrennt von den Christen in abgeschlossenen Religionsgemeinden unter dem Schutze königlicher Freibriefe in alter Weise dahinlebten. Sie hatten sich vorzugsweise in den größeren Städten niedergelassen, wo sie durch Handel und Geldspekulation zu Reichtum gelangt waren, aber auch, wie allerwärts, sich durch Wucher und Betrugskünste verhaßt gemacht und durch Luxus und großen Aufwand in Wohnung, Kleidung und häuslichen Einrichtungen Neid und Mißgunst erregt hatten. Während der Maurenkriege, in welchen der Religionseifer der christlichen Bevölkerung im höchsten Grade entflammt und gereizt war, wurde der Ruf, daß man den Rest der anmaßenden und verhaßten Hebräer vom heiligen Boden Spaniens vertreiben solle, immer lauter und allgemeiner. Die Juden schraken zusammen und versuchten durch das oft mit Erfolg angewandte Mittel der Bestechung den Sturm zu beschwören. Sie boten den Herrschern ein Geschenk von 30 000 Dukaten zur Fortführung des Krieges gegen Granada (demselben Granada, unter dem die Juden so viele Vergünstigungen genossen hatten) an. Als die jüdischen Abgesandten dem König im Schlosse das Anerbieten vortrugen, trat plötzlich der Ketzerrichter Torquemada in den Saal und rief, ein Kruzifix unter seinem Mantel hervorziehend, drohend aus: »Judas Ischariot hat seinen Meister für dreißig Silberlinge verkauft. Eure Majestät wollen ihn von neuem gegen dreißigtausend verkaufen; hier ist er, nehmt ihn und verhandelt ihn!« Bei diesen Worten warf der rasende Dominikaner das Kruzifix auf den Tisch und verließ das Zimmer. Diese Szene machte auf den König und die strenggläubige Isabella, welche gegen den Beichtvater ihrer Jugend stets große Verehrung gehegt, einen mächtigen Eindruck. Das Anerbieten wurde zurückgewiesen und die längst beschlossene Austreibung der übriggebliebenen Juden aus beiden Königreichen über sie verhängt. In Granada, wo die Herrscher kurz zuvor ihren Einzug gehalten, wurde der unbarmherzige Beschluß (30. März 1492) unterzeichnet, wonach alle ungetauften Juden, von welchem Geschlechte, Alter oder Stande sie sein möchten, das Königreich zu verlassen hatten. (Dasselbe wiederholt sich genau nach vierhundert Jahren gegenwärtig mit den Juden in Rußland, wo sie leider auch zur Verarmung des Volkes viel beigetragen haben und viele unter ihnen zu den Leitern und Trägern des Nihilismus zählen.) Mit Todesstrafe und Güterverlust war die Nichtbefolgung des Gebotes bedroht, auch sollten sie kein Gold und Silber ausführen. Und diese Maßregel wurde in unbarmherzigster Weise ausgeführt.

Als die Zeit der Abreise gekommen war – erzählte Prescott – sah man alle Hauptlandstraßen mit Auswanderer bedeckt, alt und jung, Kranke und Hilflose, Männer, Weiber und Kinder in buntem Gemisch, einige auf Pferden und Maultieren, doch den bei weitem größeren Teil die beschwerliche Pilgerschaft zu Fuß unternehmen. Der Anblick so vielen Jammers erregte selbst das Mitleid der Spanier, obgleich keiner ihnen zu Hilfe kommen mochte; denn der Großinquisitor Torquemada gab der Verordnung dadurch noch mehr Kraft, daß er jeden mit schweren Strafen bedrohte, der sich unterstehen würde, seine Verordnungen zu übertreten.

Das war die umfangreichste und folgenschwerste Judenaustreibung des Mittelalters. Nach der geringsten Berechnung wurden damals 160 000 Menschen aus dem spanischen Königreich vertrieben. Die Vertriebenen wandten ihre Schritte nach allen Ländern; die meisten setzten nach Afrika über, wo jedoch viele von den räuberischen Horden überfallen und ihrer Schätze, die sie heimlich zu verbergen gewußt, beraubt wurden. Den nach Portugal Entflohenen ging es nicht minder trübe. König Joao II. von Portugal ließ sie gegen hohes Kopfgeld unter der Bedingung wohl über die Grenze, daß sie innerhalb acht Monaten nach anderen Ländern überschiffen sollten, verhinderte dann aber nicht, daß alle, welche dieser Bedingung nicht nachkommen konnten, mit außerordentlicher Härte behandelt wurden. Nicht nur, daß die Zurückgebliebenen der Sklaverei verfielen, auch die Eingeschifften waren der Plünderung und Mißhandlung ausgesetzt und wurden massenweise an die Mauren in Afrika als Sklaven verkauft.

Nach allen Ländern Europas kamen Scharen jüdischer Auswanderer aus der Pyrenäischen Halbinsel (wie gegenwärtig aus Rußland), denn auch in Lissabon wurde unter König Emanuel die Ausweisung verfügt, und noch in unseren Tagen begegnet man in Italien, England, Holland und Deutschland, in der Türkei, in Kleinasien, in Griechenland und anderwärts jüdischen Familien, deren Vorfahren einst der Inquisition weichen mußten.

Im größten Elende kehrten auch mehrere Tausende nach Spanien zurück und unterwarfen sich der Taufe, wie es die Zurückgebliebenen getan hatten; aber gar viele von den Getauften blieben heimlich Juden und fuhren fort, insgeheim jüdische Gebräuche zu beobachten, so daß sie vielfach der Inquisition in die Hände fielen.

Wie sehr übrigens das geheime Judentum sich in Spanien trotz der furchtbaren Inquisition erhalten hat, und wie die geheimen Juden unter christlichem Mantel sich selbst in die höchsten geistlichen Würden einzudrängen verstanden, davon findet sich ein höchst bezeichnendes Beispiel in dem Werke eines Abgesandten der Londoner Bibelgesellschaft, Georg Borrow, der fünf Jahre in Spanien reiste und als Protestant gewiß nicht für die Inquisition schwärmte. Auf seinem Wege nach der Stadt Talavera anfangs des Jahres 1836, erzählt Borrow, sei er einem eigentümlich gekleideten Manne begegnet, der halb Spanier, halb Fremder zu sein schien und in der Tat ein äußerlich, nur zum Scheine, sich zum Christentum bekennender Jude war. Nach einem kurzen Gespräch hielt der verkappte Jude seinen neuen Bekannten für seinesgleichen und ließ ihn als solchen in seine Geheimnisse blicken, wie nämlich seine Familie gleich ihm stets insgeheim dem jüdischen Gesetze treu geblieben sei, daß sie sehr großes Vermögen besitze, Beamte und Polizei bestochen, die Vornehmsten durch Gelddarlehen sich verpflichtet habe usw. »Mein Großvater«, erzählte er weiter, »war ein vorzüglich heiliger Mann, und ich habe von meinem Vater gehört, daß in einer Nacht der Erzbischof heimlich in sein Haus gekommen sei, bloß um sein Haupt zu küssen.« Darauf fragte der Engländer: »Wie ist das möglich? Welche Ehrerbietung könnte ein Erzbischof zu einem, wie Ihr oder Euer Großvater, hegen?« – »Mehr, als Ihr denkt!« versetzte der Jude. »Er war einer der Unsrigen, wenigstens sein Vater war es, und er konnte es nie vergessen, was er ehrfurchtsvoll in seiner Kindheit gelernt hatte. Er versicherte, er habe es oft zu vergessen versucht, aber es nicht gekonnt. Der Geist (Ruah) sei beständig auf ihm, und von seiner Kindheit an habe er seine Schrecknisse mit unruhiger Seele ertragen, bis er es nicht länger ertragen konnte. So kam er denn zu meinem Großvater, mit dem er eine ganze Nacht zusammenblieb, dann kehrte er in seine Diözese zurück, wo er kurz darauf im Rufe großer Heiligkeit gestorben ist.«

Der Engländer fuhr fort: »Was Ihr sagt, überrascht mich. Habt Ihr Grund, zu vermuten, daß viele der Eurigen sich unter der Geistlichkeit befinden?« – »Ich vermute es nicht nur,« war die Antwort, »sondern ich weiß es. Es gibt viele solche, wie ich bin, unter der Geistlichkeit, und zwar nicht etwa unter der niedern. Manche der gelehrtesten und berühmtesten derselben in Spanien gehören zu uns oder stammen wenigstens aus unserem Blut, und viele von ihnen denken noch bis jetzt so wie ich. Besonders gibt es alljährlich ein Fest, an welchem vier Würdenträger der Kirche mich immer ganz gewiß besuchen, und dann, wenn alles verschlossen und sicher ist und die gehörigen Zeremonien durchgemacht sind, setzen sie sich auf den Boden nieder und fluchen.« Die gleiche Versicherung, daß es noch viele geheime Juden unter der spanischen Geistlichkeit noch in diesem Jahrhundert gegeben habe, will Barrow im Jahre 1836 auch von einem alten, früher bei der Inquisition angestellten Geistlichen zu Kordova erhalten haben.

Wenn nun solche fast unglaublichen Dinge trotz aller Inquisitionsverfahren sich bis in die erste Hälfte unseres Jahrhunderts erhalten haben, so läßt sich daraus ermessen, wie es in dieser Beziehung Ende des 15. Jahrhunderts in Spanien ausgesehen hat, und die Hartnäckigkeit der Judaisten macht die unmenschliche Härte und Strenge der Ketzerrichter in etwas erklärlich, wenn sie dieselbe auch nicht rechtfertigen kann.

In weit geringerem Grade als die getauften Juden beschäftigten bald auch die Moriskos, das waren die getauften Mauren, die Tribunale der spanischen Inquisition.

Torquemada mißbrauchte seinen Einfluß und seine fast schrankenlose Macht auch gegen Geistliche mit dem größten Fanatismus. So verfolgte er die allgemein geachteten Bischöfe von Segovia und Calahorra lediglich, weil sie Söhne von getauften Juden waren. Vergeblich beriefen sich beide auf päpstliche Bullen, denen zufolge sie unmittelbar unter der Gerichtsbarkeit des apostolischen Stuhles standen. Zwar wurden beide Bischöfe auf einige Zeit Torquemadas Verfolgungen dadurch entzogen, daß der Papst sie nach Neapel und Venedig sandte, aber der Großinquisitor ruhte trotzdem nicht, sondern verwickelte sie unter dem Vorwande, daß sie in ketzerische Irrtümer verfallen seien, in einen neuen Prozeß und brachte es endlich dahin, daß beide ihre Güter und Würden verloren und in Haft kamen, in welcher sie starben. Möglich, daß sie heimlich Juden geblieben waren.

Dem Fanatismus Torquemadas entging auch das Bücherwesen nicht. Er ließ sie kurzerhand in besonderen Autodafés verbrennen. Es befanden sich darunter u. a. hebräische Bibeln, in welchen man jüdische Irrlehren gefunden haben wollte.

In welcher verheerenden Weise Torquemada wütete, geht daraus hervor, daß durch die Inquisitionstribunale in Sevilla, Kordova, Jaen, Toledo, Cadix, Valladolid, Calahorra, Murcia, Cuenca, Saragossa, Valencia, Barcelona und Majorca unter Torquemadas Generalinquisitoriat 10 220 Personen dem Flammentode überliefert worden sind, 6000 im Bildnis, 97 371 zu anderen Strafen nebst dem Verlust ihrer Güter verurteilt wurden. In seiner Furcht vor Meuchelmord hatte der Blutrichter bei Tische stets Gegengift vorrätig und reiste nie anders als unter Bedeckung einer Schar von 50 sogenannten Familiaren zu Pferde und 20 zu Fuß. Diese Familiaren bildeten eine Art Ritterschaft und Leibwache zum Schutze der Inquisition und ihrer Beamten.

Wiederholt gingen beim päpstlichen Stuhl schwere Anklagen gegen den General-Inquisitor ein, und obschon er sich zu verteidigen verstand, so konnte doch Papst Alexander VI. schließlich nicht umhin, ihm (1494) durch ein Breve vier Bischöfe als General-Inquisitoren beizuordnen, mit welchen er fortan alle Glaubensgerichtsangelegenheiten gemeinschaftlich verwalten sollte. Bei Torquemadas Energie hatten diese vier Kollegen indes keinen Einfluß und spielten nur eine ganz untergeordnete Rolle.

Hochbetagt starb der Blutrichter von Torquemada im Jahre 1498.

Ganz entsetzlich waren die moralischen Folgen des Werkes, welches dieser Mensch im Interesse der königlichen Despotie in seinem Vaterlande errichtet hatte. Raynal sagt in seiner »Histoire philosophique et politique« von Torquemadas fluchbeladener Schöpfung:

»Die Inquisition, ein schreckliches Gericht, ein Gericht, welches dem Geiste Jesu Christi hohnspricht, ein Gericht, welches von Regenten, Bischöfen, Obrigkeiten und Untertanen gleich verabscheut werden muß; von Regenten, denen es zu drohen sich erkühnt, und wider die es zuweilen grausam gewütet hat; von Bischöfen, deren Gerichtsbarkeit es vernichtet; von der Obrigkeit, deren regelmäßige Gewalt es an sich reißt; von Untertanen, die es in einem beständigen Schrecken erhält, die es durch die Gefahr, sich zu unterrichten, zu lesen, zu reden, zu schreiben, zum Stillschweigen bringt und zur Dummheit verdammt; ein Gericht, das nur einer gotteslästerlichen Politik, welche Vorurteile und Vorrechte, die, ohne zu verschwinden, nicht untersucht werden können, zu verewigen sucht, seine Einführung und seine Dauer in Ländern, wo es sich erhielt, zu verdanken hat.«

»Dieses Blutgericht, welches in Spanien im Jahre 1482 unter der Regierung Ferdinands und Isabellas aus einem Gemisch von Staatskunst und Fanatismus errichtet wurde, brauchte – um seine Gewalt anfangs festzusetzen und sie hernach aufrechtzuerhalten – jährlich 400 bis 500 Schlachtopfer, davon es den zehnten Teil verbrennen ließ und die übrigen nach Afrika oder Brasilien verbannte.«

Sie ist ein ungestaltetes Ungeheuer, welches seinen Kopf im Himmel und seine Füße in der Hölle verbirgt. Sie vernichtet in Spanien auch das Selbstgefühl und die geistige Kraft des Volkes, das so tief herabsank, daß die Sprößlinge der ältesten Familien sich so tief erniedrigten, sich freiwillig zu den schon erwähnten Familiaren der Inquisitoren herzugeben, lediglich um dadurch sich vor ihren Verfolgungen zu sichern, daß sie als Mitglieder dieser Pfaffenleibwache feierlich die Verpflichtung übernahmen, alle Ketzer und der Häresie Verdächtigen zu verfolgen, ja sogar zu Denunzianten und Spionen herabsanken. Was gewann die Nation aber durch das heilige Gericht anders, als daß sie durch dasselbe allmählich mehr und mehr in Stumpfsinn verfiel? Was kam durch die fluchwürdige Inquisition für die Monarchen heraus? Nur einer außergewöhnlich kräftigen Persönlichkeit war es möglich, die Inquisition in entsprechender Abhängigkeit vom Thron zu erhalten und als Organ der Staatsgewalt zu benutzen, während einem schwächlichen, wenig willenskräftigen Herrscher das Institut über den Kopf wachsen und ihn in Abhängigkeit von sich versetzen mußte. Und wie schwer war es, einen charakterfesten, geistesscharfen König noch heranzubilden unter dem Pfaffenregiment, unter welchem der Nationalgeist völlig erlahmte! »Alle Handwerkszeuge eines Despoten«, sagt Spittler, »werden leicht die furchtbarsten Feinde des Despoten. Alle Werkzeuge des Despotismus, die, von einer kraftvollen Hand gelenkt, die wirksamsten Werkzeuge des Despotismus sind, schlagen endlich auf den, der mit schwächerer Hand sie lenken will, unvermeidlich zurück. Eben die Hemmung aller National-Aufklärung, aller Freiheit und aller Kultur, wie sie aus Freiheit entspringt, eben diese Hemmung, die eine notwendige Wirkung des mehrere Generationen hindurch fortdauernden Inquisitions-Instituts war, zeigte früh genug ihren vollsten Erfolg auch in der höchsten Nationalregion, in der königlichen Familie selbst. Der König gehört zur Nation; was diese endlich durch ihn wird, das wird sein Haus selbst auch früh oder spät, das ist die Präformation der Bildung seines Enkels und Urenkels.«

IV.

»Und kleide nicht in heiliges Gewand
Der rohen Stärke blutiges Erkühnen!«
Schiller.

»Man spricht, sie führen einen Vorrat Blutsentenzen, in voraus unterzeichnet, mit.«
Schiller.

»Dies Blutgericht soll ohne Beispiel sein;
Mein ganzer Hof ist feierlich geladen.«
Schiller.

Die spanische Inquisition, mit welcher die portugiesische und venetianische verwandt waren, unterschied sich, wie schon gesagt, von den anderen heiligen Gerichten dadurch, daß sie sich von dem für die übrigen bestimmten päpstlichen General-Inquisitoriat zu Rom durchaus unabhängig hielt. Die spanischen Inquisitoren waren Beamte des Königs. Letzterer ernannte die Großinquisitoren, während der Heilige Vater sie nur zu bestätigen hatte, galt doch selbst die Berufung nach Rom als Gotteslästerung!

Der Großinquisitor und der große Inquisitionsrat besetzten nur nach ihrem eigenen Ermessen die ihnen völlig untergeordneten Tribunale. Jedes Tribunal bestand aus zwei bis drei Inquisitoren, drei Sekretären oder Notaren, einem Fiskaladvokaten, einem Schatzmeister, etlichen Qualifikatoren (das waren Beisitzer im Inquisitionsrate, welche über das Verhältnis theologischer Lehrsätze zu dem von der Kirche aufgestellten Lehrbegriffe zu entscheiden hatten) und Konsultatoren (Rechtsgelehrte mit bloß beratender Stimme), sodann einem Alguazil oder Obergerichtsdiener, einem Kerkermeister und endlich aus Gefangenenwärtern und Folterknechten.

Eine Art Ahnenprobe ging der Zulassung zu diesen Ämtern voraus. Die Vorfahren des Anzustellenden mußten strenge Katholiken gewesen sein und sich niemals in einer Untersuchung der Inquisition befunden haben. Der Inquisitionsbeamte mußte das vierzigste Lebensjahr zurückgelegt haben und hatte durch einen feierlichen Eid die strengste Amtsverschwiegenheit anzugeloben. Ihre Gehälter wurden den Inquisitoren vorausbezahlt. Dadurch wollte man Bestechungen vorbeugen, was jedoch niemals völlig gelang.

Für gewöhnlich erschienen die Inquisitoren in ihrer Ordenstracht, bei feierlichen Gelegenheiten jedoch in violetten Kleidern mit einem weißen achteckigen Kreuze. Die niederen Diener trugen schwarze mit Silber verzierte Stäbe.

Die Fahne der spanischen Inquisition war von rotem oder schwarzem Samt; auf ihrer Vorderseite befand sich ein grünes ästiges Kreuz, rechts mit einem Olivenzweige, links mit einem bloßen Schwert und der Unterschrift: »*Exurge domine et judica causam tuam Psalm 73*«, während die Rückseite das spanische Wappen zeigte.

Im weiteren Sinne gehörten zur Inquisition auch die schon erwähnten Familiaren, sowie die Santas Hermandades, Brüderschaften von Spionen. Diese waren über das ganze Land verbreitet und hatten mit List die Entflohenen zu fangen. Außerdem zählte die Brüderschaft der Kreuzträger oder Cruciata, gleichfalls Spione, welche das Benehmen der Katholiken überwachten, dazu.

Der Inquisitionsrat hielt täglich seine Sitzungen im königlichen Palaste ab, mit Ausnahme der Sonn- und Festtage. An den letzten drei Wochentagen pflegten auch die Mitglieder des Rats von Kastilien sich einzufinden.

Das Prozeßverfahren war folgendes: Wenn der Denunziant eine bestimmte Person der Ketzerei geziehen, mußte der Fiskal deren Verhaftung beantragen und nach deren Einkerkerung die förmliche Anklage einleiten. Erschien der Beschuldigte nach dreimaliger Ladung nicht, so wurde er exkommuniziert.

War die Einkerkerung bewirkt, so war selbst im Falle der Schuldlosigkeit das Los des Verhafteten ein trostloses. Wie zum Hohn alles Heiligen, führten die Kerker der Ketzer den Namen »Heilige Häuser«, Santas casas. Die Zelle des Gefangenen war meist zwölf Fuß lang und 10 Fuß breit, ungesund und dunkel. In derselben befand sich eine erhöhte Lagerstätte. Die Gefäße zur Befriedigung der natürlichen Bedürfnisse wurden nur einmal in der Woche geleert, und man kann sich daher vorstellen, welche verpestete Luft in den Räumen herrschte. Die Eingekerkerten durften weder lesen noch schreiben, und besonders streng war ihnen das Seufzen untersagt. Der erste Laut, welchen der Kummer dem Unglücklichen auspreßte, wurde sofort mit Strafen geahndet: man verschloß ihm mehrere Tage hindurch den Mund mittels Knebels, und wenn dies nicht fruchtete, so setzte es Peitschenhiebe, gleichviel welchen Standes oder Geschlechtes der Gefangene war. Zur Auspeitschung wurde jeder ohne Unterschied des Alters, Standes oder Geschlechtes entkleidet. Jeder Versuch, eine Verbindung mit anderen Eingekerkerten herzustellen, zog verschärfte Prügelstrafe nach sich. Mit einem Worte, die Untersuchungshaft war schon eine so entsetzliche, daß viele derselben durch Selbstmord ein Ende machten. Einzelhaft war vorherrschend, von der man nur eine Ausnahme machte, wenn man einen Gefangenen durch den anderen auszuforschen hoffte.

Gestand der Angeklagte sogleich, so wurde sein Prozeß schnell entschieden. Oft vergingen jedoch Monate, bevor der Inhaftierte verhört wurde. Inzwischen erhielt er die ekelhafteste, schmutzigste Kost. Alle zwei Monate erhielt er den Besuch des Inquisitors und des Sekretärs.

Leugnete der Angeklagte, so erfolgte die Tortur in der Folterkammer, einer unterirdischen, gewölbten Grotte. In dieser befanden sich für die Inquisitoren und ihre Gehilfen ein Tisch mit Lichtern und Schreibutensilien, sowie Stühle. Die Folterknechte waren in schwarzen Zwillich gekleidet und hatten das Gesicht verhüllt. Der Inquisit wurde völlig entkleidet. Man hatte die Folter durch den Strick, die mit Wasser und die mit Feuer. Wurde die Tortur mittels Stricken vollzogen, so schnürte man dem Unglücklichen die Hände auf dem Rücken zusammen und zog ihn an einem Seil in die Höhe. Dort ließ man ihn einige Zeit, um ihn dann urplötzlich bis etwa einen halben Fuß vom Boden niederzuschnellen. Dabei schnitt der Strick dem Erbarmungswürdigen tief ins Fleisch, und durch den jähen Ruck wurden ihm in der Regel die Glieder verrenkt und die Muskeln zerrissen. Und diese Qualen setzte man eine Stunde und länger fort, bis der Inquisitionsarzt erklärte, daß die Wiederholung unfehlbar den Tod zur Folge haben würde; dann erst hielt man ein und brachte den Gemarterten in seinen Kerker zurück, ihn sich für neue Qualen vorbereiten zu lassen.

Bei der Wasserfolter legte man den Inquisiten in eine hohle hölzerne Bank, so daß der Kopf niedriger zu liegen kam als die Füße. Ein unter dem Rückgrat angebrachter Stab mußte denselben in schmerzlichster Weise verletzen, während ihm angespannte Stränge tief ins Fleisch drangen. Hierauf stopften ihm die Folterknechte feine Leinwand in die Nasenlöcher und in den Mund und ließen Wasser hindurchsickern, wodurch das Atmen verhindert wurde. Häufig fand man, daß die Leinwand nach ihrer Entfernung mit Blut zersprengter Blutgefäßt durchtränkt war.

Bei der Feuerfolter wurde der Unglückliche der Länge nach ausgestreckt und festgebunden, ihm die Fußsohlen mit Öl oder anderen brennbaren Fettigkeiten eingerieben und daran Kohlen gehalten, daß ihm das Fleisch langsam bis auf den Knochen briet. Bisweilen verbrannte man ihm auch andere Gliedmaßen mit glühenden Eisen. Ferner wandte man auch wohl ein Instrument mit fünf scharfgeschliffenen Kanten an, welches auf einen Schlag ebensoviel Wunden verursachte.

Wie leicht begreiflich, erlagen viele solch einer unmenschlichen Tortur oder wurden zu Krüppeln. Trotzdem blieben Gefolterte standhaft.

Der Strafurteile gab es verschiedene. Ein unbedingtes war der Tod; alle übrigen waren einstweilige, so daß es im Belieben der Inquisitoren stand, schärfere oder gelindere Qualen anzuwenden. Übrigens zogen auch die gelinderen, sowie sämtliche Strafen, selbst die für die Reuigen, Vermögensverlust, Enterbung, Ehrlosigkeit, Unfähigkeit zu öffentlichen Ämtern und bürgerlichen Beschäftigungen nach sich, und das nicht allein für den Bestraften, sondern auch für dessen Nachkommen.

Eine der mildesten Strafen war die Buße, bei welcher der aus dem Kerker entlassene ein Bußkleid, den sogenannten »San Benito« tragen mußte, das war ein Stück von gelbem wollenem Zeug, nach Art eines Skapuliers geschnitten, ohne Ärmel, bloß mit einer Öffnung für den Kopf, und auf der Brust wie auf dem Rücken mit einem Andreaskreuz gekennzeichnet. Den San Benito durfte der Büßende nie ablegen, sonst verfiel er als Verächter der Inquisition in die härtesten Strafen derselben.

Entflohene Ketzer wurden vorgeladen, und wenn sie nicht erschienen, auf Zeugenaussagen verurteilt, wonach man ihre Bilder verbrannte. Wehe ihnen aber, wenn sie dann noch den Häschern in die Hände fielen! Dann genügte Flucht schon als stärkste Belastung, indem sie als frevelhafter Trotz wider die Autorität des heiligen Gerichtes galt.

Die Gebeine toter Ketzer wurden ausgegraben und verbrannt.

Schärfer als das Tragen des San Benito war Einkerkerung auf Jahre oder auf Lebenszeit.

Die schärfste Strafe aber war die Todesstrafe, und zwar der Tod in den Flammen.

Die Hinrichtung auf solche Weise hieß bei der neuen wie bei der alten Inquisition »Glaubenshandlung« oder »Autodafé«.

Bald wurde der Geist des Volkes so verdummt und verfinstert, daß eine solche Verbrennung der Ketzer als eins der feierlichsten Schauspiele galt, welchem Könige mit heiligem Eifer beiwohnten. In ihr sah der finstere, Gott lästernde fromme Wahn ein Zeugnis des Glaubenseifers und meinte Gott damit einen Dienst zu erweisen. O wie weit hatte man sich doch in jenen Jahrhunderten der Barbarei vom Geiste des Evangeliums entfernt, der nur einen solchen Glauben erfordert, der in der Liebe tätig ist!

Man unterschied kleinere und größere Autodafés. Bei den ersteren, welche etliche Male im Jahre stattfanden, wurde eine geringere Zahl von Ketzern gerichtet, für die letzteren, die Hauptschlachtfeste jener Barbaren, die man häufig auf besonders wichtige Tage und Feste verlegte, wie zur Thronbesteigung eines Monarchen, Geburt eines Prinzen usw., sparte man eine größere Anzahl auf.

Bereits einen Monat vor dem für ein großes Autodafé angesetzten Tage wurde ein Prunkaufzug der Inquisitionsbeamten vom Palast der Inquisition aus über den Markt und durch die Straßen in Szene gesetzt, wobei die Fahne des heiligen Gerichts bei Trompetenklang und Paukenschlag vorangetragen wurde.

Auf dem Hauptplatze der Stadt machte der Zug halt, und nunmehr wurde den Bewohnern feierlich kundgetan, daß an dem und dem Tage die Hinrichtung der von der Inquisition Verurteilten vollstreckt werden würde.

Alsbald wurden die Vorbereitungen zu dem abscheulichen öffentlichen Schauspiele getroffen. Auf dem Hauptplatze wurde eine etwa fünfzig Fuß lange Bühne mit einem Balkon für den König errichtet, an deren äußerstem Ende rechts vom Balkon ein die ganze Breite der Bühne einnehmendes, fünfundzwanzig bis dreißig Stufen hohes Amphitheater für den Rat der Suprema und die übrigen Räte von Spanien sich erhob. Auf der obersten Höhe, über dem Balkon des Königs befand sich unter einem Baldachin der Armstuhl des Großinquisitors. Zur Linken des Balkons und der Bühne war ein anderes Amphitheater, zur Aufnahme der Verurteilten bestimmt. Mitten auf der Bühne befand sich noch ein drittes, kleineres, mit den offenen hölzernen Käfigen, in welche die Delinquenten eingeschlossen wurden während des Verlesens des Urteilsspruches. Diesen Käfigen gegenüber waren zwei Kanzeln aufgerichtet, von deren einer das Urteil verlesen wurde, und deren andere der Prediger bestieg. Außerdem war in der Nähe des Platzes noch ein Altar für die Räte hergestellt. Nächst dem Balkon für den König, die königliche Familie und die Hofdamen hatten auch die Gesandten und die Großen des Reichs ihre besonderen Balkons, während die übrigen Plätze für das übrige Volk bestimmt waren.

Am Abend vor dem für das Autodafé bestimmten Tage wurde das »große Menschenschlachtfest« durch eine Prozession der Kohlenhändler, der Dominikaner und der Familiaren eingeleitet, welche aus der Kirche nach der Bühne auf dem Hauptplatze zogen und neben dem Altar ein mit einem schwarzen Schleier verhülltes grünes Kreuz und die Fahne der Inquisition aufpflanzten. Die ersteren und die letzteren begaben sich hierauf zurück, während die Dominikaner auf der Bühne verblieben und einen Teil der Nacht mit Beten und Psalmodieren verbrachten. Bei Tagesanbruch rief der dumpfe Ton der Glocke der Kathedrale die Gläubigen zu dem empörenden Schauspiel. Das Volk, die Vornehmsten wie die Geringsten, drängte sich dazu, und die angesehensten Personen boten ihre Dienste als Begleiter der Verurteilten an. Bereits um sieben Uhr morgens erschien der Hof auf seinem Balkon. Um acht Uhr schritt der Zug dann aus dem Inquisitionspalaste nach der Bühne. Hundert Kohlenhändler, welche das Holz zu den Scheiterhaufen lieferten, mit Piken und Musketen bewaffnet, machten den Anfang. Ihnen folgten die Dominikaner, welchen ein weißes Kreuz vorangetragen wurde. Hinter diesem trug ein Großer des Reiches – der Familie des Herzogs von Medina-Celi stand diese zweifelhafte Auszeichnung erblich zu – die Fahne der Inquisition, gefolgt von den Granden und deren Familien. Ihnen nach schritten die Verurteilten. Die nur mit gelinden Strafen Belegten kamen zuerst. Sie waren barhäuptig und barfüßig und mit dem San Benito bekleidet. Hierauf kamen die zur Geißelung, zu den Galeeren und zur Einkerkerung Verdammten, dann diejenigen, welche durch Bußfertigkeit nach ergangenem Urteilsspruch die Gnade erwirkt hatten, nicht lebendig verbrannt, sondern erst erdrosselt zu werden. Sie trugen den San Benito und auf dem Haupte eine drei Fuß hohe spitze Papiermütze, die sogenannte Coroza, auf welcher, sowie auf dem San Benito, Teufelsfratzen und Flammen gemalt, deren Spitzen jedoch nach unten gekehrt waren. Diejenigen, welche wegen Hartnäckigkeit in der Ketzerei oder Rückfalls in dieselbe verurteilt worden waren, lebendig verbrannt zu werden, die nun folgten, waren ebenso bekleidet, nur kehrten die Flammen auf ihren Carozas und San Benitos die Spitzen nach aufwärts. Ein jeder trug eine gelbe Wachskerze in der Hand und wurde von zwei Familiaren und zwei Geistlichen begleitet. Solchen, von denen man fürchtete, daß sie vor der Hinrichtung noch öffentlich sprechen würden, machte man dies durch einen in den Mund gesteckten Knebel zur Unmöglichkeit.

Die Bildnisse der Entflohenen und die Gebeine verurteilter Toten, die noch im Grabe keine Ruhe fanden, erschienen dahinter in schwarzen, mit Sinnbildern der Hölle bemalten Särgen liegend, in dem scheußlichen Zuge. Hierauf kamen die Räte der Suprema, die Inquisitoren und die Geistlichkeit zu Pferde und zuletzt der Großinquisitor in seinem violetten Feierkleide, umgeben von seiner stattlichen Leibgarde.

Sobald der Zug auf der Bühne eingetroffen war und jeder seinen Platz eingenommen hatte, las ein Geistlicher vorm Altar die Messe. Vor Lesung des Evangeliums wurde dieselbe unterbrochen, indem alsdann der Großinquisitor sich von seinem Sessel erhob, sich das *Pluviale* (das Priestergewand) und die *Mitra* (Bischofsmütze) aufsetzen ließ und sich dann zu dem königlichen Balkon begab, um dort dem Könige den feierlichen Eid zur Beschützung des römisch-katholischen Glaubens und Inquisition abzunehmen, welchen Eid der Monarch stehend und mit entblößtem Haupte zu leisten hatte. Ein Gleiches geschah dann seitens der ganzen übrigen Versammlung. Danach hielt ein Dominikaner eine Predigt gegen die Ketzerei, und nunmehr wurden die Urteilssprüche verlesen, welche die Verurteilten knieend vor einem Kruzifix, die ausgelöschten Kerzen in der Hand, anhören mußten. Sobald dies geschehen, wurden sie auf ihre früheren Plätze zurückgeführt, und alsbald sprach der Großinquisitor die Absolution für die in den Schoß der Kirche wieder Aufzunehmenden aus. Hierauf gab ihnen ein Diener der Inquisition mit der Hand einen Schlag auf die Brust, zum Zeichen, daß sie von jetzt ab der weltlichen Obrigkeit – oder besser den Nachrichtern – überliefert seien. Diese bemächtigten sich ihrer sofort, legten sie in Ketten, und der Großinquisitor befahl ihre Abführung zum Richtplatz, und während man die Bildnisse und Gebeine der verstorbenen Ketzer verbrannte, wurden sie an die Pfähle in den Scheiterhaufen gebunden, welche man dann in Flammen setzte. Zum Schluß der ganzen demoralisierenden Feier wurden die zu den Galeeren und zu lebenslänglichem Kerker Verurteilten in die »heiligen Häuser« (Santas casas) zurückgeführt.

V.

»Wo des Weltherrn Zepter dem Inquisitor
Schürte den Holzstoß.«
Platen.

Torquemadas Nachfolger (1498) in der Würde eines Großinquisitors, der Dominikaner Diego Deza, erhielt die päpstliche Bestätigung zwar, jedoch nur über Kastilien. Der glaubenswütige Dominikaner wußte indes auch die Verleihung der ganzen Gewalt seines Amtsvorgängers vom Heiligen Vater zu erlangen.

Um der Tätigkeit der Inquisition neuen Aufschwung zu verleihen, erließ er bald neue Verordnungen, u. a. solche, welche sich auf Einziehung der Ketzergüter, diesen für den König wichtigsten Punkt, bezogen. Auch schlug er demselben vor, die Inquisition nach dem neuen System in Sizilien und Neapel einzuführen, wodurch sie der bisherigen geringen Abhängigkeit von Rom entzogen und ganz dem nur unter dem König stehenden Generalsinquisitoriat von Spanien unterworfen werden mußte, auf welchen Vorschlag der Monarch natürlich gern einging.

In Sizilien fand man aber so heftigen Widerstand, daß es drei Jahre langen militärischen Einschreitens bedurfte, bevor die Inquisition Boden faßte, und auch später zeigten sich im Volke dort vielfach drohende Bewegungen gegen das fremdländische Institut brutaler Willkürherrschaft. Noch hartnäckiger bekämpften die Neapolitaner die Einführung der spanischen Inquisition; zuletzt beschränkte sich Ferdinand in Neapel auf die Vertreibung der Marranos.

Am 12. Februar 1502 erschien auf Diego Dezas Veranlassung ein königlicher Befehl, welcher die Mauren von Kastilien und Leon denen von Granada gleichstellte und auch ihnen die Annahme der Taufe oder Auswanderung befahl. Auch wurde auf Rat des Großinquisitors die Inquisition in Granada eingeführt. Die furchtbare Strenge gegen die Moriskos trieb diese zu einem Aufstand, infolgedessen und des Auswanderungsbefehls Spanien wieder Tausende edler, reicher und betriebsamer Bewohner den Rücken kehrten. Gleichzeitig vertrieb man eine große Zahl fremder Juden, welche sich während ihres Aufenthaltes in Spanien das Christentum nicht aufzwingen lassen wollten.

Ferdinand erweiterte den Wirkungskreis der Inquisition unausgesetzt, und man dehnte sie jetzt auch auf Wucher und Sodomiterei (widernatürliche Unzucht) aus. Grausamer noch als Deza hauste der Inquisitor Lucero in Kordova.

Ein Stern der Hoffnung schien allen Unterdrückten aufzugehen, als Ferdinands Schwiegersohn und Sohn Kaiser Maximilians I., Philipp, den

Thron von Kastilien bestieg, der auch wirklich den Generalinquisitor Deza und den Inquisitor Lucero ihrer Ämter entsetzte. Allein schon am 25. Sept. 1506, drei Monate nach seiner Thronbesteigung, starb Philipp I., und sogleich begann Deza sein früheres Treiben wieder. Gegen Lucero erhob sich das Volk in Kordova, erstürmte die Kerker der Inquisition und befreite die Gefangenen. Nur mit genauer Not konnte sich der Bluthund Lucero retten. Ferdinand V., der rasch die Regentschaft übernahm, suchte die Ruhe wiederherzustellen, aber Deza legte besorgt sein Amt nieder, und an seine Stelle trat Franz Ximenes de Cisneros, ein geistreicher Staatsmann, der die Verhältnisse in der größten Verwirrung vorfand, sie aber zu lösen suchte.

Mit Bewilligung des Königs richtete er eine aus zweiundzwanzig Personen bestehende Junta ein, welche mit Erledigung aller durch Lucero in Kordova eingeleiteten Prozesse betraut wurde. Diese Junta, die sogenannte »katholische Kongregation«, hielt 1508 zu Burgos ihre erste Sitzung und entließ nach einigen Monaten die noch in Haft befindlichen Angeklagten, stellte die Verstorbenen, wegen Ketzerei Beschuldigten in ihren Ehren wieder her und ließ die niedergerissenen Häuser derselben wiederaufbauen. Dieses Edikt, welches das Volk freudig erregte, wurde zu Valladolid veröffentlicht. Auch verordnete Ximenes, daß die bei der Inquisition angestellten Beamten in bezug auf ihr sittliches Benehmen zu den weiblichen Inquisitionsgefangenen unter strenge Aufsicht gestellt wurden. Im übrigen führte Ximenes die Inquisition auch auf den Kanarischen Inseln und in Cuenca ein und widerstand dem allgemeinen Wunsche des Volkes nach einer durchgreifenden Verbesserung der Inquisition.

Ganz besonders erregte die maßlose Schreckensherrschaft des heiligen Gerichts die gerechte Erbitterung der auf ihre Landesprivilegien stolzen Aragonier, die mit achtungswertem Mute dem Despotismus entgegentraten. Ihre Haltung wurde eine so drohende, daß sich Ferdinand V. im Jahre 1510 genötigt sah, die Cortes zu berufen, um die Beschwerden gegen die Ausschreitungen des Inquisitionspersonals entgegenzunehmen. Die Cortes bestanden fest auf Haltung der vom Monarchen beschworenen Landesgesetze und drangen auf Einführung der Öffentlichkeit der Inquisitionsprozesse. Der König gab ausweichende Antworten, mußte aber bei einer zweiten Versammlung derselben im Jahre 1512 ihre Beschlüsse annehmen, welche in Form eines Vertrages zwischen König und Volk und in fünfundzwanzig Artikeln abgefaßt die Beschränkung der Gerichtsbarkeit der Inquisitoren und die Verminderung ihrer angemaßten Vorrechte bedingten; von der Forderung der Öffentlichkeit standen die Aragonier zu ihrem großen Schaden jedoch törichterweise ab. Der König hatte nur unter dem Druck der Verhältnisse nachgegeben und zeigte bald sein wahres Gesicht. Er ließ sich vom Papste seines gegebenen Eides entbinden, und nun war die Inquisition sofort wieder in alter mörderischer Weise in Betrieb. Ein Schrei der Entrüstung ging durchs Land, und der Aufstand wurde so drohend, daß Ferdinand auf die päpstliche Eidesentbindung verzichtete und beim Heiligen Vater sogar die Ungültigkeitserklärung der Cortesbeschlüsse erwirkte.

Mittlerweile hatten die zum Christentum übergetretenen Mauren und Juden in Kastilien dem König zur Bestreitung des Krieges gegen Navarra 600 000 Dukaten angeboten unter der Bedingung, daß er durch ein Staatsgrundgesetz die Öffentlichkeit im Inquisitionsprozeß einführe. Ein gleiches Anerbieten wurde seinem Enkel Karl von Österreich, dem nachmaligen Kaiser Karl V. gemacht; Ximenes wußte jedoch beide Male die Könige zu bewegen, die Angebote abzulehnen. Die Bereitwilligkeit Ferdinands im ersteren Falle war auch nur Trug gewesen; denn gerade durch die Heimlichkeit und das Spioniersystem erhielt sich das für Ferdinands Krone so wichtige geistliche Polizeiinstitut. Kurz nach Ferdinands Tode (1517) starb auch Ximenes. Sein Nachfolger König Karl I. (Kaiser Karl V.) hatte in bezug auf Aragonien und Katalonien die Erhaltung der Landesprivilegien feierlich versprochen und mit den Cortes einen Vertrag abgeschlossen, nach welchem in Inquisitionsangelegenheiten alles nach den heiligen *canones* und den Verfügungen des päpstlichen Stuhles entschieden werden sollte. Die Nation gab sich nun großen Hoffnungen hin, täuschte sich aber bitter; denn bald stellte sich heraus, daß der König sowohl wie die Inquisition auf die Unterdrückung der Selbständigkeit und Freiheit des Volkes hinarbeiteten. Beispielsweise ließ die Inquisition zu Saragossa unter einem nichtigen Vorwande den Sekretär von Aragonien verhaften und Karl die Cortes auflösen, unbekümmert darum, daß ihm dieselben bewiesen, daß er dazu gar kein Recht habe, und sie die Steuern verweigerten. Durch den Papst aber wurde er in diesem unsauberen Handel diesmal in die Enge getrieben. Papst Leo X. suchte die Inquisition dem König zu entwinden und befahl, die Inquisititoren sollten von ihren Ämtern zurücktreten und das Tribunal des heiligen Gerichts sollte mit Domherren besetzt werden, welche die Bischöfe und Kapitel vorzuschlagen das Recht hätten. Das paßte aber den Inquisitoren durchaus nicht in den Kram, und frech verweigerten sie der Verordnung des Heiligen Vaters den Gehorsam. In dieser Verlegenheit schickte der König eine außerordentliche Gesandtschaft an Leo X., die die Zurücknahme der päpstlichen Verfügung erwirkte. Die Aragonier führten ihre Angelegenheit beim päpstlichen Stuhle aber auch noch fort, und gerade die Geistlichkeit, namentlich der Bischof von Zamora, stand an der Spitze der Bewegung gegen die Inquisition. Auf des Königs Veranlassung gestattete der Heilige Vater die Verfolgung der aufsässigen Geistlichen, allerdings unter der Bedingung, daß keine andere Strafe als Exkommunikation gegen sie verhängt werden dürfe. Daran kehrte sich aber Karl nicht. Sein Hofrichter verurteilte den Bischof von Zamora zum Tode, und der König ließ das Urteil auch vollstrecken. Man sieht, das Staatsinteresse war jetzt die Hauptsache geworden, und die Inquisition die vorzüglichste Stütze des Thrones. Großinquisitor war damals (nach Ximenes' Tode bis zum Jahre 1522) der Kardinal Adrian Florencio, welcher mit dem unseligen Institut auch Indien und Ozeanien heimsuchte und diesen Fluch der Christenheit auf bisher glückliche Völker ausdehnte. Und dieser Großinquisitor avancierte nach Leos X. Tode sogar selbst zum Papst und übertrug bei Besteigung des päpstlichen Stuhls die Großinquisitorwürde dem Erzbischof von Sevilla, Alfonso Manriquez.

Leider trug in Spanien die damals in Deutschland zum Heil der Christenheit entstandene Reformation gerade wesentlich zur Verschärfung der Inquisition bei, und nun befürchtete auch der päpstliche Stuhl die Verbreitung der lutherischen Lehre in Südeuropa. Angesichts dieser Gefahr gab er seinen langen geheimen und offenen Widerstand gegen die spanische Krone in bezug auf die Inquisition auf und die Spanier der Willkürherrschaft preis. Es war ein Akt der Selbsterhaltung; denn nichts Geringeres stand auf dem Spiele als das Papsttum selbst.

Zur Verschärfung der spanischen Inquisition gaben damals die gerade sich entfaltenden neuen Bewegungen der Moriskos Veranlassung.

Manriquez, der zu jener Zeit jeden Christen verpflichtete, binnen sechs Tagen alles dem römischen Stuhl Zuwiderlaufende dem heiligen Gericht zur Anzeige zu bringen, benahm sich zwar gegen die Moriskos so milde, als es ihm seine Stellung irgend gestattete aber zu ihrem Unglück brach um diese Zeit gerade ein Bürgerkrieg zwischen Valencia und Kastilien aus, an welchem sie sich beteiligten. Darüber aufgebracht, ließ Karl V. das Edikt vom Jahre 1502 gegen sie in Anwendung bringen und stellte durch königlichen Befehl von 1525 allen Mauren in Valencia, Kastilien und Aragonien anheim, entweder das Christentum anzunehmen oder auszuwandern. Diese flüchteten jetzt zum großen Teil in die Gebirge und leisteten des Königs Truppen so hartnäckige Gegenwehr, daß Karl etliche Bedingungen einging, unter welchen sie allein sich unterwerfen wollten, wie: sie von der Inquisition unbehelligt, ihnen die Sprache und Tracht zu lassen und zu keinen höheren Abgaben heranzuziehen, als die christliche Bevölkerung. Nach Annahme dieser Bedingungen seitens des Königs ließen sich die Mauren taufen; indes auch von ihnen kehrten die meisten sehr bald zum Glauben ihrer Väter zurück. Durch diese Abtrünnigkeit verfielen sie der Inquisition, welche schonungslos gegen sie wütete, und ihre förmliche Ausrottung begann; glücklich waren diejenigen zu preisen, welchen die Flucht nach Afrika gelang.

Die Furcht vor dem Eindringen der Reformation in Spanien richtete um diese Zeit die Aufmerksamkeit der Inquisition namentlich auf das Bücherwesen, und der Rat der Suprema ließ sämtliche Bibliotheken nach Reformationsschriften durchsuchen und verpflichtete die Katholiken aufs strengste, jedermann, der solche Bücher besaß oder gelesen hatte, anzuzeigen. Karl V. ließ im Jahre 1539 sogar ein Verzeichnis gefährlicher Bücher veröffentlichen, und unter Androhung von Todesstrafe wurde der

Besitz und das Lesen der Schriften des Erzketzers Luther untersagt. Man ging noch weiter und wies jeden Katholiken an, der Inquisition alle Personen anzugeben, von welchen man Äußerungen vernommen hatte, die nach Luthers Lehrsätzen hinneigten, und damit wurde dem niederträchtigsten Denunziantentum Tür und Tor geöffnet. So konnte es nicht ausbleiben, daß bei einer solchen Ausdehnung der Wirksamkeit der Inquisition viele ausgezeichnete Männer durch ihre Gelehrsamkeit den dummen Inquisitoren verdächtig erschienen, auch wohl aus Neid und Privathaß in böse Prozesse verwickelt wurden, wie der gelehrte Benediktiner Virues, ein Liebling Karls.

Karl V., damals selbst besorgt, daß ihm die Macht der Inquisition übers Haupt wachsen könnte, enthob den Großinquisitor Manriquez seiner Würde und befahl ihm, sich in sein Erzbistum Sevilla zurückziehen. Außerdem nahm er dem heiligen Gericht im Jahre 1535 die königliche Jurisdiktion ab, welches Verhältnis zehn Jahre währte. Nachdem Manriquez zu Sevilla im Jahre 1538 gestorben, ernannte Karl den Erzbischof zu Toledo, Juan Pardo de Tabera, zum Großinquisitor, den aber Papst Paul III. erst nach einem Jahre bestätigte. Während dieser Zeit verbot der König den Inquisitoren in Amerika die Verfolgung der Indianer.

Am 27. September 1540 bestätigte der Papst durch die Bulle »*Regimini militantis ecclesiae*« den durch Ignaz Loyola gestifteten Jesuitenorden, dessen spanische Mitglieder aber bald die Eifersucht der Inquisitoren erregten. Fünf Jahre später, am 1. April 1545, kam eine neue wichtige Gründung, die des Generalinquisitoriats zu Rom, welche aus sechs durch den Papst erwählten Kardinälen, aus zwei Notaren, einem Assessor und mehreren Konsultoren und Qualifikatoren, vielen untergeordneten Dienern und einer Unzahl von Spionen, welche alle große Vorrechte genossen, bestand. Von dieser höchsten Instanz, an deren Spitze der Heilige Vater selbst stand, fand selbstredend keine weitere Berufung statt. Diese päpstliche *Congregatio Sancti Officii* bedrohte die Unabhängigkeit der spanischen Inquisition, und trotz der päpstlichen Versicherung, daß die letztere in ihren alten Vorrechten dadurch keineswegs gekränkt werden sollte, zeigten sich doch die wahren Absichten des römischen Stuhles sehr bald, indem das Generalinquisitoriat sich des öfteren in die von der spanischen Inquisition erlassenen Gesetze einzugreifen gestattete. Die letztere setzte jedem Eingriff energischen und zähen Widerstand entgegen und weigerte sich geradezu, solchen apostolischen Breves Gehorsam zu leisten, welchen den Entscheidungen des Rates der Suprema nicht entsprachen. Damals schon fühlte sich die spanische Inquisition aber auch bereits stark genug, auch dem König Trotz zu bieten. Noch um jene Zeit, als ihr Karl V. die königliche Jurisdiktion entzog, d. i. das Vorrecht, ihre Beamten, Familiaren und sonstige weltlichen Angehörige über nichtgeistliche Vergehen zu richten, verwickelten die Inquisitoren von Barcelona den Vizekönig von Katalonien in einen ärgerlichen Prozeß, lediglich, weil er einen Familiaren, einen

Gefängniswärter und den Bedienten eines Großsergeanten des heiligen Gerichts in Untersuchung gezogen hatte, was die Inquisitoren als eine Beleidigung der Inquisition ansahen. Sie verlangten von Karl V. die Bestrafung des Vizekönigs, und nach Zustimmung Karls mußte sich der Vizekönig wirklich zu einem Autodafé stellen, wo er die Absolution von dem Verbrechen der Inquisitionsbeleidigung erhielt, die dadurch mit dem Verbrechen der Majestätsbeleidigung gewissermaßen auf eine Stufe gestellt wurde. Ganz ähnlich erging es dem Vizekönig von Sizilien. –

Unter Taberas Großinquisitoriat erhielt auch die portugiesische Inquisition ihre Organisation, und zwar infolge eines eigentümlichen Betruges. Ein gewisser Juan Parez de Saavedra, welcher ein ganz besonderes Geschick besaß, Handschriften nachzuahmen, hatte sein Talent zum Erwerbung von Reichtümern und falschen Titeln benutzt und zuletzt die Frechheit so weit getrieben, falsche päpstliche Breves anzufertigen. In Gemeinschaft mit einem Jesuiten stellte er eine päpstliche Bulle her, worin er zum Legaten *a latere* ernannt und beauftragt wurde, die Inquisition in Portugal einzuführen unter der Voraussetzung, daß der König seine Einwilligung dazu gebe. Der schlaue Handschriftenfälscher verschaffte sich glücklich sowohl die Anerkennung der Geistlichkeit, wie die des portugiesischen Hofes. Da entdeckte Tabera plötzlich den Betrug und ließ den falschen Legaten gefangensetzen. Er wurde zu den Galeeren verurteilt; die von ihm eingerichtete Inquisition für Portugal ließ man aber bestehen, weil sie der vielen aus Spanien eingewanderten Juden halber unentbehrlich sei.

Tabera starb im Jahre 1545. An seine Stelle als Großinquisitor trat Karls V. Beichtvater, der Dominikanerprior Garcia de Loaisa, den aber schon im nächsten Jahre der Tod ereilte, während welcher Zeit die Einführung der spanischen Inquisition in Neapel einen Aufstand der dortigen Bevölkerung hervorrief. Papst Paul III. hatte dabei die Hand im Spiele, und das Ergebnis war, daß die päpstliche Inquisition siegte.

Loaisa folgte als Großinquisitor Fernando Valdes, ein nahezu siebzigjähriger Greis, der es besonders auf das Luthertum abgesehen hatte, so daß kein Gelehrter vor dem Argwohn der unwissenden Inquisitoren sicher war. Der Erzbischof von Toledo, Bartholomäus Carranza, welchen Valdes unversöhnlich haßte, sowie der glaubenseifrige Prediger Dr. Egidius und dessen Lehrer Rodriguez de Valero befanden sich unter der Zahl der Verfolgten. Die fünfundachtzigjährige Frau Maria von Burgund wurde deshalb des Judentums geziehen, weil ein Sklave die Äußerung von ihr gehört haben wollte, »die Christen hätten weder Glauben noch Gesetz«. Fünf volle Jahre ließ man sie im Kerker schmachten, dann mußte die Neunzigjährige die Folter bestehen, der sie erlag. Ihre Leiche und ihr Bild wurden verbrannt. In dieser Weise schaltete der fanatische Greis, der sich beeilte, während der kurzen Spanne Zeit, die ihn noch vom Tode trennte, möglichst viele Menschen seinem finsteren Wahn zu opfern.

Kaiser Karl V. hatte es nicht an Bemühungen fehlen lassen, die spanische Inquisition auch in den Niederlanden einzuführen, wo die Reformation schnell Eingang gefunden hatte. Alsbald flammten auch dort die Scheiterhaufen empor, und übermütige Mönche mißbrauchten frech ihre Macht, die Religion des Friedens zu verhöhnen und ein glückliches und reiches Volk knechten zu wollen. Allein die Sache nahm dort einen ganz anderen Ausgang, als die Fanatiker geahnt hatten. Das kräftige und freigesinnte Volk der Niederländer wehrte sich mannhaft, und das heilige Blutgericht vermochte es nicht, in den Niederlanden heimisch zu werden.

Unter Karls V. Regierung kamen einige ganz besonders interessante Prozesse vor, welche so recht den Geist der Zeit widerspiegeln. Unter anderem wurde dem Pfarrer von Bargota in dem Sprengel von Calahorra wegen Zauberei der Prozeß gemacht. Er sollte angeblich in der Zeit von wenigen Minuten die größten Reisen gemacht und mehrere Siege des Kaisers zu derselben Zeit, als sie errungen wurden, in Logrogno und Viana erzählt haben, ohne daß er seinen Aufenthalt verließ, und seine Mitteilungen wurden durch die auf gewöhnlichen Wegen später eingehenden Berichte als wahr bestätigt. Sein dienstbares Teufelchen sollte ihm auch anvertraut haben, daß in einer gewissen Nacht der Papst Alexander VI. durch die Hand eines beleidigten Edelmannes eines gewaltsamen Todes sterben würde. Da hintergeht der gute Pfarrer aus Besorgnis um das Leben des Heiligen Vaters seinen Teufel und läßt sich von demselben unter dem Vorgeben, der Beisetzung des Papstes beiwohnen zu wollen, flugs nach Rom bringen, eilt zum Oberhaupt der Kirche, teilt ihm den Mordanschlag mit und beichtet ihm zugleich, auf welche unchristliche Weise er denselben entdeckt habe. In Anbetracht der ihm geleisteten wichtigen Dienste erteilt ihm der Heilige Vater hierauf die Absolution, und auch die Inquisition, die sich lebhaft für die Angelegenheit interessierte, entließ den ehrlichen Pfarrherrn in Gnaden gegen sein Versprechen, künftig nichts mehr mit dem Teufel zu schaffen haben zu wollen.

Ein anderer Prozeß ist der gegen Torralba aus Cuenca. Dieser war in Rom mit einem Dominikaner bekanntgeworden, der auch über einen dienstbaren Geist – aber einen guten – verfügte, der Zequiel hieß, alles Verborgene wußte, sich durch keinen Vertrag binden ließ, sondern alles aus Freundschaft tat. Bruder Peter, der Dominikaner, war so gefällig, seinem Freunde Torralba den Zequiel zu seiner Verfügung anzubieten, und dieser erschien demselben als ein hübscher Jüngling und versicherte ihm, er wolle ihm für die Lebenszeit überallhin folgen. Torralba war fest überzeugt, Zequiel sei ein guter Geist, da er nie über die Kirche sprach und ihm Vorwürfe machte, wenn er einen Fehltritt beging. Torralba, der unter dem Schutze des Kardinals von Volaterra als Arzt in Rom eine hübsche Praxis hatte, kehrte von dort im Jahre 1510 nach Spanien zurück, und daselbst eingetroffen, eröffnete ihm sein Freund Zequiel, daß König Ferdinand V. bald eine unangenehme Neuigkeit erfahren würde. Torralba teilte dies dem Erzbischof Ximenes mit, und wirklich erhielt der König noch an demselben Tage die Nachricht von einer Niederlage seiner Truppen gegen die Mauren. Ximenes hatte gehört, daß der Kardinal von Volaterra Zequiel von Angesicht gesehen und wünschte nun auch dessen persönliche Bekanntschaft zu machen. Trotz der Bitte Torralbas wollte sich der Geist jedoch nicht herbeilassen, beauftragte indessen seinen Freund Ximenes zu sagen, daß er einst noch König würde. Nach manchen anderen Voraussagungen und mehrjährigem Zusammenleben riet Zequiel im Jahre 1525 Torralba, von einem neuen Aufenthalt in Rom nach Spanien zurückzukehren, weil er dort die Stelle eines Leibarztes bei der Infantin erhalten würde. Torralba teilte dies dem Herzog von Bejor und dem Erzbischof von Barin mit, und durch ihre Vermittelung erhielt er im folgenden Jahre wirklich die Leibarztstelle. Während der Belagerung Roms durch die Kaiserlichen sprach Torralba den Wunsch zu Zequiel aus, dies mit anzusehen, und sogleich brachte ihn der gefällige Geist in kaum einer halben Stunde von Spanien nach Rom und in anderthalb Stunden nach Valladolid zurück. Da Torralba sein inniges Verhältnis zu dem Geist nicht geheimhielt, so stand er bald im Rufe eines Zauberers und wanderte deshalb in die Kerker der Inquisition. Er leugnete nicht. Seine Sache kam vor den Rat der Suprema, welche ihn foltern ließ, namentlich, um zu ermitteln, ob Zequiel ein guter oder ein böser Geist sei. Unter der Tortur gestand nun Torralba auf die Frage, ob Zequiel ihm vorhergesagt habe, daß er in die Hände der Inquisition kommen werde, ganz unumwunden: »Der Geist habe ihn allerdings gewarnt, nach Cuenca zu gehen, indem ihn dort ein großes Ungück erwarten würde.« Im übrigen blieb er dabei, daß alle seine früheren Aussagen wahr seien, und die Inquisitoren glaubten ihm. Sie absolvierten ihn nach dreijähriger Gefangenschaft unter der Bedingung, daß er die gewöhnliche Abschwörungsformel für Ketzereien ablege, eine Gefängnisstrafe ausstehe, den San Benito so lange, als es der Großinquisitor für gut finden würde, trage und sich verpflichte, sich in keiner Weise mehr mit seinem Freunde Zequiel einzulassen. –

Nach Karls V. Abdankung war Philipp II. (1556) Herr sämtlicher zur spanischen Monarchie gehörigen Reiche geworden. Diese Regierung war für die spanische Inquisition überaus günstig, da Philipp II. weit bigotter war als sein Vater und seine übrigen Vorfahren. Im Großinquisitor Valdes fand er das geeignetste Werkzeug, auch die letzten Regungen der Denk- und Glaubensfreiheit in Spanien auszurotten.

Philipp erließ gleich bei Antritt seiner Regierung eine Verfügung, in welcher er dem Angeber den vierten Teil von den Gütern des betreffenden Angeschuldigten, wenn dieser verurteilt wurde, überwies. In einer weiteren Verordnung (1558) verhängte er die Todesstrafe über Kauf, Verkauf und Lesen von verbotenen Büchern.

So sehr Philipp aber auch die Inquisition begünstigte, so wenig wollte er doch die Stiftung eines neuen militärischen Ordens zu ihren Gunsten, welchen man vorgeschlagen hatte, nämlich des »Ordens der heiligen Maria vom weißen Degen«, dessen Großmeister der Großinquisitor von Spanien sein sollte und dessen Mitglieder bloß aus solchen Spaniern bestehen sollten, unter deren Ahnen sich weder Juden, Mauren, noch Ketzer, noch Christen, die irgendein Strafurteil der Inquisition erduldet hatten, befinden durften. Zweck des geplanten Ordens war, die katholische Religion zu verteidigen, um Juden, Mauren und Ketzer jeder Art von dem Eindringen in Spanien abzuhalten. Fast die ganze spanische Geistlichkeit sowie vierhundert adlige Familien waren für diesen Plan; natürlich billigten ihn auch der Großinquisitor und der Rat der Suprema. Man stellte dem König vor, daß durch die Stiftung des »Ordens vom weißen Degen« der Staat eine sehr beträchtliche und noch dazu kostenlose Verstärkung der Armeen erhalten würde. Philipp II. ging dessenungeachtet nicht auf den Leim. Er liebte es, trotz seines blinden Glaubenseifers, alles eingehend zu prüfen. Deshalb beauftragte er seinen Rat mit Untersuchung des Projektes, wobei ihn ein kastilischer Edelmann darauf aufmerksam machte, wie leicht der »Orden vom weißen Degen« einst selbst die königliche Autorität überflügeln könne, wenn der Großinquisitor, als Großmeister des Ordens, unbeschränkte Macht über die fanatischen Truppen ausübe, wie überaus bedeutend die Macht der Inquisition bereits sei und wie unpolitisch es gehandelt sein würde, dieselbe noch zu vermehren. Das schlug durch. Philipps Furcht vor jeder Beschränkung seiner souveränen Gewalt war erwacht, und er erklärte: »Er habe sich von der Notwendigkeit der Stiftung jenes neuen Ordens nicht überzeugen können.«

Mit Zustimmung des Papstes Pauls V. wurden die inquisitorischen Maßregeln immer mehr verschärft. Unter anderem befahl dieser Papst dem Großinquisitor, alle Lutheraner den weltlichen Gerichten zu überliefern und alle diejenigen Personen, welche verbotene Bücher lasen oder aufbewahrten, unnachsichtlich zu verfolgen. Die Beichtväter mußten ihre Beichtkinder auffordern, zu bekennen, ob sie jemand wüßten, der solche Bücher besitze, sie lese oder anderen zu lesen gebe. Über alles dies mußten sie unter Strafandrohung des schärfsten Kirchenbannes dem heiligen Gericht Anzeige machen; diejenigen Beichtväter, welche es unterlassen hatten, diesem Befehl nachzukommen, wurden ebenso bestraft wie die Schuldigen, selbst wenn ihre Beichtkinder Erzbischöfe, Bischöfe, Kardinäle usw. waren. Diese Maßregeln, hauptsächlich gegen das Luthertum gerichtet, trugen bald die furchtbarsten Früchte, die Autodafés vermehrten sich in ganz ungeheuerlicher Weise und forderten ihre Opfer aus jedem Range und Stande, Alter und Geschlecht.

Papst Paul IV. wurde von den Römern verabscheut, weil er die Inquisition so begünstigte. Der Aufstand bei seinem Tode in Rom, wobei man seine Statue auf dem Kapitol niederriß und die Inquisitionskerker mit Gewalt erbrach, hatte keinen Einfluß auf die Inquisition in Spanien. Unter den damaligen dortigen Opfern befanden sich Gefängniswärter, welche verurteilt worden waren, weil sie einzelnen Gefangenen erlaubt hatten, sich miteinander zu unterhalten und weil sie mehrere davon milder behandelt hatten, als ihre Vorschrift gestattete, ferner öffentliche Dirnen, weil sie geäußert hatten, daß ihr Gewerbe keine Todsünde sei, sodann ein Tuchfabrikant, weil er gegen einen Alkalde der Inquisitionsgefängnisse sich verschworen hatte, außerdem mehrere Personen, welche, nachdem sie aus dem Inquisitionsgefängnisse entlassen waren, die schrecklichen Geheimnisse derselben bekanntgemacht hatten. Es verging kaum ein Jahr, in welchem nicht Autodafés stattfanden, wobei nicht einmal das Völkerrecht respektiert wurde; denn man verbrannte sogar Konsuln fremder Nationen und zog deren Güter ein. Aber trotz aller Gütereinziehungen befanden sich die Finanzen der Inquisition durch schlechte Verwaltung häufig in übler Verfassung, so daß man neue Einnahmequellen ausklügeln mußte, wobei die Last wieder auf die Bischöfe und die Kapitel fiel, wie denn die Inquisition die Macht und den Einfluß der hohen Geistlichkeit im Lande nach Kräften zu schwächen und zu vernichten suchte. Die Bischöfe und Kapitel ihrerseits widersetzten sich jedoch entschieden den Gewaltmaßregeln, welche die Inquisition durch ein päpstliches Breve zu beschönigen sich bemühte. Der Inquisition wie dem König flossen ganz unermeßliche Reichtümer zu, aber es war, als ob der Fluch für die ungerechte Erwerbung auf denselben ruhe; die Tyrannen wurden durch ihre eigenen Diener betrogen!

Auch Philipp II. setzte alles daran, die spanische Inquisition in den Niederlanden vollständig zu organisieren, was endlich dort die Gärung im Volke zum Ausbruch brachte. Das fluchbedeckte Wort »Inquisition« wurde die Losung des allgemeinen Volkskrieges gegen die verhaßte spanische Herrschaft. Selbst Philipps II. Feldherr und Generalstatthalter in den Niederlanden, der finstere, furchtbare Herzog Alba, konnte es weder durch seine große Kriegsmacht noch durch seine entsetzlichen Grausamkeiten und durch die Hinrichtung von 18 000 Ketzern innerhalb sechs Jahren dahin bringen, seines Königs Augapfel, die Inquisition, zum Siege zu verhelfen. Das niederländische (deutsche) Blut wehrte sich heldenhaft dagegen und fühlte, was der spanische Tyrann mit der Einführung seines Blutgerichts bezweckte. Die Niederländer wußten, es galt ihre Volksfreiheit; sie wollten weder kirchlich noch politisch mit den Spaniern über einen Kamm geschoren sein. Die nördlichen Provinzen des Landes, in welchen der Protestantismus längst unausrottbare Wurzeln gefaßt und Blüten getrieben hatte, rissen sich gänzlich von der spanischen Oberherrschaft los, und selbst die südlichen Provinzen, welche katholisch geblieben waren, wußten bei ihrer Wiederunterwerfung sich die Inquisition fernzuhalten.

Im Herzogtum Mailand versuchte Philipp II. die spanische Inquisition ebenfalls einzurichten, jedoch auch ohne Erfolg. In diesem Herzogtum, in welchem 1563 plötzlich an Stelle der römischen Inquisition die spanische eingeführt werden sollte, erhoben sich der Adel und die gesamte Geistlichkeit, die Bischöfe an der Spitze, die Magistrate und das Volk einmütig dagegen. Infolgedessen bat der königliche Statthalter, um den drohenden Abfall Mailands von der spanischen Oberherrschaft zu verhüten, den König dringend, seinen Plan zurückzunehmen.

Die amerikanischen Inquisitions-Tribunale setzte Philipp auf drei fest, die in Lima, Mexiko und Karthagena ihren Sitz erhielten und unter der Gerichtsbarkeit des Großinquisitors von Spanien standen. Das erste Autodafé in Mexiko ging im Todesjahr Franz Cortez', des spanischen Eroberers des Landes (1547), in Szene.

Der bigotte König geriet im Jahre 1571 sogar auf die Idee, das heilige Gericht auf dem Meere herrschen zu lassen. Selbst der Ozean sollte den Ketzern keine Freistatt mehr gewähren. Zu dem Zwecke errichtete er wandernde Inquisitionen, welche anfangs den Namen »Inquisition der Galeeren« und dann den Namen »Inquisition der Flotten und Heere« erhielt, aber nicht von langer Dauer war, weil sie den Handelsverkehr zu sehr beeinträchtigte, der ohnehin schon unter der »Inquisition der Douanen« schwer zu leiden hatte, indem Beamte des heiligen Gerichts in allen Hafenstädten die Einfuhr verbotener Bücher hindern mußten, eine Gelegenheit, ihre Willkür walten zu lassen und ihre Habsucht zu befriedigen.

In Portugal, welches Philipp II. im Jahre 1580 in Besitz genommen hatte, war die spanische Inquisition schon seit 1536 im besten Zuge. Sie stand mit dem spanischen Großinquisitoriat schon seit 1544 in gegenseitigen Wechselbeziehungen.

Besondere Aufmerksamkeit wurde allmählich seitens der Inquisition auf den Mißbrauch gelenkt, welchen viele Beichtväter, besonders Mönche, mit ihren weiblichen Beichtkindern trieben. Dieser war allmählich so arg geworden, daß sich der Heilige Vater veranlaßt fand, die Inquisitoren aufzufordern, alle Beichtväter, welche die öffentliche Meinung deshalb anklagte, mit aller Strenge zu verfolgen. In dieser Angelegenheit ging die Inquisition mit äußerster Vorsicht zu Werke und vermied sorgfältig das Bekanntwerden solcher Fälle. Zahlreich waren derartige Prozesse, und sie enthalten eine Fülle der frevelhaftesten, gar nicht wiederzugebenden, gotteslästerlichen Unsittlichkeiten.

Am 2. September 1561 erließ Valdes nach längeren Beratungen mit den Mitgliedern der Suprema von Madrid ein aus 81 Artikeln bestehendes Edikt, welches sämtliche Bestimmungen und damals bestehenden Inquisitionsgesetze umfaßte und fortan das Strafgesetzbuch der Inquisition bildete. Dasselbe war schärfer als sonst die Bestimmungen gewesen und gewährte der Willkür der Ketzerrichter und deren Organen den weitesten Spielraum.

Die spanische Inquisition stand nunmehr auf dem Gipfel ihrer höchsten Macht.

In jene Zeit fällt der schon angedeutete Prozeß wider Bartholomäus Carranza, dessen Akten 24 Foliobände, jeder 11000 bis 12000 Seiten stark, füllten. Carranza, ein Muster von Frömmigkeit, wurde wegen seines makellosen Lebenswandels und seiner Mildtätigkeit weit und breit verehrt. Karl V. hatte ihn zum Konzil von Trident abgeordnet gehabt, Philipp II. zum Beichtvater erwählt und zum Erzbischof von Toledo ernannt und Papst Paul IV. ihm Beweise seiner Achtung gegeben. Allein alle diese Vorgänge schützten den ehrwürdigen Carranza nicht vor dem Hasse des Großinquisitors Valdes, der sein Verderben beschlossen hatte. Zunächst wurde gegen ihn vorgegangen, weil ihn sein Feind heimlich verdächtigt hatte, er begünstige lutherische Lehren. Groß war die Bestürzung bei seiner Verhaftung. Sein Gefängnis mußten Inquisitoren teilen, sein Tun zu beobachten. Carranza weigerte sich anfangs, die Kompetenz des Großinquisitors anzuerkennen. Dieser hatte sich indessen bereits ein päpstliches Breve verschafft, das ihm die Ermächtigung zu seinem Verfahren gegen Carranza verlieh. Grund dieses erklärte er sich selbst für kompetent. Die Sache war äußerst verwickelt, und Valdes wußte es sogar so weit zu bringen, daß der König sowohl wie der Papst Sixtus IV. den unglücklichen Carranza für einen Ketzer hielten. Trotz alledem vermochte der Elende nicht die geringsten Beweise für diese Behauptung beizubringen, um die Verurteilung zu erreichen. Deshalb zog er den Prozeß fünf Jahre lang hin und würde Carranza bis zu dessen Tode im Gefängnis festgehalten haben, hätte sich der König nicht schließlich von den Ränken des Großinquisitors überzeugt. Der Papst berief Carranza nach Rom, und die Inquisition sah sich genötigt, den Dulder im Jahre 1566 freizusprechen und aus dem Gefängnis zu entlassen. Valdes fiel selbst in die Grube, die er Carranza gegraben. Er wurde seiner Großinquisitorwürde entkleidet, die er länger als zwanzig Jahre, dem Lande zum Unheil, innegehabt, in welchem er 2500 Personen zum Scheiterhaufen und zusammen 19 000 verurteilt hatte.

Sein Nachfolger wurde der Kardinal Diego Espinosa, Bischof von Siguenza und Präsident des Rats von Kastilien, ein Günstling des Königs. In die Amtsführung dieses Großinquisitors fällt der berühmte Prozeß gegen den Infanten Don Carlos, an welchem die Inquisition indes nicht den ihr zugeschriebenen großen Anteil hatte. Nicht die Liebe des Kronprinzen zu seiner Stiefmutter, wie nach Schillers berühmtem Trauerspiel so gern geglaubt wird, sondern eine Verschwörung desselben gegen seinen Vater war die Ursache, weshalb Don Carlos vom Staatsrate – nicht durch die Inquisition – zum Tode verurteilt wurde. Letztere hatte mit dem Prozesse nichts zu schaffen. Es kam übrigens nicht zur Urteilsvollstreckung, da der Infant nach sechsmonatlicher Krankheit eines natürlichen Todes starb.

Nach einer sechsjährigen Amtsführung zog sich Espinosa die Ungnade des Königs zu, hauptsächlich deshalb, weil er die Strafe der Exkommunikation zu oft und namentlich weil er sie im Jahre 1571 auch über die Deputation von Aragonien verhängte. Über letztere Exkommunikation erhob sich in ganz Aragonien ein Sturm der Entrüstung, den zu dämpfen Philipp kein anderes Mittel übrigblieb, als den den Aragoniern so verhaßten Großinquisitor seines Amtes zu entsetzen. Nach Espinosas im Jahre 1572 erfolgtem Tode verlieh Philipp die Großmeisterwürde dem Bischof von Plasencia, Pedro Ponce de Leon, welchen jedoch, noch ehe er sein Amt übernahm, der Tod ereilte.

Ihm folgte 1573 der Kardinal Caspar de Quiroga, Erzbischof von Toledo. Dieser führte die Inquisition nun auch in dem bis dahin noch von ihr verschont gebliebenen Galizien ein.

Quiroga bemühte sich, den Großmeister der Malteser, einen von Spanien ganz unabhängigen souveränen Fürsten, welcher sich der Errichtung eines Inquisitions-Tribunals widersetzte, in einen Prozeß zu verstricken. Auch brachte es die anmaßende Inquisition, die im Sinne Philipps II. handelte, dahin, daß die Königin Johanna von Navarra als verstockte Ketzerin samt ihren Kindern, Heinrich und Katharina, durch den Papst in den Bann getan, ihrer Krone verlustig erkärt und ihr Land Philipp II. unter der Bedingung zugesprochen wurde, daß er es von den Ketzern säubere.

Den Gipfel der Verwegenheit aber erreichte die Inquisition, indem sie sogar dem Papst Sixtus V. selbst den Prozeß machte, weil er die Bibel ins Italienische, also in eine lebende Volkssprache übersetzt und den Gläubigen das Lesen dieser Übersetzung empfohlen hatte, und mit blindem Eifer bemühte sich die spanische Inquisition, die Verbreitung der Sixtinischen Bibel zu verhindern, was ihr jedoch nicht gelang. Kaum aber hatte Sixtus das Zeitliche gesegnet, so verdammte sie seine Bibelübersetzung ohne weiteres.

Bezeichnend ist auch der Prozeß gegen den königlichen Staatssekretär Antonio Perez. Dieser hatte – vermutlich im Einverständnis mit dem König – den dem letzteren gefährlich erscheinenden Juan Escovedo, den Geheimschreiber und Vertrauten des Helden Don Juan von Österreich, des Königs Halbbruder, welcher damals Statthalter in den Niederlanden war, ermordet. Später aber ließ Philipp sein Werkzeug Perez verhaften und hielt ihn zwölf Jahre zu Madrid im Kerker. Der Gefangene mußte die Tortur aushalten; es gelang ihm aber, nach Aragonien zu entfliehen, wo er sich unter den Schutz der alten freien Landesverfassung, »fueros«, stellte. Philipp jedoch erließ einen Verhaftungsbefehl, und Perez wurde ins Gefängnis geworfen. Trotz des Königs Protestieren wurde er aber in das Reichsgefängnis gebracht, wo die Gefangenen unmittelbar unter der »Justizia« von Aragonien standen und das Privilegium genossen, sowohl von diesem an jeden anderen Gerichtshof appellieren, wie auch auf ihr Ehrenwort frei umhergehen zu dürfen. Vergeblich bemühte sich nun der König, Perez' Auslieferung von der ständigen Deputation von Aragonien zu erlangen. Zuletzt mußte er den in Kastilien begonnenen Prozeß Perez nach Aragonien überweisen, wovon er jedoch, da er ein Perez günstiges Urteil voraussah, Abstand nahm. In dieser Verlegenheit nahm Philipp noch, bevor Perez in Freiheit gesetzt wurde, seine Zuflucht zur Inquisition, und diese beeiferte sich, dem Wunsche des Königs entgegenzukommen. Befand er sich nur erst in den Kerkern der Inquisition, dann war es auch um ihn geschehen.

Man machte ihm deshalb schleunig den Prozeß wegen Ketzerei, und der Rat der Suprema befahl, ihn und einen seiner Freunde heimlich aus dem Reichsgefängnis in das der Inquisition überzuführen; allein der Aufseher des ersteren weigerte sich entschieden, ohne ausdrücklichen Befehl der »Justizia« Perez auszuliefern.

Jetzt brauchten die Inquisitoren Gewalt gegen den Magistrat, und schon sollte Perez' Überführung vor sich gehen, als der Adel, entrüstet über die Verletzung der »fueros«, das Volk zu den Waffen rief. Bald war ganz Saragossa in hellem Aufruhr. Der Vizekönig wurde ermordet und der Inquisitionspalast in Flammen gesteckt. Erst als man Perez in dem Reichsgefängnis beließ, legte sich der Sturm.

Alsbald versuchten der König und die Inquisition ein anderes Mittel. Sie ordneten die Zusammensetzung einer Kommission von Rechtsgelehrten zur Untersuchung und Entscheidung in Sachen Perez' an. Diese Juristen waren zuvor für die Interessen des Hofes und der Inquisition gewonnen und fällten demgemäß den Spruch: »Die Inquisitoren hätten allerdings durch Verletzung der Reichsprivilegien ihre Befugnisse überschritten; wenn sie jedoch von der »Justizia« die Auslieferung des Gefangenen und die Suspension des Privilegiums für die Dauer des Prozesses verlangten, so würden durch wirkliche Auslieferung die »fueros« keineswegs verletzt.« Die Partei des Perez wandte dagegen mit Recht ein, daß diese Suspension des Genusses der Privilegien in Wahrheit schon einer Aufhebung der letzteren gleichkomme.

Der König bestand jedoch auf seinem Willen, und die Inquisition, deren Autorität auf dem Spiel stand, nicht minder. Einem abermaligen Volksaufstand bei Perez' Überführung zum Inquisitionsgefängnis vorzubeugen, begaben sich eine große Zahl von Familiaren nach Saragossa, auch verlegte man 3000 Söldlinge dahin. Allein auch das fruchtete nichts; denn sobald die Abführung des Gefangenen in die Inquisitionskerker vor sich gehen sollte, brach der Volksaufstand los. Die königlichen Truppen und die Familiaren wurden von dem erbitterten Volk angegriffen und mit Verlust zahlreicher Toten in die Flucht geschlagen und Perez aus den Händen der Inquisitoren befreit.

Bald darauf gelang es ihm, nach Frankreich zu entfliehen, wo er seine äußerst interessanten Denkwürdigkeiten herausgab.

Übrigens stellte sich bald heraus, daß der Aufstand in Aragonien Philipp II. gar nicht unwillkommen gewesen war, indem er dadurch einen Vorwand erhalten hatte, seine längst gehegten Pläne zur Unterdrückung und Vernichtung der Verfassung und der Gerechtsame Aragoniens mit Waffengewalt nunmehr ausführen zu können.

Die dienstfertige Inquisition wütete entsetzlich gegen die am Aufstande beteiligt Gewesenen, hauptsächlich gegen den Adel; der Präses der »Justizia« wurde enthauptet, sein Amt abgeschafft und die alte freie Verfassung aufgehoben.

Es ist übrigens hervorzuheben, daß unter der Regierung Philipps III. sowohl das Andenken des Perez wie auch das aller beim Aufstand Beteiligten wiederhergestellt wurde. Im Jahre 1594 starb der entsetzliche Quiroga.

Sein Nachfolger war Hieronymus Manrique de Lara, der aber schon 1595 starb, und dem Pedro Portocarrero, Bischof von Kordova, in der Großinquisitorwürde folgte. Infolge des 1598 erfolgten Ablebens Philipps II. wurde die Dauer seiner Amtsführung abgekürzt.

Philipp III., Philipps II. Nachfolger, machte, um einen Großinquisitor nach seinem Geschmack zu erlangen, von einer päpstlichen Bulle Gebrauch, nach welcher alle Bischöfe ihren Wohnsitz in ihren Sprengeln nehmen mußten. Dem mußte sich auch Portocarrero fügen und sich nach Curenca zurückziehen. An seine Stelle wählte Philipp III. den Kardinal Fernando Nina de Guevra zum Großinquisitor.

Mit welcher namenlosen Frechheit die Inquisition übrigens selbst dem Könige entgegentrat, das sollte Philipp III. an sich selbst erfahren. Derselbe befand sich eines Tages auf dem Balkon seines Palastes mit einigen seiner vertrautesten Höflinge, als sich der Zug eines Autodafé vorüberbewegte. Es waren zwei arme Kapuziner, die man wegen einiger von ihnen geäußerten irriger Lehrsätze verbrennen wollte. Der König wandte sich, erschütterte von diesem Anblick, weg und sagte zu seiner Umgebung: »Da seht Männer, welche für Lehrsätze sterben, welche vielleicht richtiger sind, als diejenigen hegen, welche sie verdammen.« Am folgenden Tage fand sich der Großinquisitor, von zwei Inquisitoren begleitete, bei dem Monarchen ein. Ihre Haltung war feierlich und ernst. »Sire«, begann der Großinquisitor, indem er sich vor dem Monarchen tief verneigte, »wir erscheinen vor Ew. Majestät mit Gram im Herzen über das, was wir zu tun gezwungen sind. Ew. Majestät wollen uns verzeihen in Rücksicht auf den Beweggrund.« Philipp schwieg erstaunt. »Haben Ew. Majestät vielleicht vergessen, was sich gestern zugetragen?« Jetzt gedachte der Monarch der Prozession. Er gab indes keine Antwort. »Ew. Majestät Schweigen beweist mir, daß Sie von demjenigen unterrichtet sind, was ich leider benötigt bin zu bestrafen.« – Der König erhob rasch das Haupt mit Stolz, aber sein Blick war gezwungen, sich vor dem strengen Auge des Großinquisitors zu neigen. »Es geschieht mit dem tiefsten Schmerze – aber wir müssen so handeln. – Wir strafen nur im Namen Gottes – Sie haben ihn beleidigt, Sire. Sie haben das Urteil derjenigen gelästert, die in seinem Namen richten – Sie müssen bestraft werden!« Philipp schwieg noch immer und blickte finster vor sich hin. Was konnte er auch erwidern? Endlich nahm er auf die wiederholte Aufforderung des Großinquisitors das Wort und bemerkte, wie es keineswegs seine Absicht gewesen sei, die göttliche Majestät zu beleidigen, vor der alle irdischen Könige sich neigen müßten, und daß ein ihm entschlüpftes Wort ihm gewiß von dem Ewigen verziehen werden würde, da seine Seele rein von jedem argen Gedanken gewesen sei. »Das ist möglich, mein Sohn«, versetzte der Mönch, »jeder Fehler aber verdient Bestrafung, und der Ew. Majestät ist um so bedeutender, weil Sie als Beispiel dastehen sollten.« Was konnte der König darauf erwidern? Hätte er Beistand angerufen gegen die Inquisition, es hätte ihm denselben niemand geleistet, denn seine Gegner würden ganz Spanien gegen ihn aufgeregt haben; er bekannte sich also für strafbar und bat, ihm eine Buße aufzuerlegen. Drei Tage lang beratschlagte man über die Strafe, welche man über den Monarchen verhängen wolle. Der Großinquisitor selbst verwarf als zu strenge mehrere Vorschläge der Inquisitoren. Endlich wurde beschlossen, daß der Wundarzt des Königs ihm die Ader schlagen, das gelassene Blut aber von dem Henker verbrannt werden solle!

Unter Fernando Nino de Guevra erhoben sich Zwistigkeiten zwischen den Jesuiten von Alkala und der spanischen Geistlichkeit über die Frage, ob es ein Glaubensartikel sei oder nicht, »daß Papst Klemens VIII. der wirkliche Stellvertreter Christi auf Erden sei«.

Nachdem sich die Inquisition in den Streit gemischt, endete derselbe damit, daß der König Nino die Großinquisitorwürde entzog. Sein Nachfolger, Juan de Zuniga, Bischof von Kartagena, starb bereits nach einigen Monaten, und auch der nun folgende Großinquisitor, Juan d'Acebedo, führte sein Amt nur von 1603 bis 1607, worauf der Kardinal-Erzbischof von Toledo, Bernhard de Santovaly Roxas, der das Amt übernahm, welches er bis zu seinem im Jahre 1618 erfolgten Tode behielt. Er erlebte den Widerstand der Cortes, allerdings nur in Form von Vorstellungen und Bitten beim König. Man bat um Aufhebung der Mißbräuche und Beschränkung der Willkür des heiligen Gerichtes und drang vornehmlich darauf, daß der König die Gerichtsbarkeit über alle nicht geistlichen Vergehen und Verbrechen der Inquisition entziehen möchte. Der Monarch versprach auch Abhilfe, allein es blieb bei dem Versprechen; eine spätere erneuerte Vorstellung hatte denselben Erfolg.

Ein anderes wichtiges Ereignis, wobei die Inquisition gleichfalls die Hand im Spiele hatte, hatte üble Folgen für des Landes Wohlstand.

Auf den Rat des Erzbischofs von Valencia, »alle Moriskos aus Spanien zu vertreiben«, um dadurch Glaubenseinheit herzustellen, forderte Philipp III. das Gutachten einer Versammlung von Staatsräten, an deren Spitze der Großinquisitor stand, über jenen unpolitischen Vorschlag. Vergebens wies der Adel die verderblichen Folgen einer solchen unklugen Maßregel nach. Der Einfluß des Großinquisitors drang durch, und die Räte, welche anderer Meinung waren, wurden in Prozesse verflochten.

Der unselbständige König genehmigte die Ausweisung und brachte sich und sein Land um über eine Million braver und fleißiger Menschen. Die große Vertreibung von Morisken aus Valencia ging im Jahre 1609 und im folgenden Jahre die aus Spanien überhaupt vor sich. Die Heimatlosen suchten in Afrika eine Zuflucht.

In demselben Jahre 1610 wurden auf einem Autodafé elf Personen als Zauberer und Hexen verbrannt und neunzehn ebendeshalb mit anderen Strafen belegt, alle aus Navarra. Sie hatten einen Zaubererkönig, Michael Goiburu, nebst einer Königin der Zauberer, und gestanden die aberwitzigsten Dinge.

Nach Santovals Tode wurde Franzisko Luis de Aliaga, des Königs Beichtvater, Großinquisitor. Er verlor diese Würde jedoch nach Philipps Tode (1621).

Der neue König Philipp IV. erhob den Staatsrat Andrea Pacheco zur Würde eines Großinquisitors.

Philipps IV. Thronbesteigung wurde durch ein Autodafé feierlich begangen, bei welchem auch ein liederliches Weibsbild, Maria de la Conception, im San Benito und mit dem Knebel im Munde vorgeführt und zum allgemeinen Ergötzen durchgepeitscht und dann auf Lebenszeit ins Gefängnis geworfen wurde. Die Vettel hatte vordem einmal im Geruch großer Heiligkeit gestanden, aber unter dieser Hülle mit ihrem Beichtvater und anderen Dienern der Kirche arge Ausschweifungen getrieben; allein deshalb hatte man sie keinesfalls bestraft, sondern wegen angeblichen Ketzereien und eines Bundes mit dem Teufel.

Unter Pacheco erlaubte sich die Inquisition die empörendsten Anmaßungen. Unter anderem belegte sie den Bischof von Murcia mit dem Kirchenbann und die Stadt selbst mit dem Interdikt, lediglich, weil der Korregidor von Murcia sich geweigert hatte, den Richter von Lorca, mit dem die dortigen Inquisitoren in Streit lagen, verhaften zu lassen. Allerdings erklärte der Bischof, daß die Bevölkerung durch das Interdikt keinesfalls gebunden sei, allein die Inquisitoren forderten ihn deshalb vor den Großinquisitor nach Madrid und ließen mehrere Dom- und Pfarrherrn in Haft nehmen. Nur das Eingreifen des Königs und des Papstes machte dem Skandal ein Ende. In Todedo exkommunizierten die Inquisitoren ein Magistratsmitglied nur deshalb, weil dieses einen Metzger, welcher Lieferant der Inquisition war, wegen falschen Gewichtes zur Rechenschaft gezogen hatte. Dieser Skandal verursachte einen Auflauf, und schließlich mußte der König dieserhalb eine außerordentliche Kommission zusammensetzen.

Dies geschah im Jahre 1622, und schon im nächsten Jahre erlaubte sich die Inquisition in Granada ganz ähnliche Übergriffe, während gleichzeitig in Madrid der Graf de Francos verfolgt wurde, weil er in einigen Schriften die Unabhängigkeiten der Souveräne von der Inquisition und vom päpstlichen Stuhle verteidigt hatte. De Francos war Erzieher Karls II., dessenungeachtet wagte der König nicht, den Grafen gegen die Inquisition in

Schutz zu nehmen, welch letztere den Freimütigen in ihren Kerkern begrub.

Im Jahre 1626 starb Pacheco, und der Kardinal-Erzbischof von Burgos und Patriarch von Indien, Antonio de Zapata y Mendoza, wurde Großinquisitor.

In seine Amtsführung fällt u. a. ein Skandalprozeß gegen ein ganzes Nonnenkloster, dessen Insassen angeblich vom Teufel besessen waren, in Wirklichkeit jedoch in allzuvertrautem Umgang mit ihrem – Beichtvater standen, wennschon sie geraume Zeit ihres ganz absonderlich »exemplarischen« Lebenswandels halber für wandelnde Heilige gehalten worden waren.

Nönnlein und Pfäfflein hatten eben verstanden, den Leuten Sand in die Augen zu streuen.

Die böse Inquisition erklärte sie aber der Allumbrados stark verdächtig, und die Sekte der Allumbrados hatte nunmehr mancherlei Verfolgungen auszustehen.

Der Nachfolger Zavatas wurde im Jahre 1632 der Beichtvater Philipps IV., Antonio de Sotomayor. Unter diesem Großinquisitor geriet das heilige Gericht wiederum in Zerwürfnisse mit den weltlichen Behörden.

An Autodafés ließ es Sotomayor ebenfalls nicht fehlen. Bei einem derselben, im Jahre 1636, wurden zehn Unglückliche als jüdische Apostaten mit der einen Hand an ein Kreuz genagelt, während man ihnen das Urteil vorlas, das auf lebenslängliche Einkerkerung lautete. Auf Befehl des Königs mußte Sotomayor von seinem Amte im Jahre 1643 zurücktreten. An seine Stelle trat Diego de Arcey Reynoso, unter dem namentlich der Herzog von Olivarez, ein gestürzter Minister Philipps IV., unter dem Mantel der Ketzerei verfolgt wurde. Dieser Großinquisitor starb im Jahre 1656 an demselben Tage, als der Tod auch Philipps IV. nicht gerade ruhmvolle Laufbahn beschloß.

Jetzt übernahm des Königs Witwe Anna von Österreich die Regentschaft. Sie übertrug zuerst dem Kardinal-Erzbischof von Toledo, Pascal von Arragon, und bald darauf ihrem Beichtvater, dem Jesuiten Johann Eberhard Nithard, einem Deutschen, die Großinquisitorwürde. Aus persönlichem Haß gegen Don Juan von Österreich, einem natürlichen Sohn Philipps IV., verdächtigte ihn Nithard der Ketzerei in einem Inquisitionsprozeß, mußte aber auf Befehl der Königinmutter sein Amt niederlegen.

Der der Regentin in der Regierung folgende König Karl II. war ein Schwächling; daher kam es, daß die Inquisition freien Spielraum hatte. Unter ihm wurde in Madrid ein großes Autodafé im Jahre 1680 – das letzte in Madrid – veranstaltet. Es diente zur Verherrlichung seiner Vermählung, dieses »Pfeilers des Glaubens«, wie ihn die Kirche nannte, mit Marie Louise von Frankreich. Diesem König war es Genuß, sein christliches Auge an der Hinrichtung unglücklicher Schlachtopfer des wahnsinnigsten Glaubenseifers zu weiden. Einen Monat vorher setzten die Beamten des unheimlichen »heiligen Gerichts« auf dem großen Platze zu Madrid unter Trompeten- und Paukenschall die zahlreiche Volksmenge von dem bevorstehenden Menschen-Verbrennungsfeste in Kenntnis und luden nach Art der Marktschreier Stadt und Umgegend zu dem Schauspiele ein. Da die Bewohner seit Jahren das Schauspiel hatten entbehren müssen, so wurden zu einer besonders glänzenden Feier die nötigen Zurüstungen getroffen. Zu dem Zwecke wurde auf jenem Platze eine fünfzig Fuß lange Bühne errichtet, die mit einem für den König bestimmten Balkon endigte. An ihn schloß sich zur Rechten ein Amphitheater von 25 bis 30 Stufen für den Rat der Inquisition, wie für hohe Staatsbeamte bestimmt. Unter einem Thronhimmel stand der Sessel des Großinquisitors. Zur Linken jenes Balkons erhob sich ein zweites Amphitheater, auf welchem die Delinquenten zur Schau aufgestellt wurden, und zwar in Käfigen, welche oben offen waren. In der Nähe war ein Altar errichtet. Auf dem Balkon selbst war Raum für die königliche Familie und deren Kavaliere und Damen. Für die fremden Gesandten und den sonstigen Hof waren besondere Balkons und für die übrigen Volksmassen einfache Gerüste errichtet.

Das Fest begann am 29. Juni mit einer Prozession, welche sich in folgender Ordnung aus der Marienkirche bewegte: Den Zug eröffneten hundert mit Piken und Musketen bewaffnete Kohlenbrenner, welche die Ehre der Zugeröffnung deshalb genossen, weil sie das Holz zum Scheiterhaufen herbeizuschaffen hatten. Ihnen folgten die Dominikaner unter Vorantragung des weißen Kreuzes. An sie schloß sich der Herzog von Medina-Celi an, der nach einem alten Erbrecht seiner Familie die rote damastene Fahne der Inquisition trug, welche außerdem noch mit einem Lorbeerkranz und dem Wappen Spaniens geschmückt war. Hinter ihm wurde ein grünes, schwarz umflortes Kreuz getragen. Nun kamen die Großen des Reiches und die Diener der Inquisition in ihren mit weißen und schwarzen Kreuzen gezierten Mänteln. Fünfzig Hellebardiere, als Leibwache des Gerichts, beschlossen den Zug, der sich nach dem großen Platze hinbewegte und hier die Standarte und das grüne Kreuz auf die Bühne aufstellte. Die Dominikanermönche brachten dort einen großen Teil der Nacht mit Psalmensingen zu, und von Anbruch des Tages an lasen sie stundenlang am Altare Messen.

Am 30. Juni, früh 7 Uhr, erschien dann die königliche Familie auf dem Balkon, und zugleich strömten die Massen des Volks, zum Teil aus fernen Gegenden herbeigelockt, als Zuschauer herbei. Eine Stunde später näherte sich der Zug wie tags zuvor dem Balkon und stellte sich zur Linken des Königs auf. Zur Rechten stand seine Leibgarde, und hinter derselben kamen dreißig Personen, welche Figuren aus Pappe in Lebensgröße trugen. Diese Puppen stellten teils die Ärmsten vor, welche unter der Folter ihr Leben ausgehaucht hatten, und deren Leichname man in Kasten, welche mit Flammen bemalt waren, hinterher trug, teils die Glükklichen, die sich durch die Flucht dem Feuertode entzogen hatten und nun *in contuma-*

ciam verurteilt worden waren. Nun erschienen zwölf Delinquenten, Männer und Weiber, mit Stricken um den Hals, Pechfackeln in den Händen und einer drei Fuß hohen Mütze aus Pappe, mit den Bildern ihrer angeblichen Verbrechen auf dem Haupte. Diesen folgten fünfzig andere Verurteilte, gleichfalls mit Fackeln in den Händen und in den San benito gehüllt. Es waren Juden, die man aufgestöbert hatte, Büßende, die auf einige Jahre Gefängnis oder zum Tragen des San benito – Bußhemd – verurteilt worden waren.

Auf diese kamen zwanzig Juden, die als hartnäckige und verstockte Sünder dem Feuertode übergeben werden sollten. Diejenigen, die jetzt noch Reue zeugten, sollten vorher erdrosselt werden, die verstockt Bleibenden dagegen lebendig den Scheiterhaufen besteigen. Alle trugen Bußkleider mit Teufeln und Fratzen bemalt. Fünf der Verstocktesten hatten Knebel im Munde, angeblich um verhindert zu werden, Gotteslästerungen auszustoßen. Dagegen wurden sie von etlichen Mönchen begleitet, die durch ihr kreischendes Ermahnen die Unglücklichen zu betäuben strebten.

In dieser Ordnung mußten die Verurteilten unter dem Balkon des Königs hinziehen, und während die Zuschauer sich ordneten, wurden sie auf einer der Bühnen zur Schau ausgestellt. Nach Beendigung einer feierlichen Messe begab sich der Großinquisitor nach dem königlichen Balkon, begleitet von einigen Dienern, die ein Kruzifix, die Bibel und ein anderes Buch trugen, das den feierlichen Eid enthielt, durch den die Könige von Spanien sich verpflichteten, die römisch-katholische Religion zu beschützen und alle Ketzereien in ihrem Reiche auszurotten. Mit entblößtem Haupte legte der König diesen Eid ab. Einen ähnlichen leisteten alsdann die Räte, und nun bestieg ein Dominikaner die Kanzel und hielt eine salbungsvolle Predigt gegen die Ketzer und zur Verherrlichung der Glaubensgerichte. Endlich gegen Mittag war man so weit, den zum Tode Verdammten ihr Urteil vorzulesen und sie in die obenerwähnten Käfige zu schließen. Darüber vergingen wieder mehrere Stunden, und erst gegen Abend konnte der Großinquisitor mit Erteilung der Absolution an die reuigen Sünder das ganze unheilige Gaukelspiel beschließen.

Nun erst begab sich der König hinweg, nachdem er mit eiserner Standhaftigkeit den ganzen Tag in der Sonnenglut ausgehalten hatte, ohne irdend etwas zu genießen. Die Verurteilten wurden auf Eseln zum Tore hinausgeführt und nach Mitternacht hingerichtet, die sogenannten Verstockten wurden lebendig verbrannt, die Bußfertigen durch eine Schlinge erdrosselt und alsdann in die Glut geworfen. Die zu Staupbesen Verurteilten wurden tags darauf auf Eseln durch die Straßen geführt und an allen Ecken und auf freien Plätzen mit Ruten gestäupt.

Während Karls II. Regierung waren Großinquisitoren der Präsident des Rats von Kastilien, Diego Sarmiento de Valladeres, dann der Dominikanergeneral und Erzbischof von Valencia, Johann Thomas de Rocaberti,

Alfons Fernandez de Cordova y Aguilar und endlich der Bischof von Segovia, Balthasar de Mendoza y Santoval.

Unter der Amtsführung Rocabertis trat auf Befehl des Königs eine Junta zusammen, welche zur Vermeidung der in letzter Zeit so häufig gewordenen ärgerlichen Streitigkeiten zwischen den Inquisitoren eine Norm feststellen sollte, die jedoch trotz aller Mühe dieses Ziel nicht erreichte, da sowohl Rocaberti wie des Königs Beichtvater dagegen intrigierten. Dabei verwickelten sich beide in eine skandalöse Angelegenheit. Weil König Karl II. schwach an Körper und Geist war, vermutete man, daß diese Schwäche die Folge einer Bezauberung sei. Auch das genannte geistliche Paar glaubte dies steif und fest und brachte dem König auch diese Meinung bei, der willenlos genug war, sich auf ihren Rat einer Teufelsbeschwörung zu unterwerfen. Zu derselben Zeit exorzisierte ein Dominikanermönch eine Nonne, welche sich für vom Teufel besessen hielt. Diesen Teufelsbeschwörer beauftragte nun im Einverständnis mit dem Großinquisitor des Königs Beichtvater, den die Nonne plagenden Teufel zu befragen: ob und wie der König verzaubert sei, und auf welche Weise man den Zauber wohl lösen könne? Das geschah, und der Teufel bezeichnete eine bestimmte Person, welche Karl behext hatte, worauf sein Beichtvater seine Anstalten traf, den Zauber zu lösen.

Da starb Rocaberti, und sein Nachfolger im Großinquisitoramt, Mendoza, machte dem Beichtvater den Prozeß, weil er eine von der Kirche verdammte Lehre geglaubt und sich des Teufels zur Erforschung von Geheimnissen bedient hatte. Aber die Theologen erklärten ihn einstimmig für unschuldig, und der Rat der Suprema setzte ihn mit der ausdrücklichen Erklärung in Freiheit, daß er nichts der römischen Kirche Zuwiderlaufendes begangen habe. Die Austreibung des Teufels war für den armen schwachen König sonach nutzlos und ein erbärmliches Blendwerk gewesen. Kinderlos sank er im Jahre 1700 in die Gruft. Jetzt brach der spanische Erbfolgekrieg aus, nach dessen Beendigung 1714 der Enkel König Ludwigs XIV. von Frankreich als Philipp V. den spanischen Thron bestieg.

Auch zur Feier seiner Thronbesteigung veranstaltete die Inquisition ein Autodafé, dem der König jedoch nicht beiwohnte. Im übrigen benutzte sie Philipp V. ebenso wie seine Vorgänger, er namentlich, um seiner Herrschaft das Übergewicht über die österreichische Partei zu verschaffen. Die Inquisition stand dabei, wie immer, auf seiten des Mächtigeren und bemühte sich auf ihre Weise, die bourbonische Dynastie auf dem spanischen Throne zu befestigen. Sie befahl u. a., daß jedermann alle diejenigen anzuzeigen habe, welche zugunsten der Ansprüche Österreichs die Meinung aufstellen oder derselben zustimmten, daß man, ohne eine Sünde zu begehen, den Philipp V. geleisteten Eid brechen dürfe. So spielte die Politik mit der Religion; unter ihrer Maske beseitigte sie ihre Gegner. Der Generalinquisitor Mendoza mißbrauchte seine Gewalt schließlich derartig, daß sogar der Rat der Suprema sie zu beschränken suchte und einigen seiner Erlasse die Zustimmung (Sanktionierung) verweigerte. Darüber erzürnt, ließ Mendoza drei Mitglieder des Rates der Suprema in Haft nehmen und in Ketten legen und wollte den Räten das Recht der Entscheidung ganz entziehen. Das beschleunigte seinen Sturz; auf des Königs Befehl mußte er seine Würde niederlegen, obwohl ihn der Papst in Schutz nahm. Der König hielt mit Zähigkeit daran fest, daß die Inquisition nichts anderes als ein vom Throne abhängiger Gerichtshof und die Inquisitoren einzig und allein königliche Beamte seien. Er ernannte zu Mendozas Nachfolger den Bischof von Cuenca, Vidal Marin, welcher, da sich der politischen Verhältnisse wegen die Untersuchungen um jene Zeit sehr mehrten, das Inquisitionstribunal in Madrid, welches bisher unter dem von Toledo stand, davon trennte, und für Madrid ein eigenes Tribunal errichtete, welches den Namen »Inquisition des Hofes« führte. Vidal Marins Nachfolger waren der Erzbischof von Saragossa, Antonio Ibanez de la Riva Herrera (1709/10) und der Kardinal Franz Judice (bis 1716).

Unter Judice wäre die Inquisition, die sich verwegen gegen den Thron auflehnte, beinahe aufgehoben worden. Sie verfolgte und verurteilte nämlich den Fiskal-Prokurator Macanaz, welcher in einer Schrift die Rechte des Thrones gegen die Ansprüche Roms mutig verteidigt hatte. Macanaz hatte sich indessen dem ihm drohenden entsezlichen Lose glücklich durch die Flucht entzogen. Philipp V. trat jetzt entschieden für den Entflohenen ein, stieß aber bei der Inquisition auf ebenso entschiedenen Trotz. Entrüstet darüber, ließ er 1715 eine Ordonnanz zur *Aufhebung der Inquisition* ausfertigen, und nur den Intrigen seiner Gemahlin, der Königin, sowie des Beichtvaters, eines intimen Freundes des Großinquisitors, gelang es, das Inkrafttreten dieses Ediktes zu hintertreiben. Im Jahre 1716 legte Judice die Großinquisitorwürde nieder. Philipp V. verlieh sie 1717 dem *Auditor rotae* (Foltergerichtsbeisitzer) Joseph de Molines, welcher jedoch in österreichische Kriegsgefangenschaft geriet. Darauf ernannte der König den Rat der Suprema Juan d'Arzamendi zum Großinquisitor und nach dessen bald darauf erfolgtem Ableben den Bischof von Barcelona, Diego d'Astorga y Cespedes, der indessen seine Würde nach kurzer Zeit niederlegte.

Ihm folgte im Jahre 1720 der Bischof von Pampeluna Juan de Camargo, unter dessen dreizehnjähriger Amtsführung sich die Freimaurerei in den meisten europäischen Ländern, ja sogar in Amerika bedeutend ausbreitete. In den katholischen Ländern wurde sie aufs strengste verboten und hatte heftige Verfolgungen auszustehen, sowohl von der römischen wie von der spanischen Inquisition. Bald war in Spanien der Verdacht, ein Freimaurer zu sein, ganz so gefährlich, wie früher ein Marrano, Morisko oder Ketzer.

Zu jener Zeit verbreitete sich in Spanien auch die Sekte der Molinos und fand besonders in den Nonnenklöstern Eingang, dort die ungeheuerlichste Sittenverderbnis und die skandalöseste Schamlosigkeit herbeiführend. Kindermord war in den Nonnenklöstern damals etwas ganz Alltägliches, und die Beichtväter pflegten bei den Entbindungen die Geburtshelfer zu spielen!

Notgedrungen mußte die Inquisition gegen solche Ungeheuerlichkeiten vorgehen; sie legte in ihren desfallsigen Strafurteilen eine überaus befremdliche Milde an den Tag und dachte nicht daran, den Mönchen die Leitung und Beaufsichtigung der Nonnenklöster zu entziehen, was doch am nächsten lag, der Unzucht zu steuern.

Im Jahre 1733 starb Camargo, und Andreas de Orbe y Larretegui, Erzbischof von Valencia, wurde sein Nachfolger. Unter ihm wurde Sizilien der spanischen Inquisition entzogen. Er starb 1740.

In diesem Jahre erließ Philipp V. eine sehr scharfe Verordnung gegen die Freimaurer, welche der Inquisition zur Grundlage ihrer Verfolgung wider den Freimaurerorden diente.

Vom Jahre 1742 bis 1745 war Manuel Isidor Manrique de Lara, bisher Erzbischof von St. Jago, Großinquisitor. Er hatte einen unversöhnlichen Haß auf den Historiographen Bellondo geworfen, der in seiner mit Bewilligung des Königs im Druck erschienen »Geschichte Spaniens« bewiesen hatte, daß sich die Inquisition zuweilen Ungerechtigkeiten habe zuschulden kommen lassen. Nachdem der ehrliche Mann in Inquisitionskerkern geschmachtet hatte, sperrte man ihn in ein Kloster und untersagte ihm aufs strengste alle weitere Schriftstellerei.

Manrique starb schon 1745, und Franz Perez de Prado y Cuesta, Bischof von Teruel, folgte ihm in der Großinquisitorwürde.

Nach Philipps V. im Jahre 1746 erfolgtem Tode bestieg Ferdinand VI. den spanischen Königsthron, unter dessen Regierung der bisherige Perez de Prado bis 1758 und dann bis 1761 Manuel Quintano Bonifaz Großinquisitoren waren.

Im Jahre 1759 folgte Karl. III. seinem Bruder Ferdinand VI. als König, der 1761 Quintano Bonifaz seines Großinquisitoramtes enthob und den Bischof von Jaen, Augustin Rubin de Cevallos, an seiner Statt ernannte. Cevallos bekleidete die Stelle bis 1792.

Unter ihm erschlaffte die frühere Strenge des heiligen Gerichtes mehr und mehr, und wenn auch nicht die Zahl der Untersuchungen, so nahm doch die der Strafurteile ab.

Während der Regierung Ferdinands VI. und Karls III., also von 1746 bis 1788, wurden nur vierzehn Personen durch die Inquisition zum Tode verurteilt. Die meisten Untersuchungen dieses Zeitabschnittes waren gegen die Freimaurerei und den Jansenismus gerichtet, der letztere war die Lehre des gelehrten Bischofs von Ypern in Holland Kornelius Jansen, die namentlich in dem Satze gipfelt, »daß der menschliche Wille durch die irdische Luft gefesselt sei, aber in diesem Zustande der Unfreiheit durch Gottes Gnade zum Wohlgefallen am Guten herangezogen werde; das Gute aber und die Wahrheit sei Gott selbst, und daher sei die Tugend Gottesliebe«.

Im Jahre 1769 trat für Spanien ein Ereignis von großer Wichtigkeit ein, nämlich die Vertreibung der Jesuiten. Jetzt erst konnten sich andere als die bisher im spanischen Volke herrschenden Ideen Bahn brechen und Verbreitung finden, Ideen, welche den den Staat unter die Oberherrschaft und Vormundschaft der Kirche stellenden Grundsätzen schnurstracks entgegenliefen. Allein wenn die Jesuiten, die bisher so nennenswerten Einfluß ausgeübt hatten, als Feinde des Staates auch vertrieben worden waren, so bestand doch ihre Partei bei der Inquisition noch fort, und diese wagte keck, alle diejenigen Personen, welche sich an der Vertreibung ihrer Busenfreunde, der Jesuiten, beteiligt hatten, zu verfolgen. Vorwände hierzu fanden sich ja leicht; man konnte sie ja als Jansenisten, Philosophen und dergleichen verdächtigen, und gar hochangesehene Männer kamen ans Brett, so der Minister und Staatssekretär Graf von Ronda, zwei Erzbischöfe, drei Bischöfe, der gelehrte Campomanes, Graf de Florida-Blanca, der Graf d'Aranda, Graf de Ricta, die Gelehrten Claviga, Bayle, Iriarte u. a. m.

Der französische Priester Clement, der einen Entwurf zu einer Neuorganisation der Inquisition aufgestellt und darin vorgeschlagen hatte, sie von den Diözesanbischöfen abhängig zu machen, wurde schleunigst der Ketzerei angeklagt, und er durfte von Glück sagen, daß ihn der Hof der rachedürstenden Inquisitionen gegenüber in Schutz nahm. Mit dem Brennen der Obengenannten aber war es vorbei. Der gewaltige Geist des achtzehnten Jahrhunderts hatte das heilige Gericht bedeutend geschwächt, wie er auch anderwärts die Willkürherrschaft gewaltig erschütterte.

Karl III. folgte (1788) Karl IV. auf dem Throne. Er bestellt, nach dem Ableben Cevalos (1722) den Erzbischof von Selimbria, Manuel Abady la Sierra, zum Großinquisitor. Dieser mußte jedoch schon 1794 auf Befehl des Königs abdanken. Ihm folgte Franz Lorenzano, Erzbischof von Toledo, welcher 1797 gleichfalls seine Würde niederlegen mußte; sein Nachfolger war der Patriarch von Indien, Ramon Jose de Arce.

Die Stürme der großen Französischen Revolution gingen an dem spanischen Volke zu seinem Heil nicht ganz spurlos vorüber und blieben nicht ohne wichtigen Einfluß auf die inneren Angelegenheiten des Landes. Karl IV. wähnte, sich gegen die mächtigen Ideen einer neuen Zeit noch immer mit seiner verrotteten Inquisition wehren zu können, und diese ließ es auch an ihrem alten Eifer nicht fehlen. Man verschärfte die Zensur, verbot und überwachte, ängstlich die Einführung französischer Bücher und Journale, hob die Lehrstellen des Natur- und des Völkerrechtes an den Universitäten auf und verhaftete Anrüchige nach Herzenslust; unter anderem führte man den Prozeß gegen Michel de Rieux, den sogenannten »Naturmenschen« aus Marseille. Dieser hatte durch die Lektüre Voltaires und Rousseaus, sowie der Enzyklopädisten die Überzeugung erlangt, daß jede positive (dogmengläubige) Religion unhaltbar und die Naturreligion die einzig richtige sei. Solche Lehren mußten ihn selbstverständlich der Inquisition, deren ganzes auf die Dummheit gegründetes Gebäude sie erschütterten, in die Arme führen. Der »Naturmensch« setzte in seinen Verhören ganz unerschrocken seine Überzeugung auseinander, erklärte aber, sofort zur katholischen Kirche überzutreten, wenn man ihm beweise, daß er sich irre, und – wer sollte es meinen – dieser Beweis gelang einem gelehrten Theologen. Jetzt war de Rieux bereit, Katholik zu werden. Höchst befriedigt stellten ihm die Inquisitoren die leichten Bedingungen, nur bei einem Privat-Autodafé zu erscheinen, auf die der Arglose auch einging. Er staunte indes nicht wenig, als eines Morgens eine Anzahl Familiaren in seine Zelle traten und ihm bedeuteten, daß er sich mit dem San Benito zu bekleiden und sich einen Strick um den Hals legen zu lassen habe. Zu dieser Ausrüstung sollte er eine grüne Kerze in die Hand nehmen und ihnen in den Verhörsaal folgen, dort sein Urteil zu vernehmen. Der »Naturmensch« weigerte sich natürlich, auf eine solche Zumutung einzugehen. Die Familiaren aber brauchten Gewalt, putzten ihn an, drückten ihm die Kerze in die Hand, legten ihm den Strick um und zerrten ihn nach dem Saale. Dort erwarteten ihn neue Überraschungen. Er sah außer den Richtern eine große Anzahl Zeugen versammelt. Außer sich vor Zorn über diese Barbarei des heiligen Gerichtes rief der Überlistete: »Wenn es wahr ist, daß die katholische Religion solche Handlungen gebietet, so verabscheue ich sie aufs neue, denn unmöglich kann ein Glaube, welcher unbescholtene Menschen entehrt, der richtige sein.«

In seinen Kerker zurückgeführt, verlangte er seine Hinrichtung und tötete sich bald darauf selbst durch Erstickung. Auch Godoy, den sogenannten »Friedensfürsten«, wollte man, als durch die Intrigen des Beichtvaters der Königin und anderen Geistlichen des Atheismus verdächtigt, einkerkern, weil er seit acht Jahren nicht gebeichtet hatte, was der Großinquisitor Lorenzano jedoch aus Furcht aufzuschieben suchte. Das paßte aber den Intriganten nicht; sie wendeten sich heimlich an den Papst, durch ein Machtgebot desselben Godoys Verhaftung zu erwirken. Zu Godoys Glück fing Napoleon I. zu Genua den päpstlichen Kurier mit dem Verhaftsbefehl ab und ließ dem »Friedensfürsten« die betreffende Order des Heiligen Vaters mitteilen. Nun fiel der Großinquisitor in die Grube, die man Godoy gegraben; denn der Friedensfürst wußte Lorenzanos Entfernung aus seinem Amte zu erwirken.

Zu jener Zeit bewährte sich der Charakter der Inquisition als Geheimpolizei immer mehr. Sie lenkte ihre Hauptsorge auf das Bücherwesen und bemühte sich eifrigst, alle gegen Religion und Staat gerichteten, selbst ziemlich ungefährlichen Schriften zu unterdrücken. Sie ging dabei aber mit einer lächerlich übertriebenen Hast zu Werke, welche am deutlichsten verriet, bis zu welcher Schwäche die Machthaber herabgesunken waren. So wurden im Jahre 1806 beispielsweise die geographischen Werke Maltebruns und Pinkertons, die Schriften der Frau von Genlis und die gekrönte Preisschrift von Villers über die Reformation verboten, und letztere mit der wörtlichen Bemerkung, »weil sie voll Schmähungen gegen die katholische Religion sei und ketzerische, irrige, gottlose und Ärgernis gebende Behauptungen zur Begünstigung der infamen Sekte Luthers enthalte.«

In der Regel verstanden die Zensoren das Deutsche und das Englische nicht und mußten sich meist erst nach dem Inhalt deutscher und englischer Werke erkundigen. Daß es unter solchen Umständen schlimm um die Entwicklung des geistigen Lebens in Spanien stand, bedarf keines weiteren Beweises. So existierte bis zum Jahre 1806 in Spanien keine kritische Zeitschrift, ebensowenig eine Leihbibliothek.

In Spanien hielten sich daher geistige Finsternis und Scheiterhaufen am längsten. Noch im Jahre 1780 mußte ein Weib in Sevilla, der Zauberei angeklagt und durch die Folter derselben überwiesen, den Scheiterhaufen besteigen. Bei aller zunehmenden Milde des Gerichts blieb doch der verderbliche Geist der Anstalt selbst, der das spanische Volk mehr als alles andere verdummte, die edelsten Geisteskräfte niederdrückte, den Kunstfleiß des Landes lähmte und die Fortschritte zu reiner und wahrer Menschenbildung aufhielt. Nichts vermochte dagegen das Licht der Aufklärung, das in spärlichen Strahlen auch nach Spanien drang, aufzuhalten. Nur zu viele von denen, welche gegen dies lichtscheue, grausame und blutdürstige Gericht in die Schranken traten, mußten ihr kühnes Auftreten für die Wahrheit teuer bezahlen und wurden Opfer pfäffischer Ränke.

Im Jahre 1808 faßte Karl IV. infolge der drohenden Bewegung zu Aranjuez den Entschluß, die Krone zugunsten seines Sohnes, des Prinzen von Asturien, niederzulegen. Bevor jedoch dieser Entschluß bekannt wurde, erklärte sich der Prinz von Asturien selbst schon unter dem Namen Ferdinand VII. zum König von Spanien, infolge von Zwistigkeiten in der spanischen Königsfamilie. Diese Zwistigkeiten kamen dem Kaiser Napoleon I. zustatten, seine Pläne gegen die spanischen Bourbonen auszuführen, und mit dem Sturze derselben brach auch das unheilvolle, fluchbedeckte Gebäude der Inquisition zusammen.

Am 4. Dezember 1808 hob Napoleon die Inquisition als unverträglich mit der Souveränität auf und ließ sämtliche Prozeßakten, welche sich in den Archiven des Rats der Suprema befanden, mit Ausnahme von den Verzeichnissen der Resolutionen, der königlichen Ordnungen und der päpstlichen Bullen und Breves verbrennen.

Nunmehr meinten alle Freunde des Lichtes, des Rechtes und der Menschlichkeit, daß auch für Spanien eine neue glückliche Zeit der Wiedergeburt kommen müßte, nachdem endlich die Ursache aus dem Wege geräumt war, welche jahrhundertelang daselbst die freie Geistesentwicklung gehemmt und aufgehalten hatte. Allein der Druck hatte so lange auf der spanischen Nation gelastet, die geistige Knechtung war dem Volke in Fleisch und Blut übergegangen, die Barbarei und Unwissenheit hatten die Nation zu lange bevormundet, daher konnte jene Wiedergeburt nicht so schnell, als man hoffte, vonstatten gehen, denn in ihr waren nur wenige erleuchtete Männer vorhanden, welche die philosophischen, weltbewegenden Ideen des achtzehnten Jahrhunderts in sich aufgenommen hatten, noch immer schlichen zahlreich die Familiare und Spione des heiligen Gerichtes umher und fanatisierten das Volk durch Vorstellungen von angeblicher Gefahr des Glaubens. Der Dominikanerorden konnte die Grundsäule seiner Macht, die Inquisition, nicht verschmerzen, denn die Inquisition ist so alt wie dieser Orden selbst, der, eine aus dem Blute ihrer Opfer immer neu entstandene Hyder, fünf Jahrhunderte hindurch die Erde entheiligte. Weit entfernt von dem Sinne weiser Liebe und Duldung, welchen das Evangelium seinen Bekennern zur Pflicht macht, erfüllte die entartete Kirche des Herrn Weissagung: »Wer euch tötet, wird meinen, er tue Gott einen Dienst damit.« Zu seiner Ehre loderten Jahrhunderte hindurch in allen Ländern der Christenheit die angeblich den Glauben reinigenden Scheiterhaufen gen Himmel empor, und in die Lobgesänge der Fanatiker mischte sich der Fluch von Millionen.

Das Schlimmste aber war, daß die Maßregel von Fremden ausging, welche Spaniens Boden als Eroberer betraten. Das war genug, den günstigen Eindruck, welchen die Abschaffung der Inquisition, dieses scheußlichen Blutgerichts, unter anderen Umständen hervorgebracht haben würde, zu verlöschen und in das Gegenteil zu verwandeln. Das Nationalgefühl und der Nationalstolz der Spanier bäumten sich auf gegen das Fremde, ihm Aufgezwungene, und es bedurfte geraumer Zeit, das spanische Volk mündig zu machen. –

Was deutsche Krieger, welche damals in Spanien unter Napoleon fochten, erlebten, davon sei hierunter nur ein Beispiel angeführt:

Die furchtbare Schlacht von Ramosiera (1808) in Spanien war geschlagen und der Weg über die schroffen Klippen dieser Pforte von Neu-Kastilien zur Hauptstadt gebahnt, deren Schlüssel bereits den Händen der siegreichen Franzosen übergeben worden waren. Die höchste Junta, ein Haufen bewaffneter Mönche, war vor dem anrückenden Feinde nach Toledo geflohen. General Lasalle an der Spitze der leichten Kavallerie und der General Valence mit einem Teil der polnischen Legion folgten ihnen auf dem Fuße nach, um das Gestade des Tajo von den umherstreifenden Guerillas zu säubern.

Unter Gefechten nahte man sich Toledo, und bald hatten einige polnische Lanciers und eine Abteilung Infanterie einen Weg zu ihm gebahnt. Einige seit Jahren dort wohnende Deutsche führten sie zu den Inquisitionsgebäuden, die sofort von ihnen gesprengt wurden. Schon war eine Anzahl der Eingekerkerten befreit, als das Häuflein der Lanciers durch einen wütenden Angriff des Pöbels zurückgedrängt und von den befreiten Gefangenen abgeschnitten wurde. Als kurz darauf General Lasalle Meister der Stadt geworden war, eilte er sogleich zu den Gebäuden der Inquisition, wo sich ihm ein entsetzlicher Anblick darbot. Umgeben von verwundeten und barbarisch getöteten französischen Soldaten, lagerten fünfzehn der von letzteren befreiten Unglücklichen, von Messerstichen durchbohrt, andere mit zerschmettertem Gehirn auf dem Pflaster umher, welche von durch einige fanatische Mönche geführten Pöbelhaufen hingemordet worden waren. Nach diesem Anblicke drangen die erbitterten Soldaten mit Ungestüm vorwärts, sprengten die stärksten Schlösser und erbrachen, von Gefangenenwärtern geführt, die verborgensten Kerker.

Und es war, als ob sich ihnen jetzt eine Gräberwelt öffnete, der Modergeruch entströmte.

Menschen mit zur Brust herabhängenden Bärten, Knochengerippe mit klauenartigen Nägeln starrten ihren Befreiern entgegen, denen sie nach langen Jahren dankten, Gottes Odem wieder in freier Natur einsaugen zu können. Viele, welche in einigen unterirdischen Käfigen gelegen, waren verkrüppelt und steif geworden. Manche starben unter den Händen der Ärzte, und den Augen der meisten bereitete das Sonnenlicht Schmerzen.

Am folgenden Tage besichtigte General Lasalle die Schreckensräume, und die große Zahl von Marterwerkzeugen, welche sich in einem besonderen Gewölbe befanden, erschütterte selbst die auf den blutigsten Schlachtfeldern abgehärteten Krieger. Ganz besonders erregte eine einzige in ihrer Art dastehende Martermaschine ihre Aufmerksamkeit. In einem an den geheimen Verhörsaal angrenzenden unterirdischen Gewölbe stand in einer Mauerblende eine hölzerne Bildsäule, die Mutter Gottes darstellend. Ein vergoldeter Strahlenkranz umgab ihr Haupt. In der Rechten hielt sie eine Fahne, und ein seidenes Gewand wallte von ihren Schultern herab. Auffallenderweise aber trug sie eine Art von Brustharnisch. Bei genauer Untersuchung ergab sich, daß die Vorderseite dieser Statue mit einer Menge, mit den Spitzen nach auswärts gekehrter, äußerst spitzer Nägel und kleiner, schmaler, ebenso scharf zugespitzter Messerklingen besetzt war.

Arme und Hände hatten Gelenke; eine hinter einer spanischen Wand angebrachte Maschine leitete ihre Bewegungen. In diese Kerker wurde der der Ketzerei Angeschuldigte gebracht, so berichtete ein Diener der Inquisition dem General. Im Hintergrunde erleuchteten zahlreiche Lämpchen die die Bildsäule umgebende Mauerblende, deren bunter Farbenschimmer den das Haupt umgebenden Strahlenkranz der Hochgebenedeiten und die Siegesfahne in ihrer Rechten erhellte. An einem der Statue gegenüberstehenden, schwarz behangenen kleinen Altar erhielt der angebliche Verbrecher das heilige Abendmahl, und im Angesichte der Gottesmutter ermahnten ihn unter Drohungen Geistliche zum Bekenntnis irgendeiner ihm meist gänzlich unbekanntes Schuld.

»Lieblich winkend«, sagten sie »öffnet die Himmlische ihre Arme; an ihrem Busen wird sich das verstockte Sünderherz erwärmen, du wirst bekennen!«

Dann begann die Bildsäule die augebreiteten Arme zu heben, die Mönche führten den Staunenden in ihre Umarmung. Näher und näher, fester und fester drückte sie ihn an sich, da drangen die unzähligen scharfen Spitzen ihm in die Brust. Nur allmählich, kaum bemerkbar, drückte sie ihn immer inniger an sich, und die Messer und Nägel durchbohrten an mehr als tausend Stellen zwei bis drei Zoll den Körper des Unglücklichen. Der namenlose Schmerz entlockte entweder dem Gemarterten das Geständnis, oder der stumm Bleibende, dem aus unzähligen, nicht tödlichen Wunden Blutstropfen entrieselten, blieb ohnmächtig in den Armen der durch solche Freveltat aufs ruchloseste Entweihten und wurde zu neuen Martern in seinen Kerker zurückgebracht.

Und das geschah noch im neunzehnten Jahrhundert im Namen Gottes und von Christen! Und diese Diener der Religion der Liebe nannten diese Marterer Maschine – welche unerhörter Frevel, welche Gotteslästerung! – madre dolorosa! (Sie war hier aber nicht eine schmerzensreiche, sondern eine schmerzgebende Gottesmutter.)

Nachdem die Cortes die Inquisition mit einer Stimmenmehrheit von zwei Dritteln Stimmen am 22. Februar 1813 als unverträglich mit der neuen Staatsverfassung, als eine derselben feindselige und sie bedrohende Anstalt verdammt und unterdrückt hatte, stellte sie Ferdinand VII., nachdem er im folgenden Jahre den Thron von Spanien wieder bestiegen hatte, am 21. Juli wieder her zum Leidwesen aller Denkenden, Wohlgesinnten und menschlich Fühlenden, nur zur Freude aller Bigotten, Fanatiker, Servilen und Dunkelmänner, und die neuerwählte Inquisition arbeitete im Geiste früherer Jahrhunderte, und viele würdige Männer, selbst aus den höchsten Ständen, die ihrem Vaterlande mit Aufopferung gedient hatten, wurden in ihre schauerlichen Kerker geworfen, wo sie meist unter den Qualen der Folter ihr Leben aushauchten. Aber ihre furchtbare Strenge hatte wenigstens das Gute, nunmehr das neuerstandene Institut bei der ganzen Nation für immer so verhaßt zu machen, daß ihm der Boden zu fernerer Lebensfähigkeit immer mehr entzogen wurde. Der beschränkte König glaubte aber immer noch, durch das heilige Gericht den edlen Freisinn in Wort und Tat, wie überhaupt den Geist einer neuen Zeit zurückschrauben und vernichten zu können, als ob sich die Ideen der Wahrheit durch Feuer und Schwert, durch die Mächte der Finsternis und Blutgerichte für immer ausrotten ließen!

Das heilige Gericht konnte bereits, trotz seines Bluteifers, nicht mehr gleichen Schritt halten mit den freien Anschauungen, welche jetzt mit unglaublicher Schnelligkeit alle Klassen der Bevölkerung durchdrangen und den Beweis lieferten von der spanischen Volkskraft, die sich nach einer mehrhundertjährigen geistien Umnachtung und politischen Unterdrückung kühn und begeistert zur Erreichung der edelsten Güter der Menschheit gegen seine Unterdrücker erhob. Wie erstaunte die Welt, als die Kunde durch die Länder ging, daß jener törichte Herrscher Ferdinand VII. den unpolitischen Schritt der Wiedereinführung der Inquisition, die sich längst überlebt hatte, gewagt! Der Papst erteilte allerdings seine

Zustimmung, um welche der König nachgesucht hatte, verordnete aber eine zeitgemäße Milderung, namentlich Abschaffung der Folter. Allein Ferdinand und sein heiliges Gericht kehrten sich nicht sonderlich an den päpstlichen Vorschriften und überschritten in fanatischem Eifer sehr bald die zeitgemäßen Modifikationen. Aufs neue füllten sich die Kerker mit Ketzern, und vornehmlich mit Personen, deren politische Grundsätze dem herrschenden Regierungssystem zuwider liefen. Der König hatte den Erzbischof von Almeria, Franz Xaver de Mier y Campillo, zum Großinquisitor ernannt. Dieser war der fünfundvierzigste, der diese Würde einnahm.

Erst im Jahre 1820, als Spanien eine abermalige Staatsumwälzung erlitt, wurden die Fesseln schuldloser Gefangener gebrochen und das Inquisitionsgericht zum Heile der Welt und zur Ehre der Christenheit aufgehoben.

Ferdinand VII. wurde gezwungen, ein neues Staatsgrundgesetz anzunehmen und die Inquisition wieder aufzuheben, was am 7. März denn auch geschah; die Güter der Inquisition sollten zur Tilgung der Staatsschulden verwendet werden.

Das Jahr 1823 brachte indessen wieder eine neue für Ferdinands Absichten günstige Wendung der politischen Verhältnisse, und der erste Gebrauch, welchen der König von seiner wieder etwas befestigteren Machtvollkommenheit machte, war der Plan, die Inquisition wieder einzuführen. Die Dunkelmänner und Speichellecker machten vielfach desfallsige Vorstellungen und richteten Eingaben an den König. Jetzt aber legte sich die Diplomatie ins Mittel und verhinderte die Ausführung dieses abscheulichen und unpolitischen Planes, konnte aber nicht verhindern, daß mehrere Prälaten im Jahre 1825 in ihren Diözesen aus eigener Machtvollkommenheit die Inquisitionstribunale wiederherstellten, ohne dafür die Genehmigung des Königs eingeholt zu haben, der sie gewiß nicht versagt hätte und sie auch wirklich bald erteilte, zumal er mit Hilfe der Inquisition die Liberalen zu unterdrücken beabsichtigte. Gestützt auf die königliche Autorität und im vollständigsten Einklange mit den politischen Grundsätzen Ferdinands entwickelte das heilige Gericht nunmehr wieder eine unermüdliche Tätigkeit. Dadurch aber gerade trug es wesentlich dazu bei, daß die öffentliche Meinung schnell zu einer Macht erwuchs, der es nicht gewachsen war. Selbst der päpstliche Stuhl konnte sich unmöglich mit den Maßregeln einverstanden erklären, die unter dem Vorgeben, das Interesse der katholischen Kirche zu wahren, angewendet wurden, weil sie diese bei der ganzen gebildeten Welt verächtlich machen mußten. Darum suchte der Heilige Vater fortwährend im apostolischen Sinne zu vermitteln. Er lehnte die Maßregeln ab, welche vorgeblich dem Interesse der katholischen Religion dienen sollten, und entkräftete dadurch zugleich selbst bei den strengsten Katholiken die etwa noch vorhandene günstige Meinung für die Inquisition. Trotzdem hielt es noch immer ein großer Teil der spanischen Geistlichkeit mit dem verrotteten Institut und der Inquisitionspartei. Die Privatvorteile und die Privatleidenschaften hingen zu innig zusammen mit relgiösen Vorurteilen und politischen Ansichten, als daß diese Leute so schnell die Sache der Inquisition verloren gegeben hätten. Allein ihre Bestrebungen waren hinfällig, das geistliche Gericht konnte sich nicht länger halten. Die Wahrheit hellte endlich auch Spanien auf, das Jahrhunderte hindurch in finsterer geistiger Umnachtung gehalten und das fluchwürdigste aller Gerichte, welches je unter dem Deckmantel der Religion den Menschengeist in Fesseln geschlagen und das Christentum, die Religion der Menschenliebe, geschändet hatte. Der Geist der Zeit überwand siegreich die grauenerregende Anstalt und den Menschenwahn finsterer Zeiten, und aus der langen Nacht brach endlich auch den Spaniern ein rosiger Morgen an. Noch vor dem Tode des unglücklichen Königs Ferdinands VII. schlossen sich die Kerker der Inquisition mit all ihren Marterwerkzeugen, den stummen und doch so beredten Zeugen eines der finstersten Zeitabschnitte in der Geschichte der Menschheit. Geldverlegenheiten nötigten den König, die Güter der Inquisition zu verkaufen, und was war der Erlös im Vergleich mit dem ungeheuren Verlust an Nationalvermögen, welches das unseligste der Institute im Laufe einiger Jahrhunderte verschlungen, und zu dem Menschenglück, welches es vernichtet hatte! Das Besitztum Hunderttausender von gewerbetätigen Personen war in tote Hand übergegangen.

Von 1481 bis 1820 verurteilte und verschlang die spanische Inquisition an Schlachtopfern:

	Lebendig verbrannt wurden Personen	In effigie verbrannt wurden Personen	Zu Galeeren u. Gefängnis verurteilt wurden Personen
Unter Torquemada (1481-1498)	10 220	6 840	97 371
Deza (1498-1507)	2 592	829	32 952
Cisnero (1507-1517)	3 564	2 232	48 059
Adrian (1517-1521)	1 620	560	21 835
In der großinquisitorlosen Zeit von 1521-1523	324	112	4 481
Unter Manrique (1523-1538)	2 250	1 125	11 250
Tabera (1538-1545)	840	420	6 550
Loaisa u. Karl I. (Kaiser Karl V.) (1545-1556)	1 320	660	6 600
Philipp II. (1556-1597)	3 990	1 845	18 450
Philipp III.(1597-1621)	1 840	692	10 716
Philipp IV. (1621-1665)	2 852	1 428	14 080
Karl II. (1665-1700)	1 632	540	6 512
Philipp V. (1700-1746)	1 600	760	9 120
Ferdinand VI.(1746-1759)	10	5	170

Karl III. (1759-1788)	4	--	56
Karl IV. (1788-1808)	--	1	42
in Summa	34 658	18 049	288 244

Sonach belief sich die Zahl der Opfer von 1481 bis 1820 insgesamt auf 340 951, diejenigen nicht mitgezählt, welche unter Ferdinand VII. in den Kerkern schmachten mußten, ohne verbrannt zu werden, und sie alle waren »der Ehre Gottes« vom Menschenwahn geopfert!

Aber während das Papsttum mit zermalmender Gewalt über die Menschenwelt dahin schritt, nahmen Kirche und Geistlichkeit unendlichen Schaden an innerer Kraft und Gesundheit. Die grausamen Ketzergerichte, welche zahllose Unschuldige hinopferten, um wenige Schuldige zu treffen, vertilgten die Liebe Unzähliger zur Kirche aus der Menschenbrust und weckten Zweifel an Gerechtigkeit und Wahrheit. Die Allmacht der Hierarchie wirkte verderblich auf die Sitten des Klerus, indem sie Hoffart, Ehrsucht, Habgier und andere unreine Triebe und niedere Leidenschaften in ihm erzeugte, und solch ein Klerus mußte allerwärts zur Demoralisation der breiten Volksmassen beitragen. Aber der gesunde Kern der Bevölkerung der verschiedenen christlichen Länder, der natürliche Menschenverstand erstarben nie völlig. Endlose Klagen erhoben sich über Nepotismus, Pfründenhäufung und Familienbegünstigung, über die Gier nach Schätzen und Genüssen, die Rom zu einem Abgrund der Käuflichkeit und des Lasters machten, über das unsittliche Leben der Hirten des Volkes im sträflichen Umgang mit Weibern und als Nährer des Menschenwahns und Afterglaubens, dem allein die Ketzer- und Hexenprozesse entsprossen sind.

Der geistliche Zwang mußte die menschliche Vernunft zum Widerstande reizen, die Zuchtmittel der Exkommunikation abstumpfen und schließlich wirkungslos machen, und endlich der lauteren Wahrheit zum Siege verhelfen; leider aber drang die Menschheit erst durch Tausende von Scheiterhaufen, durch Ströme von Blut von Millionen dem finsteren Menschenwahn in der vielgerühmten »guten alten Zeit« geopferter Unschuldiger aus Nacht zum Licht!

Anmerkungen zum Text:

1. Bauchredner galten z. B. bei allen Völkern des Altertums als vom Teufel Besessene. Man glaubte, in ihrem Bauche hause der Geist eines Verstorbenen, der ganz unabhängig von dem Willen des Verstorbenen seine Stimme vernehmen lasse.

2. Das Wort *Hexe* dürfte von *Hessa* stammen; man verstand unter den Hessas allerdings geheiligte Jungfrauen, allein solche, welche bei den heidnischen Opfern mit den Priestern Odins wilde Tänze aufführten. *Hexe* (angelsächsisch *haegesse, haegtys*) = Zauberin, d. i. eine weibliche Person, welche Übernatürliches tut.

3. *Zaubern* = holl. *toovern*, nieders. *tövern*, heißt: höhere Kräfte schädlich wirken lassen. *Zauberer* = eine Person, die mit Hilfe der Mächte der Finsternis Außergewöhnliches hervorzubringen vermag. *Zauberei* = durch irgendwelche geheime Mittel oder Künste, die man erlernen oder mit Hilfe von Geistern sich aneignen kann, Wirkungen hervorbringen, welche die gewöhnlichen Kräfte übersteigen. Daß man dadurch anderen schadet, liegt *ursprünglich* nicht in dem Begriffe Zauberei, wennschon sich diese Idee später damit verband.

4. Die Stedinger, an den Niederungen der Weser zwischen Bremen und Oldenburg lebend, hatten sich von alters her die altdeutsche Volksfreiheit erhalten. Sie hatten gar manches an der Kirche auszusetzen. So verlangten sie den Kelch beim Abendmahle und verweigerten namentlich dem Bischof von Bremen, der sie in Gemeinschaft mit dem Grafen von Oldenburg auf alle Weise zu drücken und auszusaugen bemüht war, den Zehnten. Da es aber von jeher in der römisch-katholischen Kirche keine größere Ketzerei gab, als das Auftreten gegen ihr habgieriges Zusammenscharren, so schleuderte der Bischof sogleich den Bann auf die Widerspenstigen, die, auf die Aussprüche der Bibel gestützt und auf ihre Kraft und ihren Mut bauend, ihm kühn trotzten. Es entspann sich ein furchtbarer Kampf, gefährlich für Rom und das Priestertum. Und das Häuflein norddeutscher Helden hielt sich vierzig Jahre lang, und erst als der Kreuzzug gegen dasselbe unternommen wurde, erlagen die Edlen im großen, herrlichen Todeskampf in einer furchtbaren Schlacht im Jahre 1234 für ihre Unabhängigkeit und ihren Glauben. 6000 Männer deckten die Walstatt. Mit ihnen verschwand Geschlecht und Namen der Stedinger aus der Geschichte. Der Priesterhaß hat sie ausgerottet.

5. Damit Philipp der Schöne von Frankreich und Papst Clemens V. den reichen Orden vernichten und sich dessen ausgedehnte Besitztümer anmaßen konnten, mußte der Vorwurf der Zauberei die Beschuldigung der Ketzerei motivieren. Schon seit langer Zeit war es Philipp ein Dorn im Auge gewesen, daß die Templer sich seiner Gewalt nicht zu unterwerfen brauchten. Im Bunde mit dem Papste berief er im Jahre 1266 den Großmeister Jakob von Molay von Zypern nach Frankreich, damit er sich mit dem Könige über einen Kreuzzug gegen die Ungläubigen berate. Mit einem Gefolge von sechzig Tempelherren kam Molay nach Frankreich, und rasch ließ nun der König alle in seinen Staaten sich aufhaltenden Ordensmitglieder in Haft nehmen, auf die Ordensgüter Beschlag legen und die Personen dem kirchlichen Urteilsspruch überweisen. Die gefürchteten Jünger Torquemadas fungierten als Inquisitoren. Des absonderlichen Vergehens wurde jener berühmte und verdienstreiche Orden, der allenthalben nur Segen gestiftet hatte, beschuldigt. So wurde den Mitgliedern nachgesagt,daß sie Götzenbild, Baffonat geheißen, anbeten, Christus abschwörten und das Kreuz anspien, unnatürlichen Lastern frönten, Kinder opferten usw. Da Folter und andere grausame Qualen die Beschuldigten nicht zu einem Geständnisse zu bewegen vermochten und die Untersuchung eine für den Orden günstige Wendung zu nehmen drohte, nahm Philipp seine Zuflucht zu einem schimpflichen Gewaltakte. Ein Konzil wurde berufen und durch dasselbe 54 Tempelritter als Ketzer zum Tode verurteilt und im Jahre 1310 außer den Mauern von Paris verbrannt. Der Orden wurde im Jahre 1312 von Papst Klemens aufgehoben und Molay, nachdem er gegen das Urteil, welches auf lebenslängliches Gefängnis lautete, Protest eingelegt hatte, zum Feuertode verdammt. Philipp hatte sein Ziel erreicht, die Ordensgüter fielen ihm zu, die er später teuer an die Johanniter verkaufte. So ward der Tempelherrnorden, der überall nur Segen und Heil verbreitete und der Christenheit im Orient wohl am förderlichsten gewesen war, durch die Habsucht eines Monarchen und die Kabale des Klerus aufgehoben.

6. Ein böses Wesen höherer Art, im Neuen Testament auch *Satan* genannt, ein Wesen, das nur in der Einbildung der Menschen existiert, ein Wahngebilde. Den Ursprung des Teufels suchte man wie folgt zu erklären: So wie alles von Gott gut erschaffen war, so war er auch als ein guter Engel erschaffen und besaß vortreffliche Eigenschaften. Da er aber mit diesem glücklichen Zustande nicht zufrieden war und sogar andere Engel gegen Gott aufrührerisch machte, vielleicht gar, um sich über ihn zu erheben, so wurde er aus dem Himmel vertrieben und an einen finsteren, abgelegenen Ort, die Hölle, verwiesen. In sehr alten Büchern und Katechismen findet

man abscheuliche Abbildungen von dieser Ausgeburt des Menschenhirns. Über seinem Kopfe ragen Hörner hervor. Die Stirn ist unförmig gewölbt, die Nase unverhältnismäßig lang, und unter dem Mund mit den sichtbaren scharfen Zähnen ragt das lange, spitze Kinn hervor. Eine zischende Schlange bildet den Gurt seines flatternden Kleides, unter welchem Bocksfüße hervorragen. Die Hände sind mit starken Klauen bewaffnet und der Schweif endet in einem spitzigen Pfeil. Die schwarze, abschreckende Gestalt sieht man meist, von einem grimmig die Zähne zeigenden, zottigen Hunde begleitet, abgebildet, dem die geifernde Zunge weit aus dem Rachen hängt.

7. *Werwolf* = von *wair,* angelsächsisch *wer* = Mann und Wolf zusammengesetzt = ein in einen Wolf verwandelter Mann.

8. Die Vorstellung von den Nachtritten war auf italienischen und gallischen Konzilen schon um mehrere Jahrhunderte früher besprochen worden, als die Sachsen sich dem Christentum zuwandten, ja die schriftlichen Denkmäler, welche den Brocken zu einem unter den zahllosen Schauplätzen der Hexenfahrten machen, reichen sogar nicht einmal bis über das 15. Jahrhundert zurück. Auch in Preußen sollten die Hexen auf sogenannten Blocksbergen ihre nächtlichen Versammlungen abhalten. Als ein solcher wird noch heute einer bei Pogdanzig im Schlochauer Kreise bezeichnet. Dorthin ritten zweimal jährlich auf Volbrecht (Walpurgis) und Johannis Hexen und Zauberer, meist auf einem Gerstel (d.i. ein Gerät, dessen man sich bedient, Brot in den Ofen zu schieben), auch wohl auf schwarzem, dreibeinigem Pferd, und zwar durch den Schornstein mit den Worten: »Auf und nirgends an!« Wenn alles zusammen war, speisten die versammelten Hexen und Zauberer. Dann wurde auf einer gespannten Leine unrechts (links herum) getanzt, wozu ein Mann auf einer Trommel und einem Schweinskopfe die Musik machte. Als Hexenberg galt auch ein Hügel unfern Pobethen im Samlande.

9. Glied des Körpers.

10. Versammeln sich die Hexen von Navara in Aquelarre, so gibt es in Deutschland außer den genannten Versammlungsorten noch den Weckingstein bei Minden, den Staffelstein bei Bamberg, den Kreidenberg bei Würzburg, den Königsberg bei Lockum, Hupella auf den Vogesen, Fellerberg bei Trier, Kandel im Breisgau und viele andere Berge; Frankreich hat seinen Uuy de Dome, Italien den Burco die Ferrara, Paterno die Bologno und namentlich Benevent (wo die Hexen unter einem Nußbaum die »beneventische Hochzeit« feierten) und die Schweiz die Brattelenmatte. Die Hexen des Busecker Tales versammelten sich in den Klimbacher Hecken, die Trierischen zuweilen auf der Hetzeroder Heide, die Offenburgischen auf der dasigen Pfalz, die Coesfeldischen »ufr Vlämschen Wieschen, ufm Voßkamp« usw.

11. Der Heuberg mit dem »Hexenbäumlein« wird schon im Jahre 1506 erwähnt, während vom Blocksberge zuerst in einem Beichtbuche des 15. Jahrhunderts die Rede ist.

12. Bei den Römern wurden im Mai namentlich die ärgsten Orgien gefeiert.

13. Weil man die Kavalkade nicht hindern konnte, wollte man wenigstens verhüten, daß die durch die Lüfte galoppierenden Hexen nicht etwa ermüdet sich hier und da niederlassen möchten, um Unheil anzurichten; deshalb blieb in dieser Nacht jedermann wach. Man trommelte, lärmte, schoß in der Folge und tat alles mögliche, um die bösen Gäste zu verscheuchen. Der Brauch, die Türen der Häuser, Ställe und Scheunen mit drei Kreuzen zu versehen, findet sich heute noch. Das Trommeln übertrug man beim Sinken des Aberglaubens Leuten, die für Geld mit Trommeln, Pfeifen und Getöse in der Gegend umherschwärmten, um die Hexen zu verscheuchen. So beauftragte man in Erfurt diejenigen mit diesem Geschäfte, welche die Trommeln schlugen, und gönnte, auch nachdem der Hexenglaube längst ausgetrommelt worden, den neunundzwanzig Tabours und acht Querpfeifern der Bürgerkompanie mit ihrem Tabourmajor lange noch an diesem Tage den Gewinn, vor den Häusern der wohlhabenden Einwohner durch eine militärische Musik sich eine Vergütung zu holen. – Die Schwärme von Touristen, welche alljährlich den Blocksberg umflattern, haben wohl die nebenhaften Hexengestalten verscheucht, ganz aber ist in der Harzbevölkerung der Aberglaube daran noch nicht ausgerottet, und es mag wohl bis in die neuere Zeit vorgekommen sein, daß arme häßliche Weiber als Hexen galten und man ihnen den Eintritt in die Häuser wehrte und kreuzweise Besen vor die Tür stellte, sowie daß in der Dämmerung schleichende Katzen unfehlbar als Hexen angesehen wurden; auch Kinder und Vieh konnten nach mancher Leute Meinung ebenfalls noch behext werden! Der im sechzehnten Jahrhundert lebende Prätorius berichtet aus dem Jahre 1597, daß während seiner Abwesenheit in Büdingen (Hessen-Darmstadt), die Bürger scharenweise mit Büchsen auszogen, über die Äcker schossen und gegen die Bäume schlugen, um die Hexen zu verjagen, und noch heute unterhalten in Hessen, besonders im Schwalmgrunde, die jungen Burschen in der Walpurgisnacht ein lautes Peitschenknallen auf den Hofreiten und freien Plätzen der Dörfer, während der Hausvater drei Kreuze auf die Haus- und Stalltüren malt.

14. In Frankreich geschah die Ausfahrt auf Besenstielen (zuweilen durch das Fenster), auf

Böcken in Italien, stets durch den Schornstein. In Deutschland geht es durch den Schornstein, auch durch die Tür oder das Kammerfenster. Ein sinnreiches Verfahren wendeten die schwedischen Hexen an, wenn sie zur Fahrt nach Blakulla ihre Nachbarinnen, Freundinnen und Kinder mitnehmen wollten. Sie steckten nämlich ihrem Bock eine Stange in den Hintern, auf welche sich die lieben Freundinnen setzten, worauf es dann sofort durch die Luft gen Blakulla ging. – In Schottland besteigt man Strohschütten, Bohnenstangen oder Binsenbündel und erhebt sich mit dem Rufe, Roß und Heuhaufen in des Teufels Namen.

15. In Joseph Sváteks trefflichen »Kulturhistorischen Bildern aus Böhmen« (Verlag von W. Braumüller, Wien, 1879) finden wir folgende beachtenswerte Stelle:

»Papst Innozenz VIII., welcher durch die Bulle *Summis desiderantes affectibus* vom 5. Dezember 1484 zum eigentlichen Begründer des Instituts der Hexenprozesse bei den Katholiken wurde, und Martin Luther, welcher durch seine fehlerhafte Bibelübersetzung jener Stelle im zweiten Buche Moses 22,18 (»die Zauberinnen sollst du nicht leben lassen«, während dieselbe sich im hebräischen Original bloß auf das Nichtunterstützen derselben bezieht) hinwieder die Basis für Hexenverfolgung bot, haben ganz gleiche Verdienst im Verbreitung und Ausbildung jenes unseligen Wahns, der durch volle drei Jahrhunderte in sämtlichen Ländern Europas wütet und Hunderttausende von Menschenleben auf schauderhafte Art vernichtet.

Demgegenüber muß zu Luthers Ehre gesagt werden, daß zu seiner Zeit die Hexenprozesse bereits in voller Blüte standen und er, ein Kind seiner Zeit, auch in deren Vorurteilen und Anschauungen erzogen war. Mag er immerhin den angegebenen beklagenswerten Übersetzungsfehler gemacht haben, so ist ihm doch nirgends nachzuweisen, daß er, wenngleich im Teufelswahn befangen, die Hexenverfolgung geschürt oder sich gar ihrer Einführung befleißigt hätte. Dagegen müssen wir in das Urteil des Verfassers einstimmen, wenn er fortfährt:

»Katholiken und Protestanten teilen sich in die zweifelhafte Ehre der eifrigsten Hexenvertilger, und währen der katholische Süden Europas mit Vorliebe zumeist Männer unter dem Vorwand der Ketzerei dem Scheiterhaufen zuführte, gefiel sich der protestantische Norden im Verbrennen von Weibern, welchen Hexerei als todeswürdiges Verbrechen zur Last gelegt wurde. Nicht nur in Italien und Spanien, auch in Deutschland, England und den übrigen protestantischen Ländern brannten die Scheiterhaufen, und gerade in der Reformationsepoche, die man doch als den Licht und Aufklärung bringenden Besieger des Mittelalters vorstellt, gebärdeten sich die Hexenrichter am wütendsten und weihten die meisten Opfer dem Flammentode.«

Leider ist dem so, leider ging der Teufelswahn und Hexenglaube, wie er vom Judentum auf das Christentum überkommen, auch von der katholischen Kirche auf die lutherischen und reformierte mit all dem in seinem Gefolge befindlichen Aberglauben zur Schande der Menschheit und zur Schmach der einen Christuslehre, der Lehre der Duldung und Liebe, mit über.

Noch im Jahr 1793 klagt der Verfasser des »Buchs vom Aberglauben« (Hannover):»Es wäre doch endlich wohl einmal Zeit, daß man die alte Rüstkammer des Satans, die bloß aus jüdischen Träumereien besteht, von Grund aus zerstörte. Ihre ehemals so fürchterlichen Waffen sind doch zu stumpf geworden für unsere Zeiten (1793), wo man wahrlich reinere und wahrere Begriffe hat als zu des guten Luthers Zeiten, der dem leidigen Teufel noch ein Tintenfaß an den Kopf werfen konnte.« – Man vergesse übrigens nicht, daß nach einer Polemik des sechzehnten Jahrhunderts der rasche Fortschritt der Reformation einfach auf Teufelsbuhlschaften beruhte. Martin Luther, behauptete man, habe nur darum ganze Völker so leicht um ihr Seelenheil zu betrügen vermocht, weil er der Sohn des Teufels gewesen, der sich einst unter der Maske eines reisenden Juweliers in das Haus eines Wittenberger Bürgers Eingang verschaffte und dessen Tochter verführte. So versicherte allen Ernstes im Jahre 1565 ein Bischof von der Kanzel herab und Fontaine wiederholte es in seiner Kirchengeschichte.

16. In dieser päpstlichen Bulle heißt es unter anderem: »Gewiß ist es neulich nicht ohne große Beschwerung zu unseren Ohren gekommen, wie in einigen Gegenden des oberen Deutschland usw. sehr viele Personen beiderlei Geschlechts, ihrer eigenen Seligkeit vergessend und von dem katholischen Glauben abfallend, mit Teufeln, die sich mit ihnen vermischen, Mißbrauch treiben und mit ihren Bezauberungen, Liedern und Beschwörungen und anderen abscheulichen, abergläubischen Handlungen, zauberischen Übertretungen, Lastern und Verbrechen die Geburten der Weiber, die Jungen der Tiere, die Feldfrüchte, das Obst und die Weintrauben, wie auch Männer, Frauen, Tiere und Vieh aller Art, ferner die Weinberge, Obstgärten, Wiesen, Weiden, das Getreide und andere Erzeugnisse des Bodens verderben, ersticken und umkommen machen und selbst die Menschen, Männer und Frauen und alle Arten Vieh mit grausamen, sowohl innerlichen als äußerlichen Schmerzen und Plagen belegten und peinigen.«

17. Die Böcke, Stöcke usw., welche man zur Hexenfahrt benutzte, auch die Glieder des eigenen Körpers wurden mit einer weißen, blauen oder schwarzen Salbe beschmiert, über deren Substanz die Hexenrichter niemals Sicheres erfahren konnten.

18. Die Walpurgisnacht – bemerkt Soldan – ist nirgends die ausschließliche Hexenepoche; am meisten scheint sie im nordwestlichen und nördlichen Deutschland hervorzutreten. In bayrischen, schwäbischen, französischen und anderen Prozessen werden mehr der Johannistag, Ostern, Pfingsten, Weihnachten und Fastnacht genannt.

19. Aus den Bekenntnissen der im Jahre 1610 zu Logrona in Spanien neunundzwanzig Verurteilten geht noch folgendes hervor: Sie nannten den Ort ihrer Zusammenkünfte in gaskognischer Sprache Aquelarro, d. h. Bockswiese. Für die Hauptzusammenkünfte waren die hohen Kirchenfeste, wie Ostern, Pfingsten, Weihnachten, auch Johannistag und andere Heiligenfeste festgesetzt.

20. Nach lothringischen Akten singen die Teufel mit einem heisern Geschrei »gleich als wenn sie durch die Nase trommeln«, oder sie geben eine Stimme von sich »gleich denen, so den Kopf in ein Faß oder zerbrochenen Hafen (Topf) stecken und daraus reden.«

21. Nach den Bekenntnissen der 1610 zu Logrona in Spanien hingerichteten Hexen wirft sich bei Eröffnung der Versammlung alles nieder, betet den Satan an, nennt ihn Herrn und Gott usw.; hierauf küßt man ihm den linken Fuß, die linke Hand, den After und die Genitalien. Um neun Uhr abends beginnt die Sitzung und endet gewöhnlich um Mitternacht; über den Hahnschrei hinaus darf sie nicht dauern. Im schwarzen Ornat, mit Insul und Chorhemd, Kelche, Patene, Missale usw. nimmt der Teufel eine Parodie der Messe vor. Er warnt vor Rückkehr zum Christentum, verheißt ein seligeres Paradies als das der Christen und empfängt, auf einem schwarzen Stuhl sitzend, den König und die Königin der Hexen zu beiden Seiten, die Opfergaben usw. Hierauf betet man wiederum den Satan an, küßt ihm abermals den After, was er dadurch erwidert, daß er Gestank von sich gehhen läßt, während ein Assistent ihm den Schweif aufhebt. Dann nimmt und gibt der Teufel nach einer Einsegnungszeremonie das Abendmahl in beiderlei Gestalt; was er zum Essen darreicht, gleicht einer Schuhsohle, die Flüssigkeit ist schwarz, bitter und ekelerregend. – Nach der Messe vermischt sich der Teufel fleischlich mit sämtlichen Manns- und Weibspersonen und befiehlt Nachahmung; am Ende vermischen sich die Geschlechter ohne Rücksicht auf Ehe und Verwandtschaft. – Das ganze Hexenwesen war überhaupt eine teuflische Parodie auf das Christentum (wenigstens auf das, wie es damals war). Daher ist Hexerei ohne Abfall vom Christentum undenkbar, und niemals wurden Juden der Hexerei halber verfolgt, sondern stets wegen Ketzerei. Während das Christentum Gottesverehrung ist, ist die Hexerei Teufelsverehrung. Der Christ sagt dem Teufel ab, Zauberer und Hexen entsagen Gott und den Heiligen. Der Christ sieht im Heiland den Seelenbräutigam; die Hexe hat in dem Teufel ihren Buhlen. Im Christentum sollen walten Liebe und Demut, im Hexentum dagegen Haß, Bosheit, Unzucht und Lästerung. Der Christ hat das böse zu meiden, die Hexe wird vom Satan gezüchtigt, wenn sie Gutes tut. Christi Joch soll ein sanftes und seine Bürde leicht sein, aber des Teufels Joch ist schwer, und er ist nimmer zu befriedigen. Gott ist die Wahrheit, Gott ist barmherzig, der Teufel dagegen die Lüge, er betrügt selbst seine treuesten Diener. Auch die angeblichen Gebräuche beim Hexensabbat und der schwarzen Messe sind nichts anderes als eine Nachäffung des christlichen Rituals (der kirchlichen Gebräuche). Was der Kirche heilig, Taufe, Abendmahl, Kreuz, Weihwasser, Messe, Anrufung der Heiligen, das entweiht der Teufel durch Verzerrung.

22. Eine Beschwörungsform, die im Jahre 1659 im Elsaß vorgekommen, lautete: »Hiermit fahre ich dem lebendigen Teufel zu, der soll mich behüten und bewahren, bin auch Gott nicht mehr angehörig.« – Eine andere im Elsaß vorgekommene lautet:

»Da stehe ich auf dem Mist,
Verleugne Gott, alle Heiligen
Und meinen Jesum Christ!«

Ganz ähnlich war die Formel im protestantischen Hessen. Nach Horst's »Dämonologie« bekennt eine protestantische Hexe, welche 1651 verbrannt wurde, »sie habe müssen an einen weißen Stock fassen, der gewesen, als wenn er von einer Weide geschnitten und abgeschülfert wäre, und zwei Finger der linken Hand auf ihre linke Brust legen, sich an einen Berg lehnen und also sprechen:

»Hier greife ich an diesen Stock
Und verleugne hiermit unsern Herrn Gott
Und seine Zehn Gebote.«

Katholische Hexen gebrauchten auch die Formel:

»Ich fasse an diesen weißen Rock
Und verleugne Marias Sohn und Gott.«

Andere Hexen gestehen, Glockenspäne vom Teufel erhalten und mit dem Worten ins Meer geworfen zu haben: »Sowenig diese Späne wieder zur Glocke kommen, ebensowenig ich zu Gott und seinen Heiligen.«

23. Nicht alle Hexen waren mit dem Stigma behaftet; es wurde den sicheren Opfern des Teufels nicht aufgedrückt, bloß den zweifelhaften. Der Teufel drückte das Hexenmal gewöhnlich durch einen Griff mit der Hand oder einen Schlag mit der Klaue an den Schultern oder auch an der Hüfte, Schenkeln oder an einem anderen Körperteile ein, d. h. er hatte es überall da getan, wo man im Prozeß am Beschuldigten ein Muttermal, eine Warze, einen Leberfleck oder ähnliches vorfand.

24. Nachtwandlerinnen, Mondsüchtige.

25. Bei den Hexensabbaten präsidiert der Teufel entweder selbst oder ein ihm untergebener Dämon, dem die Hörner fehlen, und der vom Platze weicht, sobald der Teufel erscheint.

26. Daß übrigens Orgien, ähnlich den beschriebenen, hier und da vorgekommen sind, steht unzweifelhaft fest. Manche wollen sogar auf weitverzweigte geheime Gesellschaften zurückführen, wie Mone (Anzeiger zur Kunde deutscher Vorzeit 1839), oder doch die Vermutung als sehr wahrscheinlich hinstellen, daß die sogenannten Hexensabbate in Wirklichkeit nur Zusammenkünfte zur Befriedigung der Wollust gewesen seien, in welchen »fahrend Volk« (Bettler, Vagabunden und verkommene Geiger und Spielleute und dergleichen), namentlich aber auch vornehme Wüstlinge ihrer Sicherheit wegen sich als Teufel vermummt und so ihren Opfern jede Anzeige bei der Obrigkeit unmöglich gemacht hätten. (So Lamberg – Kriminalverfahren bei Hexenprozessen -, Cardanus u. a.)

27. Nach den Bekenntnissen der gerichteten Hexen zu Logrona wird an manchen Tagen nach der Musik der Querpfeife, der Leier, Trompete oder Trommel getanzt. Um sich zum Fliegen vorzubereiten, bestreicht sich der Zauberer mit dem aus der Kröte ausgedrückten Safte. Gifte aus Pflanzen, Reptilien und Christenleichen werden unter Aufsicht des Teufels zubereitet. Nicht alle Zauberer haben Zutritt, aber alle erhalten von der Salbe, damit sie ihre Übeltaten mit derselben bewerkstelligen können. Damit der eine Ehegatte die Bockwiese besuchen kann, ohne daß es der andere bemerkt, wird der letztere entweder in tiefen Schlafgesenkt, oder es wird ein Stock, der die Gestalt des Abwesenden annimmt, zu ihm ins Bett gelegt. Oft macht der Teufel auch seine unkeuschen Besuche in den Wohnungen der Hexen. Ein kleines, in die Tür gebohrtes Loch genügt den Hexen zum Ausgange.

28. Das geweihte Brot, d. h. beim Abendmahl empfangenen Oblaten, zu stehlen und als Zaubermittel zu gebrauchen, soll noch in unserm Jahrhundert vorgekommen sein.

29. Den Hexentanz finden wir zum ersten Male bei einem Autodafé (Ketzerverbrennung) zu Toulouse im Jahre 1353 erwähnt.

30. Remigius kennt nur einen Fall, wo der Teufel drei aufrichtige Pfennige ohne Betrug schenkte. Binsfeld dagegen weiß von einem doppelten Dukaten zu erzählen. Nur wenn reiche Leute in Untersuchung kamen, ließ man den Teufel sein Wort gehalten haben, so bei einer Angeklagten in Osnabrück. Dem Kaufmann Köbbing zu Coesfeld wurde ein geldbringender Unhold beigelegt, und ähnliches findet sich hier und da in den Akten, besonders im 27. Jahrhundert, in welchem öfter auf Reiche Jagd gemacht wurde.

31. Druide = Drude = Druden = ein Zauberer; Druidenbaum = ein Hexenbaum (= der Traubenkirschbaum).

32. Innozenz VIII. (1484-1492) hieß wegen seiner 16 Kinder, welche er gut versorgte, »Vater des Vaterlandes«.

33. Das grausame Kriminalgesetzbuch Kaiser Karls V., welches in Deutschland volle dreihundert Jahre hindurch Galgen, Blutbühnen und Räder mit Menschenfleisch fütterte.

34. Es ist erklärlich, daß in dieser Lage mit den Unglücklichen sich allerlei Schreckliches zutrug. Eine Frau, die 1664 zu Eßlingen im Hexenturm saß, erfuhr am 22. April, daß ihr Mann gestorben sei, brach, als sie diese Nachricht erhalten, aus dem Kerker und stürzte sich vom Turm herab, so daß sie mit zerschmettertem Schädel auf der Straße lag. Solche Vorkommnisse wurden von den Hexenrichtern nicht beachtet.

35. Verbrecherturm.

36. Nach den Bekenntnissen der zu Logrona in Spanien im Jahre 1610 hingerichteten Hexen zeichnete der Teufel auch mit einem Goldstück in den Stern des linken Auges die Figur einer Kröte zum Erkennungszeichen für andere Zauberer und übergibt dem Paten eine für den Neuling bestimmte Körte, die demselben hinfort die Kraft verleiht, sich unsichtbar zu machen, durch die Luft zu fliegen und allen möglichen Schaden zu stiften. Die Kröte findet sich auch in englischen, französischen und deutschen Prozessen. In englischen kommt auch bisweilen ein weißer Hund, eine Katze, eine Eule, ein Maulwurf usw. vor, und die Herren sind verpflichtet, diese bösen Geister an sich saugen zu lassen. Die Körte muß sorgfältig gepflegt und geliebkost werde.

37. Die Feuerprobe wurde von Konrad von Marburg und anderen Inquisitoren vornehmlich gegen Ketzer angewendet.

38. Das ums Jahr 1230 von Eike von Repkow verfaßte Rechtsbuch »Der Sachsenspiegel« ordnet an: »Wenn zwei Männer ein Gut beanspruchen und die Nachbarn darüber kein Zeugnis zu geben wissen, so soll das Wasserurteil entscheiden.« – Dieselbe Bestimmung hat auch das schwäbische Landrecht im *Schwabenspiegel* (der in der letzten Hälfte des 13. Jahrhunderts verfaßt worden ist). Erst aus dem 16. Jahrhundert lassen sich Fälle dieser Art der Hexenprobe in Deutschland nachweisen, die frühesten in Westfalen, dann in Lothringen, der Niederlande usw.

39. Der englische Jurist Holt, der im Jahre 1709 Lord-Oberrichter an dem Gerichtshofe King`s Bench in London war, hat sich um die englische Rechtspflege dadurch unsterbliche Verdienste erworben, daß er die Hexenprozesse als ungerecht und töricht angriff; er hatte endlich die Genugtuung, daß keine Hexe mehr in England angeklagt wurde. Einst brachte ein wütender Volkshaufen ein Weib von ausgesuchter Häßlichkeit, das Urbild einer Hexe, vor seinen Richterstuhl, indem mehrere Zeugen versicherten, daß sie mit eigenen Augen gesehen hatten, wie dieselbe auf dem Kopfe durchs Feld gelaufen sei. Holt, der die Wut des Pöbels bemerkte und einsah, daß es ihm mit Vernunftgründen nicht möglich sein würde, den erregten Haufen von seiner törichten Anklage abzubringen, setzte eine sehr grimmige Miene auf und donnerte die zitternde Matrone an, ob sie in England geboren und erzogen sei. Die Zauberin bejahte es. »Nun, da mögt Ihr Euch freuen«, fuhr der brave Richter fort, »denn bei uns in England ist nur das nicht erlaubt, was die Gesetze verbieten; da ich aber kein englisches Gesetz kenne, das dem Engländer verbietet, auf dem Kopf durch das Feld zu gehen, so ist es Euer Glück. Ich kann also nicht an den Leib, wie Ihr es eigentlich für Euer Kapitalverbrechen verdientet. Schert Euch also nach Hause und bessert Euch!« Dann wandte sich Holt zu der ihn sehr verblüfft anstarrenden Menge: »Ja ja, Leute! Dankt Gott und unserem guten Könige, daß jeder in Alt-England seine Freiheit hat, um zu tun und zu lassen, was er will, wenn es nicht das Gesetz ausdrücklich verbietet. Will also einer von euch durchaus sich das Vergnügen machen, auf dem Kopfe zu gehen, so kann ihn kein Mensch daran hindern. Es lebe die Freiheit Alt-Englands!« »Hurra!« schrie der ganze Haufen, »die Freiheit von Alt-England und der Richter Holt!«

40. »Die Tortur«, sagt einer der Hauptapologeten (Verteidiger) des Christentums zu Anfang des 5. Jahrhunderts, der nordafrikanische Bischof Sankt Augustin, »die Tortur ist notwendig, wenngleich durch sie derjenige, dessen Schuld erst erforscht werden soll, schon gestraft wird, und somit mancher Schuldlose unverdient Pein leiden muß.« Auch in den germanischen Ländern glaubte man am Ausgange des Mittelalters auf sie zurückgreifen zu müssen, nachdem sie in den italienischen Städten schon um das 13. Jahrhundert aus dem römischen Recht wieder aufgelebt war. Es war die eigentliche Entwicklung, die der Strafprozeß genommen hatte, welche unsere Vorfahren und deren Stammesverwandte auf diesen Abweg führte. Das altgermanische Verfahren, bei welchem Anklage und Urteilssprechung der ganzen Gemeinde oblag, dem Angeklagten aber das Recht zustand, seine Unschuld zu beweisen, sei es mit dem Schwerte, seinem Eid oder mit Eideshelfern, die seine Glaubwürdigkeit beschworen, war unmöglich geworden. Als das Rechtsprechen an einzelne überging und die Mißbräuche bei diesem Verfahren die Justizpflege geradezu lächerlich machten, konnte man nicht anders, als dem Richter die Pflicht auflegen, dem Angeklagten seine Schuld darzutun unter Beobachtung ganz bestimmter Regeln. Nur der konnte wegen eines Verbrechens verurteilt werden, der geständig oder durch zwei klassische Zeugen überführt worden war. Die Fälle, worin diese möglich ist, sind aber, wie man weiß, im Kriminalprozeß die allerseltensten. So verfiel man, erleuchtet von dem mittelalterlichen Kirchentum, auf den Ausweg der Torturen als »media eruendae veritatis« (Mittel zur Erforschung der Wahrheit), indem man folgendermaßen deduzierte: Gott, der ein starker und gerechter Herr sei, könne und werde es nicht dulden, daß ein Unschuldiger bestraft werde; er werde ihm in allen Peinen beistehen und seine gute Sache schon in dieser Zeitlichkeit zum Siege führen. Im guten Sinne stellt sich das »peinliche Verhör« also dar als ein von der Theologie in die Justizpflege wieder eingeschmuggeltes Gottesurteil. Ihre erste Anwendung und größte Ausbildung scheint die Tortur gerade im freisinnigen England gefunden zu haben. Die großen strafgesetzgebrischen Werke des 16. Jahrhunderts nahmen sie in ihre Rüstkammer auf und konstruierten sie nach allen Seiten wissenschaftlich. In allen Kulturländern wurde sie regelrechter Brauch und hielt sich als solcher in manchen Staaten Deutschlands bis zu Anfang dieses Jahrhunderts.

Im alten Griechenland wie in den guten Tagen des alten Rom blieb die Tortur auf die Sklaven beschränkt; nur bei gewissen Kriminalfällen, wie z. B. Majestätsverbrechen, Landesverrat usw., wurde sie auf alle, auch die angesehensten Reichsbürger gleichmäßig angewendet... in solchen Fällen war ja auch für alle die Art der Todesstrafe die gleiche und kein Unterschied wurde gemacht zwischen einer ehrlosen und einer nicht schimpflichen Hinrichtung. Die Mitgliederder Kurien in den Kolonien, also die obersten Verwaltungsbehörden, war ausdrücklich von jedem »peinlichen Verhör« ausgenommen.

Im christlichen Mittelalter fielen diese Ausnahmen weg; aber nicht daher kam es, daß die Anwendung der Tortur während dieser Zeit zu einer Ausdehnung gelangte, die in jeder früheren Periode der Geschichte geradezu beispiellos ist, sondern von der Einmischung der Theologen in die weltliche Gerichtsbarkeit, unter deren Einfluß auch die Abfassung und Ausführung der Staatsgesetze stand. Darum sehen wir denn auch die Folterknechte an den Orten und zu den Zeiten am emsigsten bei der Arbeit, wo und wann die Theologen gegen Ketzerei und Zauberei am hitzigsten ankämpften, also in Italien und Spanien vor der Reformation. Die Natur der gesellschaftlichen Gerechtigkeitspflege wurde von den Gottesgelehrten vollständig verkannt: was nach ihrer Lehre Sünde, also nur die Verletzung irgendeiner religiösen Moralvorschrift, oder Abweichung vom Glauben, ja vielleicht nur die Übertretung eines Kirchengebots war, darin sahen sie gleichzeitig ein von der staatlichen Justiz zu sühnendes Verbrechen.

»Was Gott mit ewiger Höllenglut straft, das muß auch der irdische Richter mit möglichst strengen Bußen sühnen lassen, damit möglicherweise wenigstens die Seele gerettet werde«... so räsonierten die Theologen. Nach dieser Theorie war das leibliche Leben des Menschen, den man eines kirchlichen oder bürgerlichen Vergehens schuldig hielt, für nichts mehr zu achten; so kam die Tortur zuerst in allen Fällen in Aufnahme, welche geistlichen Gerichten unterstanden. Man bedenke, daß sämtliche Ehesachen, die Vergehen durch »Wucher«, d. h. Zinsnehmen usw. als geistliche Vergehen betrachtet wurden. Was weiterhin unser peinliches Erstaunen erregt, ist die Mannigfaltigkeit der Qualen, die überall da zutage tritt, wo die Theologen meinten, dem ewigen Weltenlenker helfen zu müssen, die aus den Fugen gegangene Ordnung wieder einzurichten durch kleine Vorspiele zum großen Gerichtstage.

»Im Kirchenstaat«, so erzählt der Kanonist Chartario in seinem 1618 zu Rom gedruckten Buche *Praxis Interrogandorum Reorum*, »ist neben der Block-Folter hauptsächlich der Modus in Übung, daß man dem Beschuldigten den Schlaf entzieht, welche Tortur Marsilius erfunden zu haben behauptet.« Dieser Marsilius war ein Rechtsgelehrter zu Bologna, der in seinem »Tractatus des Quaestionibus« (gedruckt mit gotischen Lettern 1529 und 1537 zu Rom) viele Dutzende von Torturpraktiken aufzählt, deren man sich zur Erpressung des Geständnisses bedienen könne. Der nachreformatorische Hexenwahn Jakobs I. von England ist aber gegen diesen Erfindungsreichtum nicht zurückgeblieben.

41. Unter *Urgicht* verstand man sonach das Bekenntnis überhaupt, insbesondere aber das auf der Folter abgelegte (Gicht = vom alten *gihan*, gehan) getan = bekennen). Als Probe einer solchen »Urgicht« gelten folgende bei Pfaff, in der »Zeitschrift für die deutsche Kulturgeschichte« (1856), abgedruckte: »Es sollen billig erschrecken und mit stillschweigenderVerwunderung alle Zuseher auf diesem traurigen Schauplatz anhören und zu Gemüt ziehen, was der von Gott in die Höllenglut verstoßene Mord- und Lügengeist in den Kindern des Unglaubens wirkt und zu was für einen harten, grausamen Mord und anderen Untaten er sie zum Verderben ihrer armen Seele anführt. Welchergestalt die erschrecklichen, himmelschreienden und stummen Sünden der Zauberei und Sodomiterei (widernatürliche Unzucht mit Tieren) vielerorten überhand genommen und wie der Krebs hochschändlicherweise um sich gefressen, das bezeugt die tägliche, höchst traurige Erfahrung. Daher muß von einer christlichen Obrigkeit auch beizeiten durch harte und exemplarische Bestrafung solchen seelenverderbenden Unheil- und Greueltaten vorgebeugt werden. – Unter denjenigen Tugenden, die denRegenten und Obrigkeiten wohl anstehen, die Schärfe, die sie gegen die Bösen und Lasterhaften anwenden will usw.«

42. Daß man aus einem Strafrecht aus dem 16. Jahrhundert außer den Beweismitteln die »peinliche Frage«, unter den strafbaren Handlungen das Verbrechen der Zauberei findet und bei Strafen auf »verbrannte« menschliche Gebeine stößt, darf niemanden befremden. So finden wir im »Landrecht für die Markgraffschaft Baden-Baden« vom 2. Januar 1558 im 8. Titel des 5. Buchs – Strafe der Zauberei – verordnet, daß jemand, der »mit dem Teufel Bindnus machet, oder mit demselben umgehet und zu schaffen haben, Zauberey üben und treiben, Vieh und Menschen mit oder ohne Gift beschädigen würde, vom Leben zum Todt mit dem Feuer gericht und gestraft« werden soll.

Merkwürdig ist die im 5. Titel »von der peinlichen Frage«, 7, enthaltene Anweisung an den Richter, welche er durch die Marter bekenntlich ist«), noch weiter vorlegen soll, um das begangene Verbrechen in allen Details klarzustellen.

Zuvörderst soll der Inkulpat (Beschuldigte) aus der Heiligen Schrift unterrichtet werden, daß für alle reuigen Sünder Gnade zu hoffen ist, daß er aber, falls er verstockt bleibe, in die »greuliche Pein des höllischen Feuers« kommen und dort »ewiglich brennen und braten« werde; dagegen solle er zeitliche Strafe, die seiner warte, »gar nit förchten«, da dieselbe gegen die ewige Pein doch nur ein »kühler Taw« sei. Und nun beginnt eine Reihe zum Teil so unanständiger Fragen an die Angeschuldigten, daß eine Wiedergabe an dieser Stelle unmöglich ist, zum Teil so widersinniger und abgeschmackter, daß man versucht wäre, zu lachen, wenn dies der Gedanke an das grauenvolle Geschick, das jener Unglückseligen wartete, nicht unmöglich machen würde.

Nach den eingeleiteten Generalfragen wird der »Zauberin« z. B. die Frage vorgelegt: »Ob sie auch von Hexenkunst gehört, von wem und was für Hexenwerk, denn dieweil diese Werk' sonderlich dieser Landen sehr gemein, daß sie zweifelsohne des Wissens darum muß und werde.« – »Ob sie auch etliche Stücklein, sie seien so gering sie wollen, gelernt, als den Kühen die Milch zu nehmen, oder Raupen zu machen, auch Nebel und dergleichen.« – »Ob er (der Teufel) keine Verschreibung von ihr hab; ob dieselbe mit Blut, mit was für Blut oder mit Tinten geschrieben?« – »Ob er Heirat von ihr begehrt?« – »Wie er sich genennet, was er für Kleider, wie auch seine Füß' ausgesehen?« – »Wie lang es, daß sie ihre Hochzeit mit dem Teufel gehalten?« – »Wie solches geschehen, und wer alls dabei gewest, und was für Speisen, sonderlich vom Fleisch, wo solches herkommen, wer das mitgebracht, und ein Ansehen und ein Geschmack gehabt, ob das auch lustig anzusehen, sauer, süß?« – »Wieviel sie junge Kinder geholfen essen?« – »Item, wenn sie selbige genommen, oder auf den Kirchhöfen ausgegraben, wie sie solche zugericht, gebraten oder gesotten, item wozu das Häuptlein, die Füß' und die Händlein gebraucht?« – »Ob sie zur Machung der Wetter nit Kindschmalz haben müssen?« – »Ob sie unzeitige Kindlein ausgraben, ob es Mägdlein oder Büblein gewest und was sie damit angericht?« – Weil sie auch gemeinlich das Schmalz aussieden und im Braten schmelzen, soll sie gefragt werden: »Was sie mit dem gekochten und gebratenen Menschenfleisch getan?« Denn, wie der Gesetzgeben beifügt, sie brauchen zu ihren Salben immer Menschenschmalz: »von toten Menschen, und taugt es zur Tötung Menschen und Viehes, aber von lebendigen zum Fahren, Wwettermachen, unsichtbare Gestalten anzunehmen.« Ferner soll sie gefragt werden, »wieviel Wetter, Reifen, Nebel sie geholfen machen, und wie solches zugehe?« – »Auch ob sie über dem Wetter fahren, und wie sie hinauf kommen?« – »Ob sie nit Wein oder Milch aus einem Wiedenbaum lassen könne?« usw. usw.

Diese Unsumme von Wahnsinn, von dem man nicht einmal behaupten kann, daß er Methode habe, ist nicht etwa die Ausgeburt der erhitzten Phantasie eines einzelnen besonders fanatischen Hexenrichters, sondern eine vor 300 Jahren an die sämtlichen Richter eines größeren deutschen Gebiets ergangene, mit Gesetzeskraft ausgestattete Anweisung, die zur Befolgung verpflichtete, und nach der jahrzehnte-, vielleicht jahrhundertelang »Recht« gesprochen worden ist.

43. Wie die Folterkammer von Palermo aussah, schildert der Brite P. W. Bridges, der sich am 17. Februar 1848 in Palermo befand und nach der Erstürmung des Polizeihauses mit den aufgeregten Volkskämpfern in dasselbe eindrang, mit folgenden Worten:

»Ein Teil des Gebäudes schien unzugänglich, bis man hinter einem Bücherschranke eine vor kurzem vermauerte Tür entdeckte. Dahinter fand man sieben Kammern voll Gerippe und Leichen in den verschiedensten Stadien der Verwesung; manche in Ketten und zwei hingen gekreuzigt an der Wand. Der Anblick versetzte das Volk in die rasendste Wut, so daß es ungefähr vierzig Sbirren, die früher von den Revolutionären gütig behandelt worden waren, um nach Neapel gesendet zu werden, aus dem Gefängnis holte und erschoß. Viele wühlten noch lange wie Verzweifelte in den Gebein- und Leichenhaufen, um vielleicht die Reste von Vätern, Vettern, Brüdern und anderen Verwandten zu finden, die verschwunden waren und über deren Schicksal man nie etwas gehört hatte. Einer der Sbirren, den ich vergebens zu retten suchte, wollte mir einreden, daß die an der Wand Hängenden nicht lebend gekreuzigt, sondern erst nach dem Tode genagelt worden wären, um die Folterqual der noch lebenden Gefangenen zu erhöhen. Die Haltung zwei der Gekreuzigten sprach indes dagegen; sie schienen sich noch zu winden und zu krümmen.«

Uns liegt ein im Jahre 1754 bei Johann Christoph Richter in Hannover erschienenes Buch vor, in welchem ein Jurist auf 250 Quartseiten seinen Witz und seine juristische Gelehrsamkeit der Folterkunst, ganz besonders aber dem Schnüren zuwendet. Das Opus führt den Titel »*Cristiani Ulrici Grupen Observatorio juris criminalis de applicatione tormentorum* insbesondere im Schnüren-Anfang, und in vollen Schnüren, mit einer *Dissertatione praeliminari* von den *Tormentis Romanorum et Graecorum,* insonderheit von *Eculeo, Tympano* und *Rota ferali* und ihren *Vexis accessoriis*«. – Man sieht, auf welche Abwege die Wissenschaft und Gelehrsamkeit geraten war, wenn sie sich in der Weise mit Folterfragen befaßte. »O sancta simplicitas!«

44. Die Lombarden im 14. und zu Anfang des 15. Jahrhunderts wurden von Tyrannen, die wahre Bluthunde waren, despotisiert.

Ein Mann von entsetzlicher Grausamkeit war Galeazzo II. Er hatte für Staatsverbrecher eine Marter bestimmt, welche 41 Tage dauerte, und nur einen um den anderen Tag war Ruhe. Für die zwanzig Martertage war bestimmt am 1., 3., 5. und 7. fünf Touren am Schwunggalgen *(quinque bottas de curlo)*; am 9. und 11. Kalkwasser mit Essig vermischt in bestimmten Portionen trinken; am 13. zwei Riemen aus dem Rücken schneiden und mit Pfeffer und Salz einreiben; am 14. die Haut von den Fußsohlen abschneiden und dann der Gang auf Erbsen; am 19. und 21. Marter auf der Folterbank; am 23. bis 39. Aus- und Abschneiden der Augen, Ohren, Nase, Hände, Füße und andere Extremitäten; am 41. Zangenreißen und dann aufs Rad.

45. Der *»Dessauer Trog«* war ebenfalls ein außergewöhnliches Folterwerkzeug, dessen Vorhandensein bisher vielfach bezweifelt worden ist und das man nur durch Abbildungen, Beschreibungen und zwei Modelle kennt, von denen sich das eine ohne menschliche Figur im Pommerschen Altertumsmuseum im Schlosse zu Stettin befindet; er hat sonach wirklich existiert. Zwei fast vollständige Exemplare dieses Marterinstrumentes befinden sich auch auf dem Boden des Rathauses zu Frankfurt a. d. Oder. Den Namen »Dessauer Trog« hat das Instrument, weil sein Erfinder, der Herzog Leopold von Dessau, der »alte Dessauer« gewesen sein soll. In kriminalistischer Beziehung ist dies Folterwerkzeug wichtig, weil durch dasselbe seinerzeit einige Mitglieder einer berüchtigten jüdischen Gaunerbande in Stargard i. P. zu einem Geständnisse gebracht und daraufhin zehn Angehörige dieser Bande gehängt wurden.

46. Die Taxe des Scharfrichters war um das Jahr 1631 sehr hoch; in Liegnitz: für eine »einfache« Exekution 10 Taler, wenn er abgehauen und verbrannt, 25 Taler.

Aus dem Jahre 1322 findet sich in der Kollektion Doat der National-Bibliothek folgende Rechnung des königlichen Prokurators Arnold Assaillit über die Verbrennungskosten von vier Ketzern:

Ausgaben bei der Verbrennung des Raymond Lemaistre von Ville Monstantine, des LEonhard de Bosco aus Béziers, des Peter Johann von Narbonne und des Johann Couilli, vordem allesamt zu Béziers wohnhaft, welche am nämlichen Tage im Burggraben von Carcasonne lebendig verbrannt wurden:

	Frcs.	Sous	Heller
Für Scheitholz	-	55	6
Item für Reiserholz	-	21	3
Item für Stroh	-	2	6
Für vier Pfähle	-	10	9
Für die Stricke womit sie gebunden wurden	-	4	7
Item für die Teufel-Maskerade, für jede der vier Personen 20 Sous	-	80	-

Im ganzen 8 Fr. 14 Ss. 7 Hlr.

Einen schauerlichen Einblick in das Gerichtsverfahren des Mittelalters gewährt auch folgendes Verzeichnis der Löhne, welche für ihre »Arbeit« ohne die Kost zu beanspruchen hatten:

	fl.	Kr.	Hlr.
Einen Malefikanten in Öl zu gießen, tut dessen (sic) Lohn	24	-	-
Einen Lebendigen zu vierteilen	15	30	-
Eine Person mit dem Schwerte hinzurichten vom Leben zum Tode	10	-	-
Sodann den Körper aufs Rad zu legen	5	-	-
Desgleichen vom Kopfe auf Spitzen zu stecken	5	-	-
Einen Menschen zu vier Teilen zu zerreißen	18	-	-
Von einem Menschen oder Delinquenten zu henken	10	-	-
Den Körper zu vergraben	1	-	-
Einen Menschen lebendig zu spießen	12	-	-
Eine Hexe lebendig zu verbrennen	14	-	-
Bei einer Tortur aufzuwarten, so berufen wird	2	-	30
Von einem spanischen Stiefel anzulegen	2	-	30
Einen Delinquenten, so in der Folter gezogen wird	5	-	-
Von einer Person ins Halseisen zu stellen	1	-	30
Einen mit Ruten ausstreichen	1	-	30

Den Galgen auf den Rücken zu brennen, oder auf die Stirn, oder Backen	5	-	-
Einer Person Ohren u. Nase abzuschneiden	5	-	-
Eine Person Land und Ort zu verweisen	1	30	-

47. Die National-Bibliothek zu Paris enthält im XXXIV. Bande der »Collectin Doat« eine Rechnung über die Beköstigung von Inquisitionsgefangenen aus dem Jahre 1323 in der lateinischen Originalhandschrift, welche in deutscher Übersetzung lautet:

»– Ausgaben, welche der Magister Jakob de Poloniach, Kustos des Gefängnisses von Carcasonne, auf Geheiß des Herrn Inquisitors für die untengenannten Personen bis zum tage ihrer Verurteilung gemacht hat.« – Für den Priester Rymund der Fromiger, welcher am Vorabend vom Feste des heiligen Evangelisten Markus Anno 1321 in das Carcassonnesche Gefängnis abgeliefert wurde und zwei Jahre darin blieb, d. h. bis zum Sonntag vor dem genannten Feste des Jahres 1323, wo er verurteilt wurde, per Jahr 12 Frcs. = 24 Frcs. – Item für den Peter Juliani de Narbona, welcher 305 Tage in besagtem Gefängnis war, bis zum sogenannten Sonntag, an welchem er verbrannt wurde, per Tag 8 Heller = 10 Frcs., 3 Sous, 4 Heller. – Item für den Peter Truchal, zu Béziers wohnhaft, welcher 305 Tage im Gefängnis war, bis zum genannten Sonntag, wo er mit der Buße, das Kreuz auf den Kleidern aufgenäht zu tragen, entlassen worden ist, per Tag 8 Heller = 10 Frcs., 3 Sours, 4 Heller. – Item für den Johann Conille, zu Béziers wohnhaft, welcher 305 Tage im Gefängnis war, bis zum genannten Sonntag, an welchem er verbrannt worden ist, per Tag 8 Heller = 10 Frcs., 3 Sours, 4 Heller. – Item für den Alioni Veyrero von Secenone, welcher 60 Tage im Gefängnis war, bis zum genannten Sonntag, an welchem er eingemauert wurde, per Tag 8 Heller = 40 Sous.«

Mit dem Begriff des Einmauerns weiß man sich vielfach noch nicht zurechtzufinden. Ihn ganz buchstäblich zu nehmen, geht nicht an, weil ja hier und da die Rede davon ist, daß die »Eingemauerten« weitergelebt haben. Man hilft sich dann so gut es geht und nimmt an, die Strafe der Einmauerung sei oft dadurch verschärft worden, daß man durch eine offengelassene Stelle dem Eingemauerten Speise gereicht habe, um seine Qual zu verlängern. Das ist aber irrig; denn das Wort »einmauern« bedeutet nur: einen auf lebenslang in einen engen Kerker abführen.

Dem obengenannten Alioni Veyrero von Secenone wurde also nach 60tägiger Untersuchungshaft am Sonntag vor St.-Markus-Tag des 1323 öffentlich bei einem sogenannten Autodafé in der Kirche das Urteil gesprochen und er dann für immer in einen engen Kerker gebracht. So heißt es denn auch in dem Urteil, welches am 16. Dezember 1564 über den Franziskaner-Minoriten Tommaso Fabiano von Mileto im Inquisitionspalaste zu Rom in Gegenwart des Governatore der Stadt und der päpstlichen Referendarin verhängt wurde, wie folgt:

»Du sollst eingemauert werden in einen Platz, der mit vier Mauern umgeben ist, welchen Platz wir dir anweisen werden. Dort sollst du in der Bitternis deines Herzens und mit reichlichen Tränen deine Sünden gegen die heilige Mutterkirche beweinen.« Auch schon im 11. Kapitel der Konzilsbeschlüsse von Toulouse vom Jahre 1229 heißt es von den Ketzern: »Sie solchen in Mauern eingeschlossen werden – in muro includantur – so vorsichtig, daß es ihnen unmöglich ist, andere mit ihrer schlechten Gesinnung anzustecken.« -

»In England« – schreibt Christian Ulrich Grupen in einer 442 Seiten Quart 1754 von ihm gedruckt erschienenen Dissertation »Observatio juris Criminalis de applicatione tormentorum« – »ist das Pressen im Gebrauch, da man, einer Presse gleich, einen Truhen hat, darin legt man den Übeltäter, welcher sich mit Speise und Trank abfüllen muß, und schraubt nach und nach zu. Wer nun in solcher Qual stirbt, erhält seinen Kindern das Vermögen, das sonsten dem König heimfället. Man schraubet zuweilen auch solche Pressen nicht zu, sondern bindet die Zehen des Übeltäters an eine Schnur, zieht solche durch ein Löchlein, und windet sie um eine Säule, oder dreht sie an einen Kerbel, wie die Fuhrleute die Ketten rütteln.«

Die Franzosen hatten nach Grupen 1754 noch folgende Arten der Tortur, die sich Chevalot nannten: 1. eine peinliche Bank oder Treteau, 2. den Esen von dem Corps de Guarde, 3. das Chevalet und 4. einen Dreifuß.

48. Benedikt Carpzow, Professor der Rechtsgelehrtheit zu Leipzig, den man lange Zeit »den Vater der Kriminalisten« nannte, hat, in seiner fast 50jährigen Amtstätigkeit, wie Oldenburg erzählt, gegen 20 000 Todesurteile, darunter etwa 3000 über Hexen und Zauberer veranlaßt, ein Ruhm, der mit Blut gezeichnet ist. Er verurteilte eben handwerksmäßig Hexen, Zauberer, Ketzer, Ehebrecher usw. zum Tode. Dieser »Vater der Kriminalisten« hat dadurch den Fluch der Menschheit auf sich geladen und seinen Namen für ewige Zeiten gebrandmarkt.

49. In einem St. Gallener Urteil aus dem Jahre 1692 heißt es: »Auf solche verlesene und von dem armen Mensch bekannte schwere Verbrechen ist mit Urteil und Recht erkannt, daß sie in die Schranken geführt, daselbst ihr die rechte Hand abgehauen, hernach auf einen Karren ge-

setzt, auf den Richtplatz gezogen, auf eine Leiter gelegt, angebunden, mit aufrechtem Angesicht auf den Scheiterhaufen geworfen und also lebendig zu Staub und Asche verbrannt werde.« – In einem anderen St. Gallener Urteil von 1604 heißt es, »daß die Frau vor das Rathaus geführt, ihr die Urgicht vorgelesen und folgendes dem Nachrichter befohlen werde, der solle ihr davor ihre Hände zusammenbinden und auf die gewöhnliche Richtstatt führen und ihr auf derselben die linke Hand abschlagen und folgens ihr einen Pulversack an ihren Hals hängen, ldemnach an einen Pfahl binden, mit Holz umgeben und lebendig verbrennen«.

50. In Schwaben und in der Schweiz kam es vor, daß man dem Verurteilten zur Abkürzung des Feuertodes auf dem Scheiterhaufen Pulversäcke oder einen Pechbesen anhing.

51. Die hiesige Tradition von diesem sonst ungewöhnlichen Hexenritte stammt schon aus dem vorangegangenen Jahrhundert, wo nach Ochs, Gesch. Bas. III. 171, sich ums Jahr 1423 in der Gegend des untern Hauensteins eine berüchtigte Unholdin befand, die allezeit auf einem Wolfe umherritt, des Wolfes Schwanz statt des Zaumes in der Hand, und die Bauern, besonders wenn sie vom Trunk nach Haus gingen, erschreckte. Die Unglückliche wurde zu Haft gezogen und auf die eidliche Aussage eines Bauern hin verurteilt.

52. Nach Oskar Schwebels »Geschichte der Stadt Berlin«

53. Narren wären richtiger gewesen.

54. Die Marter mit dem Stuhl war eine furchtbare. Dewr Stuhl war von innen heizbar und außerdem mit stumpfen Stacheln versehen.

55. Scharfrichter oder Nachrichter sind zwei noch gebräuchliche Bezeichnungen für den Vollstrecker der Todestrafe, ohne daß wir uns über die Entstehung dieser Ausdrücke, die immerhin historisch sind, in weiten Kreisen ganz klar geworden sind. Wenn im Mittelalter das Gewerbe, zu dem das Amt der Bodel oder Büttel, wie im vorliegenden Falle, ein verachtetes war, weil sie ihre Hände mit Menschenblut besudelten, so war doch zu der Zeit, aus welcher die Namen Scharf- oder Nachrichter stammen, der Vollstrecker des Rechtes, diesem Schimpf nicht unterworfen, denn die Pflicht der Urteilsvollstreckung fiel damals dem jüngsten Richter oder Beisitzer des Gerichtes, zu. Er hatte das Urteil an den Verbrechern schrf, d. i. an Leib und Leben zu vollstrecken. Dem jüngsten Richter fiel beim peinlichen Urteil die letzte Stimme zu und außerdem lag ihm die Eröffnung desselben ab; aus diesen Gründen wurde er eben auch Nachrichter genannt, obgleich die Beziechnung Nachrichter viel weniger gebräuchlich ist als der Name Scharfrichter. Daß aber diese schwere Pflicht des jüngsten Richters war, geht aus dem Amtstande hervor, daß auch den Priestern das Amt zugewiesen wurde, die dann in solcher Stellung »Gottes-Frohnden« hießen. Die Verpflichtung des jüngsten Richters zum Henker geht aus verschiedenen alten Stadtrechten hervor. So heißt es ausdrücklich, nachdem gesagt ist, daß der Gerichtsdiener den Verurteilten hinauszuführen und ihm die augen zu verbinden, den Galgen aufzurichten und die Leiter anzulegen habe: »Und der Jüngste, so an des Voigtes Statt ist, der nimmt ihn und knüpfet ihm das Seil um den Hals und henket ihn. So ienem aber die Hand abgeschlagen wird, so hebt der an der Voigtes Statt da ist, einem Schlägel auf und schlegt die Hand ab.«

56. Sich nach den Umständen richten.

57. Einer der von Rieken übergebenen Artikel war darauf gerichtet, daß dieser Arendts, der Inquisitin Schwiegersohn, sie selbst für eine Hexe gehalten, auch ihr beigemessen habe, daß sie ihn dermaßen behext, daß er krumm und lahm geworden

58. In der Tat ein merkwürdiger Vorhalt des Herrn Amtmanns! Ob er das unglückselige Weib wohl damit überzeugt haben mag, daß ihm der liebe Gott darum Glieder gegeben, damit sie dieselben auf Befehl abergläubischer und hirnverbrannter Richter martern lassen müsse?

59. Welche trostlosen ALbernheit des Untersuchungsrichters! Mußte die Ärmste nicht argwöhnen, daß ihr es nicht besser ergehen würde als so vielen anderen, die auf dem Wege der Tortur dem Scheiterhaufen zugeführt wurden?

60. So wurden der Beklagenswertesten die unsinnigsten Geständnisse durch die Folter erpreßt. Herr Reymar galt gewiß für einen Musterbeamten.

61. Welch ein Widerspruch mit der kurz vorher bemerkten Revokation (Zurückweisung)!

62. Ein seltsamer Schluß, daß sie darum eine Hexe sei, weil sie solches leugne.

63. Ein recht dummer, ohnmächtiger Teufel, der seine Hexen nicht anders retten kann, als durch versuchte Bestechung des Amtmanns durch ein fettes Kalb!

64. Das ist allerdings ein recht christlicher Wunsch und eine gar treffliche Methode, sich ein altes Weib vom Halse zu schaffen!

65. Dieses Protokoll fehlt bei den Akten; vermutlich ist die Unglückliche nochmals gefoltert und hat, weiterer Marter zu entgehen, ausgesagt, wie es die Richter wollten.

66. Ganz ähnlich spricht sich der schon erwähnte Jurist Godelmann in einem im Jahre 1587 abgegebenen Gutachten aus, in dem er schreibt: »Wir haben schon öfter von den Gefangenen,

ehe sich noch bekannt, gehört, wie sie wohl einsehen, daß keiner, welcher Hexerei halber eingefangen ist, mehr herauskommt, und ehe sie solche Pein und Marter ausstehen, wollen sie lieber zu allem, was ihnen vorgehalten werde, ja sagen, wenn sie es auch entfernt nie getan noch jemals daran gedacht haben.«

67. Zu beschwören, bösen Geist auszutreiben.

68. Glaubensboten.

69. Beschwörung.

70. Genossin.

71. Geschlechtsglied.

72. Hutchinsons *Historial Essay on Witchcraft*.

73. Die Hölle sollte sogar ihre Küche haben; Oberkoch ist Belzebub; er röstet die Verdammten gleich Schweinen am Bratspieß und begießt dann den leckeren Braten mit Essig und Galle; dem höchsten Teufel soll aber das Gericht nicht gemundet haben.

74. Von einer Erlösung aus der Hölle berichtet eine schlesische Chronik: Der König Georg von Böhmen hatte sich wegen seiner hussitischen Ketzereien bei den Katholiken sehr verhaßt gemacht. Der damalige Abt auf dem Sande zu Breslau ließ diesen König in einer neuen Kapelle seiner Kirche darstellen, wie er beim Jüngsten Gerichte von zwei Teufeln auf einer Düngertrage in die Hölle geschafft wurde. Der Sohn König Georgs, Herzog Heinrich von Glatz, nahm dies gewaltig übel und drohte dem Abt sowie allen Breslauern, daß er alle Klöster und Dörfer Schlesiens abbrenne, wenn jenes Bild nicht entfernt würde. – Der Abt fand sich endlich gezwungen, das Gemälde (1472) übertünchen und dadurch den König aus der Hölle erlösen zu lassen, wenn er nicht Gefahr laufen wollte, sich in die unangenehmsten Händel zu verwickeln. – Da das Gemälde nur mit gewöhnlicher Leimfarbe übermalt worden war, so kam es bei Gelegenheit eines Renovation der Kapelle wieder zum Vorschein und wurde für eine Sammlung kopiert.

75. Seltsames Schutzmittel gegen ansteckende Krankheiten. Zu Zeiten der Pest oder einer anderen ansteckenden Krankheit mußten im 17. Jahrhundert die Postbriefpakete nich mit leinenen, sondern mit eisernen Faden umwickelt werden, und da auch die Briefkarten, welche aus seucheverdächtigen Orten herrührten, nach Ansicht jener Zeit den Anstechungsstoff aufnahmen und zum Verderben der Empfänger oder der Leser ausströmen konnten, so mußte der Postvorsteher die Postboten nach Tunlichkeit anhalten, derartige Orte zu vermeiden.

76. Von den Drachen finden wir in einem unter dem Titel »Achtundzwanzig Hexen- und Gespensterpredigten« Buch eine eingehende Schilderung. Der Verfasser ist der evangelische Prediger Bernhard Waldschmidt, ein völlig vom Hexenwahn befangener Mann. Welch großes Unheil mag er wohl mit seinem Werke und seinen Predigten angerichtet haben! Dabei scheint dieser Prediger ein sehr eitler Theologe gewesen zu sein; denn er hat seinem Buche sein Bildnis beigefügt, und man sollte kaum glauben, daß in dem nicht unschönen Kopfe, dessen Antlitz mit keckem Schnauz- und Knebelbart geziert ist, so großer Wahnwitz Platz gehabt hätte. Unter einem Wust gelehrter und lateinischer Phrasen schlug er in seinen Predigten das reinste Blech.

77. Laut einer im Löwenberger Ratsarchiv befindlichen Originaleingabe vom Jahre 1489 bat das Bäckermittel in Löwenberg in Schlesien beim E. E. Rate: Er möchte doch vernünftige Mathematiker, erfahrene Astrologen und verständige Astronomen anstellen und zur Stadt berufen, damit diese, wenn Gott unser aller Schöpfer und die heilige Dreifaltigkeit in ihrem unerforschlichen Rate beschlossen hätten, die Stadt mit Teuerung heimzusuchen, die klugen Männer es vorher prophezeien und ansagen könnten; sie würden dann beizeiten Getreide in Vorrat anschaffen, damit, wenn die Not käme, niemand hungern dürfe.

78. Über die zahllosen Störungen der ehelichen Freude durch Nestelknüpfen klagt schon der Franzose Bodin, der versichert, es gebe mehr als 50 Arten des Nestelknüpfens.

79. Abscheuliche Rezepte enthält das »Medikamentenbuch des Johann Keller in Pottenstein«, das vermutlich aus dem Anfange unseres Jahrhunderts stammt. Unter anderem wird gegen ein sogenanntes Überbein folgendes Verfahren empfohlen: »Schmiere das Überbein mit Skorpionöl, lege täglich ein frisches Blatt von der Hauswurzen über oder einen lebendigen Laubfrosch und lasse selben darauf sterben. Oder lege eine Bleikugel auf, mit der ein Wild geschossen ist, dann hilft es desto geschwinder.« Gegen den Krebs wird angeraten: »Nimm eine Kroth (Kröte), spieße sie auf und dörre sie an der Sonne; hernach schlage eine Schlange tot, brenne beide in einem Haufen zu Pulver und streue es auf die kranke Stelle; dieses tötet gewiß den Krebs. Oder lege Schafgall, Geißkot mit Honig über.« Wer an Epilepsie litt, dem wurde verordnet, er nehme »im Märzen einen jungen Raben, so noch im Nest sitzt, verbrenne ihn mit aller Substanz und nehme öfter davon ein«.

80. Er war geboren im Jahre 1512, studierte in Wittenberg 1530 und weiter in der Zeit, ergab sich neben der Theologie auch der Weltweisheit. Als er nun im Jahre 1532 in Wittenberg mit sechzehn Doktoren disputierte um des Amtes willen, ward ihm die Theologie zuleide. Hatte er

auch gar wohl bestanden, wurde er doch nicht einig mit den Herren. Denn als er zum Exempel gefragt wurde, was er von dem Ablaß halte, sagte er: »Taugt nichts, sonst konntet ihr ohne Ablaß in die Hölle fahren, jetzt müßt ihr mit Ablaß dreinfahren, hättest also wenigstens eure Gaben sparen können!« Und da er vieles bestritt in den alten Büchern und die Herren deshalben in Zorn gerieten, fuhr er heraus mit den Worten: »Viel, alles ist Gewohnheit und Torheit, aber nicht Wahrheit; doch braucht darüber kein Zagens unter euch zu sein, denn wohl ist die Dummheit, nicht aber die Vernunft ansteckend. Immer ist's aber gewiß, daß die Guten und Besseren, die die alten Schriften auf uns übertrugen und sie für uns auslegten, ehrlich das Ihre getan; das Beste taten aber doch stets die, welche das Gute und Rechte, wie es der Zeit erforderlich, aus sich selber herzustellen wußten.«

Und als man ihm nun im Grimm erwiderte, das würde der Kirche Regiment zerstören und Lärm in die Welt bringen, antwortete er: »Der faulen Kirche Szepter ist aus dem Feigenbaum gemacht, den der Herr zur Unfruchtbarkeit verfluchte, und wenn's am Himmel finstert und auf Erden schwül wird, bedarf's des Blitzes und Donners zur Klärung.«

Ob solcher Reden wurde insgeheim beschlossen, dem Johannes Faust kein Amt zu geben, obwohl man ihn hinhielt, und so sprach er eines Tages zu den Herren: »Eure Sach' ist nichts als Ja und Nein, Ja im Versprechen und Nein im Halten!«, und zog gen Ingolstadt, dort den Wissenschaften zu leben. Als er jedoch leichtlich merkte, daß er auch hier mit der Wahrheit nicht durchkomme, und überall alte Mißbräuch' für ewige Ordnung wollte genommen haben, ergab er sich ganz der Weltweisheit und wurde Mediziner. Aber hierbei erging's ihm gleichfalls übel, und man stellte ihn zurück, weil er mehr wußte, als derzeit in Deutschland zu wissen erlaubt und rätlich war, wollte man von der Gelehrten und Laien Narrheit sein Brot essen. Da sprach eines Tages Johannes Faust zu sich selber: »Nun, so will ich doch statt der Weltweisheit fortan Weltnarrheit studieren und zusehen, ob ich da weiterkomme, und will's wieder anfgangen in Wittenberg.«

Alsbald begab er sich dorthin und vertiefte sich ganz in die Torheit der Gelehrten, damit er den Torheiten aller gefällig werden könne. Er beobachtete die Leidenschaften und Geschicke der Menschen, studierte die Schriften des Nostradamus, Paracelsus und Agrippa, lernte das Horoskopstellen und Wetterverkünden, trieb die Künste der Kristallseher und machte Bekanntschaft mit Hailinger in Wittenberg, der ein Teufelsaustreiber und Teufelsbeschwörer zu sein vorgab, wegen seines Betruges aber nachmals von einigen Bergknappen erstochen wurde.

So in anderer Weise ausgerüstet, durchzog Johannes Faust die Länder, und die Menschen liefen ihm zu, schrien Wunder! und brachten ihm Geld und Gaben, wonach er dann oft bitter lachte, das Gewonnene aber so leichtfertig ausgab, wie er's erworben, das Leben genoß und seiner dennoch nicht froh wurde. Unwirsch in sich und bös auf die Welt, zog er sich abermals nach Wittenberg zurück, nahm sich einen Famulus, namens Wagner, und war fast erdrückt von denen, die von ihm Hilfe und Lehre begehrten, blieb auch meist einsam daheim, bis ihn dazwischen das wilde Saufen und Brausen auf kurze Frist wieder hinriß.

Da begab es sich eines Ostermorgens, daß er seine Düsterheit loswerden wollte in einem Spaziergange, und er gewahrte eine Jungfrau, die eben aus der Kirche trat, und die nahm ihm Herz und Gedanken so ganz hin, daß er ferner nicht glaubte leben zu können ohne sie. Sie war eines reichen Bräuers wunderliebliche Tochter, hieß Martha und sollte einem reichen Bräuer wider ihren Willen verlobt werden. Das erkundete Johannes Faust, wußte auch durch Marthas Amme an sie zu kommen und gewann der Jungfrau Neigung, daß sie ihm versprach, zu folgen, wohin er sie führe. Von da nun sammelte er sein Hab und Gut und erwarb, was zu erwerben war. JEr hatte, weil er eben auch seines Oheims in Knüdlingen Verlassenschaft empfing, so viel beisammen, um mit der Zufriedenheit haushalten zu können, verschrieb nun sein Haus in Wittenberg dem Famulus Wagner und lud seine Freunde ein, mit ihm in dem Dorfe Rünlich bei jener Stadt zu Abend zu essen, weil er, wie er ihnen sagte, zu einer Reise verschwinden wolle. Er machte sie aber alle trunken und verschwand vor ihen Augen nach Mitternacht, um mit Martha, die seiner harrete, von dannen zu ziehen. Sie begaben sich erst nach den Rheinlanden, dann gen Hispanien, wo Johannes Faust sich Juan Pugnero (vom lateinischen Pugnus = Faust) nannte und als Arzt großen Ruhmes gewürdigt wurde. Da er aus Deutschland vernahm, daß durch sein Verschwinden zu Rünlich die Sage ginge, ihn habe der Teufel geholt, sagte er lachend: »Ist mir mehrmals geschehen! Es wird noch manchen der Teufel holen, weil er's nicht verbergen konnte oder mochte, daß er etliches mehr weiß als die anderen.«

Er aber, gar glücklich und froh im Besitz seines guten Weibes und wohlgeratener Kinder, erlebte der Jahre noch viele und erforschte bis in sein späteres Alter Wahrheit und Natur. War dann einmal von seinen sonstigen Irrfahrten die Rede, setzte er die Lehre hinzu in dem Spruch: »Halt an dir selber und beschwöre die Natur, daß sie dir vertraut, treu und gewärtig werde, dann hast du Gott gefunden und den Teufel nicht zu fürchten!«

81. Auf der Kirchstraße in M. hielt ein Zweispänner; »Wohin geht die Reise?« fragte der alte Klaus, der, aus seinem Pfeifchen schmauchend, zum Fenster hinaussah, den Kutscher.
»Der Herr Sekretär fährt mit seiner Familie nach K. Es ist heut so schönes Wetter.«
In diesem Augenblicke blies ein »Haderlump« (Lumpensammler) auf seiner Holzpfeife seine einzige Melodie. Da meinte Klaus: »Ach, wenn der Lumpenmann kommt, da regnet's an dem Tage noch. Bleibt nur lieber daheim. Übrigens ist morgen auch Himmelfahrtstag, da regnet's immer.«
»So?« – lächelte überlegen der Kutscher. »Bei uns in B. und L. und »dort herum« regnet's jedesmal, wenn ein Kienrußmann kommt. Aber vom Haderlump – das ist dummes Zeug!«
82. Friedenbringender Aberglauben. Als im 11. Jahrhundert die Polen unter Wladilaus I. die Pommern bekriegten und trotz ihrer Überlegenheit mehrere Niederlagen erlitten, ging man erstlich über die Ursachen des Mißgeschicks zu Rate. Man kam endlich überein, es sei eine Strafe Gottes, weil die polnische Armee in den Fasten Milchspeisen genossen habe, und kehrte traurig um, weil man überzeugt war, aus dieser Ursache nicht siegen zu können.
83. »Sie läuten schon zur Christnacht!« meldete der Dorfbote, der, mit Weihnachtspaketen beladen, vom Postamte in Kupferberg in Schl. kam.
»So trage geschwind diese Salzschnitte der Liese, Nelke und der Roten in den Stall, auf daß sie gedeihen im künftigen Jahre!« befahl hastig die Müllerin der Kuhmagd. Die Magd eilte hinaus und die Herrin begab sich schnellen Schritts in den Obstgarten und band die Bäume mit Strohseilen, während die Glocken von der erleuchteten Kirche feierlich herüberklangen. So glaubte die gute Frau auch eine reiche Obsternte für den nächsten Sommer gesichert.
Die Tochter der Müllerin aber, die auch den Friedensruf der Weihnachtsglocken vernommen, zog, als sie sich allein sah, einen ganz roten Apfel aus der Tasche, schnitt ihn mittendurch und trug geschwind die eine Hälfte in ihr Schlafkämmerchen, um sie dort unter dem Kopfkissen zu verbergen. Eine alte mütterliche Freundin hätte ihr ja gesagt: was Johanna dann träume, werde wahr. Die andere Hälfte des Apfels verzehrte sie an der Tür, vor der die Kirchgänger vorüber mußten, und ein gütiges Geschick fügte es, daß ein Jüngling gerade vorüberging, nach dem sie schon längst mit stillem, uneingestandenem Wunsche schaute. Wie aber, wenn ein anderer, ein Häßlicher gekommen wäre? – –
Denn wer von den ledigen Männern just zuerst vorübergeht, während diese Apfelhälfte verspeist wird, der ist der Esserin zum Manne ausersehn.
84. Das Wort kommt möglicherweise her vom alten *katten, katsen,* d. h. schneiden, spalten, oder von schwer. *kát,* leichtfertig, geil, holländisch *kesan, keyser* = huren, dafür ehemals *Ketzerei* = Ehebruch, Unzucht, Laster, Bosheit; oder vom lat. *catharus,* rein, aber in verächtlichem Sinne, wie schon die Waldenser ital. *gazaro* genannt wurden. Im Schwabenspiegel bedeutet Ketzer eine Person, die vom herrschenden Glauben abtrünnig geworden ist, besonders von der römisch-katholischen Kirche.
85. Das ehemalige Hauptkollegium der Gottesgelehrten zu Paris.
86. Lollharden waren ursprünglich fromme Brüderschaften für Krankenpflege und Begräbnis.
87. Man suchte sich der Juden zu entlasten, wie es in unseren Tagen in Rußland – wenn auch nicht durch Feuer und Schwert, doch durch Ausweisung aus dem Lande – geschehen ist.
88. Der jüdische Geschichtsschreiber Dr. Grätz sagt: »Fast in dem ganzen hohen Adel des heutigen Spanien fließt jüdisches Blut!« Ein Enkel des jüdischen Vizekanzlers von Aragonien, Don Alfonso de Caballeria, verheiratete sich sogar mit einer Enkelin des Königs Ferdinand, die zugleich eine Base des Kaisers Karl V. war. Viele hohe Granden Aragoniens, wie die Herzöge von Villa-Hermosa, leiten ihre Abstammung von jener Verbindung her.
89. Aus jener Zeit schreiben sich die Einwanderungen vieler spanischen Judenfamilien in Holland und in Deutschland her, die sich durch Bildung, Wohlstand und noblere Gesinnung wesentlich von den später aus dem Osten gekommenen Juden unterschieden.

Inhalt